*Kohlhammer
Kunst- und
Reiseführer*

Günter Bergfeld

Schweden

*Kunst- und Reiseführer mit Landeskunde
mit 24 Fotos und 63 Karten, Plänen und Abbildungen*

Verlag W. Kohlhammer
Stuttgart Berlin Köln Mainz

CIP-Kurztitelaufnahme der Deutschen Bibliothek

Bergfeld, Günter:
Schweden : Kunst- u. Reiseführer mit Landeskunde / Günter Bergfeld. –
Stuttgart ; Berlin ; Köln ; Mainz : Kohlhammer, 1987.
  (Kohlhammer-Kunst- und Reiseführer)
  ISBN 3-17-009233-2

Bildnachweis

S. 83, 185, 186, 211, 212, 374, 391, 392: Hans-Joachim Aubert, Bonn
S. 65, 84, 117, 136, 339: Günter Bergfeld, Kassel
S. 253, 271, 321, 322: Klaus Betz, Heilbronn
S. 373: Ulf Müller-Moewes, Königswinter
S. 135: Silvestris Fotoservice (Merten), Kastl/Obb.
S. 66 (Leininger), 118 (Katlewski), 254 (Leininger), 272 (Janicek), 373 (Koch):
  Bildarchiv Steffens, Mainz

Alle Rechte vorbehalten
© 1987 Verlag W. Kohlhammer GmbH
Stuttgart Berlin Köln Mainz
Verlagsort: Stuttgart
Umschlagmotiv: Schloß Skokloster, Uppland/Günter Bergfeld, Kassel
Umschlag: hace
Vorsatzkarten und Textpläne: Rita Eggert
Gesamtherstellung:
W. Kohlhammer Druckerei GmbH + Co. Stuttgart
Printed in Germany

Inhalt

Einleitung 10

Hinweise für den Benutzer 11

Teil I

Geologische Verhältnisse 13

Schweden – Geographisch 14
Größe S. 14 – Landschaftscharakter S. 15 – Klima S. 16 – Fauna und Flora S. 17 – Besiedelung S. 18 – Bevölkerung S. 19

Religion 19

Sprache 21
Entwicklung S. 21 – Aussprache S. 21 – Besonderheiten S. 22

Einteilung in Landschaften und Provinzen 23
Provinzeinteilung und -größe S. 24

Geschichte 26
Vorzeit S. 26 – Wikinger S. 27 – Zeiteinteilung S. 28 – Grenzen S. 29 – Adelsbildung S. 29 – Kalmarer Union S. 30 – Stockholmer Blutbad S. 32 – Kirchenreduktion S. 32 – Reformation S. 33 – Gustav II. Adolf S. 33 – Götizismus S. 34 – Adelsreduktion S. 35 – indelningsverk S. 36 – Karl XII. S. 37 – Freiheitszeit S. 37 – Gustav III. S. 39 – enskifte S. 40 – Konstitutionsausschuß S. 41 – Bernadotte S. 42 – Auswanderung S. 43 – industrielle Revolution S. 44 – Depression S. 46 – Zweiter Weltkrieg S. 47 – Gegenwart S. 49

Politische Verhältnisse 51
Parteien S. 51 – Reichstagswahl 1985 S. 53 – Verwaltung S. 54 – Verteidigung S. 55

Wirtschaftliche und soziale Verhältnisse 56
Wirtschaftsordnung S. 56 – Energieprobleme S. 56 – Arbeitsmarkt S. 57 – Lebensstandard S. 57 – Steuerbelastung S. 58 – Bruk und Volksheim S. 59 – Sozial-

dienste – Krankenversicherung – Altersversorgung S. 60 – Einwandererintegration S. 61 – Schulverhältnisse S. 62 – Traditionen, Lebensverhältnisse S. 62 – Bindungen S. 62 – Studenten S. 63 – Traditionen im Jahresablauf S. 63 – Hemslöjd S. 67 – Rote Häuser S. 68 – Alkoholproblem S. 68 – Das Märchen vom Sex S. 69 – Anredeformen S. 70 – Essen S. 71

Kunstgeschichte 72
Felszeichnungen S. 73 – Vendelzeit S. 74 – Runensteinstil S. 74 – Romanik S. 75 – Gotik S. 75 – Verteidigungsbauten, Feste Häuser S. 76 – Holzbauweise S. 77 – Bauernhöfe S. 77 – Renaissance S. 77 – Barock S. 78 – Gustaviansk S. 80 – Bäuerliche Kunst S. 81 – 19. Jahrhundert S. 82 – 20. Jahrhundert S. 82 – Wichtige Künstler S. 85

Literatur 92
Entwicklung S. 92 – Gegenwartsliteratur S. 93 – Literaturmarkt S. 95

Theater, Film 96
Sprechtheater S. 96 – Film S. 97 – Kinder- und Jugendtheater S. 98

Musikgeschichte 99

Teil II

Skåne 101
E 6   Trelleborg–Båstad 103
       Trelleborg S. 103 – Malmö S. 108

E 66   Malmö–Bäckaskog 116
       Lund S. 116 – Kristianstad S. 130

E 4   Helsingborg–Markaryd 134
       Helsingborg S. 134

23/31   Malmö–Vätterud bzw. Helsingborg–Finja 139
E 14 u.
10/103   Torup–Ystad–Simrishamn 140
       Ystad S. 141 – Simrishamn S. 147

Blekinge 148
E 66   Ysana–Karlskrona 149
       Karlskrona S. 149

Inhalt

Småland		150
E 4	Värnamo–Visingsö	151
	Jönköping S. 152	
23/31 u. 127/30	Rashult–Jönköping	155
	Das Glasreich S. 157	
E 66	Kalmar	163

Östergötland		169
E 4	Ödeshög–Kolmården mit Umweg: Alvastra–Vadstena	169
	Alvastra S. 171 – Vadstena S. 174 – Linköping S. 181 – Norrköping S. 188	

Södermanland		191
E 4	Nyköping–Trosa	191
	Nyköping S. 191	
E 3	Kungsör–Mälsåker	194
	Strängnäs S. 197 – Gripsholm S. 201	

Öland 206

Gotland 209
Visby S. 210 – Landkirchen S. 214

Halland		216
E 6	Lugnarohögen–Kungsbacka	217
	Halmstadt S. 218 – Varberg S. 221	

Göteborgs och Bohusläns län		223
E 6		
	Göteborg–Svinesund	225
	Göteborg S. 225	

Dalsland		237
45	Mellerud–Åmål	238

Inhalt

Värmland 241
E 18   Karlstad–Karlskoga 243
64   Gullspång–Kristinehamn 246

Götakanal 248

Västergötland 252
E 3   Alingsås–Mariestad 256
       Skara S. 261
49/50   Varnhem–Örebro 266

Närke 267
E 3/E 4 Vallby-Glanshammer 268
       Örebro S. 269
49/50   Tiveden–Hallsberg 276

Västmanland 278
E 18   Köping-Ängsö 280
       Västerås S. 280

E 3   Arboga 287
67   Sala 287

Stockholms län 289
E 4 290
E 3 290

Stockholm-Stadt 291
Allgemeines S. 291 – Museen S. 294 – Praktische Hinweise S. 296 – Wichtige Adressen S. 297 – Geschichte S. 293 – Altstadt S. 302 – Zwischen Västerlång- und Österlånggatan S. 310 – Gamla stan, nordwestl. Teil S. 314 – Riddarholmen S. 317 – Skeppsbron S. 323 – Södermalm S. 324 – Helgeandsholmen S. 325 – Norrmalm S. 325 – Skeppsholmen – Kastellholmen S. 328 – Djurgården S. 329 – Kaknästornet S. 333 – Stadshuset S. 334

Stockholm-Land 335
Haga-Park S. 335 – Drottningholm S. 336 – Birka S. 341 – Vaxholm–Gustavs- berg S. 343 – Lidingö–Millesgården S. 345 – Die Stockholmer Schären S. 346

E 4   Rosersberg–Venngarn 348
       Sigtuna S. 349

Inhalt 9

Uppland 353
E 4   Skokloster–Tierp 354
      Uppsala S. 355

Dalarna 372
70   Avesta-Leksand 377
     Falun S. 378

Rund um den Siljansee 381
Mora S. 383

Südliches Norrland; Gästrikland, Hälsingland, Medelpad,
Ångermanland, Härjedalen, Jämtland 387

Gästrikland 387
E 4   Gävle–Mårdängssjö 387
      Gävle S. 387
Abseits der E 4 liegende Ziele 389

Hälsingland 390
E 4   Söderhamn–Malstastenen 393

Medelpad, Ångermanland, Härjedalen, Jämtland 396
E 4   Sundsvall–Grundsunda 400
      Härnösand S. 401
Abseits der E 4 liegende Ziele 404

Nördliches Norrland; Västerbotten, Norrbotten, Lappland . . . 404
E 4   Umeå–Haparanda 410
      Umeå S. 410 – Skellefteå S. 412 – Piteå und Öjebyn S. 413 – Luleå
      –Gammelstaden S. 414
Abseits der E 4 liegende Ziele 415

Praktische Hinweise 418

Register 427
Orts- und Sachregister S. 427 – Namensregister S. 430

Einleitung

Das vorliegende Buch will Bekanntschaft mit einem Land vermitteln, das neben interessanten Leistungen der Gegenwart noch überraschend viele, gut erhaltene Zeugnisse seiner kulturellen Vergangenheit besitzt. Es weist den Weg zu oft abseits liegenden Sehenswürdigkeiten und macht mit Geschichte und gegenwärtigen Verhältnissen bekannt. Es will dabei auch als Anregung verstanden sein, denn natürlich gibt es in Schweden mehr zu entdecken, als sich im Rahmen eines Reiseführers darstellen läßt. Bei der Auswahl aus der Vielzahl des Sehenswerten wurde angesichts der Entfernungen auf die Erreichbarkeit und die Nähe zu anderen Sehenswürdigkeiten Rücksicht genommen. Die Inseln Gotland und Öland erfordern (zusammen mit Bornholm) die Herausgabe eines eigenen Bandes. Sie sind deshalb hier summarisch behandelt.

Für die Unterstützung bei den Vorarbeiten zu diesem Buch danke ich meinen Freunden Åke, Karin und Björn Dalén, Gunnar und Bergljot Bucht, Palle und Margareta Fredriksson, Göran und Inger Wesberg, der Kulturabteilung der Schwedischen Botschaft in Bonn und insbesondere dem Svenska Institutet in Stockholm.

Hinweise für den Benutzer

Im ersten Teil führt das Buch in die schwedische Geschichte und in verschiedene Bereiche des heutigen schwedischen Lebens ein. Der zweite Teil schildert die einzelnen »Landschaft« (*landskap* s. S. 23) genannten Gebiete und beschreibt ihre Sehenswürdigkeiten. Die Kapitel entsprechen dieser schwedischen Einteilung. Nur bei der Darstellung Norrlands wurde von diesem System abgewichen. Dieser Landesteil wurde, abgesehen von den südlich gelegenen Landschaften Gästrikland und Hälsingland, wegen seiner Weite in zwei Kapiteln zusammengefaßt. Damit ist keineswegs gesagt, daß diese entfernter liegenden Gebiete keine touristischen Sehenswürdigkeiten zu bieten hätten.

Die verschiedenen, teilweise untereinander kombinierbaren Reisewege sind jeweils innerhalb der einzelnen Landschaften und im allgemeinen in Süd-Nord- und West-Ost-Richtung dargestellt. Bei den Überschriften sind neben der Gesamtstreckenführung die ersten und letzten der in dieser Landschaft an der Strecke beschriebenen Orte genannt. Die einzelnen Hauptstrecken führen dabei in folgender Reihenfolge durch die verschiedenen Landschaften:

E 6	(Trelleborg–Svinesund–Oslo)	Skåne	S. 103
		Halland	S. 217
		Göteborgs och Boläns län	S. 225
E 3	(Göteborg–Stockholm)	Västergötland	S. 256
		Närke	S. 268
		Västmanland	S. 287
		Stockholms län	S. 290
E 4	(Helsingborg–Stockholm–Haparanda)		
		Skåne	S. 134
		Småland	S. 151
		Östergötland	S. 169
		Södermanland	S. 191
		Stockholms län	S. 290
		Uppland	S. 354
		Gästrikland	S. 387
		Hälsingland	S. 393
		Medelpad, Ångermanland	S. 400
		Västerbotten, Norrbotten	S. 410

E 66	(Malmö–Kalmar)	Skåne	S. 116
		Blekinge	S. 149
		Småland	S. 163
127/30	(Vetlanda–Vrigstad–Jönköping)	Småland	S. 155
E 14	(Malmö–Ystad)	Skåne	S. 140
E 18	(Oslo–Hån–Stockholm)	Värmland	S. 243
		Närke	S. 268
		Västmanland	S. 280
23/31	(Malmö–Växjö–Jönköping)	Skåne	S. 139
		Småland	S. 155
45	(Göteborg–Karlstad)	Dalsland	S. 238
64	(Mariestad–Kristinehamn)	Värmland	S. 246
49/50	(Skara–Varnhem–Örebro)	Västergötland	S. 266
		Närke	S. 276
67	(Västerås-Sala)	Västmanland	S. 287
70	(Sala–Mora)	Dalarna	S. 377

Zur besseren Orientierung sind die »Sverige Turistkarta« von ESSELTE (8 Karten über ganz Schweden, 1:300 000) oder die »Bil- & Turistkartan« von Liber (8 Karten über ganz Schweden, von 1:200 000 im Süden bis 1:400 000 im Norden) zu empfehlen. Entfernungen werden öfters in »mil« angegeben; 1 mil sind genau 10 km. Bei der Einzeichnung der Orte in schwedischen Karten muß man berücksichtigen, daß der schwedische Begriff des »tätort«, des dichtbesiedelten Gebietes, sich nicht mit den bundesdeutschen Vorstellungen deckt. Die Bebauung kann erheblich dünner sein, so daß die Ortsgrenze mitunter nicht mit der auf der Karte eingezeichneten übereinzustimmen scheint. Manche als größere Orte eingezeichnete Plätze fallen einem auf der Durchfahrt deswegen oft nicht als solche auf. Zur Charakterisierung wurde durchweg nur die Einwohnerzahl des betreffenden Zentralorts, nicht die der Großgemeinde angeführt.

Mittelpunkt der meisten Orte ist der »Stortorget«, der Marktplatz (wörtlich »Der große Platz«). Er ist durchweg leicht zu finden, oft mit »centrum« ausgeschildert.

Mit dem auch hier benutzten Begriff »Kontinent« bezeichnet der Schwede, was in etwa unter der Bezeichnung West- und Mitteleuropa zusammengefaßt wird.

Die angegebenen Preise und Zeiten entsprechen dem Stand vom Frühjahr 1986.

Teil I

Geologische Verhältnisse

Das heutige schwedische Landschaftsbild erhielt seine Ausformung in der letzten Eiszeit. Noch um 12 000 v. Chr. war ganz Schweden vom Eis bedeckt. Etwa zwischen 12 000 und 5 000 v. Chr. schmolz diese gewaltige Eismasse bis auf kleine Restgebiete ab. Die Spuren dieser Gletscher und ihres Schmelzens sind noch heute in Schweden zu sehen. Der Fels ist an vielen Stellen vollkommen blank poliert, oft weich gerundet. Häufig lassen feine Rillen noch die Richtung erkennen, in der sich das Eis einmal bewegte. Von dem Höhenrücken, der die schwedische Westgrenze zu Norwegen bildet, fließen alle Gewässer in südöstlicher Richtung zum Bottnischen Meerbusen. Diese durch Schmelzwasser entstandenen Flüsse führten losgebrochenes Gestein mit sich, das als Moränen überall im Land abgelagert wurde. Durch Aushöhlungen entstandene Seen sind eine weitere Folge dieses Prozesses. Von diesem geologischen Aufbau unterscheiden sich die großen Inseln Öland und Gotland. Beide Inseln bestehen aus Kalkgestein. Auf Gotland findet sich im Süden auch etwas Sandstein.
Bringt man die geologische Entwicklung der Zeit ab 12 000 in ein Schema, so könnte dies, vereinfacht, etwa so aussehen:
12 000–8 000 v. Chr. Das Eis gibt den Südteil Schwedens bis etwa zur Linie Oskarshamn–Jönköping–Svinesund frei. Die Ostsee ist ein Eisstausee, ohne Zu- oder Abfluß.
Zwischen 8000 und 7000 bricht sich dieser Eisstausee eine Bahn quer durch Mittelschweden (das heutige Uppland/Närke/Bohuslän) zur Nordsee, der sog. Sveaälv. Die Ostsee wird zum Salzwassersee. Nach einer in den Ablagerungen gefundenen Muschel wird sie *Yoldiameer* genannt. Das Eis hat sich etwa auf die Linie Gävle–Oslo zurückgezogen.
Zwischen 7000 und 4800 schmolz das Eis bis auf einige kleine Reste in Südnorwegen und dem heutigen Norrbotten ganz ab. Das vom Eisdruck befreite Land hob sich und riegelte die Ostsee ab. Sie wurde wieder ein Süßwasserbinnensee, der nun (nach einer kleinen Schnecke) als *Ancylussee* bezeichnet wird.
Zwischen 4800 und 2300 setzte sich die Landhebung fort. Besonders Mittel-

schweden hob sich und ließ den Sveaälv zum Binnenland werden. Umgekehrt senkte sich die schwedische Südspitze, und Skåne wurde von Seeland getrennt, der Öresund entstand. Aus dem Ancylussee wurde das *Litorinameer* mit einem höheren Salzgehalt als die heutige Ostsee.
Zwischen 2300 v. Chr. und 600 n. Chr. war die Ostsee ein Brackwasser. Wissenschaftler nennen sie *Limneameer*. Seit etwa 600 n. Chr. hat sie ihren heutigen Salzgehalt. Auch die Küstenlinie hat sich in dieser Zeit verändert. Vor allem im mittleren Schweden beweisen Bodenfunde die starken Landhebungen. Zahlreiche Fundplätze, die einmal direkt am Strand lagen, befinden sich heute weit landeinwärts. Der Ostteil Upplands war bis 500 v. Chr. noch ein Schärengebiet. Bis etwa 1000 n. Chr. war daraus eine feste Landmasse geworden. Noch heute setzt sich die Landhebung fort. Sie ist besonders stark in Nordschweden. Dort beträgt sie fast einen Meter in 100 Jahren. Dagegen senkt sich die Südspitze Schwedens. Die Grenze zwischen Heben und Senken verläuft etwa quer durch Skåne.

Schweden – Geographisch

Größe

Schweden ist das größte der vier skandinavischen Länder. Es umfaßt 449 964 qkm, ist also nahezu doppelt so groß wie die Bundesrepublik. 38 572 qkm der Fläche entfallen auf Flüsse und vor allem auf die rund 97 000 Seen. Ihre Größe ist sehr unterschiedlich. Am größten ist der Vänern mit 5 550 qkm (z. Vgl. Bodensee 538 qkm). Selbst der zwanzigstgrößte See, der Skagern, ist noch 131 qkm groß. Daneben prägen unzählige kleine und kleinste idyllische Seen das Bild der Landschaft.
Von seiner Südspitze bis zum nördlichsten Punkt mißt das langgestreckte Schweden 1 574 km. Das entspricht, nach Süden gemessen, der Entfernung von seiner südlichsten Spitze bis nach Neapel. Helsingborg und Trelleborg liegen also näher an Mailand als an Kiruna. Die größte Breite Schwedens beträgt dagegen nur 499 km.
Da die Flüsse durchweg in nordwest-südöstlicher Richtung fließen, haben sie meist nur eine Länge von 200 bis 400 km. Der längste Fluß Schwedens ist der Dalälven mit 555 km Länge (z. Vgl. Weser: 440 km).

Landschaftscharakter

Gebirgigen Charakter besitzt Schweden nur in Norrland, an der Westgrenze zu Norwegen, wo der »Köl« (Kiel) genannte Gebirgszug die beiden Länder trennt. Im Norden liegt auch der höchste Berg Schwedens, der Kebnekaise mit 2 111 m. Noch vier weitere Berge in Lappland kommen knapp über die 2 000-m-Grenze. Nach Süden werden die Höhenzüge niedriger. In Dalarna erreichen sie noch rund 1 200 m, im südlich davon liegenden Värmland nur noch knapp 700 m. Dieser Nordteil Schwedens ist eine von Nordwest nach Südost abfallende Platte. Im Süden schließt sich an sie die mittelschwedische Senke an, die südlich des Siljansees (Dalarna) beginnt und bis zu dem Gebiet der großen Seen Vänern und Vättern reicht. Das im Süden angrenzende Småland ist eine wellige Hochfläche mit einer mittleren Höhe von 150 bis 200 m über dem Meeresspiegel. Nur der Nordteil ist etwas höher. Dort liegen die höchsten Berge Südschwedens. Sie sind 340 und 370 m hoch. Weiter nach Süden geht die Landschaft dann in eine flachwellige Moränenlandschaft über. Größere Ebenen finden sich im südlichsten Teil, in Skåne, einer Landschaft, die auch in ihrer geologischen Geschichte, Ähnlichkeiten mit Dänemark und Norddeutschland aufweist.
Zwischen der flacheren Landschaft an seiner Südspitze, den Höhenzügen an der norwegischen Grenze und seinen Küstenlandschaften besitzt Schweden eher einen sanften, weitgestreckten Mittelgebirgscharakter oder ist flachwellig. Große Höhenunterschiede fehlen.
Im Nordosten hat Schweden eine 536 km lange Landgrenze zu Finnland. Die Landgrenze zu Norwegen mißt 1 657 km. Die Küstenlänge ist dagegen kaum eindeutig zu ermitteln. Auf einer Karte mit großem Maßstab sind es rund 2 500 km, mißt man aber genauer und berücksichtigt die vielen Buchten, kommt man auf rund 7 600 km.
Eine Besonderheit der schwedischen Küstenlandschaft sind die ausgedehnten Schärengürtel. Sie bestehen aus unzählbaren kleinsten, kleinen und größeren Felseninseln. Allein im Schärengürtel vor Stockholm werden auf einer nordsüdlichen Länge von rund 150 km über 24 000 Inseln gezählt. Vor Kalmar liegen etwa 5 000 Schären. Diese Felsklippen verdanken Entstehung und Aussehen der letzten Eiszeit. Als nach der Eisschmelze die Landhebung begann, tauchten sie allmählich aus dem Wasser auf. Heute noch steigen sie jährlich einige Millimeter höher. Das Eis hat sie glattgeschliffen. Zwischen den Schären der Ostküste und der Westküste besteht ein Unterschied: Die Ostküstenschären sind mehr bewachsen, mitunter auch bewaldet, die vor Bohuslän liegenden haben nur eine geringe Vegetation. Teils wachsen dort Flechten und niedrig wachsende Bäume oder Sträucher, teils sind sie so gut wie kahl.

Klima

Die geographische Lage Schwedens zwischen dem 55. und 69. nördlichen Breitengrad entspricht der von Alaska und Sibirien. Daß trotzdem ganz andere klimatische Verhältnisse und ganz andere Wachstumsbedingungen vorliegen, bewirkt der Golfstrom. Schweden liegt in einer Übergangszone zwischen dem maritimen Klima der Atlantikküsten und dem osteuropäischen Kontinentalklima. Ersteres herrscht besonders an den Küsten vor, während das Landesinnere schon etwas stärker dem Kontinentalklima unterliegt. Erhebliche klimatische Unterschiede bestehen aber vor allem zwischen dem Süden und dem Norden des Landes. Die mittlere Temperatur im Juli beträgt in Malmö 17,2, in Stockholm 18,2, in Kiruna 13 und noch weiter nördlich, in Karesuano 11°C (Vgl. Berlin 18, Kassel 17,5, Westerland/Sylt 16,7°C). Dagegen betragen die mittleren Temperaturen im Januar in Südschweden + 0,7, in Stockholm − 2,9, in Haparanda − 17°C (z. Vgl. Berlin − 0,6°C). Die Temperaturen im Südteil entsprechen also noch der gemäßigten, die im Norden dagegen schon der subpolaren Zone.
Die große Entfernung zwischen den südlichsten und den nördlichsten Landesteilen bringt nicht nur große Unterschiede in den Temperaturen, sondern auch in der Sonnenscheindauer mit sich. In Kiruna geht die Sonne von Ende Mai bis Mitte Juli nicht unter: die Mitternachtssonne. Dafür geht sie auch von Mitte November bis Ende Februar überhaupt nicht auf. Die nördliche Lage Schwedens läßt aber auch in den übrigen Landesteilen die Verteilung von Tag und Nacht anders sein als in Mitteleuropa. So beginnt in Stockholm zur Mittsommerzeit die Morgendämmerung bereits gegen 1 Uhr nachts (Sonnenaufgang ist 2.34 Uhr), und die sehr helle Nacht beginnt erst zwischen 22 und 23 Uhr (Sonnenuntergang ist 21.05 Uhr). Diese langen Dämmerungszeiten sind typisch für die nördliche Lage und schenken dem Land eine märchenhafte Stimmung.
Die durchschnittliche Zahl der Sonnenscheinstunden beträgt in Stockholm im Juni 318, im Juli 295 und im August 248 Stunden (z. Vgl. Kassel 213, 203, 181 Stunden). In den gleichen Monaten fallen dort 45, 61 und 76 mm Regen. Die Niederschlagsmengen sind in den verschiedenen Gebieten Schwedens sehr unterschiedlich. So hat Göteborg, als regenreicher bekannt, eine durchschnittliche Niederschlagsmenge von 670 mm p. a., Kalmar dagegen nur von 470 mm (z. Vgl. Kassel 647 mm). Schon auf kurze Entfernungen kann der Unterschied recht deutlich sein: z. B. verzeichnen die Schären vor Bohuslän etwa 650 mm, Dalsland 800 bis 850 mm Niederschlag, aber schon am Vänern sinkt der Wert auf ungefähr 500 mm.
Im ganzen gesehen ist das schwedische Sommerklima recht sonnig, ange-

Fauna und Flora

nehm warm und verhältnismäßig trocken. Dabei kann es durchaus vorkommen, daß das Wetter in den nördlicheren Landesteilen wärmer und trockener ist als im südlichen Schweden.
Die Winter sind dafür i. d. R. recht schneereich und lang. In Stockholm rechnet man mit 120 Wintertagen, an denen die mittlere Tagestemperatur 0°C nicht übersteigt. In Göteborg gibt es dank des Golfstroms dagegen nur 69 solcher Tage.

Fauna und Flora

Fauna und Flora sind durch die nördliche Ausdehnung bestimmt. Dabei nimmt der Artenreichtum der Flora nach Norden hin langsam ab. Durch Götaland, etwa von Kalmar nach Nordwest, verläuft die Nordgrenze der Buche. Gleichzeitig findet man in der Gegend von Jönköping schon Zwergbuchen und die sonst im Norden beheimatete Grauerle. Obstbäume wie Apfel-, Birn-, Kirsch und Pflaumenbäume gibt es noch in Mittelschweden. Mitten durch das nördlichste Land Mittelschwedens, durch Dalarna, geht aber schon die Nordgrenze von Eiche, Ahorn und Linde. Sie verläuft von dort südlich durch den Nordteil von Dalsland. Die Baumgrenze verlagert sich tiefer, je weiter man nach Norden kommt. In Härjedalen, etwa am 62. Breitengrad, liegt sie bereits bei etwa 900 m.
Die Fauna ähnelt in Süd- und Mittelschweden der mitteleuropäischen. Zusätzlich gibt es dort, wie in ganz Schweden, den Elch. Nachdem sein Bestand in den 60er Jahren stark zurückgegangen war, ist seine Zahl nach einer drastischen Verringerung der Abschußquoten so stark angestiegen, daß man heute mehr über die durch ihn angerichteten Schäden (vor allem Verbiß an jungen Bäumen) klagt, als sich über seine Erhaltung Sorgen zu machen. Man rechnet für ganz Schweden mit einem Bestand von über 350 000 Tieren. In Norrland ist neben dem Elch vor allem das Rentier anzutreffen. Braunbären haben sich in der letzten Zeit wieder vermehrt. Sie kommen nördlich von Dalarna im Landesinneren vor. Den Vielfraß gibt es nur noch in den Fjällgebieten des Nordens. Neben Schneehuhn, Luchs und Eisfuchs, um nur einige für den Norden typische Tierarten zu nennen, kommen vereinzelt noch Wölfe vor. Die zahlreichen Seen bieten günstige Voraussetzungen für viele Arten von Wasservögeln.
Ungefähr 10% des Bodens werden in Schweden für Ackerbau und für Wiesen genutzt. In Skåne ist der prozentuale Anteil der Ackerfläche mit rund 35% am größten, in Norrland mit nur etwa 2% am geringsten. Bestimmte

Weizensorten wachsen jedoch sogar nördlich des Polarkreises. Die kurze Vegetationsperiode dort (130 bis 150 Tage gegen 250 Tage im Süden) wird ausgeglichen durch die lange Sonnenscheindauer im Sommer.
Besonders Mittelschweden und Nordschweden sind unwahrscheinlich reich an Pilzen, Heidelbeeren und Preiselbeeren. »Das rote Gold der Erde« nennen die Bewohner von Dalsland die Preiselbeeren. Etwas besonderes ist die Multebeere (»hjortron«), eine gelbe, wie eine Brombeere aussehende Frucht, die nur in nördlichen Breitengraden wächst.
Bodenschätze wie Eisen-, Kupfer- und Zinkerze kommen hauptsächlich im nördlichen Mittelschweden und in Lappland vor.

Besiedelung

Mit 8,3 Millionen Einwohnern ist Schweden zwar das bevölkerungsreichste Land Skandinaviens, aber trotzdem im Vergleich mit mitteleuropäischen Verhältnissen sehr dünn besiedelt, rund 19 Einw./qkm (z. Vgl. BRD 248 Einw./qkm). Noch dünner besiedelt sind nur Norwegen mit 10,6 und Finnland mit 14,2, während Dänemark mit 118,4 Einw./qkm erheblich dichter bevölkert ist. Allerdings ist die Bevölkerungsdichte in den verschiedenen Landesteilen Schwedens sehr unterschiedlich. Etwa 86% der Bevölkerung leben südlich des Siljansees. Dabei ist Svealand, also das mittlere Schweden, etwas dichter besiedelt als Götaland. Hier spielt die Anziehungskraft des Stockholmer Raumes zweifellos eine Rolle. Der Drang in die städtischen Regionen hat auch vor Schweden nicht Halt gemacht. Besonders die Einwohnerzahl der drei wichtigsten Städte, Stockholm, Göteborg und Malmö ist seit der Jahrhundertwende ständig gestiegen. Im Raum von Groß-Stockholm leben ca. 1,4 Millionen Menschen, das sind knapp 17% der gesamten schwedischen Bevölkerung. Im Gebiet von Göteborg sind es rund 700 000, in Malmö rund 450 000 Einwohner. Die eigentlichen Städte haben zwar eine erheblich geringere Einwohnerzahl (Göteborg Stadt 424 000; Malmö Stadt 230 000), doch muß man bei dieser Betrachtung die rechtlich selbständigen, aber eng mit der Stadt zusammengewachsenen Gemeinden dazurechnen. Nimmt man die Gebiete dieser drei Städte, leben dort rund 30% aller Schweden. Dafür ist Norrland sehr dünn besiedelt. In Lappland leben nur etwa 195 000 Menschen und in Norrbotten, wo mit 265 000 Menschen immerhin 3,2% der schwedischen Bevölkerung wohnen, beträgt die Bevölkerungsdichte nur 2,7 Einw./qkm.

Bevölkerung

Aufgrund der abgelegenen Lage blieb die schwedische Bevölkerung lange Zeit weitgehend unter sich. Die starken Einwanderungen aus Deutschland waren schon im Mittelalter erfolgt, und die damals Eingewanderten vollkommen assimiliert. Eine Minderheit, die sich nicht mit der schwedischen Bevölkerung vermischte, blieben im Norden die Lappen, eine in sich abgeschlossene Nomadengruppe, die sich im übrigen recht wenig um die jeweiligen Landesgrenzen kümmerte. Eine weitere Minderheit waren die Finnen. Auch sie lebten vorwiegend in den nördlichen Landschaften. Das 1954 zwischen den skandinavischen Ländern einschließlich Island geschlossene Abkommen über einen gemeinsamen Arbeitsmarkt mit ungehinderter Beweglichkeit hatte eine größere Einwanderung anderer Skandinavier nach Schweden zur Folge. Die wirtschaftlichen, aber auch die politischen Verhältnisse in vielen Teilen der Welt ließen dann in den 60er und 70er Jahren Schweden zu einem beliebten Einwanderungsland werden. Obwohl Einwanderer aus nichtskandinavischen Ländern eine besondere Aufenthalts- und Arbeitsgenehmigung benötigen, wuchs, teils durch Familiennachzug, teils aus politischen Gründen die Zahl der nichtskandinavischen Einwanderer stark an. Insgesamt rechnet man mit einem Einwandererüberschuß von rund 800 000 Menschen in der Zeit nach 1945. Etwa die Hälfte davon waren Finnen. Von den 8,3 Millionen Einwohnern besitzen heute 7,9 Millionen die schwedische Staatsbürgerschaft. 405 000 sind Ausländer, von denen gut die Hälfte (215 000) aus anderen skandinavischen Ländern kommt. Knapp 13 000 Bundesrepublikaner leben in Schweden. Größere Probleme hat die Einwanderung besonders aus Asien in den letzten zwei Jahrzehnten geschaffen. 1982 lebten rund 42 000 Staatsbürger aus asiatischen Ländern in Schweden. Hier ist eine Integration kaum möglich.

Religion

Mit der Reformation erhielt das Land eine »Staatskirche«, auch wenn der Begriff nirgends ausdrücklich erwähnt wurde. Seit jedoch Gustav Vasa die Reformation einleitete, und der König an die Stelle des Papstes trat, waren

Staat und Kirche immer eng miteinander verknüpft. Auch heute noch ist die Regierung höchste Instanz in allen Fragen der Kirchenverwaltung. Beispielsweise werden die Bischöfe durch die Regierung aus dem Kreis der von der Synode Vorgeschlagenen gewählt. Noch bis 1951 mußten alle Regierungsmitglieder »der reinen evangelischen Lehre« angehören. Erst mit dem Religionsfreiheitsgesetz von 1951 wurde diese Vorschrift abgeschafft und auch der Austritt aus der Kirche erlaubt. Er ist durch einfache Erklärung möglich. Allerdings entfällt durch ihn nicht die Kirchensteuer. Sie ermäßigt sich nur um 40%, da die Pfarrämter seit der Reformationszeit die standesamtlichen Arbeiten wahrnehmen (»pastorsexpedition«).
Jedes Kind wird bei Geburt automatisch Mitglied der Schwedischen Kirche, sofern die Eltern nicht ausgetreten sind oder einer anderen Glaubensgemeinschaft angehören. 95% aller Einwohner gehören heute der Schwedischen Kirche an. Die Zahl der Katholiken hat, vor allem durch Flüchtlinge und Einwanderer, in den letzten 40 Jahren verhältnismäßig stark zugenommen: 1940 wurden nur 5000 registriert, heute leben etwa 140000 in Schweden. Dazu kommen rund 60000 Orthodoxe. Andere Religionsgemeinschaften sind nur gering vertreten (2000 Buddhisten, 22000 Moslems).
Die zahlreichen Freikirchen hatten seit Mitte des vorigen Jahrhunderts starken Zulauf. Viele ihrer Mitglieder sind gleichzeitig auch Mitglieder der Schwedischen Kirche, eine Besonderheit des schwedischen Kirchenlebens, das seine Erklärung in der Geschichte hat.
Im Verlauf der allmählich vorgenommenen Reformation hatte Olaus Petri, treibende Kraft der Reformation, zwei grundlegende Bücher verfaßt, die »Schwedische Agende« 1529 und die »Schwedische Messe« 1531. Beide Arbeiten regelten u. a. die kirchlichen Zeremonien. Dabei übernahm Olaus Petri viele der bis dahin üblichen Formen, was auch in den späteren Agenden beibehalten wurde. Noch heute heißt der sonntägliche Gottesdienst »högmässa« = Hochmesse. Auf der Kanzel kann der Pfarrer zwar den schwarzen Talar tragen, beim Abendmahl und anderen Feiern aber sind das alte Meßgewand und die Alba vorgeschrieben. Die Formen des lutherischen Gottesdienstes erinnern in vielem noch an die der katholischen Kirche.
Das Interesse an der Kirche ist in den letzten Jahrzehnten geringer geworden. Während an den hohen Feiertagen der Gottesdienstbesuch gut ist, gehen an gewöhnlichen Sonntagen nur etwa 5% zur Kirche. Vor 25 Jahren wurden 86% der Kinder getauft und 86% auch konfirmiert. Jetzt sind es nur noch 76% bzw. 69%. Die Zahl der kirchlichen Trauungen ist von 91,5% auf 60% gesunken, die der kirchlichen Beerdigungen von 96,6% auf 94%.

Sprache

Entwicklung

Schwedisch gehört zu den nordgermanischen Sprachen. Etwa zwischen 800 und 1000 n. Chr. entwickelte es sich als Sonderform der gemeinsamen nordischen Ursprache. Noch heute ist die sprachliche Verwandtschaft der drei skandinavischen Länder so eng, daß trotz deutlicher Unterschiede, eine gemeinsame Verständigung möglich ist (Finnisch dagegen gehört zur ugrischen Sprachgruppe und ist völlig anders). Schriftliche Überlieferungen setzen mit den Runensteinen ein. Da das schwedische Recht nie das (lateinische) römische Recht übernahm, sondern sich aus dem alten germanischen Recht der einzelnen Landschaften entwickelte, sind die Aufzeichnungen der Landschaftsgesetze im 13. Jh. eine wichtige Quelle der Sprachforschung (nur das Gesetz von Skåne wurde in das Lateinische übersetzt). In den folgenden Jahrhunderten brachten die eingewanderten deutschen Kaufleute und Handwerker niederdeutschen Wortschatz und Syntax nach Schweden. Die Bibelübersetzungen ins Schwedische von 1526 und 1541 hatten für die sprachliche Entwicklung eine ähnliche Bedeutung wie die Luthersche Übersetzung in Deutschland. Die kurz darauf entstandenen schwedischen Kirchenlieder hatten großen Einfluß auf die schwedische Lyrik. Die Reformatoren waren bemüht, die schwedische Sprache gegenüber deutschen und dänischen Einflüssen abzugrenzen. Die »Gustav-Wasa-Bibel« von 1541 trennt die altschwedische von der neuschwedischen Sprache. Wichtig für die weitere sprachliche Entwicklung war die 1732 von Olof Dalin herausgegebene Zeitschrift »Then swänska Argus«. Ihr flüssiger Stil befreite die Sprache von der feierlichen Steifheit der Bibelübersetzung. Von hier nahm die Entwicklung der modernen schwedischen Sprache ihren Ausgang.

Aussprache

Grundlage des Hochschwedischen wurde der in der Mälargegend um Stockholm gesprochene Dialekt. Es ist die allgemein verbindliche Schriftsprache. Daneben werden natürlich in den einzelnen Landesteilen Dialekte gesprochen. In Skåne hört man deutlich die enge Nachbarschaft und die lange

Verbindung zu Dänemark heraus. Die Sprache dort ist beispielsweise viel rauher als etwa in Dalarna, wo man etwas langsamer und weicher spricht, und wo auch die eigenartige schwedische Satzmelodie viel stärker betont wird. Die Hebung der Stimme am Satzende ist für sie typisch. Auch die Betonung der einzelnen Worte ist im Schwedischen anders als im Deutschen, der Hauptakzent liegt auf der ersten Silbe. Ausnahmen und schwächere Betonungen auf der 2. oder 3. Silbe machen das Ganze etwas komplizierter. Insgesamt erscheint die Sprache deutschen Ohren recht melodisch. Das Fehlen von harten Rachenlauten mag dazu beitragen. Die Aussprache deckt sich nicht mit der deutschen. Bei den Vokalen wird das »a« dunkler gesprochen, »u« mehr wie »ü« oder »y«, »o« teilweise wie »u«, teils aber auch wie »o«. Der im Deutschen unbekannte Buchstabe »å« wird immer wie »o« (in z. B. »Ofen«) gesprochen. Bei den Konsonanten wird es schwieriger. Ihre Aussprache hängt von dem folgenden Vokal ab. So kann z. B. ein »g« mal wie ein deutsches »g« (z. B. gå = gehen) und mal wie »j« (z. B. »ge« = ⟨je⟩ = geben) ausgesprochen werden. Der dem Deutschen ähnliche »sch«-Laut (weiter hinten im Gaumen gesprochen) wird durch verschiedene Konsonanten gebildet wie »stj«, »skj«, »sk« oder »sj«. Auch hier hängt die Aussprache wieder von dem folgenden Vokal ab. »Skön« heißt »schön« und wird auch etwa so gesprochen, aber »skål« = Prost) muß man ⟨s-kool⟩ aussprechen. Der auch aus der deutschen Geschichte bekannte Kanzler Gustav II. Adolf Oxenstierna, wird also ⟨Uxenschärna⟩ ausgesprochen. Die Endung »-tion« (wie in »Centralstation« = Hauptbahnhof) lautet immer ⟨-schun⟩, mit einem lang gedehnten u. Das »k« am Wortanfang wird vor den Vokalen e, i, y, ä, ö wie ein (t)ch ausgesprochen, also kyrka (= Kirche) = ⟨(t)chürka⟩.

Besonderheiten

Eine Eigenart des Schwedischen ist, daß man den bestimmten Artikel an das Wort anhängt, z. B. »flicka« = Mädchen, aber »flickan« = das Mädchen, oder »flickorna« = die Mädchen usw. Es wird deshalb verständlich, daß im Schwedischen oft die bestimmte Form gebraucht wird, wo es im Deutschen nicht üblich ist. Viele Museen z. B. heißen »Das xyz-Museum«. Wenn es also im Text mal »museum« und mal »museet« heißt, ist das kein Druckfehler, sondern hängt hiermit zusammen. Diese Endungen sind nach Geschlechtern und den fünf Deklinationen (mit jeweils verschiedenen Variationen) verschieden.

Zu den Unterschieden des Schwedischen vom Deutschen gehört auch, daß

man sich im Schwedischen viel kürzer ausdrücken kann. Grammatische Sonderheiten, aber auch eine ganz spezielle Art der Wortbildung sind der Grund. Eine Besonderheit des schwedischen Alphabets sei noch erwähnt: å, ä und ö stehen am Ende, also ... y, z, å, ä, ö.
Schließlich muß noch auf zwei Eigenarten hingewiesen werden: bei Abkürzungen wird kein Punkt gesetzt, und Auslassungen werden durch einen Doppelpunkt gekennzeichnet, z. B. kyrka = k:a, station = st:n.

Einteilung in Landschaften und Provinzen

Ursprünglich bestand Schweden aus vielen kleinen Stämmen, die sich zu größeren Gauen zusammenschlossen. Diese Gaue bildeten die sogen.»Landschaften« (»landskap«), die heute noch als Einteilung dienen. Die Grenzen der jetzigen Verwaltungseinheiten, der Provinzen (»län«), decken sich zwar nicht in allen Fällen ganz mit den alten Landschaftsgrenzen, zu große Landschaften wurden auch in mehrere Provinzen aufgeteilt, doch werden die alten Landschaften heute noch als die eigentliche Einteilung des Landes empfunden, unabhängig von den Provinzgrenzen. Die Einteilung des Buches folgt daher auch diesen ursprünglichen Grenzen. Ausnahmen bilden lediglich Stockholm und Göteborg. Stockholm war nämlich nie eine eigene Landschaft. Vielmehr verläuft mitten durch die Stadt die Landschaftsgrenze zwischen Uppland und Södermanland. Es erscheint praktischer, die Stadt und ihre Umgebung in den Grenzen der Provinz Stockholm = Stockholms län zu beschreiben. Göteborg wird zusammen mit Bohuslän behandelt, obwohl genau genommen nur die nördlichen Teile der Stadt zu Bohuslän gehören. Das Buch folgt hier ebenfalls der politischen Einteilung.
Man unterteilt Schweden in Nordschweden, Svealand und Götaland, wobei Svealand Mittelschweden und Götaland Südschweden entspricht. Diese drei Regionen sind dann wieder in die einzelnen Landschaften unterteilt.
Zu Götaland gehören die acht Landschaften: Skåne (im Deutschen meist Schonen genannt), Blekinge, Småland, Halland, Östergötland, Västergötland, Bohuslän, Dalsland und die Insel Gotland. Allgemein wird Götaland heute als die Urheimat der Goten angesehen, die von hier an die Weichsel zogen.
Der mittlere Teil Schwedens, Svealand, ist die Keimzelle des heutigen Schwe-

den. Von hier entwickelte sich das spätere Königreich. Der schwedische Name für Schweden, »Sverige« (gesprochen ⟨Sver(i)je⟩), leitet sich von »Svea rike« = »Reich der Svear« ab. Zu Svealand gehören außer der Provinz Stockholms län die Landschaften Södermanland, Närke, Värmland, Uppland, Västmanland und Dalarna.

Der nördliche Teil Schwedens heißt Norrland mit den Landschaften Gästrikland, Hälsingland, Härjedalen, Medelpad, Ångermanland, Jämtland, Västerbotten, Norrbotten und Lappland. Norrland umfaßt über die Hälfte des schwedischen Staatsgebiets, doch wohnen dort nur gut 14 % der gesamten Bevölkerung.

Provinzeinteilung und Größe

Durch Hinweisschilder an den Straßen wird auf die jeweilige Provinz hingewiesen. Die folgende Übersicht mag deswegen hilfreich sein:

Provinz	Landschaft	Größe	Einwohner
a) Götaland			
Malmöhus län	Skåne, südl. Teil	4 939	745 434
Kristianstads län	Skåne, nördl. Teil	6 089	280 380
Blekinge län	Blekinge	2 941	151 884
Hallands län	Halland	5 454	236 319
Kronobergs län	Småland, südl. Teil	8 453	174 319
Kalmar län	Småland, östl. Teil einschl. Öland	11 166	240 134
Jönköpings län	Småland, nördl. Teil	9 944	301 030
Östergötlands län	Östergötland	10 569	392 310
Skaraborgs län	Västergötland, nördl. Teil	7 938	270 423
Älvsborgs län	Västergötland, südl. Teil u. Dalsland	11 395	425 544
Göteborgs u. Bohusläns län	Göteborg u. Bohuslän	5 141	709 651
Gotlands län	Gotland	3 140	55 987
b) Svealand			
Värmlands län	Värmland	17 582	256 976
Örebro län	Västmanland, westl. Teil u. Närke	8 515	272 138
Västmanlands län	Västmanland, östl. Teil	6 302	256 976
Södermanlands län	Södermanland auß. Stockholm südl. Teil	6 060	251 000

Landschaften und Provinzen

Landschaften (Landskap)

Provinzen (Län)

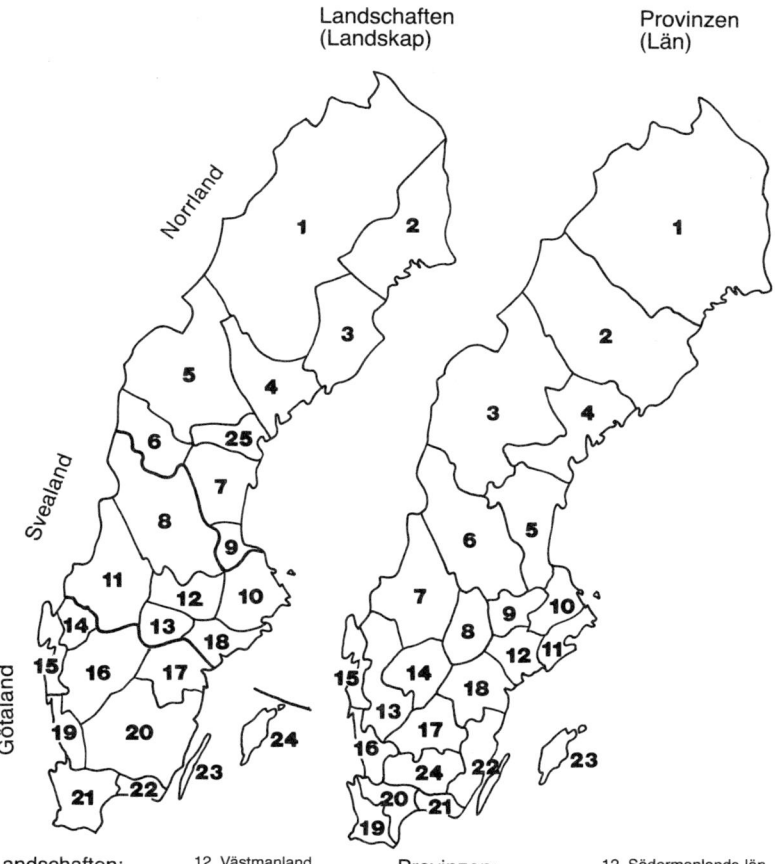

Landschaften: (Landskap)

1 Lappland
2 Norrbotten
3 Västerbotten
4 Ångermanland
5 Jämtland
6 Härjedalen
7 Hälsingland
8 Dalarna
9 Gästrikland
10 Uppland
11 Värmland
12 Västmanland
13 Närke
14 Dalsland
15 Bohuslän
16 Västergötland
17 Östergötland
18 Södermanland
19 Halland
20 Småland
21 Skåne
22 Blekinge
23 Öland
24 Gotland
25 Medelpad

Provinzen: (Län)

1 Norrbottens län
2 Västerbottens län
3 Jämtlands län
4 Västernorrlands län
5 Gävleborgs län
6 Kopparbergs län
7 Värmlands län
8 Örebro län
9 Västmanlands län
10 Uppsala län
11 Stockholms län
12 Södermanlands län
13 Älvsborgs län
14 Skaraborgs län
15 Göteborgs o Bohusläns län
16 Hallands län
17 Jönköpings län
18 Östergötlands län
19 Malmöhus län
20 Kristianstads län
21 Blekinge län
22 Kalmar län
23 Gotlands län
24 Kronobergs län

Provinz	Landschaft	Größe	Einwohner
Stockholms län	Stockholm, nördl. Teil von Södermanland, östl. Teil von Uppland	6 488	1 551 165
Uppsala län	Uppland, auß. östl. Teil	6 989	248 103
Kopparbergs län	Dalarna	28 264	285 610
c) Norrland			
Gävleborgs län	Gästrikland und Hälsingland	18 191	291 497
Jämtlands län	Jämtland und Härjedalen	49 917	134 946
Västernorrlands län	Medelpad und Ångermanland	21 711	264 803
Västerbottens län	Västerbotten und Lappland, südl. Teil	55 401	245 252
Norrbottens län	Norrbotten und Lappland, nördl. Teil	98 919	264 457

Auffallend sind die großen Unterschiede in der Größe der einzelnen Provinzen, während die Bevölkerungszahlen, von Ausnahmen abgesehen, viel geringere Differenzen aufweisen (Stand 1984).

Geschichte

Vorzeit

Mit Beginn der Eisschmelze, 12 000 bis 10 000 v. Chr. wird die Besiedelung Südschwedens, etwa 3000 Jahre später auch die Mittelschwedens möglich. Erste feste, bäuerliche Siedlungen sind um etwa 3000 v. Chr. nachgewiesen. Um 1500 v. Chr. gelangt die Bronze nach Schweden. Ab hier spricht man von der »Älteren Bronzezeit«. Nach 500 v. Chr. folgt die aufgrund der Funde (besonders auf Gotland und in Skåne) sogenannte »keltische Eisenzeit«. In diesen Zeitraum fällt auch die erste große Wanderbewegung, in der vor allem die Goten aus Südschweden an die Weichsel ziehen.
In den Kulturen des Mittelmeerraumes bestanden damals über die Verhältnisse in Skandinavien nur verschwommene Vorstellungen. Um 300 v. Chr. berichtete der griechische Seefahrer und Geograph Pytheas von einem nörd-

lich von Britannien gelegenen Land Thule. Welches Land er meinte, ist nicht sicher. Man vermutet, daß er Norwegen beschreiben wollte. Plinius d. Ä. erzählt in der zweiten Hälfte des 1. Jh. von Skandinavia. Tacitus spricht von dem Reich der »Svionen«. Um 150 n. Chr. bezeichnet Ptolemaios von Alexandria Schweden als die größte Insel der Nordländer mit den Namen Skandia.
Um diese Zeit werden die keltischen Einflüsse durch römische verdrängt. Deshalb nennt man in Schweden den Abschnitt von Christi Geburt bis 400 n. Chr. die »römische Eisenzeit«. Danach beginnt in der schwedischen Geschichtsschreibung dann die »jüngere Eisenzeit«. Sie beginnt mit der Völkerwanderungszeit von 400 bis 550 n. Chr. Obwohl es in Skandinavien nicht zu den großen Wanderungen wie im übrigen Europa kam, scheint es doch, den zahlreichen Fliehburgen nach zu schließen, eine unruhige Zeit gewesen zu sein.
Die Zeitspanne zwischen 550 und 800 n. Chr. wird in Schweden nach einem Fundort in Uppland die »Vendelzeit« genannt. Es war offenbar eine friedlichere Zeit mit lebhaften Handelsbeziehungen nach Süden. Damals organisierten sich wahrscheinlich die kleineren Königstümer zu einem loseren Staatsverband, Svithiod (oder Svitjot) genannt. Sein Zentrum war Uppland. Seine Einwohner, die »Svear« übernahmen die führende Rolle auch über die in Südschweden lebenden Goten. Svithiod wurde so zur Keimzelle des späteren Schweden. Aus dem Reich der Svear = »Svea rike« wurde schließlich »Sverige«.

Wikinger

Ab 800 v. Chr. beginnt die Wikingerzeit. Dabei muß man zunächst zwischen den nach England und Westeuropa zielenden Wikingerzügen der Dänen und Norweger und den vorzugsweise nach Osten und Südosten fahrenden schwedischen Wikingern unterscheiden. Der Ostwiking der Schweden war durch die früheren Handelswege nach Byzanz und Bagdad schon vorgezeichnet. Die Schweden, die sich dann dort niederließen, von den einheimischen Slawen »Rus« (= Nordländer) genannt, gingen langsam in den dortigen Völkern auf, gaben ihnen aber ihren Namen. Erst später drangen die Schweden auch nach Süden vor. Sie eroberten Haithabu und nahmen schließlich zusammen mit den Dänen am Westwiking teil.
Ab dieser Zeit läßt sich eine getrennte Entwicklung der drei nordischen Staaten verfolgen. Zu der ersten bekannten Festlegung der Grenzen zwischen

Dänemark und Schweden kam es aber erst Mitte des 11. Jh. Unsicher ist dabei, ob damals auf Danaholm, vor dem heutigen Göteborg, neue Grenzen geschaffen oder nur bestehende Grenzen festgeschrieben wurden.
Die ersten christlichen Missionsversuche hatte Erzbischof Ansgar von Hamburg-Bremen 829 und 850 in Birka bei Stockholm unternommen. Beide Gemeindegründungen bestanden nur kurze Zeit. Auch die Missionierung von Unni um 930 war erfolglos geblieben. Das Zentrum der schwedischen Länder lag in Uppland nahe dem heutigen Uppsala. Dort stand der heidnische Tempel, den Adam von Bremen beschrieben hat: groß, quadratisch, mit rundumlaufenden Seitenschiffen, einem Mittelpfeiler. Er war mit Gold verkleidet. Innen befanden sich drei Statuen – Thor, der Herr der Lüfte, des Wetters und der Ernten, Wotan der Wütende, der Kriegsgott, und Frey oder Fricco, der Herr über Frieden und Wollust, ausgezeichnet mit einem großen Phallus. Erst Mitte des 11. Jh. konnte sich das Christentum in Schweden durchsetzen. Dies fällt zeitlich mit dem Ende der Wikingerzüge zusammen. Deshalb beginnt in der schwedischen Geschichtsschreibung das Mittelalter erst um 1060.

Zeiteinteilung

Jüngere Steinzeit	Ältere	Jüngere Bronzezeit	keltische Eisenzeit	Römische Eisenzeit	Völkerwanderungszeit	Vendelzeit		Wikingerzeit
3000	1500	1000	500	0	400	550	800	1060
	Bronzezeit		Ältere Eisenzeit		Jüngere Eisenzeit			
Vorzeit								*Mittelalter*

Zu dieser Zeit war Schweden ein Wahlkönigtum. Von den königlichen Verwaltern, »jarl« genannt, wurde besonders Birger Jarl bekannt. Er und seine Nachfolger ließen das schwedische Recht kodifizieren. Damit wurde das alte germanische Recht zur Grundlage der gesamten schwedischen Rechtsgeschichte bis heute. Diese Reichsgesetzgebung legte Menschenrechte fest, die heute noch in Straßburg gefordert werden. Insbesondere wurde die Unverletzlichkeit des Heims und die Sicherheit auf Straßen und bei Tings gewährleistet.
Seinem Sohn Waldemar gelang nach 1266 die Konsolidierung des König-

reichs. Er holte Bergbaufachleute aus Deutschland. Die Kupfer- und Eisenförderung nahm als Folge einen erheblichen Aufschwung. Verträge mit den deutschen Hansestädten, besonders mit Lübeck führten zu starkem deutschen Einfluß.

Grenzen

Im 13. und 14. Jh. dehnte Schweden seine Grenzen nach Osten aus. Die Einverleibung Finnlands entsprang dem Bestreben, die Handelswege zur Newa zu sichern. Gleichzeitig war es Missionierung und Kolonisierung. In der schwedischen Geschichte wird deshalb auch von den »finnischen Kreuzzügen« gesprochen. 1323 wurde die Ostgrenze mit Rußland festgelegt. Von da an war bis 1809 Finnland Bestandteil des schwedischen Reiches.
Bei der Grenzziehung mit Dänemark war festgelegt worden, daß die heutigen schwedischen Landschaften Blekinge, Skåne, Halland und Bohuslän zu Dänemark gehörten. Teile von Härjedalen und Jämtland waren norwegisch (bzw. später dänisch).

Adelsbildung

Etwa ab 1280 beginnt die Ausbildung eines Adelsstandes mit den »Bestimmungen von Alsnö« (am Mälaren) (»Alsnö stadga«). Sie legten die Befreiung von königlichen Abgaben an bestimmte Gruppen fest. Aus den großen – und entsprechend wirtschaftlich stärkeren – Bauernsippen entstanden dadurch die sogen. »Frälse«, d. h. die von Abgaben »Befreiten«. Wichtigste Bedingung war die Dienstleistung im Krieg in Eisenrüstung zu Pferde. Daneben wurden aber auch diejenigen von Abgaben befreit, die dem König »mit Rat und Hilfe« zur Seite stünden, also die eigentlichen Dienstleute des Königs sowie die Dienstleute des Erzbischofs und der Bischöfe. Dieser weltlichen Schicht von »Befreiten« (»Frälse«) haftete aber nur sehr bedingt ein feudaler Zug an. In der Folgezeit zeichneten sich diese »Frälse« dann durch aktive Teilnahme am politischen Geschehen aus. Die »Ofrälse«, also die »Nichtbefreiten«, blieben zwar abgabepflichtig, ansonsten aber freie Bauern. Eine den kontinentalen Verhältnissen entsprechende Grundherrschaft fehlte.
Wirtschaftlich war Schweden eng mit der Hanse verbunden. Auch das im

Bergbau eingesetzte Kapital kam aus Deutschland. Der Preis, der von den deutschen Städten gefordert wurde, bestand jahrhundertelang in Privilegien. Eine Folge des deutschen Einflusses war die Ausbildung des Stadtwesens nach deutschem Vorbild. Schon in der zweiten Hälfte des 13. Jh. waren durchschnittlich etwa die Hälfte aller Stadtbewohner Deutsche. Sie organisierten die städtische Verwaltung nach heimatlichem Vorbild. Nicht nur Kaufleute, auch Fachleute für Metallbearbeitung und Bergbau kamen nach Schweden. Ihre starke Rechtsstellung führte dazu, daß im allgemeinen die Hälfte aller Ratsmitglieder Deutsche waren.

Zu den herausragenden Gestalten dieser Zeit gehört die heilige Birgitta (1303–1373), die Gründerin des Klosters von Vadstena (Östergötland). Sie wurde die schwedische Mystikerin, die mit ihren visionären Erscheinungen Einfluß auf die Politik nahm. Diese »Revelationes« machten sie in ganz Europa berühmt.

Eine außenpolitische Expansion unter König Magnus Eriksson (1319–64), bei der Schweden die dänischen Provinzen Skåne, Blekinge, Halland gewann, Norwegen in einer Union mit Schweden verbunden war und im Osten die Grenze an die Newamündung ausgedehnt wurde, zerbrach an inneren Streitigkeiten. Der aufsässige Adel gewann Albrecht von Mecklenburg als König, der sich jedoch nicht an seine Zusage von 1371 hielt, nur Schweden mit der Verwaltung zu beauftragen. Es kam zu inneren Kämpfen. Bei der Versorgung Stockholms, das von seinen Anhängern besetzt, von seinen Gegnern belagert wurde, spielten die Vitalienbrüder eine wichtige Rolle.

Kalmarer Union

Die 1397 beginnende Kalmarer Union, der große Versuch, die drei skandinavischen Staaten zusammenzufassen, hatte verschiedene Wurzeln. Der Wunsch, zukünftige Streitigkeiten zu vermeiden, war nur einer davon. Dänemark war ebenso wie Schweden bestrebt, den deutschen Einfluß zurückzudrängen. Die schwedische Aristokratie wollte sich von Albrecht von Mecklenburg befreien. Auch wirtschaftliche Gründe spielten eine Rolle. Königin Margarete von Dänemark stellte dynastische Ansprüche. Die Oberschicht Dänemarks wie Schwedens hatte Grundbesitz in beiden Ländern. Die sprachlichen Unterschiede waren außerdem in dieser Zeit noch geringer als heute.

Die Union hielt nicht, was sie versprach. Schon zu Beginn der 1430er Jahre wuchs die Unruhe. Ein Grund waren die Kämpfe, die der Unionskönig Erich von Pommern mit den Hansestädten ausfocht, um seine Herrschaft im Ostseeraum abzusichern und wirtschaftlich auszuweiten. Verstärkte Abgabenbelastungen waren die Folge. Der Eisenexport aus Mittelschweden kam zum Erliegen. Außerdem setzte Erich dänische Vögte ein, was gegen die bestehenden Vereinbarungen war. 1434 brach der Aufstand in Schweden unter Führung Engelbrekt Engelbrektssons aus. Engelbrekt war ein Gutsbesitzer, besaß Bergwerksanteile und gehörte dem niederen Adel an. Die Volkssage hat ihn zum einfachen Bergmann stilisiert und in seinem Aufstand den Beweis für einen schwedischen nationalen Unabhängigkeitswillen gesehen. In Wirklichkeit stand der Unionsgedanke selbst nicht so sehr zur Debatte als vielmehr die Tendenz Erichs zur Alleinherrschaft unter Verletzung der zugesagten Freiheiten.

Engelbrekt brachte auch, so die Legende, 1435 einen schwedischen Reichstag in Arborga zustande, der mit der Beteiligung aller vier Stände als »Schwedens erster Reichstag« gilt. Eine genauere Untersuchung der Quellen ergab jedoch, daß die Bauern ganz offensichtlich nicht beteiligt waren. Man geht heute davon aus, daß sie anwesend waren, aber nicht als selbständig handelnder Stand auftraten.

In Dänemark und Norwegen wurde 1448 Christian von Oldenburg zum König gewählt, während Schweden sich für einen eigenen König, Karl Knutsson, entschied. Der Versuch Christians I., seinen Anspruch auf die schwedische Krone mit Gewalt durchzusetzen, scheiterte in der Schlacht am Brunkeberg (im heutigen Stockholm, hinter dem Sergelstorg). Eine Folge war die Änderung der schwedischen Stadtgesetze. Der deutsche Einfluß wurde stark beschnitten. Die frühere Vorschrift, wonach die Hälfte des Rats aus Deutschen bestehen mußte, wurde aufgehoben und festgelegt, daß kein Ausländer Bürgermeister oder Ratsmitglied werden durfte.

Die Unionszeit war geprägt von Gegensätzen zwischen Dänen und Schweden. Bei allen Streitigkeiten verliefen die Trennungslinien aber quer durch die schwedische Aristokratie und durch die übrige Bevölkerung und waren zumeist wirtschaftlich motiviert. Als Gegengewicht gegen die Unionskönige, die von vielen Schweden als dänische Könige empfunden wurden, gewannen in Schweden die Reichsverweser (riksförestándere) an Gewicht. Daneben kam aber auch den Ständen, die immer häufiger zusammentraten, größere Bedeutung zu. 1517 werden dabei auch die »gemeinen Bauern« unter den Teilnehmern ausdrücklich erwähnt. Der Reichstag hatte eine feste Form angenommen und umfaßte alle Stände.

Stockholmer Blutbad

1513 hatte Christian II. den Thron von Dänemark und Norwegen bestiegen. In Schweden hatte er Anhänger unter Führung des Erzbischofs Trolle und Gegner in der sogen. Sturepartei. Nach kriegerischen Auseinandersetzungen gelang es Christian II. unter Zusage einer allgemeinen Amnestie aller seiner Gegner, sich zum König krönen zu lassen. Am Ende der Feierlichkeiten beschuldigte Erzbischof Trolle plötzlich die Anhänger der Sturepartei der Ketzerei. Mit Hilfe dieser kirchenrechtlichen Konstruktion ließ Christian II. schon am nächsten Tag fast 100 seiner stärksten Gegner hinrichten. Dies war das berühmte Stockholmer Blutbad. Lange wurde er deshalb in den schwedischen Geschichtsbüchern als »Kristian tyrann« bezeichnet. Mit diesen Hinrichtungen war aber nun eine Reizschwelle überschritten, die zum Aufstand unter Gustav Vasa führte. 1521 wurde er zum Reichsverweser und 1523 zum König gewählt. Die Union von Kalmar war endgültig zerbrochen. Ermöglicht wurde der Aufstand durch die Hilfe Lübecks, das sich dafür Zollfreiheit im Handel mit Schweden und die Zusage eingehandelt hatte, daß sich schwedische Kaufleute auf den Handel im eigentlichen Ostseeraum beschränken und nicht mehr durch den Öresund segeln würden.

Kirchenreduktion

Mit dem Ausscheiden aus der Union begann Schweden, sich zu einem Nationalstaat nach kontinentalem Muster zu entwickeln. Die Reichsgewalt wurde zentralisiert, war aber finanziell schwach. Die Kirche besaß damals rund 21 % des gesamten Bodens, weitere 21 % gehörten den Frälse. Die Krone verfügte nur über 5 %. Der Rest war im Besitz der steuerpflichtigen Bauern. Gustav Vasa vermochte 1527 auf friedlichem Wege einen Reichstagsbeschluß herbeizuführen, durch den das Eigentum der Kirche in Staatseigentum überging. Bei seinem Tod standen der Krone etwa 28 % des Grund und Bodens zur Verfügung, der Anteil der Frälse und der Bauern war gleichgeblieben. Das war die »Kirchenreduktion« Gustav Vasas.

Reformation

Die in dieser Zeit nach Schweden gelangenden protestantischen Ideen erleichterten diese Kirchenreduktion. Gustav Vasa löste die Kirche von Rom. Die lutherische Kirche wurde Staatskirche und durch die Organisation der Verwaltung zu einem administrativen Instrument des Staates. Die Pfarrer wurden nämlich gleichzeitig mit staatlichen Verwaltungsaufgaben betraut. Der Übergang vom Katholizismus zur protestantischen Staatskirche erfolgte praktisch ohne Blutvergießen. Dafür dauerte er auch fast ein Jahrhundert. Zwar war schon 1526 das Neue Testament auf Schwedisch erschienen, doch Lehre, Kultus und vor allem das Verhältnis der Kirche zum Staat bildeten sich erst im Lauf des Jahrhunderts aus. 1593 wurde in der »Königsversicherung«, in der die Könige anläßlich ihrer Wahl den Ständen deren Rechte garantierten, bestimmt, daß Ämter nur mit Protestanten besetzt werden dürften. Es wurde aber auch festgelegt, daß Andersgläubige im Reich bleiben dürften, solange sie sich »ruhig verhielten«. Erst das Religionsgesetz von 1617 sah Eigentumsverlust und Ausweisung für Konvertiten vor.

Gustav II. Adolf

Die Vasazeit (1521–1654) und die Karolinische Zeit (1654–1718) sind die Großmachtepochen der schwedischen Geschichte. Der Nordische Siebenjährige Krieg (1563–1570) zwischen Dänemark und Schweden hatte den wachsenden Einfluß Schwedens im Ostseeraum nicht verhindern können. Der aus einer Ehe Johans III., einem der Söhne Gustav Vasas, mit der polnischen Thronerbin Katharina Jagellonica entstammende, katholisch erzogene Sigismund wurde König von Polen. Nur kurze Zeit konnte er sich auch als König von Schweden behaupten, dann wurde er von den Ständen abgesetzt. Seine wiederholten Ansprüche auf den schwedischen Thron führten zu kriegerischen Verwicklungen. 1611 wurde Gustav II. Adolf zum König gewählt. Als erstes beendete er den 1611 ausgebrochenen Krieg mit Dänemark. Polnischen Angriffsabsichten kam er mit einem Krieg zuvor. Bis zum Waffenstillstand 1629 gelang es ihm, die gesamte polnische Ostseeküste vom Baltikum bis Pommern fest in die Hand zu bekommen.
1630 trat Schweden in den Dreißigjährigen Krieg ein. Über die Gründe ist viel geschrieben worden. Die ältere Geschichtsschreibung stellte die Unterstützung des Protestantismus in den Vordergrund. Bei der seinerzeitigen

innerschwedischen Diskussion diente sie auch als ständige Begründung für alle Forderungen des Königs. Moderne Forschungen betonen dagegen stärker die machtpolitische Frage. Die enge Verbindung Sigismunds mit dem katholischen Habsburg und das Auftreten Wallensteins an der Ostsee bedeuteten neue Rivalen im Kampf um die Ostseeherrschaft. Außerdem stellte das Stärkerwerden der katholischen Partei auch eine Stärkung Sigismunds dar. Schwedens Bündnis mit Frankreich hatte für beide das gleiche Ziel, die Verhinderung eines starken deutschen Nationalstaates. Frankreich befürchtete eine deutsche Expansion nach Westen, Schweden eine solche nach Norden. Zu dieser defensiven Einstellung trat auch eine offensive, der schwedische Anspruch auf die Vorherrschaft im Ostseeraum.

An der Seite des Königs stand der ungemein fähige Organisator und Kanzler Axel Oxenstierna. Als Gustav II. Adolf 1632 in der Schlacht bei Lützen fiel und die Thronfolgerin Christina noch minderjährig war, führte er die Geschicke des Reiches. Königin Christina dankte 1654 ab, trat zum Katholizismus über und starb in Rom.

1643 flammte ein neuer Krieg zwischen Schweden und Dänemark auf. Anlaß war eine Erhöhung der dänischen Sundzölle. In diesem und einem 1657/58 folgenden Krieg konnte Schweden nun die Landschaften Blekinge, Skåne, Halland, Bohuslän, Gotland sowie Teile von Härjedalen und Jämtland endgültig gewinnen (Frieden von Roskilde 1658). Damit war ein altes Ziel schwedischer Politik erreicht, die dänische Beherrschung des Öresunds zu brechen und den Zugang zur Nordsee zu sichern.

Die schwedischen Kriegszüge auf dem Kontinent hatten große Teile des schwedischen Adels in enge Beziehung zum mittel- und westeuropäischen Kulturleben gebracht. Der durch den Krieg erworbene Reichtum wurde vielfach in großartigen Bauten und in ihren Ausschmückungen angelegt. Zahlreiche Kunstschätze gelangten als Kriegsbeute nach Schweden. Zugleich war durch den Zwischenhandel auch eine wohlhabende bürgerliche Schicht entstanden. Diese Schichten wurden zum Träger eines reichen Kunst- und Kulturlebens. Befruchtet wurde diese Bewegung durch den Zustrom wohlhabender Ausländer, die oft Darlehen an die Krone gegeben hatten und durch Verpachtung von Einnahmen in Schweden entlohnt wurden.

Götizismus

Die Großmachtzeit, die sich noch bis zum Ende Karls XII. fortsetzte, machte sich auch in dem sogen. Götizismus und Rudbeckianismus geltend. Ersterer, der schon im 15. Jahrhundert begann, führte die Herkunft der

Schweden auf die Goten zurück und leitete daraus eine nationale Sonderstellung ab. Diese Einstellung war in der Unionszeit verstärkt laut geworden. Eine gesteigerte Überspitzung des Nationalismus war der sogen. Rudbeckianismus. Olof Rudbeck vertrat in seinen Büchern von 1679 an die Auffassung, Platons Atlantis sei identisch mit dem ursprünglichen Reich der Goten und somit Schweden Mittelpunkt und Ausgangspunkt der menschlichen Kultur. Noch heute werden in Schweden überspitzte Nationalismen als »Rudbeckianismus« abgetan.

Adelsreduktion

Durch die Kriegszüge war der Adel auch in engen Kontakt mit der europäischen Feudalordnung gekommen. Es wurden nun Stimmen laut, eine dem kontinentalen nachempfundene Art »Grundherrschaft« zu fordern. Dabei sollte eine Einmischung der Krone weitgehend ausgeschlossen werden. Selbstverständlich protestierten die »ofrälse« und wiesen auf Übergriffe des Adels, insbesondere bei der Inbesitznahme von Land, hin. 1649 legten sie dem Reichstag eine Denkschrift, die sogen. »Protestation« vor. Tatsächlich waren von der Krone zur Deckung der Kriegskosten königlicher Grundbesitz und auch Steuereinkünfte an den Adel verkauft oder verpachtet worden, so daß schließlich 72% des Bodens in adligen Händen waren. Die restlichen 28% teilten sich Krone und Steuerbauern. Die Frage einer Verbesserung der Staatsfinanzen und die Forderungen der Ofrälse auf eine Neuverteilung der »ausgesonderten« Krongüter wurde dringender. 1655 stellte Karl X. Gustav vor dem Reichstag dem Adel die Alternative einer Kontribution oder einer Reduktion. Um die Ansprüche und Vorwürfe der Ofrälse zum Verstummen zu bringen und aus Furcht vor ständig erneuerten Kontributionen wählte der Adel die Reduktion. Bis zum Tode Karl X. wurden jedoch nur die Erträge der einzuziehenden Güter von der Krone vereinnahmt. Erst unter seinem Nachfolger Karl XI. (1672–97) wurde diese sogen. »Adelsreduktion« von 1655 dann so durchgeführt, daß ungefähr 80% des Grund und Bodens, der seit dem 16. Jh. von der Krone an den Adel abgetreten worden war, wieder »reduziert«, d. h. zurückgegeben wurde. Damit hatte sich das Königtum aus der wirtschaftlichen Abhängigkeit vom Adel lösen können. Nach erfolgter Durchführung besaß der Adel nur noch 32,9% des Grund und Bodens, während der Krone 35,6% das sogen. Krongut und den Bauern 31,5%, das sogen. Zinsland gehörten. Krone und Bauernstand waren wirtschaftlich gestärkt, der Adel behielt seine Privilegien, war aber in seiner wirtschaftlichen

Vormachtstellung stark beschnitten. Wichtig war dabei besonders, daß ein dem Kontinentalen vergleichbarer Feudalismus mit Leibeigenschaft nicht entstand. Bezeichnende Ausnahme war lediglich das zu Schweden gehörende Vorpommern.

Für die Stellung der Bauern blieb als Ergebnis der Reduktion, daß die an den Adel abgetretenen Rechte an Erträgen nun wieder direkt an die Krone abgeführt wurden. Rein wirtschaftlich mochte der Unterschied kaum ins Gewicht fallen. Dagegen war die rechtlich freie Stellung der Bauern abgesichert, ob sie nun »skattebönder«, d. h. »Steuerbauern« auf eigenem Grund waren (natürlich mit entsprechend höherem sozialen Ansehen), oder ob sie als Pächter auf der Krone gehörenden Ländern saßen und entsprechende Pachtzinsen zahlten. Nach 1701 gab es für diese sogen. »Kronenbauern« (»kronobönder«) die Möglichkeit, durch Freikauf den gepachteten Boden als Eigentum zu erwerben und damit gleichfalls »Steuerbauern« zu werden.

Karl XI. (1672–97) nutzte den Gegensatz zwischen Hocharistokratie und niederem Adel sowie »Ofrälse« aus und erlangte mit Hilfe eines Reichstagsbeschlusses 1680 eine stark absolutistische Stellung. Sicherlich war diese Stellung nicht mit dem Absolutismus eines Ludwig XIV. von Frankreich zu vergleichen, doch hatte die alte Ratsaristokratie weitgehend an Einfluß verloren. Sogar die Kontributionsfreiheit wurde angetastet.

Indelningsverk

Ab 1679 wurde das »indelningsverk« organisiert. Im engeren Sinn wurde darin die Versorgung des Heeres aus den Erträgen bestimmter Krongüter festgelegt. Die Infantrie wurde aus fest eingeteilten Bezirken gestellt und von diesen unterhalten. Für die Offiziere gab es besondere Höfe. Größe, Ausstattung und Ausschmückung der Wohnhäuser war genau vorgeschrieben und abhängig von dem jeweiligen Rang. Diese Vorschriften gewannen große Bedeutung als Vorbild für die Wohnkultur der oberen Schichten in Schweden. Im Prinzip war diese Form des Unterhalts von Soldaten nicht völlig neu. Schon unter Gustav Vasa hatten die Kriegsknechte eine Art Hinterhäuslerleben geführt. Es war ihnen eine kleine Kate (»torp«) mit etwas Ackerland zugeteilt worden, womit sie sich ernähren konnten. Auf diese Weise besaß Schweden ein jederzeit schnell zu mobilisierendes Bauernheer, das durch jährliche Manöver kriegstüchtig gehalten wurde. Den Vorteilen auf der einen Seite stand als Nachteil aber gegenüber, daß der Übergang von der Natural- zur Geldwirtschaft stark aufgehalten wurde, um so mehr, als auch zivile

Karl XII. – Freiheitszeit

Dienste auf diese Weise bezahlt wurden. Das »indelningsverk« erhielt die Naturalwirtschaft in Schweden länger am Leben als in irgendeinem anderen europäischen Land.

Karl XII.

Karl XII. (1697–1718), der »Heldenkönig«, gehört zu den bekanntesten Gestalten der schwedischen Geschichte. Aus dem gegen Schweden gerichteten Bündnis Rußlands, Dänemarks und Polen/Sachsens entstand der Nordische Krieg von 1697–1718. Nach anfänglichen glänzenden Erfolgen, bei denen Karl XII. bis nach Sachsen vorstieß, drang der König in das Innere Rußlands vor. Die Verteidigung der Russen bestand im Rückzug mit »verbrannter Erde«. Der ungewöhnlich strenge Winter 1708/09 schwächte das schwedische Heer, das 1709 mit der Belagerung von Poltawa in der Ukraine begann. Zar Peter führte frische Truppen heran. Der Verlust der Schlacht bei Poltawa am 28. 6. 1709 war eigentlich nur ein mißglückter Angriff, militärisch gar nicht so bedeutungsvoll. Die Schweden traten aber den Rückzug an, und Graf Lewenhaupt kapitulierte deprimiert am folgenden Tag. Den König hatte man überredet, in die Türkei zu fliehen. Von dort versuchte er in den nächsten Jahren, den Kampf politisch fortzusetzen. 1714 kehrte er nach Schweden zurück. Ein letzter Versuch, das Kriegsglück zu wenden, endete mit seinem Tod vor Fredrikstens fästning bei Halden am Oslofjord. Ob es eine verirrte Kugel oder ein Schuß aus den eigenen Reihen war, blieb ungeklärt. Im folgenden Jahr, 1719, besetzten die Russen einen schmalen Küstenstreifen längs der schwedischen Ostküste. Zahlreiche Städte wurden niedergebrannt. Im Frieden von Nystad mußte Schweden seine baltischen Besitzungen an Rußland abtreten. Auch seine Länder an der deutschen Küste, mit Ausnahme von Schwedisch-Pommern gingen verloren. Rußland war Ostseegroßmacht geworden, die Schwedische Großmachtzeit vorbei.

Freiheitszeit

Bei der Wahl Königin Ulrikas Leonoras 1718 wuchs die Macht des ständischen Reichstages. Die von ihr gewünschte Krönung ihres Gemahls Friedrich von Hessen-Kassel zum König war nur durch weitere Zugeständnisse an den Reichstag zu erreichen.

Diese zwei Regierungsreformen unterbrachen die absolutistische Entwicklung. Die Zeit von 1719 bis 1772 wird in der schwedischen Geschichte die »Freiheitszeit« genannt. Die konstitutionelle Tradition wurde neu belebt. Die Königliche Macht verlor ihre zentrale Funktion. Die alte Ratsaristokratie büßte ebenfalls ihre dominierende Machtposition ein. Gewinner war in erster Linie der zahlenmäßig stärkere niedere Adel. Auch die »Ofrälse« konnten ihre Stellung stärken, wenn sie auch noch zu zersplittert waren, um sich voll durchsetzen zu können. Die Entwicklung eines Parlamentarismus begann. Die Ausbildung eines freiheitlichen Bewußtseins war wichtiger als alle Parteienstreitigkeiten dieser Zeit. Bei diesen ging es ebenso um wirtschaftliche Fragen (Merkantilismus gegen Liberalismus) wie um außenpolitische (Bündnis mit Frankreich oder mit England). Es bildeten sich zwei Parteien, die konservativen »Hüte« und die liberalen »Mützen«.

Der Reichstag bestand aus vier Ständen, Adel, Geistlichkeit, Bürger und Bauern. Das beschlußfassende Gremium umfaßte allerdings erst ab 1766 auch die Bauern. Wirtschaftlich nahm Schweden wieder einen Aufschwung. Der Nordische Krieg war in seiner ersten Hälfte noch aus den besetzten Feindesländern finanziert worden. Die Wende ab 1709 hatte aber zu einer Verschiebung vom Natural- zu einem Geldhaushalt geführt. Mitverantwortlich war dafür die Abwesenheit so vieler Bauern, was zu einem Rückgang der landwirtschaftlichen Erträge geführt hatte. Diese Umwandlung erfolgte durch den Baron Görtz, der auch für die Finanzierung der Neuaufstellung des Heeres 1717/18 sorgte. Er tat dies mit einer inflationären Geldvermehrung. Nach dem Krieg machte man ihn für die Geldverschlechterung verantwortlich und köpfte ihn als Sündenbock.

Außenpolitisch manövrierte Schweden in dieser Zeit recht glücklos. 1741 griff es noch einmal Rußland an, um die im Osten verlorengegangenen Gebiete zurückzuerobern. Im Frieden von 1745 mußte es weitere Gebietsabtretungen an der finnischen Grenze hinnehmen.

Wichtiger als die Außenpolitik war im 18. Jh. die kulturelle Entwicklung. Künste und Wissenschaften wurden gepflegt. Entscheidende Impulse kamen von Frankreich. Wenn auch Gelehrtensprache weiterhin Latein blieb, so wurde Französisch doch zur Sprache der höfischen Kreise. Nicht nur wissenschaftliche und künstlerische Ideen kamen von Frankreich, sondern auch die wichtigsten politischen Ideen. Der in früheren Jahrhunderten starke deutsche Einfluß ging zurück, zumal auch in Deutschland der französische Einfluß vorherrschte. Aus England kamen dagegen Kaufleute, und viele der führenden Stockholmer und besonders der Göteborger Handelshäuser können auf englischen Ursprung zurückblicken.

Gustav III.

Gustav III. bestieg 1771 den Thron. Die Zeit von 1772 bis 1809 wird nach ihm die Gustavianische Zeit genannt. Bei seiner Thronbesteigung hatte er die Regierungsreform von 1720 anerkannt, aber schon 1772 unternahm er mit Hilfe des Militärs einen unblutigen Staatsstreich, mit dem er den Absolutismus wieder einführte. Gustav III. besaß eine mit vorzüglicher Überredungskunst gepaarte liebenswürdige Erscheinung, durch die er das Militär gewinnen konnte. Es umstellte den Reichstag, in dem der König die politischen Mißstände rügte, die Wiederherstellung des königlichen Ansehens verlangte und eine vorbereitete Regierungserklärung verlas. Er bat dann nicht um Zustimmung, sondern forderte nur mögliche Oppositionelle auf, vorzutreten. Angesichts des aufmarschierten Militärs wagte dies natürlich niemand, und der König erklärte die neue Regierungsform für einstimmig angenommen. Der Reichsrat erhielt nur beratende Funktion, hatte nur noch wenig Macht und trat auf Anordnung des Königs zusammen.
1789 setzte Gustav den sogen. »Privilegienausgleich« *gegen* den Adel durch. Alte Adelsprivilegien wurden außer Kraft gesetzt, die Stellung der anderen Stände gestärkt. Bemerkenswert ist, daß diese Standesnivellierung bereits vor der Französischen Revolution stattfand. Gustav III. vertrat in etwa einen aufgeklärten Absolutismus, der größere Freiheit im Gewerbeleben zur Folge hatte, aber auch die Freiheit der Bauern sicherte. Das geschah zu einer Zeit, als Rußland in den ehemaligen schwedischen Ostseeprovinzen die Leibeigenschaft einführte.
Für die kulturelle und künstlerische Entwicklung, die in der Freiheitszeit ihren Anfang genommen hatte, bedeutete die Gustavianische Epoche eine Glanzzeit. Gustav III. war nicht nur politisch entschlossen und organisatorisch begabt, sondern auch künstlerisch sensibel. Besondere Vorliebe hegte er für das Theater. Er schrieb selber Theaterstücke und nahm lebhaft Einfluß auf Bühnenbildgestaltung und Inszenierung. Zahlreiche Künstler wurden von ihm nach Schweden geholt. 1771 gründete er die Musikakademie, 1773 die Akademie der Schönen Künste. Zur Förderung der Dichtkunst und Sprache entstand 1786 die Schwedische Akademie. Das Theater auf Drottningholm, die Oper in Stockholm und ein Schauspielhaus wurden gebaut. Der Sänger Carl Michael Bellman hat dieser Epoche in seinen Liedern ein Denkmal gesetzt. Die Werke bildender Künstler wie die des Bildhauers Sergel oder des Dekorationsmalers Masreliez zeugen von dem Gestaltungswillen des Gustavianismus.
Unter der Herrschaft Gustav des III. begann auch die Einwanderung von Juden nach Schweden. Nach 1770 wurden sie dazu vom König ermuntert, der durch sie den »Geschäftssinn« seiner Untertanen zu beleben hoffte.

Das Ende Gustav III. gab Verdi den Stoff zu seiner Oper »Der Maskenball«. Innerhalb des Adels war die Opposition gewachsen. Es kam zu einem Komplott. Graf Ankarström schoß auf einem Maskenball auf den König, der jedoch nur verwundet wurde und erst zwei Wochen später starb (1792). Seine Person wird nicht einheitlich beurteilt. Dazu war er zu widersprüchlich. Einem starren Despotismus stand Weltoffenheit gegenüber. Er förderte die unteren Stände, aber er versäumte es, ihnen eine Ausbildung zu verschaffen, die sie dem Adel gewachsen sein ließen. Er umgab sich mit Ratgebern, ohne ihnen eine feste Stellung zu geben. Klaren konstruktiven, von der Aufklärung beeinflußten Ideen stand oft eine gewundene Politik gegenüber. Wesentliche Teile seines politischen Systems überdauerten ihn daher nicht. In der Erinnerung ist er in Schweden aber der große »Verzauberer« geblieben.

Enskifte

Sein Sohn Gustav IV. Adolf, war das Gegenteil seines Vaters, pedantisch und ohne dessen Begeisterung für Ästhetik. Mit Sparsamkeit versuchte er, die Staatsschulden zu senken. Zu den folgenreichsten Gesetzen seiner Zeit gehört die sogen. »enskifte«, d. h. die Neuverteilung der Äcker in den Dörfern. Die frühere Ordnung sah vor, daß jeder Hof Anteil an jedem Ackerboden, der zum Dorfbereich gehörte, haben sollte. Das hatte zu einer immer weiteren Aufteilung in kleine und allerkleinste Äcker geführt. Die Bewirtschaftung war einzeln nicht möglich. Es mußte eine gemeinsame Bewirtschaftung aller Äcker vorgenommen werden. Die Eigentumsrechte blieben zwar dabei erhalten, aber im Grunde wurde eine Art genossenschaftliche Zusammenarbeit notwendig. Dies mag für die Ausbildung der schwedischen Mentalität mitbestimmend gewesen sein. Die Neuverteilung, die sogen. »Verkoppelung«, bedeutete nun keine Eigentumsumschichtung, sondern nur eine andere Einteilung. Der Vorgang entsprach in etwa dem der deutschen Flurbereinigung nach dem Zweiten Weltkrieg. Eine Reihe von Kleinstbesitzern allerdings konnte die damit verbundenen Unkosten nicht aufbringen und sank in das Landarbeiterproletariat ab.
Das diese Entwicklung einleitende, grundsätzliche Gesetz wurde 1807 erlassen. Die Durchführung zog sich allerdings in die Länge. 1827, schon unter der Regierung der Bernadottes, wurde es verschärft. Jetzt kam es auch zu der erzwungenen Auflösung der Dörfer. Jeder Hof mußte inmitten seiner Äcker liegen. Das ist der Grund, warum man auf Reisen in Schweden so wenige Dörfer sieht, aber so viele Kirchen, die fast allein stehen. Das häufig auftau-

chende Schild »... k:a« (... Kirche) wird daraus erklärlich: Wo die Kirche steht, befand sich früher das Dorf. Heute stehen dort häufig nur einige wenige Häuser, während die eigentliche Gemeinde verstreut zwischen ihren Äckern wohnt. Die wirtschaftliche Folge dieser Umlegung war ein beachtlicher Aufschwung der Landwirtschaft.

Wegen grundsätzlicher Ablehnung des revolutionären Frankreich, aber auch aufgrund der engen wirtschaftlichen Verbindungen zu England als dem Hauptabnehmer schwedischer Exporte, verweigerte der König die Teilnahme an der Kontinentalsperre. Göteborg und die südschwedischen Häfen wurden zu Hauptumschlagplätzen des Schmuggels zum Kontinent. Napoleon rächte sich 1807 im Frieden von Tilsit. Er ließ Rußland freie Hand, Finnland zu erobern. 1808 überrannten die Russen die schlecht vorbereiteten schwedischen Truppen. Gustav IV. Adolf versuchte 1809 einen neuen Feldzug. In diesem Krieg standen letztmals fremde Truppen auf schwedischem Boden: für einige Wochen war Gotland in russischen Händen, und im März 1809 marschierten russische Truppen über den zugefrorenen Bottnischen Meerbusen und besetzten für kurze Zeit Umeå.

Die allgemeine Unzufriedenheit führte zu einem unblutigen Aufruhr. Der König wurde gefangengesetzt und verzichtete auf den Thron. Die Gustavianische Epoche war endgültig vorüber.

Konstitutionsausschuß

Sein Onkel Karl bestieg nach kurzem als Karl XIII. den Thron. Der Reichstag 1809/10 schloß den Sohn Gustavs IV. und seine Erben für alle Zeiten von der Thronfolge aus und setzte den ersten Konstitutionsausschuß der schwedischen Geschichte ein. Der erzielte Kompromiß fußte auf französischen, von Montesquieu beeinflußten Ideen und auf englischen Erfahrungen. Die neue Verfassung behielt in wesentlichen Teilen Gültigkeit bis in die Mitte unseres Jahrhunderts. Die Macht war zwischen König und Reichstag verteilt, der zunächst noch rein ständisch zusammengesetzt blieb. Damit war eine entscheidende Kontrollinstanz geschaffen, die durch eine Reihe von Reformen einen langsamen Demokratisierungsprozeß durchmachte und im Lauf der Zeit eine ständig wachsende Bedeutung erhielt. Unter anderem schuf die Verfassung 1809 das Amt des »ombudsman«, d. h. eines Vertrauensmannes, der die Interessen der Bürger gegenüber der Bürokratie wahren sollte.

Bernadotte

Da König Karl XIII. kinderlos war, kam der Thronfolgerfrage besonderes Gewicht zu. Der zunächst auserkorene Herzog Christian August von Augustenborg starb, kurz nachdem er von König Karl XIII. adoptiert worden war. Gerüchte über eine Vergiftung führten zu Ausschreitungen, in deren Verlauf 1810 der Reichsmarschall Axel Fersen von einer wütenden Volksmenge auf dem Riddarhustorget in Stockholm umgebracht wurde.
Schließlich wurde der französische Marschall Bernadotte zum Thronfolger erwählt. Die Wahl war das Verdienst des 29jährigen schwedischen Leutnants Carl Otto Mörner. Eigentlich hatte man sich in Stockholm schon für den Bruder des verstorbenem Thronfolgers entschieden. Mörner wollte durch die Wahl eines französischen Marschalls einerseits einen tüchtigen militärischen Fachmann für Schweden sichern, zum anderen aber auch eine engere Bindung an Frankreich herbeiführen. Von Napoleon wurde die Wahl zwar nicht offen, aber doch unter der Hand unterstützt. Marschall Bernadotte nahm noch in Helsingør den lutherischen Glauben an und wurde von Karl XIII. unter dem Namen Karl Johan adoptiert.
Karl Johan betrieb in den nächsten Jahren eine sehr geschickte Politik, die seine neugewonnene Stellung sicherte. Der von Napoleon erzwungene Krieg gegen England stand nur auf dem Papier. Tatsächlich wurde ein offiziell geduldeter Schmuggel in großem Ausmaß über Göteborg abgewickelt. Als Napoleon in Schwedisch-Pommern einrückte, war der Bruch mit Frankreich perfekt. Der Schwedisch-Englische Krieg wurde beendet. Schweden und Rußland trafen jetzt eine Abmachung, in der Schweden den russischen Besitz von Finnland anerkannte; dafür versprach Rußland, Schweden beim Erwerb von Norwegen zu unterstützen.
In den Befreiungskriegen nahm Schweden das letzte Mal an einem Krieg teil. Die Nordarmee der Verbündeten stand unter dem Befehl Karl Johans, der jedoch das schwedische Truppenkontingent sehr vorsichtig einsetzte und mit den schwedischen Truppen das mit Frankreich verbündete Dänemark angriff. Dänemark mußte im Frieden von Kiel 1814 Norwegen abtreten, das in einer Personalunion mit Schweden vereinigt wurde. Der Wiener Kongreß bestätigte die Union. Schweden verzichtete als Gegenleistung auf seine Besitzungen in Pommern.
1818 bestieg der erste Bernadotte als Karl XIV. Johan den Thron. Er war der erste schwedische König, dessen Regierungszeit ohne Krieg verlief. Seit dieser Zeit hat sich Schweden aus allen kriegerischen Verwicklungen herausgehalten.

Auswanderung

Das 19. Jh. war eine Zeit außenpolitischer Ruhe, aber wichtiger Entwicklungen im Inneren. Der Anteil freier, ihr Land selbst besitzender und nur Steuern statt Pacht zahlender Bauern nahm ständig zu. Gleichzeitig stieg aber auch in Schweden die Bevölkerungszahl stark an. Bis gegen Ende des 19. Jh. blieb Schweden ein Agrarstaat. Als Folge nahm die Zahl verarmter Kleinbauern und des ländlichen Proletariats erheblich zu. Diesen Schichten blieb als Ausweg nur die Auswanderung. Zunächst hatte die Emigration andere Gründe gehabt: die seit der Reformation mächtig gewordene Staatskirche nahm scharf Stellung gegen alle freikirchlichen Bewegungen, die kurz vor der Jahrhundertmitte, vor allem in bäuerlichen Kreisen, starken Zulauf hatten. Strenge Verbote und Verfolgungen waren der Grund für die erste Auswanderungswelle zwischen 1845 und 1854 in die USA. Nach Mißernten in den 60er Jahren fielen, aufgrund großer Getreideimporte mit Hilfe der neuen Dampfschiffe, die Preise in den 80er Jahren. Die Armut stieg und die zweite, große Auswandererwelle setzte ein. Ihr Höhepunkt lag zwischen 1879 und 1893. Im ganzen wanderten zwischen 1850 und 1916 1,37 Millionen Menschen aus. Bei der geringen Einwohnerzahl bedeutete das den Verlust von einem Viertel der Bevölkerung. Erst seit 1930 war die Zahl der Einwanderer wieder größer als die der Auswanderer.

Gleichzeitig entwickelte sich ein bürgerlicher Liberalismus. Teils wurde er von französischen Ideen geprägt, teils von dem auf Adam Smith fußenden Manchesterliberalismus beeinflußt. Die Reformen von 1723, 1789 und 1809 hatten schon zu einer allmählichen Aufweichung und schließlichen Abschaffung der Standesvorrechte des Adels geführt. Schrittweise wurde der Kreis der Wahlberechtigten zwischen 1828/30 und 1867 erweitert. 1846 entfiel der Zunftzwang. Das Volksschulgesetz von 1842 hatte einen verstärkten Bedarf an Lehrkräften zur Folge. Damit verlor die Geistlichkeit ihre dominierende Rolle als Lehrstand. Zwischen 1858 und 1873 wurde dann die Religionsfreiheit entwickelt. Auch die Frauenemanzipation gewann langsam an Boden. 1846 wurden Frauen im Handwerk voll gleichberechtigt, im Handel teilweise. 1870 erhielten sie das Recht, das unserem Abitur entsprechende »Studentenexamen« abzulegen, kurz darauf wurde ihnen der Zugang zur Universität geöffnet. Das volle Wahlrecht erhielten sie erst in den Verfassungsrevisionen 1919/20, doch war ihnen das kommunale Wahlrecht schon 1862 zugestanden worden.

Natürlich gingen diese Entwicklungen nicht völlig reibungslos vor sich. Oscar I. (1844–59), von den Liberalen als »Mann der Zukunft« begrüßt, nahm nach den Unruhen von 1848 eine konservative Haltung an. Die Februarrevo-

lution in Paris 1848 hatte im März auch in Stockholm für Krawalle gesorgt. Handwerkergesellen und Arbeiter fürchteten bei fortgesetztem Freihandel um ihre Arbeitsplätze. Es kam zunächst nur zu einigen eingeworfenen Fensterscheiben, und die Behörden hielten sich sich zurück. Als aber dann doch Militär eingesetzt wurde, gab es rund 30 Tote, für die demokratische Entwicklung in Schweden ein ganz untypischer Vorfall.
Die Reform von 1809 führte zu der Repräsentationsreform von 1866, in der die Gemeinden erweiterte Befugnisse erhielten. Das Wahlrecht für die Gemeindevertreter wurde abhängig von der Höhe der zu entrichtenden Steuer, d. h. unter einer bestimmten Höhe, dem sogen. »Strich«, gab es kein, darüber volles, gleiches Wahlrecht. Dieses Recht war unabhängig von der Zugehörigkeit zu irgendeinem Stand. Ähnlich wurde auch bei der Repräsentationsreform verfahren. Die vier Stände wurden beseitigt und ein Zweikammersystem geschaffen. Die Mitglieder der zweiten Kammer wurden allgemein vom Volk gewählt. Das Wahlrecht hing auch hier von Einkommen bzw. Besitz ab. Die Erste Kammer wurde von den Provinziallandtagen (die wiederum von den Gemeinden gewählt wurden) bestimmt. Dieses Zweikammersystem wurde erst 1970 durch ein Einkammersystem abgelöst. Der »Strich« gab dem bodenbesitzenden Teil der Bevölkerung einen klaren Vorteil. Schweden war ja noch ein Agrarland.

Industrielle Revolution

Die industrielle Revolution setzte in Schweden später als in den anderen europäischen Ländern ein. Erst gegen Ende des Jahrhunderts gewann ihre Entwicklung ein rasches Tempo. Ausgangspunkt war die Sägewerksindustrie im südlichen Norrland. 1842 wurde die erste Dampfsäge in Betrieb genommen. In der Folge entstanden die gleichen Probleme, die sich in anderen Ländern bei der industriellen Revolution zeigten. Die ärmeren Bauern bildeten ein billiges Arbeitskräftepotential. Bald gingen die Sägewerksbesitzer dazu über, kleinere Bauernhöfe, zu denen immer auch Wald gehörte, aufzukaufen. Diese ehemaligen Bauern, jetzt Sägewerksarbeiter, gerieten in stärkste Abhängigkeit. In den Wäldern wurde Raubbau getrieben, obwohl in dieser nördlichen Lage ein Baum etwa doppelt so lang braucht wie in Südschweden, um zur gleichen Größe zu wachsen. Als Folge wachsender Verarmung und zunehmender Abhängigkeit schlossen sich die Arbeiter zusammen. 1879 kam es zum ersten großen Streik in Schweden, dem »Sundsvallstreik«. Rund 5000 Arbeiter legten die Arbeit nieder. Die Sägewerksbesitzer

Industrielle Revolution

riefen den Staat zu Hilfe. Angesichts des aufmarschierten Militärs brach der Streik ohne Blutvergießen zusammen. Das Ereignis begründete aber die gewerkschaftliche Entwicklung.
Diese Art von Konfrontation war im übrigen Schweden weitgehend unbekannt. Die Betriebe, die sich sonst vor allem auf dem Gebiet der Eisenherstellung und -verarbeitung entwickelt hatten, waren patriarchalisch organisierte Sozialgebilde, in denen der Betrieb, das »bruk«, wichtige soziale Funktionen erfüllte und dem Arbeiter, bei aller Armut, doch Sicherheit, auch bei Krankheit und im Alter bot.
1872 bestieg Oskar II. den Thron. Er war eine Künstlernatur. Unter dem Pseudonym Oscar Fredrik veröffentlichte er neuromantische Gedichte. Nach ihm nennt man diese Zeit in Schweden die »Oscarianische«. Damals (1876) wurde das Amt des Staatsministers geschaffen, der unserem Kanzler entspricht.
In die Zeit seiner Regentschaft fällt auch die Auflösung der Union mit Norwegen. Diese Verbindung hatte von Anfang an unter keinem besonders glücklichen Stern gestanden. Trotz begrenzter norwegischer Autonomie mit eigenem Parlament, dem Storting, gab es doch immer wieder größere und kleinere Unstimmigkeiten. Den äußeren Anlaß zur Auflösung gab die Frage der Einrichtung eigener norwegischer Konsulate. Von 1892 an wurde versucht, eine Lösung zu finden. Als es zu keiner Einigung kam, erklärte der Storting 1905 die Union für aufgelöst. Nach einer Volksabstimmung, die eine überwältigende Mehrheit für die Auflösung ergab, wurde die Union offiziell beendet. Die Norweger wählten Prinz Carl von Dänemark als Haakon VII. zum König. Der Ausbruch des Ersten Weltkrieges führte 1914 wieder zu einer Annäherung der beiden Staaten. Es gab eine gemeinsame schwedisch-norwegische Neutralitätserklärung.
1907 starb Oskar II. Sein Sohn folgte ihm als Gustav V. auf dem Thron. Der als Tennisspieler international unter dem Namen »Mister G.« bekannte König erreichte die längste Amtszeit in der Geschichte der schwedischen Könige, nämlich 43 Jahre. In seine Regierungszeit fiel die Umgestaltung Schwedens in eine moderne Gesellschaft.
Im Ersten Weltkrieg blieb Schweden neutral, obwohl Deutschland ihm die (russisch-finnischen) Ålandinseln als Gegenleistung für ein Kriegsbündnis anbot.
Wichtiger für die Entwicklung war, daß sich der Parlamentarismus entwickeln konnte. Nach dem Kriegsausbruch hatten die bestehenden Parteien zunächst einen Burgfrieden geschlossen. Die Verschlechterung der wirtschaftlichen Lage im Laufe des Ersten Weltkrieges verschärfte die Klassengegensätze. Die Wahl von 1917 brachte einen deutlichen Linksrutsch. Aufgrund dieser neuen Mehrheitsverhältnisse trat die amtierende Regierung zurück.

Der Parlamentarismus hatte sich in Schweden durchgesetzt. Es entstand die erste sozialdemokratisch-liberale Regierungskoalition.
1919 und 1920 verabschiedete der Reichstag, auch unter dem Eindruck der deutschen Novemberrevolution, eine Stimmrechtsreform, die Frauen das Stimmrecht gewährte und den »Strich« beseitigte.
Die Wahlen von 1921 brachten eine Stärkung der Sozialdemokraten. 1920 wurde zum ersten Mal für kurze Zeit ein Sozialdemokrat Staatsminister. Bis 1932 wechselten dann die Regierungen ziemlich oft.

Depression

Die weltweite Depression ab 1929 traf Schweden erst 1931 voll. Drei Dinge belasteten die damalige bürgerliche Regierung. Erstens wuchs die Arbeitslosigkeit. Zweitens wurde die südnorrländischen Sägewerksindustrie bestreikt. Bei einer Demonstration gab es fünf Tote. Diese ungewöhnliche Gewalt hatte jedoch keine Eskalation zur Folge. Vielmehr führten diese in der schwedischen Sozialgeschichte berühmt gewordenen »Ådalskrawalle« zu den Verhandlungen von Saltsjöbaden (bei Stockholm), die für Jahrzehnte den Arbeitsfrieden sicherten.
Das dritte einschneidende Ereignis war der Zusammenbruch des Kreuger-Imperiums, der durch den Selbstmord Ivar Kreugers ausgelöst wurde. Die Gerüchte über einen Mord sind nie ganz verstummt, fanden aber keine Beweise. Im Zusammenhang damit kam heraus, daß der Staatsminister 50 000 SKr für Parteizwecke erhalten hatte. Als trotz gegenteiliger Behauptung eine weitere Zahlung herauskam, mußte der Staatsminister zurücktreten. Die Folge war ein Wahlsieg der Sozialdemokraten. Von 1932 an stellten sie die Regierung.
Das Verhältnis zu Deutschland war nach dem Ersten Weltkrieg abgekühlt. Statt dessen hatte man sich England zugewandt. Nach 1933 reagierte die Öffentlichkeit teils ziemlich heftig auf das antiparlamentarische, militaristische und antisemitische Vorgehen in Deutschland. Einige Versuche, nazistische Organisationen in Schweden zu gründen, blieben erfolglos. Zu keiner Zeit konnten diese Gruppierungen auch nur einen einzigen Sitz im Reichstag erringen.

Zweiter Weltkrieg

Nach 1918 hatte Schweden weitgehend abgerüstet. Dabei wurde schon 1924 ein Zivildienst für diejenigen geschaffen, die aus Gewissensgründen keinen Wehrdienst leisten wollten. Aufgrund der aggressiven deutschen Außenpolitik begann ab 1936 eine begrenzte, ab 1938 eine stärkere Aufrüstung. Bei Kriegsausbruch erhöhte man die Verteidigungsbereitschaft. Zugleich gab die Regierung eine Neutralitätserklärung ab. Nach dem russischen Angriff auf Finnland wurde für die Dauer des Krieges eine Koalition geschlossen. Finnland wurde durch Waffenlieferung unterstützt, finnische Kinder und Verwundete in Schweden aufgenommen und versorgt, Materialtransporte der Westmächte nach Finnland erhielten Transitgenehmigungen. Eine Bitte der finnischen Regierung um offizielle Truppenunterstützung wurde jedoch abgelehnt. Diese Haltung der Regierung wurde nicht überall gebilligt. In dieser Situation trat der sonst zurückhaltende König Gustav V. an die Öffentlichkeit und unterstützte die Haltung der Regierung, wobei er gleichzeitig die enge menschliche Verbundenheit mit den Finnen betonte. Eine Bitte der englischen Regierung um Durchmarschgenehmigung für Hilfstruppen wurde abschlägig beschieden.

Obwohl man keine Sympathien für Deutschland hegte, nahm der Export von Eisenerz stark zu. Furcht vor deutschen Repressalien und die Notwendigkeit von Kohleimporten aus Deutschland waren der Grund. Da man nach dem Finnisch-Russischen Frieden keine weiteren Verteidigungsanstrengungen unternommen hatte, waren Süd- und Mittelschweden praktisch ungeschützt, als Deutschland 1940 Dänemark und Norwegen überfiel. Auf deutschen Druck mußte ein Transitverkehr nach Nordnorwegen zugelassen werden. Es handelte sich zunächst um medizinisches Gerät nach und Verwundte von Norwegen. Später kam der regelmäßige Urlauberverkehr durch Schweden zustande, der wachsende Verbitterung auslöste. Proteste wurden vor allem in der Literatur und in einigen Zeitungen laut. Obwohl Deutschland eine Erklärung verlangte, daß Schweden nicht mobilisieren würde, verstärkte man unter der Hand die Verteidigungskräfte. Damals entstand auch die freiwillige »Heimwehr«.

Die Abschnürung von den Weltmärkten führte zu Versorgungsschwierigkeiten. Außer Milch, Kartoffeln und Fisch wurden alle Lebensmittel rationiert. Durch Abmachung mit den kriegführenden Mächten konnte ein begrenzter Warenverkehr über See, vor allem mit Südamerika, aufrechterhalten werden. Durch Schiffsversenkungen kamen aber doch rund 1000 schwedische Seeleute ums Leben.

Nach dem Beginn des Angriffs auf Rußland verlangte Deutschland den

Durchmarsch von Truppen (Division Engelbrecht) von Norwegen nach Finnland. Trotz starker Widerstände, auch innerhalb der Regierung, gab man letztlich dieser Forderung nach. Auch Transporte durch die schwedischen Hoheitsgewässer mußten – unter schwedischer Begleitung – geduldet werden.

Der Kriegseintritt der USA führte zu einem starken Druck auf Schweden, den Handel mit Deutschland einzuschränken. Unter den veränderten Machtverhältnissen nach Stalingrad aber auch unter massiven Drohungen der USA wurde der Warenverkehr zwischen Deutschland und Schweden im 2. Halbjahr 1944 deutlich geringer. Nicht zuletzt hatte auch der Hinweis der Amerikaner dabei mitgewirkt, man würde »aus Versehen« die SKF-Kugellagerfabriken in Göteborg bombardieren, wenn der Warenverkehr nicht zurückginge.

1944 konnte Schweden zwischen Finnland und Rußland den Waffenstillstand vom September vermitteln. Die Verteidigungsbereitschaft nach 1940 wird heute nostalgisch verklärt als »Bereitschafts-Romantik« bezeichnet.

Während des Krieges war Schweden das Ziel zahlreicher Flüchtlinge. Schon nach 1933 waren zahlreiche Deutsche dorthin entkommen. Mit dem Vorrücken der Russen wuchs die Zahl der Vertriebenen. Im Herbst 1944 kamen allein aus Finnland rund 55 000 Menschen nach Schweden. Nachdem vorher schon 6 800 sogen. Estland-Schweden (aus dem früheren schwedischen Besitz Estlands) nach Schweden gelangt waren, wuchs der Strom der Flüchtlinge 1944 stark an. Rund 30 000 Balten suchten in Schweden Zuflucht. Als die deutschen Judendeportationen in Dänemark begannen, flüchteten rund 11 000 Dänen, vorwiegend Juden, über den Öresund. Schweden hatte Deutschland angeboten, die dänischen Juden aufzunehmen. Das war von der deutschen Regierung jedoch abgelehnt worden. Die dänischen und die norwegischen Widerstandsbewegungen wurden durch Waffen- und Materialschmuggel über die Grenze unterstützt. In der Schlußphase des Krieges bemühte sich Schweden, besonders Skandinavier aus Deutschland nach Schweden zu führen. Nicht nur Schweden und aus Schweden Gebürtige mit ihren Kindern, sondern besonders auch Dänen und Norweger wurden aus Konzentrations- und Arbeitslagern durch Vermittlung zwischen Folke Bernadotte, einem Neffen Gustav V. und stellvertretendem Vorsitzendem des schwedischen Roten Kreuzes, und Himmler aus Deutschland gerettet. Insgesamt erreichten so rund 19 000 Menschen Schweden.

Zu einem innenpolitischen Problem wurde die Rückführung der 167 nach Schweden geflüchteten Balten, die auf deutscher Seite gegen die Sowjetunion gekämpft hatten. Diese hatte ihre Auslieferung beantragt und die schwedische Regierung hatte zugesagt. Es kam zu heftigen Protesten in der Bevölkerung, doch weigerte sich die Regierung, ihre Zusage zurückzuziehen. Gleichzeitig wurden auch rund 2500 nach Schweden geflüchtete deutsche Soldaten an die Sowjets übergeben. Nach Bekanntwerden der Greuel der KZ und Gaskammern war das Interesse an ihrem Schicksal wesentlich geringer.

Gegenwart

1950 starb der 92jährige Gustav V. Ebenso wie er erfreute sich sein Nachfolger, Gustav VI., der bei der Thronbesteigung schon 68 Jahre alt war, allgemeiner Beliebtheit. Trotz der damals noch im Parteiprogramm der Sozialdemokraten enthaltenen Forderung nach Abschaffung der Monarchie wurden nie Anstalten gemacht, diesen Programmpunkt zu verwirklichen. Die republikanischen Strömungen blieben bedeutungslos. Nominell ist der König auch heute noch Staatsoberhaupt, tatsächlich hat er jedoch nur rein repräsentative Aufgaben. Der Enkel Gustav VI. kam 1973 als Carl XVI. Gustav auf den Thron. Seine Heirat mit der bürgerlichen Silvia Sommerlath verschaffte ihm viele Sympathien und stärkte die monarchistische Einstellung.
Seit 1945 stellen, teils in Koalitionen, die Sozialdemokraten die Regierung, nur 1976 bis 1982 von einer bürgerlichen Koalition unterbrochen.
Die Außenpolitik ist auch nach dem Zweiten Weltkrieg von der Neutralitätspolitik bestimmt, durch die es gelungen ist, das Land seit 1814 aus jedem Krieg herauszuhalten. Die militärische Bündnisfreiheit ist die logische Konsequenz dieser Haltung, was aber keine selbstgewählte Isolation auf anderen Gebieten bedeutet. Zur Harmonisierung der nationalen Gesetzgebung der Mitgliedsstaaten wurde 1952 von Schweden und den anderen skandinavischen Staaten der Nordische Rat gegründet, der besonders auf den Gebieten Sozialgesetzgebung, Kultur- und Wirtschaftspolitik sehr erfolgreich gearbeitet hat.
Die Innenpolitik war in den letzten 40 Jahren durch den Ausbau des Sozialstaates bestimmt. Diese Entwicklung wurde von allen Parteien getragen. Stärkere Gegensätze gab es dagegen in der Frage der Kernenergie. Zentrum und Kommunisten waren für eine Stillegung, Moderate und Sozialdemokraten für einen begrenzten Ausbau. Letztere Auffassung setzte sich zunächst mit einer Volksabstimmung durch. Nach 14jähriger Arbeit und ausführlichen öffentlichen Diskussionen beschloß der Reichstag 1968/69 eine Verfassungsreform, die das Zweikammersystem abschaffte und durch das Einkammersystem ersetzte. Eine weitere Verfassungsänderung bestimmte die rein repräsentative Funktion des Königs. 1980 wurde auch die weibliche Thronfolge eingeführt.

Politische Verhältnisse

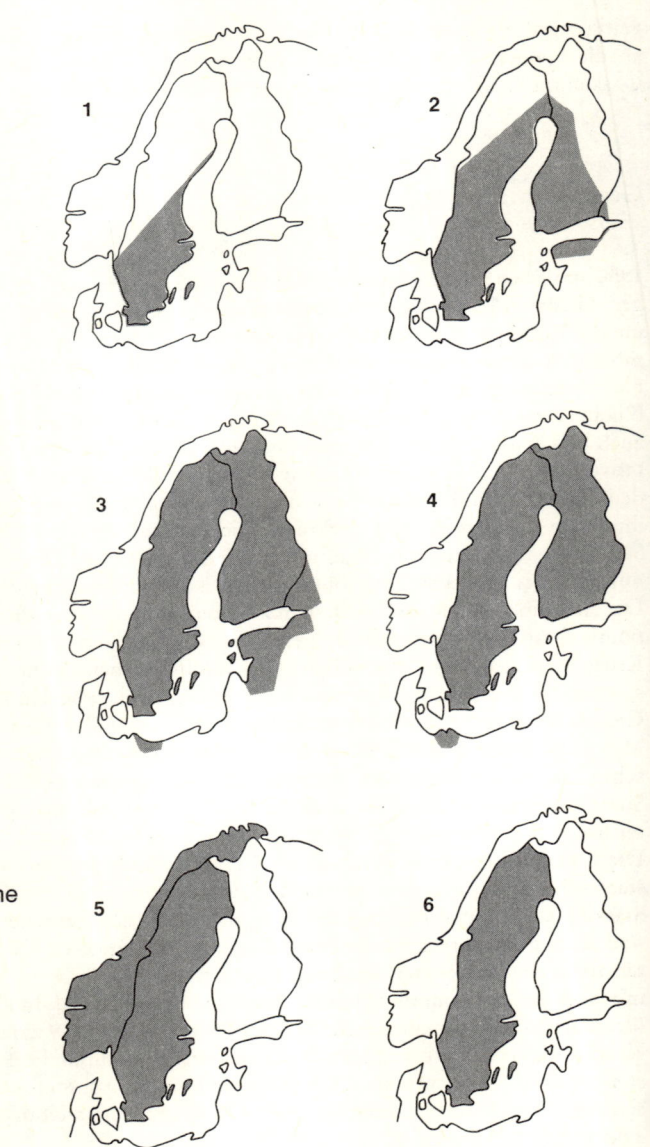

Geschichtliche
Entwicklung
von
Schweden

1 Schweden um 900
2 Mittelalter
3 Nach 1658
4 Um 1743
5 1815–1905
6 Nach 1905

Politische Verhältnisse

Schweden ist eine konstitutionelle Monarchie. Die Verfassungsreform von 1974 weist dem König, seit 1973 Carl XVI. Gustav, nur noch repräsentative Aufgaben zu. Auch die Ernennung des Staatsministers (entsprechend dem deutschen Bundeskanzler) nimmt jetzt der Reichstagspräsident vor.
1970 wurde das Einkammersystem eingeführt. Die 349 Reichstagsmitglieder werden alle drei Jahre in allgemeiner, geheimer und direkter Wahl gewählt. Der Reichstag kann mit einfacher Mehrheit nicht nur die Regierung, sondern auch einzelne Minister stürzen.
An der Spitze der Regierung steht der sogen. Staatsminister. Jedem Minister steht ein nach politischen Gesichtspunkten ernannter Staatssekretär zur Seite. Er ist für die laufende Arbeit verantwortlich und vertritt den Minister.

Parteien

Im schwedischen Reichstag sind fünf Parteien vertreten, zwei sogen. Rechts- und drei sogen. Linksparteien. Die am weitesten rechts einzuordnende »Moderata samlingspartiet« ist aus der »Konservativen Gruppe« von 1867 hervorgegangen. Abgekürzt wird sie »die Moderaten«, also die Gemäßigten, genannt. Die näher zur Mitte einzuordnendende »Centerpartiet« (Zentrumspartei) ist aus dem früheren Bauernverband entstanden. Etwas links der Mitte steht die »Folkpartiet« (Volkspartei), die auch als liberale Partei bezeichnet wird. Ihre Vorgänger waren einmal der linke Flügel der Bauern- und der Zentrumspartei. Mitunter werden die beiden letztgenannten Parteien als Parteien der Mitte zusammengefaßt. Links steht die Sozialdemokratische Arbeiterpartei, »SAP«, und ganz links ist die »Vänsterpartiet kommunisterna« (Linkspartei, Kommunisten) angesiedelt. Sie entsprang einer Absplitterung von der SAP 1917. Verschiedene Gruppen haben sich aber im Lauf der Zeit wieder der SAP angeschlossen. In jüngster Zeit ist die KDS = »Kristen Demokratiskt Samling« stärker hervorgetreten. Besonders Anhänger freikirchlicher Bewegungen unterstützen diese Partei, die bislang aber nicht über 2,5 bis 3 % aller Simmen erzielen konnte und nie ein Reichstagsmandat errungen hat. Sie ist extrem konservativ mit besonderer Betonung christlicher Werte. Eine den bundesrepublikanischen Grünen entsprechende Partei, die »Miljöpartiet« (Umweltpartei) ist bisher nicht über 3 % der Stimmen herausgekommen.

Die Rechts-Links-Einteilung schwedischer Parteien ist allerdings nicht ohne weiteres mit den Verhältnissen in der Bundesrepublik Deutschland zu vergleichen. So hat man z. B. schon die schwedischen Konservativen, die Moderaten, mit dem rechten Flügel der deutschen Sozialdemokraten verglichen. Diese Entsprechung dürfte auf der stärker pragmatisch als ideologisch ausgerichteten politischen Arbeit aller Parteien beruhen. In der Vergangenheit wurden gegensätzliche Auffassung meist stärker verbal behandelt, als in der politischen Praxis durchgesetzt. Die Entwicklung nach 1945 wurde im großen und ganzen von allen Parteien getragen. Eine Ausnahme bildete zuletzt die Einführung der Arbeitnehmerfonds 1984. Es fällt allerdings auf, daß innerhalb der SAP in jüngster Zeit wieder radikalere Sozialisierungswünsche laut geworden sind. Vor allem auf den unteren Parteiebenen ist eine verstärkte Linkslastigkeit zu bemerken. Ob sich diese Richtung durchsetzen kann, ist noch nicht sicher. Auch das frühere Parteiprogramm der SAP hatte eine Reihe radikaler Forderungen enthalten, die aber selbst in der Zeit, als die SAP über die Hälfte aller Reichstagsmandate besaß, nie zur Verwirklichung anstanden und später still aus dem Programm gestrichen wurden. Auf der anderen Seite ist das Vertrauen der Schweden in das 100%ige Vermögen der Gesellschaft, alle Probleme lösen zu können, geringer geworden. Dies hat im Ganzen zu einer stärker konservativen Einstellung bei vielen geführt. Vor allem bei der jungen Generation ist eine wachsende Hinwendung nach rechts zu verzeichnen. Auch der Wahlkampf im Sommer 1985 zeigte ein aggressiveres, von starken Gegensätzen bestimmtes Bild. Es bleibt abzuwarten, ob es unter den verschlechterten wirtschaftlichen Bedingungen der 1980er Jahre zu einer Änderung des bisherigen Verhaltens kommt. Der in Schweden stark ausgeprägte pragmatische Realitätssinn könnte dem entgegenwirken.

Das ruhige und friedliche politische Leben in Schweden, das seinen äußeren Ausdruck z. B. darin findet, daß selbst der Staatsminister öffentliche Verkehrsmittel benutzt, wurde am 1. 3. 1986 durch den Mord an Olof Palme aufgeschreckt. Eine Erklärung oder gar den oder die Täter hat man bis zur Drucklegung dieses Buches nicht gefunden. Das Geschehen erscheint den Schweden als vollkommen unfaßbar.

Knapp 2 Wochen später wurde der Sozialdemokrat Ingvar Carlsson zum Regierungschef gewählt. Carlsson ist ein Politiker, der stärker zur Zusammenarbeit neigt als Palme. Das Verbrechen einerseits und die Persönlichkeit Carlssons andererseits haben in den letzten Monaten zu einem stärkeren Aufschwung der Sozialdemokratischen Partei geführt.

Eine Partei muß mindestens 4% aller abgegebenen Stimmen oder aber 12% aller Stimmen eines Wahlkreises erhalten, um in den Reichstag einziehen zu können. Das Fünfparteiensystem hat sich dabei in Schweden seit über 50 Jahren behauptet.

Reichstagswahl 1985

Bei den Reichstagswahlen vom September 1985 ergab sich folgende Verteilung: (Ergebnisse von 1982 in Klammern)

	in %	Reichstagssitze
SAP	45,1 (45,9)	159 (166)
Moderaten	21,3 (23,6)	76 (86)
Zentrum	12,5 (15,5)	44 (56)
Volkspartei	14,3 (5,9)	51 (21)
Kommunisten	5,4 (5,6)	19 (20)
Umweltpartei	1,4 (1,7)	- (–)

Reichstagswahl 1985

Eigentlicher Sieger der letzten Reichstagswahl war die Volkspartei, die als einzige Partei einen Stimmengewinn verbuchen konnte. Zweifellos war dies vor allem ein Verdienst ihres Parteichefs, Bengt Westerberg, der als Wirtschaftsfachmann gilt. Die Partei betont die ökonomische und soziale Verantwortung auf dem Boden einer bürgerlichen Grundeinstellung. Die Verluste des Zentrums werden auf eine unklare Politik in den letzten Jahren zurückgeführt. Auch die überraschenden Verluste der Moderaten könnten darauf beruhen, daß die Partei sich nicht deutlich genug gegenüber den anderen bürgerlichen Parteien zu profilieren vermochte. Für die SAP bedeutet der Wahlausgang eine starke Einschränkung ihrer Handlungsfreiheit. Die bürgerlichen Parteien haben zusammen mehr Mandate als die SAP, die infolgedessen auf die Unterstützung der Kommunisten angewiesen ist. Die wirtschaftlichen Probleme stehen im Vordergrund. Das seit 1976 aufgelaufene Haushaltsdefizit begrenzt die Möglichkeiten, auf dem Arbeitsmarkt einzugreifen (was als Bestandteil sozialer Leistungen aufgefaßt wird). Der damalige Regierungschef Olof Palme stand vor der Alternative, mit Hilfe der Kommunisten die Steuern zu erhöhen, oder, seinem Wahlversprechen zuwider, ein Sparprogramm vorzulegen, das die bürgerlichen Parteien gutheißen können, eine Wahl zwischen Pest und Cholera, wie es die unabhängige Zeitung Dagens Nyheter zwei Wochen nach der Wahl ausdrückte. Die Umweltpartei ist bei den Reichstagswahlen nicht über einen Achtungserfolg hinausgekommen. Bei den gleichzeitigen Kommunalwahlen dagegen konnte sie beachtliche Erfolge erzielen und ist jetzt in einer größeren Zahl kommunaler Parlamente vertreten.

Bemerkenswert ist der hohe Prozentsatz von Frauen unter den Reichstagsab-

geordneten, 31% im jetzigen, 29% im vorigen Reichstag. Er spiegelt die starke und als selbstverständlich angesehene Stellung wider, die Frauen im öffentlichen und beruflichen Leben Schwedens einnehmen.
An die Parteien werden Zuschüsse bezahlt, ein sogen. Parteizuschuß, wenn die Partei mindestens einen Sitz im Reichstag oder bei einer der letzten beiden Wahlen wenigstens 2,6% aller im Reich abgegebenen Stimmen erzielte und ein sogen. Geschäftsstellenzuschuß, wenn eine Partei in der vorletzten Wahl einen Sitz oder zumindest 4% aller Stimmen erhalten hat. Die Gesamthöhe der Zuschüsse richtet sich nach der Fraktionsstärke, aber: die in der Opposition stehenden Parteien erhalten einen höheren Geschäftsstellenzuschuß.

Verwaltung

Eine Eigentümlichkeit schwedischer Administration ist die Aufteilung in Ministerien und zentrale Verwaltungsbehörden. Die Ministerien sind gewissermaßen Abteilungen des Staatsministeriums. Sie bereiten Unterlagen für Regierung und Reichstag vor und geben der eigentlichen Verwaltung die Anweisungen. Sie sind deshalb auch sehr klein (50–150 Beschäftigte). An der Spitze steht ein Politiker, der weitere Fachleute nach politischen Gesichtspunkten einstellen kann. Die zentrale Verwaltungsbehörde ist dagegen viel größer, ihre Beamten sind unpolitisch. Insgesamt gibt es fast 100 solcher Verwaltungsbehörden in unterschiedlicher Größe.
Typisch für die schwedische Regierungsarbeit sind die vielen öffentlichen Untersuchungskommissionen. Bei jedem größeren gesetzgeberischen Vorhaben wird mindestens eine, oft mehrere solcher Kommissionen gebildet, denen Verwaltungsfachleute, Wissenschaftler und sonstige Experten angehören. Das Ergebnis ihrer Untersuchung wird gedruckt der Öffentlichkeit vorgelegt und allen evtl. betroffenen Verwaltungsstellen zur Stellungnahme gegeben. Dieses Verfahren kann sich u. U. Jahre hinziehen. Da aber in den Kommissionen und Verwaltungsstellen auch Fachleute sitzen, die nicht der jeweiligen Regierungspartei angehören, ist sichergestellt, daß in der aus den Stellungnahmen dann entstandenen Regierungsvorlagen die unterschiedlichsten Meinungen berücksichtigt wurden. Auf diese Weise kommen Gesetze unter breiter Beteiligung der Öffentlichkeit zustande.
Zu den Besonderheiten schwedischer Verwaltung gehört die Einrichtung des »ombudsman«, d. h des Vertrauensmannes. Diese Institution hat eine lange Tradition (s. o.). Er hat uneingeschränkte Einsicht in alle Unterlagen. Als weitere Kontrollorgane gegenüber der Regierungsarbeit besteht noch der

Verfassungsausschuß und eine Kommission mit 12 vom Reichstag gewählten sog. Reichstagsrevisoren.

Schweden ist in 24 Provinzen aufgeteilt. In jeder vertritt ein »landshövding« (Regierungspräsident) zusammen mit der »länsstyrelse«, der Provinzialverwaltung, die Zentralregierung. Die Regierungspräsidenten werden jeweils für 6 Jahre ernannt. Es gibt außerdem einen gewählten, für Probleme der Provinz zuständigen Provinziallandtag.

Das schwedische Rechtswesen fußt auch heute noch auf alten germanischen Rechtstraditionen. Römisches Recht hat nur in geringem Umfang Eingang gefunden. Typisch für die germanische Rechtsauffassung sind z. B. die Laienbeisitzer, die auch in Rechtsfragen mit dem Richter zu beraten haben. Es gibt zwei Instanzen und darüber den Obersten Gerichtshof, der auch die einheitliche Gesetzesauslegung zu überwachen hat. Im Strafvollzug wird besonders der offene Vollzug bevorzugt, um eine bessere Resozialisierung zu erreichen. Die Todesstrafe wurde 1921 für Frieden und Krieg abgeschafft. Schon seit 1910 waren keine Exekutionen mehr vorgenommen worden.

Verteidigung

Für die Verteidigungsbereitschaft wurden seit dem Zweiten Weltkrieg durchschnittlich zwischen 3,5 und 4,5% des Bruttosozialprodukts aufgewendet. Es besteht allgemeine Wehrpflicht. Aus Gewissensgründen kann entweder der Wehrdienst mit der Waffe oder der gesamte Wehrdienst verweigert werden. Im ersteren Fall wird der Betreffende zu den Streitkräften eingezogen, aber nur im Sanitäts-, Verwaltungs- oder ähnlichen Dienst beschäftigt. Im letzteren Fall ist ein Zivildienst zu leisten. Die Stärke der Streitkräfte beträgt rund 45 000 Mann. Dazu kommen etwa 500 000 Mann Reserve und noch etwa 100 000 Angehörige der freiwilligen Heimwehr. Ausbildung und Ausrüstung sind auf die Eigenarten des schwedischen Territoriums abgetellt. Einige Gebiete (vor allem an der Küste) sind militärische Sperrzonen, deren Betreten für Ausländer verboten ist. Der Reisende merkt von der Verteidigungsbereitschaft im allgemeinen wenig oder gar nichts. Eine Ausnahme bilden die Notflugplätze. Sie sind im Lauf einer Landstraße angelegt und man erkennt sie daran, daß die Straße plötzlich für eine längere Strecke die Breite einer Flugzeugrollbahn hat. In Friedenszeiten rollt hier der normale Verkehr ohne Behinderungen.

Wirtschaftliche und soziale Verhältnisse

Wirtschaftsordnung

Die Wirtschaft läßt sich am besten als eine auf Privateigentum basierende soziale Marktwirtschaft charakterisieren. Auch während der langen unangefochtenen Regierungszeit der Sozialdemokraten hatte es in Schweden keine Sozialisierungstendenzen gegeben.

Energieprobleme

Seit Mitte der 70er Jahre geriet auch Schweden in den Sog der allgemeinen wirtschaftlichen Schwierigkeiten. Die Werftkrise schlug voll auf die stark ausgebaute schwedische Werftindustrie durch. Es kam die Ölkrise. Sie hatte für Schweden besonders gravierende Folgen, denn Schweden hat den höchsten Energieverbrauch pro Kopf in der ganzen Welt. Als Antwort baute man die ölunabhängigen Energielieferanten stärker aus und drosselte den Energieverbrauch. Durch den Ausbau der Wasserkraftwerke werden heute etwa 65% der Stromerzeugung von ihnen gedeckt, doch macht das nur rund 20% der gesamten Energieversorgung aus. Fast 70% der Energie wird aus Erdöl gewonnen und gut 5% sind Kernenergie. In Schweden gibt es 12 Kernkraftwerke, mit denen pro Kopf die größte Produktion von Kernenergie der Welt erzeugt wird. Doch hat eine Volksabstimmung 1980 entschieden, keine weiteren Werke zu bauen und die bestehenden nur noch während ihrer normalen Lebensdauer zu betreiben. Zur Lagerung der anfallenden Brennelemente werden zur Zeit noch Untersuchungen in allen schwedischen Bergformationen vorgenommen. Ersetzen will man die später wegfallende Kernenergie durch Holz, Wasser, Torf und Kohle. Der Ölanteil soll auf 40% zurückgeschraubt werden. Auch die Stahlkrise der 70er/80er Jahre traf die schwedische Industrie hart. Eine Folge war die ständige Zunahme des Haushaltsdefizits seit 1976. Erst 1984 gelang es, seinen Anstieg zu stoppen.

Arbeitsmarkt

Die allgemein schlechte wirtschaftliche Situation führte dazu, daß nach den Rekordgewinnen Mitte der 70er Jahre eine Zeit niedriger Gewinne, bescheidener Lohnerhöhungen und steigender Inflationsraten einsetzte. Ab Anfang 1983 stieg dann, nicht zuletzt aufgrund der Abwertung der Krone im Herbst 1982, die Produktion wieder an. Die Industrie konnte extrem hohe Gewinne verbuchen. Als die Arbeitnehmer höhere Lohnforderungen stellten, griff die Regierung zu Restriktionsmaßnahmen, um das angestrebte Ziel einer Verminderung der Inflationsrate zu erreichen. Bis 1984 konnte sie von 9,3% auf 8% ermäßigt werden. Natürlich wirkte sich die weltweite Rezession auf den Arbeitsmarkt aus. Grundsätzlich gibt man in Schweden einer niedrigeren Arbeitslosenquote den Vorrang und nimmt dafür eine höhere Inflationsrate in Kauf. So liegt denn auch die Arbeitslosenquote bei etwa 2,5% (BRD: 8,5%).
Die schwedische Wirtschaft nimmt in der Produktivität eine Spitzenstellung in der Welt ein. Sie ist stark vom Export abhängig. Rund ein Drittel aller produzierten Waren werden ausgeführt. Firmen wie Volvo exportieren 76%, Elektrolux 77%, SKF 93%, Sandvik 91% ihres Umsatzes. Eisenerz, früher der bekannteste schwedische Exportartikel, macht heute nur noch etwa 1,5% des Wertes aller schwedischen Ausfuhren aus. Maschinen, Fahrzeuge und Apparate sind mit rund 41% der größte Posten in der Ausfuhrstatistik. Die gleiche Warengruppe stellt auch den größten Importanteil mit rund 29%, gefolgt von Öl und anderen Brennstoffen mit 23%. Die BRD ist, mit 10,8%, das wichtigste Abnehmerland (vor allem Zellstoff und Papierwaren) und mit 17,3% der größte Lieferant (vor allem Autos). Trotz seiner nördlichen Lage muß Schweden nur etwa 10% seines Gesamtverbrauchs an Lebensmitteln einführen.

Lebensstandard

Schweden ist seit langem für seinen hohen Lebensstandard bekannt. Es gehört zu den Ländern mit dem höchsten Bruttosozialprodukt pro Kopf: 1984 93 700 SKr/Einw. = 32 219 DM zum amtl. Mittelkurs 34,386 (BRD: 28 604,– DM). Die Lebenserwartung ist die höchste der Welt: Frauen werden statistisch 79,1, Männer 73,1 Jahre alt (BRD: 75,6 und 69,0 Jahre). Gleichzeitig ist aber der Geburtenüberschuß extrem niedrig: nur 0,2 auf 1000 Einwohner

(BRD: −1,6). Allerdings sterben von 1000 lebend geborenen Säuglingen nur 6,9 im ersten Lebensjahr (BRD: 12,4, Bayern nannte für 1985 nur 7,3).
Der hohe Lebensstandard spiegelt sich auch in anderen Zahlen. 1984 besaßen 369 von tausend Einwohnern einen Pkw (BRD: 412), auf 100 Einwohner entfielen 89,0 Telefone (BRD: 46,4). 40 % der Schweden lebten schon 1979 in Ein- oder Zweifamilienhäusern. Die Zahl dürfte heute noch höher liegen. Dazu kommt noch das »stuga«. Ein »stuga« (gesprochen stüga) ist ein Ferienhaus auf dem Land. Das kann eine ganz einfache Hütte im Wald oder ein komfortabel eingerichtetes größeres Haus sein, das auch im Winter bewohnbar ist. Ein solches »stuga« auf dem Land ist mehr oder weniger der Traum jedes Schweden. Gut 20 % aller schwedischen Haushalte haben sich bislang diesen Wunsch erfüllen können. Dabei ist zu berücksichtigen, daß der durchschnittliche Haushalt aus weniger als drei Personen besteht, in 64 % aller Haushalte leben nur 1 oder 2 Personen.
Allgemein nimmt die Freizeit einen hohen Stellenwert ein. Überstunden haben durchweg keinen finanziellen Anreiz, die Steuerbelastung steigt bei der steilen Progression zu stark an. Sind Überstunden notwendig, werden sie durch Freizeit bei anderen Gelegenheiten ausgeglichen. Allerdings hat das nicht zu einer Verminderung der Produktivität geführt, sondern zu einer weniger hektischen Lebenseinstellung. Grundsätzlich hat seit 1978 jeder Arbeitnehmer Anspruch auf 5 Wochen bezahlten Urlaub. Der dreiwöchige Urlaub war 1951, der vierwöchige 1963 eingeführt worden.

Steuerbelastung

Die Finanzierung der weitgehenden staatlichen Fürsorge auf allen Gebieten macht eine hohe Steuerbelastung verständlich. Eine sehr steile Progression hat dazu beigetragen, daß die Einkommensunterschiede in Schweden heute im allgemeinen sehr niedrig sind. Durchschnittlich müssen etwa 50 % der Löhne und Gehälter als direkte Steuern abgeführt werden. Allerdings gibt es für den Arbeitnehmer außer den Steuern keine weiteren Abzüge, etwa für Renten- oder Krankenversicherung. Diese Beiträge sind in dem allgemeinen Steuersatz bereits enthalten oder werden von den Unternehmen getragen. Die Betriebe haben erhebliche Abgaben zu leisten.
Bei der hohen Steuerbelastung ist die Berufstätigkeit der Frauen nicht nur eine Emanzipationsfrage, sondern zu einem großen Teil auch eine wirtschaftliche Notwendigkeit. Da die Ehepartner getrennt veranlagt werden, führt das zweite Einkommen nicht zu einer überproportionalen Steuerlast. Etwa 70 %

aller Frauen sind berufstätig. Bei Familien mit Kindern ist dies auch relativ problemlos möglich, denn die kleineren Kinder werden in Kindergärten kostenlos versorgt. Die Schulkinder sind den ganzen Tag in der Schule, erhalten dort kostenlos Essen und werden auch nach dem eigentlichen Unterricht betreut. Viele Frauen bevorzugen Teilzeitarbeit. Dies ist auch ein Grund, weshalb die Ladenschlußzeiten so flexibel gehalten werden können: viele der dort beschäftigten Frauen arbeiten nur 30 Stunden/Woche.

Bruk und Volksheim

In den 30er Jahren, als die damals regierende sozialdemokratische Partei die Folgen der Weltwirtschaftskrise mit Maßnahmen zur Arbeitsbeschaffung bekämpfte, setzte sie zugleich auch das Ziel, Schweden zu einem »Volksheim« zu machen. Die Gesellschaft sollte dem einzelnen die soziale Sicherheit geben, die früher die bäuerliche Großfamilie oder auch das »bruk« gewährt hatte. Damit knüpfte sie an eine lebendige Vergangenheit an. Schweden war lange ein Agrarland, und die sozial verpflichtende Ordnung bestand auch in den frühen Betrieben des »bruk«. Hinter dem Begriff »bruk« (das Wort heißt eigentlich nur »Werk«) verbirgt sich eine besondere schwedische Form früher industrieller Betriebe, ein dörfliches Gemeinwesen, dessen Mittelpunkt der Betrieb war. Er bot lebenslängliche Arbeit. Er hatte für alles zu sorgen, von den Wohnungen über die Alters- und Krankenversorgung bis hin zur Badestube und zur Kirche. Er war der Arbeitgeber, der für alles verantwortlich war, auch wenn dabei das Entgelt gering und die Abhängigkeit groß waren. Frühkapitalistische Mißstände hatten sich vorzugsweise in Teilbereichen, wie der Sägewerksindustrie, ausgebreitet, die nicht aus den alten Traditionen des »bruk« erwachsen waren. Gleichzeitig war Schweden aber noch lange ein armes Land geblieben, »Das Arme Schweden«, mit großem Gefälle zwischen arm und reich.

Auf diesem Boden entwickelte sich in den 30er Jahren ein großer allgemeiner Idealismus, mit dem man den Traum vom »Volksheim« verwirklichen wollte. Der ja keineswegs marxistische Begriff »Volksheim« war ursprünglich im bürgerlichen Lager geprägt und dann von den Sozialdemokraten aufgenommen worden. Vielleicht waren deswegen auch die unterschiedlichen Auffassungen der verschiedenen Parteien kaum in der grundsätzlichen Zielsetzung, sondern in Fragen der praktischen Durchführung begründet.

Beim beginnenden Aufbau einer neuen, gerechten, sozialen Ordnung kam dem Staat die Rolle eines Patriarchen oder Patrons zu. Das Verhältnis des

durchschnittlichen Schweden zum Staat ist dabei durch die Geschichte geprägt. Svensson, das schwedische Gegenstück zu Otto Normalverbraucher, hat kein gebrochenes Verhältnis, weder zu seiner Geschichte noch zu seinem Staat. Eingriffe und Kontrolle durch Staat und Kirche hatten für ihn immer zur Rolle der Obrigkeit gehört. Sein Vertrauen in diese Obrigkeit ist daher auch ungewöhnlich groß. Im Grunde war der Staat für ihn nur die erweiterte Fassung eines »bruk« oder eines agrarischen Patriarchen.
Das Ziel einer allgemeinen wirtschaftlichen wie sozialen Sicherheit sollte durch Solidarität erreicht werden, und zwar nicht durch eine Klassen-, sondern durch eine Gesellschaftssolidarität. Schweden ging früh von einer reinen Sozialpolitik zu einer gesamtgesellschaftlichen Zielsetzung über. Ziel war die solidarisch empfindende Gesellschaft »gleicher« Menschen. Der Begriff »gleich« war natürlich umstritten. Das Solidaritätsziel wurde jedoch grundsätzlich von allen Seiten bejaht.

Sozialdienste – Krankenversicherung – Altersversorgung

Nachdem so der Gesellschaft, d. h. dem Staat, eine umfassende Verpflichtung zukam, für zufriedenstellende Wohlfahrt aller zu sorgen, wuchs zwangsläufig auch die Bürokratie. Eine besonders starke Stellung erhielten dabei die Sozialdienste. Sozialarbeiter haben in Schweden Möglichkeiten und Rechte, von denen ihre deutschen Kollegen noch nicht einmal zu träumen wagen. Besteht das, was man ein »soziales Problem« nennt, *muß* der Sozialarbeiter *von sich aus* mit weitgehenden Vollmachten, eingreifen. Die schwedischen Sozialämter sind grundsätzlich verpflichtet, nicht erst auf Antrag Hilfe zu leisten, sondern selbst auf Umstände zu achten, bei denen Hilfe notwendig sein könnte. Das führt auch dazu, daß z. B. Älteren und Kranken geholfen wird, die den Weg zu einer Behörde sonst nicht finden würden. Viel Gutes wird so erreicht, nach Auffassung vieler aber auch in einigen Fällen zu weit gegangen. Besonders bei Zwangsmaßnahmen im Rahmen der Kindererziehung wird Kritik laut. Zu leicht hätten Sozialämter das Recht, Kinder in Pflegeheime oder Pflegefamilien zu geben, wenn nach ihrer Auffassung die häuslichen Verhältnisse ungünstig für die Entwicklung des Kindes wären.
In der Tat ist die Fürsorge des Staates heute umfassend. Hier setzt auch Kritik ein. Zu weitgehende staatliche Vorschriften enge den individuellen Spielraum zu sehr ein. Die Bürokratie sei als Folge dieser weitreichenden Fürsorge zu umfangreich und wegen des umfassenden Anspruchs zu übermächtig geworden. Allerdings richtet sich die Kritik durchweg nur gegen Auswüchse, nicht gegen das Prinzip.

Einige Beispiele der sozialen Sicherung in Schweden:
Die Altersversorgung baut auf zwei voneinander unabhängigen Renten auf. Jeder Schwede erhält die sog. Volkspension. Sie wird an jeden in gleicher Höhe ausbezahlt. Es ist die älteste allgemeine Rente, schon 1917 bechlossen. Dazu kommt die Allgemeine Zusatzrente. Sie ist abhängig von dem Arbeitseinkommen in den 15 besten Jahren. Wer eine zu geringe Rente aus der Zusatzversicherung erhält, hat ein Anrecht auf Renten-, Wohnungs- und ähnliche Zuschüsse. Außerdem ist jeder Schwede automatisch krankenversichert. Im Krankheitsfall ist eine Gebühr von 40,- SKr zu zahlen, mit der alle Leistungen abgegolten sind. Der Krankenhausaufenthalt ist kostenlos. Für Medikamente muß ein Prozentsatz, jedoch höchstens bis 50,- SKr selbst bezahlt werden, den Rest übernimmt die Krankenkasse. Bei der Weiträumigkeit des Landes ist die Reisekostenerstattung verständlich: bei einem Arztbesuch werden die 30,- SKr übersteigenden Kosten der Anreise dem Patienten erstattet. Teurer wird dagegen ein Zahnarztbesuch. Der Patient bezahlt bis zu 60 % der Gebühren, und wenn die Gesamtkosten 2500 SKr übersteigen 25 % des darüber hinausgehenden Betrags. Nur für Kinder bis 16 Jahren ist die Behandlung kostenfrei. Es ist beabsichtigt, die Zahnbehandlung auch für Erwachsene zu verbilligen, wann es aber dazu kommt, ist im Augenblick nicht vorherzusagen.
In zahlreichen Fällen werden Zuschüsse vom Staat und / oder den Gemeinden gezahlt. In bestimmten Fällen gibt es z. B. Mietzuschüsse. Eine Familie mit einem Kind hat z. B. Anspruch auf eine Dreizimmerwohnung plus Bad und Küche. Ein Studiengeld erhalten diejenigen, die unbezahlten Urlaub nehmen, um sich weiterzubilden. Kostenlos sind auch die Ganztageskindergärten für berufstätige oder studierende Eltern.

Einwandererintegration

Die weitgehende Fürsorge des Staates, aber zugleich auch die allgemeine Einstellung, wird deutlich bei dem Problem der Einwanderer. Unter Einwanderern versteht man in Schweden alle Ausländer, die für längere Zeit oder für dauernd nach Schweden gekommen sind. Auch die in der BRD sogen. »Gastarbeiter« fallen unter diesen Begriff. Seit den siebziger Jahren nahm die Zahl von Asylanten aus außereuropäischen Ländern stark zu. Man bemüht sich, Ausländern sowohl die Integration zu erleichtern (u. a. durch kostenlosen Sprachunterricht und Staatsbürgerkunde) wie auch, ihnen zu helfen, ihre kulturellen Traditionen zu bewahren.

Schulverhältnisse

Die allgemeine Schulpflicht in Schweden beträgt 9 Jahre. Während dieser Zeit besuchen alle Kinder die gleiche Schule. Schulpflichtig werden sie mit vollendetem siebten Lebensjahr. Vom 3. oder 4. Schuljahr an ist Englisch Pflichtfach. In den ersten sechs Jahren ist der Unterricht für alle gleich, in den letzten drei Jahren gibt es begrenzte Wahlmöglichkeiten. Etwa 70–80% aller Schüler wählen dabei Deutsch oder Französisch als zweite Fremdsprache. Mit dem Abschluß der Grundschule erhalten sie die Berechtigung eine Gymnasialschule zu besuchen. Etwa 90% aller Schulabgänger bewerben sich um einen Platz dort. Viele setzen aber dann die Schulausbildung doch nicht gleich fort, sondern gehen erst für ein oder mehrere Jahre in einen praktischen Beruf.

Während des Studiums können alle Studierenden, unabhängig vom Einkommen der Eltern, ein Studiendarlehen erhalten. Es wird zinsfrei gewährt. Bei der Rückzahlung wird es allerdings an die Steigerung der Lebenshaltungskosten gekoppelt.

Traditionen, Lebensgewohnheiten

Bindungen

Schweden war lange ein in bäuerlichen Traditionen verwurzeltes Land, auch nachdem sich die Industrialisierung schon durchgesetzt hatte. Das Schlagwort vom »Volksheim Schweden« fand deshalb so große Resonanz, weil es eben an die alte, bäuerliche Großfamilie anknüpfte. Auch wenn heute die Mehrzahl der Schweden in Städten lebt, ist doch ihre Verbindung zum Land kaum abgerissen. Man muß dabei allerdings berücksichtigen, daß viele Städte verhältnismäßig klein sind und eher den Charakter von Landstädten haben. 1891 entstand in Stockholm das erste Freilichtmuseum der Welt, Skansen. Seitdem hat das Interesse an der Bewahrung alter Kulturformen ständig zugenommen, und heute gibt es zahlreiche Freilichtmuseen im ganzen Land. Aus der näheren und weiteren Umgebung wurden alte Gebäude dort zusammengetragen und restauriert, oft mit kompletten Einrichtungen.

Nachdem die Bindung an Traditionen vorübergehend nicht mehr so stark erschien, ist in der jüngsten Zeit allgemein das Bedürfnis gewachsen, die Wurzeln der eigenen Vergangenheit freizulegen. »Grab nach, wo Du stehst«, ist das Schlagwort dieser Bewegung.

Studenten

Damit verbunden ist auch eine verstärkte Traditionspflege. So wurden z. B. bis Ende der 60er Jahre die weißen »Studentenmützen« getragen. Sie galten als Zeichen des bestandenen Abiturs, das ja »studentexamen« hieß. Nach 1968 waren sie völlig verschwunden. In den allerletzten Jahren hat man nun wieder auf diese alte Tradition zurückgegriffen. Die frühere Abiturprüfung ist zwar abgeschafft, aber man bemüht sich, anstelle des formlosen Endes der Schulzeit wieder eine feierliche Form des Schulabschlusses zu finden. Am Entlassungstag werden die frischgebackenen »studenter« auf mit Birkenzweigen geschmückten Autos, meist kleinen Lastwagen, durch die Stadt gefahren. Weiße, zumindest hellgraue Anzüge und Kleider sind dabei üblich. Kleine Geschenke und Blumengebinde werden um den Hals gehängt. Dann versammelt man sich auf dem Marktplatz. Oft werden dabei Volks- oder Studentenlieder gesungen. Eine über 10 Jahre verschwundene Tradition ist wieder aufgelebt, ohne daß soziale Spannungen dadurch entstanden. Natürlich läßt sich dies in kleineren Städten besser beobachten als in den anonymen Großstädten (siehe auch die Schilderung der Walpurgisfeier in Uppsala/Uppland).

Traditionen im Jahresablauf

Die großen christlichen Feste wie Weihnachten, Ostern usw. werden auch in Schweden, natürlich mit kleinen Unterschieden, gefeiert. Zum Schmuck des Weihnachtsbaumes gehören unbedingt kleine Landesfähnchen. Wenn es der Platz zuläßt, stellt man den Baum in die Mitte des Raumes, denn eigentlich gehört zu der viel fröhlicher als bei uns gefeierten Weihnacht der Tanz um den Weihnachtsbaum und die Polonaise durch alle Zimmer. Zum Schmuck gehört auch der aus Stroh gefertigte »julbock«. Statt des Christkindes oder des Weihnachtsmannes bringt der »jultomte« die Geschenke, ein kleiner Wichtelmann mit roter Zipfelmütze. Zum Festessen gehört der Weihnachts-

schinken, gekocht und überkrustet, und der »lutfisk«, ein getrockneter Fisch. Als typisches Weihnachtsgebäck gelten Pfefferkuchen.
Am Gründonnerstag oder am Ostersamstag gehen wie alte Frauen auf dem Land vermummte Kinder von Tür zu Tür und geben kleine Briefchen mit guten Wünschen ab. Sie bekommen zum Dank Süßigkeiten oder (heute sogar meistens) ein kleines Geldgeschenk.
Vor Ostern gibt es eine Sitte, die sicherlich der Sehnsucht nach der Farbenpracht des Frühjahrs am Ende des langen, dunklen Winters entsprungen ist: an Sträuße von kahlen Birkenzweigen werden bunte Federn geklebt. An Ostern werden dann auch gekochte Eier gegessen, doch ist die Sitte des Ostereierbemalens nicht so verbreitet.
Zur Himmelsfahrtzeit gibt es den Brauch des »gök-åtta« des »Kuckucks in aller Frühe«. Man steht sehr zeitig auf, so gegen vier Uhr, und geht in den Wald, um dem frühen Vogelkonzert zu lauschen.
Zwei besonders traditionsreiche Feste fallen in den Sommer: Mittsommer und Krebsessen. Mittsommer, früher am 23. 6., wird seit 1953 an dem diesem Datum nächstgelegenen Wochenende gefeiert. Es ist das größte Fest in Schweden, zumindest so wichtig wie Weihnachten. Es ist der Beginn des Sommers. Traditionell gehört dazu die mit Birkenzweigen geschmückte »majstånga«. Die meist gebrauchte Übersetzung »Maibaum« ist etwas irreführend, denn »maj« entspricht nicht nur dem Monatsnamen »Mai«, sondern bedeutet auch so viel wie »grünes Laub« (ähnlich dem alten deutschen Wort »Maie« = Birkengrün). Die Aufrichtung dieses Baumes, der immer im oberen Drittel ein Querholz hat, an dem Kränze hängen, ist der Anfang des Festes. Er bleibt anschließend ein Jahr lang stehen. Am Freitag mittag vor dem »midsommarafton« schließen alle Geschäfte, Tankstellen und sogar die meisten Hotels. Autos, Zapfsäulen, Werktore und Hauseingänge werden mit kleinen Birken geschmückt. Um die majstånga wird bis zum nächsten Morgen getanzt.
Die Krebsessen beginnen mit dem Ende der Schonzeit am zweiten Mittwoch im August. Zu den in Dill gekochten kalten Krebsen ißt man Brot oder neue Kartoffeln. Es sei nicht verschwiegen, daß die meisten Krebse heute nicht mehr in Schweden gefangen, sondern tiefgekühlt importiert werden. Zu einem richtigen Krebsessen gehören auf alle Fälle Lampions und kleine, mit Krebsen bedruckte Lätzchen aus Papier, mitunter auch Papierhütchen. Zur besseren Verdauung trinkt man dazu, den Preisen zum Trotz, einen Aquavit. Eine nordschwedische Variante des Krebsessens ist die »surströmmingspremiere« am dritten Donnerstag im August. »Surströmming« ist eine vergorene Heringsart, deren Nachteil ein mehr als durchdringender »Duft« ist.
Bei allen schwedischen Feiern werden erstaunlich viele Trinklieder gesungen. Oft sind es auch nur kürzere gesungene Trinksprüche.

Am Bottnischen Meerbusen, nördlich von Gävle, Gästrikland ▷

Zu den gern gepflegten Traditionen gehört auch das Luciafest am 13. Dezember. Ursprünglich war dieser Tag der hl. Lucia geweiht. Zwischen ihr und dem heutigen Brauch besteht jedoch keine direkte Verbindung. Daß ausgerechnet an diesem Tag ein Fest gefeiert wird, bei dem die Kerzen eine so wichtige Rolle spielen, hängt vielmehr mit dem alten Kalender zusammen. Nach ihm war dies die längste Nacht des Jahres. Die Sehnsucht nach Licht und Wärme spiegelt sich in der Luciafigur: ein weißgekleidetes Mädchen mit einer Krone von brennenden Kerzen im Haar. Die Lucia kommt morgens und bietet Kaffee und ein besonderes, »lussekatt« genanntes Gebäck an. Oft wird sie von anderen weißgekleideten Mädchen und Jungen begleitet. Sie singen nach der Melodie eines italienischen Fischerliedes das Lucialied mit einem Weihnachtstext und »Stille Nacht, Heilige Nacht«. Daß man in Schweden Kerzen als »lebendes Licht« bezeichnet, mag in diesem Zusammenhang interessant sein.

Hemslöjd

Eng mit der Pflege von Brauchtum ist in Schweden auch das »hemslöjd« verbunden. Das Wort bedeutet soviel wie »Heimwerk«. Als mit der einsetzenden Industrialisierung Ende des vorigen Jahrhunderts alte, bäuerliche Gebrauchskunst verloren zu gehen drohte, begannen einzelne vorausschauende, am Brauchtum Interessierte mit der Sammlung von volkskundlich wertvollen Geräten und Formen. Artur Hazelius (Nordiska museet und Freilichtmuseum Skansen in Stockholm) war wohl der bekannteste unter ihnen. Die in der gleichen Zeit entstandene Heimatbewegung förderte das Heimwerk. 1899 wurde eine Vereinigung gegründet, aus der 1912 der heutige »Svenska Hemslöjdsföreningens Riksförbund« hervorging.

Für viele Familien auf dem Land wurde die kunstgewerbliche Heimarbeit, die sich auf alte bäuerliche Volkskunst gründete, zu einer wichtigen Nebeneinnahme. Heute sind die in den Hemslöjd-Läden angebotenen Waren teilweise noch Nebenerwerbserzeugnisse, zu einem größeren Teil hat sich aber aus der früheren Nebenbeschäftigung ein Hauptberuf entwickelt. Wesentliche Voraussetzung für den Absatz durch die Hemslöjdförening ist die solide Handarbeit. Zum andern ist die Verbindung alter Tradition mit modernem Geschmack wichtig. Manche der angebotenen Gegenstände werden heute noch so gearbeitet, wie man sie früher zu Gebrauchszwecken herstellte (z. B. mit Schweineblasen bespannte und mit Holznägeln zusammengehaltene Laternen), andere dagegen entsprechen einem moderneren Geschmack (z. B.

◁ *Glattgeschliffene Felsen in den Schären von Bohuslän*

Zinnkrüge). Grundlage bilden aber immer überlieferte Formen. Neben Holzarbeiten nehmen in traditionellen Farben handgewebte Tischläufer u. ä. einen breiten Raum ein. Alle von der Vereinigung überwachten Produkte sind mit einer blau-gelben Qualitätsmarke gekennzeichnet.

Rote Häuser

Auffallend in Schweden sind die vielen rotgestrichenen Holzhäuser. Sie gehören so sehr zum Landschaftsbild, daß August Strindberg sogar meinte, die schwedischen Landesfarben müßten eigentlich grün-rot sein: das Grün der Wälder und das Rot der Häuser. Diese Farbe, das sogen. »faluröd« wird aus dem verwitterten Schwefelkies der Grube von Falun/Dalarna, der »Roterde« gewonnen. Dieser »Falunschlamm« wird dabei zu rotem Eisenvitriol gebrannt. Seit 1616 wird hieraus Farbe hergestellt, doch dauerte es fast 100 Jahre, bis die Produktion größeren Umfang annahm. Zunächst strich man Kirchen und Herrenhäuser damit an. Ziegelbauten waren nämlich ein Statussymbol und unerschwinglich teuer. Mit der roten Farbe konnte man sie imitieren. Dann stellte sich heraus, daß sie auch noch ganz besonders witterungsbeständig war, und so kam sie im 18. Jh. allgemein in Gebrauch. Für die Farbherstellung gab es umherreisende Spezialisten, die »Rotfarbenmänner«. 2 kg Eisenvitriol lösten sie in 50 l kochendem Wasser auf, mischten es mit 2–2,5 kg feinstem Roggenmehl und gewannen daraus 8 kg Farbe. Um ihre Kunst geheimnisvoller zu machen, mischten sie noch irgend etwas hinzu, Urin, Salz, Heringslake o. ä.

Alkoholproblem

Ein besonderes Problem ist das Verhältnis der Schweden zum Alkohol. Schon im 18. Jh. wurde über die Trunksucht geklagt. Zahlreiche Verordnungen versuchten, den Alkoholkonsum zu dämpfen. Starken Einfluß gewann bis heute die im vorigen Jahrhundert gegründete Nüchternheitsbewegung (nykterhetsrörelsen). Ab 1913 sollte durch das sogen. Brattsystem (nach dem Arzt Dr. Ivar Bratt) der Verbrauch individuell reglementiert werden. Jeder Schwede bekam ein »motbok«, in dem die ihm nach individuellen Gesichtspunkten zugestandene Menge an Alkoholika eingetragen war. Gegen seine

Vorlage durfte er dann in den Monopolläden einkaufen. Erst 1955 schaffte man das System ab, das zu nichts geführt hatte. Seitdem ist der Verkauf frei, doch werden Sperrlisten geführt, nach denen die Abgabe an bestimmte Personen (z. B. Alkoholkranke) verboten ist. Man kann Alkoholika, auch normales Bier, »starköl«, ausschließlich in den Läden des staatlichen Alkoholmonopols, den »Systembolaget« kaufen. Eine Ausnahme ist lediglich das alkoholarme Bier, »mellanöl« (auch »folköl« genannt) und das noch schwächere »lättöl«, das in Lebensmittelläden angeboten wird. Die Preise aller alkoholischen Getränke werden bewußt extrem hoch gehalten. Durchaus nicht jedes Lokal hat alle »rättigheter«, d. h. die Berechtigung, alle Arten von Alkoholika auszuschenken.

Viele Schweden beziehen in Fragen der Trinkgewohnheit extreme Positionen. Weitestgehende oder sogar totale Nüchternheit wird von vielen vertreten. Dem deutschen Gast wird dann aber oft eine Menge eingeschenkt, die weit über dem Maß liegt, das er zu Hause üblicherweise trinken würde, während der Gastgeber sich zurückhält. Gastfreiheit paart sich mit Unsicherheit im Umgang mit Alkohol. Letztere ist die Folge einer ständigen Antialkoholpropaganda, die dazu geführt hat, daß viele Schweden Alkoholika mit dem Gefühl genießen, eigentlich etwas Unmoralisches zu tun. Dabei ist der Alkoholkonsum in Schweden, sicherlich auch als Folge der sehr hohen Preise, bescheiden im Vergleich zur Bundesrepublik: (l/Einwohner und Jahr) Wein 9,5 (BRD 24,5), normales Bier 46,8 (BRD 146,4) Spirituosen 2,8 (3,1).

Das Märchen vom Sex

Viel diskutiert wurden in der BRD, vor allem in den 50er und 60er Jahren, die freie Liebe und das Nacktbaden in Schweden, wobei man beides in einen Topf warf. Angefangen hatte es wohl mit einer Filmszene 1951, bei der Ulla Jacobsson für einen kurzen Augenblick bei einer nächtlichen (!) Badeszene völlig nackt zu sehen war. Das Märchen vom schwedischen Sex war geboren. Tatsächlich hat es in Schweden die »freie Liebe« nie in dem Sinn gegeben, der ihm in der BRD unterlegt wurde. Was es dagegen gab, war Offenheit in sexuellen Fragen zu einer Zeit, als diese Themen in einer verklemmteren BRD noch weitgehend tabu waren. Dies hing zusammen mit einer viel früher einsetzenden weiblichen Emanzipation, die den Frauen größere Selbständigkeiten einräumte. Auch das Zusammenleben Unverheirateter war in Schweden früher üblich als bei uns, nicht als Folge eines besonders freizügigen sexuellen Verhaltens, sondern als Frage der Weltanschauung. Ähnlich verhält es sich mit dem Nacktbaden. In einem Land, das so men-

schenleer ist wie Schweden, war es nur natürlich, daß man nackt badete – wenn man allein war. Und leere Plätze finden, war nicht schwer. Bis heute hat sich daran kaum etwas geändert. Wer nackt baden will, geht abseits. »Oben-ohne« ist ohnehin nirgends mehr eine Frage.
Ganz anders dagegen verhält es sich mit den Saunagewohnheiten. Saunen (»bastu«) sind immer nach Geschlechtern getrennt. Die gemeinsame Sauna gibt es höchstens privat im engeren Familien- oder Freundeskreis.

Anredeformen

Die Anrede ist in Schweden ein eigenes Kapitel. Noch in den 60er Jahren gehörte es zum selbstverständlichen guten Ton, sich in der dritten Person und, wenn irgend möglich, mit Titel anzureden. Selbst Kinder sprachen ihre Eltern so an: »Kann Papa mir den Autoschlüssel geben?«. Bei der Anrede mit Titel entfiel übrigens das vorgesetzte »Herr« oder »Frau«, der Titel wurde vielmehr entweder einfach vor den Namen gesetzt oder erhielt den bestimmten Artikel angehängt. Da diese Art der Anrede als umständlich empfunden wurde, ging man ziemlich schnell und formlos zum »Du« über, ohne den im Deutschen üblichen »Tiefgang« damit zu verbinden. Man nannte das einfach »die Titel ablegen«. Ende der 60er Jahre sagte Olof Palme in einer Ansprache, eigentlich seien doch alle Schweden wie Verwandte, und man könne ja allgemein »Du« sagen. Innerhalb kürzester Zeit hatte sich diese Anrede durchgesetzt, ohne daß es dabei zu Komplikationen wie Autoritätsverlust o. ä. gekommen wäre. Das »Sie« war sowieso etwas unbeliebt gewesen, es war früher die Anrede gegenüber Dienstboten, Knechten, kurz, gegenüber sozial Nachgeordneten.
Nachdem die »Du«-Form problemlos gut ein Dutzend Jahre funktioniert hatte, begann man in letzter Zeit teilweise wieder davon abzurücken. Nur in seltenen Fällen wird aber dabei die frühere dritte Person benutzt, öfters verwendet man statt dessen jetzt das »Sie«. Natürlich bleibt dabei das »Du« gegenüber denen bestehen, die man in der Vergangenheit geduzt hatte, in der Nachbarschaft etwa, am Arbeitsplatz selbstverständlich usw. Die Protagonisten der »Sie«-Anrede argumentieren, das »Du« sei eigentlich ja unnatürlich, aber eine notwendige Durchgangsphase gewesen, um von der überholten Anredeform der dritten Person und der Überbetonung der Titel wegzukommen. Viele lehnen diese erneute Änderung ab und bleiben bei dem persönlicheren »Du«. In der Werbung wird allerdings die Anrede mit »Sie« immer häufiger. Der Ausländer, sofern er nicht schwedisch spricht, merkt von diesem Problem nichts. Er wird grundsätzlich mit Sie angesprochen.

Essen

Die schwedische Küche ist eine Mischung einheimischer Überlieferungen mit vorwiegend französischen Einflüssen. Das Frühstück ist reichlich, meist mit Ei, oft mit Porridge und auf alle Fälle mit »filmjölk«, einem Mittelding zwischen Dickmilch und saurer Milch. Man zuckert sie und streut Cornflakes, Müsli o. ä. darüber. Dazu ißt man Brot, wovon es immer verschiedene Sorten gibt. Gerne wird zum Frühstück auch Käse gegessen, auf den man Apfelsinenmarmelade streicht. Zur frühen Mittagszeit folgt der lunch, eine kleine, warme Zwischenmahlzeit. Die Hauptmahlzeit ist der »middag«, der zwischen 17 und 19 Uhr serviert wird. Selbst bei schönstem Sommerwetter leeren sich ab 16 Uhr die Strände: Zeit für den »middag«. Abends gegen 21 Uhr gibt es dann noch eine Kleinigkeit, ein Butterbrot mit Käse oder ähnlichem oder, seltener, auch Keks. Zu allen Mahlzeiten wird etwas zum Trinken serviert. Zum Frühstück natürlich vor allem Tee oder Kaffee (im Schwedischen »kaffe« geschrieben). Zu den anderen Mahlzeiten meist Milch, Saft oder einfach Wasser. Nach den Mahlzeiten folgt der obligatorische Kaffee. Er wird auch gerne zwischen den Mahlzeiten angeboten. Schweden hat den höchsten Kaffeeverbrauch pro Kopf in ganz Europa. Die Bohnen sind nicht ganz so dunkel geröstet wie auf dem Kontinent. Früher gehörte es zum guten Ton, zum Kaffee sieben verschiedene kleine Kekse oder Gebäckstückchen anzubieten. Die Sitte ist dem Rationalisierungszeitalter zum Opfer gefallen. Heute begnügt man sich mit zwei oder drei.
Einige Besonderheiten der schwedischen Küche seien erklärt:
smörgåsbord (gespr. smörgosburd), ein Büfett mit großer Auswahl von Vor-, Haupt- und Nachgerichten. Man zahlt einen Pauschalpreis und kann soviel essen wie man mag, oder kann. Es gilt dabei als unfein, sich übermäßig viel auf den Teller zu laden. Man geht lieber einmal öfter. Der abgegessene Teller bleibt jeweils auf dem Tisch stehen, die Bedienung räumt ihn ab. Getränke muß man gesondert bestellen und bezahlen. Ein richtiger smörgåsbord ist teuer, aber seinen Preis durchaus wert. In einer etwas vereinfachten Form gehört er in besseren Hotels und Pensionen zum täglichen middag. In Pensionen wird meist auch zum lunch ein warmes Büfett aufgebaut. Man spricht dann allerdings nicht von smörgåsbord, sondern von einem (wörtlich übersetzt:) »gehenden Tisch« (gående bord). Zu Hause wäre ein smörgåsbord mit allem was dazu gehört, natürlich zu aufwendig. Doch gehört auch zum häuslichen middag neben dem warmen Hauptgericht fast immer etwas Fisch, Butterbrote und Käse.

sill – der am meisten gegessene Fisch, der Hering. Er ist meist süß-sauer angemacht, etwas süßer als auf dem Kontinent, sehr pikant. Es gibt an die zwanzig Varianten der Zubereitung.

gravad lax – roher Lachs, der früher 1 bis 2 Tage zwischen zwei Holzbrettern eingegraben wurde, eingesalzen und beschwert. Heute verzichtet man auf das Eingraben. Er wird mit Salz und Dill in Alufolie eingewickelt, in einer großen Schüssel beschwert und für eine gewisse Zeit ins Dunkle gestellt. Dazu gehört eine Senf-Dill-Sauce.

potatis – Kartoffeln. Es handelt sich um eine hellere Art, als die in Deutschland üblichen Sorten, mit einer dünnen Schale. Granz frühe Kartoffeln werden nicht geschält. Sie werden immer zusammen mit etwas Dill gekocht.

köttbullar – (gespr. tchöttbüllar) kleine Fleischklößchen (viel kleiner als Frikadellen) aus Schweine-, Rind- und Kalbfleisch. Man kann sie, als besondere Feinheit, auch aus Elchfleisch machen. Dazu gehören Preiselbeeren (lingon).

hjortron – eine Art gelbe Brombeere. Offiziell heißen sie auf deutsch Multebeeren. Sie wachsen nur im Norden.

julskinka – (gespr. jülschinka) der Weihnachtsschinken, ein eingelegter gekochter Schinken, der mit einer Senf-Dill-Sauce gegessen wird.

bröd – Brot. Noch vor zehn Jahren gab es in Schweden vorwiegend (vor 20 Jahren sogar ausschließlich) gesüßtes Brot. Heute kann man zahlreiche ungesüßte Brote kaufen. Sie sind den deutschen Brotsorten etwas angepaßt, sind aber in der Regel viel weicher.

glögg – eine Art heißer Punsch mit Mandeln, Rosinen, Zimt, Nelken evtl. auch Feigen. Statt mit Rotwein oder Schnaps wird er häufig mit Saft zubereitet. Besonders in der Advents- und Weihnachtszeit ein beliebtes Getränk.

pytt i panna – eine Art Bauernfrühstück mit Anklängen an Labskaus.

Kunstgeschichte

Schweden liegt am Rande Europas, fern aller Durchgangsstraßen. Es war immer dünn besiedelt und wirtschaftlich schwach (die wirtschaftlichen Vorteile der Silber- und Kupferproduktion wurden für die Kriege der Großmachtzeit verbraucht). Dem übrigen Europa gegenüber ist es klimatisch benachteiligt.

Betrachtet man die schwedische Kunstgeschichte unter diesen Gesichtspunkten, wird leicht verständlich, daß Schweden kein kunstgeschichtliches Zentrum werden konnte. Vielmehr wurde die Kunst hier immer stark von den südlicher gelegenen Zentren beeinflußt. Das Interessante an der schwedischen Kunstgeschichte ist nun, daß Einflüsse der verschiedenen Kunstzentren miteinander verarbeitet, aber auch eigene, originäre Entwicklungen damit verknüpft wurden und man die übernommenen Formen den schwedischen Verhältnissen anpaßte. Noch aus einem anderen Grund ist dieses Land für den Kunstinteressierten interessant: Schweden besitzt – vor allem im Vergleich mit der BRD – noch sehr viele weitgehend original erhaltene Kunstschätze, insbesondere Dorfkirchen aus dem Mittelalter. In Schweden gab es keine Reformation, die sich gewalttätig Bahn brach. Sie wurde vielmehr »von oben« eingeführt. Verschwunden ist nur, von einigen wenigen Ausnahmen abgesehen, das Kirchensilber, das mit der »Kirchenreduktion« Gustav Vasas eingezogen wurde.

Felszeichnungen

Zu den frühen künstlerischen Ausdrucksformen gehören auch in Schweden die Felszeichnungen. Die schwedischen »hällristningar« (Felszeichnungen) liegen durchweg auf flach geneigten, ebenen Felsplatten. Sie sind in der Bronzezeit entstanden, d. h. zwischen 1500 und 500 v. Chr. Die Bilder wurden mit Steinen oder Bronzewerkzeugen in die Felsen gehauen und die Vertiefungen mit einer Mischung aus Fett und Eisenocker ausgemalt. Reste dieser Farbe wurden bei einigen Bildern gefunden. Zur besseren Erkennbarkeit sind viele Bilder jetzt neu ausgemalt worden. Man unterscheidet in Schweden zwei Hauptarten, die nord- und die südskandinavische. In Südskandinavien sind die Darstellungen von Menschen, Tieren, Schiffen und Geräten stärker stilisiert. Vermutlich sind sie durch den Seehandel von der Entwicklung in Südeuropa beeinflußt. Die älteren, nordskandinavischen Formen sind noch naturnäher. Die Trennungslinie zwischen beiden ist fließend. In Dalsland treffen sich beide Formen. Die nordskandinavischen Felszeichnungen hängen offenbar noch eng mit der Jagdkultur der Jungsteinzeit zusammen, während die südskandinavischen in Verbindung mit der beginnenden Ackerbaukultur der Bronzezeit in Verbindung stehen. Die Datierung wird durch Vergleiche der abgebildeten Gegenstände mit Funden möglich. Insbesondere die Axtformen geben ziemlich sichere Anhaltspunkte. Erschwert wird die Zeitbestimmung allerdings dadurch, daß die gleichen Felswände oft über lange Zeiträume immer wieder »bemalt« wurden. Bei den Felszeichnungen handelt es sich nach neuerer Auffassung um kultische Bilder und nicht, wie früher angenommen, um die Schilderung historischer Ereignisse. Die meisten »hällristningar« findet man in Schweden in Bohuslän, Östergötland und Södermanland.

Vendelzeit

Ab der Völkerwanderungszeit, d. h. ab etwa 400 n. Chr. entwickelt sich ein künstlerischer Ausdruck, bei dem die Einflüsse fremder Kulturen, wie der römischen, keltischen und asiatischen zu einer ganz eigenen Form verarbeitet werden. Ende des 19. Jh. entdeckte man in Valsgärde und Vendel (beide in Uppland) Bootgräber mit reichen Grabbeigaben. Nach dem letztgenannten Fundort erhielt die Zeit von 550 bis 800 n. Chr. den Namen »Vendelzeit«. Stark ineinander verschlungene Linien, die mitunter Tiere einfassen, scheinen das Schmuckbedürfnis und das von mystischen Wesen beherrschte Weltbild dieser Zeit widerzuspiegeln.

Runensteinstil

Im 7. Jh. entwickelte sich in Schweden ein neuer, eigener Stil, der Runensteinstil. Die ältesten Runen selbst entstanden schon im 3. Jh. Vorwiegend aus der Wikingerzeit sind in Schweden rund 3000 Runensteine erhalten. Es sind Erinnerungssteine an Verstorbene, meist auf Wikingerfahrten im Osten Umgekommene, sie berichten von Brücken- und Wegebauten oder ähnlichem. Der schwedische Runensteinstil ist durch die elegante Linienführung gekennzeichnet, mit der in größeren und kleineren Schleifen vierfüßige Tiere und Schlangen gebildet werden. Grundmotiv vieler solcher Figuren ist eine Acht. Über die russischen Handelswege vermittelte persische Einflüsse schlagen sich in in Palmetten nieder. Die meisten Runensteine stammen aus der Zeit nach 900. Auf diesen Runensteinen werden erstmals die Künstler namentlich erwähnt, die sie schufen.
Eine Sonderstellung nehmen die gotländischen Bildsteine ein. Man unterscheidet drei Perioden, die frühe, ab 400 n. Chr. mit ornamentalen Verzierungen, die mittlere um etwa 800 mit den großen Bilderzählungen und die späte nach 900 mit der Schlingenornamentik.

Romanik

Mit dem Vordringen des Christentums kommen jetzt auch Kreuze auf den Runensteinen vor. Umgekehrt behaupten sich die heidnischen Formen noch lange auf christlichen Darstellungen, z. B. auf den frühen Taufsteinen oder bei den Eisenbeschlägen romanischer Kirchenportale. Die Ausbreitung des Christentums beendet um 1050 die Wikingerzeit. Von hier ab rechnet man in Schweden das Mittelalter. Im 12. Jh. verdrängen die romanischen Formen allmählich die heidnischen. In diesem Jahrhundert werden in Götaland die hölzernen ersten Kirchenbauten durch Steinbauten ersetzt (in Svealand und Norrland setzt sich der Bau von Steinkirchen erst im 13. und 14. Jh. voll durch). Zahlreiche Landkirchen lassen trotz späterer An- und Umbauten die frühen romanischen Formen noch erkennen. Das bemerkenswerteste Bauwerk der Romanik ist zweifellos der Dom von Lund/Skåne (damals noch dänisch). Hier treffen anglonormannische Stilrichtungen auf rheinländische und westfälische. Besonders wichtig wurden aber die aus der Lombardei übernommenen Stilmerkmale.
Von Lund und von den Klostergründungen der Zisterzienser (1143 Alvastra/Östergötland, Nydala/Småland und 1164 Roma/Gotland) gingen starke Einflüsse auf die künstlerische Entwicklung aus. Wandmalereien, Holzskulpturen und zahlreiche Taufsteine sind aus dieser Zeit noch erhalten. Vor allem die letzteren stellen den wichtigsten schwedischen Beitrag zur Kunstgeschichte der Romanik dar.

Gotik

In Schweden rechnet man in der Baukunst die Zeit von 1235, etwa dem Jahr, in dem in Lund und in Varnhem die Gewölbe eingezogen wurden, bis zur Reformation von 1527 zur Gotik. In der Bildkunst treten ab etwa 1435 neue, eher kontragotische Züge auf, so daß man hier mangels einer allgemein gültigen Stilbezeichnung sich mit dem Ausdruck »Spätmittelalter« behilft.
Die gotische Baukunst besitzt in Schweden eigene Züge. Noch lange werden, vor allem in den Landkirchen, die schweren geschlossenen Mauern beibehalten, und die Gotik ist vorwiegend im Detail zu erkennen. Schwedische und norddeutsche Backsteingotik weisen zahlreiche Ähnlichkeiten auf. Einflüsse der nordfranzösischen Kathedralgotik sind dagegen nicht so häufig (vor allem im Dom von Uppsala). Englische Stilmerkmale werden nur vereinzelt über-

nommen (z. B. die Wandarkaden im Dom von Linköping). Der wichtigste schwedische Beitrag zur sakralen Baukunst des Mittelalters ging wahrscheinlich von dem Klosterbau der hl. Birgitta in Vadstena/Östergötland mit den klaren, schlichten, fast strengen Formen und Gliederungen aus.
Mit zunehmender Wohlhabenheit kaufte man im 15. und frühen 16. Jh. zahlreiche holzgeschnitzte Altaraufsätze, vorzugsweise in Norddeutschland. Ungewöhnlich viele von ihnen stehen in gutem Zustand heute noch in den Kirchen.

Verteidigungsbauten – Feste Häuser

Profane Bauwerke des Mittelalters sind nur vereinzelt erhalten. Da zunächst auch Verteidigungsbauten aus Holz aufgeführt wurden, fielen sie im Lauf der Zeit Bränden zum Opfer oder wurden abgerissen. Einige aus Stein gebaute Verteidigungstürme, sogen. »kastaler«, stehen noch neben den Landkirchen. Bei den Burganlagen sind sie meist in die späteren Bauten einbezogen und dabei völlig verändert worden. Der »Kärnan« in Helsingborg ist ein erhaltenes Beispiel solcher einzelnstehender Verteidigungstürme. Einen besonderen Befestigungstyp bildeten die sogen. »festen Häuser« (fasta hus). Es handelt sich dabei um eine Mischung von steinernem Wohnhaus und Festung. Dieser speziell skandinavische Haustyp entstand während der Unionszeit. 1396 hatte Königin Margarete dem Adel den Burgbau verboten, um die adlige Machtstellung zu beschränken. Einerseits wegen bestehender sozialer Spannungen, andererseits aus dem Selbstbewußtsein des Adels umging er das Verbot durch Häuser, die äußerlich Wohnhäuser, mit der inneren Anordnung, der Mauerdicke und den Fensteranlagen aber Verteidigungsbauten waren. Das beste Beispiel hierfür bietet Glimmingehus/Skåne.
Nur einige private Steinhäuser von frühzeitig reich gewordenen Händlern sind noch bewahrt (z. B. in Visby/Gotland). Da die schwedischen Städte bis in die Neuzeit durchweg aus Holz gebaut waren, fielen sie immer wieder Bränden zum Opfer. Im Durchschnitt hatte jede Stadt einmal in jedem Jahrhundert einen verheerenden Stadtbrand zu erleiden. Trotzdem findet man in den meisten Städten immer noch einige gut bewahrte Gegenden mit einer teilweise bis in das 16. Jh. zurückreichenden Bebauung.

Holzbauweise

Schon in der Wikingerzeit hatte sich in Schweden der Blockbau aus waagrecht liegenden Hölzern durchgesetzt. Bestimmend hierfür war das reichliche Vorkommen von (langen) Nadelhölzern. Wo man, wie in Skåne und auf Gotland, auf die kürzeren Laubhölzer (vorwiegend Eichen) zurückgreifen mußte, entwickelte sich dagegen der Ständerbau, und, wohl in Skåne auch von Dänemark beeinflußt, das Fachwerk. Die Holzbauweise hat sich bis in die Neuzeit behauptet. Im 18. Jh. begann man dann die Blockhäuser, des besseren Aussehens, aber auch der Wärmedämmung wegen, mit Paneelen zu verkleiden. In Schweden wurden dabei senkrechte Paneelbretter verwandt im Gegensatz zu Finnland und Norwegen, wo liegendes Paneel die Regel war.

Bauernhöfe

Auch die Bauernhöfe änderten nach der Wikingerzeit ihr Aussehen. Aus dem einen großen Haus (eine Rekonstruktion steht in Lojsta/Gotland) wurde eine Vielzahl von kleineren und größeren Blockhäusern. Im Prinzip baute man für jede Funktion ein eigenes Haus. Das wahrscheinlich älteste »Feuerstellenhaus« aus dem 12. Jh. steht in Mora/Dalarna. Die einzelnen Häuser waren zunächst ohne Plan verstreut. Erst ab dem 16./17. Jh. entstanden regelmäßige Anlagen. Im südlichen und im nördlichen Schweden entwickelten sich die geschlossenen Hofanlagen, im mittleren Schweden der sog. »zentralschwedische« Hoftyp, bei dem Stallungen und Wohnteil durch dazwischen quergestellte Scheunen getrennt waren. In vielen Freilichtmuseen sind die frühen Bauformen noch zu sehen.

Renaissance

Die Reformation von 1527 beendete das schwedische Mittelalter. Gustav Vasa selbst sagte man »kein geringes« Kunstverständnis nach, und seine Söhne Erik XIV. (1560–68) und Johan III. (1568–92) werden als ausgesprochene Ästheten bezeichnet. Obwohl man grundsätzlich die Gotik als etwas Katholisches, die Renaissance dagegen als etwas Protestantisches ansah,

wirkte sich der Renaissanceeinfluß beim Kirchenbau zunächst nur bei der Kircheneinrichtung aus. Die wichtigsten Renaissancebaudenkmäler des 16. Jh. sind die großen Königsburgen (z. B. Kalmar, Vadstena, Gripsholm u. a.), die von Gustav Vasa als Verteidigungsanlagen begonnen, unter seinen Söhnen zu repräsentativeren Formen um- bzw. weitergebaut wurden.
Renaissanceeinflüsse wurden hauptsächlich von Holland und Deutschland aufgenommen. Vor allem Willem Boy (1520–92) vermittelte als Bildhauer und als Architekt den flandrischen Renaissancestil nach Schweden. Italienische Einflüsse erreichten Schweden auf dem Umweg über Krakau (die Gemahlin Johans III., war die polnische Königstochter Katarina Jagellonika).

Barock

Im folgenden Jahrhundert, genauer zwischen 1611 und 1718 werden die engeren persönlichen Begegnungen zahlreicher einflußreicher und durch die Kriege reichgewordener Mächtiger mit den Verhältnissen und Entwicklungen auf dem Kontinent bedeutsam. Als Folge wurden zahlreiche ausländische Künstler nach Schweden geholt. Insbesondere sind die für die künstlerische Entwicklung so wichtigen Simon de la Vallée und sein Sohn Jean und Nicodemus Tessin d. Ä. mit seinem Sohn zu nennen.
Zu Beginn dieser Epoche folgte man hauptsächlich den Vorbildern der deutschen und holländischen Spätrenaissance (z. B. Tyska kyrka, Stockholm von Chr. Dötebeer). Um die Jahrhundertmitte ist eine stärker klassizistische Richtung und eine Form des Palladianismus zu bemerken (z. B. Riddarhuset, Stockholm von J. Vingboons und Jean de la Vallée). Hier fällt besonders eine typisch schwedische Dachform auf, das »Herrenhofdach« (säteritak) mit dem kurzen senkrechten Zwischenstück. In der karolinischen Zeit (1654–1718) wurde es zur beliebtesten Dachform. Bei dem Bondeska palatset (Stockholm) wird französischer Einfluß sichtbar. Der bedeutendste Bau im französischen Barock ist aber zweifellos Schloß Drottningholm (bei Stockholm), ab 1662 von N. Tessin d. Ä. begonnen.
In der sakralen Baukunst tritt römischer Barockklassizismus in der zweiten Hälfte des 17. Jh. am Kalmarer Dom (von N. Tessin d. Ä.) zutage. 1681 wurde sein Sohn, Nicodemus Tessin d. J., Hofarchitekt. Er wandelte den römischen Barockklassizismus für die schwedischen Verhältnisse um. Typisch dabei war, daß er in Einzelheiten verschiedene Stilformen eklektizistisch zusammenfügte und ihm doch eine sehr einheitliche Wirkung gelang (Kgl. Schloß, Stockholm). Gleichzeitig setzt sich mit Jean de la Vallées Kata-

Barock

rina kyrka und der Hedvig Eleonora kyrka (beide Stockholm) der Zentralkuppelbau durch.
Auch in der Skulptur wird das gesteigerte Prunkbedürfnis der Großmachtzeit deutlich. Besonders deutsche und holländische Bildhauer vertreten zunächst die manieristische Richtung (z. B. Banérs Grabmal im Dom von Uppsala/Uppland von Aris Claeszon, Portal der Tyska kyrka, Stockholm von Jost Henne). Nach der Mitte des Jahrhunderts wird auch hier eine klassizistische Strömung stärker (z. B. Statuen im Treppenhaus von Schloß Drottningholm b. Stockholm von Nicholaes Millich). Der italienische Barock (z. B. Kanzel des Doms von Uppsala/Uppland von Burchardt Precht) wird gegen Ende des Jahrhunderts von den Vorbildern des französischen Barock abgelöst (Galerie Karl IX. im Kgl. Schloß Stockholm).
Allgemein kann man sagen, daß auf den Regierungsantritt Königin Christinas 1644 eine kulturelle Blütezeit gefolgt war. Der im Krieg gewonnene Reichtum sowie die Aufgeschlossenheit gegenüber den Künsten einerseits, das Bedürfnis nach Selbstdarstellung und Prachtentfaltung andererseits waren die Ausgangspunkte. Das Fehlen einheimischer Traditionen machte man durch die Anwerbung ausländischer Künstler wett, und es war wichtig, daß diese von den einengenden Vorschriften des im Mittelalter von Deutschland übernommenen Zunftzwanges befreit blieben.
Als 1718 mit dem Tod Karls XII. die Großmachtzeit endete, war das Land verarmt und für künstlerische Arbeiten fehlte zunächst das Geld. Durch die Anwerbung von Künstlern im 17. Jh. war aber die Voraussetzung für den Aufschwung geschaffen, der dann in der zweiten Hälfte des 18. Jh. einsetzte. Der Weiterbau des Schlosses in Stockholm nach 1730 befruchtete Kunst und Kunsthandwerk. Die künstlerische Blütezeit, vor allem nach 1750, konnte sich zu einem großen Teil nun auf einheimische Kräfte stützen. Es war eine Selbstverständlichkeit, daß sie ihre Ausbildung mit der Auslandsreise abschlossen, die sie in die Zentren der europäischen Kunst führte. Von dort übernahmen sie Anregungen, die sie dann für die schwedischen Verhältnisse umgestalteten.
Zu den führenden Architekten der ersten Hälfte des 18. Jh. gehörte Carl Hårleman, der u. a. auch für den Innenausbau des Kgl. Schlosses verantwortlich war. Durch ihn wurde auch der typische schwedische Herrenhof entwickelt. Die steife, vor allem auf Repräsentation bedachte Form wurde dabei durch praktischere und wohnlichere Anlagen ersetzt (z. B. Övedskloster/Skåne). Charakteristisch war ein großes Hauptgebäude mit zwei Flügeln und das gebrochene Herrenhofdach.

Gustaviansk

Von 1772 bis 1810 spricht man von der Gustavianischen Zeit. Künstlerisch bestimmend war König Gustav III. (1771–92). Das schwedische »gustaviansk« entspricht etwa dem Louis XVI.-Stil. Carl Fredrik Adelcrantz, Jean-Erik Rehn und Louis-Jean Desprez, vor allem aber auch der König selbst, gaben ihm jedoch eine stärker klassizistische Richtung. Noch nach der Mitte des 18. Jh. war die künstlerische Ausdrucksform stark vom Rokoko beeinflußt gewesen (z. B. Schlösschen Kina im Park von Drottningholm, 1763/69 von C. F. Adelcrantz). Der Bruch mit dem Rokoko wurde aber schon fast zur gleichen Zeit beim Bau der Börse (Stortorget, Stockholm, 1767/76 durch Erik Palmstedt) deutlich. Die neuklassizistische Auffassung spiegelt sich u. a. auch am jetzigen Rathaus (damaligen Gymnasium) von Härnösand/Ångermanland wider (1791 von O. Tempelman, doch soll Gustav III. selbst an der Planung mitgewirkt haben).
Neben die Architekten tritt als der vielleicht bedeutendste schwedische Bildhauer Tobias Sergel, der den klassizistischen Figuren Leben und Wärme gab (z. B. Statue Gustav III., Skepsbron, Stockholm; Engel am Altar der Klarakirche, Stockholm). Auch in der Malerei entwickelte sich, vor allem durch Peter Krafft d. Ä. und Lorenz Pasch d. J., ein neuer gustaviansch genannter Porträtstil.
Hervorgehoben werden muß die streng zentralistische Planung von Städten und öffentlichen Bauten. Die künstlerische Arbeit war ausgerichtet nach den Vorstellungen der obersten Behörden in Stockholm und in der zweiten Hälfte des Jahrhunderts vor allem nach denen Gustav III. Trotzdem kam es erstaunlicherweise nicht zu einer Nivellierung und Vereinheitlichung. Dies mag in einer prinzipiell toleranten und liberalen Grundeinstellung begründet liegen. Grundsätzlich kann von der Regierungszeit Gustav III. gesagt werden, daß sie nicht nur im Erwerbsleben zu größerer Toleranz führte, sondern auch in anderen Bereichen, und daß in dieser Zeit ganz allgemein der Sinn für künstlerische Schönheit geweckt und gefördert wurde. Bei der Stadtplanung allerdings hatte man schon seit dem 17. Jh. immer wieder rechtwinklige Anlagen um einen großen Platz in der Mitte vorgeschrieben und blieb auch dabei. Diese Grundrisse sind heute noch in den meisten schwedischen Innenstädten wiederzuerkennen.

Bäuerliche Kunst

Neben der »offiziellen« Kunst im Umkreis des Hofes und der wohlhabenden Kreise trat im 18. Jh. eine beachtenswerte bäuerliche Kunst hervor. Nach 1650 hatten die Gemeinden das Recht erhalten, ihre Kirchen umzubauen und zu verschönern. Den Vergrößerungen folgte die Ausmalung. In Westschweden wurden dabei besonders die Decken in den Kirchenräumen ausgemalt, die sog. »Himmelsmalerei«. Von der Mitte des 17. Jh. an entwickelte sich dabei für rund 150 Jahre ein Stil, den man als »Bauernbarock« bezeichnet. Auch Altaraufsätze, Kanzeln und Gestühl wurden in dieser kraftvollen Art bemalt. Erst gegen Ende des 18. Jh. setzte sich auch auf dem Land das neuklassizistische Ideal durch, was zur Folge hatte, daß man die alten Ausmalungen überkalkte. Vieles konnte in den letzten Jahrzehnten wieder zum Vorschein gebracht werden.

Eine andere Art bäuerlicher Kunst entwickelte sich mit der Bemalung von textilen Wandbehängen und von Truhen im 18. Jh. Die Truhen wurden von wandernden Bauernmalern mit Akanthus- und Rocaillemustern geschmückt. Mit anderen Motiven wurden Gewebe bemalt, die an die Wände gespannt wurden. Von bemalten Wandbehängen wird bereits im 16. Jh. berichtet. Im 17. Jh. kommen sie auch in Bauernhäusern in Gebrauch. Hierbei wurden Figuren und Tiere nach jahrhundertealten Vorbildern aus Kirchen und Schlössern gemalt. Zwischen den einzelnen Bildreihen standen erklärende Texte. Gemalte Architekturteile und Bäume trennten die einzelnen Szenen. Man unterscheidet zwischen süd- und nordschwedischer Behangmalerei. Während die erstere nur zu den Festtagen aufgehängt wurde, war die nordschwedische, die sich auf Hälsingland und das Gebiet um den Siljansee/Dalarna beschränkte, ständig angebracht. Hier bemalte man auch die Decke, und zwar direkt auf das Holz.

In Dalarna entwickelte sich nach 1780 für rund 100 Jahre eine besondere Form von Bauernmalerei, die sog. »Dalamalerei«. Auch sie gründete auf alten Wurzeln. Die Bemalung der Möbel hatte die Blumenvasen der Renaissance zum Vorbild gehabt (»Rosenmalerei«). Später schmückte man auch die Wände. Gegen 1790 ging man zur Figurenmalerei über. Besonders in der Gegend von Rättvik und Leksand entstand dabei die sogen. »Kürbismalerei«. Es entstanden Bildfolgen, die in naiver Art biblische Ereignisse mit Figuren in der Tracht des vorigen Jahrhunderts und in ihrer gewöhnlichen Umwelt schilderten. Die Malerei folgte dabei einem strengen Schema, blieb im Detail aber völlig frei. Eine besondere Rolle spielte der Kürbis, als biblisches Symbol für Werden und Vergehen.

19. Jahrhundert

In der Architektur des 19. Jh. setzte sich nach 1820 zunächst ein bürgerliches Empire (der »Karl Johansstil« in der Inneneinrichtung) durch, das sich von dem gleichzeitigen, mehr römisch-griechisch orientierten Geschmack auf dem Kontinent abhob. Man bevorzugte eine stärkere Sachlichkeit und gab die klassizistische Gesinnung nach 1840 auf. Nach einer ziemlich eklektizistischen Periode wurde um 1870/80 die Zweckmäßigkeit auch in der Fassadengestaltung stärker betont, wenn auch eine Vorliebe für historische Details nie verloren ging. Besonders Hugo Zettervall setzte sich bei zahlreichen Restaurationen für historische Stiltreue ein, was aber auch zu harten Eingriffen und Um- oder Anbauten in historisierender Art führte. Erst ab 1890 trat eine Vorliebe für pittoreske Ausschmückungen mit Türmen, Giebeln usw. hervor. Den nationalen Strömungen entsprach nach 1890 die sog. »Vasa-Renaissance«.

In der Malerei blühte in der ersten Hälfte des 19. Jh. nur die Bauernkunst. Die Romantik konnte sich in Schweden nicht durchsetzen. Gegen Mitte des Jahrhunderts gewann vorübergehend die Düsseldorfer Schule stärkeren Einfluß. Nach 1870 wurden Paris und Frankreich, vor allem die plein-air-Malerei, zur Schule der schwedischen Maler, doch gaben sie ihren Bildern einen stärker lyrischen Zug mit Betonung der nationalen Eigenheit.

20. Jahrhundert

Die stark nationale romantische Literatur (z. B. Selma Lagerlöf, Verner Heidenstam, Gustaf Fröding) des ausgehenden Jahrhunderts beeinflußte die Bildende Kunst und die Architektur. Auch Einflüsse des Jugendstils sind Anfang des 20. Jh. nicht zu übersehen (z. B. Carl Larsson). Bei allem traten nationale Züge stärker in den Vordergrund, und man bezeichnet die Zeit von 1890 bis 1914 als »Nationalromantik«. Das Nordiska museet (Stockholm) ist sowohl in seiner Zielsetzung (durch Artur Hazelius) als in seiner Architektur (I. G. Clason) ein gutes Beispiel hierfür. Man bevorzugte die Architektur der Vasa-Renaissance, da man in ihr den ersten klar ausgebildeten nationalen schwedischen Stil sah.

Bis in die 20er Jahre blieb diese nationalromantische Strömung in der Architektur vorherrschend. Dann bevorzugte man antikisierende Details (z. B. Konserthuset, Stockholm, Hötorget von I. Tengbom), bevor in den 30er Jahren sich der Funktionalismus durchsetzte.

Felszeichnung bei Tanum, Bohuslän ▷

Schwedische Künstler 85

Die Entwicklung der schwedischen Kunst in den letzten Jahrzehnten stand im Zeichen eines lebhaften Dialogs schwedischer Künstler mit den Kunstzentren der Welt. Eine große Hilfe bot dabei die Gründung des Moderna museet in Stockholm (Skeppsholmen) 1958, das zu einem Zentrum internationaler Begegnungen wurde.
Allgemeine Aufmerksamkeit erregte besonders die Stadtplanung und Architektur nach 1945. War in Europa der Wiederaufbau zerstörter Siedlungen vordringlich, so stand man in Schweden vor der Notwendigkeit, Wohnmöglichkeiten für die in den überbevölkerten Städten eng zusammengedrängt lebenden Menschen zu schaffen. Die verstärkt einsetzende Abwanderung vom Land in die dichter besiedelten Gegenden verschärfte das Problem. Noch 1910 hatten 71 % aller Schweden auf dem Land gewohnt, 1965 lebten dort nur noch 23 %. In der gleichen Zeit wuchs die Gesamtbevölkerung aber von 5,5 Millionen (1910) auf 7,7 Millionen (1965) und erreichte 1980 8,3 Millionen. Richtschnur der schwedischen Stadtplanung war eine stark soziale, gesellschaftspolitisch orientierte Zielvorstellung.
Seit Ende der 30er Jahre lief die Planung neuer Vororte darauf hinaus, unter dem Schlagwort »die grüne Stadt« zweckmäßige und doch preiswerte Wohnungen so zu bauen, daß die Natur möglichst unversehrt blieb und die Siedlungen weitestgehend in die Natur einbezogen wurden. Auch in der folgenden Zeit blieb man bemüht, alle Planungen möglichst der Natur anzupassen, verschiedene Haustypen zu mischen und die unterschiedlichen Bereiche wie Wohnen, Industrie und Verkehr sorgfältig zu trennen. Durch den von der Bevölkerungszunahme ausgehenden Zwang zu immer schnellerem Bauen kam es dann allerdings auch in Schweden zu Fehlplanungen und Betonsilos. Trotzdem wurde bei vielen Planungen vorbildliches geleistet. Vor allem gelang in vielen Fällen durch sorgfältige Planung, die Wohnbezirke von allem Durchgangsverkehr freizuhalten (siehe die Beispiele in Örebro).

Wichtige schwedische Künstler

(Beispiele ihrer Werke in Klammern)

Adelcrantz, Carl Frederik (1716–96)
Architekt; zunächst dem Rokoko verpflichtet (Schlösschen Kina, Drottningholm), später Hauptvertreter des (klassizistischen) Gustavianismus (Theater Drottningholm).

◁ *Runenstein in Södermanland*

Albertus Pictor (gest. um 1510)
Maler; seit etwa 1460 im Mälargebiet, wichtigster Freskenmaler um 1500, realistische Beobachtungsgabe, drastische Schilderung, erste bedeutende Wiedergaben schwedischen Volkslebens (Sala, Västmanland).

L'Archevêque, Pierre Hubert (1721–78)
Bildhauer; in Stockholm 1755–76 (Statue Gustav II. Adolf, Gustav Adolfs Torg, Stockholm).

Berg, Christian (1893–1976)
Bildhauer; sensuelle Abstraktion organischer Formen (Sonnenschiff, Stockholm, Riddarholmskajen).

Blom, Frederik (1781–1853)
Architekt; neugotisch (Amiralitetshus, Stockholm, Skeppsholmen).

Blomberg, Stig (1901–70)
Bildhauer; klassische akademische Richtung (Jönköping, »Harfenspieler mit seinem Sohn«, Rathauspark).

Blume, Heinrich (gest. 1648)
Bildhauer; manieristisch (Portale d. Jakobskirche, Stockholm).

Boy, Willem (um 1520–92)
Architekt, Bildhauer; aus Mechelen, Flandern, gehörte zu den ersten Künstlern, die den flandrischen Renaissancestil nach Schweden brachten (Grabmal Gustav Vasa, Uppsala, Dom).

Byzantios (2. Hälfte des 12. Jh.)
Bildhauer; Notname; besonders auf Gotland tätig, Taufsteine, lombardisch beeinflußter Stil.

Cederström, Gustav (1845–1933)
Maler; in Paris geschulter Historienmaler (Überquerung des Belt, Stockholm, Riddarhuset).

Claeszon, Aris (1. Hälfte des 17. Jh.)
Bildhauer; vermittelte mit anderen Manierismus nach Schweden (Grabmonument Banér, Uppsala, Dom).

Schwedische Künstler

Clason, Isak Gustav (1856–1930)
Architekt; Wiederaufnahme der Vasa-Renaissance Ende des vorigen Jahrhunderts. Vorliebe für historisierende Details (Nordiska Museet, Stockholm).

Dahlberg, Erik (1625–1703)
Architekt, Geograph; wurde 1661 beauftragt, alle wichtigen Plätze zeichnerisch festzuhalten; 469 Kupferstiche zu seinem Werk »Suecia antiqua et hodierna« geben eine genaue Beschreibung aller Sehenswürdigkeiten seiner Zeit; Stadtplaner (Karlskrona); seine Untersuchung der Tragfähigkeit des zugefrorenen Belts Januar 1658 ermöglichte das überraschende Vordringen der Schweden nach Dänemark, das zum Frieden von Roskilde führte.

Desprez, Louis Jean (1743–1804)
Architekt, Maler; als Architekt vertrat er klassizistische Ideale (Schloß Haga, Stockholm); hatte besonders als Bühnenbildner großen Einfluß; »Ich und Desprez sind die einzigen, die Phantasie haben«, sagte Gustav III. von ihm.

Düren, Adam van (tätig etwa 1480–1532)
Architekt, Bildhauer; kam nach 1480 zur Bauhütte nach Linköping, vielseitiger Renaissancekünstler (Dom, Lund).

Ehrenstrahl, David Klöcker (1628–98)
Maler; vielseitig in der karolinischen Zeit beschäftigt; versuchte in dekorativen Arbeiten hochbarocke Visionen mit klassisch bestimmter Allegorie zu vereinen; neben Allegorie auch viele Tier- und Jagdbilder; ursprünglich Klöcker, dann als Ehrenstrahl geadelt (Werke u. a. in Schloß Drottningholm bei Stockholm).

Fogelberg, Bengt Erland (1786–1854)
Bildhauer; bemühte sich, die dominierende Rolle der antiken Motive zu überwinden und weg von der Idealisierung zu stärkerer Personencharakterisierung zu kommen, Betonung nationaler Tradition (Statue Birger Jarls auf Birger Jarls Torg, Riddarholm, Stockholm).

Fouquet, Bernard (etwa 1640 – etwa 1711)
Bildhauer; Barockkünstler (dekorative plastische Arbeiten am Kgl. Schloß, Stockholm).

Gullesson, Haaken (16. Jh.)
Holzschnitzer; tätig in Mittelnorrland (Hälsingland, Ångermanland, Medelpad, Jämtland) seine Vorbilder sind Werke aus dem 13. und 14. Jahrhundert,

die er in sehr persönlicher Auffassung abwandelte, seine und seiner Werkstatt Arbeiten sind Umwandlungen in eine bäuerliche Kunstform; bevorzugte kräftige, schwere Formen mit kräftigem Kinn, runde Backen, einfältige Gesichtszüge (Gamla Kyrka, Enånger, Hälsingland).

Hårleman, Carl (1700–53)
Architekt; einer der wichtigsten Architekten der zunächst noch barocke Formen vertrat, dann zum Rokoko überging; auf ihn geht der typische schwedische Herrenhof zurück, bei dem das Repräsentative zugunsten des Zweckmäßigen zurücktrat; war für zahllose Um- und Erweiterungsbauten zuständig (Gustavianum, Uppsala).

Henne, Jost (geb. 1644)
Bildhauer; vertrat einen manieristisch beeinflußten Stil, gehörte zu den stilbildenden Künstlern seiner Zeit in Schweden (Portal Tyska Kyrka, Stockholm).

Hill, Carl Frederik (1849–1911)
Maler; gehörte in Paris zu den plein-air-Malern, geisteskrank nach Schweden zurückgekehrt; schuf nach seinem Zusammenbruch zahlreiche Werke, die zu seinen besten gezählt werden; hatte großen Einfluß auf moderne schwedische Künstler; durch künstlerische Arbeit während geistiger Erkrankung besonders interessanter Maler (viele Arbeiten im Malmöhus Museum, Malmö).

Hilleström, Per (1733–1816)
Maler; malte bürgerliche Heime und Arbeitswelt, Stilleben, Landschaft; wegen seiner genauen Schilderungen sind seine Bilder vor allem kulturhistorisch bedeutsam.

Hjorth, Bror (1894–1968)
Bildhauer; einer der wichtigsten schwedischen Künstler nach dem Ersten Weltkrieg; zunächst vom Kubismus beeinflußt, strebte er dem strengen Formgefühl der früheren schwedischen Kunst nach und übertrug schwedische Volkskunst ins Zeitgenössische; Neoklassizismus lehnte er als unreal ab; grobgehauene, bäuerliche Formen (sein Atelier als Museum in Uppsala).

Krafft, David (1655–1724)
Maler; seine Porträtkunst wurde zum Ausgangspunkt der Porträtmalerei des 18. Jahrhunderts.

Schwedische Künstler

Krafft, Per d. Ä. (1724–93)
Maler; Mitbegründer des gustavianisch genannten Porträtstils, betonte dabei stärker ein bürgerliches Moment.

Kremberg, Jacob (gest. 1641)
Holzschnitzer; vor allem in Lund geschult, wichtigster Schnitzer in Skåne in der ersten Hälfte des 17. Jahrhunderts (Schranke, Kanzel, Taufbecken, Altaraufsätze, Kirche von Gårdstånga, Skåne).

Lafransen, Niklas (1737–1807)
Maler; vor allem Boudoirbilder im Rokokostil.

Lars Snickare (zweite Hälfte des 15./Anfang des 16. Jh.)
Holzschnitzer, Maler; eigentlich Lars Germundsson; gehört zu den Künstlern, die eigene schwedische Werkstätten gründeten und deutsche Werkstätten zurückdrängten (St. Olofsschrein, Värmdö Kyrka, Stockholms län).

Larsson, Carl (1853–1919)
Maler; seine Anstöße von Frankreich verband er mit Zügen der Dalamalerei, des Jugendstils und dem von ihm sehr geschätzten Gustavianismus; bei den Fresken im Nationalmuseum Stockholm (Kartons im Museum Malmö) verarbeitete er auf sehr persönliche Art Runensteinstil, Dalamalerei und Rokokoeinflüsse; starke Betonung von Schwedentum und Familienidylle (Haus in Sundborn, Dalarna; Konstmuseum Göteborg).

Majestatis (12. Jh.)
Bildhauer; Notname; von Lund beeinflußt; zahlreiche Taufsteine und Tympana, kennzeichnend: die majestätische Gottesdarstellung; besonders auf Gotland tätig.

Marklund, Bror (1907–77)
Bildhauer; gehörte zu den wichtigsten Bildhauern der Zeit nach dem letzten Weltkrieg; arbeitete mit großen expansiven Formen (Gestalt im Sturm, Trelleborg).

Masreliez, Louis (1748–1810)
Maler; neben Historienmalerei besonders auch durch Ausmalung von Innenräumen bekannt, führte hier Empire ein (Gästezimmer im Kgl. Schloß, Westflügel, Stockholm).

Kunstgeschichte

Milles, Carl (1875–1955)
Bildhauer; virtuose, gefühlsbetonte Skulpturen und Figurengruppen, die ganze öffentliche Räume beherrschen können (Lidingö, Atelier Millesgården, Stockholms län).

Millich, Nicholaes (geb. etwa 1630)
Bildhauer; seine Arbeiten stehen in der Spannung zwischen klassizistischer und barocker Formensprache (Statuen, Treppenhaus, Drottningholm bei Stockholm).

Notke, Bernd (gest. 1509)
Bildhauer; seit 1483 in Stockholm, wurde Reichsmünzmeister, blieb bis 1497 in Schweden; bedeutendster Bildhauer des Ostseeraums in dieser Zeit, vermittelte eine ausdrucksvolle kräftige Formensprache nach Schweden (St. Georgsgruppe, Storkyrkan, Stockholm).

Nyström, Axel (1793–1868)
Architekt; wichtigster Vertreter der neugotischen Auffassung nach 1830 (Westportal, Riddarholmkyrka, Stockholm).

Östberg, Ragnar (1866–1945)
Architekt; zählt zu den bedeutendsten Architekten der Neuzeit, stark bestimmt von der schwedischen Nationalromantik (Stadshuset, Stockholm).

Palmstedt, Erik (1741–1803)
Architekt; brach mit dem Rokoko, baute in klassizistischem Geist (Börse, Gamla Stan, Stockholm).

Pasch, Johan (1706–69)
Maler; sehr angesehen wegen seiner Dekorations- und Monumentalmalerei im Stil des Rokoko.

Pasch, Lorenz d. Ä. (1702–66)
Maler; malte lyrische Stimmungen, betonte das Graziöse.

Pasch, Lorenz d. J. (1733–1805)
Maler; Porträtmaler im Gustavianischen Stil.

Precht, Burchardt (1651–1738)
Bildhauer, Holzschnitzer; vertrat römisches Barock; zählte zu den führenden Holzschnitzern seiner Zeit (Kanzel, Dom, Uppsala).

Rehn, Jean Eric (1717–93)
Architekt; arbeitete zunächst im barocken Stil Hårlemans, entwickelte nach 1750 den Gustavianischen Stil mit; neben architektonischen Aufgaben besonders in Innenarchitektur und Kunsthandwerk hervorgetreten, Leiter der schwedischen Seidenmanufaktur (Einrichtung Schlösschen Kina, Drottningholm bei Stockholm).

Sergel, Johan Tobias (1721–1814)
Bildhauer; bedeutendster Bildhauer; Porträtbüsten und Skulpturen mit mythologischen Darstellungen in antikem Geist, jedoch nie leblose, antikisierende Nachbildungen, sondern mit lebendiger Kraft und sinnlicher Wärme, auch mit barocken Einflüssen (Statue Gustav III. Skeppsbron, Stockholm).

Taravaval, Guillaume (1701–50)
Maler; gehörte zu den Protagonisten des Rokoko in Schweden. (Schloßkirche, Stockholm)

Tessin, Nicodemus d. Ä. (1615–81)
Architekt; vertrat einen eklektizistisch klassizierenden Stil, folgte zuerst mehr französischen, später stärker italienischen Vorbildern (Dom, Kalmar), sein Hauptwerk, Schloß Drottningholm, ist französisches Barock.

Tessin, Nicodemus d. J. (1654–1728)
Architekt; Hauptmeister des römischen Barock in Schweden (zusammen mit Jean de la Vallée), mit eklektizistischen Details, angepaßt an schwedische Verhältnisse (Kgl. Schloß in Stockholm, mit römischer Fassade und Details in franz. Barock).

Vallée, Jean de la (1620–96)
Architekt; arbeitete oft zusammen mit N. Tessin d. J.; vor allem vom röm. Barock beeinflußt, setzte die gemauerte Zentralkuppelkirche in Schweden durch (Katarina Kyrka, Stockholm).

Vallée, Simon de la (gest. 1642)
Architekt; vertrat eine stärker klassizistische Richtung (Schloß Tidö, Västmanland im Renaissancestil).

Vingboon, Justus (in Schweden 1652–56)
Architekt; entwarf Fassade des Riddarhuset in Stockholm in franco-niederländisch palladianischem Stil (das Dach entwarf Jean de la Vallée).

Zettervall, Helgo (1831–1907)
Architekt; trat vor allem als Restaurator historischer Bauten in Erscheinung, wobei er konsequent die Forderung nach Stilreinheit vertrat (Uppsala, Dom), war später umstritten.

Zorn, Anders (1860–1920)
Maler; schilderte in impressionistischer Art schwedisches Volksleben, malte als erster Akte im Freien; zu Beginn seiner Karriere beliebter Porträtist in Amerika und England, nach Rückkehr setzte er sich stark für Brauchtum ein, Organisation von Spielmannstreffen, volkskundlichen Sammlungen (Museum in Mora, Dalarna).

Literatur

Entwicklung

In der Literaturgeschichte stehen starke Einflüsse der verschiedenen Länder des Kontinents neben eigenständiger schwedischer Dichtung. Reimchroniken und Ritterepen sind frühe Zeugnisse schwedischsprachiger Literatur des Mittelalters. Eine größere, eigenständige Literatur konnte sich aber kaum entwickeln. Die kulturtragende Schicht war viel zu klein und das Land zu arm. Im 16. Jh. wurden die originalen schwedischen Kirchenlieder wichtig für die Entwicklung der Lyrik. Die Großmachtzeit brachte nicht nur die enge Berührung mit den Strömungen auf dem Kontinent, sondern förderte auch den sogen. »Götizismus«, der selbstbewußt auf die nationale Kultur pochte. Im 18. Jh. lebte der vor allem bekannte Lyriker und Sänger Carl Mikael Bellman (1740–95). Seine leicht singbaren Verse, zu denen er die Melodien aus allen möglichen Vorlagen nahm, spiegeln wie bei kaum einem anderen Denken und Empfinden seiner Zeit.
Nach dem Vorbild der Académie française gründete Gustav III. 1786 die Schwedische Akademie, die großen Einfluß auf das Geistesleben und die Sprache in Schweden nahm. Die Pflege der schwedischen Sprache gehörte zu ihren Hauptaufgaben. Seit 1950 gelten die von ihr herausgegebenen Wörterbücher als offizielle Sprachregelung.

Die Romantik, im »Gotischen Bund« teils auf den Götizismus des 17. Jh. zurückgreifend (Tegnér, Stagnelius, Geijer, Afzelius), beeinflußte Schweden nur kurze Zeit. Schon gegen 1830 begann das Interesse an einem sozialen Realismus. Frederike Bremer, C. I. L. Almquist u. a. setzten sich mit dem »wirklichen Leben« auseinander. Wie in anderen Ländern erhielt diese gesellschaftskritische Literatur auch in Schweden gegen Ende des vorigen Jahrhunderts einen starken Auftrieb. Man spricht von einer »Literatur des modernen Durchbruchs«, die die gesellschaftlichen Verhältnisse und Tendenzen analysierte und darstellte. Die sich ab den 1880/90er Jahren daraus entwickelnde sozialkritische Literatur blieb bis heute ein bevorzugtes Feld schwedischer Autoren.

Zu dieser sozialkritischen Dichtung trat Ende des vorigen Jahrhunderts die Nationalromantik. Heimatliebe, bis hin zum Nationalismus, verband sich mit neuromantischer Gefühlsbetontheit. So verknüpfte z. B. Selma Lagerlöf (1858–1940), besonders bekannt durch »Gösta Berling« und »Die wunderbare Reise des kleinen Nils Holgersson mit den Wildgänsen«, soziales Interesse mit heimatlichen und historischen Themen. Verner von Heidenstam (1859–1940), ein neuromantischer Lyriker, trat u. a. mit historischen Erzählungen in patriotischem Geist hervor (z. B. Karl XII.).

Die herausragende Gestalt dieser Zeit ist zweifellos August Strindberg (1849–1912). Sein Leben und Werk stehen in einer Spannung zwischen romantischer Sehnsucht, Naturalismus und Symbolismus. Selbst hat er sich als eine unglückliche Kreuzung von Romantiker und Realist bezeichnet. Er beeinflußte das europäische Drama bis hin zum absurden Theater. Für die meisten Europäer ist er vor allem der Dramatiker, für schwedische Leser aber nicht minder Autor von Romanen und Novellen, Sagen und populärwissenschaftlichen Schriften.

Gegenwartsliteratur

Nach dem Ersten Weltkrieg erlangten Schriftsteller, die aus der Arbeiter- und Bauernschaft stammten, besondere Bedeutung, z. B. Eyvind Johnson oder Ivar Lo-Johansson. Auch Harry Martinson (geb. 1904) stammt aus ärmlichen Verhältnissen und führte lange Jahre ein Landstreicherleben. Schwermut und Leiden bestimmten seine Dichtung, ebenso wie die Schilderung schwedischer Natur und ein hintergründiger Humor. Sein Versepos »Aniara«, die Geschichte eines außer Kontrolle geratenen Raumschiffs, Symbol für den Weg der Menschheit, wurde Grundlage der ersten »Weltraumoper« (Komponist Karl-Birger Blomdahl).

Eine Zentralgestalt der 40er Jahre war der vom Surrealismus beeinflußte Erik Lindegren (1910–68), der u. a. auch Martinsons Werk Aniara in das Libretto umsetzte. Auch bei ihm bilden Verzweiflung, Pessimismus und Einsamkeitsgefühle die Grundstimmung seiner Lyrik. Er wurde stilbildend für die schwedische Lyrik der Jahrhundertmitte.

In den 60er und frühen 70er Jahren wandte sich das Interesse vor allem politischen Themen zu. Die reine Literatur trat zeitweilig in den Hintergrund. Jan Myrdal (geb. 1927) war ein Beispiel für den sozial engagierten Schriftsteller, der sich von der ästhetisierenden Literatur der 50er Jahre abwandte. Auch Sara Lidman (geb. 1923), ebenfalls durch eine Reihe übersetzter Werke in der BRD bekannt, befaßt sich von einem linksradikalen Ausgangspunkt mit den verschiedensten gesellschaftlichen Problemen. Per Olov Sundman (geb. 1922), eine Art schwedischer Hemingway, wurde in der BRD durch Kurzgeschichten und seinen Roman »Ingenieur Andrées Luftfahrt« bekannt.

Ab Mitte der 70er Jahre gewann die Belletristik wieder stärker an Gewicht. Auch Bücher aus der jüngsten Zeit beschäftigen sich immer wieder mit öffentlichen Problemen im weitesten Sinn. P. C. Jersild (geb. 1935) untersucht menschliche Schwächen und soziale Zustände in satirischer Form (u. a. »Calvinols Reise durch die Welt«, »Die Insel der Kinder«, »Das Haus zu Babel«). Bei Sven Delblanc (geb. 1931) nehmen gesellschaftliche Verhältnisse ebenfalls einen wichtigen Platz ein (u. a. »Speranza«, »Samuels Buch«). Per Olov Enquist (geb. 1934) bevorzugt eine Art Collagetechnik, bei der er eigene Formulierungen mit authentischen Textstellen mischt. Die Suche nach der Wahrheit ist dominierendes Thema seiner späteren Arbeiten (u. a. »Der Sekundant«, »Auszug der Musketiere«).

Unter den hier nur stellvertretend genannten Autoren, deren Werke ins Deutsche übersetzt wurden, gehört besonders Lars Gustafsson (geb. 1936) zu den in der BRD einem breiteren Leserkreis bekannten. Er läßt den Weg eines heiteren, feinfühligen Lyrikers, der mit den Problemen und dem Chaos der Gegenwart konfrontiert wird, bis zum Rückzug, zur Resignation miterleben (u. a. »Herr Gustafsson persönlich«, »Der Tod eines Bienenzüchters«). Durchaus nicht alle wichtigen schwedischen Autoren der Gegenwart sind ins Deutsche übersetzt. Als Beispiel seien genannt Stig Claesson (geb. 1928) oder Per Gunnar Evander (geb. 1933).

Literaturmarkt

Literatur findet in Schweden ein breites Interesse. Untersuchungen der jüngsten Zeit belegen, daß allen anderen Medien zum Trotz wieder mehr gelesen wird. Es ist erstaunlich, die Buchproduktion in einem Land mit nur 8,3 Millionen Einwohnern zu verfolgen. Jährlich erscheinen 7000 bis 8000 neue Titel. Davon haben drei Viertel schwedische Autoren. Nach einer 1979 vorgenommenen Untersuchung wurden im Jahr rund 77 500 000 Bücher verkauft. Nur etwa 28 000 000 davon waren Lehrbücher.

Schon Ende des vorigen Jahrhunderts wurden Autoren durch staatliche Zuschüsse unterstützt. Während des Zweiten Weltkrieges begann in Schweden eine lebhafte allgemeine Diskussion über Bedeutung und Rolle der Literatur und die Lebensbedingungen der Schriftsteller. 1948 wurde daraufhin eine »Bücherkommission« gebildet, die zunächst die Lesegewohnheiten, die wirtschaftlichen Verhältnisse von Autoren und den Buchvertrieb untersuchen sollte. Eine Folge dieser Untersuchungen war die Einführung der Bibliotheksabgabe 1954, die den Autoren zu einer Vergütung für ihre aus öffentlichen Bibliotheken entliehenen Büchern verhalf (z. Vgl.: das Gesetz über den »Bibliotheksgroschen« in der BRD kam erst 1974 zustande). Die eingehenden Beträge werden dabei so verteilt, daß Autoren, deren Bücher häufig ausgeliehen werden weniger pro Ausleihe erhalten als diejenigen, die seltener gelesen werden. Dadurch werden die Einkommensunterschiede verringert. Die Hälfte der Bibliotheksabgabe wird für Stipendien und Pensionen verwandt. Für die Benutzer der Bibliotheken ist die Ausleihe jedoch kostenlos.

Sehr viel wird in Schweden für die Kinder- und Jugendliteratur getan. Jährlich erscheinen 700 bis 800 neue Bücher für diesen Leserkreis. Gut die Hälfte davon sind Übersetzungen, während umgekehrt rund 200 schwedische Titel in andere Sprachen übersetzt werden.

Theater, Film

Sprechtheater

Im Sprechtheater spielte man nach 1945 vorwiegend französische, englische und nordamerikanische Autoren, kaum dagegen einheimische oder deutschsprachige. Erst in den 60er Jahren kamen wieder vermehrt schwedische Dramatiker auf die Bühne. Dabei stand die Beschäftigung mit aktuellen politischen und gesellschaftlichen Themen im Vordergrund. Klassiker wurden gespielt, aber auf der Suche nach einer neuen Begegnung mit dem Publikum auch vom Denkmalssockel heruntergeholt und in aktuelle Bezüge gebracht. Dabei übernahm das traditionalle Theater auch Formen des Revuetheaters.
Als Teil der Kulturpolitik wurde 1964 der Staatliche Theater- und Musikrat eingerichtet, dessen Arbeit die Entwicklung des schwedischen Theaters sehr förderte. U. a. verteilte er Stipendien an Künstler, gewährte als Anreiz schwedischen Dramatikern Zuschüsse, wenn ihre Stücke aufgeführt wurden usw. Als Ergebnis einer gezielten Kulturpolitik kam es in der zweiten Hälfte der 60er Jahre zu einer Dezentralisation der Theaterarbeit. Bislang dominierte das Theaterleben von Stockholm und dort das, kurz »Dramaten« genannte, Kungl. Dramatiska Teatern, das erst in den 30er Jahren in Göteborg Konkurrenz bekommen hatte. Erwähnenswert ist auch das Riksteatern, ein staatliches Zentrum für Tourneetheater. Die Kulturpolitik bemühte sich nun besonders, die Theaterarbeit auf dem Land auszuweiten. 1965/66 gab es erst 12 Theater mit staatlichen Zuschüssen, 1982/83 war ihre Zahl auf 25 über das ganze Land verteilte Theater angestiegen.
Wichtig für die schwedische Theaterlandschaft wurden die sogen. Freien Gruppen. Sie haben in Schweden eine wesentlich größere Bedeutung und ein viel stärkeres Gewicht als in der BRD. Vorläufer waren die experimentierfreudigen Kellertheater der 50er Jahre in der Stockholmer Altstadt. Die Freien Gruppen, die sich in den sechziger und siebziger Jahren bildeten, entstanden teils aus Studentenbühnen, andere waren Absplitterungen von Institutionstheatern. Die offizielle Kulturpolitik unterstützte sie finanziell. Wenn auch die Zuwendungen anfänglich gering waren, so bedeuteten sie doch eine gewissermaßen offizielle Anerkennung. 1971/72 gab es 19 derartig unterstützte Gruppen, 1982/83 waren es 40. Einige Gruppen hatten sich wieder dem Institutionstheater zugewandt, dabei aber ihre Arbeitsweise beibehalten. Das Unga Klarateatern ist z. B. so entstanden.
Diese oft experimentierfreudigen Freien Gruppen wirkten in zwei Richtun-

gen. Zum einen sorgten sie für eine regionale Verbreitung des Theaters. In dem großen, dünn besiedelten Land war das besonders wichtig. Zum anderen befruchteten sie Dramaturgie und Spielgeschehen auf der Bühne. Sie waren die Protagonisten der Entwicklung des schwedischen Theaters der siebziger Jahre. Diese Freien Gruppen konnten zu einer notwendigen und gegenseitig befruchtenden Ergänzung der Institutionstheater werden, weil sie sich ihre eigenen Themen und Arbeitsweisen, aber auch ihre eigenen Zielgruppen auswählen konnten. Besonders wandten sie sich kulturell benachteiligten Schichten zu, wie Bewohnern dünn besiedelter Gegenden, Kindern, Behinderten und Arbeitern. Politische und gesellschaftliche Fragen wurden von ihnen aufgegriffen, oft hatten ihre Themen aktuelle allgemeine oder lokale Bezüge. Die Absicht, ihre Besucher nicht nur kulturell, sondern auch politisch zu aktivieren, trug ihnen mitunter auch heftige Kritik ein.
Ende der 70er Jahre zeichnete sich im schwedischen Theaterleben eine Neuorientierung ab. Das Theater sollte mehr Volkstheater werden. Die Arbeit der Freien Gruppen war eine wesentliche Voraussetzung gewesen, daß diese Richtung jetzt auch von Institutionstheatern eingeschlagen wurde, um, wie es z. B. in der Gründungsurkunde des Theaters von Gävle hieß, »dazu beizutragen, eine bessere und gerechtere Gesellschaft zu schaffen«. Wie weit sich diese Richtung in der nächsten Zeit durchsetzt, bleibt abzuwarten.
Die Kulturpolitik der Dezentralisation zu Gunsten der kleineren Orte und der dünner bewohnten Gebiete führte dazu, daß Stockholm nicht immer automatisch der dominierende künstlerische Mittelpunkt des Theatergeschehens war. Mitunter konnte er auch in anderen Teilen des Landes liegen.
Seit Beginn des Jahres 1986 ist der Theaterbesuch rückläufig. Teils wird dies mit dem Fehlen guter Werbung, teils mit zu geringer Qualität erklärt. Doch haben die Theater immer noch mehr Besucher als Fußball und Eishockey zusammen, wo ebenfalls die Besucherzahlen rückläufig sind.

Film

Der schwedische Film wurde vor allem durch Regisseure wie Ingmar Bergman, Alf Sjöberg und Vilgot Sjöman bekannt. Was diese schwedischen Filme auszeichnete, war häufig die Beschäftigung mit Mythen und eine oft tief in das Mystische vorstoßende, bohrende Fragestellung. Gerade die in der BRD so erfolgreichen Bergmanfilme zeigen dieses Eindringen in die Psyche des Menschen und sein ständiges Suchen. Die kritischen Auseinandersetzungen mit Problemen und Schwächen des Wohlfahrtsstaates in den Filmen der jüngeren Zeit sind auch Auseinandersetzungen mit den Problemen und Schwächen des einzelnen.

Soweit es in der Bundesrepublik zu einer Verbindung von Theater- und Filmarbeit kam, läßt sich das auf schwedische Beispiele zurückführen. Dort war die Gleichgewichtigkeit dieser beiden Kunstgattungen schon lange selbstverständlich. Ingmar Bergman z. B. war lange Jahre Regisseur am und auch Intendant des Dramaten. Einige Regisseure in der BRD, wie z. B. Peter Stein oder Hans Neuenfels, stehen in der Tradition schwedischer Filmemacher wie Bergman oder Sjöberg.

Mit »Sie tanzte nur einen Sommer« war 1951 der schwedische Film durch eine harmlose nächtliche Nacktbadeszene in den Ruf des Sexfilms gekommen. Das natürliche Verhältnis zum unbefangenen Umgang mit dem Körper wurde lange Zeit mißverstanden. Die Folge war eine Reihe primitiver sogen. »Schwedenfilme«, teils made in Germany, die die Aussagekraft schwedischer Filme auch nicht annähernd erreichten.

Kinder- und Jugendtheater

Besondere Impulse, auch für die BRD, gingen von der Entwicklung des schwedischen Kinder- und Jugendtheaters aus. Bis in die 60er Jahre hatte es auch in Schweden fast nur das traditionelle Weihnachtsmärchen gegeben, bei dem Prunk und Pomp im Vordergrund standen. Von den Freien Gruppen entwickelte u. a. 1968 das »Fickteatern« (Taschentheater) einen eigenen Spielstil. Es spielte vorwiegend für Kinder. Seine Stücke entstanden nun unter Mitwirkung von Schulklassen. Diese künstlerische Arbeit weckte das Interesse an einem aktuellen Theater für Kinder. Regisseure und Schauspieler nahmen die Kinder ernst, und damit änderten sich konsequenterweise auch die Inhalte der Stücke. Probleme aus der Welt der Kinder und der Jugendlichen wurden zu Themen des Theaterspiels. Dazu kam eine interessante Variante: das Unga Klarateatern begann, nicht nur Stücke für, sondern auch über Kinder zu bringen, d. h. Ereignisse aus der Erwachsenenwelt (z. B. eine Scheidung), gesehen aus der Sicht der Kinder. Wie wichtig in Schweden das Theater für Kinder und Jugendliche genommen wird, zeigen zwei Zahlen: in der Spielzeit 1982/83 waren von den rund 11 500 Vorstellungen der institutionalisierten Theater allein über 4400 für Kinder bestimmt.

Der hohe Stellenwert, den die Jugendkultur einnimmt, wird auch in der Unterstützung der Kinder- und Jugendfilme deutlich. Das staatliche Schwedische Filminstitut gibt Zuschüsse für die Produktion von Kurzfilmen für

Kinder, für die Synchronisation ausländischer Jugendfilme, unterstützt Organisationen, auch finanziell, die Filme für Kinder und Jugendliche zeigen usw. Den Lausbubengeschichten und den Filmen mit pädagogischem Anspruch der 60er Jahre folgten tiefgehende Auseinandersetzungen mit der jugendlichen Psyche. Die Filme der 80er Jahre sprechen dagegen wieder mehr die Phantasie an.

Musikgeschichte

Die Entwicklung der weltlichen Musik in Schweden war eng verknüpft mit der 1526 gegründeten Hofkapelle. Um 1620 gewann auch die an der Universität Uppsala ausgeübte Musik an Bedeutung. Besonders Einflüsse aus dem deutschen Raum wurden aufgegriffen und verarbeitet, zahlreiche deutsche Musiker lebten und arbeiteten in Schweden. Aus dem 17. Jh. sind die Werke der ältesten bekannten schwedischen Komponisten überliefert. Für die Entwicklung der Volksmusik war das 1697 veröffentlichte Psalmenliederbuch von Rudbeck-Wallenius wichtig.
Im 18. und 19. Jh. wurde das schwedische Musikleben stark von Deutschland beeinflußt, doch traten nun auch schwedische Komponisten stärker auf den Plan, so z. B. O. Åhlström, J. B. Struwe und Johan Helmich Roman. 1771 wurde die Musikakademie gegründet, und das 1773 eröffnete Theater war von Gustav III. dazu bestimmt, einen schwedischen Opernstil zu schaffen. Die erste schwedischsprachige Oper war vom König selbst verfaßt und von dem aus Dresden stammenden J. G. Naumann vertont worden.
Eine Sonderstellung nahm Carl Michael Bellman (1740–95) ein, der wohl bekannteste schwedische Liederdichter. Begünstigt durch Gustav III. konnte er seinen Bürostuhl in der Reichsbank verlassen, bekam als sinecure eine Stellung in der staatlichen Nummernlotterie und fand doch nie in die bürgerliche Ordnung. Nach Ermordung seines Gönners kam er auch bald in Schuldhaft. Seine Lieder aber, angesiedelt in der Kleinbürgerwelt Stockholms mit Melodien, zu denen er Anregungen von überall her nahm, von Volksliedern bis zu französischen Opern, wurden schnell Allgemeingut. Bis heute reizen sie immer wieder die Interpreten. Seine Schilderungen spiegeln das Leben und die Gefühlswelt der Zeit nach 1760.
Mit Erik Gustav Geijer (1783–1847) u. a. entstand zu Beginn des vorigen

Jahrhunderts in Uppsala die erste schwedische Schule. August Söderman (1832–76) wurde zum Ausgangspunkt einer schwedischen Tonsprache, die W. Stenhammar, Hugo Alfvén und W. Peterson-Berger weiterentwickelten. Gleichzeitig entstand ein reiches Musikleben in den verschiedenen Landstädten. Es wurde überall von Berufsmusikern und Amateuren zugleich getragen. Dabei war die Verbindung von Volks- und Kunstmusik typisch für die Entwicklung der Musik in Schweden im vorigen Jahrhundert. Auch als (mit Franz Beerwald) die klassische Richtung der Musik nach Schweden vordrang, wurde doch das nationale Stilelement nicht verdrängt (z. B. Ivar Hallström). Diese Verbindung von Aufnahme außerschwedischer Entwicklungen mit Zügen einheimischer Volksmusik setzte sich auch in unserem Jahrhundert fort.

Das Musikschaffen des letzten halben Jahrhunderts ist gekennzeichnet von einem Nebeneinander der verschiedenen Stilrichtungen, nachdem man sich in den 20er Jahren von der Nationalromantik abgewandt hatte. Nur stellvertretend seien genannt: Sten Hansson, der Wort und Ton mit elektronischen Medien verarbeitet, Daniel Börtz, von Bruckner beeinflußt, Bo Nilsson, der stark serielle Techniken bevorzugt, Bengt Hambreus, stark von Olivier Messian und E. K. Rössler beeinflußt, und Gunnar Bucht, der Emotionalität mit intellektueller Klarheit verbindet.

Die Volksmusik gewann in diesem Jahrhundert wieder stärkere Bedeutung durch die Initiative des Malers Anders Zorn, der 1908 Wettbewerbe von sogen. Spielmannszügen ins Leben rief. Diese Spielmannszüge sind nicht mit den deutschen zu verwechseln, bei denen Pfeifen und Trommeln dominieren. In Schweden sind es Gruppen von Fiedlern. Besonders in Dalarna sind diese Spielgemeinschaften zu Hause, und es heißt, trifft man zwei vom Siljansee, spielen drei von ihnen Fiedel. Besonders Anfang Juli finden in Dalarna die großen Spielmannstreffen (»spelmansstämma«) statt, die, vor allem seit Ende der 60er Jahre, auch viele junge Menschen anziehen, also keineswegs nur eine Nostalgiebewegung Älterer sind.

Teil II

Skåne

Skåne ist die südlichste Landschaft Schwedens. Auf alten Landkarten mit »scania« bezeichnet, erscheint der Zusammenhang mit »Skandinavien« offensichtlich, ist aber doch keineswegs gesichert. Skåne nimmt mit 11 300 qkm gut 2,5 % der Fläche Schwedens ein und ist mit 12 % der Bevölkerung die am dichtesten besiedelte Landschaft.

Der Süden Skånes ist offenes, leicht gewelltes Ackerland (60–75 %), nur von kleineren Wäldern, meist mit Buchen, unterbrochen. Landschaftlich ähnelt dieser südliche Teil Seeland und Fünen, Gebiete, die früher einmal zusammenhingen. Er erinnerte Carl von Linné auch an Flandern. Weite, einzeln gelegene Bauernhöfe und weiß verputzte Kirchen mit Treppengiebeln prägen das Bild dieser Landschaft. Nach Norden zu steigt das Gelände auf 200 m an. Es wird waldreicher, mit zahlreichen größeren und kleineren Binnenseen. Man nennt Skåne nicht zu Unrecht die »Kornkammer Schwedens«. Ein gutes Drittel der gesamten Getreideernte und an die 90 % der Zuckerrüben werden hier geerntet. Darüberhinaus kommt ¼ aller schwedischen Butter aus Skåne. In der letzten Zeit nimmt auch der Rapsanbau stark zu.

Ihre Fruchtbarkeit verdankt diese Landschaft einer ca. 50 m dicken Erdschicht, die auf einem Untergrund von Kreidekalkstein und Flint liegt, bevor man auf Urgestein stößt. Im nördlichen Teil bestehen die Höhenzüge vorwiegend aus Eisengneis. Dieser Untergrund ließ in Skåne auch Zement-, Porzellan- und Tonwarenindustrien entstehen. Ziegel, im übrigen Schweden verhältnismäßig selten, wurden hier schon frühzeitig gebrannt. Bei fast allen Fachwerkhäusern sind die Gefache mit Ziegeln ausgefüllt.

Die älteste Besiedelung Skånes erfolgte nach den bisherigen Funden etwa zwischen 10000 und 8000 v. Chr. Gräber aus den älteren Epochen der Jungsteinzeit, Dolmen (3000–2300 v. Chr.) und Ganggräber (2300–1800 v. Chr.) findet man so gut wie nur in Skåne und an der anschließenden Westküste. Für die Bronzezeit (1500–500 v. Chr.) sind Handelsverbindungen zwischen Skåne und Südeuropa, aber auch England nachgewiesen. Nur nach Skåne ist ein Import von Kupferäxten aus Ungarn belegt.

Skåne scheint zu dieser Zeit eine eigene politische Einheit gewesen zu sein.

Als aber Mitte des 11. Jh. Dänemark und Schweden ihre Grenzen festlegten, war die Landschaft schon mit Dänemark verbunden. Auch die heutigen schwedischen Landschaften Blekinge und Halland gehörten zu dem dänischen Reich Knuts des Großen (1018–35). 1060 war Lund dänischer Bischofssitz geworden. Nur kurze Zeit war Skåne im Mittelalter schwedisch: Als unter Christoph II. von Dänemark die innerdänischen Schwierigkeiten wuchsen, und Skåne wie Blekinge den Holsteinern als Pfand überlassen waren, trug 1332 eine Ständedeputation unter Führung des Erzbischofs von Lund dem schwedischen König Magnus Eriksson die Krone auch über Skåne an. Für 34 000 Mark Silber waren die Holsteiner bereit, ihm beide Landschaften zu überlassen. Die Zahlung dieser Summe war mit ein Grund für die finanzielle Notlage, in die das schwedische Reich anschließend kam. Aber schon 1360 konnte der Dänenkönig Valdemar Atterdag (1340–75) die beiden Provinzen zurückerobern. Erst 1658 wurde Skåne durch den Frieden von Roskilde endgültig schwedisch. Zweimal noch versuchte Dänemark die verlorene Provinz wiederzugewinnen: 1673/76 und 1709/10, jedesmal, wenn Schweden sich außenpolitisch in einer schwierigen Lage befand. Aber schon beim ersten Versuch erlebten die Dänen eine Enttäuschung – die Bewohner erhoben sich keinesfalls gegen Schweden, sondern blieben eher neutral, abgesehen von einer Art Partisanengruppe, den »Schnapphähnen«, bei denen es sich aber mehr um auf eigene Rechnung plündernde Gruppen als um eine wirkliche Unterstützung handelte. Schweden betrieb nämlich sofort nach der Übernahme der Provinzen eine systematische und geschickte Einbürgerungspolitik und gewann damit die Einwohner für sich. So wurde zum Beispiel schon 1688 die Universität von Lund gegründet. Aus den alten schwedischen Landesteilen wurden »Altschweden« angesiedelt. Ein Minderheitenproblem konnte nicht entstehen, da ethische und sprachliche Probleme wegfielen. Allerdings erinnert heute noch der schonische Dialekt an das wesentlich härtere dänisch.

Skåne gilt in Schweden als die Landschaft der Herrenhöfe. Die Bezeichnungen »slott« (= Schloß) oder »borg« (= Burg), auf die man auf Hinweisschildern und Beschreibungen häufig stößt, treffen in der deutschen Übersetzung dabei nicht genau den Inhalt. Mauerumgürtete und zinnenbewehrte Burgen mit Bergfried, wie es der deutsche Begriff beinhaltet, gibt es in Schweden nicht. Das hängt teils mit der Topographie zusammen (die steilen, spitzen Berge fehlen), teils mit der Geschichte. So war z. B. in der Unionszeit der Bau von Burgen verboten. Auch gab es nicht die Unzahl eigenständiger Kleinfürsten- bzw. Rittertümer wie in Mitteleuropa. Andererseits trifft aber auch die Bezeichnung »Schloß« nicht genau den deutschen Begriff, eben weil es die Duodezfürsten nicht gab, die sich solche Schloßanlagen bauten. Am genauesten werden die vor allem zu Verteidigungszwecken dienenden Anlagen als »festes Haus« bezeichnet, wie die genaue Bezeichnung in der schwedischen Kunstgeschichte auch lautet: eine »aus Stein gebaute Wohnburg mit hausartigem Aussehen«. Das beste Beispiel hierfür ist Glimmingehus (siehe S. 146). Die Bezeichnung »Herrenhof« trifft zwar auch nicht hundertprozentig, da es sich ja nicht um Fronhofwirtschaften mitteleuropäischer Art handelt, kommt aber den meisten dieser Anlagen am nächsten, bei denen heute noch neben der Repräsentation, der Wohnlichkeit und Zweckmäßigkeit auch der Verteidigungscharakter erkennbar ist.

Eine Besonderheit Skånes ist der »gästgivaregård«. Die zumeist angebotene Übersetzung »Gasthof« trifft hier nun gar nicht zu. Es handelt sich um behaglich, meist in altem Stil, eher etwas rustikal eingerichtete Feinschmeckerlokale, die sich noch aus der dänischen Zeit erhalten haben. Auswahl, Präsentation und Qualität der Speisen sind kulinarische Höhepunkte, die man auf einer Schwedenreise auskosten sollte, auch wenn die Preise über dem sonstigen Niveau liegen.

E 6 (Trelleborg–Svinesund–Oslo) Trelleborg–Båstad

Trelleborg

Trelleborg (24 000 Einw.) wird schon 1250 als Stadt erwähnt. Dank der überaus reichen Heringsfänge entwickelte sich hier ein blühender Handel. Der Reichtum Trelleborgs weckte den Konkurrenzneid von Malmö und Ystad. Beide Städte erreichten schließlich 1619 beim (dänischen) König Christian IV., daß Trelleborg seine Stadtrechte verlor. Erst 1867 wurden sie wieder gewährt.

Im Verkehr mit dem Kontinent ist Trelleborg heute ein wichtiger Verkehrsknotenpunkt. 1909 wurde die regelmäßige Eisenbahnfähre nach Saßnitz eröffnet, nach dem letzten Krieg kam die Verbindung nach Travemünde dazu. Nahezu 1 Million Fährenreisende passieren heute jährlich den Hafen. Am Gamla torget (Alten Markt) stehen noch einige hübsche alte Häuser. An der zum Hafen führenden Klostergränd sind spärliche Reste einer Klosteranlage des 13. Jh. zu sehen. Auf der anderen Seite des Gamla torget steht die Trelleborger *Kirche*, deren Baubeginn zwar in das 13. Jh. zurückreicht, die aber Ende des vorigen Jahrhunderts vollständig umgebaut wurde. Auf dem Stortorget, dem großen Markt (durch die Algatan, Beckgatan nach links) ist ein origineller Brunnen von Axel Ebbe (1868–1941) zu sehen, eine Seeschlange, deren Leib die Brunneneinfassung bildet und deren Kopf von einer Nixe emporgehalten wird. Dieser aus Südskåne stammende Bildhauer

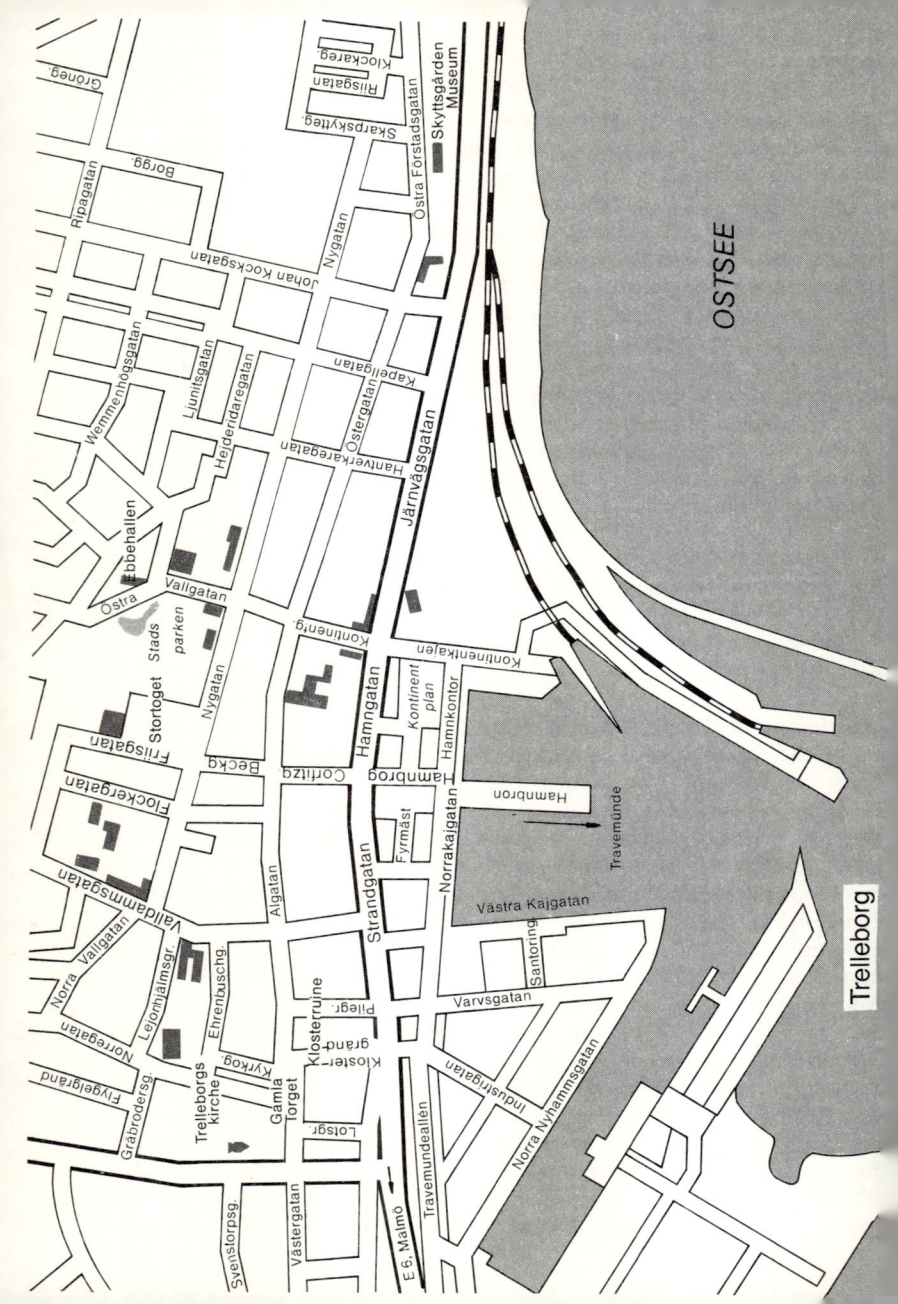

Trelleborg

schenkte der Stadt 1935 ein Museum mit zahlreichen Arbeiten von ihm. Gegenüber dem Fährhafen befindet sich ein *bilmuseet* (Automuseum) mit rund 30 Autoveteranen von 1902 bis 1957 (Hamngatan 16). Einige 100 m östlich des Hafens ist das Heimatmuseum *Skyttsgården* untergebracht (Östergatan 58, Di.–Fr. 15–19, Sa.–So. 13–17).
Zwischen den beiden Museen (bei der Kreuzung Kontinentgatan) steht ein von A. Ebbe geschaffenes Denkmal (1926), das an den Austausch schwerverwundeter deutscher und russischer Soldaten über Trelleborg im Ersten Weltkrieg erinnert. Die nicht weit davon stehende »Gestalt i storm« (Gestalt im Sturm) wurde 1964 von Bror Marklund (geb. 1907) geschaffen. Marklund hat diese Bronzefigur später in einer etwas reduzierten Form für die schwedische Botschaft in Moskau noch einmal gearbeitet. Expressive und monumentale Traditionen vereinigen sich bei ihm.
In Trelleborg beginnt die Europastraße 6, die parallel zum Öresund und Kattegat über Göteborg nach Oslo führt.

Kurz hinter der Stadtgrenze biegt nach links die Straße nach *Skåre* ab (Richtung Skanör/Falsterbo). Dort betrat Karl XII. bei der Rückkehr aus der Türkei 1715 zum ersten Mal wieder schwedischen Boden. Ein Denkmal erinnert daran.

Auf der E 6 Richtung Malmö liegt etwa 3 km hinter Trelleborg links der Straße ein *Gräberfeld* mit ca. 20 Hügeln und 65 runden Steinsetzungen aus der Eisenzeit (500 v. Chr.–1050 n. Chr.). Zum Teil konnte man noch Skelettreste ausgraben, zum Teil handelt es sich um Brandgräber. In einem der Hügel fand man ein Boot. Von dem Gräberfeld bietet sich ein weiter Blick über die Ostsee.

Nach weiteren knapp 3 km liegt rechts der Straße die alte Kirche von *Maglarp (G:la k:a)*, nicht zu verwechseln mit der links der Straße liegenden (und mit Maglarp ausgeschilderten) neuen Kirche von Maglarp (Maglarp k:a), die erst zu Beginn unseres Jahrhunderts erbaut wurde.
Die alte Kirche von Maglarp ist eine jener weiß gestrichenen Kirchen, die man so häufig in Skåne antrifft (falls geschlossen: Schlüssel in dem Bauernhaus westlich der Kirche). Ein Rundbogenfries ist ihr einziger äußerer Schmuck. Sie ist eine der ältesten Landkirchen aus Backstein in Skåne. Wie so viele Steinkirchen hatte auch sie an der gleichen Stelle eine Holzkirche als Vorgängerin. Der jetzige Kirchenbau wurde etwa 1190/1200 errichtet. Nur der nördliche Querschiffanbau entstand 1806, um der vergrößerten Gemeinde Platz zu bieten. Aus späterer Zeit stammt auch die Verlegung des Eingangs. Ursprünglich lagen die Eingänge an den beiden Turmseiten, im Norden für die Frauen, im Süden für die Männer. Von den alten Fenstern sind nur noch die der Apsis bewahrt. Um 1400 wurden die Gewölbe eingezo-

gen. Damals erhielten die Gewölbebogen eine Ausmalung, die später überkalkt wurde. Bei der Restauration 1970/71 wurden 7 bis 8 Lagen Kalk abgezogen, bis die ursprüngliche Malerei wieder zum Vorschein kam. Es erfolgte keine Ausbesserung, so daß heute die Originalmalerei von 1400 wieder zu sehen ist. Die Kanzel von 1568 ist eine der ältesten noch benutzten Kanzeln Skånes. Die Jahreszahl 1643 an der Tür zum Kanzelaufgang ist das Datum ihrer Bemalung. Das Triumphkruzifix von 1450 stammt von dem sogenannten Törringemeister. Ältester Teil des Inventars ist der aus einem Stück gehauene Taufstein aus der Zeit des Kirchenbaus, also von 1190/1200. Der gemauerte Altar mit einem losen Stein vor einer zur Aufbewahrung der Reliquien dienenden Kammer stammt aus dem Mittelalter, der Altaraufsatz wurde 1758 von Johan Ullberg aus Finje geschaffen. Von Beruf eigentlich Gastwirt, betrieb er die Bildhauerei als Hobby, stattete dabei aber über 20 Kirchen mit seinen Altaraufsätzen aus.

An der Nordwand des Chores befindet sich eine sogenannte Brautbank. Ein Küsterstuhl steht an der südlichen Seite des Langhauses. Der damalige Küster Jan Aalibur hat dort seinen Namen mit dem Datum 2. Juli 1657 eingeschnitzt und auf lateinisch vermerkt, daß er hier zum Küster bestimmt worden sei. Es gibt nur noch wenige solcher Küsterstühle in den Landkirchen.

Sehenswert sind die Ausmalungen an der Orgelempore. Sie stammen mit ziemlicher Sicherheit von dem gleichen Maler, der 1643 die Kanzeltür bemalte. Es dürfte sich um einen süddeutschen Meister gehandelt haben, oder aber um einen einheimischen Maler, der sich in Süddeutschland aufgehalten und die dortige Formensprache mit nach Schweden gebracht hat. Deutlich wird dies an dem gelben Mantel des Petrus. Sein Namenszeichen hat der Maler geschickt auf der Bibel des Apostels Johann angebracht. Das Mosesbild stammt aus einer späteren Zeit.

Bemerkenswert ist der Opferstock an der südlichen Seite des Ganges. Möglicherweise ist er der älteste erhaltene Opferstock Schwedens. Bei den Restaurierungsarbeiten fand man in ihm noch einige Münzen aus dem 12. Jh. Das Monogramm Carls IX. (1672–97) über der Empore im nördlichen Seitenschiff hat eine politische Bedeutung: es sollte die Dorfbewohner ständig daran erinnern, daß sie nun nicht mehr dänische, sondern schwedische Untertanen waren. Man findet diesen Hinweis öfter in den südschwedischen Kirchen. Die Kirche wird noch heute zu Gottesdiensten benutzt.

Auf der anderen Seite der Straße ist schon von weitem ein *Windkraftwerk* zu sehen, das zu den größten Europas zählt. Sein Turm ist rund 80 m hoch. In einem daneben liegenden Gebäude kann man sich näher informieren. In technisch reizvollem Kontrast dazu steht nordwestlich der Kirche von Skegrie eine Windmühle, die bis Ende des Zweiten Weltkrieges in Betrieb war (heute Museum).

Falsterbo

Nach weiteren 3 km befindet sich linker Hand, schräg gegenüber der Kirche von Skegrie, das Steinkammergrab *Skegriedösen* (= Skegriedolmen). Es gibt in Schweden ca. 70 solcher Dolmen, von denen die meisten in Skåne und Bohuslän liegen. Hier handelt es sich um ein Grab aus der jüngeren Steinzeit (2700–2300 v. Chr.). Der eigentliche Grabkammereingang ist mit einer flachen Steinplatte verschlossen. Aus den Funden geht hervor, daß Landwirtschaft und Viehzucht betrieben wurden.

Hinter Skegriedösen besteht die Möglichkeit eines Abstechers nach *Falsterbo* und *Skanör* (über Höllviknäs). Der feine Sandstrand dort ist berühmt. Diese Landnase an der südwestlichsten Ecke Schwedens war früher für ihren Heringsreichtum bekannt, und die Fama berichtet, daß man noch im Mittelalter die Heringe mit Schaufeln aus dem Wasser geholt habe. Dieser Heringsreichtum wurde wirtschaftlich vor allem durch Lübeck ausgenutzt. Im 14. Jh. wurde das königliche Schloß Falsterbohus gebaut, von dem allerdings nur noch (neben dem Hotel Falsterbohus) inmitten von Privatgrundstücken Ruinen vorhanden sind. Nahe dabei liegt die St.-Gertruds-Kapelle. Ihre ältesten Teile auf der westlichen Seite stammen aus dem 13. Jh. Ende des 14. Jh. wurde sie erweitert. Aus dieser Zeit stammt auch der Taufstein, während die Holzskulpturen etwa ½ Jahrhundert jünger sind. Im 15. Jh. wurde die ursprüngliche Holzdecke durch Gewölbe ersetzt. Im Rahmen dieses Umbaus erfuhr der Chor eine Erweiterung.

In Skanör wurde fast gleichzeitig wie in Falsterbo mit dem Bau der St.-Olofs-Kirche begonnen, ein Zeichen für den Reichtum dieser kleinen Halbinsel. Chor und Waffenhaus kamen im 15. Jh. dazu. Neben der Kirche sind unter einigen grasbewachsenen Hügeln noch Reste der Grundmauern zu erkennen, die zu einer Burg des dänischen Königsvogtes gehörten. 1312 wurde sie von den Hansestädten zerstört. Danach residierte der Vogt in Schloß Falsterbohus. Die Steine des alten Schlosses wurden zumeist zum Straßenbau verwendet.

Im 16. Jh. verschlechterte sich die Lage der beiden Gemeinden. Sie wurden wirtschaftlich von Malmö überflügelt. Heute haben sie nur noch Bedeutung als Badeorte. Falsterbo brannte 1911 fast vollständig ab. Deshalb bietet Skanör mit seinen niedrigen Häuschen auch den altertümlicheren Eindruck. Vor dem Restaurant Gästgivaregård, mit eigener Gänsezucht und Gänsehüter, steht das wohl einzige »offizielle« Straßenübergangsschild, das keinen Fußgänger, sondern eine Gans zeigt.

Von Skanör/Falsterbo erreicht man über die Straße 100 wieder die E 6 nach Malmö.

Malmö

Malmö (230 000 Einw.) ist die drittgrößte Stadt Schwedens. Die Herkunft des Namens ist nicht ganz sicher. Wahrscheinlich hängt der Name mit dem altschwedischen Wort »malm« zusammen, das etwa die Bedeutung von Sand hatte und mit dem Wort »Ö«, das heute noch im schwedischen »Insel« bedeutet, so daß im ganzen etwa die Bedeutung »sandige Landzunge« oder »Sandinsel« angenommen werden kann. Im Volksmund wird aber gerne eine andere Erklärung kolportiert; hiernach ließ ein Sagenkönig ein Mädchen, das sich seinen Annäherungsversuchen widersetzt hatte, zwischen zwei Mahlsteinen zermahlen, und Malmö bedeute daher soviel wie »zermahlenes Mädchen«.

Funde bei Malmö (in Segebro) beweisen eine Besiedelung schon um 9000 v. Chr. Um 1170 wird Malmö als Bauernhof, in der zweiten Hälfte des 13. Jh. erstmals als Stadt erwähnt. Malmö gehörte 1260 zur Mitgift der dänischen Prinzessin Sophia bei der Heirat mit dem schwedischen König Valdemar. 1332 wird – vorübergehend – Skåne mit Malmö schwedisch, doch schon 1360 von dem Dänenkönig Valdemar Atterdag zurückerobert. Nach dem verlorenen Hansekrieg (1361–70) mußte er die Stadt allerdings wieder für 15 Jahre als Pfand an die Hanse abtreten. Bei dieser Gelegenheit wird auch erstmals eine Burg in Malmö erwähnt. Von 1434 bis 1523 wurden die Münzen für das gesamte dänische Königreich in Malmö geprägt. 1524 wurde im Malmöer Frieden die Kalmarer Union aufgelöst.

Das 15. und 16. Jh. brachten Malmö eine Blütezeit, nicht zuletzt dank des damaligen Bürgermeisters Jörg Kock, der, allerdings vergeblich, sogar versuchte der Stadt den Status etwa einer freien deutschen Reichsstadt zu verschaffen. 1658 wurde Malmö endgültig schwedisch. Weder bei dem dänischen Rückeroberungsversuch von 1677 noch bei dem von 1709 bis 1710 erhoben sich die Einwohner Malmös, um ihren früheren König zu unterstützen. Ein großes Wandgemälde im Rathaussaal (von Carl Gustav Cederström) erinnert daran. Ab 1775 wurde auf Initiative Frans Suells der Hafen ausgebeut (Denkmal in der Norra Vallgatan), als dessen Folge die auf 2000 geschrumpfte Einwohnerzahl wieder anstieg. Um 1800 wurden wieder 5000 Seelen gezählt. Schon zu dieser Zeit galt Malmö für Schweden als etwas besonderes, als ein Ort der »viel von einer ausländischen Stadt« habe, wie der Publizist Carl Cristoffer Gjörwell 1750 schrieb.

1838 begann der Verkehr mit Dampfbooten nach Kopenhagen. 1856 wurde die Eisenbahnstrecke Malmö–Lund eingeweiht. Die Industrialisierung Malmös begann. 1900 wurden 60 500 Einwohner gezählt. Nach dem höchsten Stand von 1973/74 mit 251 000 Einwohnern setzte eine Abwanderung ein.

Malmö

1848 fanden durch Vermittlung König Oscars I. die Waffenstillstandsverhandlungen zwischen Preußen und Dänemark hier statt.
Neben dem zweitgrößten Hafen Schwedens mit einer Wassertiefe von 13,50 m besitzt Malmö Werft-, Zement-, Nahrungsmittel- und Metallindustrien. Die Tabakfabrikation gilt als eine der modernsten Europas.
Die Altstadt Malmös wird von einem Kanalgürtel umgeben, der zu Beginn des vorigen Jahrhunderts entstand, als die alten Verteidigungsanlagen geschleift wurden und man die Gräben mit Wasser vollaufen ließ. Der *Stortoget* galt schon bei seiner Anlage um 1530 als der größte Marktplatz Skandinaviens. Das 1896 von John Börkesson geschaffene Reiterstandbild Karls X. Gustav (1654–60) erinnert an den Frieden von Roskilde (16. 2. 1658), durch den Malmö schwedisch wurde. Der Brunnen auf der nordöstlichen Seite von 1964 ist eine Arbeit Stig Blombergs. Weiße Steine markieren die Lage eines mittelalterlichen Brunnens. Die Reliefs an der Einfassung erinnern an ihn und an die Stadtgeschichte. Auf der nördlichen Seite des Platzes steht rechts die *Residenz*, die 1728/30 durch Zusammenbau zwei älterer Häuser ihr heutiges Aussehen erhielt. Sie ist Dienstsitz des Regierungspräsidenten. Vor dem links davon gelegenen Hotel Kramer stand im Mittelalter das Heiliggeistkloster, das damals auch als Krankenhaus diente. Ein großer Friedhof gehörte dazu. Der heutige Parkplatz an der Westseite liegt über den damaligen Gräbern. Auf der östlichen Seite des Platzes steht das *Rathaus*. Fertiggestellt wurde es 1546 unter dem damaligen Bürgermeister Jörg Kock. Sein heutiges Aussehen im holländischen Renaissancestil erhielt es zwischen 1864 und 1869 durch Helgo Zettervall. Nur das alte Kellergewölbe blieb unverändert (heute ein originelles Restaurant). Der Festsaal der Knutsgilde im Erdgeschoß und der Saal des Provinziallandtages können besichtigt werden.
Geht man direkt südlich des Rathauses durch die enge Straße, so liegt auf der rechten Seite, etwas versteckt, das *Kompaniehuset*, erbaut zwischen 1520 und 1530. Es diente als Wohnhaus für durchreisende Kaufleute.
Die *St. Petri-Kirche* ist das bedeutendste Bauwerk Malmös, ein Beispiel der von Norddeutschland übernommenen Backsteingotik. Die Kirche, den Aposteln Petrus und Paulus geweiht, wurde um 1300 begonnen. Wie bei den gotischen Bauwerken Schwedens ganz allgemein nur in seltenen Fällen eine direkte Verbindung mit Frankreich nachzuweisen ist, erfolgte auch hier die Vermittlung der Gotik über Norddeutschland. Der starke Einfluß der deutschen Kaufleute in den Städten und die enge Verbindung zu den norddeutschen Hansestädten ist hier deutlich. Der Backsteinbau mit voll ausgebildetem Chorumgang erinnert in vielen Einzelheiten (z. B. in der Ausbildung des Strebewerks) an die Lübecker Marienkirche. Der Westturm aus der Mitte des 15. Jahrhunderts erhielt sein heutiges Aussehen bei einem Umbau des oberen Teils in den 1890er Jahren. Nördlich des Turmes wurde im 15. Jahrhundert

Malmö

die sogenannte Krämerkapelle angebaut. Über ihren Westfenstern befinden sich in kleinen Nischen die ältesten Plastiken Malmös: die Heiligen Laurentius, Maria, Anna, Paulus, Petrus, Christophorus, Katharina sowie Erzengel Michael. Leider sind sie teilweise stark angegriffen.
Von der ursprünglichen Ausmalung ist nur die der Krämerkapelle erhalten. Als man Mitte des vorigen Jahrhunderts die überkalkten Reste der alten Ausmalung abschlug, war die Kapelle nämlich von der Kirche abgetrennt und diente als Spritzenhaus. Die sehr gut erkennbaren Figuren im Gewölbe und das an die Ornamentik der Runensteine erinnernde Rankenwerk vermitteln noch einen Eindruck des ursprünglichen Aussehens der ganzen Kirche. Sie sind in ihrer Vollständigkeit eine in Schweden seltene Bildfolge in der Wandmalerei um 1520. Diese Krämerkapelle war eine Kapelle der deutschen Kaufleute in Malmö. Heute dient sie als Taufkapelle. Der mit biblischen Bildern geschmückte Taufstein mit Baldachin stammt aus dem Jahr 1601, während das Taufbecken, mit sehr schönen in Silber getriebenen Darstellungen aus dem Leben Jesu, 1919 von Jacob Ängeman nach einer Vorlage von Gunnar Asplund gearbeitet wurde.
Die an der Südseite liegende *St. Anna-Kapelle* entstand um 1500. An ihrer Ostwand hängt über der Mensa ein kleiner Hausaltar aus Alabaster im niederländischen Renaissancestil. Von der Doppelkapelle auf der Nordseite diente ursprünglich der westliche Teil als Waffenhaus, während die östliche Seite der Jungfrau Maria geweiht war. Heute befindet sich dort die Sakristei. Besonders beachtenswert ist der Altaraufsatz aus Holz. Er wurde 1611 fertiggestellt und ist ein Werk der Holzschnitzer Statius Otto und Jacob Kremberg. Der Aufsatz gilt als der größte seiner Art in Nordeuropa.
Die Kanzel aus Sandstein und schwarzem Kalkstein ist eine Arbeit der Bildhauer Daniel Thomisen und Jörgen Stenhuggar von 1599. Orgelprospekt und Orgelempore sind spätgustavianisch, Ende des 18. Jahrhunderts, die Orgel selbst ist von 1951.
Ein im südlichen Seitenschiff hängendes Votivschiff erinnert an die im Zweiten Weltkrieg auf See vermißten und umgekommenen schwedischen Seeleute. Ein Zeichen, daß der Krieg auch an diesem neutralen Land nicht völlig spurlos vorübergegangen ist.
Von der St. Petri-Kirche über den Stortorget zurückgehend kommt man auf der anderen Seite des Platzes zu dem ältesten Haus der Stadt, dem 1522/25 gebauten *Hof des Bürgermeisters Jörg Kock* (Ecke Suellsgatan/Västergatan). Von der ganzen Anlage stehen noch drei Backsteingebäude. Das Haupthaus, in dem sich ein stimmungsvolles Restaurant befindet, besitzt einen schön gestalteten Treppengiebel. Es ist eines der wichtigsten Denkmäler spätgotischer Profanbaukunst im Norden. Das Eckhaus war seinerzeit das Wohngebäude, zu dem auch der anschließende, niedrigere längliche Bauteil

gehörte. In diesem war ein Festsaal eingerichtet. Die Schmuckdetails am Haus sind nur Kopien. Die Originale befinden sich im Museum von Malmö. Die Madonna ist von 1525. Jörg Kock war in der ersten Hälfte des 16. Jahrhunderts einer der reichsten und mächtigsten Männer Nordeuropas. Als Münzmeister konnte er die Münzprägung für das gesamte Königreich Dänemark in sein Haus verlegen. Als 1524 Gustav Vasa zu Verhandlungen mit Dänemark und der Hanse in Malmö weilte, wohnte er dort.

Gegenüber »Kockshuset« liegt der *Dringenbergskagården* (Hof), der aus den Resten von 5 Häusern (vier mittelalterlichen und einem aus dem 17. Jh.) besteht. Der Hof ist restauriert. Im Inneren des Hofes ist noch eine Mauer aus dem 15. Jh. mit abwechselnd Ziegel und Kalkstein zu sehen.

Die Westseite des Stortoget entlanggehend gelangt man auf den 1960 restaurierten Lilla Torget (den kleinen Platz) von 1591. Das mit der Giebelfront dem Platz zugewandte Haus, das *Ekströmska huset*, wurde in den 1720er Jahren erbaut, das daran anschließende ist dagegen ein Neubau aus der Zeit der Restauration des Platzes. Einige Teile stammen jedoch von einem früher abgerissenen Haus aus dem 17. Jh. An der südlichen Seite des Platzes liegt der *Hedmanska gården*, dessen ältester Teil aus der Zeit um 1600 stammt. Das Portal kam jedoch erst im 18. Jh. dazu. Das verputzte anschließende Haus wurde in der ersten Hälfte des 18. Jh. angebaut und erhielt zu Beginn des 19. Jh. sein jetziges Aussehen. Es war ein Handelshaus mit Wohnung (im Erdgeschoß des Fachwerkhauses) und Lagerräumen. Im Hof der Anlage befindet sich heute eine Ausstellung des Form Design Centers. Nach Osten anschließend, auf der anderen Seite der Hjulhamngatan, liegt das in den 1760er Jahren erbaute *Faxeska huset*, ebenfalls ein Kaufmannshaus. Bei der Restaurierung 1910 glaubte man irrtümlich, das Haus stamme aus dem Jahr 1580 und schnitt diese Zahl in einen Türbalken ein. Eine Lampe in Form einer Weintraube erinnert daran, daß der Besitzer seit 1842 eine Spirituosenhandlung betrieb.

Durch die Skomakaregatan gelangt man in die Södergatan, wo an der Ecke das zwischen 1590 und 1600 errichtete *Flensburgska huset* liegt. Der Bau wirkt besonders durch den Wechsel von rotem Ziegel- und weißem Kreidestein. Diese Schmuckform war besonders im 17. Jahrhundert sehr beliebt. Das mit geschweiften Giebeln im holländischen Renaissancestil gebaute Haus hat nichts mit der Stadt Flensburg zu tun. Es war ein Wohn- und Lagerhaus, das 1827 in den Besitz der Familie Flensburg überging, die es 1965 dem Museum der Stadt Malmö schenkte.

Man geht am Flensburgska huset nach rechts zum Gustav-Adolf-Platz und dort wieder nach rechts. Der Platz hat seinen Namen nicht nach dem in Deutschland bekannten König Gustav II. Adolf, zu dessen Lebzeiten Malmö noch dänisch war. Er ist vielmehr nach dem in Malmö sehr populären König

Gustav IV. Adolf (1792–1809) benannt, der für kurze Zeit Schweden von Malmö aus regierte. Die Stora Nygatan in westlicher Richtung weitergehend gelangt man in den *Kungsparken*. Dieser und der durch den Kanal abgeteilten *Slottsparken* bilden eine Parkanlage, in der zahlreiche Plastiken stehen. So auf dem Linnéplatsen die berühmte Pegasus-Figur von Carl Milles (vom Eingang in den Kungspark links halten, über die Kanalbrücke bis zu der breiten Allee Kung Oscars väg, dann rechts) sowie Plastiken von Gerhard Hennings (»Liegendes Mädchen«) oder von Carl Friesendahl (»Wildschwein«).
Mit dem Bau der *Festung Malmöhus* wurde unter Erik von Pommern (1396–1439) begonnen. Da damals die Küstenlinie höher lag (etwa auf Höhe der heutigen Vallgatan), beherrschte die Festung den Öresund. 1534 wurde sie bei einem Aufstand weitgehend zerstört. Einem Neubau von 1536–42 folgte in der schwedischen Zeit zwischen 1669–74 (durch Dahlberg) ein durchgreifender Umbau. Die Anlage zeigt einen Übergangsstil zwischen Gotik und Renaissance, aus Backstein viergeschossig erbaut, mit Wassergraben und Wällen aus Erde und Steinen umgeben und von vier runden Kanonentürmen flankiert. Von 1568–73 hatte Lord Bothwell, der dritte Gemahl Maria Stuarts, dort in Gefangenschaft gesessen.
Bei dem Rückeroberungsversuch Dänemarks 1677 widerstand die Festung den dänischen Angriffen. Zwischen 1824 und 1914 wurde sie als Gefängnis benutzt und 1927–37 restauriert. Heute ist darin ein *Museum* eingerichtet (Kulturgeschichte des Malmöer Raums, Kunsthandwerk, Fauna aus Skåne, Volkskunst, der »gläserne Mensch«). Erwähnenswert ist die große Sammlung mit Werken des schwedischen Landschaftsmalers Carl Fredrik Hill (1849–1911), der, zuerst in Frankreich lebend, zur Gruppe der plein-air-Maler zählte, später, geisteskrank, nach Schweden zurückkehrte und dort eine große Zahl von Zeichnungen und Aquarellen schuf, die mitunter zu seinen besten Werken gerechnet werden. Im Museum sind allein über 2000 Blätter von ihm bewahrt. Hill übte nach einer Ausstellung 1911 einen tiefgehenden Einfluß auf viele moderne schwedische, aber auch ausländische Künstler aus. Im Skovgaardsalen steht die älteste im Original spielbare Orgel der Welt aus dem 15. Jh. Ferner besitzt das Museum eine Sammlung russischer bzw. baltischer Künstler aus einer Ausstellung von 1914, die nach der Revolution in Rußland als herrenloses Gut zurückblieb (Di.–Sa. 12–16, So. 10–16).
Schräg gegenüber liegt das *Tekniska museet*, zu dem auch das *Sjöfartsmuseet* gehört (Seefahrtsgeschichte, Wrack eines Wikingerbootes, U-Boot, Auto- und Fluggeschichte, Energietechnik; Di–Sa 12–16, So. 10–16).
Am Parkplatz befindet sich das *Kommendanthuset* (kriegsgeschichtliche Sammlungen, Modelle; Di–Sa 12–16, So 10–16).
Malmös viertes Museum *Vagnmuseet* zeigt die Entwicklung von Fuhrwerken aller Art seit dem 18. Jahrhundert (Drottningtorget, Di–Sa 12–16, So 10–16).

Etwa 6 km hinter der Abzweigung der E 66 von der E 6 kann man einen Abstecher zu den Kirchen von *Fjelie* und *Kävlinge* machen (Abfahrt Richtung Lund, Straße 16, kurz nach der Abfahrt links abbiegen). Die Kirche von Fjelie stammt, außer den beiden Anbauten nördlich (von 1772) und südlich (von 1801), aus der Zeit um 1130 und ist eine typische schonische Landkirche. Die schräg über den Schallarkaden im Turm befindlichen kleinen Fenster lassen auf angelsächsischen Einfluß schließen. Im Inneren besitzt der Turm im zweiten Geschoß eine Arkadengalerie als Herrschaftsempore. Im frühen 14. Jh. wurden Langhaus und Chor eingewölbt. Ein Modell der Kirche aus dem 12. Jh. steht hinter dem Aufgang zur Kanzel. Interessant sind die Ausmalungen aus verschiedenen Epochen. Triumphbogen, Apsis und Tribunbogen sind romanisch aus der zweiten Hälfte des 12. Jh., im 14. Jh. jedoch stark retuschiert (erkennbar noch in der Gnadenstuhldarstellung in der Apsis), die Gewölbekappen sind gotisch aus der ersten Hälfte des 14. Jh. Der Altaraufsatz ist von 1638, das Triumphkruzifix aus dem 15. Jh. Die Kanzel im Renaissancestil entstand in der ersten Hälfte des 17. Jh. Der Taufstein von etwa 1150 scheint eine Nachbildung des Steins von Dalby zu sein. Auffallend sind die Eckfiguren am Fuß. Es handelt sich um einen der frühesten Taufsteine Schwedens. Das Gestühl ist aus dem 18. Jh., auf der Südseite ist noch eine Wange von 1589 erhalten. Sie bezeichnete damals den Sitz des Kirchenältesten.

1946 erhielt die Kirche eine astronomische Uhr, die an der Westseite hängt. Man kann dort ablesen: Zeit, Datum, Tag, Ostern, die exakte Sonnenzeit, den Gang der Sonne, Mond und Zodiak nach dem geozentrischen Weltbild, Auf- und Untergang von Sonne, Mond und Sternen und ihre Höhe über dem Horizont. Die Uhr kann 532 Jahre gehen, ohne daß eine Änderung vorgenommen werden müßte.

Von Fjelie lohnt die Weiterfahrt zur alten Kirche von *Kävlinge* (ca. 6 km Richtung Furulund). Langhaus, Chor und Apsis der Kirche stammen aus der zweiten Hälfte des 12. Jh. Ein romanischer Rundbogenfries über dem südlichen Chorfenster erinnert an die Domkirche von Lund. Das gotische nördliche Waffenhaus mit Blendarkaden wurde im 14. Jh. angebaut. Der Turm kam im 15. Jh. dazu. Wie allgemein üblich, besaß die Kirche zunächst eine Holzdecke, die man im späten 13. Jh. durch die heutigen Gewölbe ersetzte. Sehenswert sind die Wandmalereien. In der Apsis erkennt man in der Mitte im Gewölbe eine aus dem 14. Jh. stammende Darstellung des Jüngsten Gerichts. Die Bilder der Apostel an den Wänden der Apsis sind ebenso wie die übrigen Ausmalungen im 15. Jh. entstanden. Der Altaraufsatz erhielt seine heutige Farbgebung 1747. Angefertigt wurde er 1598. Er steht jetzt an der südlichen Turmwand (Schalter für die Beleuchtung links neben der Tür). Die Kanzel ist

Malmö 115

wahrscheinlich unter Mitwirkung des bekannten Holzschnitzers Jacob Kremberg 1630 von Meister Otto aus Malmö geschaffen worden. Am Schalldecke ist das Monogramm Christians IV. (1588–1648) von Dänemark zu sehen
Bei dem Gestühl von 1728 (Bemalung 1760 durch Johan Ullberg) ist besonders der Küsterstuhl von 1580 an der Nordwand des Chors interessant. Er zeigt die eingeritzten Initialen und Hauszeichen der Küster. Die älteste Einritzung stammt vom Ende des 16. Jh., eine gute Hilfe zur Zeitbestimmung.
Ein Heimatmuseum ist in dem ehemaligen Küsterhaus untergebracht.
Über die landschaftlich schöne Straße 104 Richtung Karaby/Landskrona erreicht man wieder die E 6.

32 km hinter Malmö besteht die Möglichkeit eines Abstechers nach *Landskrona*. Die Stadt (30 000 Einw.) wurde 1413 durch den Unionskönig Erik von Pommern (1396–1439) gegründet. Er veranlaßte, daß sich dort Karmeliter niederließen, ein für die nordischen Länder neuer Orden. Mit der Stadtgründung sollte ein Gegengewicht gegen die anderen dänischen Hafenstädte geschaffen werden, in denen die deutschen der Hanse mehr oder weniger verbundenen Kaufleute das Übergewicht besaßen.
Die St.-Johannis-Baptista-Kirche wurde kurz nach der Stadtgründung erbaut. Um 1540/50 ließ Christian III. eine Zitadelle errichten, die rund 200 Jahre später dann unter schwedischer Herrschaft erweitert wurde. Allerdings fiel der Erweiterung der größte Teil des mittelalterlichen Landskrona zum Opfer. Mitte des 18. Jh. wurde die Sofia-Albertina-Kirche, nach den Plänen des bekannten Architekten Carl Hårleman gebaut.
Die Festung im Renaissancestil, mit mächtigen Wällen und Gräben umgeben, verstärkt durch vorgeschobene Bastionen, veranschaulicht die holländische Festungsbaukunst des 17./18. Jh. Sie ist die größte Sehenswürdigkeit Landskronas. Vom vorigen Jahrhundert bis 1940 diente sie als Gefängnis. Das *Museum in der Slottsgatan* (Eingang vom Kasernplan) zeigt Sammlungen aus der Stadtgeschichte mit Einrichtungen und Lebensbedingungen der letzten Jahrhunderte (Sa–Do 13–17).
Knapp 20 km hinter Landskrona kann man von der E 6 links nach Helsingborg abbiegen (Beschreibung siehe S. 134). Für kurze Zeit bilden E 6 und E 4 eine gemeinsame Straße, dann zweigt die E 4 nach rechts Richtung Stockholm ab.

Rund 45 km weiter biegt die Straße nach *Båstad* ab. Der Ort ist vor allem durch seine jährlichen Tennisturniere bekannt, ist aber auch ein beliebter Badeort. Ein Großfeuer vernichtete 1870 praktisch die gesamte Stadt. Die Gartenanlagen »Norrvikens trädgårdar« sind sehenswert.

E 66 (Malmö–Kalmar) Malmö–Bäckaskog

Die E 66 ist der direkteste Weg von Malmö über Kalmar auf die Insel Öland. Sie führt anschließend längs der Ostküste nach Norrköping und trifft dort auf die E 4 nach Stockholm.

Lund

Lund (70 000 Einw.) gehört zu den ältesten Städten in Schweden: 1020 gegründet, ab 1060 Bischofsstadt. Um 1103 wurde Lund Sitz des ersten Erzbistums im Norden und damit geistlicher und kultureller Mittelpunkt Skandinaviens. Schon zu Beginn des 14. Jh. besaß die Stadt außer der Domkirche noch weitere 27 Kirchen und 7 Klöster. Nach der Reformation sank Lund zu einem unbedeutenden Ackerstädtchen herab. Da aber Lund damals noch dänisch war, blieb die Domkirche weitgehend von der Kirchenreduktion Gustav Vasas nach 1527 verschont. Erst nach der Übernahme Skånes durch Schweden wurde auch ihr Vermögen beschnitten. Ein nicht unerheblicher Teil der eingezogenen Werte kam dem Aufbau der Universität zugute. Diese Universitätsgründung von 1668 war ein geschickter Schachzug im Rahmen der Schwedisierungspolitik nach der endgültigen Niederlage Dänemarks. Die ältesten Universitätsgebäude liegen in der Nähe des Doms. Heute sind die Institutionen über die ganze Stadt verteilt. Mit der Universität bildet Lund heute den geistigen und kulturellen Mittelpunkt Skånes. Lund war, nach Uppsala, Schwedens zweite Universität. In Lund selbst sind knapp 17 000 Studenten immatrikuliert. Weitere 4700 studieren in den zu Lund gehörenden Abteilungen in Halmstad, Kalmar, Kristianstad und Växjö.

Der Bau der *Domkirche* von Lund im 12. Jh. beeinflußte die Architektur und die künstlerische Entwicklung ganz Südschwedens und Gotlands. Anglonormannische, rheinländische und westfälische, besonders aber lombardische Stileinflüsse gelangten durch ihn nach Schweden. Einheimische Kräfte übernahmen sie und entwickelten daraus den sogen. »Lunder Stil«.

Ältester Bauteil ist die fast unverändert gebliebene Krypta, deren Altar 1123 geweiht wurde. Die Kirche ist eine typisch romanische Anlage, eine dreischiffige Basilika mit Querhaus, Chor und Apsis im Osten, Westwerk mit zwei Türmen und einer Empore für das Königshaus. Es wurde ein strenges Maßprinzip mit einer Maßeinheit von 46,6 cm eingehalten. Die Kirche besaß zunächst eine Holzdecke, doch war offenbar von Anfang an eine Einwölbung vorgesehen, denn jeder zweite Pfeiler ist deutlich stärker angelegt.

Schindelverkleidete Holzkirche von Granhult, Småland, aus dem 13. Jahrhundert ▷

Lund

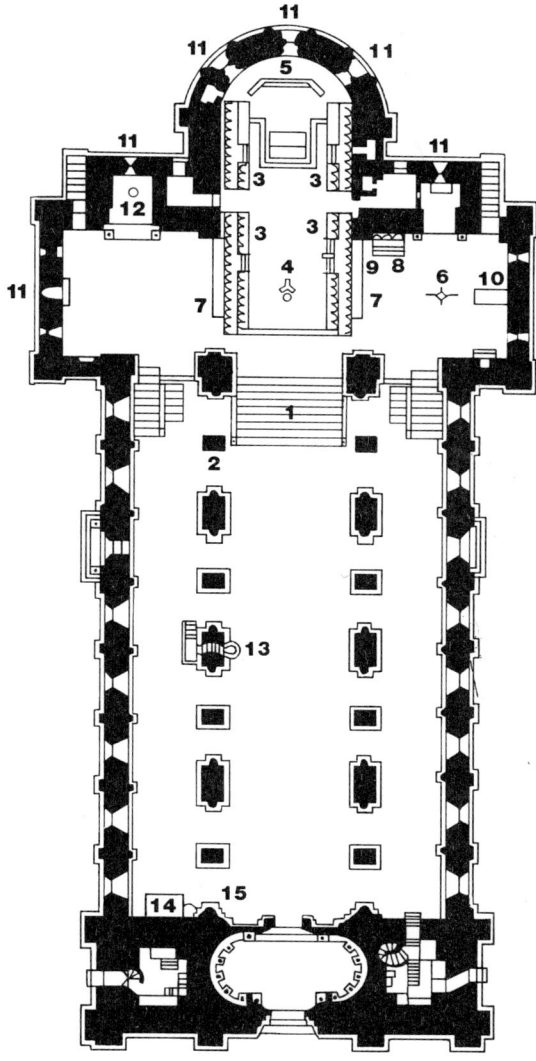

Domkirche zu Lund

1 Chortreppe von 1830
2 Engelsfiguren von etwa 1280
3 Chorgestühl, zweite Hälfte 14. Jahrhundert
4 Figur des heiligen Laurentius, erste Hälfte 14. Jahrhundert
5 Altarretabel, 1398 der Kirche geschenkt
6 Siebenarmiger Leuchter, spätes 15. Jahrhundert
7 „Gatter Karls XII." von 1707
8 Bischofsstuhl, spätes 14. Jahrhundert
9 Sakramentshäuschen, zweite Hälfte 14. Jahrhundert
10 Relief Adam van Dürens, Heiliger Laurentius, Maria mit dem Kind, Hnut der Heilige, Anfang 16. Jahrhundert
11 Glasmalerei von Emanuel Vigelund, 1930er Jahre
12 Taufstein aus der Bauzeit des Doms
13 Kanzel von 1592
14 Astronomische Uhr
15 Säulenbasis mit Inschrift Adam van Dürens

◁ *Carl von Linnés Geburtshaus in Råshult, Småland*

Nach neueren Quellen ist der lombardische Einfluß erst nach 1130 durch den Baumeister Donatus nach Lund gelangt. Er ist jedenfalls in vielen Einzelheiten deutlich zu erkennen, z. B. an der Ostpartie mit der eindrucksvoll gegliederten Apsis auf einem hohen Sockel und der krönenden Galerie, ebenso an dem reich geschmückten Baldachinportal auf der Nordseite. Auch das etwas geringer skulpturierte Südportal zeigt die lombardischen Einflüsse. Die Verschmelzung des lombardischen Stils mit nordischen Elementen kann man gut am nördlichen Eingang zur Krypta verfolgen, wo das Kapitell eine Tierornamentik aufweist.

1234 brannten große Teile der Kirche aus. Beim Wiederaufbau wurden Langhaus und Seitenschiffe eingewölbt. Dieses Gewölbe wurde allerdings im vorigen Jahrhundert bei einer gründlichen Restaurierung durch die heutigen ersetzt. An den Wänden des Mittelschiffes sieht man zwischen den Obergaden noch die Dienste, auf denen das damalige Gewölbe ruhte, denn im 13. Jh. wurde ein Gewölbe mit 6 Rippen gebaut. Bei der Restauration ließ man diese Dienste zur Erinnerung an den Wänden. Der Chor erhielt bei dem Wiederaufbau im 13. Jh. ebenfalls ein Kreuzgewölbe. Das gotische Gewölbe, das man nach dem Brand von 1234 in Lund errichtete (etwa gleichzeitig mit einem Gewölbe in Varnhem) ist der Grund, daß man den Beginn der Gotik in Schweden etwa auf das Jahr 1235 gelegt hat, wenn auch danach natürlich noch romanische Tradition fortlebte.

Die weitere Baugeschichte sei nur kurz erwähnt. Kurz vor Einführung der Reformation erfolgten eine gründliche Renovierung und ein teilweiser Umbau. Damals entstand das Gewölbe des nördlichen Querhauses. Die hervorragendste Persönlichkeit dieses Umbaus war der Kölner Adam van Düren, der als Architekt wie als Bildhauer nicht nur in Lund, sondern in zahlreichen Kirchen- und Profanbauten der ersten Hälfte des 16. Jh. seine Spuren hinterlassen hat. In Lund kann man seiner Meisterschaft u. a. heute noch in der Krypta an Brunneneinfassung, Sarkophag und der südlichen Wand des Querhauses (Relief mit dem hl. Laurentius, der Jungfrau Maria und Knut dem Heiligen) sehen. Äußerlich erhielt der Dom ein verändertes Aussehen durch Strebebögen und Strebepfeiler am Langhaus. Die letzte große Umbauperiode war im vorigen Jahrhundert zuerst (seit etwa 1835) unter der Leitung von C.G. Brunius und später (1868–1880) von Helgo Zettervall. Hierbei riß man die Strebebogen und -pfeiler ab und stellte den alten Zustand wieder her. Der Turm wurde unter Verwendung zahlreicher alter Architekturteile umgebaut und erhielt sein heutiges, dem romanischen Bau völlig angepaßtes Aussehen. Die Bronzetüren am Westportal schuf 1889 C. J. Dyfverman. In der unteren Reihe sind die vier Elemente dargestellt. Die Reihe darüber zeigt Motive aus dem Neuen, die übrigen Felder solche aus dem Alten Testament.

Die letzten Restaurierungsarbeiten fanden 1954–63 statt. Vor allem im Inne-

Lund

ren wurden die Sandsteinmauern freigelegt, die heutigen Fenster eingesetzt, neue Bodenplatten gelegt usw. Die Domkirche ist das beste Beispiel romanischer Kirchenbaukunst in Schweden. Die Verbindung mit gotischem Gewölbe findet man auch bei anderen schwedischen Kirchen häufig.
In der Krypta fallen die verzierten Säulen auf. Zwei davon zeigen Figuren. Gleich am nördlichen Eingang befindet sich eine große Figur, die die ganze Höhe der Säule einnimmt. Um diese Figur rankt sich die Sage von dem Riesen Finn. Dieser sollte die Kirche für den heiligen Laurentius bauen und hatte sich als Lohn dafür Sonne, Mond und die Augen des Heiligen ausbedungen, falls dieser nicht des Riesen Namen noch vor dem Ende des Baus nennen könne. Kurz vor diesem Zeitpunkt hörte der Heilige die Frau des Riesen singen. Sie erzählte dabei ihrem Kind, daß Vater Finn ihm bald die Augen des Heiligen bringen werde. Laurentius eilte zur Kirche und konnte dem Riesen gerade noch seinen Namen zurufen, als dieser den letzten Schlußstein einsetzen wollte. Erbittert rannte er nieder in die Krypta, um die ganze Kirche einzureißen, wurde aber in diesem Augenblick in Stein verwandelt. Die an der entsprechenden westlichen Säule befindliche Frauengestalt soll seine Frau sein. Wen die Figuren tatsächlich darstellen sollen, weiß man nicht genau, wahrscheinlich Simson und Lazarus in Abrahams Schoß.
Bemerkenswert ist der Brunnen. Lange Zeiten war er der einzige, in dem die Einwohner Lunds frisches Wasser holen konnten. Seine Einfassung schuf Adam van Düren. Auf der südlichen Seite ist ein Mönch zu sehen, der sich einer Frau zuwendet. Darüber steht: »Viele geben anderen einen guten Rat, obwohl sie ihn selbst nicht befolgen«. Links davon steht der Name des Künstlers mit der Jahreszahl 1514. Daß er ein solches Relief mit dieser Inschrift hauen konnte, ohne daß die Kirche einschritt, beweist, daß damals auch innerhalb der Kirche die Kritik am Mönchswesen laut war. Auf der Ostseite wird ein ähnliches pessimistisches Thema angeschlagen: Der König hält eine Schriftrolle in der Hand, auf der (in plattdeutsch) steht »er geit bowen alle dinck« (Die Ehre geht über alles). Der gegenübersitzende Kaufmann dagegen: »Nein, sagt das Geld. Wenn ich wegbleibe, ist es aus mit der Liebe.« Die westliche Seite zeigt eine eigentümliche Darstellung, die aber offenbar auch eine versteckte Anspielung bedeutet: ein Schaf bricht unter einer Laus zusammen. Die Inschrift sagt: »Die hungrige Laus beißt das Schaf, das ist sicher. Gott helfe dem Schaf, das grindig ist, und sich nicht kratzen kann, darüber mögen sich die hungrigen Läuse freuen.«
Hinten in der Apsis steht der Altar von 1123, davor der Sarkophag des Bischofs Birger Gunnarssons, ebenfalls eine Arbeit Adam van Dürens. Die zahlreichen Grabplatten in der Krypta vom frühen Mittelalter bis 1734 lagen ursprünglich in der Kirche.
In der Kirche fällt besonders die große Treppe auf, die in der Breite des

Mittelschiffs zur Vierung heraufführt. Ihren Grund hat sie in der im Mittelalter üblichen Trennung der Kirche in einen Raum für die Geistlichkeit und einen für die Laien. Damals war dort, wo heute die Treppe ist, eine über 5 m hohe Mauer, die beide Teile trennte. Die unter dem der Geistlichkeit vorbehaltenen Teil der Kirche liegende Krypta bedingte, daß dieser Teil höher lag (auch in den beiden Seitenschiffen finden sich entsprechende Treppen). Erst bei der Restauration im vorigen Jahrhundert ließ C.G. Brunius diese Mauer abreißen und an ihrer Stelle die große Treppe anlegen. Rechts und links stehen auf Bronzesäulen zwei Engelsfiguren aus dem späten 13. Jh.

Zu den besonderen Schätzen des Doms gehört das in die Vierung vorgezogene Chorgestühl aus dem Ende des 14. Jh. Die Baldachine über den Sitzen zeigen auf der Südseite zwischen den Bildern der Propheten die Monatsbilder, auf der Nordseite Motive aus dem Alten Testament. Die Schnitzerei, die zu den schönsten Europas gerechnet wird, weist auf rheinländischen Einfluß hin.

Vor dem Hochaltar von 1963 steht im Chor auf einer schlanken Säule ein Standbild des hl. Laurentius aus der ersten Hälfte des 14. Jh. Der in Norddeutschland angefertigte und 1398 der Domkirche geschenkte Altaraufsatz ist, neben dem von Ystad, eines der frühesten gotischen Retabel Schwedens. Der Flügelaltar, dessen äußerste Flügel verlorengegangen sind, zeigt insgesamt 40 Heilige. 14 davon fehlten und wurden 1830 durch einfachere Figuren aus den Altären anderer Kirchen ergänzt. Der Aufsatz wurde 1954/63 restauriert, doch blieben die alten Farben unangetastet. Das große Mosaik im Gewölbe der Apsis wurde 1925/27 von dem dänischen Künstler Joakim Skovgaard geschaffen. Hauptsächlich verwandte er venezianische Glasmosaik teils aber auch farbige Natursteine.

Im südlichen Querhaus steht ein siebenarmiger Leuchter aus dem ausgehenden 15. Jh., der die vier Evangelistensymbole trägt. An der Rückwand des vorgezogenen Chorgestühls stehen in beiden Querhäusern Chorschranken die aus einer Einteilung des Chors von 1706 stammen und deshalb die »Gatter Karls XII.« genannt werden. Vor der Ostwand ein Bischofsstuhl aus dem späten 14. Jh., daneben ein Sakramentshäuschen aus der gleichen Zeit. Früher stand es neben einem Laienaltar im Langhaus. An der südlichen Wand das oben schon erwähnte Relief Adam van Dürens.

Das nördliche Querhaus besitzt vor der Altarnische einen schön ausgearbeiteten Baldachin. Man nimmt an, daß er ursprünglich nicht hier, sondern an der Westfassade stand. Der Taufstein stammt wahrscheinlich aus der Zeit des Dombaus.

Im Langhaus sind die romanischen Kapitelle beachtenswert. Sie entstanden in der zweiten Hälfte des 12. Jh. Die Kanzel aus Marmor und Alabaster wurde 1592 von Johannes Ganssog aus Frankfurt/Oder geschaffen.

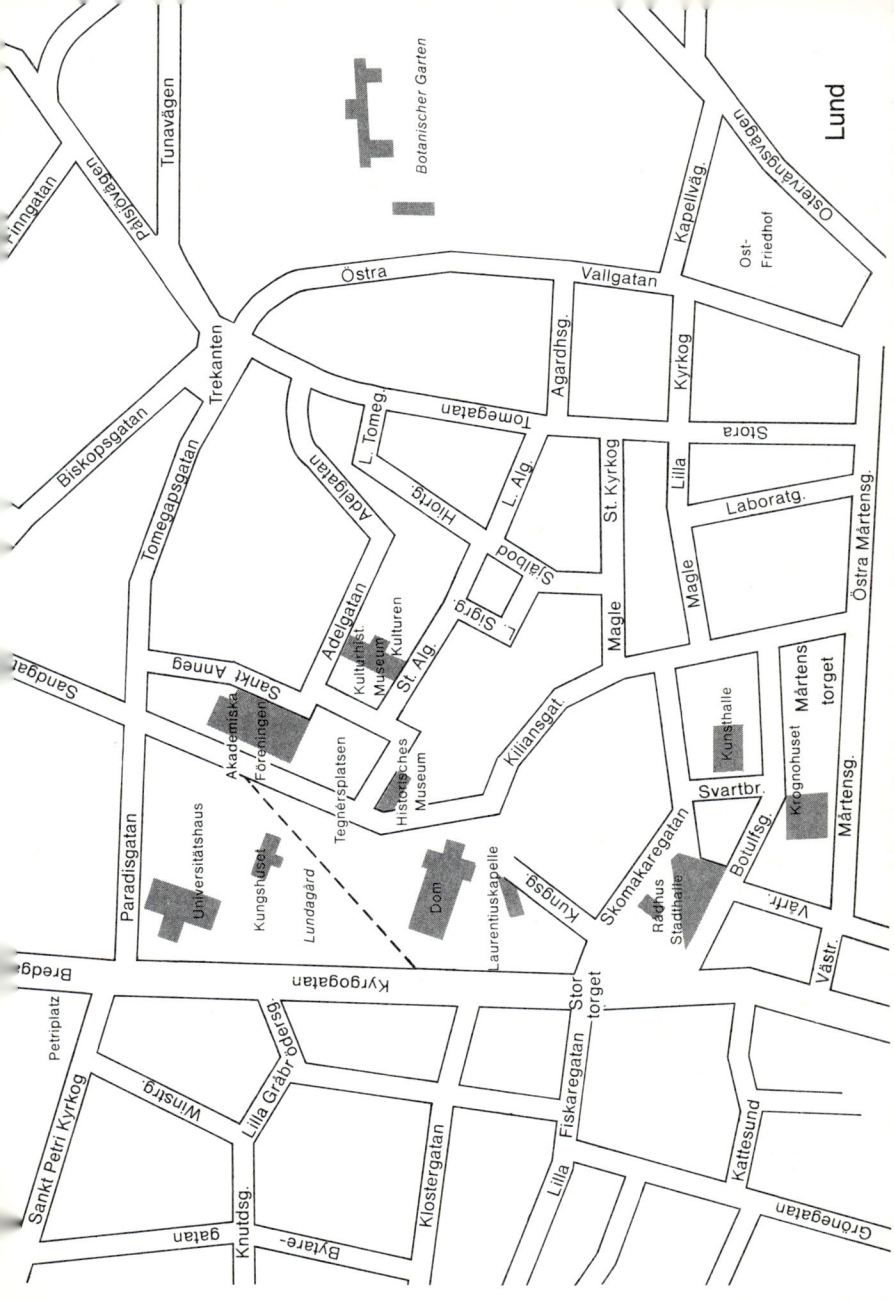

Die Fenster in Chor und Apsis gestaltete der norwegische Künstler Emanuel Vigelund in den 1930er Jahren. Die übrigen Fenster wurden bei der Restaurierung 1956/63 (Leitung Eiler Graebe) eingesetzt, wobei der Farbgebung besonderer Wert beigemessen wurde. Sie sind nicht, wie der erste Augenschein vermuten läßt weiß, sondern rauchfarben mit einem rosa Einschlag.
An der nördlichen Westwand befindet sich eine astrologische Uhr, die bereits 1442 erwähnt wird, wahrscheinlich aber älter ist. Das Uhrenblatt ist noch original erhalten, wurde allerdings restauriert. Die Tierkreiszeichen sind nach alten Unterlagen kopiert worden. Von dem ursprünglichen Uhrwerk sind nur unbedeutende Reste vorhanden. Um 12 und um 15 Uhr schlagen die Ritter über der Uhr aufeinander ein, die Herolde blasen »in dulce jubilo«, und aus den Türen treten die Heiligen Drei Könige und verbeugen sich vor Maria. Neben der Uhr befindet sich an der Säulenbasis eine Inschrift, die Adam van Düren 1527 dort anbrachte. Übersetzt lautet sie etwa: »Es muß wohl ein Esel sein, der sich mehr auflädt, als er tragen kann.«
Der Dom liegt am Rand eines kleinen Parks, des im 18. Jh. angelegten *Lundagård*. Vor der Reformation befand sich hier die Burg der Erzbischöfe. Das kleine rote Backsteingebäude mit Treppengiebeln südlich der Kirche ist die *Laurentiuskapelle* aus dem 15. Jh., ursprünglich Bibliothek des Stifts, daher früher »Liberiet« genannt. Auf der anderen Seite steht das Gebäude des *Historiska museet* von 1840 (Axel Nyström) (archäologische Sammlungen, Sakralkunst des Mittelalters, Münzkabinett; Di-Fr 11–13). Mitten im Park befindet sich das Gebäude des *Kungshuset,* in der zweiten Hälfte des 16. Jh. als Residenz für den dänischen König Fredrik II. erbaut, 1878 durch H. Zettervall restauriert. Nach Gründung der Universität wurde es von dieser genutzt. Das dahinter liegende Universitätshaus baute Helgo Zettervall 1878 in klassizistischem Stil. An der nordöstlichen Ecke des Parks steht das Gebäude der »Akademiska Föreningen«, gebaut in verschiedenen Abschnitten (1851/1901/1945) (über Studentenverbindungen siehe Kapitel Uppland-Uppsala, S. 365). Am Tegnérplatsen befindet sich das Kulturhistorische *Museum »Kulturen«* mit einem großen Freilichtmuseum, in dem über 30 Gebäude ein Bild schwedischer Wohnkultur verschiedener Schichten und Zeiten vermitteln. 10 Häuser stehen noch an ihrem ursprünglichen Platz, die anderen kamen aus anderen Teilen Schwedens hierher. Im Museum selbst wird vor allem Volkskunst gezeigt (1. 5.–30. 9. tgl. 11–17; 1. 10.–30. 4. tgl. 12–16).
Vor dem Museum steht eine 1853 von C.G. Qvarnström geschaffene Statue des Dichters, Wissenschaftlers und späteren Bischofs Esaias Tegnér (1782–1846). Er nahm in seinen Werken Anregungen aus der Antike, der deutschen Klassik und des Idealismus auf, die er mit romantischen Gefühlen und einer Neubesinnung auf schwedische Geschichte und Mythologie verband. Am bekanntesten ist von ihm »Die Frithiofs-Sage« von 1825.

Lund

Zwei Ausstellungsgebäude befinden sich am Mårtens Torg, das aus dem 15. Jh. stammende *Krognoshuset* mit wechselnden Ausstellungen und die 1956 von Klas Anshelm gebaute Lunds konsthall (Kunsthalle, Mo-Mi + Sa 10–17, Do 12–20, So 12–18) ebenfalls mit wechselnden Ausstellungen.
Ein Streifzug durch die Innenstadt ist lohnend, denn hier liegen Gebäude aus verschiedenen Zeiten und in unterschiedlichen Stilen, ohne daß die modernen Bauten ihre Umgebung erschlagen. In der Magle Lilla Kyrkogatan erhält man beispielsweise noch den Eindruck einer Wohnstraße des vorigen Jahrhunderts (von der Kiliansgatan abzweigend).

Von Lund besteht die Möglichkeit eines Abstechers zur Kirche von *Dalby* (an der Straße 16, Richtung Simrishamn). Es ist die wohl älteste Steinkirche im Norden, etwas älter als die Krypta in Lund. Der Steinbau setzte sich im Norden erst allgemein im 12. Jh. durch. Die Kirchen der Missionszeit waren durchweg Holzkirchen. Dalby und Lund bildeten Ausnahmen. Die erste Kirche von Dalby, Baubeginn 1060, war erheblich länger als die jetzige. Von der damaligen Heiligenkreuzkirche sind noch das Langhaus und das südliche Seitenschiff erhalten. Die Mauern der ehemaligen Anlage sind im Friedhof markiert. Der Westturm mit seinem eigenartigen Aussehen wurde etwa Anfang des 13. Jh. begonnen. Es war ursprünglich geplant, ihn in der Breite der Vorhalle zu bauen. Später änderte man den Plan und setzte den Turmbau nur über der östlichen Hälfte des Vorraumes fort. Schon in der ersten Hälfte des 12. Jh. hatte der Westteil die jetzige Vorhalle erhalten. Im Tympanon ist Samsons Kampf mit dem Löwen dargestellt. Das Kreuzgratgewölbe erinnert an die etwas ältere Krypta der Lunder Domkirche, wie man hier überhaupt den Einfluß des sogen. »Lunder Stils« beobachten kann. An der Ostwand befindet sich eine Altarnische. Der jetzt dort stehende Altar wurde aber erst 1940 aufgebaut. Die beiden Pfeiler wurden im 13. Jh. als Stütze für den Turm hochgezogen. Neben dem jetzt zugemauerten Eingang zu dem früheren Nordturm befand sich von Beginn an eine metertiefe Quelle, die wahrscheinlich zunächst als Taufquelle diente, bis im 12. Jh. der Taufstein zur Anwendung kam, der jetzt an der Westseite des Langhauses steht (auffallend sind die verschiedenen Kapitelle der vier Säulen). Der Eisenbeschlag der in das Seitenschiff führenden Tür ist spätmittelalterlich.
Das Waffenhaus an der Südseite wurde im Hochmittelalter mit gemauerten Sitzbänken gebaut. An der Ostwand befindet sich ein Grabstein im Renaissancestil. An der Außenfront stehen zwei deutlich ältere Säulen. Ihr ursprünglicher Platz ist unbekannt. Das Langhaus hat nur ein südliches Seitenschiff. Der Grund liegt in der Baugeschichte: Das nördliche Seitenschiff der ursprünglich dreischiffigen Basilika wurde wahrscheinlich kurz nach 1645 abgerissen. Das frühgotische Gewölbe entstand in der Mitte des 13. Jh. In

diesem Zusammenhang mußten die alten Pfeiler verstärkt werden. Es wurden Pilaster an die Arkadenpfeiler angesetzt und jeder zweite Pfeiler mit Ziegeln verstärkt. Der südwestliche Pfeiler des Langhauses ist um eine ältere Säule herumgemauert. Die Säule selbst ist aus dem 12. Jh. und besitzt ein ziemlich großes Kompositkapitell. Da sich eine ähnliche Form in Hildesheim findet und auch aus anderen Ähnlichkeiten, nimmt man an, daß der Baumeister dieser Bauperiode aus dem Hildesheimer Raum kam.

Der Taufstein ist um die Mitte des 12. Jh. entstanden. Er besitzt Ähnlichkeit mit den auf Gotland gefertigten Taufsteinen des sogen. Byzantios-Meisters. In der figuralen Ausschmückung der Cuppa ist er jedoch nicht so voller zeremonialer Feierlichkeit. Er beweist aber eine enge Verbindung zwischen Skåne und Gotland zu dieser Zeit. Das Gewölbe wurde Mitte des 13. Jh. ausgemalt.

Im Seitenschiff stehen Reste des Chorgestühls sowie einige Altarskulpturen aus dem 15. Jh. Den spätbarocken Altaraufsatz schuf 1758 Johan Ullberg. Etwa 50 Jahre älter ist die Kanzel (Mai-Sept. 9–18; Okt.-April 9–16).

Die Kirche von *Gardstånga* (neben der E 66) ist besonders wegen der Holzschnitzereien Jacob Krembergs berühmt. Der Bau wurde im 12./13. Jh. begonnen, erhielt aber erst im 17. Jh. den Turm (die Treppengiebel noch später) und einen Anbau an der Nordseite mit den auffallenden Renaissancegiebeln. Ein gründlicher Umbau 1888/89 veränderte am äußeren Bild die Fenster. Die damals zugemauerten romanischen Fensteröffnungen sind über den neu gebrochenen großen Fenstern noch zu sehen. Auch die Gewölbe wurden erneuert.

Besonders sehenswert sind die Holzschnitzereien. Wer dieser Meister Jacob Kremberg war, ist weitgehend unbekannt. Im wesentlichen ist er nur aus den Vermerken über seine Bezahlung bekannt. Zu vermuten ist, daß er zusammen mit den vielen Handwerkern aus Norddeutschland kam, die um 1600 von den zahlreichen Aufträgen der dänischen Krone nach Dänemark und Südschweden angelockt wurden. Seine Arbeiten sind unter anderem auch in Malmö, Höör und Holmby zu sehen. Zweifellos ist er der herausragendste Schnitzer Skånes dieser Zeit. Altaraufsatz, Taufbecken mit Baldachin, Kanzel und eine Schranke zur Seitenkapelle wurden hier zwischen 1609 und 1628 von ihm geschnitzt. Leider ist die ursprüngliche Bemalung nicht mehr vorhanden, sie wurde bei der Renovierung zusammen mit später darüber gemalten Farben abgezogen. Das Taufbecken ist einer der Höhepunkte seiner Arbeit. Reich ausgeschnitzt, ohne aber überladen zu wirken, zeigt es in der harmonischen Ausgewogenheit die Meisterschaft Krembergs.

Das mit bekannteste Werk Krembergs ist die Schranke zu der nördlichen Kapelle der Familie Brahe mit dem darüberliegenden Tympanon. Die 32

Lund 127

Wappen zeigen, daß es sich um eine Auftragsarbeit handelte. Das Feld darüber wird durch die Äste eines Baumes in zwei Hälften geteilt: links sind die sieben Todsünden, rechts die sieben Kardinaltugenden in den durch die Äste gebildeten Kreisen verkörpert. Der Baum symbolisiert Sündenfall (links mit Adam und Eva) und Erlösung (rechts mit dem gekreuzigten Christus, Johannes und Maria) (Schalter für die Beleuchtung links hinter dem Bild).

Hinter der Kirche von Västra Vram kann man von der E 66 einen Umweg zum *Maltesholm slott*, einem der vielen Herrensitze Skånes und zur Kirche von Vitskövle machen (Straße Richtung Ö Sönnarslöv/Degeberga, Abzweigung nach Maltesholm angezeigt). Der Weg dorthin ist ein hervorragendes Beispiel der Straßenbaukunst um 1800 mit sorgfältig gesetzten Steinmauern und einer großen Kreuzung, an der eine Tafel mit Datum und Wegelängen in »Alnar« steht (einem alten schwedischen Längenmaß 1 Aln = 2 Fuß = 0,59 m). Maltesholm ist ein 1635/38 erbautes und um 1780 umgebautes Schlößchen im Renaissancestil. Davor liegt eine Buchsbaum-Parterreanlage, gegenüber der dazugehörige Gutshof. Das Schloß ist Privateigentum und kann nicht besichtigt werden. Sehenswert ist jedoch die großzügige Parkanlage (vor dem Schloß nach links, durch das Tor, entlang der Mauer).

Von Maltesholm fährt man weiter (Richtung Degeberga, die Straße 20 überqueren) nach Vitskövle. Links der Straße liegt *Vitskövle slott*. Die Anlage wurde zwischen 1553 und 1570/80 im Renaissancestil erbaut und steht im wesentlichen heute noch unverändert. Im Parterre und im ersten Stock hat man in der zweiten Hälfte des 18. Jh. größere Fenster gebrochen. Am Turm kam die Haube mit Laterne dazu. Der umgebende Wassergraben weist auf den ursprünglichen Verteidigungscharakter hin. Das Schloß ist heute noch Privatwohnung.

Von der Kirche von *Vitskövle* entstanden Langhaus, Chor und Apsis um 1200. Etwa 1430 wurde die Grabkapelle auf der Nordseite angebaut. Mitte des 16. Jh. kamen der Turm und 1660 der südliche Anbau hinzu. Im 15. Jh. wurde die Kirche eingewölbt. Die Ausmalung besorgte um 1480 Nils Håkansson. Er und seine Werkstatt werden unter dem Namen »Vitskövlegruppe« oder auch »Vitskövlemeister« zusammengefaßt. Die nächstgelegene von ihm ausgemalte Kirche steht in Rinkaby.
Auffallend ist hier die häufige Verwendung des Eichenblatts als Dekorationsmotiv. In der nördlichen St.-Anna-Kapelle, kann man neben dem östlichen Fenster noch gut eine kleine Stelle mit einer älteren Malerei erkennen. Sie wurde 1957 probeweise freigelegt. Man konnte damit beweisen, daß die Kapelle schon bei ihrem Bau 1430 ausgemalt wurde. Die Ausmalungen waren, wie allgemein üblich, Ende des 18. Jh. überkalkt worden, konnten aber bei

der Restaurierung Ende des vorigen Jahrhunderts wieder freigelegt werden. Das Altarbild aus dem 19. Jh. ist eine Kopie nach van Dycks Bild »Christus am Kreuz«. Der Maler ist unbekannt. Davor steht eine im 18. Jh. in Stockholm gefertigte Kreuzigungsgruppe. Eine seltenere Darstellung des siegenden Christus ist die Skulptur aus Birkenholz aus dem 16. Jh. Die Kanzel stammt aus der zweiten Hälfte des 17. Jh. Der Taufstein trägt die Inschrift »Diesen Stein schenke ich, Jens Brahe, der Kirche Vitskövle Anno 1559«. Da er ein Entleerungsloch besitzt, ein wichtiges Merkmal zur Altersbestimmung von Taufsteinen, ist diese Inschrift möglicherweise später angebracht worden (der Stein müßte vor 1250 gefertigt worden sein). Das aus Messing getriebene Becken kam 1903 dazu. Am Eingang der Kirche steht ein mit Eisenbeschlägen versehener Opferstock aus dem 17. Jh.

Von Vitskövle empfiehlt sich die Rückfahrt auf die Straße 20, die man dann Richtung Kristianstad fährt. Nach knapp 10 km, kurz vor der Einmündung in die E 66 liegt die Kirche von *Lyngsjö* mit ihrem berühmten Antemensale. Es gibt, neben den Goldblatt-Antependien Heinrichs II. oder der Markuskirche in Venedig auch in Schweden zwei solcher vergoldeter Antemensalen, hier und im Historischen Museum in Stockholm. Beide sind in ihrer Auffassung verschieden, in Lyngsjö mariologisch, in Stockholm christologisch. Das Antependium von Lyngsjö zeigt einen stark byzantinischen Einschlag, während das Stockholmer aus Jütland stammt und, ähnlich einigen anderen dänischer Antependien, eine lebhafte linienreichere Figurendarstellung besitzt. Das Antependium ist aus dünnerem Kupferblech getrieben, vergoldet und dann auf eine Holzplatte aufgenagelt. Altaraufsatz und Kanzel aus dem späten 16. Jh. sind im Renaissancestil gearbeitet. Sehenswert ist der Taufstein, der die Ermordung des Erzbischofs von Canterbury, Thomas Becket zeigt. Da dieser Mord 1170 erfolgte, muß der Stein einige Zeit danach gehauen worden sein. Mit seiner ausdrucksstarken Figurendarstellung und reichen skulpturalen Ausschmückung gehört er zu den wichtigsten Beispielen der romanischen Taufsteinskulptur Schwedens. Die Kirche wurde im 12. Jh. als eine einfache romanische Langhauskirche mit plattgeschlossenem Chor errichtet. Die Einwölbung erfolgte im 15. Jh.

In Richtung Kristianstad fahrend, erreicht man ca. 5 km nach der Einmündung der Straße 20 in die E 66 die Kirche von *Vä*. Vä (der Name leitet sich von vi = heiliger Platz ab) war eine alte Stadt, von der heute jedoch nur noch Reste zu sehen sind. In den ständigen dänisch-schwedischen Kriegen wurde sie mehrmals von den Schweden gebrandschatzt. Als 1614 Kristianstad gegründet wurde, befahl Christian IV. den Einwohnern, dorthin umzusiedeln, teils um die neugegründete Stadt zu stärken, teils wegen der letzten Brandschatzung Väs durch Gustav II. Adolf. Westlich der Kirche sind noch die in

Lund

Auge fallenden Ruinen der St.-Gertruds-Kapelle vom Ende des 15. Jh. zu sehen. In der Ruine finden im Sommer Gottesdienste statt.
Die Kirche wurde 1150 mit Langhaus und plattgeschlossenem Chor gebaut. Schon 1160 erhielt der Chor eine Apsis. Zwei unterschiedliche Einflüsse werden hierbei deutlich: der plattgeschlossene Chor entsprach älteren englischen Einflüssen, in der zweiten Hälfte des 12. Jh. aber wurde der Einfluß vom Kontinent stärker und es wurden Apsiden gebaut. (Eine erneute Änderung trat dann schon zu Ende des Jahrhunderts ein: Unter dem Einfluß der Zisterzienser zog man wieder plattgeschlossene Chöre vor). Auch der Einfluß von Lund wird hier mitgewirkt haben, was sich unter anderem an der Lisenen- und Rundbogenausschmückung zeigt. Der Chor erhielt im 13. Jh. ein Tonnengewölbe, das Langhaus ein Kreuzgewölbe mit kräftigen Granitpfeilern. Im 14. Jh. erfolgte der Bau des Südturmes, der 1804 sein heutiges Aussehen erhielt. Der nördliche Anbau, die sogen. Neukirche, entstand Ende des 16. Jh.
Besonders sehenswert ist die Ausmalung. Die meisten romanischen Wandmalereien sind nur fragmentarisch erhalten. Die Kirche von Vä ist eine Ausnahme. Der Bilderfries in Chor und Apsis dürfte die größte zusammenhängende Bildfolge romanischer Wandmalerei nördlich der Alpen sein. Das Thema beginnt in der Apsis mit einer Majestatis Domini Darstellung zwischen den apokalyptischen Tieren. Auf den langen, von Engeln, Propheten und Patriarchen gehaltenen Spruchbändern, stehen ausgewählte Texte aus dem Wechselgesang Te deum. An der östlichen Seite des Chores, zu beiden Seiten des Triumphbogens, sind eine männliche und eine weibliche Gestalt zu erkennen. Sie zeigen eine wichtige Station in der Geschichte dieser Kirche an: ihre Übergabe durch König Waldemar d. Gr. und Königin Sophia an den Premonstratenserorden kurz nach dem Bau.
Das Kruzifix an der Langhauswand stammt aus dem 15. Jh. Die Kanzel aus dem 17. Jh. zeigt den Übergang von Renaissance zum Barock. Der Altar ist dagegen modern, er ist von 1966. Der vorherige Altar von 1674 wurde in die »Neukirche« verlegt. Die Reste des ersten Altars der Kirche kann man noch hinter dem jetzigen Altar erkennen. Der Taufstein ist eine Kopie. Der in der nördlichen »Neukirche« stehende Taufstein aus dem Mittelalter hat dagegen eine wechselhafte Geschichte. Ursprünglich gehörte er zu einer später abgerissenen Kirche, diente danach eine Zeitlang als Vase in einem Garten, dann als Viehtränke und kam erst 1974 wieder in die Kirche zurück. Interessant ist ein bronzenes Aquamanile aus dem 13. Jh. im Chor (Nordostecke). Es diente den rituellen Handwaschungen der Priester.

Kristianstad

(31 000 Einw.) 1614 gründet König Christian IV. (v. Dänemark 1588–1648) als Schutz gegen die ständigen schwedischen Angriffe einen befestigten Platz, der schon ein Jahr später nach ihm benannt wird. Es handelt sich also um eine geplante Stadt. Zum ersten Mal können deshalb im Norden die Ideale einer Renaissancefestung und -stadtplanung konsequent durchgeführt werden. Trotz der Festungsanlagen wechselt die Stadt mehrmals den Besitzer, bis schließlich 1676 die Einnahme Kristianstads durch die Schweden endgültig die schwedische Herrschaft sichert. Sie ist ein wichtiger Verkehrsknotenpunkt, besitzt verschiedene Industrien, hat aber ihren liebenswürdigen Kleinstadtcharakter gut bewahren können.

Die Innenstadt zeigt noch heute den damaligen Stadtplan. Die Befestigungsanlagen wurden allerdings Mitte des 19. Jh. bei der Erweiterung der Stadt abgerissen. Der Wassergraben um die Innenstadt und die auf oder an den früheren Wällen entlanglaufenden Straßen geben aber ihren Verlauf auch auf der heutigen Karte noch deutlich an. Bei einem Rundgang fallen die zahlreichen größeren und kleineren Plastiken in den Straßen auf. Eine der am meisten umstrittenen steht auf dem Stora Torg, der Spritzbrunnen »Ikaros« von Palle Pernevi (geb. 1917), der als einer der ersten schwedischen Bildhauer mit abstrakten Formen arbeitete. Am gleichen Platz liegt auch das 1891 erbaute *Rathaus* im Stil der dänischen Renaissance. In der mittleren Giebelwand steht die Statue des Stadtgründers Christian IV. Das weiße Gebäude im Empirestil auf der nördlichen Seite, das *Kronohuset* von 1840/41 beherbergte bis 1917 das Oberlandesgericht und das Kommando über das dort in Garnison liegende Artillerieregiment, ein Grund ständiger Rangstreitigkeiten. Da in Schweden die Justiz vor dem Militär rangiert, konnte passieren, daß, als bei einer Beerdigung der Chef des Artillerieregiments auf gleicher Höhe mit dem allerjüngsten Referendar des Oberlandesgerichts zu stehen kam, dieser ihn mit den Worten: »Bitte dem Rang entsprechend, Herr Oberst« zurückwies. Das gegenüberliegende große Freimaurergebäude wurde 1884 eingeweiht. In der Tygårdsgatan links neben der Post liegt linker Hand das Haus des ersten

Kristianstad

1 Skulptur Ikaros
2 Freimaurerhaus
3 Kronohuset
4 Vähusen
5 Gerberhof
6 Filmmuseum
7 Residenz von 1860 im italienischen Renaissancestil
8 Theater von 1906 im Jugendstil
9 Dreifaltigkeitskirche
10 Wasserturm (Vattentornet) mit Aussichtsplattform

Bürgermeisters der Stadt. Es wurde – eingeschossig – 1614 gebaut. Das Obergeschoß kam 1640 dazu.

Geht man die nächste Straße rechts, gelangt man zum *Länsmuseum* (Landesmuseum). Sein jetziges Aussehen erhielt das Gebäude in den 1780er Jahren. Seit 1959 ist es Museum (Stora Torget; Stadt- und Sozialgeschichte, Volkskunst, Kunsthandwerk, Kunstsammlung; 1. 6.–31. 8. tgl. 10–16; 1. 9.–31. 5. Di–So 12–17).

Vor dem Museum stehen die Plastiken »Sinfonia« von Folke Truedsson und »Pomona och Folke« von Nils Möllerberg, zwei Künstlern aus Kristianstad. In der Östra Vallgatan Nr. 22 und Nr. 24 ist das älteste Milieu der Stadt zu sehen, die sogen. »*Vähusen*« (nach dem Ort Vä). Die Häuser stammen aus den 1680er Jahren.

In dem 1660 erbauten *Garvaregården* (Gerberhof) wurde bis 1914 eine Gerberei betrieben, heute ist darin ein Restaurant (Tivoligatan).

In einem alten Filmatelier von 1909–14 in der Östra Storgatan Nr. 53 ist ein *Filmmuseum* eingerichtet (Di–Fr + So 13–16).

Die *Trefaldighetskyrkan* wurde zusammen mit der Stadt geplant, wahrscheinlich von Hans Stenwinkel (1587–1639). Der Backsteinbau mit Skulpturen und Schmucksteinen aus gotländischem Sandstein entstand 1617–28. Da außer der Turmspitze von 1865 keine An- oder Umbauten erfolgten, bietet sie das selten einheitliche Bild einer Kirche im niederländisch beeinflußten sogen. dänischen Renaissancestil, der auch Christian IV. – Renaissance genannt wird. Man bezeichnet sie als die schönste Renaissancekirche ganz Skandinaviens.

Auch das Innere der dreischiffigen Hallenkirche zeigt diesen einheitlichen Eindruck. Die Pfeiler sind aus einheimischem Granit gehauen. Die Einrichtung stammt aus der Bauzeit. Der Altaraufsatz ist aus schwarzem und rotflammigem belgischen, Christus und die vier Evangelisten aus weißem Marmor gehauen. Die Kanzel ist aus dem gleichen Material und paßt sich stilistisch dem Altar an. Daß der Schalldeckel erst 1928 hinzukam, fällt nicht auf, so gut ist er stilistisch angepaßt. Interessant sind die Wangen der Bänke: sie wurden um 1620 von Hans Kock geschnitzt. Jede Bankreihe zeigt im Oberteil andere Verzierungen, teils Wappen, teils Fratzen oder Köpfe. An der Ostseite hängen zwei Rahmen, die die Monogramme von Christian IV. und Königin Anna Cathrine zeigen. Ursprünglich waren hier Porträts des Königspaares vorgesehen. Dazu kam es jedoch nicht mehr, und nachdem man die Rahmen lange im Turm verwahrt hatte, versah man sie anläßlich des Kirchenjubiläums mit Texten aus dem Neuen Testament. Der Orgelprospekt von 1630 zeigt schon den Barockstil. Er wurde, wie die darunterliegende Empore, von Caspar Höffer aus Kopenhagen geschaffen. Die Orgel selbst ist neu.

Rinkaby – Åhus – Bäckaskog

Im Hammarslundsvägen 2 (südl. der Altstadt) ist ein *Eisenbahnmuseum* mit verschiedenen Loks, Wagen usw. (Di–So 12–16) eingerichtet.

Hinter Kristianstad kann man einen Abstecher (ca. 7 km) zur Kirche von *Rinkaby* machen (Straße 118 Richtung Åhus). Die Kirche wurde kurz nach 1250 mit Langhaus und Chor gebaut, in neuerer Zeit etwas nach Westen verlängert. Wahrscheinlich wurde der Chor gleich beim Bau eingewölbt, das Langhaus jedenfalls erst 1460/70. Sehenswert ist vor allem die Ausmalung durch die Vitskövlegruppe um 1470. Sündenfall, Vertreibung aus dem Paradies und dessen Folgen werden anschaulich geschildert. Die Bildfolge beginnt im Norden, die südliche Seite zeigt die Vertreibung. Besonders reizvoll sind im Westen die Szenen aus dem Arbeitsleben des 15. Jh. Es ist zwar nicht geklärt, ob hierbei Holzschnitte aus Deutschland als Vorlage dienten, oder einfach Szenen aus dem Alltagsleben in Skåne genommen wurden, doch dürfte der Unterschied nicht besonders groß gewesen sein. Im Chor sind, zur Verdeutlichung, dann noch die Seligen und die Verdammten gezeigt. Der Taufstein stammt aus der Mitte des 13. Jh. Altaraufsatz und Kanzel wirken etwas derb und stammen vermutlich aus dem späten 17. Jh. Bezeichnend ist wieder das Monogramm Karl XI. auf dem Altaraufsatz als Zeichen der Schwedisierung nach 1658. Über dem Eingang zum Waffenhaus hängt eine astronomische Uhr, die die Kirche 1953 erhielt.

Der Abstecher läßt sich noch um wenige km nach *Åhus* fortsetzen. Bis 1614 wichtiger Handels- und Hafenplatz, ist der Ort heute, neben der Fischerei (besonders Aalfang und -räucherei) vor allem Mittelpunkt eines schönen Feriengebietes. Mit den niedrigen Häusern aus dem 18. und 19. Jh. wirkt das Städtchen, besonders um den Marktplatz, recht malerisch.

Im Hafengebiet liegen die Ruinen von Aosehus. Mitte des 12. Jh. hatte der Erzbischof von Lund hier eine Burg gebaut, die eine verkleinerte Wiedergabe kontinentaler Kaiserburgen sein sollte. Im Nordischen Siebenjährigen Krieg (1563–70) wurde sie erstürmt und brannte aus.

Beherrschend ist die Marienkirche, ein gotischer Backsteinbau aus dem 13. Jh., dessen älteste Teile aber noch aus der zweiten Hälfte des 12. Jh. stammen. Im Inneren sind noch Reste der Wandmalereien aus dem 14. Jh. bewahrt.

Von der E 66 besteht kurz danach die Möglichkeit eines Abstechers zum *Schloß Bäckaskog* (Abfahrt angezeigt, ca. 8 km). Es ist ein ehemaliges Kloster aus dem 13. Jh., das später öfters umgebaut wurde. 1859–72 war die Anlage königliches Lustschloß für Karl XV. In einem Teil der heute noch sehr geschlossen wirkenden Anlage ist ein Museum mit Wohnräumen aus dem vorigen Jahrhundert eingerichtet. Hinter den Gebäuden liegt ein Park, in dem sich ein Kräutergarten mit allen Pflanzen befindet, die in der Bibel erwähnt werden oder in einem Zusammenhang mit ihr stehen. Während des Sommers wird ein Hotelbetrieb unterhalten.

E 4 – (Helsingborg–Stockholm) Helsingborg–Markaryd

Helsingborg

Helsingborg (100 000 Einw.), Einfallstor nach Schweden für alle, die über die Vogelfluglinie anreisen, ist eine der ältesten Städte des Landes. Schon um 980 wird sie in Sagen, 1085 schriftlich erwähnt. Funden nach zu urteilen, siedelten aber bereits um 7 000 v. Chr. hier Jäger und Ackerbauern. Heute sind die Nahrungsmittelindustrie und natürlich der Hafen die bedeutendsten Erwerbszweige. Im Sommer kommen und gehen rund 180 Fähren täglich von

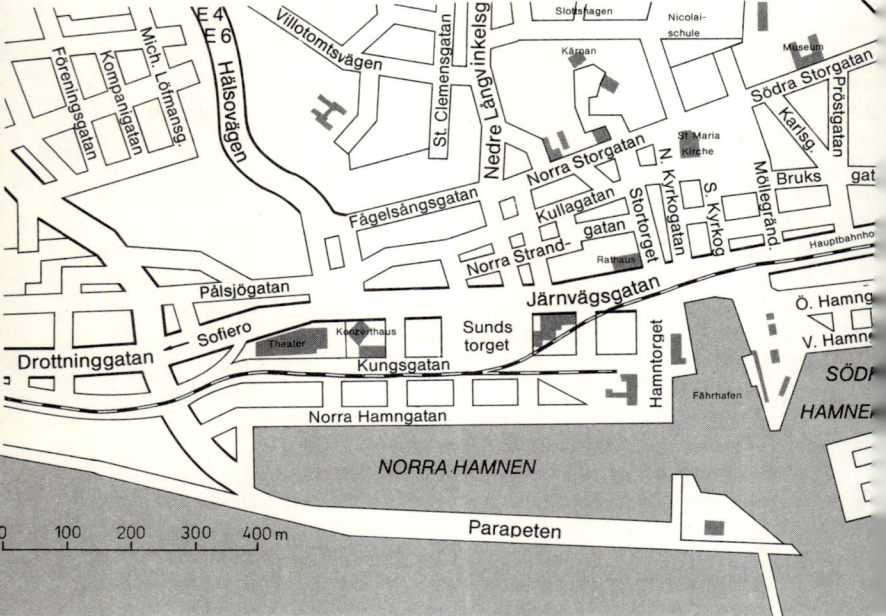

Helsingborg

Altes Bauernhaus in Dalarna ▷

Helsingborg

und nach Helsingör. Etwa 17 Millionen Menschen, 1,5 Millionen Autos und 200 000 Eisenbahnwagen passieren jährlich den Hafen.
Mit der Entwicklung des modernen Verkehrs begann eigentlich erst Helsingborgs Aufschwung. Im Laufe seiner Geschichte war es immer wieder zerstört worden. Als 1676/79 Dänemark versuchte, die verlorenen Provinzen wiederzugewinnen, brannte fast die gesamte Stadt ab. Im russisch-schwedischen Krieg 1788/90 zerstörten russische Streitkräfte den gesamten südlichen Stadtteil. Als Folge dieser Vergangenheit ist Helsingborg verhältnismäßig arm an

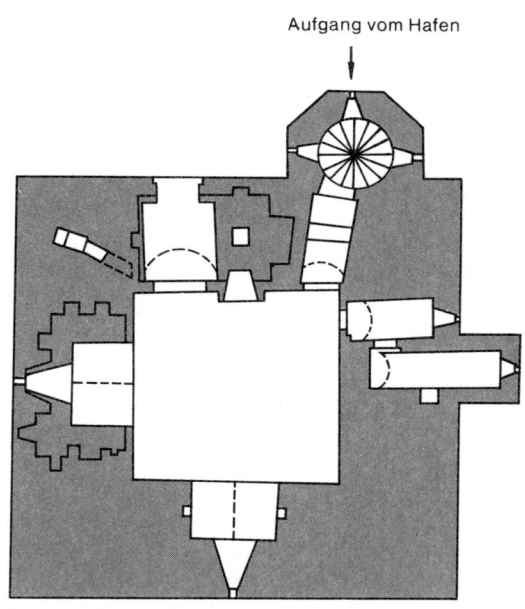

Aufgang vom Hafen

Helsingborg, Kärnan, 3. Geschoß (ursprüngliche Form)

Resten alter Bebauung, (z. B. in der Norra Storgatan die Nr. 9 und 21). Vor dem Haus Nr. 21 von 1641 erinnert ein 1927 aufgestellter Brunnen daran, daß Tycho Brahe u. a. auch in Helsingborg gelebt hat.
Gegenüber dem Hafen liegt der *Stortorget* mit dem Reiterstandbild Gustav Stenbocks (1888 von J. Börjeson geschaffen) zur Erinnerung an die Befreiung Skånes 1710. Damals hatte Dänemark die Situation nach der Niederlage der Schweden bei Poltawa ausgenutzt und Skåne besetzt. Unter Führung Stenbocks griffen die Schweden an und in der Schlacht bei Helsingborg ging im Februar 1710 das halbe dänische Heer verloren. An der linken Seite liegt vorne das 1897 erbaute neugotische *Rathaus* (Architekt A. Hillerström). Bekannt sind seine Glasfenster mit Bildern aus der Geschichte der Stadt von dem in Frankreich geschulten schwedischen plein-air-Maler Gustav Cederström (1845–1933). Vor dem Rathaus stehen rechts und links zwei Erinnerungssteine, Danksagungen der Dänen (im Relief) und Norweger für Hilfe während des Zweiten Weltkrieges.
Die beherrschende Lage an der engsten Stelle des Sundes (nur 4 km bis

◁ *Klosterruine Alvastra, Östergötland*

Helsingör) ließ hier schon im 12. Jh. eine Festung entstehen. Der jetzt schon von weitem sichtbare, oberhalb des Stortorget liegende Festungsturm *Kärnan* entstand zwischen 1360 und 1400. Rund um ihn lagen weitere, durch eine hohe Mauer geschützte Gebäude. Die gesamte Anlage wurde nach 1680 geschleift. Die frühere Burg ist heute ein kleiner Park. Der Turm ist 36 m hoch, seine Mauern sind bis zu 4,5 m dick. Obwohl er auch Wohnzwecken diente, war er ausschließlich nach Gesichtspunkten der militärischen Zweckmäßigkeit gebaut. Im unteren Stockwerk befand sich die Wache, im zweiten Stock waren Vorratskammern und Küche untergebracht und darüber lag die Wohnung des Festungskommandanten. Die oberen Teile dienten wieder Verteidigungszwecken. Im späten Mittelalter wurde der dritte Stock zu einer Kapelle umgebaut. Die Zinnen erhielten 1893/94 ihr jetziges Aussehen. Man erreicht den Turm über die Treppen der Terrasse oder mit dem Fahrstuhl (»hiss«, links). Die 145 Stufen im Turm belohnen durch einen herrlichen Blick über Sund, Helsingör und Stadt.

Nicht weit von dem Stortorget liegt die *Kirche S:ta. Maria*, eine dreischiffige gotische Backsteinkirche, die etwa 1350 begonnen und um 1450 vollendet wurde. Der Turm mit dem Treppengiebel kam etwa 50 Jahre später dazu. Die Verwandtschaft mit der norddeutschen Backsteingotik ist deutlich. Der Flügelaltar ist norddeutsch etwa von 1450. Das Triumphkruzifix ist eine mittelalterliche, im 18. Jh. renovierte Arbeit. Die Kanzel dagegen ist schon deutlich vom Barock geprägt. Sie stammt von 1615. Im Chorumgang sind zwei kleine Reste von Wandmalerei aus dem 16. Jh. erhalten. Die modernen bunten Glasfenster in Chor und Apsis fügen sich gut in die Backsteinarchitektur ein. Je zwei links von Erik Olson, Mitte Einar Forseth, rechts Martin Edmond; alle von 1959, nur das Mariafenster von 1937). (Silberschätze in der Sakristei, Mo–Fr 13–14; deutschsprachiger Führer).

Das *Stadtmuseum* in der Södra Storgatan (Stadsmuseum) zeigt vor allem Stadtgeschichte.

Über die Straße 22 kann man einen Abstecher zum königlichen Sommerschloß *Sofiero* machen (5 km). Schwedisch ausgesprochen klingt es gar nicht italienisch, sondern gemütlich: »Sophiëruh«, also Sophienruhe. Es wurde 1864/65 von dem späteren König Oscar II. (1872–1907) für seine Gemahlin Sofia von Nassau erbaut. 1905 erhielt es der spätere König Gustav VI. Adolf (1950–1973) als Hochzeitsgeschenk. Er verbrachte viele Sommer hier. Testamentarisch vermachte er die Anlage der Stadt Helsingborg. Garten und Schloß können besichtigt werden (tgl. 10–18, Juli 10–20, deutschspr. Führer a. d. Kasse).

Die E 4 ist die schnellste Verbindung von Helsingborg über Jönköping Richtung Stockholm. Sie ist als Schnellstraße ausgebaut, teils als Autobahn, um-

geht alle Orte und bietet touristisch nicht so viele Möglichkeiten wie die landschaftlich reizvollere, etwas längere Strecke über Växjö (Småland). Von dort besteht dann auch die Möglichkeit, das schwedische »Glasreich« kennenzulernen. Diese Alternative führt über die Straße 23.
Die E 4 führt zunächst durch das schonische Ackerbaugebiet. Nach etwa 30 km wird die Gegend waldreicher. Kurz vor Markaryd verlief bis 1658 die dänisch-schwedische Grenze.

Straße 23/31 (Malmö/Helsingborg – Växjö – Jönköping) a)Malmö-Vätteryd, b) Helsingborg-Finja

Diese Strecke bietet zwischen Skåne und Jönköping eine landschaftlich reizvollere und abwechslungsreichere Alternative zu der E 4 als der kürzesten und schnellsten Verbindung.
a) Von Malmö (S. 108) fährt man zunächst die E 66 über Lund (S. 116) Richtung Kalmar und biegt etwa 10 km hinter Gårdstånga Richtung Växjö auf die Straße 23 ab.
Das ehemalige *Kloster Bosjö* liegt im See Ringsjön auf einer Insel, die heute durch Dämme mit dem umliegenden Land verbunden ist. Es wurde im 11. Jh. als Benediktinerkloster für Nonnen, aber auch als Klosterschule für die Töchter des schonischen Adels gegründet. Nach der Reformation wurden die Güter eingezogen, die Anlage wechselte mehrmals den Besitzer. Eine Renovierung im 19. Jh. durch Helgo Zettervall war bemüht, der Anlage ein einheitliches, etwas mittelalterliches Aussehen zu geben. Erhalten aus der Klosterzeit ist nur die im 12. Jh. erbaute Klosterkirche, deren Turm aber auch im 19. Jh. ersetzt wurde. Erwähnenswert ist der Altaraufsatz von 1515, auf dessen Flügeln Bibeltexte stehen, ein Zeichen, daß sie erst nach der Reformation angefügt wurden. Die Bänke von 1600 zählen zu den ältesten in Schweden. Im Sommer finden in Bosjökloster wechselnde Kunstausstellungen statt.
Bei *Vätteryd* liegt ein Gräberfeld mit rund 375 Gräbern aus der jüngeren Eisenzeit (500–1050 n. Chr.), teils als Schiffssetzungen, teils in anderen Formen.

b) Von Helsingborg (S. 134) nimmt man zunächst die E 4 Richtung Stockholm und biegt bei Åstorp auf die Straße 21 Richtung Hässleholm ab. Kurz vor Hässleholm kann man in *Finja*, zur Finja kyrka abzweigen. In der Kirche aus dem 12. Jh. mit einem um 1850 angebauten Südflügel ist vor allem die romanische Ausmalung im Chor sehenswert. Sie ist außergewöhnlich vollständig erhalten. Dem Maler, der sie um 1150 schuf, hat man den Notnamen Finjameister gegeben. Der Taufstein aus dem 12. Jh. ist erhalten.
Hinter Hässleholm trifft man auf die Straße 23 Richtung Växjö.

E 14 (Malmö–Ystad) und Straße 10 und 103 (Ystad-Simrishamn) Torup–Simrishamn

Torup slott ist einer der typischen schonischen Herrensitze, von denen es fast 1 000 gibt (Abfahrt Oxie/Skabersjö, Richtung Torup/Bara). Das Schloß, von einem Wassergraben umgeben, ist Beispiel einer umgebauten, ehemaligen Verteidigungsanlage aus der Mitte des 16. Jh. Verschiedene Räume sind im Sommer zu besichtigen (Führungen halbstündlich 13–16). Die das Schloß umgebende Parkanlage ist bis 19 Uhr geöffnet. Sie wurde im 19. Jh. gestaltet und geht in einen alten Buchenbestand über. Verschiedene sonst nicht in Schweden beheimatete Bäume sind mit Namen und Herkunftsangaben versehen.

Svaneholms slott (nördlich der E 14, 15 km hinter Svedala) wurde um 1530 auf einer kleinen Insel erbaut, nachdem man den Grund durch eingerammte Eichenstämme verstärkt hatte. Sozial und politisch bedingte Unruhen waren der Grund zum Bau dieser vierseitigen Renaissanceburg. Am ältesten, südwestlichen Teil kann man im Burghof noch die Schießscharten erkennen. Um 1694 erfolgte ein Umbau, bei dem die südöstliche Seite im Stil des italienischen Barock gestaltet wurde. Bei dieser Gelegenheit entstanden auch die Deckenfriese im Steinernen Saal und im Salon. Das Schloß ist heute Museum (Wohnkultur versch. Stände, Trachten, Schulmuseum). Einige Räume sind Rutger Maclean gewidmet, dem Besitzer des Schlosses von 1782 bis 1816. Er war einer der wichtigsten Protagonisten der großen Flurbereinigung von 1807–27.

An der Kirche von *Bjäresjö* (Abfahrt Bjäresjö/Krageholm/Sövestad) sind die verschiedenen Bauperioden deutlich erkennbar. Apsis, Chor und östlicher Teil des Langhauses sind romanisch aus der zweiten Hälfte des 12. Jh. Über dem Bogenfries befinden sich an der Apsis Schmucksteine mit Tier- und Pflanzenornamenten. Das südliche Querhaus stammt aus dem Mittelalter, das nördliche wurde 1732 angefügt, der Turm im späten 18. Jh. gebaut (fall geschlossen, Schlüssel in dem westlich gelegenen Bauernhaus). Beachtenswert in der Kirche sind die romanischen Ausmalungen von etwa 1200 im Chor, leider Ende des 19. Jh. sehr hart restauriert (Lichtschalter an der Nordseite hinter dem Triumphbogen). Der Taufstein wurde um 1180 gehauen. Die Cuppa zeigt in den Arkaden Szenen aus dem Leben Jesu, am Fuß beißen Löwen Schlangen kaputt. Der Barockaltar ist von 1650, das Monogramm Karls XII. wurde erst später angebracht. Die Kanzel ist 30 Jahre älter

Den Abstecher fortsetzend liegt rund 3 km weiter (rechts halten) *Krageholm slott*. Die ältesten Teile der Anlage gehören zu einer im 16. Jh. gebauten Renaissanceburg, die im dänischen Krieg 1677/78 teilweise ausbrannte. An fang des 18. Jh. erfolgte ein Umbau im sogen. Karolinischen Barock. Das von Wassergräben umgebene Schloß ist Privatbesitz und nur von außen zu besichtigen.

Ystad

Ystad (15 000 Einw.) war schon Mitte des 13. Jh. ein bedeutender Hafen- und Handelsplatz. Die Stadt erlebte zwei Blütezeiten: einmal im Mittelalter durch Heringsfang und die Verbindung zu den norddeutschen Häfen, zum anderen während der napoleonischen Kontinentalsperre als einer der wichtigsten Häfen für Schmuggler. Heute ist Ystad Hafenstadt für den Verkehr nach Bornholm und Polen. 1664 war von hier die erste regelmäßige Verbindung mit einem Postboot nach Stralsund aufgenommen worden. Neben dem Hafen besitzt Ystad heute u. a. eine der modernsten Zuckerfabriken Europas. Den Charakter einer liebenswerten alten Kleinstadt mit außergewöhnlich vielen Beispielen alter Profanarchitektur hat sich der Ort jedoch erhalten können. In keinem Ort Schwedens stehen so viele alte Fachwerkhäuser wie in Ystad (rund 300). Der frühere dänische Einfluß ist hier deutlich: Die Holzbauten in Schweden waren durchweg in Blockhausbauweise errichtet, während man in Dänemark den Fachwerkbau pflegte.

Die *S:ta Maria kyrka* liegt am Stortorget. Zunächst romanisch um 1200 begonnen, erfolgten zahlreiche Umbauten, bis 1648 der Turm und ein Teil des Langhauses einstürzten. An die alte Kirche erinnern noch die Rundbogen zwischen Mittelschiff und Seitenschiff, die romanischen Fensteröffnungen und ein Rundbogenfries. Beim Wiederaufbau vergrößerte man die Kirche durch ein Querhaus, das den Einfluß der Renaissance zeigt. Der Turm wurde breiter wieder aufgebaut. 1923/24 kam die Sakristei an der Nordseite hinzu. Über dem Westportal zeigt ein Bronzetympanon eine mittelalterliche Stadtansicht von der Seeseite. Die Kanzel ist von 1626/31. Das gegenüberhängende Kruzifix von etwa 1500 weist Naturhaare auf. Interessant sind die Hauszeichen, die teils noch an den Kirchenbänken zu erkennen sind. Sie erinnern daran, daß im 16. und 17. Jh. die Familien noch ihre Sitzplätze in der Kirche kauften. Im Chorumgang sind Wandmalereien aus dem 15. Jh. erhalten. Von dem Turm der Marienkirche wird auch heute noch von 21.15 bis 3 Uhr morgens täglich alle viertel Stunden von einem Turmwächter nach den vier Himmelsrichtungen die Zeit geblasen. Auf der Ostseite der Kirche befindet sich auf dem Stortorget das *Gamla rådhuset*. Es wurde 1838/40 im Empirestil über den noch vorhandenen Gewölben eines älteren Baus errich-

tet. In den Gewölben befindet sich jetzt ein stimmungsvoller Ratskeller. Auf der anderen Seite des Platzes liegt der Apoteksgården aus dem 12. Jh. mit schönem Fassadenschmuck. Im Westen der Kirche liegt die alte *Latinskola* (Lateinschule), ein unverputzter Ziegelsteinbau mit Treppengiebel. Sie stammt von etwa 1500 und ist das älteste erhaltene Schulhaus in Schweden (ursprünglich dänisch). Bis 1841 wurde darin unterrichtet, heute befindet sich dort eine Versicherungsgesellschaft. Geht man an der Lateinschule vorbei in die Västergatan, sieht man nach 100 m rechts einen Fachwerkbau, den *Kemnerska gården* aus dem 16. Jh. Zwischen »Kemnerska gården« und Lateinschule geht man die Lilla Norregatan nach Norden bis zur Sladdergatan und biegt rechts ab. Auf der rechten Seite liegt vor der nächsten Kreuzung das *Änglahuset*. Das Haus hat seinen Namen von den geschnitzten Figuren der Fassade. Es wurde zu Beginn des 17. Jh. gebaut. Ein Blick in den Innenhof lohnt. Schräg gegenüber der Kreuzung liegt das nach der Familie Brahe (nicht nach Tycho Brahe) genannte *Brahehus*, ein Adelshaus von etwa 1500. Es besaß früher einen unterirdischen Gang zur Klosterkirche St. Petri. Folgt man weiter der Sladdergatan, so stößt man auf die *St. Petrikirche* mit den Resten des früheren Franziskanerklosters von 1236. In der Regel vermieden es die Franziskaner zwar, sich dort niederzulassen, wo sich bereits Dominikaner befanden, doch gab es Ausnahmen, zu denen Ystad (neben Lund und Visby) zählte. Die Klosterkirche St. Petri wurde 1267 geweiht. Zunächst handelte es sich um eine einfache Hallenkirche, die im 14. Jh. nach Osten mit einem polygonalen Chor und im 15. Jh. nach Süden erweitert wurde. Hierdurch ergab sich der eigenartige, unsymmetrische zweischiffige Bau. Diesen Grundriß wurde von den skandinavischen Bettelmönchen häufig übernommen. Die Westfassade mit Treppengiebeln in Höhe des Langhauses und Blendarkaden entstand im 15. Jh. Anstelle eines Westturms errichtete man einen Glockenturm südlich des Chors. Die Kirche ist typisch für die nordische Backsteingotik.
Die Klosteranlage bildete Ende des 15. Jh. ein geschlossenes Quadrat nördlich der Kirche. Das östliche Gebäude wird jetzt vom Stadtmuseum genutzt, die Reste der übrigen Gebäude sind noch gut erkennbar. Nach der Reformation diente das Kloster zunächst als Krankenhaus, dann war eine königliche Schnapsbrennerei darin untergebracht, und schließlich diente es als Lagerraum für Getreide, bevor die Anlage verfiel.
In der nordöstlichen Ecke des Klosterbezirks steht das *Borgmästarehuset*, ein Fachwerkhaus aus dem 16. Jh. mit einem schön angelegten Garten mit Kräutern und Medizinalpflanzen davor. Durch die Anlage östlich des Klosters geht man nach Süden, überquert die Trädgardsgatan und biegt auf die Lilla Östergatan nach links ab. An der nächsten Kreuzung rechts liegt der *Aspelinska gården*, drei aus dem Ende des 18. Jh. stammende Fachwerkhäuser

Ystad

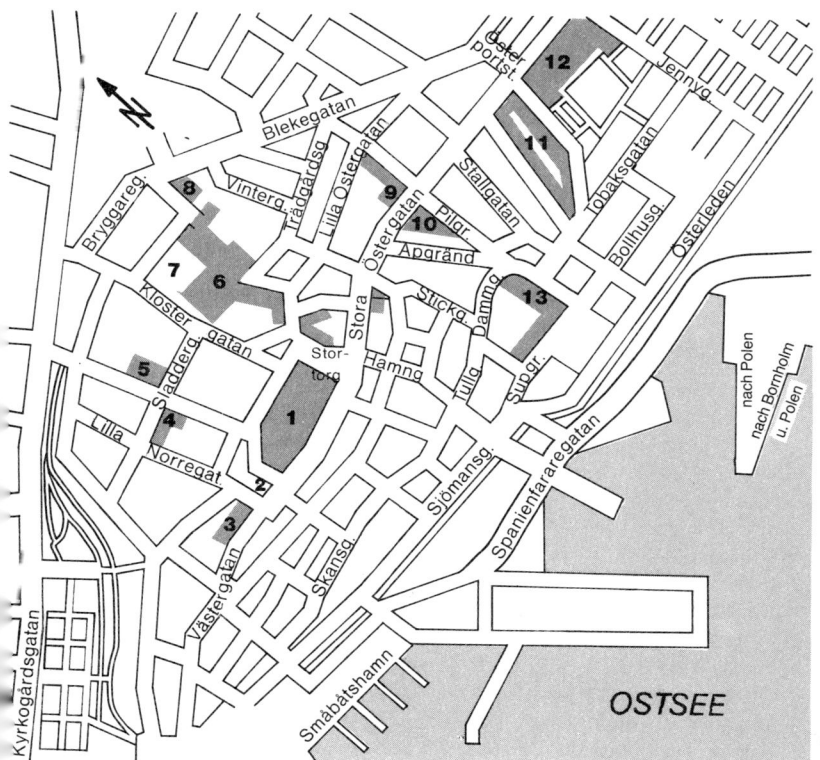

Ystad

1. S:ta Maria Maria Kykrka
2. Latinskola
3. Kemnerska garden
4. Änglahuset
5. Brahehuset
6. S:t Petri Kyrka
7. Reste des Franziskanerklosters
8. Borgmästarehuset
9. Aspelinska garden
10. Pilgrändgården
11. Per Hälsas gård
12. Neues Rathaus (1812 im Empirestil)
13. Kunst- und Dragonermuseum

die um einen schmalen Hof gruppiert sind. Gegenüber (Ecke St. Östergatan/Pilgränd) liegt der *Pilgrändsgården*, ein Hof, dessen ältester Teil mit dem überkragenden ersten Stock das älteste bewahrte Fachwerkhaus im Norden ist. Es stammt von etwa 1500 und wurde als Lagerhaus gebaut. Das anschließende Giebelhaus entstand etwa 25 Jahre später. Neben den Geschäftsräumen wird es auch heute noch bewohnt. Durch die Östergatan, gelangt man zu *Per Hälsas gård*, der größten zusammenhängenden Hofanlage aus Fachwerkhäusern in Schweden. Sie entstand im 18. und 19. Jh. Durch die Stora Östergatan erreicht man wieder den Stortorget. Das Museum *Charlotte Berlin* zeigt gutbürgerliche Wohnkultur aus der Mitte des 19. Jh. (Nähe Kunstmuseum, Dragonermuseum) (Alle Museen: 1. 6.–31. 8. Mo–Fr 12–17, Sa 11–15, So 13–17)

Zu den *Ales stenar*, Schwedens größter Schiffssetzung, fährt man von Ystad über die Straße 10 Richtung Simrishamn. Nach knapp 10 km zweigt eine Nebenstraße nach rechts zu dem kleinen Fischerdörfchen Kåseberga ab. Gegenüber dem Hafen steigt die Küste steil an. Oben an der Treppe sind die Ales stenar ausgeschildert (ca. 600 m). Die Schiffssetzung ist auch als »Kåsebergisches Schiff« bekannt. Die auf einem Hochplateau über dem Meer gelegene Setzung ist beeindruckend. Die Länge des »Schiffes« beträgt 67 m, die Breite knapp 20 m. Es besteht aus 58 auseinandergesetzten Steinen, teils über 2 m hoch. Es handelt sich um Granitsteine, die aus der Gegend der Setzung stammen. Nur Bug und Achtersteven sind Sandsteine, die man über eine größere Entfernung herbeigeschafft hat. Die genaue Entstehungszeit ist nicht bekannt. Man datiert es in die Wikingerzeit zwischen 800 und 1050. Neben der heute sichtbaren Schiffssetzung lagen früher noch zwei kleinere, von denen aber nur noch einzelne Steine übrig sind.

Von Kåseberga nach Norden fahrend gelangt man nach ca. 6 km zur Kirche von *Valleberga* (an der Straße 10). Als ursprünglich einzige Rundkirche Skånes nimmt sie eine Sonderstellung ein. Sie weist Ähnlichkeiten mit den Rundkirchen auf Bornholm und in Jütland auf. Die Baugeschichte ist interessant. Begonnen wurde sie um 1160/70 als Rundkirche mit Eingängen im Nordwesten und Südwesten und mit einem Chor im Osten. In der südwestlichen Ecke befand sich ein Turm. 1343 wurden die schwächeren Teile verstärkt. Im Inneren ersetzte man die ursprünglichen vier freistehenden Säulen, die den Turm und das Gewölbe getragen hatten durch kräftigere eingezogene Strebepfeiler. Hierdurch wurde die Rundkirche im Inneren in eine Kreuzkirche verwandelt. 1695 wird ein Waffenhaus erwähnt. 1791 baute man im Osten ein Langhaus an. So erklärt sich das heute eigenartig wirkende Aussehen der Kirche.

Beachtenswert ist besonders der Taufstein des sogen. Majestatismeisters (auch unter dem Namen »Trydemästaren« bekannt). Dieser Meister aus dem

12. Jh., der seinen Namen der von ihm bevorzugten Darstellung der Majestas Domini verdankt, hatte wahrscheinlich eine Zeitlang an der Dombauhütte in Lund gearbeitet. Seine Formensprache scheint lombardisch beeinflußt. Später arbeitete er auf Gotland. Verschiedene seiner Taufsteine, so auch hier, sind auch an der Unterseite der Cuppa skulptiert. Auch der mit Eckfiguren versehene Sockel zeigt Figurenschmuck. Die Bilder sind nicht alle deutbar. In der Apsis der alten Kirche wurden 1975 mittelalterliche Wandmalereien freigelegt. Hinter dem Altar steht ein mittelalterlicher Opferstock. Der Altaraufsatz von etwa 1500 (1906 restauriert) zeigt die früher frei an den Wänden stehenden Figuren der Apostel Petrus und Paulus. Ein vordem auf dem Hochaltar befindlicher Aufsatz von 1742 (von Mattias Stenberg aus Ystad) hängt jetzt über der Tür zur Turmkammer. Die Kanzel stammt aus dem Jahr 1619. In dem neben der Kirche freistehenden Turm befindet sich ein Museum, das u. a. Skulpturdetails des Majestatismeisters zeigt. Möglicherweise handelt es sich um Teile eines Lettners, der später als Füllmaterial benutzt wurde.

Östlich von Valleberga, an der Straße 10, liegt die Kirche von *Löderup*, eine ursprünglich romanische Kirche aus dem 12. Jh. Die Rundbogenfriese erinnern noch daran. Neben der Kirche ein freistehender Verteidigungsturm aus dem 15. Jh. Zwischen 1860 und 1870 wurde die Kirche stark umgebaut. Sehenswert im Inneren ist vor allem der Taufstein des Majestatismeisters, wahrscheinlich von 1160. Die Unterseite gibt eine Schlachtszene wider, die wohl das Martyrium des norwegischen Königs und Heiligen, St. Olof um 1030 darstellt. Die Kanzel ist ein Werk Jacob Krembergs von 1605. Der ältere Altar wurde 1735 von Stenberg geschaffen, der jüngere kam 1878 hinzu.

Hinter der Kirche von Löderup biegt man nach links ab und fährt nach Norden. Nach etwa 8 km erreicht man in *Hannas* die Straße 103. Links liegt die Kirche, wohl die kleinste Skånes. Sie wurde um 1200 gebaut. Das auffallende Waffenhaus im Norden entstand etwas später, und auch der Turm wurde erst im 15./16. Jh. gebaut. Im Inneren ist das Schmuckbedürfnis der verschiedenen Zeiten zu erkennen. Zu den ältesten Teilen der Einrichtung gehört der bemerkenswerte Taufstein, in den letzten Jahrzehnten des 12. Jh. auf Gotland von Meister Sighraf gehauen. Der Name des Steinhauers ist durch eine Signatur am Taufstein der Åkirke auf Bornholm bekannt. Unter Arkaden wird die Geschichte Marias erzählt. Am Fuß erkennt man Maria mit dem Jesuskind, Paulus und Petrus und einen dritten Mann. Auch das Triumphkruzifix steht noch ganz in der romanischen Tradition des 13. Jh. Der große Leuchter stammt aus dem 15. Jh. Im Stil der Spät-Renaissance entstand 1651 der Altaraufsatz. Er ist typisch für die letzte Zeit Skånes unter dänischer Herrschaft. Die Fahne, die das Lamm Gottes trägt, ist genaugenommen der Danebrog, und auch die Inschrift (»Jesu Christi Blut reinigt und wäscht alle Sünden ab«) ist dänisch. Kanzel, Bänke und Empore wurden 1760 im Rokokostil durch Maltzan (vermutlich ein eingewanderter Deutscher) bemalt. Von ihm stammen auch die Wandmalereien über der Kanzel und hinter dem Altar. Die Kosten betrugen damals »60 Taler in Silbermünze«. An den Bänken sind noch die alten Bezeichnungen der Inhaber der Sitze mit Initialen und Hausnummern zu sehen. Die 1984 geschaffene Marienfigur aus Holz zeigt die veränderte Einstellung einer anderen Zeit.

Glimmingehus gehört zu den kulturgeschichtlich besonders wichtigen Bauwerken Skånes (Richtung Simrishamn, Abzweigung ausgeschildert). In der Unionszeit erließ Königin Margareta (1387–97) das Verbot des Burgenbaus in ihrem Reich. Die großen Adeligen, insbesondere in Skåne, umgingen nun dieses Verbot durch den Bau eines Hauses, das zusammen mit den Wirtschaftsgebäuden sowohl Wohnhaus wie Verteidigungsbau war, also ein versteckter »Burgbau«. Besonders in Skåne findet man heute noch die Reste solcher Häuser, die man im schwedischen als »festes Haus« bezeichnet. Dieser Bautyp ist rein skandinavisch und bezeichnend für die Unionszeit. Außer der Umgehung des Verbots von Königin Margareta von 1396 bis 1483 trugen auch die sozialen Spannungen um die Mitte des 15. Jh. zum Wunsch nach einer stärker gesicherten Wohnanlage bei. Der Übergang zum landwirtschaftlichen Großbetrieb besonders in Skåne war die wirtschaftliche Grundlage dieser Bauten. Auch wenn die mittelalterlichen Wirtschaftsgebäude aus Fachwerk im Lauf der Zeit durch modernere (und etwas höhere) ersetzt wurden, vermittelt gerade Glimmingehus (1499 bis 1509 gebaut) doch noch am deutlichsten den Eindruck eines solchen »festen Hauses«. Wassergraben und Fenster machen den Verteidigungscharakter deutlich. Besonders die Fenster im unteren und im dritten Stock zeigen, daß sie in erster Linie wohl als Schießscharten gedacht waren. Das Wappen über dem Eingang kennzeichnet das Haus als Eigentum eines Adeligen, dem späteren dänischen Reichsadmiral Jens Holgersson Ulstand. Der Grundriß ist im wesentlichen in allen vier Stockwerken gleich: eine größere und eine kleinere Wohneinheit, dazwischen ein Treppenaufgang. Es ist die für Bauten dieser Art übliche Einteilung. Im Treppenhaus konnten die Aufgänge durch Steinplatten verschlossen werden, um einem evtl. eingedrungenen Gegner das Vordringen zu erschweren. Der Architekt dieses Baus war Adam van Düren, einer der wichtigsten Künstlerpersönlichkeiten der Unionszeit mit deutlicher Neigung zum Renaissancestil. Er stammte aus Norddeutschland.

Das Haus ist 26 m hoch, seine Mauern sind bis zu 2,50 m stark. Bei dem Aufstand der Bauern in Skåne gegen den dänischen Hochadel wurde es belagert, konnte aber den Angriffen widerstehen.

Simrishamn

Glimmingehus ist heute Museum (1. 4.–30. 9. tgl. 9–17). Eine interessante Einzelheit: die großen Kamine in den oberen Stockwerken wurden durch Warmluft aus der Küche beheizt. Vorbild war die römische »Zentralheizung« (das Hypokaustum).
Glimmingehus dürfte deutschen Lesern aus Selma Lagerlöfs »Wunderbare Reise des kleinen Nils Holgerson« bekannt sein.

Von Glimmingehus kann man zurück auf die Straße 103 oder nach Süden auf die Straße 10 und dann Richtung Simrishamn fahren. Nimmt man den nördlichen Weg, kann man in Järrestad einen Abstecher Richtung Gladsax machen. Etwa 1 km nördlich von *Järrestad* liegt links der Straße eine der besterhaltensten Felszeichnungen (hällristning) Skånes. Man erkennt Schiffe, Schlangen, Schalen, eine große Figur und Fußspuren. Die Felszeichnungen sowie die drei naheliegenden Grabhügel stammen aus der jüngeren Bronzezeit (über Felszeichnungen siehe S. 234).

Simrishamn

Simrishamn ist ein kleines Hafenstädtchen, aber einer der größten Fischereihäfen der schwedischen Ostküste. Die Stadt erlebte ihre erste Blütezeit im Mittelalter aufgrund des ergiebigen Heringsfangs. Vor allem aus Norddeutschland kamen damals die Heringshändler hierher. Im Kampf um Skåne zwischen Dänemark und Schweden wurde die Stadt mehrere Male gebrandschatzt. Im 19. Jh. war sie ein wichtiger Handels- und Hafenplatz für den Getreidehandel Südostskånes in die nördlichen Teile Schwedens. Von der Bebauung des 19. Jh. mit niedrigen kleinen Häusern und schmalen Straßen ist noch viel bewahrt. Die weißen Rahmen machen einen dänischen Eindruck.
Das *Museum* ist in einem früheren Getreidemagazin eingerichtet (Storgatan 24; kulturhistorische Sammlungen, Bauernkunst; 12. 6.–12. 8., Di–So 13–18; 19. 5.–10. 6. u. 14. 8.–9. 9. Di–So 13–16).
Die *St. Nicolai-Kirche* stammt erkennbar aus verschiedenen Bauperioden. Der Chor ist der älteste Teil, wahrscheinlich eine Fischerkapelle, 1161 zum ersten Mal erwähnt. Das schmale Portal und die zwei kleinen rundbogigen Fenster stammen noch aus dieser Zeit. Im 13. Jh. erfolgte der Bau des zweischiffigen Langhauses, im 15. und 16. Jh. wurden Waffenhaus und Turm angebaut. Ebenfalls im 15. Jh. wurde die ursprüngliche Holzdecke durch das jetzige Gewölbe ersetzt. Der Turm besitzt noch sein altes Aussehen. Die in

der zweiten Hälfte des 19. Jh. vergrößerten Fenster im Langhaus bilden leider dagegen einen Kontrast. Im Waffenhaus hängt ein schöner geschmiedeter Leuchter aus dem Mittelalter. Der Altar stammt von etwa 1605, die Kanzel von 1626. Altaraufsatz und Kanzel erhielten aber erst 1728 ihren jetzigen Figurenschmuck.
Vor der Kirche stehen die Plastiken »Die Schwestern«, 1950/52 von Carl Milles als Repliken einer Gruppe in Washington geschaffen.

Blekinge

Mit nur 3 039 qkm ist Blekinge, nach Öland, die zweitkleinste schwedische Landschaft, nur etwa 100 km lang und 30 km breit. Sie ist aber sehr unterschiedlich aufgebaut. Schon Selma Lagerlöf hat in der »Wunderbaren Reise des kleinen Nils Holgersson mit den Wildgänsen« das Land als drei Treppenstufen beschrieben: im Süden eine Küstenlandschaft mit vorgelagerten Schären, den südlichsten Schwedens, allerdings nicht in der Ausdehnung wie in der Stockholmer Gegend. Der größte Teil der Blekinger Schären liegt vor Karlskrona, ist militärisches Sperrgebiet und Ausländern nicht zugänglich. Dahinter liegt das »Zwischenland«, eine fruchbare Landschaft, in der Ackerbau vorherrscht. Als dritte Stufe schließt sich nach Norden eine Waldlandschaft an, ein Ausläufer der småländischen Wälder. Hier wuchsen schon immer Eichen, die für die wirtschaftliche Entwicklung Blekinges eine große Rolle spielten. Sie waren das Baumaterial der Werften. Laubbäume herrschen besonders in der südlichen Zone des Waldgebiets vor. An der Grenze zu Skåne liegt der größte Buchenbestand Schwedens.
Um 800 gehörte die Landschaft noch zum Herrschaftsbereich der Svear, doch wurde bei dem Königstreffen im Göta Älv um 1050 Blekinge dem dänischen König zugesprochen. Bis 1658 wurde es so dänische Grenzprovinz, mit allen Unruhen und Verwüstungen, die aus den ständigen schwedisch-dänischen Kriegen resultierten. Der Anschluß Blekinges an Schweden 1658 brachte zunächst einen wirtschaftlichen Rückschlag. Erst als Karl XI. (1660–97) in den 70er Jahren des 17. Jh. Karlskrona zum wichtigsten schwedischen Kriegshafen ausbaute und dort die größten Werften entstanden, besserten sich die Verhältnisse.
Die Lage, abseits von allen Hauptdurchgangswegen, hat dann zu einer gewis-

sen Stagnation und Isolation geführt, die erst durch den Eisenbahnbau wiederaufgehoben wurde. Heute ist die Metallindustrie am stärksten vertreten, gefolgt von Lebensmittel- und Holzwirtschaft.

E 66 (Malmö–Kalmar) Ysane–Karlskrona

Fährt man auf der E 66 durch Blekinge, gewinnt man keinen rechten Eindruck von dieser Landschaft. Die Straßenführung ist nicht so reizvoll wie die Fahrt durch Småland. Um Blekinge zu entdecken, muß man Seitenstraßen fahren, die aber in aller Regel nur in nord-südlicher Richtung verlaufen.
Etwa 10 km hinter der Grenze zu Skåne (bei Sölvesborg) liegt links der Straße die Kirche von *Ysane* (S:t Gertruds kyrka). Die weiß verputzte Kirche mit dem plattgeschlossenen Chor stammt aus dem frühen 14. Jh. und erhielt 1459 eine bemerkenswerte, sogar signierte Ausmalung durch Nils Håkansson, der zur Gruppe der Vadstenamaler gerechnet wird. Sein Hauptarbeitsgebiet lag indessen in Skåne, wo man von der Vitskövlegruppe spricht. Der Turm wurde erst 1860 gebaut.
Karlshamn (18 000 Einw.), bekam seinen Namen zu Ehren Karl XI. Die Stadt besitzt den Hafen mit dem größten Tiefgang der schwedischen Ostküste. Die regelmäßige Stadtanlage mit rechtwinkligem Straßennetz wurde von Erik Dahlberg entworfen, der auch die Pläne zu der 1693/1702 gebauten *Carl Gustavskirche* (mitten in der Stadt an der Drottninggatan) zeichnete. Ältestes Inventar ist ein Taufstein aus getriebenem und geputztem Messing von 1777 mit einer Taufschale, die das Wappen Kaiser Karls V. trägt und kurz nach 1519, wahrscheinlich in Holland, entstanden ist.

Karlskrona

Die Stadt Karlskrona wurde 1680 von Karl XI. als eisfreier Hafen gegründet. Die Einwohner der Nachbargemeinden wurden gezwungen, in die Stadt zu ziehen. Die Pläne zeichnete Erik Dahlberg. Der Marktplatz (Stortorget) ist einer der größten Nordeuropas. Hier stehen zwei der drei Kirchen der Stadt, die barocke *Frederikskyrka* von 1744 und die *Trefaldighetskyrka* von 1709 mit ihrer Arkadenplattform. Beide Kirchen wurden von Nicodemus Tessin d. J. entworfen. Die Trefaldighetskyrkan war die Kirche der deutschen Gemeinde, weshalb sie mitunter auch als Deutsche Kirche (Tyska kyrkan) bezeichnet wird. Trotz der für Tessin typischen Mischung verschiedener Stile tritt doch auch hier der römische Barockcharakter zutage, den Tessin den schwedischen Verhältnissen anpaßte. Am Stortorget liegt auch das *Rathaus* von 1795 mit Anbauten von 1912 und das *Konzerthaus* von 1939. Das Denkmal auf dem Platz, eine Arbeit John Börjesons von 1897, erinnert an Karl XI. Am »Turistbyrå« vorbei (durch die Drottninggatan, nach rechts) kommt man zur *Amiralitetskyrka,* der größten Holzkirche Schwedens. Die 1685 fertiggestellte, von Erik Dahlberg entworfene Kirche war ursprünglich als ein Provisorium gedacht, blieb dann aber erhalten. Diese Kreuzkirche zeigt das typische schwedische Herrenhofdach, hier von einer Laterne bekrönt. Neben der Treppe zur Kirche steht eine große Holzfigur als Opferstock. Es ist der durch Selma Lagerlöf berühmt gewordene »Alte Rosenbohm« (Gubbe Rosenbohm), in dessen Hut sich Nils Holgersson versteckt hatte. Von der Amiralitetskyrka nach links durch die Vallgatan erreicht man das *Marinemuseum* am Amiralitetsslätten, ein für seine Sammlung von Gallionsfiguren international bekanntes Spezialmuseum über Seeverteidigung (Marinemuseum; tgl. 12–16; Juli 12–20).

Småland

Småland ist mit rund 32 000 qkm etwa halb so groß wie Bayern. Sein Name, der »kleine Länder« bedeutet, geht auf seine Aufteilung in viele kleine Ländereien in sehr früher Zeit zurück. Bis 1658 war es die südlichste Provinz Schwedens.
Der südliche Teil ist eine leicht gewellte, 150 bis 200 m hoch gelegene Waldlandschaft mit zahlreichen Seen, die an die finnische Seenplatte erinnert. Keine andere schwedische Landschaft besitzt so viele große und kleine Seen wie Småland. Teils haben die Seen respektable Größen wie der Bolmen im Westen mit 187 qkm oder der Åsnen im Süden mit 160 qkm. Nach Norden zu wird die Landschaft etwas höher und hügeliger, bleibt aber immer waldreich. Bei Jönköping, am Südende des Vättern, ändert sich das Landschaftsbild wieder und wird offener.
In den Waldgebieten dominiert Nadelholz, doch wachsen auch Eichen, Eschen und Ulmen. Quer durch Småland verläuft, etwa in nordwestlicher Linie, die Nordgrenze der Buche. Zugleich gibt es in der Gegend von Jönköping die ersten nördlichen Grauerlen und Zwergbirken. Elche kommen in den großen Waldgebieten reichlich vor.

Värnamo – Taberg

Småland hat nie zu den reichen Ländern gehört. Die steinigen, dicht bewaldeten Böden machten den Ackerbau schwer. Von früher stammt daher das Sprichwort: »Vor Gott sind wir alle Småländer«. Neben der Landwirtschaft wurde seit dem ausgehenden Mittelalter Sumpferz verarbeitet, in größerem Umfang jedoch erst im 16. und 17. Jh., als neue Fertigungstechniken übernommen wurden.

Als im 19. Jh. die Bevölkerungszahl anstieg, gab es noch keine Industrie, die die neu hinzugekommenen Arbeitskräfte aufnehmen konnte. Die Landwirtschaft vermochte sie ebenfalls nicht zu ernähren. Eine riesige Auswanderungswelle war die Folge. Neben Dalsland und Bohuslän kamen die meisten schwedischen Auswanderer vor allem aus Småland.

Der Waldreichtum des Landes wurde zunächst zur Eisenverarbeitung ausgenutzt. Nach dem Rückgang dieses Erwerbszweiges trat im 19. Jh. die Glasindustrie an ihre Stelle. Die wichtigsten und größten Betriebe der berühmten schwedischen Glasherstellung haben heute noch ihre Betriebe in dem als »Glasreich« bezeichneten Gebiet östlich von Växjö.

Holz hat natürlich auch die Bauweise stark beeinflußt. Selbst die Herrensitze des 17. Jh. waren zumeist Holzbauten. Im Mittelalter wurde eine königliche Vorschrift erlassen, die Småländer sollten ihren Holzreichtum nutzen und Kirchen aus Holz bauen. Trotzdem sind heute kaum alte Holzkirchen in Småland erhalten, denn im 19. Jh. ersetzte man sie durch Steinbauten. Der Grund lag wohl auch in der Brandgefahr, in erster Linie aber dürfte das Prestigedenken der Gemeinden die Veranlassung gewesen sein. Die Gegend von Kalmar bildet eine Ausnahme. Dort wurden frühzeitig Wehrkirchen aus Stein gebaut, um sich gegen die heidnischen Seeräuber vor allem aus Estland, zu schützen.

Die Landschaft Småland ist in drei Provinzen aufgeteilt: Kronoborgs län (Sitz Växjö), Kalmar län und Jönköpings län.

E 4 (Helsingborg–Stockholm) Värnamo–Visingsö

Värnamo (14 000 Einw.) ist Zentrum verschiedener Kleinindustrien. Man kann einen Abstecher in das Zentrum zum Park Apladalen machen. Dort ist ein Freilichtmuseum mit alten småländischen Bauernhäusern eingerichtet. Daneben befindet sich die Ausstellung Swedexpo, in der über 100 småländische Unternehmen ihre Produkte vorstellen. Eine Ausstellung småländischer Künstler ist angeschlossen.

Etwa 10 km vor Jönköping lohnt ein Abstecher auf den *Taberg* (angezeigt). Dieser 343 m hohe Berg ragt als Eisenerzklumpen ca. 140 m über die umgebende Waldlandschaft. Genauer wird das Gestein als Magnetit-Olivinit bezeichnet. Es ist härter als Granit und enthält u. a. Titan und Vanadium. Schon um 1490 gab es hier Bergbau. Im 17. Jh. wurden nicht weniger als 14 kleine Hochöfen betrieben. Noch im Zweiten Weltkrieg war das Gestein sehr begehrt. Heute interessieren besonders die Legierungen. Im April 1986 wurde der Berg von der Schwedischen Naturschutzvereinigung aufgekauft, um die einzigartige Pflanzen- und Tierwelt vor der Vernichtung durch Übertageabbau und ein geplantes Wintersportzentrum zu schützen. Von der Bergspitze (Tabergtop) hat man einen beeindruckenden Blick über die småländische Landschaft. Südöstlich erhebt sich der höchste Berg Smålands, der Tomtabacken mit 378 m Höhe.

Jönköping

Jönköping (46 000 Einw.) ist völlig zusammengewachsen mit der inzwischen eingemeindeten Stadt Huskvarna (20 000 Einw.). Die wirtschaftlichen Grundlagen des 1284 Stadt gewordenen Orts haben sich im Lauf der Zeit immer wieder geändert. Zunächst war es Handelsstadt und Grenzfestung gegen die Dänen. Dann dominierte in der Großmachtzeit die Waffenherstellung. Als nach 1718 kein Bedarf an Kriegsmaterial mehr bestand, stützte man sich auf die unterschiedlichsten Gewerbe. 1816 kamen fast 75 % des schwedischen Schnupftabaks aus Jönköping. 1844 wurde die Streichholzindustrie (Svenska Tändsticks AB) gegründet, die Jönköpings Namen weltberühmt machte. 1971 mußte diese Industrie eingestellt werden. Heute haben vor allem Klein- und Mittelbetriebe der verschiedensten Branchen ihren Sitz hier. Der Stadtteil Huskvarna ist durch seine Waffen-, Näh- und Haushaltsmaschinenindustrie bekannt. Jönköping ist außerdem Verwaltungszentrum der Provinz Jönköpings län.
Im Lauf der Jahrhunderte ist diese Stadt immer wieder abgebrannt. Zuletzt legten 1785 und 1790 große Brände das ganze Stadtzentrum in Asche. Reste alter Bebauung sind daher kaum erhalten. Nur in der Gegend der Kristine Kyrka, besonders in der Östra Storgatan, findet man noch vereinzelt Spuren der alten Stadt. Am Hovrättstorg steht das *Gamla Rådhus*, 1699 im Stil des Palladianismus gebaut und, als ältestes Gebäude der Stadt, das *Göta Hovrät* (Hofgericht) von etwa 1650.
Nicht weit entfernt befindet sich das *Länsmuseet* von 1953 (1979 umgebaut mit kulturhistorischen Sammlungen, besonders der småländischen Eisenwarenherstellung und einer großen Ausstellung schwedischer Kunst der letzten hundert Jahre, bei der vor allem die Naiven stark vertreten sind (Slottsgatan 2, Mo–Fr 11–16, Di + Do –20, Sa 11–15, So 13–17).

Jönköping

Auf der anderen Seite des Geschäftszentrums ist in dem Gebäude der ersten Streichholzfabrik von 1848 das *Streichholzmuseum* untergebracht mit einem interessanten Überblick über die »Schwedenhölzer«, wie man Streichhölzer noch nach dem Ersten Weltkrieg nannte (Tändsticksmuseet, V Storgatan 18 A, Mo–Fr 10–17, Sa 11–13, So 12–17).

Jönköping liegt an der Südspitze des Vättern, dem mit 1 912 qkm zweitgrößten See Schwedens. Der Vättern ist rund 130 km lang und bis zu 30 km breit. Seine größte Tiefe wurde südlich von Visingsö mit 119 m gemessen. Im Durchschnitt ist er 40 m tief. Vor 9 000 Jahren war hier eine Bucht des Yoldiameeres. Durch die Landhebungen nach 7 000 v. Chr. entstand daraus der heutige Binnensee. In dem sehr klaren Wasser werden Saiblinge, Felchen und Zwergmaränen, Aalquappen und der Vätternlachs (auch Rotforelle genannt) gefischt. Das meist friedliche Aussehen täuscht: der See ist für seine plötzlich auftretenden Windböen bekannt.

Etwa 35 km hinter Jönköping lohnt sich die Abfahrt nach *Gränna*. Man kommt dann auf die landschaftlich viel schönere frühere E 4, die am Wasser entlang verläuft, während die autobahnartig ausgebaute neue E 4 oberhalb des Sees durch den Wald führt.
Gränna (3 500 Einw.) wurde 1654 von Graf Peter Brahe d. J. mit parallel zum Seeufer verlaufenden Hauptstraßen gegründet. Die ursprünglich eingeschossigen Häuser wurden im vorigen Jahrhundert zu zweistöckigen Holzhäusern, oft im Empirestil, ausgebaut und sind seitdem fast unverändert geblieben. Mitten im Ort liegt der Torget (Markt) mit einer Büste des Stadtgründers, dahinter das *Bürgermeisterhaus* von 1794, heute Schulhaus. Die Kirche wurde erst 1893/95 gebaut. Ein interessantes hölzernes *Sakramentshäuschen* aus einer abgebrannten Kirche aus dem 15. Jh. steht in der nördlichen Ecke. Zwischen Torget und Kirche befindet sich (auf der gleichen Seite) der sogen. *Franckska gården*. Er stammt vermutlich aus dem letzten Viertel des 17. Jh., erhielt aber vor hundert Jahren größere Fenster und wurde etwas erhöht. In ihm ist jetzt das Museum untergebracht. Es zeigt die Geschichte der Gegend. Vor allem aber ist es durch seine Sammlungen über S. A. Andrée berühmt. Andrée, in Deutschland einem breiteren Publikum durch das Buch Per Olo: Sundmans »Ingenieur Andrées Luftfahrt« bekannt geworden, war ein Ballonfahrer, der bei dem Versuch, den Nordpol mit einem Freiballon zu erreichen, zusammen mit zwei Gefährten umkam. Bei allen Berechnungen hatte man übersehen, daß Luftfeuchtigkeit, Nebel, Sprühregen in den Tauen gefror und das Gewicht der Eismassen den Ballon herunterdrückte. Die drei blieben verschollen, bis 1930 eine geologische Expedition das letzte Lager, die Leichen und die Aufzeichnungen fand. Ein Großteil der Fundsachen wird hie

gezeigt, denn Gränna war Andrées Geburtsstadt (15. 5.–31. 8. 10–17; 1. 5.–14. 5. u. 1. 9.–30. 9. 12–16).

Grännas Spezialität sind seit über 120 Jahren die sogen. »Polkagriser«, Zuckerstangen mit eingedrehten roten Streifen. Der Name blieb ungeklärt. Die Herstellung wurde 1859 von einer Witwe in Gränna begonnen. Man kann die Herstellung in verschiedenen Zuckerbäckereien heute noch verfolgen. Neben seiner schönen Lage, den Zuckerstangen und dem Andrée-Museum ist Gränna auch noch wegen seines Obstanbaus, besonders von Birnen, in Schweden berühmt. Hinter der Kirche führt eine Treppe auf einen schönen Aussichtsplatz über dem Ort.

Vor Gränna liegt im Vättern die *Insel Visingsö*. Von Gränna fährt im Sommer halbstündlich ein Boot, Fahrtzeit etwa 25 Min. Man kann dort mit einem Pferdewagen eine einstündige Rundfahrt unternehmen oder sich Fahrräder leihen. Die Insel ist 25 qkm groß. Von einer Burg aus dem 12. Jh. am Südende bei Näs sind noch Reste erhalten. 1573 bis 1662 baute man an Schloß *Visingsborg*. 1718 brannte es aus. Gerüchte behaupten, daß es von Kriegsgefangenen angezündet worden sei.

In *Kumlaby* ist die romanische Kirche aus der Mitte des 12. Jh. interessant. Sie hat ihr Äußeres ziemlich gut bewahrt. Auffallend ist die Plattform auf dem Turm: sie entstand, als die Kirche im 17. Jh. als Schule benutzt und von dort astronomische Beobachtungen gemacht werden sollten. Neben der Kirche steht die »Braheskola«, Schwedens ältestes Schulhaus von 1636 (die Latinskola in Ystad von 1500 war damals dänisch). Die Brahekyrka wurde 1635 als dreischiffige Halle gebaut. Der Turm ist der Rest einer vorher dort stehenden romanischen Kirche. Graf Brahe stattete die Kirche reich als Familiengedenkhalle aus.

Nicht weit hinter Gränna liegt rechts auf der Höhe eine der bekanntesten Burgruinen Schwedens, *Brahus slottsruin*. Das Schloß wurde 1637 begonnen. Graf Brahe hatte in Deutschland studiert und war von den dortigen auf Bergen gelegenen Burgen fasziniert. Ursprünglich als Witwensitz gedacht, wurde es Jagd- und Lustschloß, nachdem seine Frau vor ihm gestorben war. 1708 brannte es aus (von der Uferstraße Fußweg).

Straße 23/31 (Helsingborg–Växjö–Jönköping) Råshult–Vetlanda–Jönköping bzw.: Straße 127 (Vetlanda–Vrigstad–Jönköping)

Knapp 15 km hinter Älmhult liegt rechts der Straße Carl von Linnés Geburtsort *Råshult*. Das Geburtshaus ist restauriert und größtenteils mit Möbeln aus Linnés Eigentum ausgestattet. Der Garten ist noch so, wie er von

Linnés Vater angelegt worden war. Die Flora der Umgebung ist so wiederhergestellt, wie sie zu Beginn des 18. Jh. typisch für Småland war (15. 4.–15. 10. Di–So 9–18).

Växjö (44 000 Einw.) ist Verwaltungs- und Schulzentrum. Große Brände, vor allem 1843, haben von alter Bebauung fast nichts übriggelassen. Die hinter dem Stortorget stehende Kirche, deren Anfänge in das späte 12. Jh. zurückreichen, wurde mehrmals umgebaut, brannte 1740 ab und erhielt ihr heutiges Aussehen mit den beiden hohen Turmspitzen bei einer Restauration in den 50er Jahren. Interessant in der hell und modern wirkenden Kirche sind die 1959 eingesetzten Glasmalereien im Chor von verschiedenen Künstlern.
Smålands museum besitzt in der Abteilung »Glasmuseet« Nordeuropas größte Sammlung schwedischer und ausländischer Gläser aus verschiedenen Zeiten. Außer südschwedischer Kunst und einer der größten Münzsammlungen Schwedens werden noch zwei bemerkenswerte romanische Holzschnitzereien bewahrt, ein Bischof und eine Madonna, beide aus der Kirche von Hemmesjö (Södra Järnvägsgatan 2, über die Brücke am Bahnhof; Mo–Fr 9–16, Sa 11–15, So 13–17).
Daneben liegt das Auswanderermuseum, das mit seinen Sammlungen daran erinnert, daß ein großer Teil der schwedischen Auswanderer des vorigen Jahrhunderts aus Småland kam.
Växjö wurde in Fragen des Umweltschutzes international durch den See »Trummen« bekannt. Durch Einleitung von Abwässern der Stadt und einer Leinenfabrik war der See vollständig tot. 1970/71 saugte man den seit Anfang des Jahrhunderts abgelagerten Schlamm mit einem Saugbagger ab und lagerte ihn am Seerand. Später verwendete man ihn als Dünger in den städtischen Anlagen. In nur zwei Sommern erholte sich der See auf eine fast wundersame Weise. Heute ist er wieder ein Fischgewässer, und man konnte eine Badeanstalt bauen.
Rund 5 km nördlich der Stadt (von der Storgatan rechts durch die Liedbergsgatan) liegt auf einer Insel im Helgasjön die Schloßruine von Kronoberg. *Kronobergs slottruin*. Die Anlage war im 14. Jh. eine Bischofs-, nach der Reformation eine Königsburg. Vor allem als Grenzfestung gegen Dänemark hatte sie (zuletzt 1612) große Bedeutung. Sie diente aber auch als Schutz gegen aufrührerische Smålandsbauern, die lieber mit den Dänen Handel trieben, als Steuern nach Stockholm zu zahlen. Gustav Vasa ab 1527 und Johan III. ab 1579 ließen die Anlage zu einer typischen Vasaburg mit den charakteristischen Ecktürmen ausbauen. Nach dem Frieden von Roskilde 1658 verlor die Festung ihre Bedeutung und verfiel. Erst in diesem Jahrhundert bemüht man sich wieder um die Erhaltung der Ruine (15. 5.–1. 9. tgl. 9–21 zugänglich).

Glasreich 157

Auf dem etwa 50 qkm großen *Helgasee* mit 135 größeren und kleineren Inseln fährt (meist Sa + So) eines der ältesten kleinen Dampfboote Schwedens, der Dampfer Thor, noch mit einem offen liegenden Dampfkessel (Fahrplan bei der Wirtschaft vor der Ruine angeschlagen).
Statt von Växjö über die Straße 30 direkt nach Jönköping zu fahren, kann man einen interessanten Umweg durch das schwedische Glasreich (»glasriket«) machen, von dem aus man dann die Straße 31 nach Jönköping erreicht.

Das Glasreich

Fast alle berühmten schwedischen Glashütten liegen im südöstlichen Teil Smålands, zwischen Växjö und Nybro. Das småländische »Glasreich« begann mit der Gründung der Glashütte von Kosta 1742. Der Name setzt sich aus den Anfangsbuchstaben der Gründer, Koskull und Stael, zwei Landvögten Karls XII., zusammen. Das 18. Jh. brachte der schwedischen Glasbläserei einen allgemeinen Aufschwung, doch erst die Gründungen im 19. Jh. führten zur Konzentration der Hütten in Småland. Bis 1915 war das schwedische Glas einfache Konsumware. Der entscheidende Durchbruch zu weltweiter Anerkennung schwedischer Glasbläserei gelang, als während des Ersten Weltkrieges die Orrefors-Glashütte zwei Künstler fest anstellte und mit der Formgebung beauftragte. Nach diesen beiden, Simon Gate und Edward Hald, spricht man heute noch von der »Gate-Hald-Epoche«. Bei Kosta begann etwa um die gleiche Zeit Edvin Ollers Glas zu schleifen. Diese Künstler zählen heute zu den Pionieren schwedischer Glaskunst. Die Ausstellungen 1923 in Göteborg und 1930 in Stockholm begründeten den Ruf der schwedischen Glaswaren. Allgemein wurde es jetzt üblich, Künstler fest anzustellen. Der Weltruf schwedischer Glasbläserei hat hier seinen Grund. In den 60er Jahren arbeiteten rund 50 Künstler in den verschiedenen Hütten. In den 70er Jahren aber kam es zu einer schweren wirtschaftlichen Krise. Der Staat griff mit Unterstützungen verschiedener Art ein. Unter anderem wurden Wettbewerbe für Design ausgeschrieben. »Preisausgezeichnete« Designs wurden in Ausstellungen bekanntgemacht. Darüber hinaus wurden auch wirtschaftliche Hilfen gewährt. Das Ergebnis war ein Wiederaufschwung, bei dem auch einige bereits stillgelegte Hütten wiedereröffnet werden konnten.
Die Geschichte der Glashütten ist auch aus einem anderen Grund interessant. Im 19. Jh. existierten in dieser Gegend noch zahlreiche kleine eisenverarbeitende Industriebetriebe. Diese Kleinbetriebe konnten sich dann nicht mehr am Markt behaupten und waren gezwungen zu schließen. Ein großer Teil

stellte sich damals auf die Glasherstellung um. In manchen Fällen sind noch Reste der früheren Tätigkeit zu sehen, so z. B. in Orrefors die Reste einer alten Hammerschmiede. In Boda gelang es, Glasbläserei und Schmiede bis in die neueste Zeit zu kombinieren.

Man kann in allen Glashütten der Glasbläserei und der Weiterverarbeitung zusehen. Im Juli, dem allgemeinen Urlaubsmonat, wird in vielen Hütten wenigstens mit einem Ofen weitergearbeitet (Mo–Fr 9–15 Uhr, Orrefors auch Sa 9 bis 14).

Glasbläserei ist auch heute noch Handwerk. Das bringt natürlich minimale Unterschiede in Form, Größe etc. mit sich. Es gibt in allen Hütten Verkaufsausstellungen. Dort sind, meist sehr gute, als 2. Wahl aussortierte Glaswaren zu erheblich günstigeren Preisen zu bekommen. Diese Verkaufsausstellungen sind durchweg auch am Wochenende geöffnet. Sehenswert sind auch die Ausstellungen der heutigen und früheren Designs. Bekannt sind hier vor allem Kosta und Orrefors, wo es eine eigene Abteilung für die Gate-Hald-Epoche gibt.

Fährt man von Växjö Richtung Kalmar auf der Straße 25, passiert man in Hovmantorp die *Sandviks Glasbruk*. Hier werden vorwiegend Trinkgläser hergestellt. Kurz hinter dem Ort kann man nach links einen Abstecher zur *Glasbruk Bergdala* (ca. 5 km) machen. Eine originelle Eigenart sind hier die aus Glasfluß gegossenen Buchstaben und Fensterschmuck. Kurz hinter der Abzweigung liegt *Strömbergshyttan*. Früher eine eigene große Hütte (1978 stillgelegt) befindet sich heute dort das Glasmalatelier »Lindbloms Glasmalningsateljé i Strömbergshyttan«. Diese ganz besondere Technik gelangte erst 1977 wieder zu neuen Ehren. Eva Englund und Arne Lindblom belebten das fast in Vergessenheit geratene Handwerk neu. Glasmalerei ist eine Technik, die langer Übung bedarf. Die Schwierigkeit besteht darin, daß die Glasfarbe erst in der Hitze des Ofens entsteht. Temperatur und Zusammensetzung der Farbe waren früher gut gehütete Geheimnisse, die manche Glasmaler mit ins Grab nahmen. Die Originale dieser Hütte sind mit EE/AL signiert (Mo–Fr 8–16; Verkaufsausstellungen Mo–Fr 8.30–17.30; Juli bis 18.30; Sa–So 8.30–16.00).

Wenige km weiter Richtung Kalmar kann man in *Lessebo* eine alte Handpapierherstellung besichtigen. Die Papierherstellung dort geht bis in das 17. Jh. zurück, und eine Abteilung zeigt, wie Papier mit der Hand geschöpft wird – praktisch unverändert seit 300 Jahren. Etwa 25 kg Papier entstehen so täglich (werktags Führungen 9.30, 10.45, 13.00, 18. 6.–17. 8. auch 14.15).

Von Lessebo kann man nun nach *Kosta* abbiegen oder aber weiter (Richtung Kalmar) zur Glashütte von *Boda* fahren. Kosta und Boda bilden zusammen mit Åfors und Johansfors einen Konzern. Kosta ist die älteste Hütte, von hier

Glasreich

kommt vor allem geschliffenes und graviertes Kristallglas. Boda ist rund 100 Jahre jünger und stellt insbesondere ausgefallene Glaswaren und rustikales Glas her (Herstellung: Mo–Fr 8–10, 11–15; Verkaufsausstellungen: Mo–Fr 8.30–17.30, Sa 8.30–15.00, So 12–16). Man kann in den Hütten selber herumgehen. In Kosta gibt es auch deutschsprachige Führer (vorher anrufen: 0478-50300).
Zwischen Lessebo und Boda kreuzt die Straße 123. Fährt man Richtung Karlskrona, ist nach 5 km die Zufahrt nach *Johansfors Glasbruk (Broakulla)* und nach Algutsboda ausgeschildert.
Nach Norden fahrend gelangt man dagegen nach Kosta. Hütte und Museum liegen dicht beieinander. Das Museum *Gamla Kosta*, im Haus des früheren Bahnhofhotels vom Ende des 19. Jh., vermittelt einen Eindruck vom Betrieb der alten ländlichen Eisenbahn, zeigt Handwerksstuben u. ä. aus dem 19. und Glaswaren seit dem 18. Jh.
Nördlich der Glashütte, am Stora Vägen Richtung Vetlanda, liegt eine Reihe alter Arbeiterwohnhäuser. Sie stammen aus dem 18. Jh. und waren ursprünglich für die Vorarbeiter bestimmt.
Von Kosta sind es 20 km nach *Orrefors*. Dort ist das Glasmuseum mit den Stücken aus der legendären Gate-Hald-Epoche sehenswert. Natürlich ist auch hier die Hütte zu besichtigen (Hütte: Mo–Fr 8–15, Sa 9–14; Verkaufsausstellung: Mo–Fr 8.30 – 17.30, Sa 8.30–15. So 12–16).
Von Kosta oder von Orrefors fährt man nach Norden Richtung Lenhovda/Vetlanda. Die Straße 31 führt über Vetlanda nach Jönköping.

Hinter Lenhovda lohnt ein Abstecher nach links (Richtung Växjö) zur etwa 15 km entfernten Kirche von *Dädesjö* (Dädesjö G:a k:a). Von der etwa 1200 entstandenen Kirche ist nur noch das Langhaus mit den ursprünglichen Steinbänken erhalten. International berühmt ist die um 1270 entstandene, nie übertünchte und gut erhaltene Ausmalung der Holzdecke. Der bräunliche Farbton ist durch die Eigenfarbe des Holzes bedingt. Das tiefe Eindringen der Farbe in den Malgrund gibt die deutlichen Konturen. Die Malerei weist Verwandtschaft mit dem gotländischen Michaelismeister auf. Hochromanische Stilelemente mischen sich mit gotischen, erstere in den Ornamenten, letztere in der S-förmigen Christusfigur östlich des nördlichen Langhausfensters, in den Frisuren und Gesichtern. Nach romanischem Schema sind die Fresken in zwei voneinander getrennten Friesen und einer Drapierung unten gemalt. Auf den beiden Seitenaltären aus dem 14. Jh. hatten die dort stehenden Figuren von Beginn an ihren Platz. Die romanische Statue des hl. Olof auf der Südseite ist von etwa 1200. Die Figur unter seinen Füßen und der umgebende Schrein sind etwa 100 Jahre jünger. Die Madonna auf der Nordseite stammt aus dem ausgehenden 13. Jh.

Rechts der Straße hinter Lenhovda liegt die sehenswerte Kirche von *Granhult* (Granhults kyrka), eine der ganz wenigen erhaltenen Holzkirchen Smålands. Die liegenden Balken dieser romanischen Kirche sind außen mit Schindeln verkleidet. Sie ist spätestens Mitte des 13. Jh. gebaut worden. Die Maßeinheit für das Langhaus ergab sich aus der üblichen Länge der Baumstämme mit 10 m. Die ursprünglichen Fensteröffnungen sind von außen noch zu erkennen: je eine hochsitzende, kleine Öffnung auf jeder Seite. Das Kircheninnere wurde im 17. und 18. Jh. im Stil des Bauernbarock gestaltet. Die Ausmalung besorgte 1753 ein Maler aus Växjö. Im Dach des Chors kann man aber noch erkennen, daß die Kirche bereits vorher ausgemalt war. Möglicherweise hatten die erkennbaren Medaillons eine Ähnlichkeit mit denen in der Kirche von Dädesjö. An der südlichen Chorwand ist eine mit einem herausnehmbaren Balken verschlossene Öffnung, ein sogen. Hagiaskop, durch welches die vom Gottesdienst Ausgeschlossenen der Messe beiwohnen konnten. An der Westwand hängt die Skulptur des hl. Olof, eine spätgotische einheimische Arbeit. Auch hier tritt der Heilige auf eine zum Drachen verwandelte Figur, oft als der Troll Skalle bezeichnet (siehe auch Uppsala, Domkirche S. 356). Die an der Nordwand hängende Madonna ist wahrscheinlich eine Lübecker Arbeit von etwa 1475. Aus dem 17. Jh. stammt das Gestühl und von 1669 die Kanzel. Das Kruzifix über dem Altar vor dem gemalten Hintergrund entstand 1699.

In *Lindshammar* liegt neben der Straße die Glashütte »Lindshammars bruk«, deren Spezialität gefärbte und gemalte Glaswaren sind (Werkstätte Mo.–Fr. 8–15, Juli auch Sa 11–15; Verkauf und Museum Juni–Aug Mo–Fr 8–18, Sa 8–16, So 10–16; Sept.–Mai Mo–Fr 9–17, Sa 10–15, So 10–16).

Von *Vetlanda* (12000 Einw.) hat man verschiedene Möglichkeiten zur Weiterfahrt. Die Straße 31 führt direkt nach Jönköping. Von dieser Strecke sollte man einen kleinen Umweg über Eksjö machen (s. u.). Als weitere Alternative bietet sich die Straße 127 über Sävsjö/Vrigstad an, wo man auf die Straße 30 nach Jönköping trifft. Die Entfernungen sind etwa gleich.

Wählt man die Straße 127, fährt man kurz hinter Vetlanda an der *Burgruine Hultaby* vorbei. Die genaue Entstehungszeit der auf einer Halbinsel liegenden Burg ist nicht bekannt. Wahrscheinlich sind die ältesten Teile, ein 22 mal 10 m großer Steinbau, im 12. Jh. entstanden. An der nordöstlichen Ecke befand sich ein Turm. 10 Holzhäuser standen im äußeren Burghof, weitere 10 südlich der Burg. Nach archäologischen Untersuchungen datiert man sie in die Zeit zwischen 1250 und 1350. Hultaby dürfte schon vor 1392 zerstört worden sein.

Kurz danach lohnt ein kleiner Umweg parallel zur Straße 127 über *Myresjö, Landsbro, Lannaskede*. Nach knapp 5 km liegt rechter Hand die romanische Kirche von Myresjö. Sie wurde Mitte des 12. Jh. errichtet und gehört zu den von Lund und dem Kloster Nydala beeinflußten Bauten. Der Chor wurde Anfang des 13., die Apsis und das Stück über der Tür zur Sakristei im 17. Jh. ausgemalt. Das spätromanische Triumphkruzifix ist eine einheimische Arbeit aus dem späten 13. Jh. Der leider beschädigte Taufstein wird der Werkstatt des Njudungsmeisters Ende des 12. Jh. zugeschrieben. Die Kanzel mit den Intarsienarbeiten wurde 1649 geschaffen.

In *Lannaskede* steht die vielleicht am besten erhaltene kleine Kirche des 12. Jh. von Småland (Lannaskede g:a kyrka). Ihr Baumeister kam wahrscheinlich von der Dombauhütte in Lund. Besonders das Baldachinportal an der Südseite zeigt die Verwandtschaft mit dem dortigen Dom. Von außen fällt an der turmlosen Kirche die lambrequinartige Malerei unterhalb des Daches auf. Sie wurde im 16. Jh. angebracht. Das Grab, ein sogen. Eskilstuna-Grab, im Eingang zum Waffenhaus stammt von einer Vorgängerkirche Anfang des 12. Jh. Deutlich ist die für diese Zeit typische Verbindung von Runenornamentik mit christlicher Symbolik erkennbar. Der enge Triumphbogen in der Kirche gibt einen Eindruck von dem Raumgefühl früher romanischer Landkirchen. In der Apsis sind noch die Reste der romanischen Ausmalung des 13. Jh., im Langhaus an der Decke und an den Wänden die malerische Ausschmückung von 1702 (durch Johannes Columbus) erhalten. Die Kanzel wurde Mitte des 17. Jh. angefertigt und 1699 von Anders Ekeberg mit Figuren versehen. Von ihm stammt auch der Altaraufsatz. Das Prozessionskruzifix in der Apsis ist das einzige erhaltene Inventar der Kirche aus dem Mittelalter.

Richtung Sävsjö erreicht man wieder die Straße 127. Die sehenswerte kleine *Vallsjö* g:a kyrka (rechts der Straße, angezeigt: Kyrka) ist, ebenfalls stark von Lund beeinflußt worden. Sie entstand in der zweiten Hälfte des 12. Jh. mit Langhaus, Chor und Apsis. Von einem später gebauten Turm ist nur der untere Teil erhalten. Von dem Südportal sind nur noch zwei Fragmente zu sehen. Interessant ist das südliche Chorportal mit einem Relief von etwa 1150 des Njudungsmeisters. Es zeigt einen Löwen mit menschlichem Antlitz, der von einem Raubtier angegriffen wird. Wahrscheinlich ein Symbol für den Kampf des Bösen mit dem Guten. Auffällig in der Kirche ist auch hier der schmale Triumphbogen. Das kleine, hochliegende Fenster im Chor zeigt, wie die Kirche ursprünglich aussah. Da sie 1568 von den Dänen stark verwüstet wurde, ist von der alten Einrichtung nichts bewahrt. Ältestes Teil der Einrichtung ist die Ende des 17. Jh. geschnitzte und 1712 in bäuerlichem Barock bemalte Kanzel. Von 1700 ist das Gestühl. Um 1750 erhielt die Kirche eine spätbarocke Deckenmalerei. Sie ist typisch für die Ausmalung der småländischen Kirchen im 17. und 18. Jh. Die neoklassizistische Malerei am Triumphbogen und in der Apsis stammt von 1822.

Kurz vor Vrigstad liegt etwa 2 km links der Straße die Kirche von *Norra Ljunga*, die auch zu den Werken des Njudungsmeisters zählt. Sie wurde in der zweiten Hälfte des 12. Jh. gebaut, der Turm etwa ein halbes Jahrhundert später.

In Vrigstad erreicht man die Straße 30 nach Jönköping.

Als andere Möglichkeit für die Fahrt von Vetlanda nach Jönköping bietet sich von der Straße 131 ein Umweg (11 km) über Eksjö an.

Eksjö (18 000 Einw.) zählt zu den ganz besonders gut erhaltenen alten Holzstädten Schwedens. Die Stadt wurde im Nordischen Siebenjährigen Krieg 1567 von den Dänen belagert, und nach der Überlieferung brannten die Einwohner ihre Stadt selber ab, um den Feinden keine Vorräte in die Hände fallen zu lassen. Von dem Aufbau danach ist noch das alte Straßennetz nördlich des Stora Torget erhalten. Die Holzhäuser stammen teils noch aus dem 17., die meisten aus dem 18. Jh. Bei einem Gang durch die Arendt Byggmästares gatan sollte man besonders auf die Besuchern zugänglichen Innenhöfe achten, ein Bild alter romantischer Verträumtheit. Die Häuser sind innen renoviert und bewohnt. In dieser Straße liegt in Nr. 24 der *Fornminnesgården*, der ehemalige Hof eines Kupferschlägers aus dem 17. Jh. mit Gebrauchsgegenständen des 18. Jh. In einer technischen Abteilung sind Filmausrüstungen aus der Stummfilmzeit zu sehen (15. 6.–15. 8. tgl. 11–13, 14–18).

Dahinter liegt das *Eksjö-Museum*, das neben der Stadtgeschichte vor allem Bilder des aus der Stadt stammenden, stark von Th. Th. Heine, aber auch von Max Klinger beeinflußten Malers Albert Engström zeigt (Österlånggatan 31, Jun–Aug tgl. 10–16, Do auch 18–20; 1. 9.–31. 5. tgl. 13–15, Do auch 18–20).

Der Stora Torg vereinigt zwei verschiedene Epochen. Während der eben erwähnte Stadtteil in das 16. Jh. zurückreicht, ist der gegenüberliegende, südliche erst nach 1856 entstanden. Damals war dieses Viertel abgebrannt, weil jemand unvorsichtig seine Sachen vor dem Kamin trocknete. Beim Wiederaufbau folgte man dem Ideal der Zeit mit breiten Straßen und zweistöckigen, verputzten Häusern mit Frontspitzen im neoklassizistischen Stil. Das Denkmal auf dem Stora Torget stellt einen Kavalleristen aus dem 17. Jh. dar und ist zur Erinnerung an das früher hier liegende Husarenregiment aufgestellt worden. Die Kirche wurde 1887 gebaut, besitzt aber im Inneren noch die Holzeinrichtung der Vorgängerkirche aus dem 17. Jh.

Über die Straße 33 kommt man nach 13 km auf die Straße 31 nach Jönköping.

Kalmar

E 66 (Malmö-Kalmar) Kalmar

Kalmar

Kalmar (55 000 Einw.), Elektroindustrie, Fabriken für Eisenbahn- und Straßenbahnwagen, Werften, Hafenstadt, ist in Deutschland vor allem durch die Kalmarer Union und das Bild des Kalmarer Schlosses bekannt. Auf einem Runenstein wird Kalmar schon um 1 000 erwähnt, und auf einer arabischen Weltkarte von 1145 ist die Stadt unter ihrem Namen eingezeichnet. Die nordische Union von 1397 wurde hier beschlossen und erhielt ihren Namen nach der Stadt. Dicht an der Grenze zu Dänemark gelegen, war sie durch die Jahrhunderte immer wieder umkämpft. Nach Zerstörungen und Bränden wurde 1647 die vordem dicht unter der Burg gelegene Stadt auf die Insel Kvarnholm verlegt. Nach 1870 dehnte sie sich rasch aus.

Im Zentrum dieser Insel, auf dem Stortorget, steht der *Dom* von Kalmar (bis 1915 war Kalmar Bischofssitz). Der Bau der Kirche stand in unmittelbarem Zusammenhang mit dem Bau der Stadt, die nach den neuesten Erkenntnissen ihrer Zeit mit rechtwinkligem Straßennetz innerhalb einer Befestigung und einem großen zentralen Platz entstand. Um den Bau der Kirche zu ermöglichen, wurde eine reichsweite Kollekte beschlossen, und 1660 waren die notwendigen Mittel zusammengekommen. Den Auftrag erhielt Nicodemus Tessin d. Ä. Die Kalmarer Domkirche, die sich eng an den römischen Barockklassizismus anlehnt, ist eines seiner bedeutendsten Werke. Trotz einiger aus finanziellen Gründen notwendiger Unterbrechungen konnte die Kirche 1682 eingeweiht werden. Die freie Lage auf dem Platz gestattet einen schönen Blick auf die Kreuzkirche mit ihren vier Ecktürmen. Der Gedanke einer ursprünglich geplanten Kuppel wurde schon während der Bauzeit fallengelassen. Man sagt, daß Karl XI. das Modell der Kirche betrachtete, wobei die Kuppel herabfiel. Der König soll darauf gesagt haben: »Wenn sie schon aus Holz nicht hält, wird sie aus Stein noch weniger halten – sie muß weg.« Als die Kirche fertig stand, war sie ohne Zweifel das bedeutendste kirchliche Bauwerk ihrer Zeit. Die klare Gliederung der Außenfronten und ihr dekorativer Schmuck durch Pilaster, Nischen und Voluten ergeben einen außergewöhnlich harmonischen Eindruck. Auf einem Sockel aus Granit stehen die verputzten Wände aus öländischem Kalkstein, die schmückenden Teile sind unverputzt.

Von innen bietet die Kirche eine ebenso geschlossene, einheitliche Wirkung. Die Apsiden im Osten und Westen vermitteln den Eindruck eines Langhauses. Optisch wird diese Wirkung durch zwei Säulenreihen verstärkt. Die weiß verputzten Wände heben die Schmuckwirkung der geschnitzten Epitaphien hervor. Die Pilaster spiegeln den Einfluß des Palladianismus. Den Boden zieren Grabplatten aus dem 17. und 18. Jh. Bis 1824 Begräbnisse unter dem Kirchboden verboten wurden, waren fast 1 000 Personen dort bestattet worden.

Interessant in der Kirche sind Altar und Kanzel. Sie vertreten, nur etwa ein gutes halbes Jahrhundert auseinander, zwei Strömungen des 17. Jh. in Schweden. Die Kanzel, kurz nach 1647 in Norddeutschland entstanden und aus einer älteren Kirche hierher versetzt, zeigt den Stil der nordwesteuropäischen Spätrenaissance. Diese Richtung herrschte im 17. Jh. in Schweden vor. Wichtig ist hier die reiche Verzierung. Wahrscheinlich wurde sie von Baltzar Hoppenstedt gefertigt (gestorben 1699 in Kalmar, möglicherweise 1622 in Sachsen-Lauenburg geboren). Von einer ganz anderen Auffassung zeugt dagegen der prächtige, 1709/10 entstandene Barockaltar, der von Nicodemus Tessin d. J. gezeichnet und von Caspar Schröder gearbeitet worden ist. Das Altarblatt ist ein Werk David von Kraffts (1655–1724). Hier ging Tessin von dem bislang üblichen, aus Deutschland übernommenen Schema der horizontalen Gliederung ab, und schuf nach italienischem Vorbild einen mehr architektonisch betonten Altar. Diese Form kirchlicher Kunst vertrat deutlich höfisches Kunstempfinden. Die Orgelempore wurde 1883 für eine neue Orgel in Neorenaissancestil gebaut. Das Gestühl kam 1914 bei einer allgemeinen Restauration hinzu. Nur an drei Stellen sind noch Holzgitter von der alten Einrichtung auszumachen, die etwas höher als die heutigen Bänke sind. Sie waren für den Landeshauptmann, den Bischof und den Bürgermeister bestimmt. Es war zu dieser Zeit üblich, feste Sitzplätze zu erwerben, die durch einen »Bankbrief« verbürgt waren. Im südlichen Chor befindet sich ein kleiner Andachtsraum. Hier steht ein Anfang der 1950er Jahre von Erik Sand geschaffener Taufstein in Schiffsform, der einen Deckel mit einem schön stilisierten Segelschiff trägt. Der moderne Stil des »Kristofferkoret« genannten Raums ergibt mit den alten Wandbehängen (ehemaligen Antependien vom ersten Jahrzehnt des 18. Jh.) einen harmonischen Kontrast zu dem übrigen Kirchenraum.

Gegenüber dem Dom liegt das *Rathaus*, 1691 im Stil holländischer Renaissance gebaut. Es erhielt sein jetziges endgültiges Aussehen 1824, nachdem es 1731 ausgebrannt war. Einige Bürgerhäuser aus der Mitte des 18. Jh. liegen auf der gleichen Seite. Es lohnt, die kleine Insel zu durchstreifen. Man findet selten ein so gut bewahrtes Stadtbild aus der Zeit vor der Industrialisierung. In der Norra Långgatan z. B. findet man viele alte niedrige Holzhäuser. Wenn man sich an ihrem westlichen Ende nach rechts wendet, stößt man bei der nächsten Ecke auf ein beliebtes Fotomotiv, drei kleine Häuser von etwa 1700, Tripp-Trapp-Trull genannt. Geht man die Larmgatan in die andere Richtung, kommt man auf der Südseite der Insel zu den Resten der alten

Kalmar

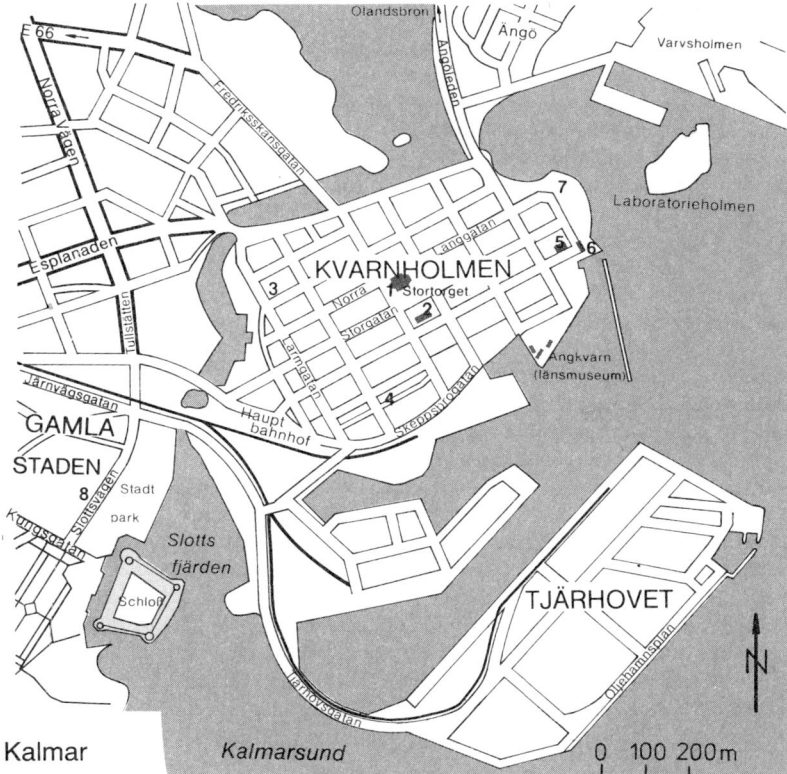

Kalmar

1. Dom
2. Rathaus
3. Tripp Trapp Trull
4. Bastion Johannes Rex
5. Seefahrtsmuseum
6. Bastion Regeringen
7. Bastion Carolus Philippus
8. Kalmar Kunstmuseum

Bastionen. Es handelt sich um die *Bastion Johannes Rex*, nach Johan III. (1568–92) benannt. Neun solcher Bastionen umgaben damals die Stadt. Geht man die Straße weiter und biegt zum Schluß nach links ein, kommt man in der Södra Långgatan 81 zum *Seefahrtsmuseum* (Sjöfartsmuseum; 15. 6.–15. 8. tgl. 11–16; 15. 8.–1. 10. u. 1.–15. 6. 12–16; vor allem Entwicklungen seit dem 19. Jh). Das Jugendstilhaus rechts ist heute ein Wohnhaus, ursprünglich war es eine Badeanstalt. Etwas weiter liegt rechts die *Bastion*

Carolus Philippus. Von hier sieht man eine kleine Insel, die »Laboratorieholmen« heißt, weil man im 18. Jh. dort chemische Experimente mit Schießpulver anstellte. Die niedrigen Holzhäuser stammen aus dem beginnenden 19. Jh. Nach einem Feuer im August 1800 fehlten die finanziellen Mittel zum Bau neuer Steinhäuser. Nach links gelangt man durch die Norra Långgatan oder die Storgatan wieder zum Stortorget.

Durch den Stadtpark erreicht man das Schloß. Der Park liegt heute fast 4 m über dem ehemaligen Niveau. Am Park liegt das *Kalmar konstmuseum* (Slottsvägen 1; schwedische Kunst des 19. und 20. Jh.; Archiv für schwedische Formgebung; 1. 6.–31. 8. tgl. 12–17; 1. 9.–31. 5. Mo–Fr 13–17 u. 19–21; Sa/So 13–17).

Das Kalmarer *Schloß* mit der Verbindung Schloß-Festung ist typisch für das 16. und beginnende 17. Jh. An dieser Stelle war schon im 12. Jh. ein kräftiger Verteidigungsturm gebaut worden. Magnus Ladulås (1275–90) ließ eine Burganlage um den alten Turm bauen. In dieser Burg fand 1397 das Treffen statt, das zur späteren sogenannten Kalmarer Union führte (siehe S. 30 ff.). Danach verfiel das Schloß und wurde in den ständigen dänisch-schwedischen Kriegen zerstört. Bei Auflösung der Union (1523) war die Anlage ziemlich verfallen. Gustav Vasa begann den jetzigen Bau mit den charakteristischen Ecktürmen aller Vasa-Schlösser. Nach seinem Tod setzten seine Söhne Erik XIV. (1560–68) und Johann III. (1568–92) die Bauarbeiten fort, doch legten sie mehr Gewicht auf die künstlerische Gestaltung. Es entstand das Renaissanceschloß, das die Bedeutung Schwedens deutlich machen sollte. Aus dieser Zeit stammen auch die Portale und die Brunnenüberdachung auf dem Schloßhof. Zum letzten Mal spielte Schloß Kalmar eine Rolle, als die Festung im Sommer 1677 einem dänischen Angriff widerstand. Danach verfiel die Anlage und diente unter anderem als Königliche Schnapsbrennerei, als Gefängnis und als Lager für Getreide.

Erst nach 1850 begannen Restaurierungsarbeiten, bei denen die Türme ihre jetzigen, nach alten Bildern gestalteten Hauben erhielten. Bei einer gründlichen weiteren Restauration zwischen 1919 und 1939 wurde auch die Umgebung mit den Wassergräben wiederhergestellt. Im Zuge dieser Arbeiten entstand auch die Bemalung der Wände mit Quadersteinen, die auf das ursprüngliche Aussehen vom Ende des 16. Jh. zurückgeht. Der Brunnen im Schloßhof hat heute als Bekrönung einen gußeisernen Delphin. Er wurde 1851 anstelle eines früher dort befindlichen steinernen Löwen angebracht. Das Schloß ist heute Museum. Aufgrund seiner Geschichte ist jedoch von der früheren Einrichtung praktisch nichts erhalten. Einige Details der Raumausschmückung verdienen jedoch Beachtung. So z. B. im »Rutsalen« (Rautensaal) die Holztäfelung mit den Intarsien von 1581, oder im »Grå salen« (grauen Saal), dem ehemaligen königlichen Empfangssaal, die Fresken von

Kalmar 167

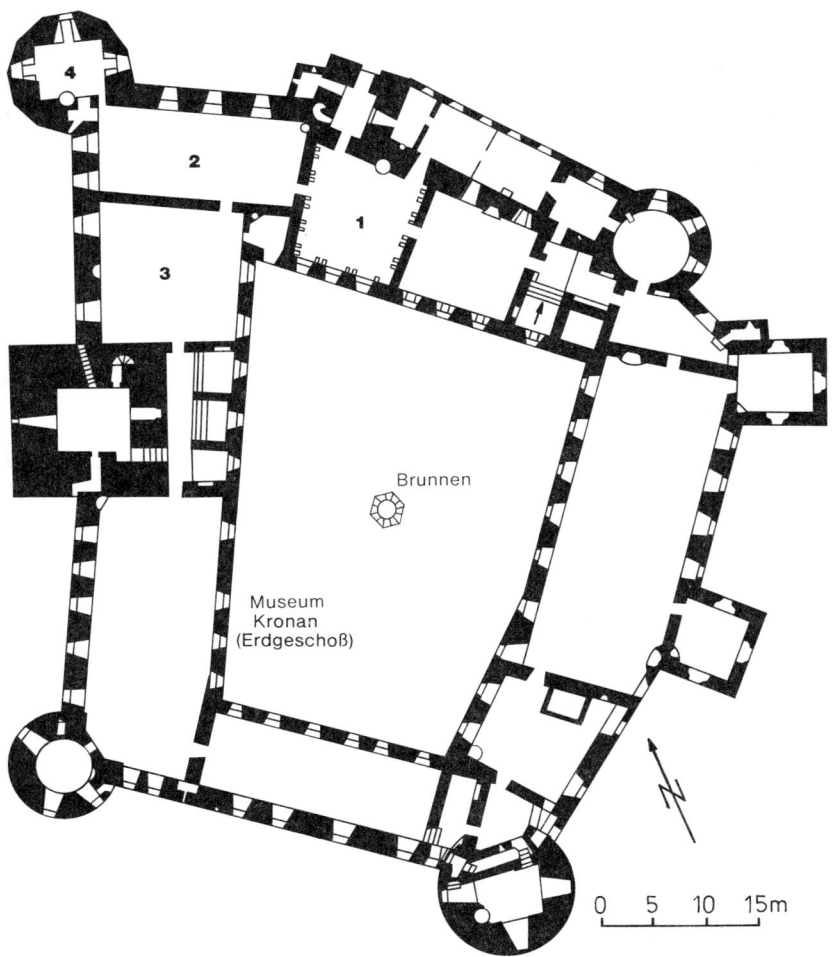

Schloß Kalmar
Grundriß 1. Stock
1. Rautensaal
2. Grauer Saal
3. Goldener Saal
4. Königsgemach

1585 oder die Kassettendecke von 1576 im »Gyllene salen« (goldenen Saal). Der sehenswerteste Raum ist das sogen. »Kungsmaket«, auch »Kung Eriks gemak« (Königsgemach) genannt. Es wurde 1555/62 mit reichen Holzarbeiten ausgeschmückt, die Decke 1585 gemalt und vergoldet. Die Kamineinfassung kam etwas später hinzu (Mai–Sept. Mo–Sa 10–16, So 13–16; 15. 6.–15. 8. tgl. –17; übr. Zeit tgl. 13–15, Dez–Febr. nur So 13–15). Schräg gegenüber im Burghof ist der Eingang zum *Museum Kronan*. Dies war der Name eines Kriegsschiffes, das am 1. Juni 1676 vor der Öländischen Ostküste explodierte, noch bevor der Kampf zwischen der dänisch-holländischen und der schwedischen Flotte begann. Das Schiff war das größte Kriegsschiff der schwedischen Flotte und eines der größten seiner Zeit. Es maß ca. 60 m über alles in der Länge und etwa 13 m in der Breite. Das Außergewöhnliche war, daß seine Kanonen in drei Decks angeordnet waren, insgesamt 126 in verschiedenen Kalibern. Das Gewicht der Kanonen allein betrug etwa 220 t. Die »Kronan« hatte eine Verdrängung von 2 140 t (zum Vergleich: die »Wasa« verdrängte 1 300 t und trug 72 t an Kanonen). Bei einem Segelmanöver legte sich das Schiff zu stark über, es folgte eine Explosion und das Schiff sank sofort. Es war erst vier Jahre vorher in Dienst gestellt worden. Von den 840 Mann Besatzung überlebten nur 42. Nach langem Suchen entdeckte man die erstaunlich gut erhaltenen Reste des Schiffes vor der Öländischen Ostküste in einer Tiefe von 26 m. Sie liegen auf einer Fläche von 50 mal 40 m. Durch den geringen Salzgehalt der Ostsee gibt es hier keine Schiffsbohrwürmer, die sonst die Holzteile von Wracks zerstören. Man hat bislang einmalige Funde geborgen, die an wissenschaftlichen Wert die Wasafunde noch übertreffen dürften. An eine Hebung des Wracks ist nicht gedacht, doch sollen die wissenschaftlichen Untersuchungen fortgesetzt werden. Das Museum zeigt die geborgenen Gegenstände sowie Filme über die Unterwasserarcheologie (12. 5.–14. 6. u. 16. 8.–30. 9. Mo–Sa 10–16, So 13–16; 15. 6.–15. 8. Mo–Sa 10–18, So 13–18; 10. 7.–2. 8. Di–Do –20). Im Juni 1987 wird das Museum Kronan in das neu eingerichtete »länsmuseum« in der »Ångkvarnen« (Dampfmühle) am Tullhamnen südlich des Sortorget umziehen (Öffnungszeiten bei Drucklegung noch nicht bekannt).

Zu den großen Attraktionen Kalmars zählt auch die Brücke, die vom Festland auf die Insel Öland führt, die *Ölandsbron*. 1972 ersetzte sie den Verkehr mit den kleinen Fährschiffen. Mit 6072 m ist sie Europas längste Brücke. 105 000 cbm Beton wurden verarbeitet. Die Spannweite zwischen den Pfeilern beträgt 35 m an den beiden Seiten, aber 130 m in der Mitte, die Höhe über dem Wasser 36 m. Der Bau dauerte fast 5 Jahre.

Östergötland

Östergötland ist 10 566 qkm groß. Davon sind 2 230 qkm Ackerland, der Rest besteht aus Wald und Wasser, eingebettet zwischen Vättern und Ostsee. Im südlichen Teil setzt sich zunächst die seenreiche, dicht mit Wäldern bewachsene, hügelige Landschaft Smålands fort. Der mittlere Teil ist die sogen. Östergötische Ebene. Hier liegen die großen Seen Boren, Roxen und Glan. Nach dem Abschmelzen des Inlandeises führte hier zunächst ein Wasserweg von der Ostsee zum Vättern. Die Ablagerungen dieses breiten Sunds ergaben nach der Landerhöhung einen fruchtbaren Ackerboden. Im nördlichen Teil schließt sich die Waldlandschaft Kolmården an. Der Ostseeküste ist ein breiter Schärengürtel vorgelagert.

Im nordöstlichen Teil Östergötlands, dem sogen. »Östergötlands bergslag«, wurde schon im 12. Jh. Sumpferz gewonnen. Aus diesem Teil der Landschaft, nördlich des Glansees, kamen im 18. Jh. allein an die 25 % der schwedischen Eisenerzproduktion, die damals die größte der Welt war. Einige der alten Hütten sind bis heute noch in Betrieb. Neben Metall- ist heute vor allem Papier- und Elektroindustrie getreten. Die Textilindustrie, die sich Mitte des 19. Jh. entwickelt hatte, ist dagegen seit etwa 30 Jahren stark zurückgegangen.

Östergötland besitzt eine alte Kultur, wovon zahlreiche Funde aus der jüngeren Stein- und der Bronzezeit zeugen. Aus der Zeit um 1 200 v. Chr. stammen Felszeichnungen. Die Klöster von Vreta und Alvastra waren im Mittelalter wichtige Zentren für Schweden. Sie waren ebenso religiöse Mittelpunkte wie auch Vermittler neuer Ackerbaumethoden. In Vadstena wirkte im 14. Jh. die hl. Birgitta.

E 4 (Helsingborg–Stockholm) Ödeshög–Kolmården mit Umweg: Alvastra–Straße 50–Vadstena–Mjölby

In *Ödeshög* fährt man (Richtung Mjölby–Stockholm) wieder auf die E 4 und biegt nach reichlich 10 km links Richtung Alvastra zur *Rök k:a* ab. Vor der Friedhofsmauer der Kirche von 1845 steht unter einem Dach der interessanteste und am meisten diskutierte Runenstein Schwedens, der »Rökstenen«. Sein ursprünglicher Platz ist unbekannt. Er wurde 1834 beim Abriß einer alten Zehntscheune neben der Kirche gefunden. Sein ursprünglicher Ort wird aber im engsten Umkreis vermutet, da ein Steinbruch mit genau solchen Steinen ganz in der Nähe liegt. Der Stein ist 3,82 m hoch, doch stehen nur

2,57 m über der Erde. Seine Breite beträgt ca. 1 m. Entstanden ist er zu Beginn des 9. Jh., also in der frühen Wikingerzeit. Die über 800 Runen bilden den längsten Runentext der Welt. Ihre Deutung ist bis heute in vielen Einzelheiten umstritten, hauptsächlich, weil verschiedene Runenalphabete verwandt wurden. Vor allem wurden die schwedisch-norwegischen Runen benutzt. Diese hatten aber nur 16 Zeichen, die etwa doppelt so viel Laute ausdrückten. Die schwedisch-norwegische Runenschrift wird nach diesem Stein mitunter auch »Rökrunen« genannt. Diese Runen sieht man an der Vorderseite, der rechten Schmalseite und den eingerahmten Partien der Rückseite. Dort befinden sich nun auch frühnordische Runen. Diese Schrift bestand aus 24 Zeichen. Darüber hinaus aber sind auch noch Geheimrunen benutzt worden, deren Deutung ungemein schwierig ist. Diese Geheimrunen befinden sich auf der linken Schmalseite, oben auf der Rückseite und auf der Oberseite. Der Runenschneider nennt sich in der Inschrift selbst »der Runenkundige« und weist damit wohl auf die Geheimrunen hin. Die bekannten Teile der Inschrift berichten, daß der Stein zum Gedächtnis Vämods aufgestellt wurde. Er sei im Streit mit 20 Seekönigen umgekommen. Deren Namen werden aufgezählt, wahrscheinlich aus einem Rachegedanken, der mit der Runenmagie zu erklären ist. Hatte man einen mit Runen beschriebenen Menschen mit Hilfe dieser Zeichen gefangen, war er dem Verfasser ausgeliefert. Gerade die Namen dieser Seekönige sind nun von Geheimrunen umgeben. Eine Strophe scheint auch auf den Ostgotenkönig Theoderich anzuspielen.

Dem zoologisch und biologisch Interessierten sei hier ein Abstecher empfohlen. Nur etwa 3 km nördlich liegt der ca. 25 qkm große See *Tåkern*, berühmt für seinen Vogelreichtum. Er ist nur 1 bis 2 m tief. Die Vegetation bietet besonders Wasservögeln eine ideale Heimstatt. Über 250 verschiedene Arten sind hier gezählt worden. Der See ist Naturschutzgebiet und zwischen dem 1. 4. und 30. 6. gesperrt. Es gibt jedoch für Besucher Beobachtungstürme, die jederzeit zugänglich sind. Der nächstgelegene Turm ist am besten über die E 4 bis zur Abfahrt Kyleberg (Straße 929) zu erreichen. Bei Kyleberg links bis zum Hinweisschild (ca. 1 km). Wer den See noch von einer anderen Seite sehen will, sei auf die Türme bei Hov und Strå verwiesen. Ersteren erreicht man über Väderstad, von dort Richtung Hov/Vadstena, letzteren von der Straße 50 zwischen Ödeshög und Vadstena über die Abzweigung nach Strå. Nach rund 2 km steht ein Hinweisschild.

Von Rökstena empfiehlt sich die Fahrt über Heda nach Alvastra. Die Kirche von *Heda* stammt in ihren ältesten Teilen, dem unteren Teil des Turms und dem Langhaus, aus der ersten Hälfte des 12. Jh. Das nördliche romanische Seitenschiff wurde im 13. Jh. angebaut, in den Gewölbebögen deutlich vor dem nahegelegenen Kloster Alvastra beeinflußt. Als Mitte des 19. Jh. die

Kirche zu klein wurde, baute man ein Querschiff und die Apsis an. Außen sind, rechts und links der Apsis, zwei gut erhaltene Runensteine eingemauert. Die heutige Taufkapelle war früher das Waffenhaus. An der rechten Wand hat man die alte sog. piscina, eine steinerne Schale mit einem Ablaufloch für liturgische Waschungen, eingebaut.
Besonders berühmt ist die geschnitzte Madonna aus dem 12. Jh. Sie verdankt dies vor allem einem Gedicht Verner von Heidenstams (1859–1940) »Die Himmelskönigin in Heda« (in der Taufkapelle, links vom Taufstein). Die übrigen Skulpturen in der Kirche sind etwas jünger (15. Jh.).

Alvastra-Kloster – Rogslösa

Von Heda fährt man nach Alvastra-Kloster. Die sehenswerten Ruinen liegen auf der anderen Seite der Straße 50 (Ödeshög–Omberg). Hauptsächlich Zisterzienser brachten das Klosterleben nach Schweden. 1143 wurden sie von Königin Ulhild, Gemahlin Sverker I., nach Schweden eingeladen. Sie gründeten die Kloster Alvastra und Nydala/Småland. Mehrere Tochterklöster folgten. Die Ordensregel der Zisterzienser schrieb vor, sich nicht in bebauten Gebieten anzusiedeln, sondern selbst zu roden. Die Folge war eine intensive Bodenbearbeitung. Man nimmt an, daß sie die Dreifelderwirtschaft nach Schweden brachten. Als Ausnahme wurde hier das Kloster anschließend an einen königlichen Hof und teils auf diesem angelegt. Alvastra wurde im Lauf der Zeit ein wirtschaftlicher Machtfaktor, über 900 Höfe zählten zu seinem Besitz. 1312 und etwa 100 Jahre später brannte das Kloster aus. Nach der Reformation wurde es enteignet. Es begann zu verfallen. 1567 verheerten die Dänen die restliche Anlage. Seit 1921 werden die Ruinen konserviert. Mitunter finden hier Abendkonzerte statt.
Der Bau des Klosters Alvastra dauerte 42 Jahre. Die Anlage entspricht den strengen Bauvorschriften der Zisterzienser, d. h. es gibt keine Bauskulptur, aber eine äußerst sorgfältige Bearbeitung der Steine. Im Süden der dreischiffigen Kirche mit Querschiff und plattgeschlossenem Chor umschlossen verschiedene Klostergebäude einen Klostergarten mit Kreuzgang. Die westlichen Gebäude waren für die Laienbrüder bestimmt. An das südliche Querhaus waren Sakristei, Bibliothek, Kapitelsaal, Arbeitsräume und Küche für die Mönche angebaut. Weiter abseits im Osten lagen Krankenstube und Gästehäuser.
Die Reste der *Kirche* sind am besten erhalten. Das Mittelschiff besaß ein Tonnengewölbe, wie man es noch heute auf der Westseite sehen kann. Im

Klosteranlage von Alvastra

1. Krankenstube
2.–4. Gästehäuser
5. Pförtnerhaus
6. u. 7. Abtswohnung
8. Kapelle
9. Ulf Gudmarssons Kapelle
10. Kirche
11. Alte Bibliothek
12. Sakristei
13. Kapitelsaal
14. Arbeitsraum
15. Klostergarten
16. Kreuzgang
17. Waschraum
18. Wärmeraum
19. Speisesaal
20. Küche
21. Kapitelsaal der Laienbrüder
22. Speisesaal der Laienbrüder
23. Arbeitsraum der Laienbrüder

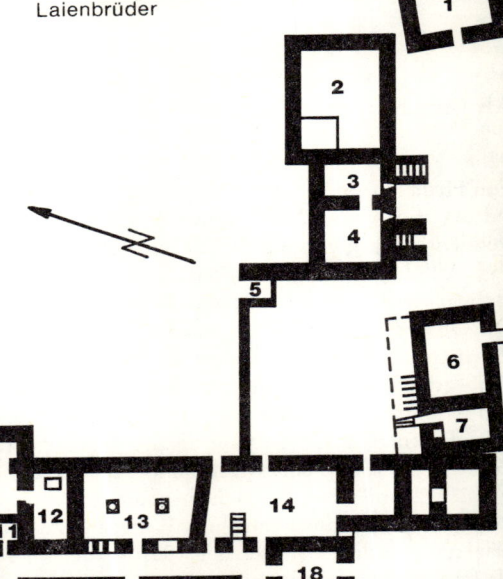

Alvastra

südlichen Querschiff erkennt man rechts von der Treppe eine quadratische Grundmauer. Hier befand sich anfangs die Bibliothek. Später war sie vermutlich in einem anderen Gebäude untergebracht, denn Alvastra besaß eine der größten Bibliotheken Schwedens. Die Treppe dort führte in den Schlafsaal der Mönche, die kleine Tür daneben in die Sakristei hinab. Unter dem Altar dort unterhalb des Fensters hat man verschiedene Gräber entdeckt. In der Öffnung im Giebel hing eine Glocke. Das spitzbogige Fenster in der Westfassade ist deutlich jünger. Wahrscheinlich ist es nach dem Brand Anfang des 14. Jh. eingebaut worden.

Südwestlich des Klosters wurden 1916/20 auf einer kleinen Anhöhe weitere Gebäudereste gefunden. Es handelt sich bei der allgemein *Sverkerhof* genannten Anlage wahrscheinlich um eine kleine Kirche mit Krypta. Einige 100 m weiter in Richtung Vättern fand man eine weitere Kapelle, wahrscheinlich eine Grabkapelle. Allgemein wird sie *Sverkerkapelle* genannt. Man nahm an, daß König Sverker dort begraben sei. Es dürfe jedoch feststehen, daß er, zumindest später, sein Grab in der Klosterkirche hatte. Vielleicht waren seine Gebeine unter den 15 dort im Querhaus gefundenen Skeletten. König Sverker I. (1130–56) wurde, der Legende nach, am Weihnachtstag auf dem Weg zur Kirche in dieser Gegend ermordet.

Nördlich Alvastra, westlich der Straße nach Vadstena liegt der 10 km lange und drei km breite *Omberg*, ein Urgebirge, das stehen blieb, als die umliegende Erdkruste einbrach. Es besteht aus Granit und Porphyr. Sein höchster Punkt ist der 263 m über NN und 175 m über dem Vättern liegende »Hjässan« (= Scheitel). Man kann von Alvastra-Kloster zu Fuß heraufgehen (hinter dem Omberg Turisthotel; vom Kloster Straße nach links). Wer mit dem Wagen ein Stück fahren will, setzt den Weg am Touristhotel fort und biegt am »Stocklycke vandrarhem« nach rechts ab. Dort liegt auch das *Museum »Naurum«*, das über den Omberg, seine Topographie, geologischen Aufbau, frühe Besiedlung usw. informiert. Gut 1 km weiter, beim Hjässatorget, muß man dann den Wagen stehen lassen und die restlichen 500 m zu Fuß gehen. Vom Hjässan (Aussichtsturm) hat man einen herrlichen Blick über den Vättern und die fruchtbare Ebene Östergötlands. Zahlreiche markierte Wanderwege führen über den durch seine Flora bekannten Omberg. Hier wachsen auch sonst in Schweden nicht heimische Bäume wie Edeltannen, Lärchen, Maulbeer- und Walnußbäume. An seiner Westseite fällt der Berg steil zum Vättern hin ab. Dort haben sich auch verschiedene Grotten gebildet, die aber nur von der Wasserseite aus zu erreichen sind (von Ödeshög fahren Boote dorthin, insbesondere zu der größten Grotte, der »Rödgavelns grotta«). Vom Hjässantorget fährt man weiter und erreicht die Straße 50, auf der man nach links (Richtung Vadstena/Örebro) weiterfährt.

Die Kirche von *Väversunda* (rechts der Straße) aus dem 12. Jh. (Gewölbe vom Ende des 14. Jh.) hat ihr altes Aussehen erstaunlich gut bewahrt. Ein erhalten gebliebenes romanisches Fenster in der Nordwand zeigt, wie früher diese Kirchen Licht erhielten. Sehenswert ist vor allem die eisenbeschlagene Tür mit einem Runentext (auf dem senkrechten Stab in der Mitte), der besagt, daß »Asmund diese Tür gemacht« hat (12. Jh.). Das Waffenhaus wurde 1641 angebaut. In dieser Zeit wurden auch Langhaus und Chor ausgemalt, während die Fresken der Apsis noch aus dem 14. Jh. stammen. Das Triumphkruzifix ist eine Kopie des im Historischen Museum in Stockholm aufbewahrten Originals aus dem beginnenden 12. Jh.
Etwa 5 km weiter kann man nach links zur Kirche von *Rogslösa* abbiegen. Der Turm der Kirche ist im 12. Jh. gebaut worden, das Langhaus im 13. Man kann den Unterschied am Mauerwerk erkennen. Aus dem 12. Jh. stammt noch das sehenswerte romanische Portal mit der alten Holztür und ihrem schmiedeeisernen Beschlag. Links unten holt der Teufel, erkennbar an seinen Füßen, einen verlorenen Menschen. Daneben links ist der Sündenfall, rechts der Kampf St. Michaels mit dem Drachen zu sehen. Das große lilienartige Gewächs links neben dem runden Handgriff symbolisiert den Lebensbaum. Im oberen Feld steht der fliehende Hirsch für den nach Erlösung strebenden Menschen, der Schutz unter dem Zeichen des Kreuzes sucht. Die lose hängenden Ringe geben (ähnlich wie in Väversunda) beim Öffnen und Schließen der Tür einen klirrenden Laut. Man kann an der Tür deutlich sehen, wie mit dem Christentum auch bis dahin unbekannte Formen der Bildsprache nach Schweden eindrangen, wie aber auch die alten ornamentalen Formen (z. B. das Flechtband) sich noch behaupteten und oft mit der neuen Bildsprache verwoben wurden. Die Tür von Rogslösa ist die berühmteste Tür dieser Art in Schweden. Gerade in Götaland, nördlich von Skåne, blühten diese Kunstschmiedearbeiten. Verschiedene Künstler sind bekannt, weil sie ihre Namen in Runenschrift anbrachten. Man weiß daher, daß es sich um einheimische Künstler gehandelt hat. Das Triumphkruzifix und das Altarretabel sind aus dem 15. Jh. Die Bilder an der Empore hat ein Bauernmaler im 18. Jh. nach den Bildern eines damals sehr verbreiteten christlichen Lehrbuchs gemalt.

Vadstena

Nach rund 12 km erreicht man Vadstena (5000 Einw.). Der Ort wird 1268 erstmals unter diesem Namen erwähnt. Etwas später ließ Birger Jarls Bruder Elav dort eine prächtige Palastanlage bauen. 1346 schenkte König Magnus

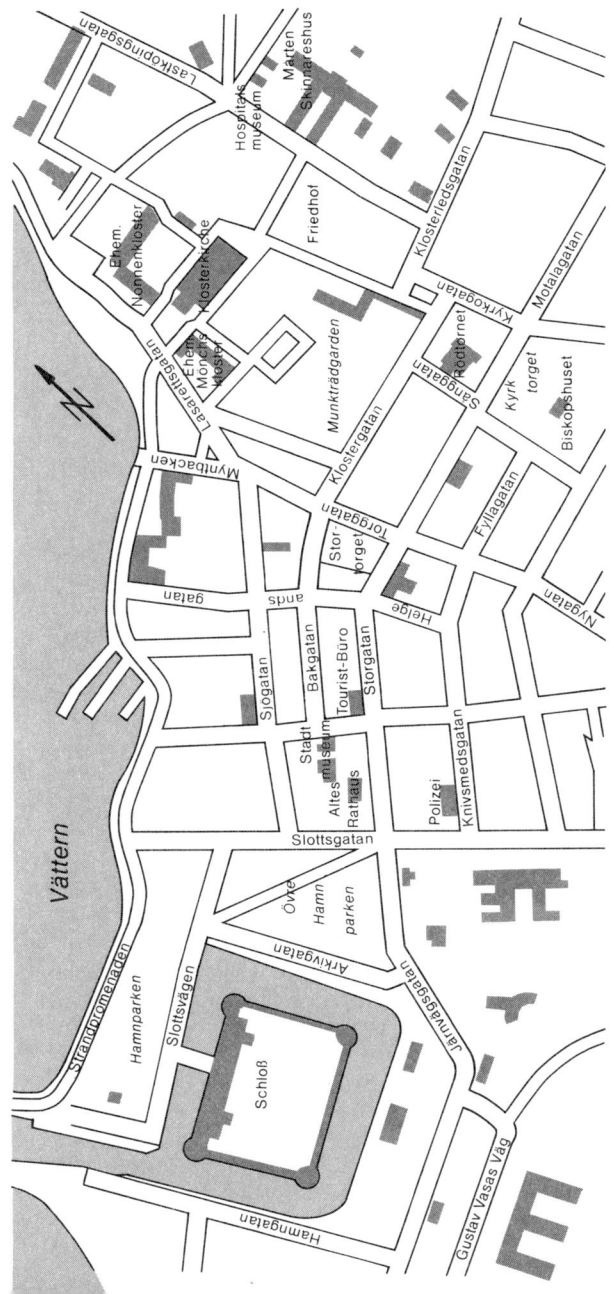

Eriksson die Anlage der Tochter von Birger Jarls Bruder Bengt, Birgitta Birgersdotter, um dort ein Kloster anzulegen. Um 1400 erhielt der um das Kloster entstandene Ort Stadtprivilegien. Nach der Reformation bestimmten Schloßbau und Hofleben das Erwerbsleben. Auch die Brandschatzung durch die Dänen 1567 konnte die Entwicklung nicht hindern. Erst als 1716 die Schwester Karl XII. ihren Wohnsitz in Vadstena aufgab, verfiel der Ort in einen Dornröschenschlaf. Trotz wirtschaftlicher Erholung seit dem Ende des 18. Jh. ist Vadstena eine etwas verträumte Kleinstadt geblieben.

Man beginnt einen Rundgang am besten am *Schloß*. Es wurde 1545 begonnen und gehört zu den typischen Schloßbauten des 16. Jh. (wie u. a. Kalmar, Örebro, Uppsala, Gripsholm). Für alle diese Bauten ist die Verbindung zwischen Verteidigungsanlage und Palast kennzeichnend. In der Regel, so auch hier, begann Gustav Vasa den Bau als Verteidigungsanlage mit wuchtigen Baumassen und vier Verteidigungstürmen. Unter seinen Nachfolgern wurde mehr Wert auf geschmackvolle Inneneinrichtung gelegt, und der Verteidigungsgedanke trat in den Hintergrund. Gemeinsam ist auch all diesen Burg-Schlössern, daß Bauplastik nur an den Giebeln und Portalen vorkommt. So sind auch hier an den Giebelseiten je drei Figuren in Nischen zu erkennen. Sie wurden von Hans Fleming, einem der bedeutendsten Bildhauer Schwedens dieser Zeit geschaffen und symbolisieren Glaube, Liebe und Hoffnung auf der Stadtseite sowie Tapferkeit, Rechtschaffenheit und Standhaftigkeit auf der Seeseite.

Früher führte eine Zugbrücke über den Graben. Unter dem Wappenschild des Eingangs sieht man noch die Öffnung für die Kette der Brücke. Die beiden halbrunden Pfeiler dienten wahrscheinlich dem Schutz des Portals. Die Jahreszahl 1563 im Portal gibt wohl das Datum seiner Fertigstellung an. Im Gewölbe des Eingangs befindet sich noch die viereckige Öffnung, die bei vielen Burgen dieser Zeit den Eingang zusätzlich dadurch schützte, daß man einen eingedrungenen Gegner mit heißem Pech o. ä. überschüttete. Vom Burghof aus sieht man noch am Mittelturm rechts und links des Tores Reste von Konsolen. Sie trugen früher einmal eine außen verlaufende Galerie, durch die man von der einen Seite des Schlosses zur anderen gelangen konnte, ohne den in der Mitte liegenden Kirchenraum zu passieren. Bei Festlichkeiten im Freien standen dort die Musiker. Die Jahreszahl 1777 rührt von einer Renovierung her. Die rechts und gegenüberliegenden Mauern ersetzten im 19. Jh. die früheren Befestigungswälle. Die Mauer links ist eine Rekonstruktion von 1983.

Ab 1716 diente das Schloß verschiedenen Zwecken, als Lagerhaus für Getreide und Branntwein, als Manufaktur für feine Leinengewebe (von der die Tradition der Spitzenherstellung in Vadstena herrühren soll – andere führen sie auf die Arbeiten der Nonnen zurück). Seit 1899 ist das Landesarchiv von

Östergötland dort untergebracht. 1957 begann eine gründliche Renovierung. Das Schloß kann besichtigt werden. Außer wechselnden Sonderausstellungen sind Möbel und Einrichtungen aus verschiedenen Zeiten zu sehen (Führungen 10, 12, 14, 16; auch deutschsprachige Führungen; geöffnet 10–18; nimmt man an keiner Führung teil, bedient man sich einer deutschsprachigen Broschüre).
Durch den Park und am Wasser entlang kommt man zu der *Klosteranlage* und *Klosterkirche*. Hier lag der Palast, den Birgitta Birgersdotter 1346 zum Geschenk erhielt. Zwischen 1369 und 1430 entstand das Kloster. Birgitta, die bekannteste schwedische Mystikerin, wurde 1303 geboren. Sie heiratete jung und gebar 8 Kinder. Frühzeitig galt ihre besondere Fürsorge den Armen und Kranken. Später war sie als Hofmeisterin am Hof von König Magnus Eriksson. Während dieser Zeit soll sie bei einem Aufenthalt in Vadstena ihre ersten Visionen gehabt haben. 1349 unternahm sie eine Pilgerfahrt nach Rom, wo sie 24 Jahre bis zu ihrem Tod 1373 blieb. Ihre zahlreichen Visionen schrieb sie gewissenhaft auf. Ihr Ruf verbreitete sich rasch. 1374 wurden ihre Gebeine nach Vadstena überführt. Das hier entstandene Kloster beruht in allen Einzelheiten auf ihren Anweisungen, die sie von Rom aus gegeben hatte. Völlig neu war die gleichzeitige Unterbringung von Mönchen und Nonnen in einem Kloster, auch wenn beide Geschlechter durch bauliche Anordnungen voneinander getrennt waren. Sogar in der Kirche waren Nonnen und Mönche streng geschieden; die ersteren hielten sich im Ostteil auf einer Empore, die letzteren im tieferliegenden Westchor auf. Beide hatten von ihren Klöstern aus getrennte Zugänge in die Kirche. Der Plan hatte zwar zuerst heftigen Widerspruch seitens der Kirchenleitung gefunden, doch bestätigte 1370 Papst Urban Birgittas Klosterregeln. Bereits 1391 wurde sie heilig gesprochen. Bald darauf entstanden überall in Europa Birgittenklöster. Vadstena blieb der Mittelpunkt für alle Neugründungen und zog große Pilgerscharen an. Birgitta hatte zahlreiche religiöse Schriften ins Schwedische übersetzen lassen. Die Bibliothek des Klosters gehörte bald zu den größten Schwedens.
Nächst der Stadt liegt neben der Kirche das ehemalige Mönchskloster. Sein Aussehen erhielt es bei verschiedenen An- und Umbauten 1763/70. Nach der Reformation diente das Gebäude verschiedenen Zwecken. 1647 war es ein Invalidenheim für die Opfer des Dreißigjährigen Krieges, später allgemeines Krankenhaus und dann Jugendherberge. Heute ist im Erdgeschoß ein stimmungsvolles Restaurant eingerichtet.
Vor der Kirche liegen verschiedene Grundmauern von Bauten aus der Klosterzeit. Hier stießen Mönchs- und Nonnenkloster aneinander. In zwei Räumen befanden sich vergitterte Öffnungen, durch die sie miteinander sprechen konnten.
Die Klosterkirche liegt in der Mitte der früheren Klosteranlage, zwischen

Mönchs- und Nonnenkloster. Sie wurde nach den Anweisungen Birgittas gebaut. Diese gotische Kirche aus Kalkstein betont die von der Klostergründerin vertretene Einfachheit. Das Ideal der Schlichtheit tritt ebenso in dem klaren Grundriß wie in dem ganzen Baukörper zutage. Die Kirche wurde um 1370 begonnen. 1393 war der Bau so weit fortgeschritten, daß die Gebeine der inzwischen kanonisierten Birgitta dorthin überführt werden konnten. 1430 war sie endgültig fertiggestellt. Auffallend an dieser Hallenkirche, die in ihrer klaren Schlichtheit zu den imponierendsten Schwedens gezählt wird, ist, daß der Chor mit dem Hauptaltar im Westen, zur Seeseite hin, liegt. An diesem Altar feierten die Mönche ihren Gottesdienst. Zu Zeiten des Klosters standen insgesamt 62 Altäre in der Kirche. Farbige Glasfenster waren von Birgitta verboten worden, da sie die Gläubigen zu sehr ablenken würden. Die jetzigen Fenster wurden erst zwischen 1890 und 1900 eingesetzt. Das Sterngewölbe hat der Kirche auch den Beinamen »Palmkirche des Nordens« gegeben. Eine Ausmalung der Kirche war von Birgitta nicht vorgesehen. Die Gewölberippen wurden nach 1420 bemalt.

Die Kirche besitzt eine Fülle von Kunstschätzen. Zu den bedeutendsten gehört die sogen. »ekstatische Birgitta«, eine Holzskulptur von dem Lübekker Johannes Junge aus der ersten Hälfte des 15. Jh. Die Heilige ist im Augenblick einer Vision dargestellt. Vermutlich stand die Figur früher in einem Rahmen, in dem vergoldete Strahlen auf ihr eines Ohr trafen. Solche Darstellungen finden sich auf Zeichnungen, mit denen die »relevationes«, ihre Erscheinungen, bebildert waren.

Eine andere Birgittastatue wird oft als die »porträtähnliche« Birgitta bezeichnet, obwohl dies keineswegs erwiesen ist. Sie stammt von etwa 1470 und zeigt die Heilige in ruhiger Haltung mit dem Buch auf den Knien, das im Mittelalter zu ihrem Symbol wurde.

Eine dritte Skulptur verdient hervorgehoben zu werden: die, ebenfalls von Junge geschaffene, Anna Selbdritt, wahrscheinlich 1426 für den Grabchor der Gemahlin Eriks von Pommern vorgesehen. Die realistische Figurengruppe gehört zu dem sogen. »weichen Stil« der Gotik.

Gleichfalls Junge zugeschrieben wird auch das große Triumphkruzifix, entstanden um 1430. Es war ursprünglich bemalt. Schon an diesen drei Beispielen zeigt sich, wie stark zu Beginn des 15. Jh. der norddeutsche Einfluß nicht nur im Stadtwesen, sondern auch in der sakralen Kunst in Schweden war. Auch die sogen. »schöne Madonna«, eine Eichenholzschnitzerei von etwa 1500, wird einem norddeutschen Meister zugeschrieben. Sie wird als eine der schönsten spätmittelalterlichen Madonnen in Schweden bezeichnet. Das Flügelretabel des Hochaltars wurde der Kirche 1521 geschenkt. Es stammt aus der Werkstatt Jan Bormans in Brüssel.

Im tieferliegenden Westchor steht der Schrein mit Reliquien der hl. Birgitta.

Vadstena 179

Klosterkirche von Vadstena

1 „Exstatische" Birgitta, Junge (1430/40)
2 „Porträtähnliche" Birgitta (um 1470)
3 Annaselbdritt, Junge (etwa 1426)
4 Steinrelief über Tür (15. Jh.), darüber
5 Figur eines Kruzifixes (wahrscheinlich a. d. Bauzeit)
6 Johannes der Täufer vom ehemal. Johannnesaltar (Anfang 15. Jh., norddeutsch)
− „Schöne Madonna" (norddeutsch, um 1500)
8 Relief J. A. Silverling (1684)
9 Triumphkruzifix, Junge (um 1430)
10 Hochaltar, Aufsatz, Borman (um 1520)
11 Reliquienschrein der hlg. Brigitta
12 Altaraufsatz d. Birgittaaltars, Hesse/Stenradh (1459)
13 Öffnungen der Beichtzellen für Nonnen
14 Rosenkranzaltar (16. Jh.)
15 Holzskulpturen, von links: 2 Engel (1478), St. Anna mit Maria und Jesuskind (1470), Apostel Jakob d. Ä. (14. Jh.), St. Ursula (16. Jh.), Maria und Elisabeth, ein Papst, St. Katharina v. Alexandria, ein Bischof (14./15. Jh.)
16 Taufstein, de la Roche (1584)
17 Grabmal Herzog Magnus, Bernt von Münster (um 1600)

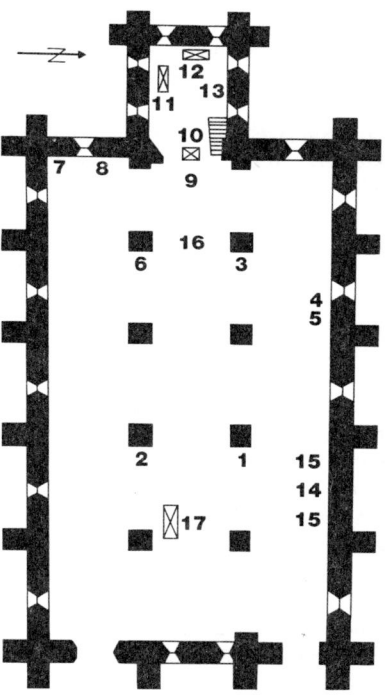

Der ursprüngliche kostbare Silberschrein existiert nicht mehr. Er war 1412 angefertigt worden. 1573 wurde er auf Geheiß König Johann III. (1568–92) eingeschmolzen, um die Kriegskasse für einen Feldzug gegen Rußland zu füllen.

Der Flügelaltar an der Westwand des Mönchschores gehörte ursprünglich zu dem in der Nähe des Eingangs stehenden Birgitta-Altar. Aus konservatorischen Gründen wurde er Anfang der 80er Jahre hierher versetzt. In der Reformation ist er schwer beschädigt worden. Er wurde von dem Lübecker Hans Hesse begonnen und von Johan Stenradh 1459 bemalt. Im Mittelfeld verkündet Birgitta zwei knienden Kardinälen ihre Offenbarungen. Rechts im Mönchschor sind die Öffnungen zu sehen, durch die die außen in einem angrenzenden Raum knienden Nonnen ihre Beichte bei den Mönchen ablegten.

Nördlich der Kirche liegt das frühere Nonnenkloster. Dieser Backsteinbau war der Palast, den König Magnus Birgitta schenkte. Zur Zeit seiner Entstehung, 1280/90, waren Ziegel in Mittelschweden ein neues und sehr kostspieliges Material. Reich mit Bauskulpturen aus Kalkstein geschmückt, galt er als der exklusivste Profanbau seiner Zeit. Die heutige Südfassade des Nonnenklosters (zum Hof hin) zeigt von der damaligen Pracht nur noch Ansätze, vor allem im Erdgeschoß. Trotz der beim Umbau zum Kloster erfolgten »Vereinfachung« vermittelt die Fassade aber auch heute noch eine Ahnung von dem früheren Bauideal, das seine Wurzeln in der römischen und byzantinischen Kaiserarchitektur hatte. Diese »Vereinfachung« der Fassade (innen war die Veränderung noch umfassender) hatte nicht nur in dem religiös bestimmten Purismus Birgittas ihre Wurzeln, sondern auch in einer erstaunlichen sozialen Auffassung. Obwohl sie selber aus hocharistokratischen Kreisen stammte, befand sie, der Palast sei »mit dem Schweiß armer Menschen für den Hochmut reicher Männer« gebaut worden.

Die Klosteranlage Vadstenas war der wichtigste schwedische Beitrag für die europäische Architekturgeschichte des Mittelalters. Eine Vielzahl von Klöstern in verschiedenen europäischen Ländern folgte in ihrer Anlage diesem Plan und zeigte durchweg den gleichen typischen Purismus.

Zu den Sehenswürdigkeiten Vadstenas gehört auch das steinerne Haus eines vermögenden Pelzhändlers, *Mårten Skinnares hus* (skinn = Pelz; durch den Friedhof, ca. 100 m nach links, neben der »Folkhögsskola«). Es wurde wahrscheinlich 1520 gebaut. Auffallend ist der große Erker zur Straße und das auf der Rückseite nach außen gebaute »hemlighus«, das »heimliche Haus« bzw. das »stille Örtchen«. Daneben liegt das Museum des alten Hospitals mit Exponaten über das frühere Heilwesen (nur 1 Führung, tägl. 14 Uhr).

Durch die Lastköpingsgatan, vorbei an dem »Rödtornet«, (Roten Turm) von 1464, der von einer früheren Kirche stehen blieb, kommt man hinter dem Turm zum *Biskopshuset*. Es wurde 1473 gebaut (der östliche Teil etwas später) und diente dem Bischof bei Visitationen als Wohnung. Durch die Storgatan erreicht man, am Stortorget vorbei, den Rådhustorg mit dem alten Rathaus. An der Ecke liegt das im 16. Jh. umgebaute *Udd Jönssons hus*.

Das *Rathaus* auf der anderen Seite des Platzes ist das älteste erhaltene Rathaus Schwedens. Sein ältester Teil, der Flügel längs der Storgatan, stammt vom Ende des 15. Jh. Zu Beginn des 16. Jh. wurde der Turm angebaut. Seine Haube mit Laterne kam 1691 dazu. Das heutige Aussehen erhielt der Bau bei einem Umbau zu Beginn des 18. Jh. Neben dem Rathaus liegt das Heimatmuseum.

Von Vadstena bieten sich verschiedene reizvolle *Schiffsfahrten* auf dem Vättern oder in den Götakanal an. Die Schiffe gehen vom Schloßgraben ab. Das

Linköping

Kontor des »Wetterns båttrafik« liegt ebenfalls dort (südliche Schloßseite). Eine ganztägige Fahrt führt in den Götakanal. Man passiert Motala, das seine Entwicklung dem Götakanal verdankt. Auf der Strecke zwischen der Schleuse von Motala und Borenshult fährt man an dem letzten Ruheplatz des Erbauers des Kanals, Baltzar von Platen, vorbei. Hinter Borenshult kommt man in den 73 m tiefen See Boren. Der Höhenunterschied vor 15 m wird durch fünf Schleusen überwunden. Am südlichen Strand liegt das *Schloß Ulfåsa*, das im 19. Jh. sein jetziges Aussehen erhielt. In Borensberg hat man zwei Stunden Zeit bis zur Rückfahrt (Fahrtzeit hin und zurück jeweils drei Stunden; Fahrten jeweils samstags).
Eine andere Fahrt macht mit dem Schärengebiet des nördlichen Vättern bekannt (etwa 6½ Stunden). Weitere Ziele sind Hjo (früher ein bekannter Badeort, heute eine Kleinstadtidylle) auf der Westseite des Sees (Aufenthalt dort 3¾ Stunden). Auch von Vadstena aus kann man die Insel Visingsö besuchen (Aufenthalt dort 2½ Stunden). Die Fahrten finden vorzugsweise im Juli an bestimmten Tagen statt. Es ist zu empfehlen, sich rechtzeitig zur Planung mit dem Kontor in Verbindung zu setzen (HB Wetterns Båttrafik, Box 33; S-592 00 Vadstena, Tel. 0143/231 87). Gegessen werden kann an Bord.

Von Vadstena erreicht man über (Straße 206) Skänninge–Mjölby wieder die E 4 nach Linköping.

Linköping

Linköping (43 000 Einw.) ist seit 1060 Bischofsstadt. 1152 wurde hier auf einem Kirchentreffen beschlossen, Schweden der römischen Kirche anzuschließen. Zu Beginn des 13. Jh. entstand eine Domschule zur Priesterausbildung. Der Franziskanerorden baute ein Kloster (gegenüber der Nordseite des Doms), und um die geistlichen Anlagen sammelten sich Handwerker und Kaufleute. Nach der Reformation wurde aus dem Bischofssitz eine königliche Vogtei und nach 1630 der Sitz des Landeshauptmanns.
1600 fand das »Blutbad von Linköping« statt. Im Kampf um die schwedische Königskrone ließ der spätere König Karl IX. (1599–1611) die adligen Anhänger seines Neffen und Gegenspielers Sigismund zum Tode verurteilen und hinrichten.
1700 brannte ein großer Teil der aus Holzhäusern bestehenden Stadt ab. Die ältesten erhaltenen Bürgerhäuser stammen aus der Zeit des Wiederaufbaus

danach. Sie bilden, als ein lebendes Museum, einen eigenen kleinen Stadtteil, Gamla Linköping. In unserem Jahrhundert entwickelte sich die Stadt zu einem Industrieort mit technisch hochqualifizierten Industrien, u. a. den Saab-Scania-Flugzeugwerken.

Zentrum der Stadt ist der *Dom*. Er wurde nach westfälischen Vorbildern als dreischiffige Hallenkirche (falsche Basilika) 1230 begonnen. Eine Bauunterbrechung um 1250 ist an zwei achteckigen Pfeilern im Langhaus ablesbar: Die etwas später gebauten westlichen Teile besitzen hochgotische Bündelpfeiler. Die um 1350 fertiggestellte Kirche erhielt schon nach 1410 einen neuen gotischen Umgangschor nach den Plänen Gierlacs von Köln. Nach einem Baustillstand kamen um 1480 zahlreiche Steinmetze, vor allem aus dem Kölner Raum, zum Weiterbau nach Linköping. Nicht weniger als 58 Steinmetzzeichen finden sich im Chor, darunter auch das des Adam van Düren. Bis zur Fertigstellung 1515 wurde mit großem Nachdruck gearbeitet, sogar im Winter, was im Mittelalter ganz unüblich war.

Bei der fast 300jährigen Bauzeit wurde der Bau frühgotisch begonnen und fand seinen Abschluß im flamboyanten Stil der Spätgotik. Trotzdem ist der Gesamteindruck sehr einheitlich. Auch der Turm fällt dabei nicht aus dem Rahmen, obwohl er erst 1885 gebaut wurde (anstelle eines im 18. Jh. angebauten). Architekt war der für sein konsequentes Eintreten für Stilreinheit bekannte Helgo Zetterwall.

Die Kirche ist aus Kalkstein gebaut. Nur in bestimmten Teilen Schwedens war dieses Baumaterial in der Gotik von Bedeutung, nämlich in dem sogen. Kalksteingürtel, der sich etwa von Västergötland über Östergötland nach Gotland erstreckte. (Der mit Kalkstein begonnene, aber mit Backsteinen vollendete Dom in Uppsala ist eine Ausnahme.)

Im Kircheninneren fallen die Blendarkaden an den beiden Langhauswänden auf. Sie verraten, daß auch englische Einflüsse aufgenommen wurden. Hier kann man auch ablesen, wie die Kirche, zunächst nach Westen, gebaut wurde: Die östlichsten Arkaden aus der Bauperiode um 1230 sind noch der romanischen Auffassung verpflichtet, die westlichen mit Menschenköpfen und Fabeltieren aus der Zeit nach 1300 dagegen zeigen, wie inzwischen die Gotik sich durchgesetzt hatte. An der südlichen Wand des Chorumgangs befindet sich ein Flügelaltar, der urpsrünglich in Holland stand, dort beim Bildersturm gerettet wurde und den dann König Johan III. (1568–92) für die Kirche aufkaufte (der gleiche König, der den Silberschrein der Birgittareliquien einschmelzen ließ). Von 1582 bis 1812 stand der Aufsatz auf dem Hauptaltar. Er wurde 1543 von Marten van Heemskerk gemalt. Ein Detail verdient besondere Erwähnung: Auf dem linken Flügel, bei der Schilderung der Vorführung Jesus vor Pilatus, sitzt links unten, neben dem römischen Knecht, ein jüdischer Ratsherr mit einer blauen Mütze, mit »Nicedemus«

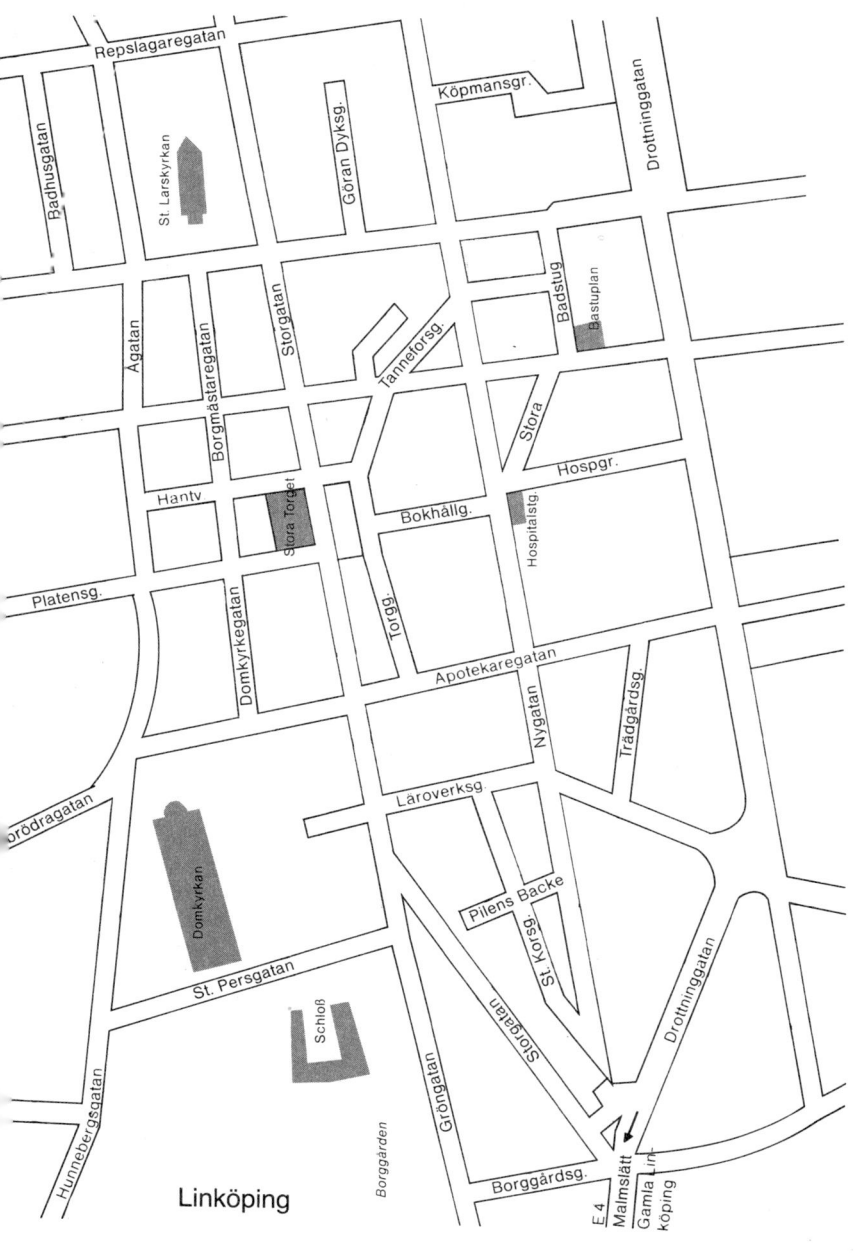

gekennzeichnet. Er trägt deutlich die Züge Luthers. Eine Verleumdung durch den Katholiken Heemskerk?
Die zwei hochgotischen Sakramentshäuschen zu beiden Seiten des Altars sind Ende des 15. Jh. entstanden. Ihr Schöpfer hat den Notnamen »Meister der Sakramentshäuschen« bekommen. Von ihm sind noch weitere mit seinem Steinmetzzeichen versehene Plastiken erhalten. Das südliche Häuschen ist in der häufig vorkommenden Form mit gotischer Turmspitze geschaffen, das nördliche dagegen zeigt einen Festungsturm mit kämpfender Besatzung. Interessant ist nun eine vom gleichen Meister stammende Bauplastik an den Diensten im Chorumgang (nödl. und vorderster südl. Pfeiler). Hier sind lebhaft bewegte Figuren mit fliegenden Haaren zu erkennen, die deutlich über die strengeren Formen der Sakramentshäuschen hinausgehen und für den Flamboyantstil typisch sind. Das Triumphkruzifix stammt aus dem frühen 14. Jh. und ist eine einheimische Arbeit.
Zu den wichtigsten Werken moderner Sakralkunst werden die Altargemälde und die Gobelins auf ihrer Rückseite gerechnet. Sie wurden 1934/35 von dem Norweger Henrik Sørensen (1882–1962) gemalt. Er war von Matisse beeinflußt und strebte eine Verbindung mit norwegischer Bauernmalerei in einem nordischen Kolorit an. Später trat der Einfluß der italienischen Hochrenaissance stärker hervor, was hier ablesbar ist. Die Gobelins wurden 1938 von Märta Afzelius entworfen und sind bezeichnend für die moderne schwedische Textilkunst. Der davorstehende bronzene Taufstein kam aus Norddeutschland und wurde zu Beginn des 15. Jh. geschaffen. Die Kanzel fertigte ein Schüler Burchard Prechts, N. Österbom, 1745. Auch der Orgelprospekt ist sein Werk. Die wenigen erhaltenen Reste der Glasmalerei sind im Museum zu sehen. Es ist geplant, die Fenster mit moderner Glasmalerei zu schmükken.
Schräg gegenüber der Westfassade liegt das schon im 12. Jh. mit dem Westflügel begonnene *bischöfliche Schloß*. Auf der Südseite des Doms stehen noch einige Häuser aus dem 18. und 19. Jh. Im Vasavägen (Nr. 16) ist das *Landesmuseum* untergebracht. Neben Sammlungen aus der Geschichte Linköpings und der Provinz Östergötland zeigt es Gemälde schwedischer und europäischer Meister, u. a. Lucas Cranach: Adam und Eva (Mo–Frei 12–16, Mo u. Do auch 19–21, Sa 12–15, So 13–17).
Auf dem Stora Torget (östl. d. Domkirche) steht eine der bekanntesten Brunnenskulpturen von Carl Milles, der *Folkunga-Brunnen*. Das Motiv ist einem Roman des schwedischen Dichters Verner Heidenstam über die Folkunger, ein Königsgeschlecht im 13. Jh., entnommen.
Etwas außerhalb, im Malmslätt, liegt das *Flygvapenmuseum* mit der größten Sammlung von Militärflugzeugen und zugehörigen Ausrüstung in Schweden. Die älteste der über zwei Dutzend Maschinen ist von 1912 (Zufahrt vom

Runenstein vor Schloß Gripsholm ▷

Linköping

Zentrum Richtung E 4 Helsingborg, Malmslättvägen, dann ausgeschildert; So–Fr 12–15).

Besonders sehenswert ist Gamla Linköping (vom Zentrum über Storgatan, Malmslättvägen, Zufahrt zur E 4 Helsingborg, links der Straße, angezeigt). Es ist ein teilweise noch bewohntes Freilichtmuseum mit über 80 Gebäuden nach altem Stadtplan, die den Eindruck einer Kleinstadt der zweiten Hälfte des 19. Jh. vermitteln. Meist stammen die Häuser vom Ende des 17. Jh. bis 1910 (die etwas abseits liegende *Carin-Nilssons-Villa*). Gutbürgerliche Wohnkultur steht neben Armenwohnungen. Ein Kaufmannsladen wird seit 1873 betrieben. Im Gebäude des *Schulmuseums* mit über 100 Jahre altem Inventar wurde 1848 die erste Volksschule der Stadt errichtet. Verschiedene Handwerker verkaufen in Gamla staden ihre Produkte (meist Mo–Frei 10–17.30, Sa–So 13–16). Am *Kryddbodtorget* (Kräuterladenmarkt) kann man ein Service von Hackefors, »Blåklinten« erstehen, das ausschließlich hier verkauft wird. Essen und trinken kann man im »Värdshuset« aus dem 18. oder in dem »Grands serveringspaviljong« aus dem 19. Jh.

Auf dem anschließenden Freizeitgelände *Vala fritidsområde* sind einige alte Bauernhöfe wieder aufgebaut, darunter ein kleines, graues Häuschen aus dem frühen 17. Jh.

Ca. 10 km vor Norrköping ist die Zufahrt zu *Schloß Löfstad* angezeigt.

◁ *Schloß Gripsholm, Södermanland*

Lage der Felszeichnungen Himmelstalund/Norrköping

Es handelt sich um ein Herrenhaus, das nach den Erfahrungen, die schwedische Adlige während des Dreißigjährigen Krieges in Deutschland gemacht hatten, nach 1643 entstanden war. 1750 brannte es aus und erhielt danach sein heutiges Aussehen mit den typischen schwedischen Herrenhofdächern. Es war später im Besitz der Familie von Fersen. Zu ihr gehörte der spätere Reichsmarschall Axel von Fersen d. J. (1755–1810), der versucht hatte, König Ludwig XVI. von Frankreich und Marie-Antoinette aus der Revolution zu retten und später in Stockholm von einer aufgebrachten Volksmenge ermordet wurde (s. S. 42). In dem englischen Park steht ein Denkmal für ihn. Die dreiseitige Anlage wurde bis 1940 bewohnt und ist seitdem Museum. Die Einrichtung stammt überwiegend aus dem 18. Jh. (1. 5.–30. 9. tgl. 13–16).

Die Gegend von Norrköping wurde seit der Bronzezeit besiedelt. Zahlreiche Felszeichnungen zeugen davon. Man fährt nicht zum »Centrum«, sondern weiter Richtung Stockholm. Hinter der Brücke über den Motala ström steht rechts ein Abfahrtsschild zu einem Badeplatz. Diesem »Badeschild« folgt man bis zum Parkplatz auf der anderen Seite der E 4. Dort ist ein Hinweisschild »hällristningar«. Vor dem Bad steht ein Informationskiosk. Am Motala strömmen liegt in einem etwa 1,5 × 5 km großen Gelände eines der figurenreichsten Felszeichnungsgebiete mit rund 1600 bestimmbaren Figuren verstreut auf verschiedenen Felsplatten, einige davon rund 400 m vom Bad entfernt. Sie stammen aus der Bronzezeit (1500–500 v. Chr.) (über Felsbilder siehe S. 234 ff.).

Norrköping

Norrköping (ca. 85 000 Einw.), eine Siedlung seit der Bronzezeit, erlebte erst ab dem 17. Jh. einen stärkeren Aufschwung, als holländische Unternehmer vor allem Lois de Geer, und holländisches Kapital hier eine eisenverarbeitende Industrie, hauptsächlich für Kriegsmaterial, aufbauten. Im 19. Jh. entstanden so viele Textilindustrien (1841 die erste Baumwollspinnerei), daß man vom »schwedischen Manchester« sprach. Die Fabriken konnten di Wasserkraft an den Stromschnellen ausnutzen. Die Textilindustrie erlag de allgemeinen Krise in den 60er und zu Beginn der 70er Jahre. Heute sind vo allem Papierherstellung, Gummi-, Plastik- und elektro-technische Industrie an ihre Stelle getreten.

Die Industriegeschichte der Stadt spiegelt sich in der Architektur der In nenstadt. Das *Rathaus* am Tyska Torget, 1907/10 nach Plänen von Isak Gu

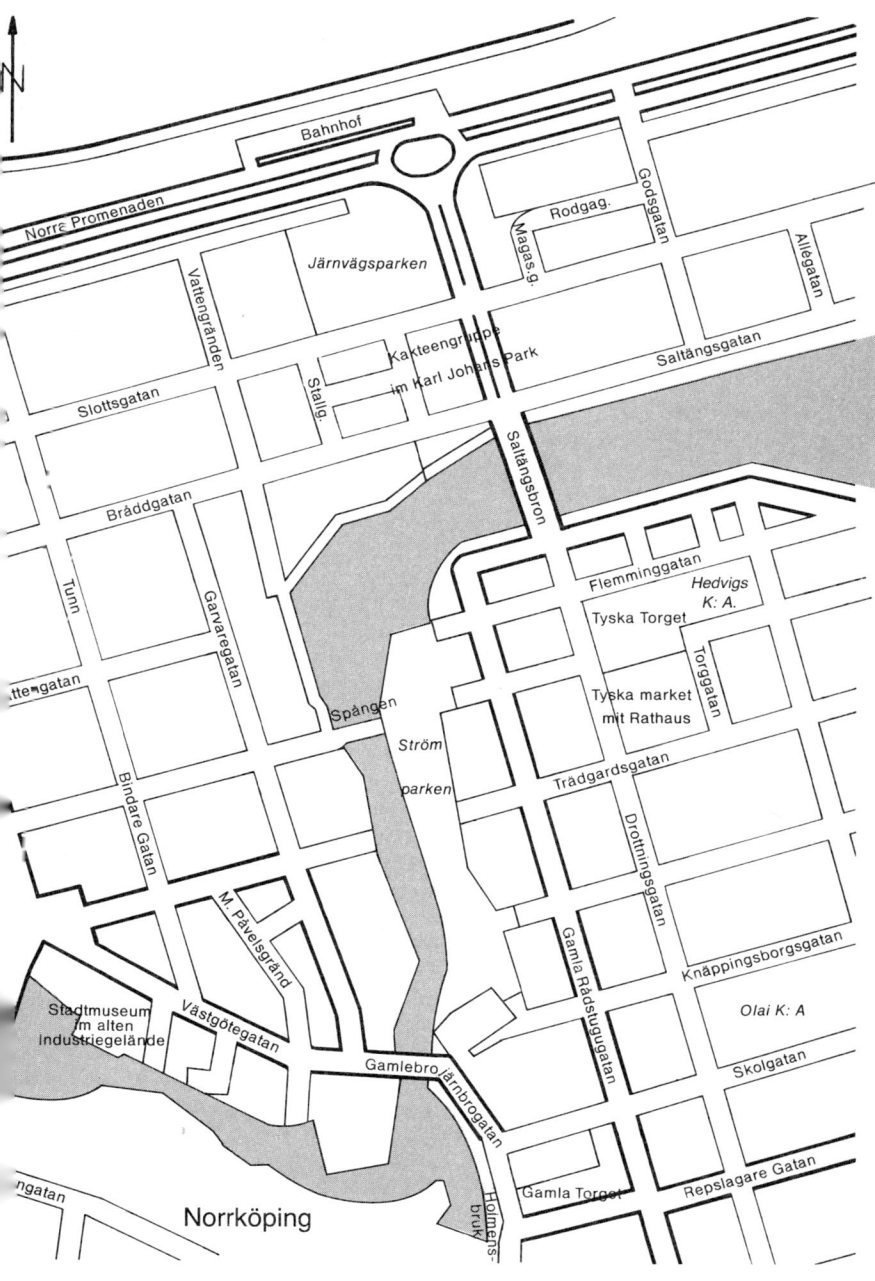

stav Clason (1856–1930) erbaut, zeigt die für seine Zeit typische Vorliebe für historisierende Details mit Betonung von Material und vor allem der Bedeutung des Bauwerks. Auch weitere Bank-, Geschäfts- und Bürgerhäuser aus dem ausgehenden 19. und beginnenden 20. Jh. zeugen von der großbürgerlichen Vergangenheit. Von der Arbeitswelt dieser Zeit dagegen sind noch um den Motala ström herum zahlreiche Fabrikgebäude erhalten. Der Weg über den Gamla Torget mit Carl Milles Denkmal für den Vater der schwedischen Industrie de Geer und Häusern aus der ersten Hälfte des 18. Jh. führt zu dem für frühere Industriebauten typischen pompösen Eingang der »Holmens bruk«, wo 1837 die erste Papiermaschine aufgestellt wurde. Über die Gamle bro, durch das alte Industrieviertel, kommt man zu dem interessanten *stadsmuseet*. Es zeigt die Geschichte von über 50 verschiedenen Handwerken. Besonders sehenswert ist die Abteilung der Textilindustrie mit den verschiedenen Maschinen, die zu bestimmten Zeiten in Betrieb sind (Västgötegatan 19, Mo–Frei 10–16, Do –20, Sa–So 12–16).
Norrköpings *konstmuseet* (Kristinaplatsen) zeigt vor allem schwedische Malerei und Plastik der jüngeren Zeit (Mo–Frei 11–16, Do auch 19–21, Sa–So 12–16).
Die Metallskulptur in dem Brunnen vor dem Museum, »Spiralische Bewegung«, wurde von Arne Jones 1954 geschaffen. Die »Kathedrale« genannte Plastik hinter dem Museum des gleichen Künstlers ist 1947 entstanden.
Berühmt in Schweden ist die *Kakteenanlage* im Karl Johns Park. Jedes Jahr werden aus über 25 000 verschiedenen Kakteen neue Motive zusammengestellt.

Etwa 20 km hinter Norrköping liegt (an der E 4 angezeigt) der Tier- und Safaripark *Kolmårdens Djurpark*. Der Tierpark zeigt in verschiedenen Abteilungen sowohl fremdländische (vom Lama bis zum Löwen) als auch einheimische Fauna (vom Elch bis zum Bären). In der einzigen Delphinshow Skandinaviens finden regelmäßige Vorführungen statt. Im Tropenhaus sind Reptilien aller Art zu sehen. Der Tierpark ist der größte Sakandinaviens, von der Fläche her sogar ganz Europas. Eine 3 km lange Seilbahn gibt nicht nur einen Überblick über die Anlage, sondern auch über die angrenzende Landschaft (23. 6.–19. 8. 10–18 im Tierpark, 10–17 im Safaripark, Frühjahr und Herbst 10–16; mit »Trippelbiljett« billiger als beim Kauf einzelner Karten).

Södermanland

Södermanland, auch Sörmland genannt, bedeutet Land der südlich (von Uppland) wohnenden Männer. Die Landschaft erhielt ihr Gesicht durch die Landhebungen nach der letzten Eiszeit. Geröllablagerungen bildeten kleine Bergrücken, dazwischen entstanden Seen und vor der Küste die Inselwelt der Schären.
Im Norden grenzt Södermanland an den Mälaren, der reichlich doppelt so groß wie der Bodensee ist. Die Grenzlinie verläuft dann mitten durch Stockholm in die Ostsee. Aus rein praktischen Gründen wird aber das Gebiet von »Stockholms län« gesondert behandelt. Im Südwesten grenzt das große, fast urwaldartige Waldgebiet »Kolmården« die Landschaft gegen Östergötland ab.
Södermanland ist eine liebliche Waldlandschaft mit dazwischenliegenden fruchtbaren, lehmigen Ackerböden. Der südliche Teil der Landschaft erhebt sich etwa 20 m über der Ostsee. Dort liegt eine Seenplatte mit bis zu 60 qkm großen Seen. Von da steigt das Gelände leicht bis zu etwa 100 m an, um dann zum Mälaren wieder abzufallen. Zahlreiche kleinere Wasserläufe durchziehen die Landschaft zwischen Mälaren und Ostsee.
Dieser Raum ist reich an Altertümern. Über 100 000 wurden bislang registriert. Hauptsächlich sind es Grabhügel und gesetzte Steine. Rund 400 Runensteine stammen vorwiegend aus der Zeit um 1000 n. Chr. Während der Großmachtzeit Schwedens wurden hier zahlreiche Adelssitze und Herrenhöfe gebaut, so daß man schon einen Vergleich mit Skåne gezogen hat.

E 4 (Helsingborg–Stockholm) Nyköping–Trosa

Nyköping

Nyköping (etwa 30 000 Einw.), im Mittelalter Marktplatz, heute Industriestadt, ist Sitz der Provinzialregierung. 1655 brannte die Stadt fast völlig ab und wurde danach vollkommen neu angelegt. 1719 wurde sie von den Russen ganz niedergebrannt.
Am Stora Torget (Zufahrt »Centrum V«), unterhalb der St. Nicolaikirche, sind drei Jahrhunderte vereint: die klassizistische Residenz von 1803, das Rathaus von 1723 und daneben das moderne »stadshuset« von 1969 (Architekten Barueld und Niepoort).

Die *Nicolaikyrkan* wurde im 13. Jh. erbaut, mehrmals erweitert und erhielt ihr jetziges Aussehen Ende des 16. Jh. Der auffällige Turm wurde 1797 umgebaut. Er soll den Architekten Ragnar Östberg zu dem Turm am Stockholmer stadshus inspiriert haben. Die Kirche brannte 1719 vollständig aus. Das an dem mittleren südliche Pfeiler hängende Altarretabel von etwa 1500 wurde in den 20er Jahren in Deutschland eingekauft. Die Kanzel von 1738 ist der in der Stockholmer Storkyrka nachempfunden. Das riesige Altarbild malte G. E. Schröder 1739.

Südlich davon, am Nyköpingsån, liegt die frühere Festung *Nyköpingshus* (zahlreiche Zufahrtsschilder). Sie wurde im 13. Jh. erbaut und war 1317 Schauplatz des in die Geschichte als »Nyköpinger Gastmahl« (Nyköpings gästabud) eingegangenen doppelten Brudermords. König Birger Magnusson (1290–1318) lud seine Brüder Erik und Valdemar zu einem Gastmahl, warf sie dann, aus Rache für frühere Zwistigkeiten, ins Gefängnis und ließ sie dort verhungern. Der Mord nutzte ihm nicht viel. Die Anhänger seiner Brüder vertrieben ihn bald darauf.

Die zu Beginn des 16. Jh. zu einem Renaissanceschloß umgebaute Burg brannte 1665 zum größten Teil aus und wurde nicht wieder aufgebaut. Die verschont gebliebenen Teile, »kungstornet« und Torhaus, wurden als Getreidelager und als Gefängnis benutzt. Daneben baute man 1720/30 die Residenz des Landeshauptmanns. Heute ist darin ein kulturhistorisches Museum untergebracht. Im Kungstornet wird die Geschichte des Schlosses und Södermanlands gezeigt (Di–So 12–16, Juli auch Mo). Auch die ausgegrabenen Gefängniskeller sind noch zu sehen.

Vor der Burg, neben dem Palrkplatz, liegt das kleine graue, mit Grassoden gedeckte *Tuvastuga*. Reichsrat Johan Skytte, der Lehrer Gustav II. Adolfs, ließ es 1641 als Wohnhaus auf einem seiner Güter bauen. Es ist typisch für die damalige Art zu bauen und zu wohnen, in den Städten ebenso wie auf dem Lande. Ihre Wurzeln hatte diese Bautradition in der mittelalterlichen skandinavischen Kultur. Es handelt sich um ein sogen. »parstuga«, ein Haus mit je einem größteren Raum auf beiden Seiten und einem Vorraum in der Mitte. Diese Bauweise war jahrhundertelang in den verschiedenen sozialen Schichten üblich. Der größere Raum ist mit allegorischen humanistischen Bildern ausgemalt. Das Haus gehört heute zu dem Kaffeebetrieb in den danebenliegenden alten Holzhäusern.

Auf der anderen Seite der Burg, jenseits des Grabens, ist das frühere Gaswerk zu einem *Kunstmuseum* umgebaut worden. Es zeigt außer wechselnden Ausstellungen vor allem schwedische bildende Kunst aus den letzten drei Jahrhunderten (Di–So 12–16; Juli auch Mo).

Ein Abstecher ist möglich nach *Oxelösund* (ca. 13 500 Einw.), einem Hafen-

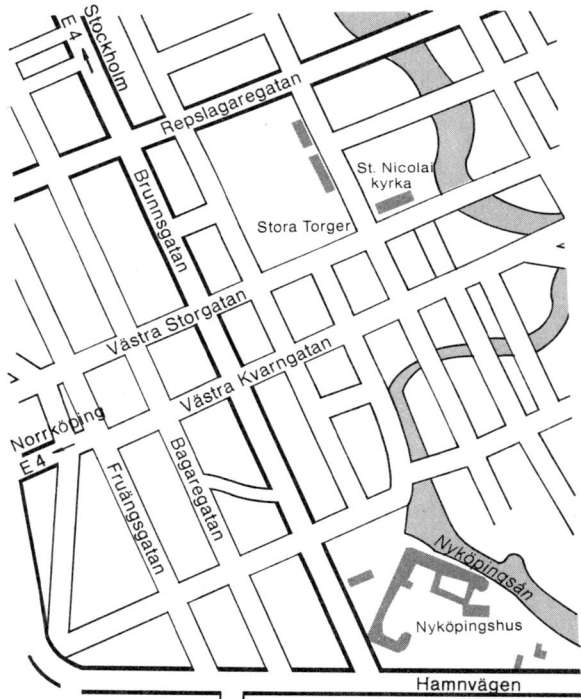

Nyköping

...latz an der Küste (15 km). Der Ort ist durch die 1957 von Rolf Bergh gebaute »Betonkirche« *S:t Botvids kyrka* bekanntgeworden. Ihr »Turm« ähnelt einem über die Kirche aufragenden Seezeichen. Der Beton soll für Stärke und Haltbarkeit stehen. Im Inneren wird die Konstruktion ebenfalls betont. Hinter dem Altar steht ein großes Holzrelief, »Lebensschiff«. In seinen Masten links ein Opferfeuer (für das Alte Testament) in der Mitte die Taube des Heiligen Geistes, rechts der Stern von Bethlehem. Von Oxelösund kann man reizvolle Fahrten durch die Schären machen, z. B. nach Trosa (Abfahrt 9.45, Aufenthalt ca. 2½ Stunden, Rückkehr etwa 17 Uhr; Auskünfte und Anmeldung am Hafen im Hotel Ankaret, Järntorget 8).

Statt auf der E 4 empfiehlt sich für die Weiterfahrt von Nyköping die landschaftlich sehr schöne Straße längs der Küste. Von Nyköping zuerst Richtung Studsvik bis Sjösa, weiter Richtung Studsvik, dann nach der Abzweigung Studsvik, Richtung Södertälje. Unterwegs ist die Abzweigung nach *Nynäs slott* angezeigt. Diese Anlage entstand Mitte des 17. Jh. Bis 1984 war das Schloß in Privatbesitz. Seit der Bauzeit ist das Inventar ständig in Gebrauch gewesen, ohne »Modernisierung«. Im Gegensatz zum Kontinent, wo durch Kriege und Revolutionen zahlreiche Kunstschätze und derartige Herrensitze verlorengegangen sind, kann man deshalb hier die Lebensgewohnheiten von Herrschaft und Bediensteten seit dem 17. Jh. kontinuierlich verfolgen. Die vor dem Schloß liegenden Wirtschaftsgebäude sind im ausgehenden 18. Jh. gebaut worden (16. 5.–1. 9. Sa–So 12–16; Juli tgl. 12–16).

Trosa (4000 Einw.) ist ein idyllisches Kleinstädtchen, zu dem man abzweigen sollte. 1719 wurde es von den Russen niedergebrannt. In einem alten Handwerkerhof zeigt das Stadtmuseum Handwerk und Fischerei in Trosa (Garvaregården, 1. 6.–10. 8. tgl. 11–16).

E 3 (Göteborg–Stockholm) Kungsör–Mälsåker

Kungsör (8000 Einw.), ein Industriestädtchen mit Maschinenbauindustrie, besitzt eine 1691/1700 von Nicodemus Tessin d. J. erbaute Kreuzkuppelkirche, die »Kung Karls kyrka« (zum Zentrum, links). Der Altar ist eine Arbeit von Burchardt Precht (Schnitzwerk) und David Klöcker-Ehrenstrahl (Malerei) (1692). Die gleichen Meister zeichnen auch für den Altar von 1697 verantwortlich.

Eine Abzweigung führt nach *Tumbo*. Die Kirche wurde 1150/75 aus Feldsteinen gebaut und im 15. Jh. eingewölbt. Im gleichen Jahrhundert kamen Waffenhaus und Sakristei hinzu. 1781 brach man neue gotische Fenster. Verschiedene realistische Skulpturen des sogen. »Schnurrbartmeisters« am früheren südlichen Portal im Waffenhaus stammen noch von der Vorgängerkirche aus dem 11. Jh. Im Waffenhaus wird die alte, mit Eisen verzierte Tür aus dem 12. Jh. aufbewahrt. Dort steht auch eine Brautbank aus dem 16. Jh. Der Flügelaltar ist eine norddeutsche Arbeit und stammt vom Ende des 15. Jh. Neben der Kanzel von 1630, einer der ältesten Södermanlands, hängt eine Madonna mit Kind aus dem 15. Jh. An der Friedhofsmauer stehen drei Runensteine, südlich des Waffenhauses ist ein weiterer Stein eingemauert, alle aus der Wikingerzeit.

Bei der Weiterfahrt Richtung Stockholm kommt man an einem größeren Gräberfeld vorbei mit rund 400 Hügeln, meist aus der Wikingerzeit.

Eskilstuna (65 000 Einw.) hat seinen Namen nach dem hl. Eskil, der hier begraben liegt (Abfahrt Eskilstuna C). Seit dem 15. Jh. war die Stadt ei

Eskilstuna

Eskilstuna

Zentrum für Metallverarbeitung. Um 1650 ließ Karl X. Gustav durch den Livländer Rademacher eine größere Schmiedemanufaktur betreiben, Ausgangspunkt der heutigen metallverarbeitenden, vor allem feinmechanischen Industrie. Die Stadt wurde nach den Plänen Jean de Vallées in dem typischen Rastermuster der Großmachtzeit erbaut und erhielt 1659 Stadtrechte.
Sehenswert sind die *Rademachersmedjorna* (Rademacherschmieden). Sechs der alten Schmieden von 1658 stehen noch, äußerlich unverändert, an ihrem ursprünglichen Platz. Jede enthielt Wohnung und Werkstatt. Ende des 17. Jh. arbeiteten 72 Handwerker in ursprünglich 20 Schmieden, darunter über 20 Deutsche. 1731 mußte diese königliche Manufaktur verkauft werden, um die Schulden Karls XII. (1697–1718) aus seinem russischen Krieg abzube-

zahlen. Zwei der Häuser dienen heute als Museum, in den anderen arbeiten und verkaufen verschiedene Kunsthandwerker ihre Waren.
Auch das *Faktorimuseet* lohnt einen Besuch (nicht weit entfernt, die Hamngatan überqueren, auf den Faktoriholmerna = Inseln). Es ist in einer alten Gewehrfabrik von 1830 untergebracht. Die Flügel wurden 1870 und 1915 gebaut. Hier wird die Technikgeschichte Eskilstunas gezeigt. In der sogen. Remingtonverkstad ist das Fabrikmilieu von 1860 zu sehen. Die Lebensverhältnisse der Fabrikarbeiter dieser Zeit werden dabei auf großen Fotos illustriert. Auf einer Münzpresse kann man sich selbst eine Gedenkmünze prägen. Das erste Feuerwehrauto Schwedens, ein in Deutschland eingekaufter Elektrowagen, ist heute noch fahrbereit (Di–So 11–16).
Dicht bei dem Faktorimuseet liegt in einem Magazin von 1864 das *Waffentechnische Museum* (Vapentekniska museet). Hier läßt sich die Entwicklung von Blankwaffen bis zu neuen Schußwaffen verfolgen (Juni–Aug. Di–So 11–16, sonst Do, Sa, So 11–16).
Von der Straße 222 und 230 Richtung Katrineholm und Nyköping abzweigend erreicht man – noch im Stadtgebiet – die *Fors kyrka*. Die ältesten Teile des Langhauses wurden im 11. Jh. errichtet. Ihre jetzige Größe erhielt sie um 1650. Die Sterngewölbe ersetzten erst 1937 eine frühere Holzdecke. Einige Reste spätmittelalterlicher Ausmalung wurden im Bogenfeld zwischen Waffenhaus und Kirche bei einer Renovierung 1972 freigelegt. Bemerkenswert sind einige Skulpturen, vor allem die Figur eines sitzenden Bischofs von etwa 1200 an der Nordwand des Langhauses. Im nördlichen Querhaus befindet sich die Skulptur eines hl. Martin auf dem Pferd aus dem späten 15. Jh. Die ursprüngliche Bemalung ist noch verhältnismäßig gut erhalten. Ebenfalls im nördlichen Querhaus steht die Figur eines Heiligen, dessen Attribut verlorengegangen ist, eine norddeutsche Arbeit von etwa 1400. Auch bei der Figurengruppe der Anna Selbdritt an der Nordseite aus dem ausgehenden 15. Jh. ist die Bemalung noch gut erkennbar.
An der südlichen Langhauswand steht eine Maria mit dem Kind im sogen. Schönen Stil aus der ersten Hälfte des 15. Jh. Aus der zweiten Hälfte des 15. Jh. ist die ebenfalls an der südlichen Langhauswand stehende apokalyptische Maria auf der Mondsichel. Die an der Südseite des Triumphbogens stehende Christusfigur ist die Kopie des im Historischen Museum in Stockholm stehenden Originals vom Ende des 15. Jh.
Der Christus des Triumphkreuzes wurde im letzten Viertel des 15. Jh. aus Birkenholz geschnitzt. Der Altaraufsatz wurde der Kirche 1655 geschenkt, das Altarblatt von Eustache Le Sueur (1616–55) wurde erst 1938 eingesetzt.
An der gleichen Straße liegt hinter der Bahn das *Kunstmuseum*, das besonders moderne schwedische Kunst sammelt (Konstmuseet, Kyrkogatan 9, Di–So 12–16, Do auch 19–21).

Von Eskilstuna sollte man einen Abstecher Richtung Sundbyholm machen. Dort Legt eine der bemerkenswertesten Felszeichnungen Schwedens, die *Sigurdristning* (angezeigt: »Runhäll«, nach der Abzweigung rechts halten, hinter einer Brücke, gegenüber dem großen Parkplatz). Die Zeichnung entstand um 1030 auf einer vom Eis glattgeschliffenen Felsplatte von etwa 1,9 m × 4,6 m Größe. Der Text berichtet von einem Brückenbau. Reste dieser Brücke sind als Erdwall mit Steinen am Abhang zur Straße erkennbar. Die Bilder zeigen eine Episode aus dem Nibelungenlied, Sigurds (= Siegfried) Kampf mit dem Drachen Fafner. Links liegt der geköpfte Zwerg Regin. Diese Bilder haben die Felszeichnung so berühmt gemacht.

Das nicht weit entfernte *Schloß Sundbyholm* wurde um 1640 gebaut, brannte 1774 ab, wurde restauriert und dient jetzt als Gasthaus und Volkshochschulheim.

Zur E 3 fahrend kommt man an der Kirche von *Jäder* vorbei. Ursprünglich im 12. Jh. aus Feldsteinen gebaut, im 15. Jh. erstmals umgebaut, wurde sie nach 1640 nach den Plänen Jean de la Vallées und Nicodemus Tessins d. Ä. im holländischen Renaissancestil neu gestaltet und, außer der Turmhaube von 1880, nicht mehr verändert. Jäders kyrka ist die Grabkapelle der Familie Oxenstierna. Die zahlreichen hölzernen Wappen in der Kirche wurden bei den Beerdigungsprozessionen vorangetragen. Die vier Epitaphien aus schwarzem Marmor und Alabaster wurden von dem deutschen Bildhauer Heinrich Wilhelm (1585–1652) für Axel Oxenstierna geschaffen. Der flämische Altar war 1514 von Jan Borman und Jan van Coninxloo (Flügel) für die Stockholmer Nicolaikirche geschaffen und 1656 von Axel Oxenstierna für die Kirche von Jäder gekauft worden.

Bei der Weiterfahrt, zunächst Richtung Eskilstuna, dann an der Einmündung auf die E 3 Richtung Strängnäs, kommt man kurz danach zu dem größten *Runenstein* Södermanlands (bei *Kjulaås*). Er ist insgesamt 3,5 m hoch und wurde im 11. Jh. geritzt. Das dort liegende Gräberfeld mit über 60 Gräbern und 25 gesetzten Steinen wurde von der Völkerwanderungs- bis in die Wikingerzeit benutzt.

Strängnäs

Strängnäs (10 000 Einw.) ist vor allem Verwaltungs- und Dienstleistungsstadt. Hier wurde 1523 Gustav Vasa zum König gewählt. Schon im 12. Jh. befand sich am Platz ein kirchliches Zentrum. Die *Domkirche* (1. 5.–15. 9., 9–17) wurde 1291 geweiht. Einschließlich der Gewölbe fertig war sie aber erst 1342. 1462 erfolgte der Anbau des Chors. Sie ist charakteristisch für die großen Hallenkirchen in Backsteinbauweise der Bettelmönche. Ihr endgültiges Aussehen mit dem Westturm und dem hohen Chor entstand bei Umbauten Ende des 15. Jh. Nur die charakteristische barocke Turmhaube wurde erst kurz nach 1740 nach den Zeichnungen Carl Hårlemans aufgesetzt. Die Ausmalung des Langhausgewölbes erfolgte in der Bauzeit, erste Hälfte des 14. Jh. Um 1460 sind die Gewölbe des Chors ausgemalt worden.

1 Marienchor, wegen der Fresken von 1430 auch Freskenkapelle genannt
2 Flügel eines spätmittelalterlichen Altarretabels; darüber Malerei vom Ende des 15. Jh.
3 Gyllenhjelmsche Grabkapelle, mit auffallenden Reliefs (Schlachtenszenen) von 1649/52 von Daniel Ackerman
4 älteste Seitenkapelle des Doms von 1342 mit Ausmalung aus der Bauzeit. Da Sten Sture dort begraben wurde, auch Sture-Kapelle genannt
5 Triumphbogen von 1462, nach Fertigstellung des Chors; zu dieser Zeit auch ausgemalt
6 Altarschrein, um 1490 in Brüssel entstanden
7 Tumba für Sten Sture von Jean Eric Rehn
8 Flügelaltar aus Brüssel von 1490; geschlossen zeigt er Mariä Verkündigung und den Jüngsten Tag
9 Grabmal Karls IX. (1599–1611) mit der Ausstattung seines Leibpferdes und der reich gravierten Prachtrüstung seiner Beerdigung
10 Tumba für Prinzessin Isabella (Tochter Johans III.) von Willem Boy 1580 geschaffen
11 Taufstein in Bronze aus dem 14. Jh.
12 Chorstuhl aus dem Mittelalter; darüber an der Wand ein gotisches Eisengitter von einem Rundgang in der ersten Kirche; Öffnungen in den Pfeilern waren Befestigungen dieses Gitters; ungewöhnlich für Schweden, es dürfte ein westfälischer Einfluß sein
13 Skulptur des hl. Erik von dem Lübecker Bernt Notke, Ende des 15. Jh.
14 Taufkapelle, 1910 eingerichtet; hier steht der älteste Taufstein der Kirche aus dem 14. Jh.; der Altarschrein ist eine Arbeit Jan Bormans von 1515, die Predella kam aus Antwerpen
15 die Bibliothek dürfte die einzige Kathedralbibliothek in Skandinavien sein; in ihr werden zahlreiche Inkunabeln aufbewahrt

Interessant sind einige *Runensteine* an und vor der Kirche. Ihre ursprünglichen Standorte waren in der näheren Umgebung, doch sind sie nicht immer genau bekannt. Einige beschädigte Steine sind an der West- und Südseite eingemauert. Zwei Steine stehen vor der Südwestecke. Der ganz vorne vor der Südwestecke stehende Stein erzählt von einem besonders gastfreien Mann (»der gastfreieste in der Welt«). Drei der Steine sind zum Gedenken an Män-

Strängnäs

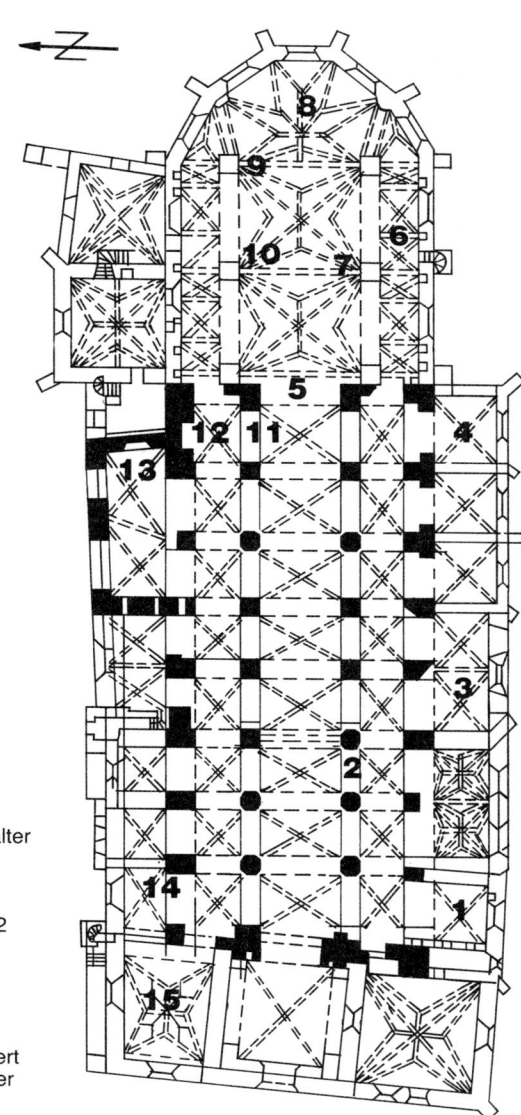

Dom in Strängnäs

1 Marienchor
2 Altarretabel a. d. Mittelalter
3 Gyllenhjelmsche Grabkapelle
4 Sturekapelle
5 Triumphbogen von 1462
6 Altarschrein von 1490
7 Tumba für Sten Sture
8 Flügelaltar von 1490
9 Grabmal Karls IX.
10 Tumba von 1580
11 Taufstein 14. Jahrhundert
12 Chorstuhl a. d. Mittelalter
13 Skulptur d. Hlg. Erik
14 Taufkapelle
15 alte Bibliothek

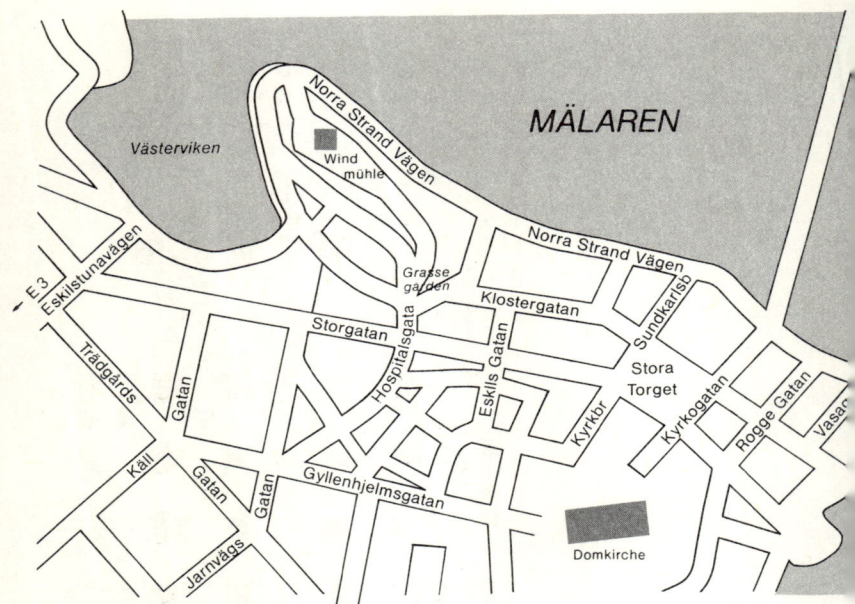

Strängnäs

ner aufgestellt, die zusammen mit Ingvar in »Särkland« (dem Seidenland) umkamen. Ingvar war ein nach Osten ziehender Wikinger, der zusammen mit seinen Leuten etwa 1040 umkam. In Mittelschweden wird auf rund 25 Runensteinen von ihm berichtet. Auch eine isländische Sage von etwa 1300 erzählt von seiner Fahrt. Der bemerkenswerteste Stein steht auf dem Abhang südlich des Chors. Er ist nicht länger, als zu sehen ist, d. h. er war niemals aufgerichtet, sondern lag möglicherweise über einem Grab. Das ist bei Runensteinen sonst völlig unüblich. Der Stein ist also eine Ausnahme. Sein Text lautet: »-björn und Underlög, Mutter und Sohn, ließen hauen diesen Stein über Ulvrk und... Vater und Sohn, und über... Underlögs Sohn«.

Östlich der Kirche steht die frühere *Burg des Bischofs Rogge* von 1490/1500. Im 19. Jh. wurde sie in dem damals üblichen historisierenden Stil restauriert. Heute ist die Bibliothek darin untergebracht. Parallel dazu liegt das frühere *Domkapitelhaus* vom Beginn des 17. Jh. Westlich des Doms ist in dem ehemaligen Druckereigebäude der Domkirche von 1703 das *Museum* von Strängnäs eingerichtet, das vor allem die Stadtgeschichte dokumentiert.

Strängnäs besitzt noch einige sehr schöne alte Wohnquartiere. Wenn man westlich des Doms die Gyllenhjelmgatan bergab und rechts in die Lillgatan geht, findet man noch heute bewohnte Bürgerhäuser aus dem 17. und 18. Jh. Auf der anderen Seite der Storgatan zwischen Storgatan und Windmühle (Zugang über Hospitalsgatan) ist in einem Bürgerhof mit Gebäuden aus der gleichen Zeit ein Kaffeegarten eingerichtet. Der Wohnblock ist seit 1623 bekannt und stellt den älteren Typ eines mittelschwedischen Bürgerhofs mit angeschlossener Landwirtschaft dar. In diesem Gebiet liegen viele kleine Holzhäuser aus dem 17. und 18. Jh. Der kleine Berg mit Windmühle oberhalb dieses Viertels bietet einen schönen Blick auf den Mälaren.

Gripsholm

In Mariefred sollte man nicht einen Besuch von *Schloß Gripsholm* versäumen. Es wurde nicht nur durch Tucholskys Roman von 1931 bekannt, sondern gehört auch zu den bekanntesten Bauwerken Schwedens. Es liegt vor dem Ort Mariefred auf einer kleinen Insel. Beim Betreten der Vorburg fallen die Ausmalungen des Torgewölbes auf. Sie stammen vom Ende des 16. Jh. Die beiden Bronzekanonen in der Vorburg sind eine Kriegsbeute aus den russischen Feldzügen Johans III. (1568–92). Die beiden Steinreliefs rechts innen neben dem Eingang zum äußeren Burghof stammen von einem früheren Kloster, das Gustav Vasa abreißen ließ. Der heutige Bau hatte schon einen Vorgänger: Reichstruchsess Bo Grip hatte im 14. Jh. hier eine Burg bauen lassen, die nach seinem Tod an die Unionskönigin Margarete fiel und bei dem Engelbrektaufstand 1434 niedergebrannt wurde. Von dieser Burg hat die heutige Anlage noch den Namen behalten, der Besitzer hatte einen Greifen (schwed. »grip«) im Wappen. 1536 begann Gustav Vasa (1523–60), der die Anlage inzwischen in Besitz genommen hatte, mit einem Verteidigungsbau. 1523 an die Macht gekommen, benötigte er nicht nur Burgen gegen äußere Feinde, sondern suchte auch feste Plätze im Landesinneren zu bauen, um seine Macht zu festigen. Die 3 bis 4 m dicken Mauern in den unteren Stockwerken zeugen von dem ursprünglichen Zweck. Den Auftrag zum Bau erteilte er einem im Burgenbau erfahrenen deutschen Baumeister, Henrik von Cöllen. Der Bau von kanonenbestückten Türmen, von denen aus man die Außenfront bestreichen konnte, war für Schweden eine Neuerung. Trotzdem war das unregelmäßige Viereck schon zur Zeit der Fertigstellung technisch überholt. Diese Burg Gustav Vasas mit den vier Türmen und den dazwischen liegenden Gebäuden war 1578 fertig. In dem hinten rechts liegenden Gefängnisturm hatten schon die Söhne Gustav Vasas sich gegenseitig gefangengehal-

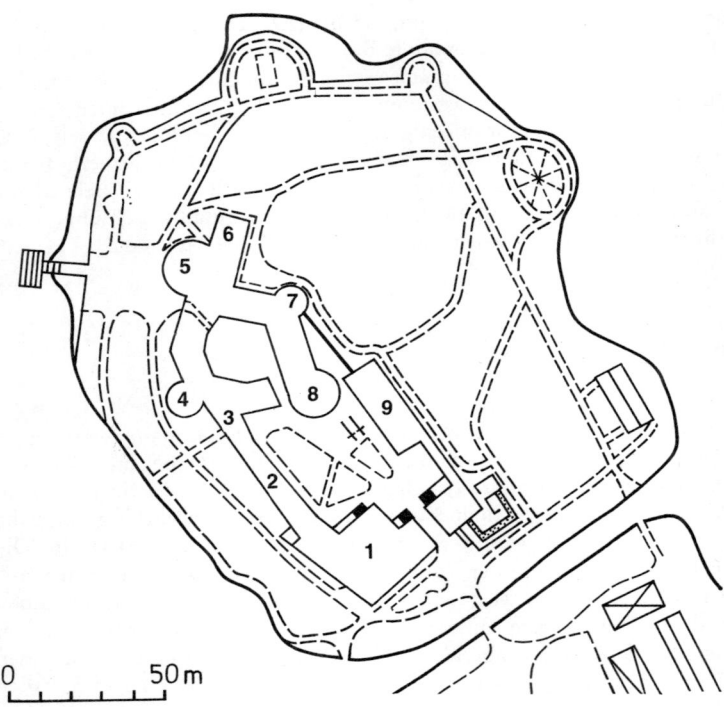

Gripsholm. Grundriß Gesamtanlage

1. Wohnung des Burghauptmannes
2. Kavaliersflügel
3. Flügel Karls IX.
4. Vasaturm
5. Theaterturm
6. Flügel der Königin
7. Gefängnisturm
8. Gripturm
9. Wohnung des Statthalters

Erdgeschoß

1. Unteres Vorgemach
2. Astraksaal
3. Vorgemach
4. Herzog Karls Gemach (Gefängnisturm)
5. Schlafgemach der Fürstin Maria
6. Vasagalerie
7. Blaues Kabinett
8. Grünes Kabinett
9. Saal der Reichsräte (Theaterturm)

10–14 Flügel der Königin.
10. Vorraum mit Treppe
11. Vorgemach
12. Kammer
13. Fräulein Dübens Kammer
14. Zimmer der Hofmeisterin

Zwischengeschoß

15. Reichssaal
16. Vorzimmer der Prinzessin
17. Schlafgemach der Prinzessin
18. Kabinett der Prinzessin
19. Vorgemach
20. Vorraum
21. Durchgang
22. Gustav Vasas Schlafgemach (Vasaturm)
23. Schlafgemach des Königs

Gripsholm

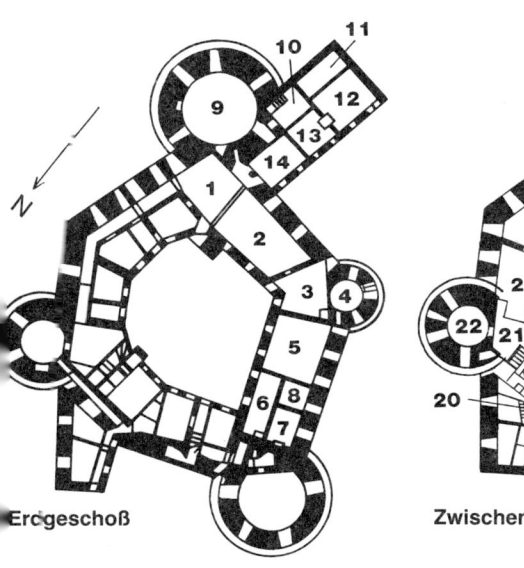

Erdgeschoß

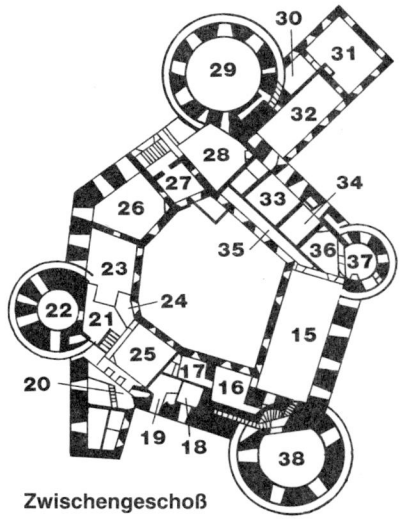

Zwischengeschoß

24 Kleines Kabinett des Königs
25 Ratssaal des Königs
26 Audienzsaal
27 Saal der Leibwache
28 Bernadottegalerie (oberes Vorgemach)
29 Salon Gustavs III. (Theaterturm)
30–32 Flügel der Königin
30 Kleines Kabinett
31 Grüner Salon
32 Audienzzimmer
33 Schlafgemach der Königin
34 Ankleidezimmer der Königin
35 Westfälische Galerie
36 Vorraum
37 Zimmer der Kammerfrau (Gefängnisturm)
38 Untere Rüstkammer (Gripturm)

Obergeschoß

39 Theatervestibül
40 Theater Gustavs III.
41 Königliche Gastzimmer
42 Wehrgänge
43 „Gefängnis" Eriks XIV. (Gefängnisturm)
44 Schwedische Galerie
45 Rüstkammer (Gripturm)
46 Gastzimmer
47 Arbeitszimmer Gustavs III. (Vasaturm)
48 Ausländische Galerie
49 Gastzimmer
50 Wohnung Herzog Fredriks Adolf

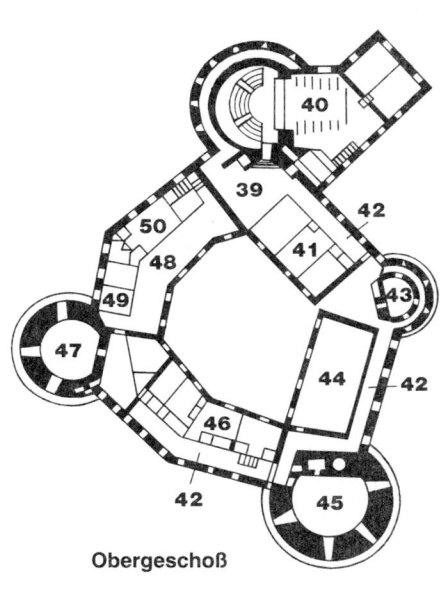

Obergeschoß

ten. Zuerst setzte Erik XIV. (1560–68) dort seinen Bruder Johan gefangen. Nach der Absetzung Eriks XIV. kerkerte dann Johan III. (1568–92) seinen Bruder dort ein. Daß er ihn hier vergiften ließ, stimmt allerdings nicht. Erik kam in ein anderes Gefängnis, als der spätere Karl IX. (1599–1611) in Gripsholm wohnte, und der Giftmord blieb letzten Endes auch unerwiesen.
Im letzten Jahrzehnt des 16. Jh. wurden die ehedem niedrigen Räume dem Renaissancegeschmack angepaßt (z. B. der größte Raum des Schlosses, der Reichssaal). In der Vorburg kam der kurze, niedrigere Flügel auf der linken Seite dazu. Nach dem Tod Karls IX. wurde Gripsholm zum Witwensitz schwedischer Königinnen. In der zweiten Hälfte des 17. Jh. entstand in der Vorburg rechts der niedrige Statthalterflügel. Außerdem wurde links in dem vom Eingang in die Vorburg gelegenen Eckgebäude eine Wohnung für den Burghauptmann gebaut. Hinter dem auf der anderen Burgseite liegenden, heute sog. Theaterturm, entstand der Königinflügel. Als Gustav III. (1771–92) das Schloß übernahm, nachdem es zuvor einige Zeit als Provinzialgefängnis gedient hatte, wurde in der Vorburg der linke, höhere Kavaliersflügel gebaut. In den Theaterturm ließ der musische König durch Erik Palmstedt das neuklassizistische Theater einbauen, neben Drottningholm heute das einzige bespielbare Theater Schwedens aus dem 18. Jh. Palmstedt brach dabei endgültig mit der Tradition des Rokoko in der Architektur. Der Königinflügel wurde aufgestockt. Jean Erik Rehn gestaltete einige Zimmerfluchten im gustavianischen Geist. Oskar I. (1844–59) und Karl XV. (1859–72) ließen einige Räume im Geschmack ihrer Zeit ausgestalten. Gripsholm, die mächtigste Vasafestung, bietet heute in der Inneneinrichtung einen einmaligen Querschnitt verschiedener Einrichtungsstile von 1570 (Hertig Karls kammare) über Renaissance zum gustavianischen Stil und dem Geschmack des 19. Jh. (tgl. 10–16; deutschspr. Führer am Eingang erhältlich).
Im Schloß befindet sich eine der größten Porträtsammlungen Europas, die größte Schwedens. Königin Lovisa Ulrika (1720–82, Schwester Friedrichs II v. Preußen und Gemahlin Adolf Fredriks v. Schweden) hatte nach 1744 begonnen, ältere Porträts aus Drottningholm hierher zu bringen. Karl XIV Johan (1818–44), der erste Bernadottekönig, ließ die Porträts berühmter Schweden hier sammeln. Er wollte ein »Pantheon schwedischer Geschichte« aufbauen, eine zeittypische Parallele etwa zur Walhalla Ludwigs I. von Bayern in einer anderen Kunstgattung. Die Sammlung umfaßt etwa 3500 Bilder. Die Porträts Bürgerlicher nach 1809 wurden inzwischen in die Räume der nahegelegenen Volkshochschule ausgelagert.
1809 spielte Gripsholm noch einmal eine Rolle in der schwedischen Geschichte: Gustav IV. Adolf wurde hier zur Abdankung gezwungen.
Ende des 19. Jh. erfolgte eine durchgreifende Restaurierung, wobei die Gebäude des inneren Burghofs mit den Dachgauben ausgebaut wurden. Ei-

weißer Putzstreifen markiert die vorherige Höhe. In der etwas freien, historisierenden Auffassung dieser Zeit wurden einige Zutaten angefügt, z. B. der hölzerne Erker im Innenhof. Auch früher war dort ein Erker gewesen, doch ist sein genaues Aussehen nicht bekannt. Er war im 18. Jh. entfernt worden. *Mariefred* (rund 4000 Einw.) ist ein kleiner verträumter Ort, dem noch zahlreiche Holzhäuser aus dem 19. und 18. Jh. eine besondere Atmosphäre geben. Am Rådhustorget steht das kleine hölzerne *Rathaus* von 1784. Auf dem Friedhof von Mariefred liegt Kurt Tucholsky begraben, der als Flüchtling nach Schweden kam und sich 1935 aus Verzweiflung das Leben nahm. Erwähnenswert ist auch die *Museumseisenbahn,* eine Schmalspurbahn mit Loks und Wagen der Jahrhundertwende. Im Sommer bietet sie kurze Fahrten nach Läggesta und zurück an.

Eine landschaftlich schöne Straße führt über Stallarholmen zum Schloß Mälsåker. Kurz hinter der Abzweigung in Mariefred liegt links die Ruine der Kirche von *Kärnbo,* ursprünglich im 12. Jh. mit Langhaus, Chor und Apsis gebaut, um 1500 nach Westen verlängert und mit Waffenhaus versehen, ab Ende des 17. Jh. aufgegeben. Es ist heute eine schöne, romantische Kirchenruine aus Feldsteinen.

Am Weg steht hinter Stallarholmen die Kirche von *Ytterselö.* Ihre ältesten Teile stammen aus dem 12. Jh. 1728 ließ die Familie Soop einen Grabchor anbauen. Interessant ist der ausgehöhlte Stein am Eingang, dessen ursprünglicher Zweck unbekannt ist. Er diente einige Zeit als Stütze für eine Kanzel. Die Runensteinornamentik weist ihm ein höheres Alter zu. Bemerkenswert ist der Taufstein aus dem 12. Jh., ganz mit schwer deutbaren Figuren bedeckt. Die Marienskulptur hinter dem Taufstein ist Ende des 15. Jh. entstanden, das Triumphkruzifix um 1510. Die beiden Engel neben der Marienskulptur waren um 1500 Teile eines Leuchters. Der Altar ist eine Antwerpener Arbeit aus dem frühen 16. Jh. Von der Ausmalung von 1596 sind nur noch spärliche Reste an der Nordwand erhalten.

Schloß Mälsåker wurde um 1670 nach den Plänen von Nicodemus Tessin d. Ä. umgebaut. Es ist eine schöne, ausgewogene Barockarchitektur, direkt am Mälaren gelegen, leider nur von außen zu besichtigen.

Öland

Zu den folgenden Kapiteln über die Inseln Öland und Gotland sei auf das in der Einleitung Gesagte verwiesen.
Öland ist die kleinste Landschaft Schwedens, politisch gehört sie zur Provinz Kalmar län. Die Insel, auf der rund 23 000 Menschen leben, liegt fast in Nord-Südrichtung vor der schwedischen Ostküste. Sie ist rund 140 km lang und zwischen 4 und 16 km breit. Geologisch hebt sich Öland deutlich vom Festland ab. Die ganze Insel ist ein Kalksteinplateau mit einer teils nur dünnen Erddecke. Trotzdem sind ihr nördlicher und ihr südlicher Teil recht verschieden. Die Grenze liegt ungefähr etwas südlich von Färjestaden. Der Südteil wird Stora Alvaret genannt, soviel wie großer, kahler Kalkboden. Er ist eine eigenartige Mischung aus Heide und Steppe, für Nordeuropa ein einmaliger Landschaftscharakter. Der nördliche Teil ist dagegen stärker bewaldet. Hier befindet sich sogar – von Ölands skogsby (ca. 5 km südlich der Zufahrt von der Kalmarsundbrücke) bis Höhe Borgholm – eines der größten zusammenhängenden Laubwaldgebiete Schwedens (östlich Straße 136).
Öland wird die »Insel der Windmühlen« aber auch »Insel der Sonne und Winde« genannt. Die meisten Wolken haben ihre Last schon über dem Festland abgeladen, so daß die Insel oft unter Trockenheit zu leiden hat. Die zahlreichen Badestrände senken sich meist flach ins Wasser. Bei der geringen Breite der Insel kann man je nach Windrichtung leicht von der einen auf die andere Seite wechseln.
Auf der Insel gibt es zahlreiche kulturhistorische Sehenswürdigkeiten. Funde beweisen eine Besiedelung schon in der Steinzeit. Zahlreiche Fluchtburgen zeugen von kriegerischen Zeiten. Andere Funde zeigen aber auch, daß die Öländer vermögend waren. Verheerend wirkte sich die schwedische Niederlage gegen die dänisch-holländische Flotte 1676 aus (siehe Kalmar, Schloß, Museum Kronan). Die Insel wurde geplündert, zahlreiche Kirchen und Dörfer in Brand gesetzt.
Öland war vor allem ein Bauernland. Als im 19. Jh. die Bevölkerungszahl sprunghaft anstieg, wuchs auch die Armut, da trotz Verdoppelung der bebauten Fläche und verstärkter Teilung der Höfe immer mehr Nachkommen auf die sog. »malmar«, d. h. weniger fruchtbare, sandige Hügel abgedrängt wurden. Häuser dieser Klasse von Armen, der »Malmare«, kann man noch bei Resmo (zwischen der Kirche und der Straße nach Stenåsa) sehen. Heute sind es beliebte Ferienwohnungen. Mit der großen Agrarkrise 1866–69 begann die Auswandererwelle nach Amerika. 1880 lebten rund 38 000 Menschen auf der Insel. 18 000 von ihnen mußten das Land verlassen.

Vickleby – Resmo – Mysinge

Fährt man, von Kalmar kommend, in Färjestaden rechts die Straße 136, so empfiehlt es sich, in Skogsby nach rechts Richtung Runsbäck abzuzweigen und die Straße 946 zu nehmen. Nur etwa 5 km auf dieser Straße weiter befindet sich rechts der *Karlevistenen*, der schönste Runenstein Ölands. Er ist von der Straße aus nicht zu sehen, man kann aber über einen Feldweg fast bis zum Stein fahren (im Dorf rechts halten). Der Stein ist kurz vor 1 000 n. Chr. für den dänischen Häuptling Skibbe errichtet worden und steht noch auf seinem ursprünglichen Platz. Es gibt auf Öland ein gutes Dutzend unbeschädigter Runensteine. Ebenso viele kann man in den Wänden der Kirchen wiederfinden.

Fährt man nach weiteren 5 km wieder nach links auf die Straße 136, kommt man zur Kirche von *Vickleby*. Sie wurde zu Beginn des 12. Jh. gebaut. Als die Plünderungszüge aus Norddeutschland und dem Baltikum zunahmen, baute man zur Verteidigung den kräftigen Turm an. Die Holzdecke vermittelt noch den Eindruck, wie diese Kirchen früher einmal ausgesehen haben. Neben der Kirche befindet sich eine Schule für bildende Künste mit wechselnden Ausstellungen und Verkauf.

Eine weitere Kirche aus dem 12. Jh. liegt nur wenige km weiter in *Resmo*. Auch hier wurde Mitte des 13. Jh. ein Westturm als Verteidigungsturm angebaut. Gut läßt sich hier noch erkennen, wie einmal die ursprünglichen Fenster ausgesehen haben. In der Apsis und am Triumphbogen sind noch Reste der Ausmalung aus dem 13. Jh. erhalten. Die Ausmalung des Langhauses stammt vom Ende des Mittelalters.

Kurz darauf liegt beiderseits der Straße das Gräberfeld von *Mysinge*. Auf rund 1 km Länge liegen 90 Reste von Hügelgräbern, Steinsetzungen und Einzelsteinen. Mysinge ist der Name eines Sagenkönigs, ebenso wie Gynge, und nach diesen beiden Königen haben auch die beiden höchsten Hügel ihre Namen. Ihr Durchmesser beträgt 42 m, ihre Höhe 3 m. Bei Untersuchungen fand man Rasiermesser, Pinzetten u. ä. aus Bronze. Von den Hügeln hat man einen schönen Blick über die Stora Alavaret. Vermutlich wurde das Gräberfeld von 1 500 v. Chr. an benutzt.

Nur wenige km weiter liegt die Fluchtburg *Bårby borg*.

Setzt man den Weg nach Süden fort, kommt man, vorbei an dem Gräberfeld *Gettlinge* aus der Eisenzeit, nach etwa 40 km an eine Mauer, die Karl X. Gustav 1653 quer über die Südspitze der Insel bauen ließ *(Karl X. mur)*. Er wollte dadurch seine Hirsche einhegen und den kurz dahinter liegenden königlichen Hof Ottenby kungsgård abgrenzen. Der Leuchtturm an der Südspitze, der *Långe Jan*, ist mit 42 m der höchste Schwedens. Erbaut wurde er 1784/85 (im Sommer tgl. tagsüber zugänglich).

Für den Rückweg empfiehlt sich der sehr schöne Weg an der Ostküste über Segerstad. Dabei kommt man an interessanten Zeugen der Vorgeschichte vorbei. Bei *Eketorp* liegt eine große Fluchtburg, bei der in radialer Ordnung feste Häuser gebaut waren. Einige hat man restauriert, um einen Eindruck von der früheren Anlage zu geben. Die Fluchtburg wurde in drei Perioden zwischen 300 bis 400 n. Chr. und 1 000 bis 1 300 n. Chr. gebaut. Die restaurierten Häuser stammen aus der mittleren Periode zwischen 400 und 700. Eine andere interessante Fluchtburg erreicht man von der Kirche Möckleby nach links, die *Gråborg,* Ölands größte Anlage. Wahrscheinlich ist sie zur Völkerwanderungszeit entstanden, wurde aber offensichtlich noch im Mittelalter benutzt. Man erkennt das an den gemauerten Eingangstoren. Ihre Größe beträgt 225 × 165 m. Die Wälle waren zunächst bis zu 6 m hoch. Später wurden sie noch einmal erhöht.

Vor der Burg liegt die Ruine der ehemaligen *St. Knuts Kapelle*, erbaut zu Beginn des 13. Jh. Die Wiesen um die Burg sind beachtenswert, man hat versucht, die frühere Kulturlandschaft wieder aufleben zu lassen. U. a. gibt es hier viele Orchideen.

In Egby kann man links nach *Borgholm* abbiegen. Der Ort (3 000 Einw.) wurde erst 1816 an einem alten Hafenplatz angelegt. Das Museum *Ölands forngård* vermittelt einen Einblick in die bäuerlichen und handwerklichen Traditionen der Insel (Tullgatan 22; 1. 6. – 20. 8. tg. 12–17). Das Gebäude selber wurde 1835 erbaut.

Südlich der Stadt liegt die mächtige Ruine *Borgholms slott*. Das Schloß wurde über einer früheren Anlage, von der in der nordöstlichen Ecke noch Konturen zu erkennen sind, im 16. und 17. Jh. erbaut. Im Kalmarer Krieg von 1611/12 schwer beschädigt, wurde es nach Plänen von Nicodemus Tessin d. Ä. dann umgebaut. 1806 brannte es ab. In einigen Räumen wird die Geschichte des Renaissanceschlosses gezeigt. Etwas südlich davon liegt das 1903/06 erbaute Schloß *Solliden*, der Sommersitz des schwedischen Königspaares. Ein Teil der Gartenanlagen ist zugänglich (1. 6.–31. 8., tgl. 12–14; Eingang am »Kaffetorpet«).

Fährt man zur Nordspitze weiter, so lohnt sich ein Umweg nach links nach *Byerums sandvik* auf der anderen Seite der Insel. Dort liegen die einzigen »raukar« Ölands, Kalksteinformationen, die durch Jahrtausende vom Wasser geschliffen wurden. Nicht so groß und bizarr wie auf Gotland, bieten sie doch einen eigentümlichen Anblick parallel zum Strand. Im Hintergrund kann man das Inselchen *Blå jungfru* erkennen, das schon aus Festlandgranit besteht. Für die Bewohner der Gegend um Kalmar hatte diese Insel früher die gleiche Bedeutung wie der Blocksberg in Deutschland, als Treffpunkt aller Hexen. Ungefähr 20 km weiter kommt man zur Nordspitze Ölands mit dem Leuchtturm *Lånǵe Erik*. Vom Hafen in Grankullavik gehen Schiffsverbindungen nach Gotland, von Byxelkrok nach Oskarshamn.

(Turistbyrå: Färjestaden am Hafen, Borgholm am inneren Hafen, Böda nördlich der Kirche und Mörbylånga am Torget. Im Sommer tgl. 9–19; Färjestaden Mo–Fr 9–16, Sa 9–14.)

Gotland

Diese Insel, 125 km lang, maximal 55 km breit und mit 31 060 qkm die größte Insel der Ostsee, ist eine eigene schwedische Landschaft und eine eigene Provinz.
Es ist nicht genau überliefert, ab wann Gotland zum Herrschaftsgebiet der schwedischen Könige gerechnet werden kann. Zwar heißt es um 800 n. Chr. in Berichten englischer Seefahrer, »Gotland gehört zu den Svearn«, doch tritt die Insel noch lange danach als selbständige Republik mit eigenen Gesetzen auf, die (z. B. noch 1161) auch Verträge mit fremden Mächten schließt. Irgendwann im 11. Jh. aber beginnen auch Zahlungen an die Svearkönige gegen die Zusage eines Schutzes. Auch das Datum der Christianisierung ist nicht gesichert. In dieser Zeit aber wird Gotland zum wichtigsten Handelsplatz in der Ostsee, zum Eckpfeiler der Hanse im russisch-livländischen Handel.
Im 14. Jh. wird Gotland in die dänisch-schwedischen Kriege verwickelt. Im Juli 1361 überfallen die Dänen unter Valdemar Atterdag die Insel. Das war das abrupte Ende einer blühenden Entwicklung auf dem Land. Die Stadt Visby konnte sich noch etwas länger halten, verlor aber in der folgenden Zeit ebenfalls ihre Bedeutung.
Erst in letzter Zeit stand bzw. steht Gotland wieder im Mittelpunkt schwedisch-russischer Verhandlungen. Seit Anfang der 1970er Jahre geht es um die Abgrenzung des Festlandsockels: in der Mitte zwischen den Festländern (wie die Russen wollen) oder in der Mitte zwischen Gotland und dem sowjetischen Festland (wie die Schweden wollen). Verständlich wird dies, wenn man bedenkt, daß Gotland rund 100 km vor der schwedischen Küste liegt und daß es von der gotländischen Ost- zur sowjetischen Westküste rund 150 km sind.
Wirtschaftlich stellt diese isolierte Lage für die Gotländer ein schwieriges Problem dar. Es gibt kaum Industrie. Viele junge Menschen sind gezwungen, auf das Festland abzuwandern. Ein Zementwerk in Slite und ein Elektrokonzern sind die größten Betriebe. Andererseits bleibt die Insel dadurch natür-

lich auch von Umweltbelastungen verschont. Das Zementwerk besitzt eine vorbildliche Entsorgung, so daß sogar die Hausdächer direkt daneben noch rot sind. Darüber hinaus werden vor allem landwirtschaftliche Produkte auf das Festland verschifft. Im Norden der Insel hat man in 250 m Tiefe Öl gefunden, das neuerdings gefördert wird.

Diese Lage weit vor der Küste erfordert eine sorgfältige Reiseplanung. Es gibt verschiedene Fährverbindungen, die meisten Linien werden jedoch nur ein- bis zweimal am Tag befahren. Von Südschweden aus liegen Oskarshamn und Västervick am günstigsten (über die Straße 23 oder die E 66 zu erreichen). Von Stockholm aus lohnt sich die Fähre von Nynäshamn. Manchmal wird auch eine Verbindung von Byxelkrok an der Nordspitze Ölands aus angeboten. Rechtzeitige Reservierung ist dringend anzuraten (Auskünfte über Reisebüros oder direkt bei: Gotlandsbolagets Bokningscentral, Box 2003, S-621 02 Visby). Die Überfahrt dauert 4 bis 5 Stunden.

Visby

Visby (20 000 Einw., davon 2 000 in der von der Mauer umgebenen Altstadt) ist Provinzhauptstadt und Zentrum der Insel. Die Stadt wuchs ab dem 11. Jh. Sie wurde Hansestadt. Zahlreiche deutsche Kaufleute ließen sich hier nieder. Die großen Kirchen entstanden. Wieviel es genau waren, weiß man nicht. Über ein Dutzend stand jedenfalls mit Sicherheit innerhalb der Stadtmauern. Ihre mächtigen Ruinen zeugen heute noch von dem Wohlstand der Stadt im Mittelalter. Nach der Mitte des 13. Jh. umgab sich Visby mit einer Stadtmauer. Schon vor 1300 wurde sie nochmals erhöht und mit noch mehr Türmen verstärkt. Sie ist auf ihrer ganzen Länge von 3,6 km fast vollständig erhalten und besitzt insgesamt 44 Türme. Das Interessante ist, daß die Mauer nicht zur Abwehr von Gefahren gebaut wurde, die von außerhalb der Insel drohten, sondern daß sie vielmehr Stadt und Land trennte. Die Kaufleute in Visby und die handeltreibenden Bauern waren untereinander hoffnungslos zerstritten.

Heute ist die Stadtmauer, die einzige in Schweden und eine der besterhaltensten Europas, eine der großen Sehenswürdigkeiten Visbys. Vor ihr liegt ein Graben, aus dem der Kalkstein zum Mauerbau gebrochen wurde und anschließend ein breiter, von Bebauung freigehaltener Streifen. Zum größten Teil hat sie auch noch ihre ursprüngliche Höhe von 12 m. 1361 sahen die Bürger von dieser Mauer aus zu, wie die Dänen das Bauernheer niedermetzelten. Das Massengrab der unterlegenen Bauern liegt nur etwa 300 m vor

Fjällbacka, Bohuslän ▷

Visby

der Mauer. Die Kaufleute von Visby kauften sich von den Dänen frei und retteten ihre Privilegien. Trotzdem war auch für Visbys Bedeutung das Ende gekommen. Die technische Überlegenheit der Hansekoggen und das Kapital der deutschen Hansekaufleute ließen Visby überflüssig werden und in eine Art Dornröschenschlaf sinken. 1525 wurde die Stadt noch einmal überfallen. Die »Lübecker Bresche« im Nordteil und die Ruinen der ausgebrannten Kirchen zeugen hiervon.

Visby, die »Stadt der Rosen«, besitzt viele malerische Winkel, verträumte Gäßchen und einige schöne Häuser aus dieser Vergangenheit. Sogar das Turistbyrå (Strandgaten 9; S-621 102 Visby) ist in einem Blockhaus, dem *Burmesterska huset*, aus dem 17. Jh. untergebracht, im ersten Stock schön ausgemalt. Nicht weit davon liegen die *Alte Apotheke* und das *Packhaus* aus dem 13. Jh. Bemerkenswert sind die Schmuckziegel an der Fensterumrahmung – eine importierte Kostbarkeit. Nördlich der Stadt befindet sich die *Trojaborg*, ein Labyrinth aus kleinen, runden, in den Boden gelegten Steinen. Wahrscheinlich war es eine kultische Anlage, die den Sonnenlauf symbolisieren sollte.

Sehenswert in Visby ist besonders das Museum *Gotlands Fornsal* (Strandgatan 14). In selten anschaulicher Form vermittelt es einen Überblick über die Geschichte der Insel und ihre Besonderheiten. Hierzu gehören auch die Bildsteine, die einmalig in der nordischen Kunst sind. Über 300 solcher aufrechtstehender, flacher Steine mit eingeritzten Darstellungen verschiedener Motive sind bekannt. Sie sind in der Zeit zwischen 400 und 1100 n. Chr. entstanden. Man unterscheidet drei Epochen, die früheste mit ornamentalen Verzierungen, die mittlere um etwa 800 mit ganzen Bilderzählungen und die späte, bei der die Schlingenornamentik mit Runenschrift hervortritt, zuletzt auch mit dem christlichen Kreuz. Eine andere Besonderheit Gotlands sind die vielen Münz- und Schmuckfunde. Über 70% aller in ganz Skandinavien gefundenen römischen Silbermünzen wurden auf Gotland ausgegraben. Die Verteilung der Fundstätten beweist, wie breit gestreut der Reichtum auf der Insel einmal war. Auch hier kann man drei Epochen unterscheiden. Bis 400 n. Chr. waren es vorwiegend römische Münzen, dann nahm die Zahl der arabischen und byzantinischen Münzen mit einem Höhepunkt zwischen 700 und 900 zu, und schließlich herrschten nach 1000 englische und deutsche Funde vor.

◁ *Schloß Vadstena, Östergötland*

Landkirchen

Der Reichtum der Insel und sein plötzliches Ende ist an den Landkirchen sichtbar. Über 90 bewahrte Kirchen liegen verstreut über die Insel, im Durchschnitt immer eine Fußstunde voneinander entfernt. Von den zuerst erbauten Holzkirchen ist keine mehr erhalten. Kurz nach 1100 begann schon der Bau von Kalksteinkirchen. In dieser romanischen Periode, etwa bis 1250, finden sich Einflüsse aus Deutschland, besonders aus Westfalen. 1164 errichteten die Zisterzienser ihr Kloster bei Roma in der Mitte von Gotland.
Es sind durchweg querschifflose Hallenkirchen, die unter dem Einfluß des Dombaus in Lund mit Rundbogenfriesen, oft auch Reliefs mit symbolischen Kampf- und Jagdszenen und profilierten Sockeln verziert wurden, z. B. Kirche von *Hvadhem*, die als Besonderheit auch die sonst nicht üblichen Lisenen besitzt. Man findet aber die Rundbogenfriese nur noch selten an ihrem ursprünglichen Platz, unter dem Taufstein z. B. in *Fardhem*. In der großen Umbauperiode, die nach 1235 einsetzte, wurden sie irgendwo in der Langhauswand wieder verwendet, häufig ohne sichtbaren Zusammenhang: z. B. in der Kirche in *Bro* zwischen Boden und Fensterbrüstung, in *Grötlingbo* beiderseits des Hauptportals; *Sanda*, *Väte* und *Vamlingbo* sind weitere Beispiele.
In der zweiten Hälfte des 13. Jh. setzte eine lebhafte Umbauperiode ein. In dieser sogen. gotischen Periode entstanden die Landkirchen so, wie sie heute zu sehen sind, denn nach der Katastrophe von 1361 hat es auf Gotland keine Um- oder Weiterbauten mehr gegeben. Dadurch besteht auf Gotland die einmalige Möglichkeit, den Kirchenbau dieser Zeit an einer Vielzahl von Kirchen ohne störende spätere Einflüsse kennenzulernen. Bei einer ganzen Reihe von Kirchen entstand so eine charakteristische Silhouette mit einem im Verhältnis zum Langhaus viel zu großen Chor (z. B. *Källunge, Eskelhem, Garde, Lye* u. a.).
Die gotländischen Landkirchen weisen eine spezielle frühgotische Formensprache auf. Hochgotik läßt sich auf Gotland nur bei einem einzigen später erfolgten Kapellenanbau an der Kirche St. Marien in Visby verfolgen. Bei der Landkirchen zeigt sich der frühgotische Einfluß in einem Anfangsstadium. Er tritt vor allem an den Portalen zutage. Die Kapitellbänder sind reich mit meist gut erhaltenen Steinmetzarbeiten geschmückt, die besonders nach 1300 figürliche Darstellungen in erstaunlicher Feinheit zeigen. Überhaupt ist der gotische Einfluß weit eher in Details als in einem geschlossenen Eindruck zu sehen. Die Wandflächen sind nicht in Fensterflächen aufgelöst, Strebebögen und -pfeiler fehlen demzufolge. Die Nordwand ist in der Regel völlig fensterlos. Man hat hier sogar von einem kontragotischen Eindruck gesprochen. Die

Wandflächen zeigen teilweise gut erhaltene Fresken, die bis in die Mitte des 13. Jh. zurückdatiert werden können.
Auffallend ist die Größe dieser Landkirchen, die doch Dorfkirchen für vielleicht ein Dutzend Bauernhöfe waren. Bei einem Drittel aller Landkirchen handelt es sich um zweischiffige Hallen, die aber eher den Eindruck eines großen Raumes mit einer Stütze machen (z. B. *Tingstäde, Stenkyrka, Gammelgarn*). Einige Landkirchen wie z. B. *Dahlhem* sind sogar dreischiffig.

Eine besondere Sehenswürdigkeit sind die gotländischen Taufsteine aus dem 12. und 13. Jh. Auffallend ist die tiefe Aushöhlung der Cuppa. Sie ergab sich aus dem Brauch, das Neugeborene ganz in das Taufwasser einzutauchen. Verschiedene Meister, mit einer Ausnahme alle nur mit Notnamen bekannt, unterhielten offensichtlich ganze Werkstätten und exportierten diese Steine in den gesamten Ostseeraum. Selbst auf Jütland begegnet man gotländischen Taufsteinen. Die verschiedenen Meister unterscheiden sich sehr deutlich voneinander. So sind z. B. die Steine des Byzantios mit ihrem feierlichen lombardisch-byzantinischen Einschlag ebenso unverwechselbar wie die des Hegvaldr mit ihren wilden Dämonen. Besonders schöne Beispiele dieser Taufsteine befinden sich in den Kirchen von *Stenkyrka, Träkumla, Vänge, Stånga, Grötlingbo* oder *Tofta*. Alle Steine sind aus Kalkstein gearbeitet. Ab Beginn des 13. Jh. aber beginnt ein Meister auch mit Sandstein zu arbeiten, und um die Mitte des 13. Jh. setzt ein ikonoklastischer Prozeß ein, die Taufsteine werden plötzlich bildlos und erscheinen als reine Kelchform.

Aus einer viel früheren Zeit stammen andere Zeugen der Vergangenheit: Grabhügel und Schiffssetzungen. Rund 300 solcher Steinschiffe aus der Zeit zwischen 1000 und 400 v. Chr. sind über die ganze Insel verstreut. Wahrscheinlich hat sich diese Bestattungsform von hier aus über den Ostseeraum verbreitet. Die eindrucksvollsten Schiffssetzungen liegen südlich von Visby: stimmungsvoll im Wald bei *Gnisvärd* und neben der Straße bei *Gannarve*. Älter noch (aus der Jungsteinzeit) sind die mächtigen Steinhaufengräber. Das größte liegt nördlich von Visby bei *Bro* und mißt 28 m im Durchmesser bei einer Höhe von 3,50 m. Andere Grabstätten haben kleinere Hügel mit sorgfältig gesetzten Randsteinen. An der Ostküste bei *Trullhalsar* befindet sich ein solcher Friedhof mit rund 300 Gräbern.

Im Norden von Gotland, durch den schmalen Fårösund getrennt, liegt die Insel *Fårö*. Sie gehört zum militärischen Sperrgebiet im Nordteil und kann nur mit besonderer Erlaubnis betreten werden. Das Turistbyrå organisiert jedoch Fahrten, an denen man problemlos teilnehmen kann. Kurz vor Fårösund liegt das sehenswerte Freilichtmuseum *Bunge*. Neben zwei alten Bauernhöfen aus dem 16./17. und dem 18. Jh. und verschiedenen einzelnen Gebäuden steht dort der wohl bekannteste Bildstein Gotlands, der vermutlich die altnordische Sage vom Raub Hilds und dem Kampf um ihre Rückkehr schildert (deutschsprachige Broschüre erhältlich).

Eine andere Insel liegt vor der Westküste, die *Stora Karlsön*. Man erreicht sie mit dem Boot von Klintehamn aus. Die Insel ist ein unbewohntes Natur- und Vogelschutzgebiet, Rundwanderung nur mit Führer (i. d. R. deutschsprachig). U. a. sind nur dort die Lummen zu beobachten.

Halland

Halland ist eine langgestreckte, schmale Landschaft längs der Kattegattküste. Die E 6 verläuft rund 160 km lang parallel zur Küste. Im Süden ist die Landschaft 30, im Norden nur 20 km breit. Nur in der Mitte werden etwa 50 km gemessen. Halland bildet die westliche Abflachung des småländischen Hochlandes. Die Küstenebene steigt hier auf 100 bis 150 m Höhe an. Während der Ostteil eine bergige Waldlandschaft ist, der nördliche Landesteil durch weite Täler gekennzeichnet wird, erstreckt sich die Küstenebene von der südlichen Grenze ziemlich eben mit langen, flachen Sandstränden nach Norden bis etwa in die Gegend von Varberg. Teils liegen hinter dem Strand Dünen, teils reicht der Wald bis an die Küste. Bei Varberg wird die Küste dann felsiger und erinnert mitunter schon an die Küstenformation von Bohuslän. Die südlichen Küstengegenden und die weiten Täler im nördlichen Teil werden intensiv landwirtschaftlich genutzt. In den höher gelegenen nördlichen Gebieten und dem östlichen Teil dominiert die Forstwirtschaft. Vorwiegend wachsen hier Fichten.
Durch Abholzungen und Brandrodungen im 16. und 17. Jh. waren weite Teile Hallands Mitte des 19. Jh. zu einer Heidefläche geworden, auf der Schafe und Ziegen weideten. Der Flugsand bildete ein großes Problem. Damals galt die Landschaft als besonders arm. Aus dieser Zeit ist die Geschichte überliefert, in der ein Bauer seiner Frau aus der Zeitung von einem Gerichtsverfahren gegen einen Mörder vorlas. »Er wurde zum Tode verurteilt«, las er vor, um dann auszubrechen: »Viel zu wenig, man hätte ihn verurteilen sollen, meinen Hof zu übernehmen.«
Diese schlechte wirtschaftliche Lage führte in der zweiten Hälfte des 19. Jh. auch in Halland zu einer großen Auswanderungswelle. Über 15 % der Bevöl-

kerung verließen das Land. Ab Mitte des 19. Jh. begann man aber dann mit Bodenverbesserungen und planmäßiger Aufforstung. Neue Techniken und Maschinen ermöglichten die Bearbeitung der schweren Böden. Man verbesserte sie durch Unterpflügen von Mergel. Die ehemaligen Mergelgruben bilden heute zahlreiche kleinere Teiche neben den aus der Eiszeit stammenden großen Binnenseen. Damals erhielt die Landschaft ihr heutiges Gesicht. Dementsprechend hoch ist auch die Bedeutung von Land- und Forstwirtschaft. In der Industrie arbeiten nur rund 28% aller Beschäftigten.
Hallands Küste ist ein beliebtes Feriengebiet. Das milde maritime Klima läßt das Wasser des Kattegatt im August 18 bis 20 Grad warm werden. Wie in Skåne rechnet man nur mit 60 Tagen Winter, dagegen mit 150 Tagen Sommer. Ein großes Problem ist der aus Westdeutschland und Belgien kommende saure Regen. Neben Dalsland ist Halland besonders stark von den Folgen betroffen. Schon 1979 wurde festgestellt, daß von 1 625 untersuchten Seen rund 60% von der Versauerung bedroht waren. Zunehmend werden in den so betroffenen Seen Konzentrationen verschiedener Metalle wie Kadmium, Zink und Blei festgestellt, ohne daß ein Industriebetrieb in der Nähe wäre. Es ist bislang noch nicht geklärt, wie dem Problem begegnet werden kann. Einstweilen werden langfristige Versuche mit Kalkzufuhr unternommen.
Die Geschichte Hallands ist von blutigen Zwistigkeiten zwischen den nordischen Nachbarn gekennzeichnet. Von Beginn an gehörte die Landschaft nicht zum Reich der Svear. Ab dem 13. Jh. geriet Halland in die ständigen Kämpfe, zunächst zwischen Dänemark und Norwegen, später zwischen Dänemark und Schweden, und wurde dabei immer wieder verwüstet. Erst mit dem Frieden von Roskilde wurde Halland 1658 endgültig schwedisch.
Die lange Zugehörigkeit zu Dänemark hat Spuren hinterlassen, z. B. in der Architektur: niedrige Häuser mit spitzem Giebel und der Längsseite zur Straße. Selbst im vorigen Jahrhundert erbaute Häuser zeigen noch diesen eigentlich jütländischen Zug. Auch manche Fachwerkhäuser weisen auf die alte Kulturverbindung hin.

E 6 (Trelleborg – Svinesund – Oslo) Lugnarohögen – Kungsbacka

Hinter Hjärnap überquert die E 6 den *Hallandsås*, einen Urberg von etwa 5 bis 10 km Breite, der sich in ost-westlicher Richtung etwa 40 km als Ausläufer des südschwedischen Hochlandes gegen das Kattegatt hin erstreckt. Seine größte Höhe von 226 m erreicht er etwa 8 km östlich der E 6. Dieser Horst ist stehengeblieben, als sich das umliegende Land senkte. Er trennt Skåne von Halland.

Sehr empfehlenswert ist ein Abstecher zum *Lugnarohögen* (4 km). Abfahrt Richtung Våxtorp, in Haslöv geradeaus, kurz hinter der Kreuzung rechts. Der Lugnarohögen ist ein Grabhügel, der 1926 untersucht wurde. Man fand in ihm ein rund 8 m langes Steinschiff aus der jüngeren Bronzezeit, ca. 1000 bis 700 v. Chr. Es ist die bislang einzige bekannte Schiffssetzung unter einem Grabhügel. Die ausgegrabene Höhle wurde mit Beton versteift und bietet die einmalige Gelegenheit, einen bronzezeitlichen Grabhügel von innen zu besichtigen. Neben der Schiffssetzung fand man einen kleineren Steinsarg mit einer Urne aus Ton. Darin befanden sich unter einem Wollstoff die Gebeine einer Frau von etwa 25 Jahren. Auf dem Tuch lagen ein kleiner Dolch, eine Pinzette und eine Ahle aus Bronze, daneben die Knochen eines Schafes. In einem darüberliegenden Sekundärgrab, wahrscheinlich etwa 200 Jahre jünger, fanden sich noch zwei Grabstellen. Die eine war ausgeraubt, in der anderen fand man die Überreste eines etwa 45jährigen Mannes und einige Bronzegeräte (15. 5. – 31. 8. Di – So 14–16).

Das etwas weiter östlich der E 6 liegende kleine *Laholm* ist wahrscheinlich die älteste und zugleich auch kleinste Stadt Hallands. 1231 wurde sie erstmals erwähnt. Westlich des Stortorget hat der alte Stadtteil Gamleby noch viel von dem Charme einer alten Kleinstadt bewahrt. Auf dem Stortorget steht die Skulptur »Lagafontänen« von John Lundqvist, etwas weiter Richtung Altstadt auf dem Hästtorget (Pferdemarkt) die »Sage vom Pferd« des gleichen Künstlers. Die St. Clemens-Kirche erhielt ihr heutiges Aussehen bei einem Umbau im 19. Jh. Beachtenswert sind die Chorfenster von Erik Olson und die Deckenmalerei von Einar Forseth. Ein spätgotisches Kruzifix an der Südwand stammt aus der Vorgängerkirche des 13. Jh.

Bei Halmstadt sollte man die E 6 verlassen und die reizvollere Küstenstraße fahren.

Halmstad

Halmstad (35 000 Einw.) mit hübschem Kleinstadtcharakter ist die Hauptstadt Hallands. Bekannt wurde sie vor allem durch die »Halmstadgruppe«, eine 1929 gebildete Vereinigung von bildenden Künstlern. Insbesondere die Brüder Axel und Erik Olson, Esaias Thorén, Stellan Mörner seien hier genannt. Die Gruppe kam durch Anregungen zustande, die Erik Olson auf einer Salvador-Dali-Ausstellung in Paris empfing. Diese Künstlergruppe trug den Surrealismus in Schweden durch die 30er in die 40er Jahre. Die neue,

Halmstad

»verstärkte« Wirklichkeit mit traumartigen und vieldeutigem Charakter hatte große Bedeutung für die schwedische Kunstentwicklung.

Am Fluß Nissan liegt das *Schloß*, als Teil der Stadtbefestigung Ende des 16., Anfang des 17. Jh. erbaut, eine vierseitige, geschlossene Anlage im Renaissancestil. Am Ufer ankert das frühere Segelschulschiff *Najaden*. Auf der anderen Seite des Flusses steht die »Picassostatyn«. Sie wurde nach einem Modell Picassos in Beton gegossen. Ihr eigentlicher Name ist »Mann und Frau«. Die Skulptur »Laxan går upp« neben der Slottsbron (Schloßbrücke) stammt von Walter Bengtsson. Vom Schloß über die Straße, vorbei an der Kirche, kommt man zum Stora Torg mit dem *Rathaus*. Ein davorstehender Granitmonolith von Edvin Öhrström erinnert an das Treffen von 1618 zwischen Gustav II. Adolf von Schweden und Kristian IV. von Dänemark. Ein von Stig Blomberg geschaffenes Glockenspiel am Rathaus zeigt abwechselnd die symbolischen Figurengruppen »Kinderspiele«, »Lachsfischer«, »Die Schmiede« und »Wächter der Stadt«. Jeweils um 8, 12, 18 und 21 Uhr wechseln beim Glockenspiel die Figuren. Ein Relief des gleichen Künstlers über der Uhr, »Das Schiff fährt über Land und Wasser«, geht auf eine alte hallandische Sage zurück. Mehrere Künstler der Halmstadgruppe haben das Rathaus dekorativ ausgeschmückt. In den Korridoren sind ihre Arbeiten zu sehen. Auf dem Platz steht die berühmte Brunnenfigur »Europa und der Stier« von Carl Milles.

Das Fachwerkhaus neben dem Rathaus stammt vom Anfang des 18.Jh. Zwischen 1748 und 1835 war es Hospital, heute befindet sich darin eine Konditorei. In der Gegend von Halmstad verläuft die nördliche Grenze des Fachwerkbaus.

Die daneben liegende gotische *St. Nicolai-Kirche* stammt aus dem 15. Jh., wurde aber verschiedene Male umgebaut. Sehenswert sind die Fenster der Künstler der Halmstadgruppe Erik Olson und Einar Forseth im Chor.

In der Kyrkogatan an der Südseite des Platzes stehen zwei Fachwerkhäuser (Nr. 8 und Nr. 12), um 1700 gebaut. Sie sind typische Beispiele für kleinere Bürgerhöfe dieser Zeit.

Durch die Storgatan (mit einem mit grünglasierten holländischen Ziegeln verkleidetem Haus aus dem 17. Jh.) und das »Norre Port« (Nordtor) kommt man, am Park entlang und hinter der Eisenbahn nach rechts gehend, zum Museum von Halmstad (in der Tollsgatan). Hier befindet sich die nach dem Nordiska Museet in Stockholm zweitgrößte Sammlung schwedischer Bauernmalerei. Natürlich sind auch die Künstler der Halmstadgruppe stark vertreten (Mo–Fr 10–16, Do auch 19–21, So 12–16).

Bei der Weiterfahrt über die Küstenstraße fährt man zunächst Richtung Tylösand. Am Stadtrand von Halmstad liegt rechts »Miniland«. Hier sind im

Maßstab 1 : 25 ca. 150 verschiedene bekannte und berühmte Gebäude Schwedens nachgebaut. Die Anlage erlaubt einen guten Überblick über manche Baulichkeiten, die man sonst nicht so deutlich überblicken kann (1. 5.–1. 9. ab 10 Uhr, Inhaber spricht deutsch).
Tylösand ist der bekannteste Badeort Hallands und dementsprechend überlaufen. Man findet längs der Küste auch ruhigere Strände.
Vor Tylösand biegt man nach Ringenäs ab. Von dort ist dann Falkenberg ausgeschildert. Rechts der Straße (und von dort nicht zu sehen) liegt ein großer Grabhügel (angezeigt: »gravhög«) aus der Bronzezeit (auf dem Trampelpfad durch den Wald links halten). Von der Spitze hat man einen wunderbaren Blick. Gegenüber der Straße liegt ein Naturreservat, das die ursprüngliche Küstenlandschaft zeigt, die nur als Weideland genutzt wurde.
Falkenberg (14 000 Einw.) war im 13. Jh. ein Marktplatz. Die Altstadt rund um die *St: Laurentii kyrka* hat noch ganz ihren alten Kleinstadtcharakter bewahrt. Die Häuser dort sind aus dem 18. und 19. Jh. Die Kirche mit einem im 18. Jh ausgemalten hölzernen Tonnengewölbe, stammt in ihren ältesten Teilen aus dem 14. Jh., wurde ab 1892 aber nicht mehr als Kirche benutzt, sondern als Turnhalle, Schießbahn für Pistolenschützen und später als Kino. Erst 1924/28 restaurierte man sie wieder als Kirche, wobei man auch die Wandmalereien aus dem 16. und 17. Jh. freilegte. Interessant harmoniert die Kanzel von 1978 mit den alten Ausmalungen. Der jetzige Turm wurde 1787 gebaut.

Von Falkenberg aus kann man einen Abstecher zu den Bautasteinen von *Asige* machen (Straße 150 Richtung Torup/Asige). Vor dem Ort stehen je zwei hohe aufgerichtete Steine, deren Alter schwer bestimmbar ist. Auf dem einen sind eingeritzte konzentrische Kreise erkennbar. Man vermutet, daß sie in der Bronzezeit (1500–500 v. Chr.) errichtet wurden. Die direkt an der Straße stehenden Steine heißen »Hagbards Galgen«, weil sie der Form früherer Galgen (mit einem Querholz) ähneln. Die altnordische Sage berichtet, daß der norwegische Prinz Hagbard dort gehängt wurde, weil er sich in die dänische Königstochter Signe verliebt hatte. Als letzten Wunsch erbat er sich, daß zuerst seine Kappe hochgezogen werden sollte. Als Signe von fern die Kappe sah, glaubte sie, ihr Geliebter sei tot und zündete sich selbst an. Hagbard sah den Rauch und wußte, daß sie ihm bis in den Tod treu geblieben war. 600 bis 700 m südlich stehen weitere Steine. Man nimmt an, daß es sich um eine 60 bis 70 m lange Allee handelte, die evtl. kultischen Zwecken diente.

Varberg

Varberg (19 000 Einw.) wird beherrscht von der Festung. Ihre Anfänge reichen in das ausgehende 13. Jh. zurück. Damals entstanden an der Nordseite (durch die man in die Anlage gelangt) zwei rechteckige Festungsgebäude. Auch der untere Teil des südlichen Gebäudes stammt aus dieser Zeit. Das querliegende Gebäude, in dem sich jetzt das Museum befindet, stammt von etwa 1280. In der Mitte des 14. Jh. wurde der Ostteil und ein Jahrhundert

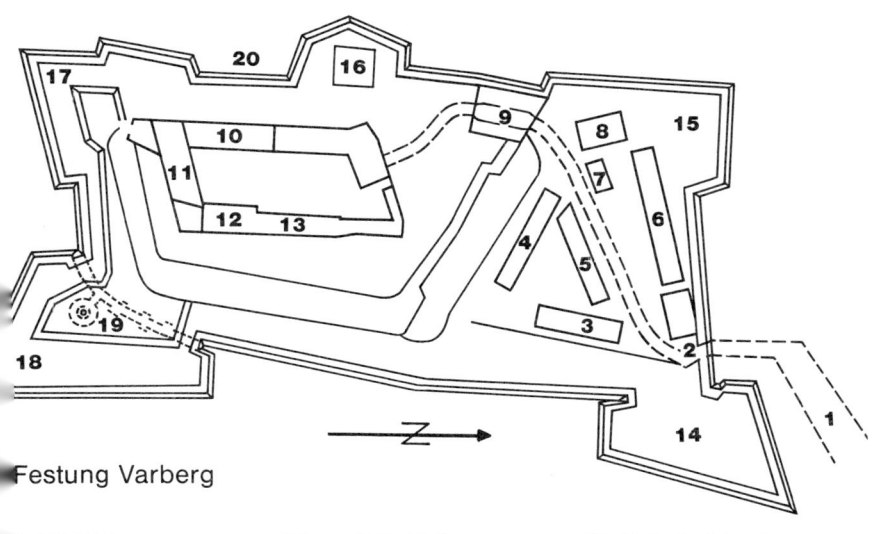

Festung Varberg

1. Eingang
2. Äußeres Tor (17. Jahrhundert)
3. Zeughaus (um 1600)
4.–6. Wohnhäuser (17. Jahrhundert)
7. Wohnhaus (1852)
8. Ehem. Gefängnis (1852)
9. Mittleres Tor (1612)
10. westl. Schloßgebäude (um 1500)
11. Südl. Schloßgebäude (Erdgeschoß 13. Jahrhundert)
12. Kaserne (1830)
13. östl. Schloßgebäude (14. Jahrhundert)
14. Bastion Weißer Mönch (Anfang 17. Jahrhundert)
15. Schmiedebastion (Anfang 17. Jh.)
16. Dammbastion (Anfang 17. Jh.)
17. Bastion Roter Mönch (Anfang 17. Jh.)
18. Bastion Grauer Mönch (Anfang 17. Jh.)
19. „Kockenburg"
20. Terrasse

später der Westteil ausgebaut. Dabei war Varberg zunächst mehr Schloß als Festung. In diesem 14. Jh. residierte hier zeitweilig Magnus Erikson, König von Schweden und Norwegen (1319–65, bzw. –43). Der eigentliche Ausbau zu einer Festung erfolgte im 16. Jh. Im 17. Jh. kamen die Bastionen dazu, wobei man teils schon Erfahrungen des Dreißigjährigen Krieges berücksichtigte. Als Schweden 1645 die Festung übernahm, war sie eine der modernsten in ganz Europa. Der Festungsbau konnte jedoch nicht verhindern, daß die Stadt in blutigen Kriegen mehrmals den Besitzer wechselte. Erst nach 1645 war ihr ein ruhigeres Dasein beschieden. 1830 wurde sie außer Dienst gestellt. Von 1848 bis 97 war sie Strafanstalt, zunächst für Lebenslängliche, zuletzt für geringer Bestrafte. Heute dient sie teils als Museum, teils als Unterkunft für Freiwillige der Heimwehr während ihrer Ausbildung (Besichtigung der Festung nur mit Führung, deutschsprachige Tonbänder stehen zur Verfügung; 15. 6.–15. 8. 10–17, stdl.).

Besonders sei auf das *Museum* hingewiesen. Es beleuchtet vor allem die bäuerliche Kultur Hallands. Seine größte Attraktion aber ist die Moorleiche »Bockstensman« mit der einzigen vollständig erhaltenen mittelalterlichen Kleidung der Welt. Etwa 30 km östlich Varbergs wurde die Leiche im Moor gefunden. Der Mann war mit einem Pfahl durchbohrt. Mord oder Strafe? Die Kleidung besteht aus Wolle, die Schuhe sind aus Leder. Man hat den Fund auf etwa 1360 datiert. Weiter wird dort ein Knopf gezeigt, der die Todeskugel Karls XII gewesen sein soll. Interessant ist auch die Bauernmalerei aus der Zeit von 1750 bis 1850 (15. 6.–20. 8. tgl. 10–19; 21. 8.–14. 6. Mo–Fr 10–16, Sa–So 12–16).

Die Stadt Varberg brannte mehrmals nieder, so 1767 der nördliche Teil. Eine Hausfrau hatte bei starkem Wind ein zu heftiges Feuer im Kamin entfacht. Inger Olovsdotter Forsman wurde deswegen zu 58 Taler Strafe verurteilt. Als sie nicht zahlen konnte, wandelte man die Strafe in 15 Rutenschläge um. 1863 vernichtete das nächste Feuer den südlichen Stadtteil. Auf dem Torg steht die bekannte Brunnenskulptur »Badende Jugend« von Bror Marklund.

Hinter Varberg kann man bei der Abfahrt Värö wieder die E 6 verlassen und parallel zu ihr die alte Küstenstraße fahren. Hinter Åsa besteht die Möglichkeit, zu der originellen Schloßanlage von *Tjolöholm* abzuzweigen. Ein reicher Göteborger Kaufmann ließ um die Jahrhundertwende ein Schloß im englischen Tudorstil bauen. Schloß und Park sind zu besichtigen (15. 6.–15. 8. tgl. 11–16, Do 11–20; sonst Sa–So 11–16).

Ein anderer Abstecher ist von der E 6 nach *Onsala* möglich. Die Kirche dort wurde im 17. Jh. gebaut. Turm und der Gatenhielmsche Grabchor kamen ein Jahrhundert später dazu. Besonders beachtenswert ist die reiche Ausmalung der holzverkleideten Decken und der Orgelempore im Barockstil durch Sven Wernberg zu Beginn des 18. Jh. Die Kanzel, noch mit dänischer Inschrift, stammt aus dem frühen, die Taufschale aus Messing aus dem ausgehenden 17. Jh Der Baldachin über dem Taufbecken ist von 1705. Der barocke Altaraufsatz wurde zu Beginn des 18. Jh. von Marcus Jäger geschaffen. Der im Chor hängende Erzengel Michael entstand 1649. An der Ostseite hinter dem Altar liegt die achteckige Grabkapelle mit Turm für den Kaperkapitän Karls XII., Lars Gatenhielm, einen berüchtigten Seeräuber im 18. Jh.

Kungsbacka ist ein altes Handelsstädtchen (12 000 Einw.), das 1846 fast vollständig abbrannte. Die jetzige Innenstadt wurde Ende des 19. Jh. gebaut. Kurz hinter Kungsbacka erreicht man die Landschaft Bohuslän.

Göteborgs och Bohusläns län

Ähnlich Halland ist auch das nördlich anschließende Bohuslän eine langgestreckte Küstenlandschaft, etwa 170 km lang und nur 30 bis 40 km breit. In früheren Zeiten erstreckte sich zwischen Halland und Bohuslän die Landschaft Västergötland auf einem kurzen Stück südlich von Göteborg bis an die Küste. Bis 1658 war dies die einzige Küste Schwedens im Westen. Insoweit ist auch die politische Geschichte Bohusläns und Göteborgs bis 1658 verschieden, denn Göteborg wurde als schwedische Stadt gegründet, allerdings erst kurz bevor auch Bohuslän schwedisch wurde. Abgesehen von einem kleinen Gebiet südlich und östlich von Göteborg stimmen aber die Grenzen der Landschaft Bohuslän und der heutigen Provinz »Göteborgs och Bohusläns län« im wesentlichen überein.
In dieser Gegend begann das Inlandeis um 10 000 abzuschmelzen. Damals lag die Küstenlinie im Nordteil der Landschaft etwa 185 m, im Südteil rund 100 m höher als heute. Innerhalb von 3 000 bis 4 000 Jahren hob sich das Land auf 80 m bzw. 25 m gegenüber heute. Zum Vergleich: würde sich eine solche Hebung heute wiederholen, würden große Teile des Kattegatt, Skagerrak und der Nordsee trockenfallen.
Dem zurückweichenden Eis folgten zunächst nomadisierende Jäger, und um 3000 v. Chr. etwa siedelten sich die ersten Bauern in Bohuslän an. Als die nordischen Länder begannnen, sich politisch zu organisieren, wurde um 800 n. Chr. Bohuslän zunächst zum dänischen Herrschaftsbereich gerechnet. In

den Quellen um 1000 n. Chr. bildet es dagegen den südlichsten Teil Norwegens. Für kurze Zeit gehörte es Anfang des 14. Jh. zusammen mit Norwegen zu Schweden. Nach dem Ende der Kalmarer Union (1523) blieb es Zankapfel zwischen Schweden und Dänemark/Norwegen, bis es 1658 im Frieden von Brömsebro endgültig schwedisch wurde.

Das Christentum hatte in Bohuslän im 11. Jh. Fuß gefaßt, doch dauerte es noch bis Mitte des 12. Jh. bis die Kirche auch hier zu einem Machtfaktor wurde.

Ihren Namen erhielt die Landschaft nach der Feste Bohus, die aufgrund der ständigen Grenzstreitigkeiten entstanden war. Da der schwedische Herzog Erik, entgegen den Bestimmungen eines Friedens von 1305, die heute verschwundene Festung Niklaborg bei Kungälv nicht räumte, begann der norwegische König Håkon 1308 eine gegenüberliegende Festung zu bauen, die nach der umliegenden Gegend Bagahus genannt wurde. Hieraus entwickelte sich der Name Bohus, der dann zum Namen der ganzen Landschaft wurde. In der ersten Hälfte des 14. Jh. war diese Festung dann die Residenz des norwegisch-schwedischen Unionskönigs Magnus Eriksson.

Der Charakter dieser Küste ist ganz verschieden von dem der südlichen Landschaften Halland und Skåne. Eisschmelze und Landhebung haben die heutige Küstenlandschaft gebildet: glattgeschliffene Felsen, tief in das Land reichende schmale Meeresbuchten und unzählige große, kleine und kleinste Inseln und Inselchen. Die Küstenlinie macht einen zerrissenen Eindruck. Die Felsen sind häufig wie abgerundet. An manchen Stellen meint man, an einem Binnensee zu stehen. Küste und Schären sind so gut wie nicht bewaldet. Teils ist dies eine Folge extremer Kahlschläge in früheren Zeiten. Der östliche Teil Bohusläns hat dagegen mehr den Charakter einer waldreichen Mittelgebirgslandschaft mit Höhen von 160 bis 220 m. Landwirtschaft wird vorwiegend in den Tälern betrieben.

Als typisch für die Küste Bohusläns gelten die kleinen Fischerdörfer, die sich mit Wohnhäusern und den oft auf Pfählen über dem Wasser stehenden Schuppen eng an die Felsen drängen. In den meisten Fällen läßt sich die Geschichte dieser Gemeinden bis in das 16. Jh. zurückverfolgen, als aufgrund einer besonders günstigen Heringskonjunktur über 30 solcher Dörfer entstanden. Genau genommen trifft dieses Bild aber nur für den mittleren Teil Bohusläns zu. Im südlichen und im nördlichen Teil ist die Küste flacher und in den Tälern liegt fruchtbarer Lehmboden. Hier hat sich schon frühzeitig eine Verbindung von Fischfang und Landwirtschaft herausgebildet: ackerbautreibende Fischer oder fischende Bauern, wie man will. Außerdem nutzten zahlreiche Steinbruchbetriebe den Granit als Baumaterial, besonders für den Straßenbau, aus. In Uddevalla und Göteborg entstand eine bedeutende Werftindustrie.

Die vergangenen Jahrzehnte brachten erhebliche Probleme. Die Fischerei ging zurück, teils durch vermindertes Fischaufkommen, teils durch Grenz- und Quotenbeschränkungen. Granitsteine wurden mehr und mehr von Beton und Asphalt verdrängt. Die starke ostasiatische Konkurrenz und die sinkende Nachfrage führten zum Rückgang der Werftindustrie. In der jüngsten Zeit wurden daher große Anstrengungen unternommen, neue Erwerbsmöglichkeiten zu finden. Der Fischfang innerhalb des Schärengürtels wird stärker genutzt. Man begann mit einer intensiven Muschelzucht. Hierbei werden knapp unter der Wasserfläche an Plastikfässern befestigte Leinen gespannt, von denen dann senkrecht wieder Leinen herabhängen, an denen die Muscheln wachsen. Es zeigte sich, daß die Qualität dieser Muscheln, begünstigt durch das klare Wasser, ausgezeichnet ist, und man rechnet mit weiteren Zuwachsraten. Auch die Fischzucht in Behältern, besonders des Regenbogenlachses, wurde verstärkt. Neuerdings experimentiert man mit Algenzuchten, da verschiedene Algenarten einen hohen Teil industriell benötigter Stoffe bieten. Darüber hinaus hat auch der Tourismus immer stärker an Bedeutung gewonnen.

E 6 (Trelleborg – Svinesund – Oslo) Göteborg – Svinesund

Göteborg

Seit dem 13. Jh. waren am Göta älv (Göta-Fluß) verschiedene kleine norwegische, dänische und schwedische Städte entstanden. Die Zunahme des Handels der schwedischen Westprovinzen ließ 1603 Karl XI. neben der seit dem 14. Jh. an der Mündung des Flusses liegenden Festung Alt-Älvsborg eine neue Stadt gründen, die Göteborg genannt wurde. Ihre Bewohner waren ausschließlich Holländer. Schon 1611 aber zerstörten die Dänen die Stadt und nahmen ein Jahr später auch die Festung ein. Letztere mußte als Pfand an Dänemark abgetreten werden. Die Lösesumme betrug 1 Million Reichstaler. Das entsprach damals dem Wert von 3200 t Rohkupfer oder etwa ⅔ des Wertes einer gesamten schwedischen Jahresernte. Trotzdem gelang es Gustav II. Adolf, die Summe aufzubringen. 1619 fiel die Festung wieder an Schweden. Zugleich begann der König mit der Planung einer neuen Stadt. 1621 wurden die Privilegienbriefe für die neue Stadt Göteborg ausgestellt. Vor allem Holländer wurden angeworben. Sie brachten ihre Erfahrungen im Kanalbau mit und bauten, etwas entfernt von der vorherigen Gründung, eine stark befestigte Stadt mit einem Kanalnetz an. Diese neue Stadt galt als eine der am stärksten befestigten Städte Europas und wurde auch niemals eingenommen. Die mit

Wasser gefüllten Wallgräben sind heute noch zum größten Teil zu sehen. Die Mauern wurden gegen 1807 geschleift. Es entstand eine breite Parkanlage, die Nya Allèn, rund um die Innenstadt. Von den Kanalbauten ist nur noch der Stora Hamnkanal vorhanden, der am Gustav Adolfs Torg vorbeiführt.
Göteborgs große Zeit begann vor allem nach 1730, nicht zuletzt durch die Gründung der Ostindischen Handelskompanie. Die napoleonische Kontinentalsperre brachte einen scharfen Rückgang des Handels mit sich. Erst gegen Ende des Jahrhunderts konnte sich die Stadt von diesem Rückschlag erholen. Zu dieser Zeit hatte auch die Industrialisierung Göteborg erreicht. Die Stadt nahm wieder einen starken Aufschwung.
Der Mangel an Wohnraum für die rasch anwachsende Bevölkerung führte zu einem speziellen Göteborger Wohnhaustyp, dem sogen. »landshövdingehus«, der heute noch teilweise zu sehen ist: ein Haus mit steinernem Untergeschoß und zwei darüberliegenden hölzernen Geschossen (z. B. in der Djurgårdsgatan oder in Gröna Vallen).
Im Gemeindegebiet von Göteborg leben heute rund 695 000 Einwohner (Zählung 1982), davon in der eigentlichen Stadt rund 426 000. 38 000 Einwohner sind Ausländer. Die größten Industriebetriebe sind Volvo, mit Abstand gefolgt von der Werft- und der Kugellagerindustrie. Erst dann kommen Elektronik-, Elektro- und Papierhersteller. Der Hafen wird vom Golfstrom eisfrei gehalten. Er hat den größten Warenumschlag aller schwedischen Häfen, über 22 Millionen t. Regelmäßige Fährverbindungen bestehen vor allem nach Frederikshavn/Dänemark und nach Kiel. Von und nach Fredrikshavn reisen jährlich rund 2,3 Millionen Passagiere über Göteborg, von und nach Kiel etwa eine halbe Million.
Dem Verkehr über den Göta älv und das Hafengebiet dienen im Stadtgebiet zwei imponierende Brücken und ein Tunnel. Die zum Meer hin liegende Hängebrücke *Älvsborgsbron* wurde 1966 eingeweiht. Die die Drahtseile tragenden Türme sind 97 m hoch. Die Durchfahrtshöhe beträgt 45 m. Bei einer Gesamtlänge von 933 m ist die Brücke zwischen den Türmen 417 m lang. Die mehr im Zentrum liegende *Götaälvbron* wurde schon 1939 gebaut. Es ist eine Klappbrücke mit einer freien Durchfahrtshöhe von 19,5 m. Der *Tingstadstunnel* liegt im Verlauf der E 6 nach Oslo. Sein tiefster Punkt liegt 14 m unter der Wasseroberfläche. Er ist 454 m lang und wurde 1978 in Betrieb genommen.
Wer mit dem Schiff nach Göteborg kommt, fährt in der Einfahrt an der Festung *Nya Älvsborg* vorbei. Nachdem die frühere Festung ihre Unbrauchbarkeit gezeigt hatte, wurde 1660 auf einer Insel mitten im Hafeneinlauf eine neue gebaut. Dänisch-norwegischen Angriffen während der Kriege Karl XII. widerstand sie. Die Garnisonskirche wird heute besonders für Hochzeiten und Taufen gerne genutzt.

Galleri Bardúsa
Pakkhúsinu

HVAMMSTANGA
S: 451-2405

Für den Autoverkehr in Göteborg ist zu beachten, daß die Innenstadt (innerhalb des Wallgrabens) in verschiedene Zonen aufgeteilt ist, die nur von der Ringstraße Nya Allén aus erreichbar sind. Ein Querverkehr ist nicht möglich. Die Parkgebühren sind hoch und sehr unterschiedlich. Es lohnt, den Wagen etwas außerhalb zu parken und die »Göteborgskort« zu kaufen (Skr 55,– für 24 Stunden, bzw. 85,– für 48 Stunden). Sie ist im Turistbyrå, Kungsportplatsen 2, in Hotels, bei den mit »Pressbyrån« bezeichneten Kiosken oder auch auf den Fähren von Kiel oder Fredrikshavn zu kaufen. Neben freier Fahrt mit Straßenbahn und Bus hat man mit ihnen freien Eintritt in die meisten Museen, eine freie Busrundfahrt und nach 14 Uhr auch eine kostenlose Rundfahrt auf dem Wasser (mit den »Paddan« = Schildkröte genannten Booten; Abgang an der Kungsportsbron). Bei den Busrundfahrten tgl. ab 11 und ab 12.20 sind auch deutschsprachige Führer zugegen (Abgang Kungsportsplatsen, Turistbyrå, Dauer 1 Stunde).

Ein Gang durch die Stadt könnte am Götaplats beginnen. In der Mitte des Platzes steht die bekannte Brunnenfigur »Poseidon« von Carl Milles, das Wahrzeichen der Stadt. Das *Konserthuset* von 1935 gehört wegen seiner auf allen Plätzen zugleich guten Akustik zu den besten der Welt. (Architekt Nils Einar Eriksson).

Das *Kunstmuseum* zeigt Werke der bildenden Kunst, besonders der nordischen und französischen aus dem 19. und dem 20. sowie der holländischen und flämischen aus dem 16. bis 18. Jh. (Di–Sa 12–16, So 11–17; 1. 9.–30. 4. auch Do 18–21).

Das *Stadsteater* wurde 1934 eingeweiht. Am Götaplatsen liegt auch die *Stadsbiblioteket*, die fast 200 Zeitungen aus aller Welt in 50 Sprachen im »tidningsrum« bereithält (tgl. ab 10; 1. 6.–12. 8. Sa–So geschlossen). Die Kungsportsavenyn führt durch den Grüngürtel vor dem Wallgraben. Links liegt das 1856/59 erbaute *Stora teatern* für Oper und Operette; dahinter der sogen. Kungsparken, während auf der anderen Seite der Park der »Trädgårdsförening« (=Gartenverein) liegt. Über die Kungsportsbron gelangt man auf den Kungsportsplats mit dem 1904 von John Börjeson geschaffenen Standbild Karls IX. Die weiterführende Östra Hamngatan und die kreuzende Kungsgatan sind die vornehmsten Einkaufsstraßen Göteborgs.

Biegt man nach links in die Kungsgatan ein, kommt man zur *Gustavi Domkyrka*. Sie wurde 1804/27 in streng klassizistischem Stil von dem damaligen Stadtbaumeister Göteborgs, Carl Wilhelm Carlberg gebaut. Die sparsame Ausschmückung ordnet sich völlig der klaren Architektonik unter. Eine Renovierung gab der Kirche 1983 ihr ursprüngliches Aussehen und die frühere Farbe, besonders im Innenraum, wieder.

Die Östra Hamngatan führt weiter über den Stora Hamnkanal auf den Gustav Adolfs Torg. Das Denkmal für Gustav II. Adolf, 1854 von Bengt Fogel-

Göteborg

berg geschaffen, trägt bezeichnenderweise den Zusatz »der Große«. Hinter dem Denkmal stehen das *Wenngrenska huset* von 1759, 1820 um ein Stockwerk erhöht und das *stadshuset*, von B. Carlberg Mitte des 18. Jh. gebaut und 1824 umgebaut. Der anschließende Bau mit seiner pompösen Fassade wurde 1849 als Börse und für Festlichkeiten der Kaufmannschaft eingeweiht. In schlichtem Gegensatz zu der Fassade dieses Gebäudes steht das an der Seite liegende *Rathaus*, das 1672 nach Plänen von Nicodemus Tessin d. Ä. gebaut worden war (1814/17 umgebaut). Etwas weiter am Kanal entlang liegt die *Christine-Kirche* von 1748 (Turm 1783), auch Tyska Kyrka genannt, da sie die Kirche der 1623 gegründeten deutschen Gemeinde ist. Der achteckige Grabchor im Osten war schon 1681 an die vorherige Kirche angebaut worden. Daneben stehen das *Sahlgrenska huset* und das *Ostindiska kompaniets hus* von 1753 bzw. 1750. Architekt war Bengt Carlberg und beim Haus der Ostindischen Kompanie auch Carl Hårleman (heute Historische, Ethnographische und Archeologische Museen: Mai–Aug. Di–Sa 12–16, So 11–17; Sept.–April auch Do 18–21).

Zwischen diesen Häusern liegt der Durchgang zum *Kronhuset*, dem ältesten Haus Göteborgs. Es war 1642/54 als königliches Vorratshaus erbaut worden und wurde von 1688 bis 1898 zum Teil als Garnisonskirche genutzt. Das Untergeschoß, in dem 1660 ein Reichstag abgehalten worden war, bei dem Karl XI. zum König proklamiert wurde, dient heute festlichen Veranstaltungen. Im Obergeschoß werden vor allem Exponate zur Geschichte Göteborgs gezeigt (tgl. 12–16, So 11–17). In den um den großen Hof liegenden Gebäuden, die Mitte des 18. Jh. für den Bedarf des Artillerieregiments gebaut wurden, befinden sich heute zahlreiche Kunsthandwerker denen man bei der Arbeit zusehen kann. (Mo–Fr 11–16, Sa 11–14).

Setzt man den Weg durch die Östra Hamngatan fort (durch die Postgatan zu erreichen), gelangt man zum *Medicinhistoriska museet* (Nr. 11) mit medizinischen Geräten seit dem 18. Jh. (Di–So 13–16). Weitergehend überquert man den Platz Lilla Bommen und die Straße Götaleden. Dahinter liegt der Hafen Lilla Bommen, früher die Einfahrt in das Kanalsystem, heute Liegeplatz der *Museumsschiffe*, einem Feuerschiff von 1915 und einer Schute von See Vänern von 1902. Außerdem ankert dort auch die *Bark Viking*, eines der letzten großen Segelschiffe. In dem Gebäude daneben, *Fartygmuseum*, einem alten Kaischuppen, sind verschiedene Boote aus der Göteborger Gegend, aber auch vom Eismeer aufbewahrt (tgl. 11–16, Sept.–April 11–17).

Ein empfehlenswertes Ziel ist die *Masthuggskyrkan*. Sie wurde 1910/12 nach Plänen Sigfrid Ericsons gebaut und entspricht ganz den damaligen nationalromantischen Vorstellungen einer altnordischen Halle. Interessant ist dabei, wie die Orgel hinter Holz »versteckt« wurde. Der Altaraufsatz kam erst 1922 hinzu. Der Turm ist 62 m hoch und war bis zum Bau der Älvsborgsbron ein

wichtiges Richtzeichen von See her. Die hochgelegene Kirche bietet einen schönen Blick auf den Hafeneinlauf und einen Teil der Stadt.
Die *Fischhalle*, 1874 von V. von Gegerfelt gebaut, erhielt wegen ihres originellen Aussehens bald allgemein den Namen »Feskekörka« = »Fischkirche« (Dialekt). Hier kann man alles kaufen, was das Meer bietet (Fisketorget – Rosenlundsgatan, allg. Geschäftszeiten).
Eine kleine Zahl von Gebäuden aus der Mitte des 18. Jh. sind in *Klippans kulturreservat* noch erhalten, vor allem Lagerhäuser der ostindischen Kompanie, aber auch Wohnhäuser. Die dahinter auf einem Fels liegende *S:t Birgittas Kapelle* wurde 1857 eingeweiht (am Hafen entlang, Oscarsleden, vor der Älvsborgbron rechts in die Banehagsgatan).
Der *Lisebergs nöjespark* (Vergnügungspark) ist das Göteborger Gegenstück zu dem Tivoli in Kopenhagen. In einer Parkanlage liegen die verschiedensten Unterhaltungsstätten, Restaurants, Tanzplätze u. s. w. verstreut (nachmittags und abends). Eingang vom Örgrytevägen.

Interessant sind die verschiedenen Ausflugsfahrten mit kleineren und größeren Booten, z. B. durch den Hafen und zur Festung Älvsborg (mit MS Snäckeskär ab Stenpiren). Andere Fahrten führen in die Schären nördlich Göteborgs. Ein lohnendes Ziel ist *Marstrand*, ein bekannter Seglertreffpunkt in den Schären (Zeiten im Turistbyrå erfragen). Das Städtchen ist eine Gründung des norwegischen Königs Håkon Håkonson um 1250. Einen Höhepunkt erlebte es im 16. Jh. durch die Heringsfischerei. Nachdem es 1658 schwedisch geworden war, wurde die Festung gebaut, die aber im wesentlichen nur als Gefängnis benutzt wurde. Das Stadtbild wird geprägt durch die im oskarianischen Stil verzierten Holzhäuser, schmale Straßen und den großen Segelboothafen. Der Ort ist praktisch autofrei. Den Verkehr mit der nächsten mit dem Auto noch erreichbaren Insel vermittelt die »Wasserstraßenbahn«.

Bei Kungälv verläßt man die E 6. Vor dem Ort liegt die *Festung Bohus*. Nachdem Bohoslän schwedisch geworden war, verlor diese Festung ihre frühere Bedeutung als norwegische Grenzfestung. Zweimal noch versuchten dänisch-norwegische Truppen sie zu erobern, doch blieb ihnen 1676 wie 1678 der Erfolg versagt. Bei der letzten Belagerung wurden 20 000 bis 30 000 Kanonenkugeln auf die Festung abgeschossen, dazu 384 große Steinbrocken, 161 glühende Kugeln u. s. w., sogar Säcke mit Exkrementen, um »innerlich hitzig Fieber« bei den Belagerten zu erregen. Es war die 14. und letzte Belagerung von Bohus seit 1482. Jedesmal hatte sie standhalten können. 1783 wurde sie als Festung aufgegeben. Sie verfiel und wurde als Steinbruch benutzt. Erst 1898 begann man mit einer Konservierung.

Bohus 231

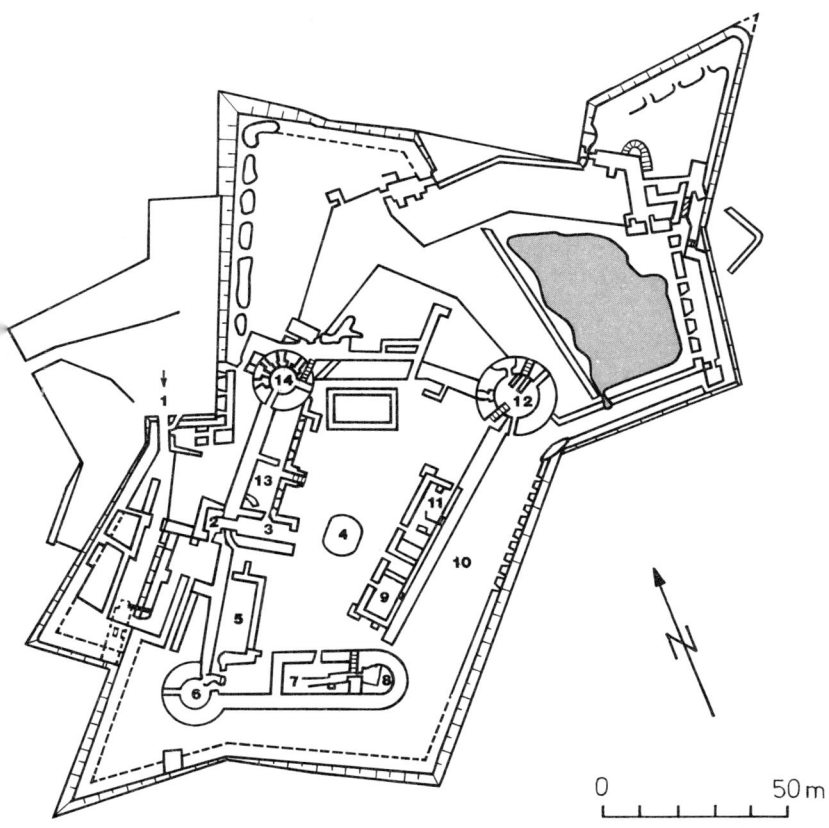

Festung Bohus

1 Eingang Blockhusporten
2 Äußeres Torgebäude
3 Inneres Torgebäude
4 Brunnen
5 Festungskirche
6 Kirchturm
7 Alte Magazine
8 Turm mit Gefängniszellen
9 Brau- und Backhaus
10 Bäckerei
11 Pulvermagazin
12 Roter Turm
13 Kommandanten- und Offizierswohnungen
14 Turm „Fars hatt"

1 Der Eingang »Blockhusporten« wurde 1935 zur Wiederherstellung des Gesamteindrucks neu aufgebaut.
2 Das äußere Torgebäude gehört zu den ältesten Teilen. Der Eingang war so angelegt, daß die Angreifer gezwungen waren, den Schild in der rechten Hand und die Waffe in der linken zu tragen.
3 Inneres Torgebäude
4 Brunnen; heute nur noch 11 m, ursprünglich über 30 m tief, wobei die Wasseroberfläche 4,5 m unter dem Brunnenrand lag. Gebaut vorwiegend durch Strafgefangene mit Hilfe von Feuer und Wasser, d. h. große Holzstöße wurden abgebrannt und Wasser auf die erhitzten Steine gegossen, die dadurch zersprangen.
5 Festungskirche
6 Turm; seine Namen wechselten, die Schweden nannten ihn Kirchturm.
7 Alte Magazine, früher dreigeschossig, zuoberst Kanonen
8 Sven Halls Turm mit Resten von Gefängniszellen im Boden, ursprünglich viereckig.
9 Brau- und Backhaus; Reste eines Backofens sind erkennbar.
10 Bäckerei mit Resten eines Backofens
11 Pulvermagazin im unteren, Getreidemagazin in zwei oberen Geschossen. 9–11 werden ,,Neue Magazine« genannt, gebaut Anfang des 16. Jh., um 1690 verstärkt.
12 Roter Turm, ursprünglich rund. Berühmt durch den »Bohus'schen Knall«; als 1566 bei einer Belagerung die Schweden in den Turm eingedrungen waren, ließen die Norweger das Pulvermagazin im Keller in die Luft fliegen.
13 Kommandanten- und Offizierswohnungen
14 Der Turm »Fars hatt« hat noch weitgehend sein früheres Aussehen; im Erdgeschoß eine Gefängsniszelle, der einzige Rest des vorherigen Turms aus dem 15. Jh.; ursprünglich viereckig, wurde der Turm bei der Belagerung von 1678 schwer beschädigt und bei der Wiederherstellung dann rund gebaut.

Kungälv wurde 1682 am jetzigen Platz gebaut, nachdem die alte Stadt 1676 von denNorwegern niedergebrannt worden war. Sehr schön ist die *Holzkirche* von 1679/83, in der alles Inventar etwa aus der gleichen Zeit stammt. Gleich nach dem Bau wurde die Decke ausgemalt. Sie kostete 300 Taler in Silber und wurde »nach Akkord« bezahlt. Den Altaraufsatz in Barockklassizismus schuf 1683 Marcus Jäger, das Altarblatt malte Johan Hammer. Auf dem Altar liegt eine Bibel Karls XII.
Die Kanzel war schon 1633 für eine Göteborger Kirche angefertigt worden. Das Taufbecken aus Fichtenholz stammt von 1697. Die Bilder über dem nördlichen und dem südlichen Eingang wurden um 1700 von Erik Grijs

Uddevalla – Bokenäs

gemalt. Das Votivschiff stellt ein typisches Kriegsschiff des frühen 17. Jh. mit 52 Kanonen dar.

Kurz hinter Kungälv kann man bei der Abfahrt Ytterby nach Marstrand abzweigen (s. S. 230). Richtung Uddevalla sollte man die landschaftlich schöne und interessantere Straße über die Inseln Tjörn und Orust wählen (Abfahrt Tjörn). Diese Strecke vermittelt einen guten Eindruck von der Küstenlandschaft. Von Stenungsund fährt man über verschiedene Inseln erst nach *Tjörn* und dann auf die Insel Orust. Die ca. 10 km lange Strecke mit den imponierenden Brücken wurde 1960 fertiggestellt. *Orust* ist – nach Gotland und Öland – die drittgrößte Insel Schwedens., im höhergelegenen Ostteil bewaldet, im westlichen Teil kahl. Die Straße 160 trifft auf dem Festland auf die Straße 161 Uddevalla-Lysekil. Über Uddevalla erreicht man die E 6.

Uddevalla (29 600 Einw.) war bekannt für seine große Werft mit einem der größten Docks der Welt. Die internationale Werftkrise hat auch diese Werft zur Aufgabe gezwungen. Verschiedene andere Industrien (Lebensmittel, Elektro, Maschinenbau) sind an ihre Stelle getreten. Zur Zeit plant Volvo dort ein neues Werk. Die Stadt erlebte im 19. Jh. zwei verheerende Stadtbrände, so daß kaum Reste alter Bebauung erhalten sind. Sehenswert ist das erst im Sommer 1985 neu eröffnete *Bohusläns museum* (am Norra Hamn, über Abfahrt E 6 Richtung Centrum – Västlångatan). Es zeigt Natur- und Kulturgeschichte Bohusläns und in einer besonderen Abteilung, wie diese Landschaft von Malern gesehen wurde (Di–Fr 10–20, Sa–So 10–16, 15. 6.–15. 8. auch Mo 10–20).

Von Uddevalla kann man über die E 6 nach Tanum fahren. Reizvoller ist die Fahrt entlang der Küste über Fjällbacka, Grebbestad. Man fährt die Straße 161 zurück Richtung Lysekil. Etwa 10 km nach der Einmündung der Straße 160 von Orust liegt links *Bokenäs Gamla Kyrka*. Den Schlüssel muß man beim Küster holen: von Uddevalla aus führt ca. 150 m vor der Kirche rechts ein kleiner Feldweg zu einem weißen Haus; der Schlüssel hängt meist neben der Tür und kann weggenommen werden. Man erwartet, daß er zurückgebracht wird. Der kleine Aufwand lohnt. Es ist die wohl am besten bewahrte mittelalterliche Kirche Bohusläns, mit Ausnahme des Turms im 12. Jh. entstanden. Der Turm kam erst 1752 dazu. Das hölzerne Tunnelgewölbe malte der aus Hildesheim stammende J. Dieden 1770 in einem wunderschönen, naiven barocken Bauernstil aus. Da die Kirche keine Heizung besaß, blieben die Farben hervorragend erhalten. Auch die Kanzel von 1770 hat eher einen bäuerlichen Barock- als Rokokocharakter. Auch sie wurde von Dieden bemalt. Das Kruzifix am Altar ist von etwa 1650, der Aufsatz in einem späten bäuerlichen Barock von etwa 1770. Der im Chor stehende Taufstein wurde 1756 aus Eiche geschnitzt.

Der eisenbeschlagene Opferstock von 1737 im Mittelgang diente den Armen. Auf der Empore sind noch die Fußschließen zu sehen, in die Sünder während des Gottesdienstes eingeschlossen wurden.

Mit einer Fähre über den Gullmarn (kostenfrei, weil im Verlauf einer Reichsstraße) erreicht man die Straße 162, auf der man nach links einen Abstecher in ein ehemaliges Fischerdorf, den heutigen Badeort *Lysekil*, machen kann. Die früher hier stark vertretenen Steinbruchbetriebe haben der Konservenindustrie weichen müssen. Einige alte Holzhäuser von der Wende des 18. zum 19. Jh. sind noch erhalten.

Man fährt dann erst die Straße 162 Richtung Munkedal und nach deren Einmündung in die Straße 163 auf dieser in Richtung Hamburgsund. Über Hamburgsund, Fjällbacka, Grebbestad fährt man nach Tanumshede. Die an der Straße 163 liegende *Svenneby kyrka* stammt aus dem 12. Jh., wird aber nicht mehr als Kirche genutzt (Besichtigung nur nach tel. Vereinbarung 05 23/5 31 53).

An der Küste, die man auf Abstechern erreicht, liegen zahlreiche kleine Orte, die ursprünglich Fischerdörfer waren und heute zum großen Teil Ferienorte sind. *Fjällbacka* zählt zu den bekanntesten Plätzen der schwedischen Westküste. Dies mag damit zusammenhängen, daß in dieser Gegend der größte und interessanteste Schärengürtel liegt. Von den größeren Orten besteht die Möglichkeit zu Ausflugsfahrten in die Schären.

Am Ortsausgang von *Grebbestad* liegt rechts das »Greby gravfält« mit rund 200 Grabhügeln und Bautasteinen aus der Zeit zwischen 200 und 600 n. Chr. Bei den Ausgrabungen fand man Urnen mit Knochen sowie Kämme, Glasperlen, Spinnwirteln u. ä. Die Funde werden im Historiska Museum in Stockholm aufbewahrt.

Die Gegend um *Tanumshede* (an der E 6) ist in Schweden für ihre vielen Felszeichnungen (= hällristningar) bekannt. Felszeichnungen sind auf glatte Felsflächen geschlagene oder geritzte Bilder. Als Werkzeug wurden, nach Spuren zu schließen, spitze Steinwerkzeuge verwendet. Sie sind in der nordischen Bronzezeit, 1500 bis 500 v. Chr., entstanden, überwiegend wohl in der jüngeren Bronzezeit nach 1000. Die Datierung wird möglich durch den Vergleich bestimmter Werkzeuge, besonders der Äxte, mit archäologisch gesicherten Funden, aber auch durch Funde, auf denen die gleichen Zeichen eingeritzt waren, die man bei den Felszeichnungen findet. Wahrscheinlich waren die Felsbilder ursprünglich mit einer braun-roten Farbe ausgemalt, vermutlich einem mit Fett gemischten Eisenocker. Schwache Reste davon fanden sich bei einigen Bildern. Die heutige Ausmalung dient nur der besseren Deutlichkeit. Die Lage der Felsbilder ist nicht beliebig. Es handelt sich immer um leicht abschüssige, glatte Felsen. In schwer zugänglichen Gebieten

Tanum

sind bislang noch nie Felszeichnungen gefunden worden. Die Suche nach ihnen erfolgt vor allem nachts. Hat man eine Felsplatte gefunden, die darauf schließen läßt, daß sich auf ihr Felszeichnungen befinden könnten, befreit man sie von allen Ablagerungen und läßt eine starke Lampe schräg über den Fels leuchten. Die Zeichen treten dann deutlich hervor (man kann das auch zum Fotografieren ausnutzen, eine gute Taschenlampe reicht bei einer Belichtungszeit zwischen 1 und 2 Min. völlig aus). Die Menschen jener Zeit waren Ackerbauern und Viehzüchter. Sie lebten in organisierten Gemeinschaften. Trotzdem ist die Bedeutung der Felsbilder nicht völlig geklärt. Allgemein wird heute angenommen, daß die Felszeichnungen einen kulturellen, magischen Grund hatten.

Das häufigste Motiv sind Schiffe in verschiedenen Formen, teils nur mit einem sogen. »Boden«, teils mit »Boden« und darüber parallel verlaufender »Reeling«. In einigen Fällen sieht man auch senkrechte Striche dazwischen, die Aufschluß über die Konstruktion des Schiffes geben. Es bleibt allerdings umstritten, ob die Boote mit Holz verkleidet oder mit Häuten bespannt waren. Die meisten Schiffe sind durch senkrechte Striche als bemannt gekennzeichnet (sogen. Bemannungszeichen). Mitunter findet man einzelne Figuren auf ihnen. Möglicherweise handelt es sich um Priester mit erhobenen heiligen Äxten oder dergleichen. Fußsohlen können als pars pro toto für einen bestimmten Menschen stehen, können aber auch aus religiös-magischen Vorstellungen entstanden sein. Daß die Sonne in verschiedenen Verbindungen erscheint, mag mit der Klimaverschlechterung zu Beginn der jüngeren Bronzezeit zusammenhängen. Sie kann in Verbindung mit Menschen, Schiffen, aber auch mit einem von einem Tier gezogenen Wagen auftauchen. Eine vierte Möglichkeit ist die auf einer Art Stativ stehende Sonne. Die kleinen runden Vertiefungen werden nicht als Sonnen gedeutet, sondern als Schalen, möglicherweise Opferschalen. Es sind die am meisten anzutreffenden Zeichen. Die Menschen tragen oft Äxte, die aber kaum als Waffen zu gebrauchen waren. Teils waren es Bronzeäxte, die nur eine dünne Bronzehaut hatten und inwendig mit Lehm gefüllt waren, teils handelt es sich um Äxte aus Sandstein. Es erscheint offensichtlich, daß es sich um Kultgeräte gehandelt haben muß. Aufgrund der zahlreichen Vergleichsmöglichkeiten hat man die früheren Theorien, es könnte sich um Darstellungen besonderer Kriege u. ä. handeln, ganz aufgegeben.

Auf einige Felszeichnungsgebiete nahe der E 6 sei verwiesen. *Vitlycke:* E 6 Richtung Göteborg, bei Kirche Tanumshede Wegweiser »Kville« folgen. Bei Vitlycke liegen rechts die Felszeichnungen, links der Straße ein Museum für Bronzezeit und Felszeichnungen (Norra Bohusläns hällristningsinstitut tgl. 12–19 im Sommer). Bei den Felszeichnungen sei auf das sogen. »Liebespaar«

verwiesen. Ziemlich oben am Felsen ein Mann und eine Frau in einem Liebesakt, darüber ein segnender Priester.
Aspeberget. Nur wenige hundert Meter weiter Richtung Kville links der Straße. Hier sind unter den zahlreichen Figuren besonders die »Stiere« zu erwähnen, denen ein Mann mit Stab folgt. Darunter ist ein pflügender Mann mit zwei Zugtieren erkennbar. Der sich darunter ringelnde Wurm symbolisiert möglicherweise eine Gottheit.
Litsleby. Etwa 300 m weiter führt eine kleine, nicht geteerte Straße rund 700 m in den Wald (angezeigt). Auffällig hier ist die große Figur, die über andere Figuren hinweg gehauen ist. Das ist sonst bei Felszeichnungen selten. Man erklärt es mit einem Wechsel der religiösen Auffassung: Früher sei die Abbildung einer Gottheit nicht erlaubt gewesen, weshalb man nur die Fußsohlen abgebildet habe. Das Aufkommen einer neuen Religion habe aber die Abbildung erlaubt, worauf man die große Figur über die anderen gelegt habe.

Nach *Fossum* kommt man in der entgegengesetzten Richtung: an der Kirche Tanumshede von der E 6 Richtung Bullarebygden abzweigen, nach ca. 3 km angezeigt. Diese Felszeichnungen sind wegen der deutlichen Zeichnung und der Art der Ausmeißelung besonders berühmt. Auffallend ist die zusammengedrängte Häufung der Figuren.

Die E 6 führt nun weiter nach Oslo. 20 km vor der Grenze ist eine Abzweigung nach *Strömstad*. Der Ort brannte 1876 vollständig ab und wurde nach neuem Plan aufgebaut. Von dem damaligen Aufbau ist noch das sogen. »Societätshus« an der Strandpromenade erhalten, ein typisches Beispiel der Vorliebe dieser Zeit für verzierte Hausfassaden. Strömstad ist heute vor allem ein Urlaubsort mit großem Freizeithafen.
Von der E 6 führt kurz nach der Abfahrt Strömstad rechts eine Abzweigung nach *Blomsholm*. Dort liegt eine der größten Schiffssetzungen Schwedens aus der Völkerwanderungszeit. Das Schiff ist 42 m lang und 9 m breit. Der Steven hat eine Höhe von 4,30 m. Um diese Setzung verstreut befinden sich noch an die 20 weitere Grabhügel.
Der *Svinesund* bildet seit 1658 die schwedisch-norwegische Grenze. Die Brücke wurde 1946 fertiggestellt. Sie hat eine Spannweite von 155 m und eine Höhe von 60 m. Der tiefe Sund ist der Anfang der norwegischen Fjordlandschaft. Zugleich ist der am Sund liegende Björnerödspiggen mit 222 m der höchste Berg Bohusläns.

Dalsland

Mit 3708 qkm gehört Dalsland zu den kleinsten schwedischen Landschaften. Es wird im Osten von einem Teil des Vänern, der hier auch Dalbosjön genannt wird, begrenzt. Die westliche Grenze ist zugleich die Reichsgrenze. Im Norden liegt Värmland, im Süden Bohuslän. Der Name »Tal-Land« beruht auf den vielen Tälern, die alle in nord-südlicher bzw. nordwest-südöstlicher Richtung verlaufen.
Geologisch besteht Dalsland vorwiegend aus Gneis, oft mit Quarzeinlagerungen, und aus Granit. Auch Schiefer findet sich häufig. Das Land liegt zwischen den Moränenlandschaften im Norden und den glatten Granitfelsen Bohusläns. Der Norden und Westen ist eine hügelige Wald- und Wiesenlandschaft mit welligen Hochebenen. Im Südosten, längs des Vänern, liegt fruchtbares Flachland. Hier bestimmt der Ackerbau, vorwiegend mit Hafer, Gerste und Raps, das Landschaftsbild. Man unterscheidet deshalb auch gerne zwischen »Dals-Ebene« und »Dals-Wald«. Die höchste Erhebung der Landschaft ist mit 301 m der Baljäsen. Da viele Täler wasserführend sind, ist Dalsland die prozentual seenreichste Landschaft Schwedens.
In den Waldgebieten mischt sich die nördliche mit der südlichen Nadelholzzone. Vorherrschend sind vor allem Fichten und Kiefern. Zusammenhängende Laubwälder gibt es kaum. Neben Fichten wachsen häufig Birken. Einige geschlossene Birkengehölze sind Anpflanzungen auf früheren Weidegebieten. Buchen und Eichen kommen nur noch vereinzelt vor.
Auch klimatisch ist Dalsland eine Übergangszone. Der Süden steht noch vorwiegend unter dem Einfluß des gemäßigten Seeklimas. Im Norden herrscht dagegen schon mehr ein kontinentales Binnenklima vor.
Entsprechend dieser Struktur spielt, neben der Landwirtschaft, die Forstwirtschaft die bedeutendste Rolle im Wirtschaftsleben des Dalslandes. Industrien gibt es nur wenige. Am wichtigsten ist die Papierindustrie. Sie entstand nach 1860. Zuvor hatte es eine blühende Eisenverarbeitung gegeben, die vor allem auf dem Holzreichtum beruht hatte. Nachdem man jedoch in England gelernt hatte, Steinkohle zur Eisenverarbeitung einzusetzen, gingen innerhalb eines Vierteljahrhunderts alle eisenverarbeitenden Betriebe ein.
Erste Spuren einer Besiedelung reichen in die Zeit kurz nach der Eisschmelze zwischen 8000 und 6000 v. Chr. zurück, besonders im südlichen Landesteil am Vänern. Rund 3000 Funde aus vorhistorischer Zeit wurden bislang registriert, darunter Steinkistengräber um 2000 v. Chr. und Fluchtburgen aus der Zeit zwischen 400 und 500 n. Chr. Nachdem um 1100 n. Chr. Dalsland endgültig von Norwegen als zu Schweden gehörend anerkannt wurde, blieb

die Landschaft im großen und ganzen von kriegerischen Stürmen verschont. Durch die grenznahe Lage war sie aber immer wieder Aufmarschgebiet mit entsprechenden Lasten für die Bevölkerung. Zwar kam es auch immer wieder zu Übergriffen und Raubzügen über die Grenze, doch gelang es den Bauern auch, durch ihre persönlichen Verbindungen und Absprachen mit den norwegischen Nachbarn lange friedliche Perioden zu sichern. Diese Abkommen zwischen den Bauern beiderseits der Grenze wurden als »Bauernfrieden« bekannt. Wirklich kriegerische Zeiten brachte vor allem der Nordische Siebenjährige Krieg (1563–70).
Wesentlich tiefgreifender traf die Landschaft die Bevölkerungszunahme im vorigen Jahrhundert, die mit der allgemeinen europäischen Agrarkrise in der zweiten Hälfte des 19. Jh. zusammenfiel. Erschwert wurde die Situation durch den erwähnten Zusammenbruch der Eisenindustrie. Damals war Dalsland mit rund 40 Einwohner/qkm fast überbevölkert. Eine Massenauswanderung war die Folge. Fast bis in die heutige Zeit sind die Bewohner Dalslands ausgewandert, größtenteils in die USA. Heute beträgt die Bevölkerungsdichte nur noch 10 Einwohner/qkm.
Ein neues Problem stellt sich jetzt dieser Landschaft: der saure Regen. Durchweg sind die Gewässer viel weniger verunreinigt als weiter im Süden. In der jüngsten Zeit aber hat man plötzlich einen drastischen Rückgang des sog. ph-Wertes der Seen festgestellt. Dalsland zählt zu den hiervon am stärksten betroffenen Gegenden Europas. Durch Messungen konnte man die Verursacher ermitteln: zum geringsten Teil die Industrien an der schwedischen Westküste, zum größten Teil die westdeutsche (Rhein/Ruhr) und die belgische Industrie. Luftströmungen in großer Höhe transportieren die dort ungehindert in die Luft geblasenen Verunreinigungen hierher. Ähnlich wie in Halland hat man Versuche mit Kalkgaben gemacht. Bislang sind die Ergebnisse noch nicht voll befriedigend. Ob mit solchen Maßnahmen überhaupt ein endgültiger Erfolg zu erzielen ist, bleibt abzuwarten. Trotzdem kommen aber, vor allem aus dem Vänern, noch beachtliche Mengen an Fisch zum Versand, besonders nach Frankreich und Westdeutschland. Hauptsächlich werden Hecht, Zander, Felchen, Barsch und Quappen gefischt.

Straße 45 (Göteborg–Karlstad) Mellerud–Åmål

Dalsland hat eine sehr schöne, abwechslungsreiche Landschaft. Wegen ihres unterschiedlichen Charakters (Ebene, Berge, Küste, Hügel, Wälder, Seen) wird Dalsland oft »Schweden en miniature« genannt. Man sollte unbedingt von der Straße 45 abzweigen und das Land über die Nebenstraßen kennenlernen. Deshalb wird im folgenden eine parallel führende Strecke beschrieben.

Im südlichen Abschnitt durchquert die Straße 45 bis *Mellerud* eine landwirtschaftlich genutzte Ebene, »Dalboslätten« genannt. Parallel zum Vänern führt sie dann weiter nach Åmål. Mellerud selbst ist ein kleines Industriestädtchen und Zentrum der umliegenden Gegend. Etwas südlich der Stadt liegen am Vänern die bekanntesten Badestrände Dalslands, die »Vita sanner«.

Ungefähr 5 km hinter dem Ort kann man in Richtung Skållerud abzweigen. Die Holzkirche von *Skållerud* liegt reizvoll am See Nären. Ihre ältesten Teile stammen aus dem 16. Jh. (Chor). Das jetzige Langhaus wurde 1676/79 gebaut, der Turm 1746. Bei der Kirche handelt es sich um einen mit Paneelen verkleideten Blockhausbau. Die schmiedeeisernen Grabzeichen an der östlichen Mauer des Friedhofs erinnern an die frühere Eisenverarbeitung. Man findet solche eisernen Grabzeichen häufig. Im Inneren fällt die reiche Ausmalung in warmen Farbtönen auf. Der im Dalsland bekannte Kirchenmaler Erik Eriksson Grijs hat sie Ende des 17. Jh. geschaffen. Die Deckenausmalung fiel Ende des vorigen Jahrhunderts einer »Renovierung« zum Opfer. Die Kanzel mit dem reich geschmückten Schalldeckel wurde 1759/60 von Isak Schulström geschnitzt. Er arbeitete vorwiegend in Dalsland und Värmland. Auch der untere Teil des Altars und die beiden Engel stammen von ihm. Der ältere obere Teil des Altaraufsatzes wurde 1682 von Grijs bemalt. Der Taufstein aus der ersten Hälfte des 13. Jh. ist wahrscheinlich in Norwegen entstanden. Weiterfahrend kommt man bei *Håverud* an den *Dalsland-Kanal*. Er wurde zwischen 1864 und 1868 gebaut und verbindet den Vänern mit Norwegen. Für die verstreut liegende Industrie Dalslands war er damals ein wichtiger Wasserweg. Auf 254 km Länge verläuft er zumeist durch die vielen Seen. Nur 10 km der gesamten Länge mußten gegraben werden. Ein Problem aber waren die Höhenunterschiede zwischen den Seen. 15 Schleusen überbrücken einen Höhenunterschied von insgesamt 52 m. Bei seiner Eröffnung war der Kanal eine revolutionierende Neuerung für die Industrie. Heute ist er eine Touristenattraktion und ein beliebter Wasserwanderweg durch die Seen. Er wurde in drei Jahren gebaut, war ein Jahr früher fertig als geplant und kostete mit 100 000 Reichstalern weniger, als man veranschlagt hatte. Bei Håverud nun stellte sich das zunächst für unlösbar gehaltene Problem einer Schleusenanlage zwischen den Seen Åklången und Upperudshöljen. Der große Höhenunterschied mit einem Wasserfall und der Untergrund ließen keine übliche Schleuse zu. Nils Ericson, verantwortlich für das gesamte Projekt und damals der größte Experte Schwedens auf dem Gebiet des Wasserstraßenbaus, löste das Problem durch einen Aquädukt. Er war der einzige Schwedens. Die 32,5 m lange Eisenrinne wird mit 33 000 Nieten gehalten. Seit der Erbauung mußte keine einzige ausgewechselt werden. Heute führen drei Brücken über den Wasserfall: ein Aquädukt, eine Eisenbahnbrücke und ganz oben eine

Straßenbrücke. Direkt neben der Schleuse steht das zur 100 Jahrfeier eingerichtete Kanal- und Heimatmuseum. Interessant sind die alten Fotos, die den Betrieb auf dem Kanal im Verlauf der Zeit zeigen.
Nur 50 m vom Museum entfernt liegt die Schiffsanlegebrücke von Herrgården. Von hier kann man auf dem Kanal zu den Felszeichnungen von Högsbyn fahren. Fahrtzeit für eine Strecke etwa 1,5 Stunden, Aufenthaltsdauer dort 1 Stunde (s. u.).
Parallel zum Dalsland-Kanal fährt man Richtung Långed weiter. Diese alte Landstraße folgt, von wenigen Begradigungen abgesehen, der alten Straßenführung von 1833/38. Sie vermittelt einen Eindruck von der Straßenführung des 19. Jh. Im Volksmund wird die Straße »brudfjällsvägen« genannt, was hier soviel bedeutet wie der Weg, auf dem den Bräuten die Schuppen von den Augen fielen. Die Fama berichtet, daß sich zwei Brautpaare gleichzeitig trauen ließen. Da sie aber betrunken waren, fiel ihnen nicht auf, daß bei der Trauung die Bräute verwechselt wurden. Erst auf dem Heimweg, auf dieser Straße, bemerkten sie den Irrtum, und das eine Brautpaar erschlug das andere.
Kurz vor Tisselskog liegt links der Straße, mit »hällristning« angezeigt, in einem Naturreservat *Högsbyn*, das größte Feld mit Felszeichnungen in Dalsland. Das Gebiet ist ungefähr 100 x 600 m groß und zieht sich längs des Sees Råvarpen hin. Über 300 Felszeichnungen aus der Bronzezeit 1500–500 v. Chr.) sind verstreut auf den Felsen zu finden: Schiffe, Fußsohlen, magische Zeichen und Menschen (über Felszeichnungen siehe auch Bohuslän S. 234 f.).
Von Högsbyn fährt man Richtung Dals Långed und auf der Straße 1236 dann Richtung Åmål. Knapp 10 km hinter der Einbiegung kann man nach rechts zur sehenswerten *Fröskogs kyrka* abzweigen. Die kleine, falunrote Holzkirche mit freistehendem Glockenturm wurde 1729 gebaut, nachdem die vorher dort stehende Kirche nach einem Blitzschlag abgebrannt war. Ihre Lage mit Blick über den See Ärr wird als eine der schönsten Dalslands bezeichnet. Auch hier zeugen die reich ausgeschmückten kunstschmiedeeisernen Grabkreuze von der Zeit der Eisenverarbeitung. Das Kircheninnere überrascht durch seine prachtvolle Ausmalung von 1739 im sog. Bauernbarock. Dieser Bauernbarock bildete sich in der zweiten Hälfte des 17. Jh. aus und beherrschte rund 150 Jahre die Ausmalung der Kirchen. Hier in Fröskog sind alle Ideale dieser Malerei zu finden: die Farbenfreude, die Bewegung und auch die Gewichtigkeit. Besonders ist auf die Deckenausmalung zu verweisen. Ganz im Sinne der alten Kirchenlehrer werden Altes und Neues Testament gegenübergestellt: im Chor das Symbol Gottes mit einem Engelskranz, im Langhaus die Schöpfungsgeschichte des Alten, über der Empore das Jüngste Gericht des Neuen Testaments; in den Bildern auf der Nordseite der

Sündenfall, auf der Südseite die Erlösung durch Christi Kreuzestod. Die einzelnen Szenen sind kraftvoll und mit einer gewissen Naivität dargestellt, wenn auch nicht zu übersehen ist, daß der Maler seine Vorlagen in den Stichen der großen Meister gefunden hat. In den westschwedischen Kirchen war es eigentlich fast eine strenge Regel, die Darstellung der Hölle aus dem Jüngsten Gericht zu nehmen und ganz im Westen unterzubringen. Hier ist man davon abgewichen und hat beide Szenen in einem Bild über der Empore vereint. Der Maler war Hans Georg Schüffner, Sohn eines kriegsgefangenen Sachsen, der nach seiner Freilassung in Schweden geblieben war. Nach der Ausmalung dieser und der Ånimskoger Kirche ließ er sich in Åmål nieder und wurde der große Kirchenmaler dieses Raums. Altar und Kanzel entstanden ebenfalls 1739. Sie sind Arbeiten des dalsländischen Holzschnitzers Nils Falk und wurden von Schüffner bemalt. Die beiden Engel mit den Nummerntafeln schnitzte Isak Schulström. Für die Weiterfahrt nach Åmål empfiehlt sich die reizvolle Strecke über Edsleskog (Straße 164).

Åmål (10 500 Einw.) ist die einzige Stadt und Verwaltungszentrum von Dalsland. Sie wurde 1640 gegründet und erhielt bereits 1643 Stadtrechte. Der Grund war das Finanzbedürfnis der Krone: die Bauern wurden gezwungen, dort auf dem Markt zu handeln, und alle Waren wurden mit einer Steuer belegt. Der planmäßigen Gründung verdankt das Zentrum seinen noch heute erhaltenen rechtwinkligen Stadtplan. Mehrere Brände, der letzte 1901, vernichteten große Teile der Stadt. Trotzdem sind an dem kleinen Stadtpark »Plantaget« noch eine Reihe von Holzhäusern aus dem 18. und beginnenden 19. Jh. erhalten. An der Nordseite des Parks liegt der zweigeschossige »Vågnästaregården« von 1714, eines der am besten erhaltenen Holzhäuser des 18. Jh. in Schweden. Am Hafen steht auch die alte Kirche von 1666/67 (Gamla kyrka). Sie wurde bis Ende des 18. Jh. benutzt. Heute dient sie als Konzertsaal u. ä. Trotz einiger Industriebetriebe bietet Åmål auch heute noch den Charme einer typischen Kleinstadt.

Värmland

Värmland liegt wie ein großes Dreieck nördlich des Vänern. Von seiner südlichsten Insel bis zur Nordspitze sind es knapp 250 km. Eine bergige Landschaft, die von der mittelschwedischen Senke bis zu Höhen von 700 m im

Norden ansteigt. Der Untergrund Värmlands besteht vorwiegend aus Gneis im östlichen und aus Granit im westlichen Landesteil. Die Eiszeit hat zahlreiche Täler und rund 3 300 Seen hinterlassen. 3/4 der Fläche sind mit Wald bedeckt, meist Fichten und Kiefern. Der nördliche und der südliche Teil sind recht unterschiedlich, denn durch den Südteil Värmlands verläuft die sog. »natürliche Nordlandgrenze«, der »limes norrlandicus«. Sie entspricht in etwa der Nordgrenze der Eichen. Der Nordteil leitet schon über in die Waldgebiete Nordschwedens.

Bodenbeschaffenheit und Klima waren einer intensiven landwirtschaftlichen Nutzung feindlich. Värmland war deshalb lange Zeit ein dünnbesiedeltes Gebiet. Im 16. und 17. Jh. wurden finnische Bauern durch Steuerbefreiung hier zur Kolonisation ermuntert. Sie betrieben, wie auch in Dalarna, Brandrodung, die später, als Holz wichtig für die Eisenverarbeitung wurde, von der Krone verboten wurde.

Grundlage des Erwerbslebens wurden seit dem ausgehenden 15. Jh. Holz und Eisen. Die im Spätmittelalter begonnene Eisenverarbeitung mit Hilfe von Holzkohle hatte bis zum 17. Jh. weite Verbreitung gefunden. Besonders Gustav Vasa und sein Sohn Karl IX. förderten die Eisenindustrie. 1584 wurde Karlstad als Hafen für den Eisentransport, 1611 Filipstad als Eisenhandelsplatz gegründet. Die nun entstehenden Eisenhüttenbetriebe zogen Menschen an, die sich allein vom Ackerbau in den nördlichen Gebieten nicht ernähren konnten. Ackerbau und Eisenhüttenbetriebe oder Waldarbeit hatten in Värmland immer zusammengehört. Innerhalb von 200 Jahren verzehnfachte sich die Bevölkerungszahl. Der Holzmangel in anderen Ländern ließ Schweden zum größten Eisenproduzenten Europas werden (über die Organisation der Eisenhütten siehe Vöstmanland, S. 278 f.). Die Zahl der Betriebe wuchs. Rund 250 hat es einmal in Värmland gegeben. Konzentrationen führten zu größeren Betriebseinheiten. Um 1800 wurden 50 Eisenhüttenbetriebe gezählt. Als man in England eine Möglichkeit entdeckte, schwefelreiche Steinkohle bei der Eisenverarbeitung einzusetzen, setzte in Schweden das Sterben der Eisenhüttenwerke ein. Schon 1850 war die Zahl der Betriebe in Värmland auf 7 gesunken. Heute zeugen nur noch Ruinen der alten Hochöfen von der großen Zeit der Eisenverarbeitung.

Der Wald aber bildet auch heute noch den wichtigsten Industriezweig Värmlands. Gut 6 Millionen cbm werden jährlich abgeholzt. In der Regel sind die Bäume dann 80 bis 100 Jahre alt. Das Holz wird in Großbetrieben zu Zellulose oder Papier weiterverarbeitet. Der Einsatz riesiger Maschinen in der Waldarbeit und die Konzentration auf einige Großbetriebe hat zu einer verstärkten Abwanderung aus den Waldgebieten geführt. Nur 18 Einwohner leben in Värmland auf einem Quadratkilometer.

In einigen Gebieten ist der alte Urwald noch erhalten geblieben. Dort wach sen noch Pflanzenarten, besonders Moose und Flechten, die sonst vom Aussterben bedroht sind. Man rechnet, daß ein Nadelwald 250 bis 400 Jahre braucht, um sich in einen Urwald mit der Fauna und Flora zurückzuverwandeln, die ursprünglich dort einmal heimisch war.

Im Norden Värmlands sind noch einige Raubtiere heimisch. Einige Bären, vereinzelt Wölfe, Luchse und das nordische Vielfraß wurden registriert. Auch der Biber ist stark vertreten. Elche gibt es besonders viel; Värmland ist eine der elchreichsten Gegenden Schwedens.

Der wichtigste Fluß der Landschaft ist der Klarälv, der in zahllosen Mäandern die Landschaft von Nord nach Süd durchfließt und bei Karlstad in den Vänern mündet. Im Mittelalter verlief an ihm ein wichtiger Pilgerweg von Südschweden nach Nidaros/Norwegen (dem heutigen Trondheim). Später gewann der Fluß zunehmende Bedeutung als Wasserweg. Er ist einer der wenigen Ströme Schwedens, auf dem heute noch geflößt wird, obwohl Eisenbahn und Lkw einen großen Teil des Holztransportes übernommen haben. Eine Besonderheit dieses Flusses ist, daß er ständig seinen Lauf verändert. Erosionen auf der einen und Ablagerungen auf der anderen Seite bewirken eine fortgesetzte Verlagerung.

E 18 (Oslo–Stockholm) Karlstad–Karlskoga

Karlstad

In Värmland trifft die Straße 45 von Göteborg auf die von Oslo kommende E 18, über die man Karlstad erreicht. Die Stadt (rund 55 000 Einw.) wurde 1584 gegründet. Eine Reihe schwerer Stadtbrände verheerte die Stadt in den folgenden Jahrhunderten, zuletzt 1865. Über den letzten Brand dichteten die Einwohner:

»Es betete der Bürgermeister und weinte
Es fluchte der Bischof und löschte.
Das Rathaus brannte ab
Des Bischofs Haus blieb stehn.«

Tatsächlich blieben außer diesem nur noch 6 Häuser verschont. Sie liegen im Viertel »Almen« zwischen Drottning- und Älvgatan.

Die *Domkirche*, 1723/30 als Zentralbau errichtet, wurde damals schwer beschädigt. Ihre Gewölbe hatten jedoch standgehalten. In der in den 60er Jahren völlig restaurierten Kirche sei besonders auf das Altarkreuz verwiesen. Es wurde 1957 nach Zeichnungen des Architekten Kurt von Schmalensee, Norrköping, von Jan Brazda aus versilbertem, rostfreiem Stahl und Orreforskri-

stall geschaffen. Auch der Taufstein auf schwarzem steinernem Sockel ist aus Glas. Alt in der Kirche sind die beiden Engel an der Chorwand von Tobias Sergel (1740–1814). Über dem Portal vom Waffenhaus in die Kirche hat anläßlich der letzten Restaurierung Heinz Decker ein Relief geschaffen, in dem er Motive aus der Kirchengeschichte und der Weltmission mit schwedischen Dichtern verband, die mit christlichen Motiven gearbeitet haben.
Das schräg gegenüberstehende alte *Gymnasium* mit dem achteckigen Observatoriumsturm wurde 1752 von Carl Hårleman entworfen. 1905 geriet Karlstad in die Schlagzeilen, als hier die Auflösung der Union mit Norwegen beschlossen wurde. Das »Fredsmonument« auf dem Stora Torget erinnert daran (1955 von Ivar Johnsson).
Die *Östra bron* (von der Kirche die Kungsgatan weiter über die kleine Brücke durch die Nygatan), 1761–97 aus Granit erbaut, ist die älteste und längste Steinbrücke Schwedens.

Kristinehamn war ein alter Hafen- und Marktplatz, der nach der Königin Christina benannt wurde, als er 1642 von ihrer Vormundschaftsregierung seine Stadtrechte bestätigt erhielt. Der rechtwinkelige Grundriß im Zentrum zeugt von dem planmäßigen Aufbau. Auf einer Halbinsel im Vänern (Ausfahrt über Straße 64, Richtung Filipstad, Mariestad, dann angezeigt ca. 6 km) liegt die 15 m hohe Picassoskulptur aus Naturbeton. Der norwegische Künstler Carl Nesjar arbeitete zu Beginn der 60er Jahre mit Beton. Picasso zeigte sich an diesem Material interessiert. Durch den Kristinehamner Künstler Bengt Olson kam eine Verbindung zustande. Die Skulptur wurde 1964/65 nach einem Modell Picassos gebaut, die Zeichen von dem Norweger C. Nesjar mit Sandstrahl eingeritzt. Sie gehört zu der Serie von Arbeiten Picassos, die unter dem Titel »les dames des Mougins« entstanden. Der Pfeiler hat einen Durchmesser von 1,65 m. Die »Flügel« wiegen je 8 t. Ihre Spannweite beträgt 6 x 4 m. Es ist die größte Skulptur Picassos in der Welt.
Karlskoga (36 000 Einw.) ist eine alte Bergbausiedlung, die Ende des 16. Jh. von dem späteren Karl IX. (1599–1611) gegründet wurde. International berühmt wurde der Ort dann durch Alfred Nobel, der 1893 das heute noch bestehende Werk Bofors übernahm. Insgesamt beschäftigt die Unternehmensgruppe heute 9 000 Menschen. In Björkborn, wo Nobel damals im Sommer lebte, ist heute ein Museum eingerichtet. Auch das nicht weit davon liegende Labor ist zu besichtigen (im Werksgelände von »Bofors Nobelkrut« [krut = Pulver]; Ortsteil Björkborn; Jun–Aug, Di–So 13–16).

Von Karlskoga lohnt ein etwa 12 km weiter Abstecher über die Straße 243 nach *Degefors*. Am südlichen Ortsende liegt der Zugang zu den *Sveafällen*. Dieses Gebiet, durch markierte Wege erschlossen, war zur Zeit der Ancylus-See (etwa 7 000 v. Chr.) der Ausfluß dieses Binnenmeeres in die Nordsee.

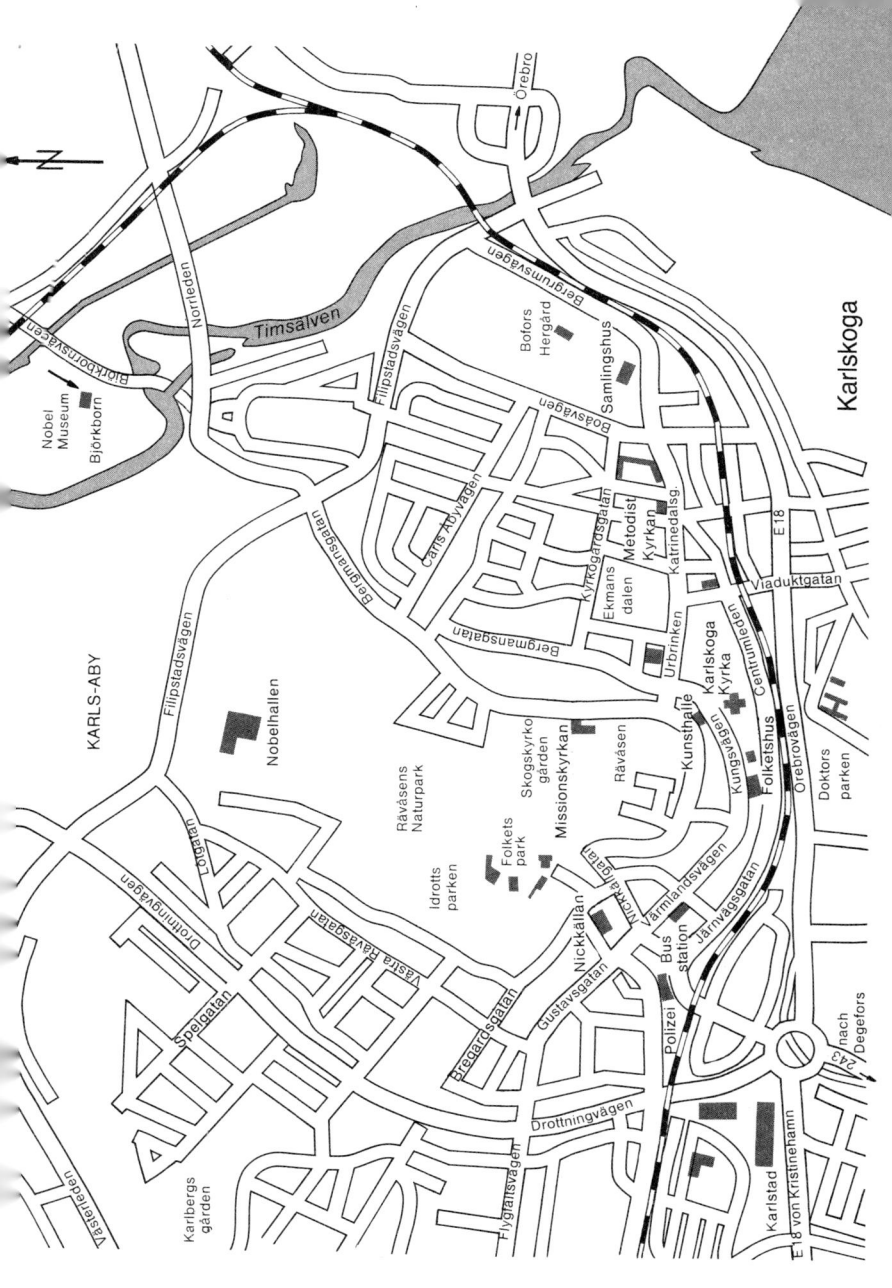

Vordem hatte sich eine breite Meerenge von der Nordsee in das sog. Yoldiameer erstreckt, die große Teile von Mittelschweden umfaßte. Als durch Landhebungen um 7000 dieses Yoldiameer wieder zum Binnensee wurde, blieb im Gebiet um Degefors (fors = Stromschnelle) ein reißender Strom als Verbindung bestehen, der seine Spuren im Gelände hinterlassen hat. Erst 1920 wurde das Gebiet systematisch untersucht. Mittlerweile glauben die Wissenschaftler, daß es den früher hier vermuteten großen Wasserfall nicht, oder zumindest nicht in der angenommenen Höhe (dreimal so hoch wie der Niagara), gegeben hat (Orientierungstafel gegenüber dem »Kaffestuga«).

Straße 64 (Mariestad–Kristinehamn) Gullspång–Kristinehamn

Von Gullspång (abzweigen, durch den Ort, dann angezeigt) erreicht man die *Södra Råda Kyrka*, berühmt wegen ihrer Ausmalung. Die Holzkirche mit liegenden Balken, außen schindelverkleidet, wurde in der zweiten Hälfte des 13. Jh. gebaut, nur das Waffenhaus kam erst im 17. Jh. dazu. Bis 1859 wurde sie als Dorfkirche benutzt. Die Ausmalungen im Chor sind 1323, die des Langhauses 1494 entstanden. Die Ausmalung des Chors steht stilistisch in Zusammenhang mit der französischen hochgotischen Malerei. Möglicherweise wurde sie durch die Buchmalerei nach Schweden vermittelt. Interessant ist der Vergleich zwischen den je 5 Propheten und den je 6 Aposteln im Tonnenscheitel und den Wölbungen darunter. Die Propheten sind unter die älteren, romanischen Rundbogen gesetzt, die (jüngeren) Apostel unter hochgotisch mit Wimpergen und Krabben verzierte, also zur Entstehungszeit »moderne«, Spitzbogen. Die Bilder an den Wänden behandeln die Marienhistorie. An der Westwand steht die Jahreszahl 1323 als Zeitpunkt der Ausmalung. Die Chorausmalung von Södra Råda ist die wertvollste Malerei des 14. Jh. in einer schwedischen Kirche (im Historiska Museum, Stockholm, befindet sich nur noch eine künstlerisch vergleichbare Arbeit aus einer abgerissenen Kirche). Auch die vollständige Ausmalung des Langhauses ist sehenswert. Die Signatur »Amund« (an der Ostwand) taucht in anderen bewahrten Kirchenausmalungen nicht wieder auf. Stilvergleiche lassen jedoch den Schluß zu, daß der Künstler oder seine Schule verschiedentlich in Väster- und Östergötland und in Småland tätig war. Die in den Medaillons des Langhauses wiedergegebenen Szenen, u. a. (nördl. Wölbung) das Gleichnis vom verlorenen Sohn, illustrieren die Lebensumstände des Mittelalters.

An Inventar der Kirche ist besonders der aus der Bauzeit der Kirche stammende Taufstein zu erwähnen. Das Triumphkruzifix entstand in der zweiten Hälfte des 14. Jh. Die an der südlichen Chorwand hängenden Skulpturen stammen von einem früheren Altarretabel von etwa 1500. Die Kanzel wurde

Visnum

etwa 1690 aufgestellt. Der Altaraufsatz ist von 1707. Betrachtet man die Malerei genauer, erkennt man, daß der Triumphbogen verbreitert wurde. Das geschah nach der Reformation. Im übrigen ist der Kirchenraum fast unverändert.

Die Straße weiterfahrend kommt man wieder auf die Straße 64 (Richtung Filipstad) und kann nach kurzem nach links zur *Visnum-Kils kyrka* (Richtung Medhamn) abzweigen. Kurz vorher liegt links ein Gräberfeld mit 5 Steinsetzungen und rund 30 Hügeln aus der Eisenzeit, das nicht näher datierbar ist. In der 1754/56 gebauten Kirche befinden sich einige schöne Holzskulpturen. An der Chornordwand eine Figur des St. Georg mit Drachen, die hübsche, etwas naive Arbeit eines Schnitzers aus der Provinz. Die derbe, kraftvolle Figur des Heiligen kontrastiert zu den etwas primitiveren Figuren von Pferd und Drachen. An der Chorsüdwand hängt ein Altaraufsatz aus dem hohen Mittelalter. Der Altar und die Kanzel sind von 1690, der Schalldeckel jedoch von 1773. Das hölzerne Taufbecken von 1720 zeigt deutlich eine Stiländerung gegenüber dem Altar. Letzterer entspricht mehr bäuerlichem Barock, ersteres mehr dem Rokoko. Sehenswert sind auch die gemalten Fensterdraperien. Von Visnum-Kil kann man entweder den landschaftlich reizvollen Weg über Hult nach Kristinehamn wählen oder man fährt zurück auf die Straße 64.

An der Straße 64 (Abfahrt Visnum K:a) liegt die von 1730/35 stammende Holzkirche von *Visnum*. Wie so häufig hängt auch hier wie eine Machtdemonstration ein Backsteingrabchor von 1780 mit barock geschwungener Haube an der Kirche. Besonders an der Fensterausschmückung ist der Einfluß der gleichzeitigen Stockholmer Architektur (Desprez) erkennbar. In der Kirche fällt der etwas pompöse barocke Altaraufsatz von 1754 mit einer eingebauten Uhr auf. Die Kanzel ist etwa 60 Jahre jünger. Erwähnenswert sind das Triumphkruzifix aus dem beginnenden 14. und ein St. Olofsbild an der Chornordwand aus dem 15. Jh. Letzteres wurde leider bei einer »Restauration« 1910 ziemlich hart übermalt. An der nördlichen Chorwand hängt ein Altarretabel, das 1525 erworben wurde.

Göta-Kanal

Zu den großen Touristenattraktionen in Schweden gehört der Götakanal zwischen Göteborg und Stockholm. Als »blaues Band durch Schweden« verläuft dieser Wasserweg zwischen Ostsee und Skagerrak teils durch natürliche Seen und Flüsse, teils durch Schleusen und Kanäle.
Überlegungen, eine solche Verbindung zu bauen, waren bereits früh angestellt worden. Schon Gustav Vasa hatte 1544 mit Grabungen begonnen, und auch danach hatte es immer wieder Versuche gegeben, die aber alle an den unzulänglichen technischen Mitteln scheiterten.
Der Abfluß des Vänern, Richtung Skagerrak, der *Götaälv*, war schon immer eine viel benutzte Wasserstraße zwischen Göteborg und dem Vänern gewesen. Die Wasserfälle von *Trollhättan* bildeten jedoch ihr natürliches Ende. Dort mußten alle Waren auf dem Landweg das Gefälle überwinden. Erst 1800 war es gelungen, die Fälle mit einer Schleusenanlage zu bezwingen. Direktor dieses Trollhättankanals war ein in Schwedisch-Pommern geborener Adliger, Baltzar Bogislaus von Platen, der in der schwedischen Flotte Oberst geworden war. 1806 legte er eine Abhandlung über den Bau eines Wasserweges zwischen Göteborg und Stockholm vor. Es gelang ihm, 1810 einen Beschluß des Ständereichstags zum Kanalbau zu erwirken. Widerstände traten von allen Seiten auf. Neben technischen Problemen wurde vor allem die Finanzierung schwierig; der Kanal kostete schließlich fast sechsmal soviel wie geplant, gut 8,9 Millionen Reichstaler statt der veranschlagten 1,6. Allerdings muß man dabei auch einen Geldwertverlust in dieser Zeit von 100 % berücksichtigen.
Eigentümer des Kanals wurde eine Aktiengesellschaft. Die Finanzierung erfolgte durch Aktienkapital, Kredite und einen Staatszuschuß. In den 22 Jahren Bauzeit zwischen 1810 und 1832 arbeiteten insgesamt rund 58 000 Mann an dem Kanal, zum größten Teil Soldaten. Erzählungen, der Kanal sei von russischen Kriegsgefangenen gebaut worden, stimmen nicht. Nur etwa 200 ehemalige russische Kriegsgefangene aus dem schwedisch-russischen Krieg um Finnland 1808/09 waren beim Kanalbau eingesetzt. Die Quellen berichten, es habe sich überwiegend um Deserteure gehandelt, die sich freiwillig für die Arbeit gemeldet hätten.
Die Arbeitszeit der Soldaten betrug täglich 12 Stunden. Wecken war um 4 Uhr, Arbeitsbeginn um 5 und Arbeitsende um 20 Uhr, Zapfenstreich um 21 Uhr. Samstags und sonntags war Exerzieren angesetzt. Sonntags außerdem Kirchgang. Zu der Löhnung der Soldaten durch die Kanalgesellschaft gehörten auch 1,12 l Branntwein wöchentlich. Bei besonders schwierigen Arbeiten

Götakanal

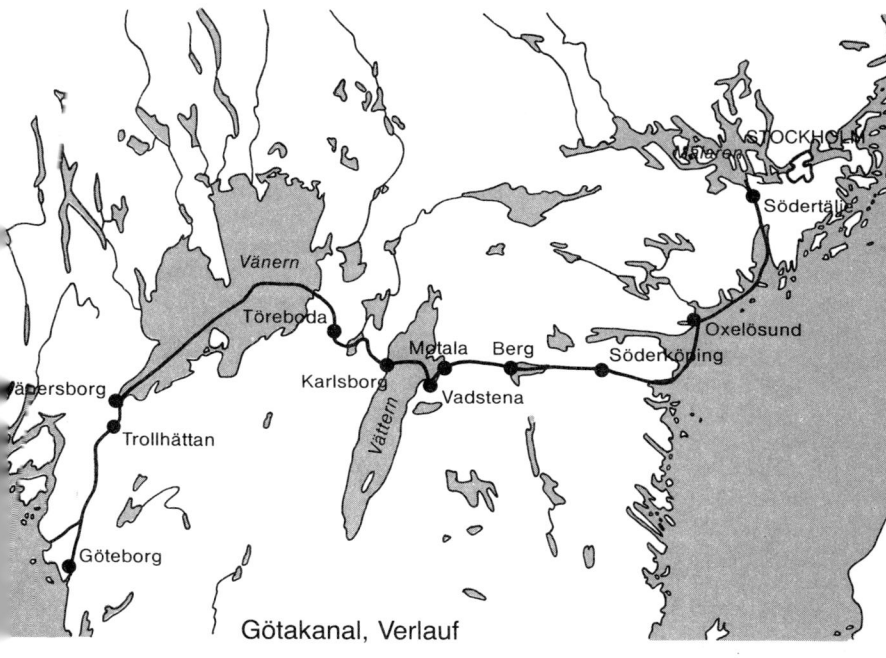

Götakanal, Verlauf

gab es Sonderrationen Branntwein, weshalb man in Schweden auch sagte, der Kanal sei mit Branntwein gebaut worden.

1822 wurde der Västgötateil zwischen den Seen Vänern und Vättern fertig, und zehn Jahre später konnte auch der Östgötateil eingeweiht werden. Von Platen konnte die endgültige Fertigstellung nicht mehr erleben. Er starb 1829 und wurde bei Motala, direkt am Kanal, beerdigt.

Sosehr der Kanal damals gefeiert wurde, erfüllte er doch nicht die Hoffnungen, die man in ihn gesetzt hatte. Zwar kam es zunächst zu einem Aufschwung von Landwirtschaft und Gewerbe in der Nachbarschaft, doch erwies sich die 1862 zwischen Stockholm und Göteborg gebaute Eisenbahn auf Dauer als der stärkere Magnet. Die Förderung der Städte, von der von Platen geträumt hatte, erlebte eigentlich nur Motala, das »Herz« des Kanals mit Verwaltung, Werften und Werkstätten. Heute ist der Kanal in zwei Abschnitte aufgeteilt: den Trollhättekanal und den eigentlichen Götakanal. Seit 1976 sind beide in staatlichem Besitz, da die Kosten der Unterhaltung nicht mehr durch gewerbliche Nutzung eingebracht werden konnten. Der Kanal ist für den modernen Güterverkehr nicht mehr benutzbar.

Der gesamte Wasserweg von Göteborg bis Stockholm ist rund 610 km lang. Aber nur auf einer Länge von etwa 195 km mußte man Kanäle anlegen. Der Rest sind natürliche Wasserwege. 84 km beträgt die Entfernung von Göteborg durch den Trollhättekanal bis Vänersborg. Die Strecke über den Vänern ist 122 km, die über den Vättern 32 km lang. Von Mem bei Söderköping über Södertälje nach Stockholm geht die Fahrt etwa 215 km durch den Schärengürtel und den Mälaren. Das schwierigste Problem sind die Höhenunterschiede. Von Mem an der Ostseeküste bis zur Schleuse von Hajstorp zwischen Vänern und Vättern müssen 91 m Höhenunterschied überwunden werden. Insgesamt gibt es 65 Schleusenanlagen zwischen den beiden Endpunkten. Einige davon liegen direkt hintereinander, wie die berühmte Schleusentreppe bei Berg am Einlauf in den See Roxen nördlich von Linköping. Hier sind sieben Schleusen direkt hintereinander gebaut, die die Boote 18 m heben.

Abgesehen von den modernen Schleusen bei Trollhättan sind im Götakanal noch die alten Schleusen erhalten. Seit 1976 wurden die meisten Anlagen jedoch automatisiert. Einige sollen aber als eine Art lebendiges Museum, in ihrer alten Art erhalten bleiben. Die Größe der Schleusen ist recht unterschiedlich. Die Götakanalschleusen sind durchweg sehr klein, eine Ausnahme macht die Schleuse bei Söderköping.

Die ersten Schiffe auf dem Kanal waren Segelschiffe, auch wenn schon 1834 der erste Schaufelraddampfer auf dem Kanal verkehrte. Auf den Kanalstrecken wurden sie von Pferden und Ochsen auf Treidelpfaden gezogen. Später wuchsen diese Wege zu. Seit etwa 15 Jahren hat man nun begonnen, sie wieder freizulegen und als Fuß- und Fahrradwanderwege herzurichten. Da die Wege immer parallel zum Kanal laufen, entgeht man auf ihnen allem übrigen Verkehr. Fahrräder kann man an den verschiedensten Plätzen längs des Kanals mieten. Es besteht auch die Möglichkeit, Teilstrecken mit dem Fahrrad zu fahren und für den Rückweg ein Schiff zu nehmen. Die Strecken betragen beim Östgötateil vom Mem bis Snövelstorp 16 km, von Berg nach Bornsberg 20 km und im Västgötateil von Landhöjden (dem höchsten Punkt im Kanalverlauf) nach Sjötorp am Vännern 27 km.

An zwei Stellen kreuzt der Kanal die Straße mit Hilfe eines Aquädukts. Bei Göteborg führt die E 6 nördlich der Götaälvbrücke im Tingstadstunnel unter dem Kanal durch, und im Östgötateil überquert der Kanal bei Ljungsbro (am See Roxen) eine Landstraße.

Bei *Berg* kann man, während das Schiff die Schleusentreppe bewältigt, sich das nahegelegene Kloster Vreta ansehen. In *Vadstena* legt das Schiff genau gegenüber dem Schloß an, und dort ist genügend Zeit, um außerdem auch die alte Klosterkirche zu besuchen (siehe Kapitel Östergötland S. 174 ff.).

Von der Strecke Göteborg–Vänern abgesehen, dient der Götakanal heute nur

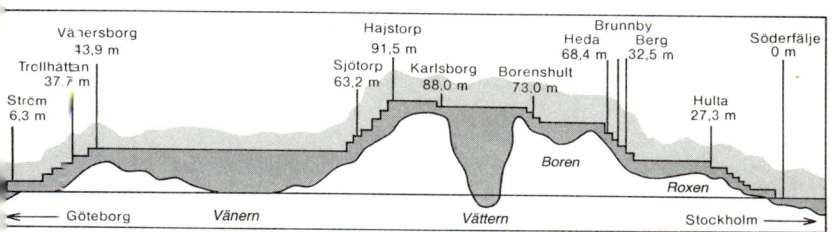

Götakanal, Profil

noch dem Touristen- und Sportbootverkehr. Die Geschichte des Passagierverkehrs ist wechselhaft gewesen. Nach lebhaftem Zuspruch wurde das Passagieraufkommen seit den 20er Jahren immer geringer. Erst in der letzten Zeit hat sich die Situation wieder gebessert. Der Verkehr erfolgt heute mit drei alten Schiffen, die zwar inzwischen Dieselmotoren erhielten, aber sonst möglichst in ihrem ehemaligen Schick erhalten werden. Das älteste Schiff, die »Juno« stammt sogar noch von 1874. Die »Wilhelm Tham« wurde 1912 gebaut, das jüngste Schiff, die »Diana«, 1931. Alle Schiffe waren früher kombinierte Fracht- und Passagierboote. Heute können etwa 70 Passagiere jeweils in Kabinen untergebracht werden. Die Schiffe haben gut 300 BRT, sind etwas über 30 m lang und haben einen Tiefgang von 2,72 m.
Die gesamte Reise von Göteborg bis Stockholm dauert etwa 2 1/2 Tage. Es läßt sich aber auch eine Fahrt wählen, bei der man den ganzen Götakanal bei Tageslicht befährt. Die Fahrt dauert dann etwas länger, weil das Schiff die Nacht zwischen dem zweiten und dritten Tag in Vadstena liegenbleibt. Selbstverständlich kann man auch nur Teilstrecken fahren, um den Reiz einer romantischen Kanalfahrt mitten durch die schwedische Landschaft zu erleben. Die Preise für die gesamte Reise sind nicht gerade billig, aber dafür wird ein Erlebnis ganz besonderer Art geboten.
Auskünfte, Fahrpläne und -preise in Deutschland über Reiseagentur W. Fast, Alstertor 21, 2000 Hamburg oder direkt bei Rederiaktiebolaget Göta-Kanal, Box 272, S-401 24 Göteborg.
Außer auf Teilstrecken mit dem Linienverkehr sind Ausflugsfahrten von verschiedenen Orten aus möglich (meist allerdings auf moderneren Schiffen). Auskünfte erhält man auch von den Turistbyrå in Linköping, Söderköping, Motala, Vadstena, Hjo, Karlsborg, Sjötorp, Töreboda, Mariestad. Als Spezialkarte für den Göta-Kanal ist die Karte Göta Kanal, 1:300 000 von Esselte zu empfehlen, die viele Hinweise enthält.

Västergötland

Västergötland, 7600 qkm groß, liegt zwischen den beiden großen Seen Vänern und Vättern. Mit einem schmalen Streifen erreicht die Landschaft bei Göteborg das Kattegatt. Politisch ist Västergötland in Älvsborgs Län (im Süden, zusammen mit Dalsland) und Skaraborgs Län (zwischen den Seen) aufgeteilt. Der Raum Göteborg gehört politisch zu Bohuslän und wird aus praktischen Gründen dort behandelt.
Im südlichen, sanft von Ost nach West abfallenden Teil setzt sich die dünnbesiedelte Waldlandschaft Smålands und des östlichen Hallands fort. Das Bild der Landschaft zwischen Vänern und Vättern wird von fruchtbaren Ebenen und Tafelbergen bestimmt. Auch hier fällt das Gelände im ganzen nach Westen hin ab. Die Vätternküste ist mit 88 m über NN etwa doppelt so hoch wie die des Vänern. Dazwischen liegt eine 150 bis 200 m hohe Hochebene, aus der die bis zu 306 m hohen charakteristischen Tafelberge aufragen. Ihre Entstehung reicht in das Erdaltertum zurück. Damals lagerten sich auf dem Meeresboden Sand, Kalk, Tier- und Pflanzenreste ab. Sandstein, Alaunschiefer und Tonschiefer entstanden. Später durchdrang vulkanischer Grünstein (Diabas) diese Gesteinsarten und verhinderte ihr Auseinanderbrechen. Der basaltartige Diabas legte sich dabei über die Ablagerungen. Das Inlandseis hobelte diese Gesteinsformation flach, und als sich das Land nach der Eisschmelze wieder hob, entstanden die Tafelberge, die fast terrassenartig einen Querschnitt durch die geologische Entwicklungsgeschichte des Landes geben. Im Gebiet des Kinnekulle z. B. (bei Lidköping) gibt es einige Grotten, in denen der geologisch Interessierte entsprechende Studien machen kann.
Die Küste Västergötlands am Vänern ist rund 200 km lang. Sandstrände, besonders im Süden, wechseln mit felsigen Partien, Dünenlandschaft mit Schilfgürteln und lehmigen Abschnitten.

Der *Vänern*, Europas drittgrößter Binnensee, ist 5 648 qkm groß. Im Durchschnitt ist er nur 27 m, stellenweise aber bis zu 106 m tief. Der Wasserspiegel liegt 44 m über NN. Der See ist rund 150 km lang. Seine größte Breite beträgt 55 km. Der westliche, durch eine Halbinsel abgeteilte Teil wird auch Dalbosjön genannt, d. h. See der Bewohner von Dalsland. Einem Teil der Küste sind viele kleine Schären vorgelagert, insgesamt etwa 22 000. Größtenteils liegen sie auf der westlichen, zu Dalsland gehörenden Seite. Durch den Götaälv und die Schleusen bei Trollhättan hat der See direkte Verbindung mit Kattegatt und Skagerrak. Von Berufsfischern werden vor allem Hechte, Fel-

Stockholm: Ausgemalte U-Bahnstation Solna – ▷
Auseinandersetzung mit dem Problem Mensch – Umwelt

Vänern

Schematischer Querschnitt der Tafelberge

Formationen
1 Diabas
2 Lehmschiefer
3 Kalkstein
4 Alaunschiefer
5 Sandstein
6 Gneis

Alter
A Perm
B Silur
C Ordovizium
D Kambrium
E Praekambrium

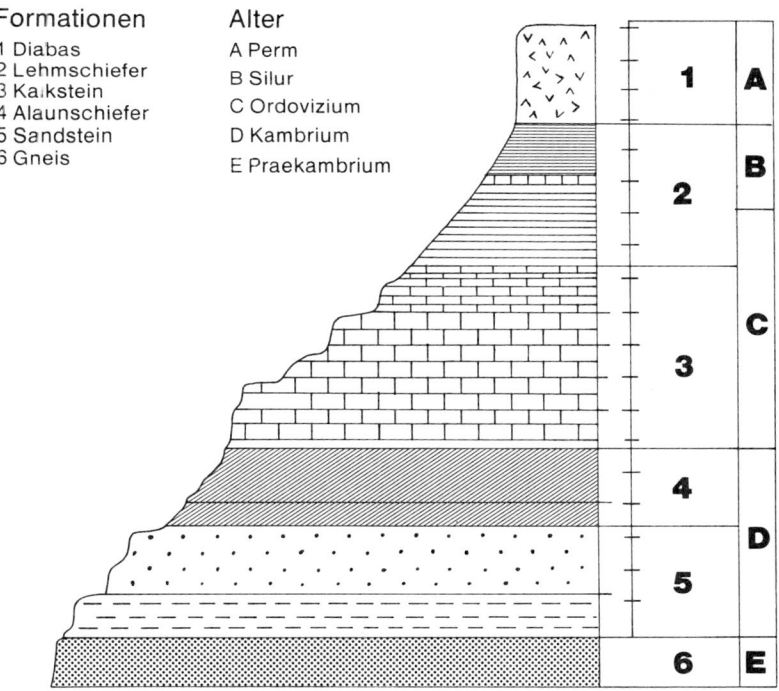

chen, Zander, Barsch und Quappen gefangen, über 800 t jährlich. Die Tendenz ist steigend. In der Regel bleibt der Vänern eisfrei, während der Vättern im Durchschnitt etwa einen Monat pro Jahr eisbedeckt ist. Die Küstenlänge Västergötlands am Vättern beträgt rund 80 km.
Etwa 7000 v. Chr. war der Vänern noch eine Meeresbucht. Bei der folgenden Landhebung entstanden die Trollhättanfälle. In dieser Zeit lebten hier die ersten Menschen. Zahlreiche Ganggräber mit darüber gewölbten Hügeln zeugen davon, daß sie um 2500 v. Chr. seßhaft geworden waren. Aus der Bronzezeit sind allein in der Gegend um Falköping rund 230 Steinkistengräber gefunden worden. Den Funden nach zu urteilen, hat es in diesem Landstrich keine gewaltsame Besiedlung und Landnahme gegeben. Alle Funde deuten vielmehr auf eine starke Kontinuität hin. Die Runensteine Västergöt-

◁ *Carl Milles' Skulptur »Gottes Hand«, Millesgården, Lidingö, Stockholm*

lands stammen von frühestens 700 n. Chr. Sie berichten von England- und Griechenlandfahrern. Verhältnismäßig früh setzte die Christianisierung ein. Um 1000 ließ sich König Olaf Skötkonung taufen. Zu dieser Zeit blühte in Uppsala noch der germanische Heidenkult.
Ähnlich wie in anderen Landschaften war auch hier durch die Jahrhunderte Raubbau in den Wäldern getrieben worden. Besonders die für den Schiffbau benötigten Eichen wurden radikal geschlagen. Erst etwa ab 1860 wurde wieder systematisch aufgeforstet. Ackerbau und Viehwirtschaft sind auch heute noch wichtige Erwerbszweige. In der Gegend von Borås war traditionell die Weberei beheimatet. Dort wurde auch 1834 die erste mechanische Weberei Schwedens gegründet. Heute noch ist Borås das schwedische Textilzentrum.

E 3 (Göteborg–Stockholm) Alingsås–Mariestad

Der direkteste Weg von Göteborg nach Stockholm ist die E 3. Wer mehr von der Landschaft sehen will, sollte verschiedene Parallelstraßen oder kleine Umwege wählen.
Den ersten größeren Ort an der E 3, *Alingsås* (20 000 Einw., Industrieort seit dem 18. Jh. mit einem Heimatmuseum – Alströmerska Magasinet – in einem alten Manufakturgebäude) kann man auch auf einem Umweg über *Borås* erreichen (durch Mölnlyke, ausgebaute Straße 40).
Borås (65 000 Einw.) wurde um 1620 gegründet. Es ist eine Textilindustriestadt mit einem besonders dieser Industrie, auch ihren sozialen Seiten gewidmeten Museum: *Tekomuseum*, Skaraborgsvägen 7 (So–Fr 12–16).
Von Borås zweigt man nach links auf die Straße 180 nach Alingsås ab. Nach knapp 20 km kommt man in *Hedared* zu der einzigen erhaltenen Stabkirche Schwedens *(Hedareds stavkyrka)*. Stabkirchen gab es in Schweden schon etwa um 1000, doch ist keine erhalten. Die einfache Kirche von Hedared, etwa um 1200 gebaut, ist eine reine Stabkirche mit senkrecht stehenden Balken, meist aus Eiche. Diese Bauweise findet man sonst nur noch bei den norwegischen Stabkirchen, dort allerdings wesentlich weiter entwickelt. Die später gebauten schwedischen Holzkirchen entstanden in der Blockhausbauweise mit liegenden Balken. Waagerecht wird das Bauwerk mit einem Rahmen zusammengehalten. Der rechteckige Kirchenraum mit dem kleinen Chor ist klein und dämmrig. 1935 entdeckte man ein direkt auf die Wand gemaltes Altarbild, vermutlich vom Ende des 14. Jh. Die sonstige Ausmalung stammt von 1735. Auf dem Altar steht ein französisches Prozessionskruzifix aus dem 12. Jh. Die Madonna auf dem Seitenaltar stammt aus dem 13. Jh. Hedared ist heute eine beliebte Hochzeitskirche (falls geschlossen, Schlüssel in dem weißen Haus schräg gegenüber).

Zwischen Alingsås und Fyrunga liegt nach der Abzweigung Eggvana/Herrljunga an der E 3 rechts der Straße auf einem waldbestandenen Hügel das größte Steinkistengrab Schwedens, 15 m lang, 4 m breit (gegenüber der Kirche S:t *Härene* von 1910).
Bei Fyrunga kann man einen Umweg über die Straße 186 nach Falköping machen. 10 km vor dem Ort liegt (angezeigt Gökhems k:a) die sehenswerte kleine Kirche von *Gökhem* aus dem 12. Jh. Im 15. Jh. wurde sie nach Westen verlängert, was neben dem Waffenhaus zu erkennen ist. Die Ausmalung des im 15. Jh. geschlagenen Gewölbes erfolgte 1487 durch Meister Amund, einen in Öster- und Västergötland bekannten Kirchenmaler. Sie schildert in einem etwas naiven, frommen Volkskunststil die Schöpfungsgeschichte und das Gleichnis von den weisen und törichten Jungfrauen. Die Bilder an der Orgelempore mit Portraits der Propheten aus dem Alten Testament stammen von 1779.

Falköping (15 000 Einw.) ist eine Industrie- und Handelsstadt. Grabfunde beweisen eine Besiedelung schon vor 4 000 Jahren. Die *S:t Olofs kyrka* im Zentrum wurde im 12. Jh. als romanische Kirche mit Apsis begonnen und im folgenden Jahrhundert erweitert. Auch die Gewölbe entstanden zu dieser Zeit. Die Tür in dem späteren, gotischen Südportal zeigt noch Spuren eines dänischen Angriffs und erinnert daran, daß der Ort öfters unter den dänisch-schwedischen Kriegen zu leiden hatte. Rechts und links des Eingangs zwei Holzskulpturen aus dem 17. Jh. Falköping ist mit 220 m über NN eine der am höchsten gelegenen Städte Schwedens. Nordwestlich erhebt sich der 327 m hohe Tafelberg Mösseberg mit einem Aussichtsturm, von dem aus man einen schönen Blick auf die fruchtbare Ebene und die Tafelberge hat Zufahrt angezeigt vom Danskavägen, Zufahrt zu den Straßen 186 u. 47 Richtung Skara).

Ein besonders gut erhaltenes Steinkistengrab liegt bei *Luttra*, wegen seiner freien Lage neben der Straße ein beliebtes Fotomotiv. Es stammt aus der jüngeren Steinzeit, etwa 2000 v. Chr. (Straße 46 Richtung Ulricehamn, dann Abzweigung nach Vartofta).

Von Falköping fährt man über die Straße 47 Richtung Skara und kann hinter Gudhem rechts nach Håkantorp abzweigen. Die Ruine des Klosters *Gudhem* ist ausgeschildert. Es war das älteste Nonnenkloster Schwedens (1161 gegründet). Das Grabmonument der Königin Katarina (Gemahlin König Eriks, 2. Jh.) ist eine Kopie. Das Original wird im Historischen Museum in Stockholm aufbewahrt. Es ist eines der wichtigsten Werke der Romanik in Schweden. Der Bau dieser Nonnenklöster (Vreta und Skokloster folgten bald) wurde vom Adel stark unterstützt, um Erziehungsheime für die Töchter und Alterssitze für die Witwen zu haben. Kloster und Kirche brannten 1529 aus.

Kirche von Varnhem

1 Grabkapelle
   Erik Eriksson
2 Grabkapelle
   Erik Knutson
3 Grabkapelle
   Knut Eriksson
4 Grabkapelle
   Inge d. Ä.
5 Grabkapelle
   Birger Jarl
6/7 Königsstühle
   für Karl XI. und
   Gemahlin (1660–1697)
8 Taufkapelle mit
   Taufstein (Ende des
   13. Jahrhunderts)
9 Kanzel a. d.
   17. Jahrhundert
10 Kapelle für Jacob und
   Magnus de la Gardie
11 Laienaltar, 1921
   aus altem Material
   auf früherem
   Untergrund neu
   aufgebaut
12 Grab Birger Jarls,
   Epitaph mit Birger Jarl
   und seiner zweiten Frau
   Mechthild v. Dänemark
   und Sohn Herzog Erik

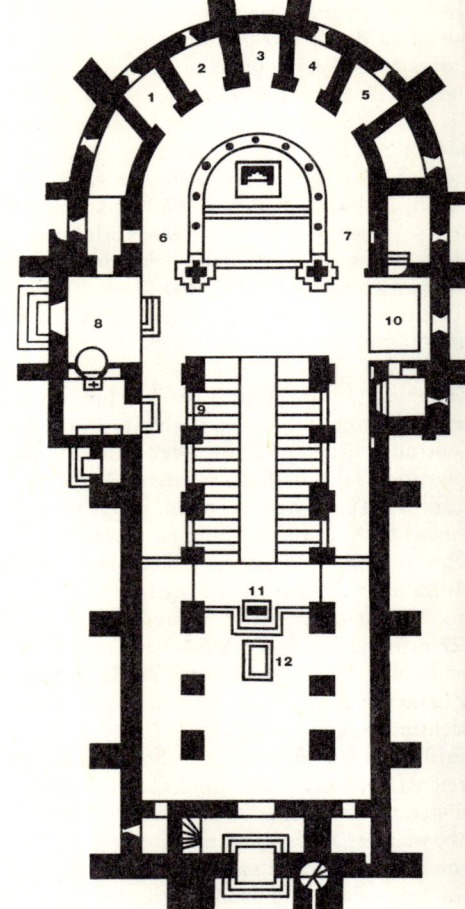

Klosteranlage Varnhem

1 Eingang
2 Klosterhof
3 Kreuzgang
4 Waschraum
5 Vorratskammern
   und Arbeitszimmer
   der Laienbrüder
6 Küche
7 Speisesaal
8 Kapitelsaal
9 Gesprächszimmer
10 Haus des Abtes
11 Eingang in Kirche
   für Mönche

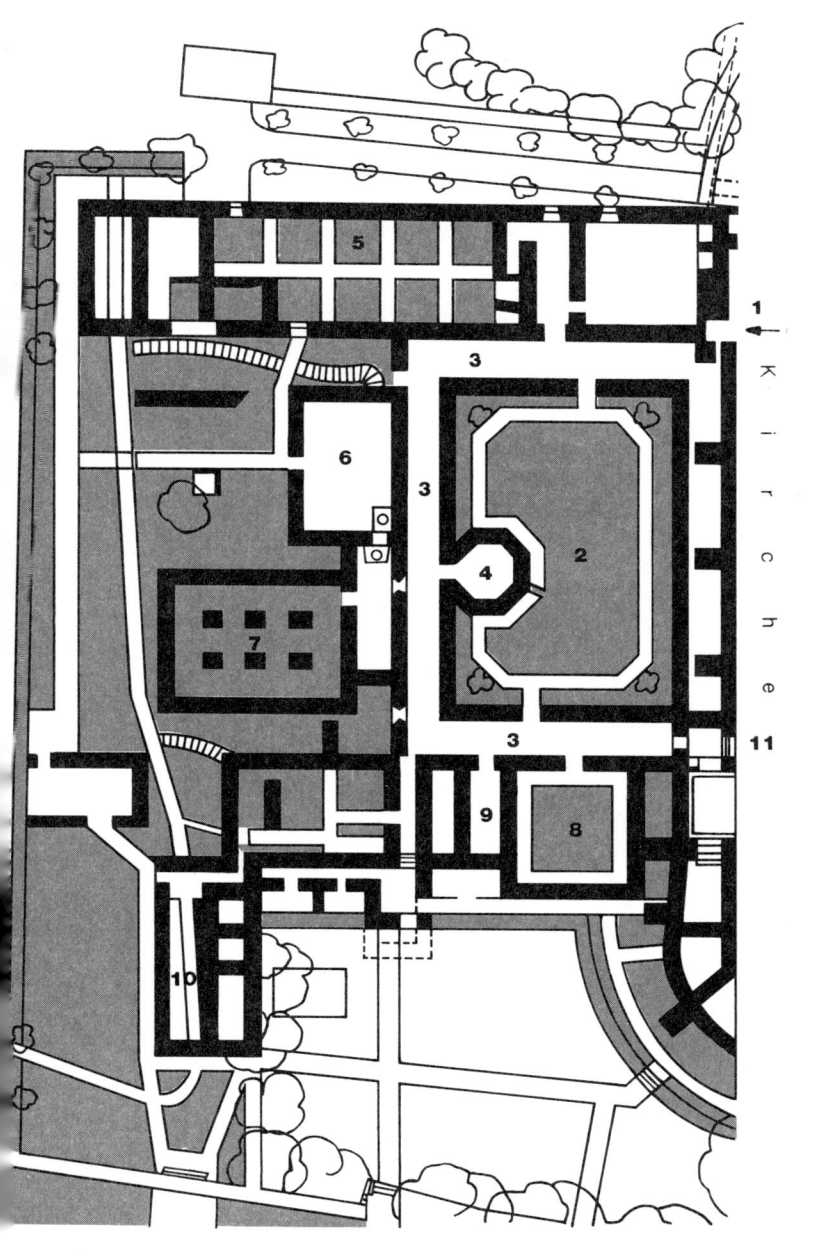

Die Ländereien wurden im Zuge der Reformation eingezogen. Heute ist Gudhem eine geschützte Ruine.

Auf dem Weg nach Varnhem (jenseits der Zufahrt Klosterruine, über eine kleine, nicht asphaltierte Straße) liegt bei Håkantorp, Richtung Broddetorp links das große Gräberfeld *Ekornavallen*. Es war von der Steinzeit bis in die Eisenzeit Begräbnisplatz. Steinkistengräber, Ganggräber, Richterringe, Bautasteine, Steinsetzungen und Grabhügel nebeneinander zeigen den Wandel der Begräbnisformen. Die vier Ganggräber sind die ältesten Gräber. Sie stammen aus der jüngeren Steinzeit. Ein weiteres an der Straße angezeigtes Grabfeld kurz vor Varnhem liegt hinter einem Bauernhof, ist allerdings schlecht erreichbar.

In *Varnhem* steht eines der kulturhistorischen Kleinodien Schwedens, die »klosterkyrka«. Um 1150 ließen sich hier Zisterzienser nieder. Ihre erste Klosterkirche brannte 1234 ab. Sie wurde anschließend neu aufgebaut. 1262 war die dreischiffige Basilika fertig. Möglicherweise haben Mauern und Pfeiler im Langhaus den Brand überstanden und stehen noch von der ersten Kirche um 1150. Die Kirche schließt sich den Baugewohnheiten (Querhaus, Chorumgang, Kapellenkranz) des Mutterhauses von Clairvaux an. Nach der Reformation verfiel sie, wurde aber im 17. Jh. als Grabkirche des Reichskanzlers de la Gardie wiederhergestellt. Dabei erhielt die Kirche den hölzernen Dachreiter über der Vierung und ihr heutiges äußeres Aussehen mit den kräftigen Strebepfeilern und den zwei Türmchen an der Westfassade. Sie ist eines der bedeutendsten Bauwerke der Frühgotik in Schweden.

Die Gotik in Varnhem hat keine große Ähnlichkeit mit der französischen Kathedralgotik. Sie ist schwer und kräftig, eher wuchtig und erdgebunden als aufstrebend. Dem gotischen Umgangschor entspricht auf der Westseite ein spitzbogiges Portal, das vom nördlichen Seitenschiff im 17. Jh. hierher versetzt worden war. Im Inneren zeigen die schwach spitzbogigen Rippengewölbe, wie auch die schwedischen Zisterzienser sich einer burgundisch-gotischen Architektur bedienten. Da die Spitzbogen hier und in Lund etwa zur gleichen Zeit entstanden, datiert man in Schweden den Beginn der Gotik in diese Bauzeit, etwa 1230/40. Noch an einem anderen Detail wird die Änderung deutlich: verschiedene Konsolen der Dienste im Langhaus tragen Darstellungen von Menschenköpfen, offenbar ein westfälischer Einfluß. Im Gegensatz der romanischen Rundbogenarkaden zu den spitzbogigen Gurten zeigt sich der Übergang der Baustile in dieser Zeit.

Varnhem war die Begräbniskirche mehrerer schwedischer Könige des 13. Jh. und auch Birger Jarls. Die Königsgräber liegen im Chor. In den Kapellen de Umgangschores befinden sich nur Erinnerungssarkophage. Das Grab Birge Jarls wurde erst 1922 im Mittelgang vor dem kleinen Laienaltar unter der

Skara

damaligen Holzfußboden entdeckt. In dem Grab lagen 2 Männer- und eine Frauenleiche. Wahrscheinlich Birger Jarl, sein erster Sohn und eine seiner beiden Frauen. Das jetzt darüberliegende Epitaph von etwa 1280 hatte de la Gardie in der Sakristei einmauern lassen.
Neben der Kirche liegen die konservierten Ruinen des Klosters und dahinter ein kleines interessantes Museum mit den Funden der Ausgrabungen. Darunter befindet sich auch ein mit Kupferplatten geschienter Oberarmknochen. Da der Knochen wieder zusammengewachsen war, hat der Patient also die Prozedur überlebt. Zeichnungen und Modelle zeigen die Klosteranlagen, die Heizungseinrichtung u. a. Es ist auch ein Stück der alten Wasserleitung aus Blei noch zu sehen. Richtung Skara fährt man zurück auf die E 3.

Skara

Skara (10 000 Einw.) gehört zu den ältesten Städten Schwedens. Eine Bebauung wurde durch Ausgrabungen schon für das 10. Jh. nachgewiesen. Im frühen Mittelalter war Skara einer der Ausgangspunkte der Christianisierung und wurde die erste Bischofsstadt Schwedens. Das Straßennetz der Innenstadt entspricht noch fast völlig dem mittelalterlichen. Die 1775 von einem Schüler Linnés gegründete veterinärmedizinische Hochschule ist eine der vier ältesten der Welt.
Der *Dom* von Skara ist (nach Lund) der zweitälteste Schwedens. Die erste, 1150 geweihte, dreischiffige romanische Sandsteinkirche wurde im ausgehenden 13. und beginnenden 14. Jh. in hochgotischem Stil umgebaut. Hierbei ersetzte man den Sand- durch Kalkstein. Die Basilika spiegelt Einflüsse französischer Kathedralgotik wider. Von dem ursprünglichen Bau ist jedoch kaum noch etwas zu sehen. Sein heutiges Aussehen erhielt der Dom bei einer umfassenden Restaurierung durch Helgo Zetterwall in der zweiten Hälfte des 19. Jh., wobei auch einige Teile neugotisch angebaut wurden. Der ursprünglich frühgotische Chor war schon 1839/48 dem Stil des Langhauses angepaßt worden. Die Petrusfigur am Westportal ist eine spätmittelalterliche Arbeit. Neben der Sakristeitür (Nordseite) sind noch einige Reliefs aus der ersten Kirche sehenswert. Sie stammen aus dem 12. Jh. und sind mit Arbeiten in Forshem/Västergötland und Jütland verwandt. Auffallend ist dabei der rustikale, »naive« Stil. In der Krypta unter dem Hochchor sind noch Reste der romanischen Kirche erhalten. Sie wurden erst 1947 wiederentdeckt. Der Barockaltar ist eine 1663 entstandene Arbeit des Göteborger Holzschnitzers Hans Swant. Das »Soopska gravmonument« im südlichen Seitenchor ist das

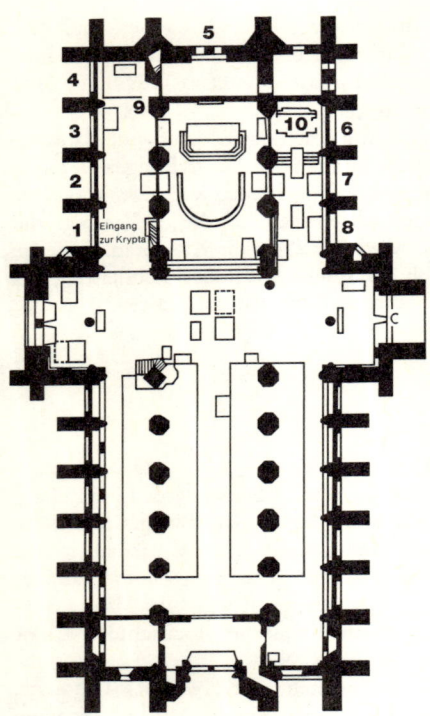

Domkirche Skara

1. Schöpfungsfenster
2. Patriarchenfenster
3. Prophetenfenster
4. Skarafenster
5. Neuer Himmel und Neue Erde
6. Geburtsfenster
7. Evangelienfenster
8. Passionsfenster
9. Reliefs aus dem 12. Jh.
10. „Soopska gravmonument"

prächtigste Grabmal der Kirche und eines der aufwendigsten in Schweden. Die dunkelfarbigen Glasfenster im Chor wurden in den 40er bis 60er Jahren von Bo Beskow geschaffen. Sie zählen zu den besten schwedischen Glasmalereien unseres Jahrhunderts.

Nördlich des Doms liegt das *Skaraborgs länsmuseum*, 1918 im nationalromantischen Stil erbaut. Es besitzt Sammlungen aus der Geschichte des nördlichen Västergötlands (Stadsträgården Mo–Fr 10–16, Sa–So 12–16).

Neben dem Museum befindet sich das interessante *Freilichtmuseum Fornbyn* mit über 20 Häusern aus dem 18. und 19. Jh., teilweise möbliert. Ein am Eingang liegendes Steinkistengrab aus der Umgebung enthielt die Skelette von 70 Menschen. Die Grabbeigaben sind im Museum zu sehen.

Lidköping – Läckö – Kinnekulle

Von Skara lohnt sich ein Umweg auf Straße 47 über Lidköping. Dabei kommt man am Gräberfeld *Hasslösa* vorbei. Ein Hügel, drei Schiffssetzungen und Richterringe sowie einzelne Steine stammen aus der Zeit um 400 bis 550 n. Chr. Es handelt sich um Brandgräber.
Lidköping (23 000 Einw.) besitzt Stadtrechte schon seit 1446. In der zweiten Hälfte des 17. Jh. wurde die Stadt durch den Reichskanzler Magnus de la Gardie, dem auch das etwas weiter liegende Schloß Läckö gehörte, erweitert. Sein Denkmal steht auf dem Nya stadens torg. Die alte Stadt brannte 1849 fast vollständig ab, der neue Stadtteil, mit seinem rechtwinkligen Straßennetz und seiner heute noch niedrigen Bebauung, blieb verschont. Dort, am Nya stadens torg, steht auch das auffallende *Rathaus*. Es ist ein altes Jagdschloß, das Magnus de la Gardie bei der Erweiterung der Stadt abbrechen und hier wieder aufbauen ließ. 1960 wurde es durch einen Brand stark zerstört, aber nach den erhaltenen Originalbauplänen wieder völlig hergestellt.
Berühmt ist in Lidköping die *Porzellanfabrik Rörstrand*, die in einem eigenen Museum die Porzellanherstellung seit 1730 zeigt (vom Nya stadens torg durch die Torggatan, etwa 500 m; Mo–Fr 10–16).
Das *Hantverks – och sjöfartsmuseum* erhielt 1982 den Ehrenpreis der Europäischen Museumskommission für neueröffnete Museen. Vor allem Handwerksgeschichte und Seefahrt auf dem Vänern gehören zu seinen Sammelgebieten (Mellbygatan, 1.6.– 31. 8. Di–So 12–15, Do auch 15–19; übr. Zeit Di, Do 17–19, Sa 12–15, So 12–17).
Rund 20 km von Lidköping entfernt liegt auf der Halbinsel Kållandsö das Schloß *Läckö*. 1298 wurde der Bau als Festung für die Bischöfe von Skara begonnen, im 17. Jh. erhielt es die Familie de la Gardie als Lehen, baute es um und erweiterte es um Obergeschoß, Kirche und Vorburg. Seitdem blieb es fast unverändert. Später fiel es an die Krone zurück. Heute ist ein Teil der 280 Räume zu besichtigen. Neben dem Schloß ist eine Anlegebrücke, von der aus ein Sightseeing-Boot kurze Rundfahrten durch das vor der Halbinsel liegende Schärengebiet unternimmt.
Zwischen Lidköping und Götene, wo man wieder die E 3 erreicht, liegt links der Tafelberg *Kinnekulle*. Die Abfahrt »Kinnekulleden« von der Straße 44 (Richtung Mariestad) führt um den Berg herum. Eine Straße führt auch auf den Berg (Högkullen). Man hat von dort einen schönen Blick auf den Vänern und die västgötische Landschaft (Aussichtsturm). Bei Österplana Hed liegt ein Naturreservat mit einer auf kambrosilurischem Kalkstein liegenden Flora, die sonst nur auf Öland und Gotland vorkommt.

Statt der ersten Abfahrt »Kinnekulleden« kann man auch die nächste Abfahrt nach Husaby nehmen. An der Straße liegt zu Beginn des Kinnekulleden die Kirche von *Husaby*. Entgegen der meist üblichen Baugeschichte sind

Västergötland

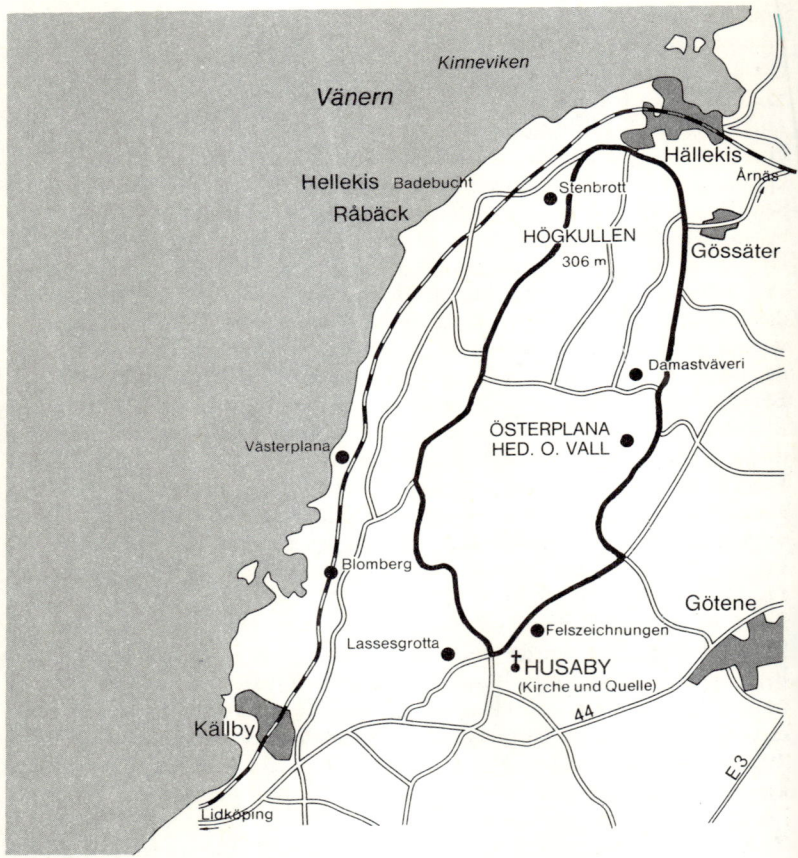

Kinnekulleleden

die Türme älter als die Kirche. Ende des 11. Jh. entstand aus einfach behauenen Steinen ein Turmkomplex aus einem mittleren rechteckigen und zwei anschließenden runden Türmen. Ob sie als Verteidigungstürme oder als Türme einer daneben stehenden Stabkirche gebaut wurden, ist umstritten. Diese Anlage ist für Schweden völlig ungewöhnlich. Um 1150 wurde dann die jetzige romanische Kirche in einer fortgeschritteneren Quadersteintechnik angebaut. Im 15. Jh. erfolgte die Einwölbung, bei der die Decke eine

Ausmalung erhielt, die 1901 von einer späteren Überkalkung wieder befreit wurde. Vor dem Turmeingang liegen zwei Steingräber mit romanischen Reliefs, sog. Eskilstunagräber nach dort gemachten Funden. Der Legende nach soll es sich um die Gräber König Olof Skötkonungs (um 1000) und das Bischof Unnis von Hamburg handeln. In der Kirche ist besonders auf einen Bischofsstuhl im Chor aus dem 12. Jh. hinzuweisen. Es ist eines der ältesten Möbelstücke in Schweden. Die Chorschranke von etwa 1670 ist eine der wenigen in Schweden noch erhaltenen. Das Triumphkruzifix darüber stammt aus dem 14. Jh. Die beiden ehemaligen Altaraufsätze an beiden Seiten im Chor sind aus dem 15. Jh. Die Öffnung nördlich der Chorschranke ist der Rest eines mittelalterlichen Ambo, des Vorgängers unserer Kanzel. Der Taufstein wurde vor 1250 gehauen. Kanzel und Schalldeckel sind aus dem Jahr 1671.

In der daneben liegenden Quelle *(Husabykällan)* soll 1008 König Olof Skötkonung getauft worden sein, was allerdings nicht mit Sicherheit feststeht.

Rund 300 m westlich der Kirche sind noch die Reste einer um 1480 gebauten, aber schon 50 Jahre später zerstörten Bischofsburg zu sehen. Nordwestlich der Kirche, an der Straße »Kinnekulleleden«, liegen die Felszeichnungen (hällristningar) von *Lilla Flyhov*. Ungefähr 350 Zeichen aus der Bronzezeit (1500–500 v. Chr.) wurden Ende des 19. Jh. hier von spielenden Jungen entdeckt.

Die E 3 führt an *Götene* (4000 Einw.) vorbei. Im Ort liegt die turmlose romanische Kirche aus dem 12. Jh., die verhältnismäßig unverändert blieb. Die später eingezogenen Gewölbe wurden im letzten Jahrzehnt des 15. Jh. von dem aus dem Kloster Vadstena kommenden Meister Amund (siehe auch Gökhems kyrka, S. 257) ausgemalt. Ihr Stil erscheint wie eine Vorwegnahme der späteren Bauernmalerei des 17. und 18. Jh. Eine Traditionslinie läßt sich jedoch nicht verfolgen. Bemerkenswert ist auch der Taufstein aus dem 12. Jh. Altar und Kanzel sind aus dem 16. Jh. Leider wurde die Kirche 1909 ziemlich hart restauriert.

Statt über Götene kann man vom Kinnekulleleden auch die landschaftlich schöne kleinere Straße über Gössäter-Forshem-Årnäs Richtung Mariestad fahren. Bei der Kirche in *Forshem* (an der Straße) sind besonders die Portalreliefs aus der Mitte des 12. Jh. sehenswert. Tympana und Reliefs stammen wahrscheinlich vom selben Meister wie die von Skara. Chor und Decke im Langhaus wurden 1638 ausgemalt, die zwischenzeitliche Überkalkung 1912 wieder beseitigt. Die Kirche wurde Mitte des 12. Jh. gebaut, später verändert und 1760/70 zur Kreuzkirche umgebaut.

Mariestad (knapp 30 000 Einw.) ist erst 1538 gegründet worden. Die um die Kirche liegende Altstadt ist teilweise recht malerisch. Teils stammen die Häuser noch aus dem 18. Jh. (Kungsgatan, Kyrkogatan, Västerlånggatan). Die *Kirche* entstand 1593/1602, ist spätgotisch und hat Ähnlichkeit mit der Klarakirche in Stockholm. Nach einem Brand 1693 wurde der Turm neu gebaut. Ihr heutiges Aussehen erhielt sie schließlich 1753. Im 17. Jh. bekam sie die Bezeichnung »Domkirche«, als es hier für kurze Zeit einen Superresidenten gab. Altaraufsatz und Kanzel sind von 1710, die Chorschranke von 1724.

Alternative Strecke von Varnhem nach Örebro (Straße 49 und 50)

An der Straße 49 von Varnhem nach Skövde liegt die kleine Kirche von *Våmb*. Sie stammt aus der Zeit 1160/80, der Turm von etwa 1200. Die Säulen oben weisen auf westfälischen Einfluß hin. Es war ein Verteidigungsturm, der nur vom Kircheninneren aus zu erreichen war. Die Kirche wurde nur wenig verändert, doch zündeten die Dänen sie 1566 an. Aus diesen Kämpfen steckt noch eine Kugel in der Vorhalle. Nach dem Brand verfiel die Kirche zunächst, wurde aber Ende des 17. Jh. wieder instandgesetzt. Das Triumphkruzifix zeigt den Christus patiens, bei dem das Leidensmoment bereits betont wird: Die Figur ist um 1250 entstanden. Im Chor eine Madonna mit dem Jesuskind aus der Mitte des 13. Jh., ein Übergangsstil zwischen hoheitlicher Starrheit und dem weicheren gotischen Stilempfinden. Die Kreuzabnahme über dem Altar ist der Rest eines früheren Flügelaltars aus dem ausgehenden 15. Jh. Der Taufstein entstand Ende des 12./Anfang des 13. Jh. Die im Langhaus stehende Madonna stammt aus dem 15. Jh., die Figur des Johannes ist eine norddeutsche Arbeit vom Ende des 14. Jh.

Kurz vor Karlsborg ist *Mölltorps kyrka* an der Straße ausgeschildert, eine spätmittelalterliche Kirche mit einem später (1662) erst aufgesetzten Dachreiter. Die barocke Deckenmalerei von 1740/50 ist erwähnenswert.

Karlsborg (4000 Einw.) ist nur wegen der Festung bekannt, die im 19. Jh. gebaut wurde. Nach dem schwedisch-russischen Krieg 1809 ging die Ostprovinz Finnland verloren, und die Nähe des russischen Nachbarn führte zu einer neuen Verteidigungsstrategie, der sog. Zentralverteidigung, d. h. man konzentrierte sich auf feste Plätze im Landesinneren. Die große Festungsanlage wurde 1809 begonnen und war bei ihrer Fertigstellung 1909 praktisch schon veraltet. Der Festungsring mit Gräben und bis zu 3 m dicken Mauern umschließt eine ganze Kleinstadt mit zahlreichen Gebäuden. Die Kosten wuchsen so hoch an, daß Karl XIV. Johan (1818–44) bei einer Besichtigung ausgerufen haben soll: »Ist denn die Festung aus Steinen gebaut? Ich dachte,

Närke 267

sie wäre aus Gold.« Man kann in ihr herumfahren (gelbe Pfeile hinter dem Tor). Besonders schön ist der Blick über den See auf das Dorf.
Kurz hinter Karlsborg beginnt das Gebiet von *Tiveden*, eine bergige Waldlandschaft, die Västergötland von Närke trennt.

Närke

Närke ist mit 45 000 qkm die kleinste Landschaft von Svealand. Während es im Westen und Süden etwas bergiger ist, bilden die anderen Teile fast eine Tiefebene mit nur 30 m Höhe über NN. Der Hjälmaren wurde 1877/78 gesenkt und hat jetzt nur noch eine Tiefe von max. 18 m. Er ist ungefähr so groß wie der Bodensee und damit Schwedens viertgrößter See. Die Bergrükken im Osten Närkes stammen aus der letzten Eiszeit, sie entstanden etwa 7000 v. Chr. als riesige Ablagerungen. Etwa 8000 Jahre alt sind die ersten Funde menschlicher Besiedelung: eine Harpune und eine Axt. Doch erst um 3000 v. Chr. wurden durch Landhebungen Gebiete wasserfrei, die mehr Gelegenheit zur Jagd, aber auch zu Ackerbau boten (Trichterbecherkultur). Als das Wasserniveau vor der Zeitenwende wieder zu steigen begann, bildeten sich leicht befahrbare Wasserwege, die zu Handelsverbindungen nach Birka/ Stockholm und Hedeby/Dänemark führten.
Im Mittelalter war vor allem der Eisenbergbau wichtig. Auch Silbererz wurde bei Glanshammar gefunden. Wasserkraft und Holz bildeten wichtige Voraussetzungen für den Hüttenbetrieb, und beides war in Närke vorhanden. Der nördliche Teil Närkes gehört zu dem Gebiet von Bergslagen (s. Kapitel Västmanland, S. 278 ff.). Da die Landwirtschaft nicht sehr ergiebig war, verdienten sich viele Bauern durch Handel mit dem Stangeneisen oder mit den im Bergbau dringend benötigten Rinderhäuten ein Zubrot. Die zahlreichen Gerbereien waren auch im 19. Jh. der Ausgangspunkt für die aufblühende Schuhindustrie in Kumla und Örebro. 1839 hatte dort der Schuster Anders Andersson begonnen, Schuhe nicht auf Bestellung, sondern auf Vorrat zu produzieren. Die kleinen Betriebe mußten im Lauf der Zeit dann aber größeren Industrien weichen. Heute ist die Schuhindustrie von den Niedriglohnländern weitgehend verdrängt.

E 3/E 18 (Göteborg–Stockholm; Oslo–Stockholm) Vallby-Glanshammar

Von der E 3 kann man bei Vallby über Östansjö nach *Hallsberg* abzweigen. Östra Storgatan Nr. 5 (unten im Haus ist eine Eisenwarenhandlung) ist ein von dem auch in Deutschland bekannt gewordenen Maler Carl Larsson (1853–1919) ausgemaltes Haus, das *Bergööska huset.* Der Kaufmann Bergöö war der Schwiegervater Larssons. In dem großen Festzimmer im ersten Stock sind nicht nur die weiteren Mitglieder der Familie, sondern auch andere stadtbekannte Persönlichkeiten Hallsbergs abgebildet, so z. B. ein Bettler, der seinen ganzen Stolz darein setzte, stets nur eine Öre anzunehmen. Erhielt er einmal ein Zweiörestück, so gab er eine Öre zurück. Auf einem anderen Bild erscheint der Maler selbst als Karikatur eines zum Bahnhof Eilenden (rechts vom Kamin). Auch die Hüte der Kinder haben eine besondere Bedeutung: die Schwester der Schwiegermutter besaß eine Strohhutfabrik. Die Wände spiegeln das Bild einer Kleinstadt Ende des vorigen Jahrhunderts mit Menschen aus allen Schichten. Die bürgerliche Einstellung des Kaufmanns Bergöö spricht aus den Inschriften über den Türen: »Ehrlich währt am längsten«, »Lieber betteln als schlechte Reden«, »Guter Mut, gesundes Blut«, »Eigener Herd ist Goldes wert«. Die Stühle im Festsaal sind nach Vorlagen Carl Larssons von einem örtlichen Tischler geschnitzt. Auch der Fries über dem Kamin entstand nach Larssons Vorlagen. Die Empore im Zimmer war bei festlichen Gelegenheiten für die Musiker bestimmt. Interessant sind auch einige Bilder der ganz im Schatten ihres Mannes stehenden Frau Carl Larssons, Karin Bergöö.

Das Haus selber wurde 1889 von dem Architekten Ferdinand Boberg (1860–1946) entworfen, der den Jugendstil in Schweden in die Architektur des ausgehenden 19. Jh. einführte. Haus und Ausmalung zeigen den frühen schwedischen Jugendstil, der das ganze Lebensmilieu künstlerisch umfassen und zugleich, gestützt auf den alten Bauernstil, schwedische Art und Stimmung einbeziehen sollte.

Hallsberg verdankt seine Entstehung dem Bau der sog. westlichen Eisenbahnhauptlinie (västra stambanan). 1862 entstand der Bahnhof; 1873 gab es erst 30 Häuser dort. In einem Zimmer des Hauses sind alte Fotos aus der Eisenbahngeschichte des Städtchens zu sehen, darunter eines von 1917 mit deutschen Verwundeten, die zur Erholung in Schweden weilten, und eines mit einem deutschen Offizier vor einem Urlauberzug, der im Zweiten Weltkrieg von Norwegen durch Schweden fuhr (Sa–So 12–18; Juli tgl. 12–18).

Es lohnt sich, von Hallsberg über Kumla parallel zur E 3 nach *Mosjö* zu fahren. Am Ortseingang liegt die Mariakyrkan. Es ist eine der ältesten Kirchen Närkes, erbaut zwischen 1150 und 1200. Sieht man von den vergrößerten Fenstern ab, ist der mittelalterliche Charakter erstaunlich gut bewahrt.

Der Türbeschlag des Westportals ist noch aus der romanischen Zeit, mit einigen Ergänzungen aus dem Mittelalter. Auch das schlichte romanische Südportal mit auf dem Mauerwerk aufliegenden Kämpfern blieb unverändert. Im Inneren fällt im Langhaus der Unterschied der Mauerdicke auf. Man erkennt, daß der Bau im 12. Jh. in zwei Bauperioden errichtet wurde. Die Ausmalung der Kirche entstand um 1617, ein Beispiel für die Malweise der Vasazeit. An der Südseite des Triumphbogens steht die Kopie der Madonna von Mosjö, einem der wichtigsten romanischen Holzbildwerke in Schweden. Das Original befindet sich im Stockholmer Historischen Museum. Im Gegensatz zu der etwa gleichzeitig entstandenen frühmittelalterlichen Viklaumadonna (ebenfalls im Historischen Museum) zeigt die Madonna von Mosjö mit ihren fast häßlichen Zügen in den ineinander verschlungenen Haarsträhnen eine deutliche Anknüpfung an die vorherige Formensprache der Wikingerzeit. Ganz offensichtlich ist sie von einem einheimischen Schnitzer geschaffen worden. Die holzgeschnitzten Heiligenfiguren über der Empore an der Nordseite stammen aus dem 15. Jh. Die Kanzel, im sog. Bauernbarock, ist von 1689.

Kurz hinter Mosjö trifft die E 3 mit der von Oslo kommenden E 18 zusammen.

Örebro

Örebro (90 000 Einw.) ist Närkes Provinzhauptstadt. Ihre Ursprünge sind nicht bekannt, wahrscheinlich lag die erste Siedlung an einer Furt durch den – früher viel tieferen – Fluß Svartån. Dies würde den Namen erklären: »Öre« bedeutet im Altnordischen soviel wie Kiesbänke. Diese begünstigten später dann wohl den Bau einer Brücke (bro). Erwähnt wird die Gemeinde zum ersten Mal um 1300. Die Entwicklung der Eisenindustrie im nicht weit entfernten Distrikt Bergslagen Ende des 16. Jh., brachte der Stadt einen vorübergehenden Aufschwung (über Bergslagen s. Kapitel Västmanland, S. 278 ff.). Mit dem Rückgang dieser Industrie wurde Örebro wieder ein Provinzstädtchen, das 1854 größtenteils einem verheerenden Feuer zum Opfer fiel. Ende des 19. Jh. entwickelte sich Örebro zum größten Schuhproduzenten Schwedens. Die Konkurrenz der Niedriglohnländer ließ diese Industrie nicht überleben. Heute haben vor allem Dienstleistungsbetriebe, Behörden und Betriebe der Nahrungsmittelindustrie hier ihren Sitz.
Aufgrund der Brandkatastrophe von 1854 ist kaum alte Bausubstanz vorhanden. Jedoch wurde die Stadt durch die sorgfältige Planung neuer Wohnge-

biete in den 50er und 60er Jahren bekannt. Zu erwähnen sind u. a. die Stadtbezirke Rosta, Baronbackarna, Varberga, Tybble, Vivalla, Oxhagen oder Brickebacken. Richtschnur war, die Wohnbezirke vom Durchgangsverkehr freizuhalten, sie möglichst so zu bauen, daß die Verbindung zur umliegenden Natur gewahrt blieb und sie mit allen Einrichtungen auszustatten, die für eine gesunde Infrastruktur heute als unerläßlich angesehen werden.

Es entstanden einige sehr interessante Siedlungsformen, wenn auch der Kostenzwang (die Siedlungen entstanden in städtischer Regie) mitunter in den Siedlungsgebieten zu viele gleichartige bzw. gleichförmige Bauten entstehen ließ, z. B. in Vivalla. Sehenswert sind diese Städtebauformen aber in jedem Fall.

Zentrum der Stadt ist das *Schloß*. Seine Baugeschichte geht bis in das 13. Jh. zurück. Von den alten, teilweise hart umkämpften Bauten sind jedoch nur noch vereinzelte Reste erhalten. Zwischen 1573 und 1627 erfolgte ein gründlicher Umbau, bei dem das Schloß den heutigen Grundriß mit den vier Ecktürmen erhielt. Vor der damaligen Ausschmückung kann man heute nur noch die zwei nebeneinanderliegenden Portale in der südwestlichen Ecke (links gegenüber der Einfahrt) im Burghof sehen. Mehrmals tagte hier im Schloß der schwedische Reichstag. Nach Mitte des 17. Jh. wurde der Bau nicht mehr als Schloß gebraucht, verfiel langsam und wurde als Gefängnis und Vorratsspeicher benutzt. Nach einem teilweisen Neubau im 18. Jh. als Residenz des Landeshauptmanns erfolgte zwischen 1897 und 1901 eine gründliche Restauration. Nach Plänen von Thor Thorén erhielt das Schloß sein heutiges Aussehen. Die Türme bekamen ihre jetzigen Dächer, die Treppen- und Renaissancegiebel entstanden. Der Restauration lag die romantische Idee einer Burganlage der Vasazeit zugrunde.

Heute ist das Schloß Residenz und Wohnung des Landeshauptmanns. Außerdem sind verschiedene Verwaltungen darin untergebracht. Von der ehemaligen Inneneinrichtung ist kaum etwas vorhanden. Zu sehen ist im wesentlichen der wappengeschmückte Reichssaal, Modelle der Burganlage und Bilder sowie Geräte aus der Zeit der Verwendung als Gefängnis (Führungen durch Tourist-Information, Storgatan, vom Schloß Hauptstraße nach links, auf der linken Straßenseite).

Gegenüber dem Stortorget, an der Storgatan (schräg gegenüber der Tourist-Information) liegt die *St. Nicolaikirche*. Sie wurde Ende des 13. Jh. von den in Örebro lebenden deutschen Kaufleuten gebaut. Der Turm wurde im 15. Jh. angefügt. Ihr Stil ist von der norddeutschen Backsteingotik beeinflußt. Der Altaraufsatz ist von 1661.

Durch die am Schloß vorbeiführende Engelbrektsgatan kommt man zum nicht weit entfernt gelegenen *Örebro länsmuseum*. Es besitzt eine reiche Sammlung von Schätzen aus den Kirchen Närkes und eine bekannte Samm-

Wappen am Heck des Regalschiffes Wasa in Stockholm ▷

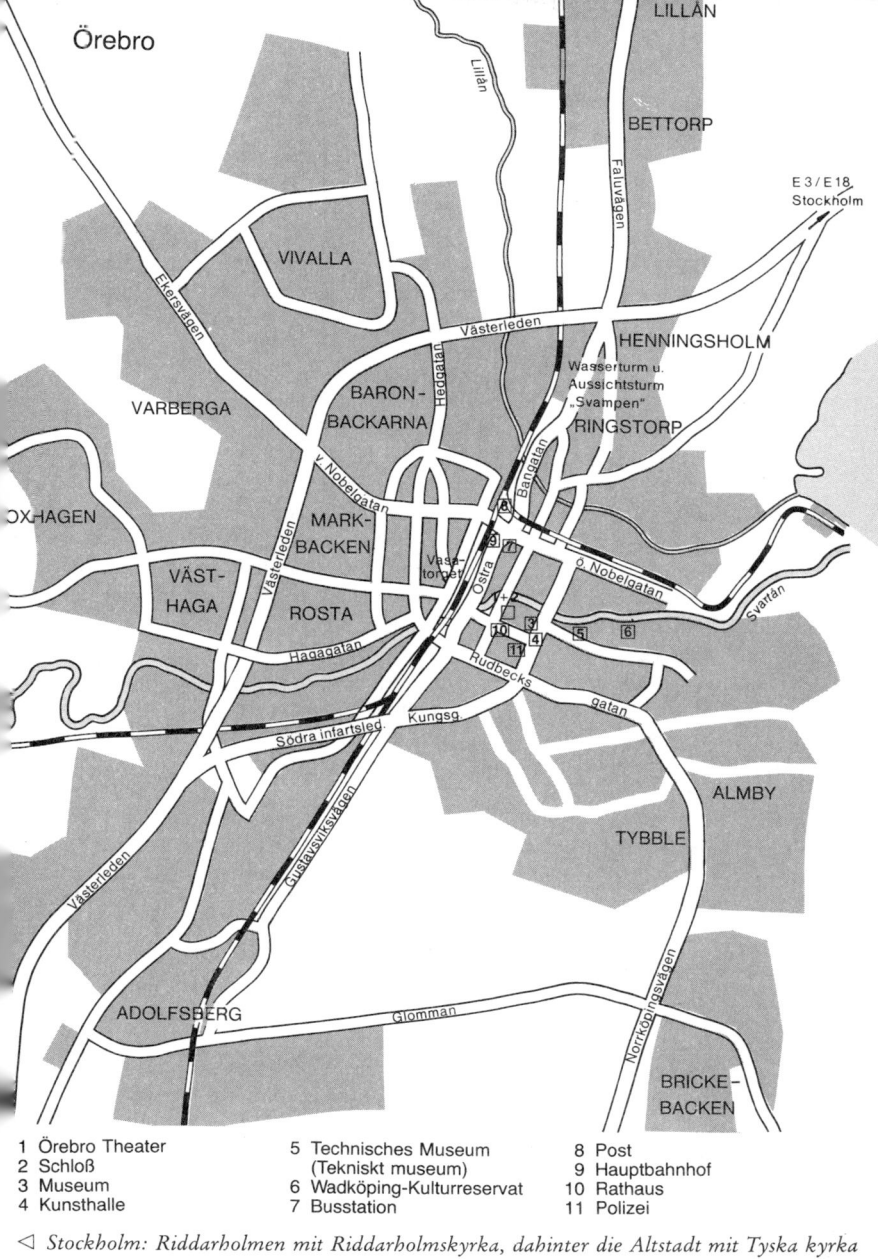

◁ *Stockholm: Riddarholmen mit Riddarholmskyrka, dahinter die Altstadt mit Tyska kyrka*

lung schwedischer bildender Kunst aus den vergangenen hundert Jahren (Mo–Fr 10–16, Do auch 17–21, Sa–So 13–15).

Am Fluß in der gleichen Richtung weitergehend gelangt man (hinter dem Stadtpark) zu dem *Freilichtmuseum Wadköping*. Hier wurden mehrere vollständige Bürgerhöfe des 18. und 19. Jh. zu einem kleinen Stadtteil aufgebaut. Das älteste Haus, die sogen. »Kungsstugan«, das Königshaus, ist sogar aus dem 16. Jh. Der spätere Karl IX. soll in ihm abgestiegen sein. Sehenswert ist die Ausmalung der beiden Zimmer im Obergeschoß, das eine (mit Nische) von etwa 1580, das andere von 1620. In einigen Häusern sind alte Handwerksbetriebe eingerichtet, in einem Haus von 1780 ein Laden aus der Zeit kurz nach 1900 (im Sommer ab 12, Kaffeestube ganzjährig ab 11).

Das *Teckniska museet* spiegelt die industrielle/technische Entwicklung in Bergbau, Buchdruck, Gewehrherstellung, Flug- und Bootsmotoren usw. (Hamnplan 1, tgl. 12–16).

Zu den Sehenswürdigkeiten Örebros gehört auch der *Svampen* (= Pilz) genannte Wasserturm. Bei seinem Bau 1956/57 wurde er nicht nur wegen seiner später oft nachgebauten Form sehr bestaunt, sondern erregte auch wegen seiner Bauweise Aufsehen. Zuerst baute man nämlich den oberen Teil und anschließend wurde der 3 200 t schwere, bereits fertig gestrichene Behälter hydraulisch jeden Tag 50 bis 60 cm emporgedrückt und jeweils der Schaft darunter gleich betoniert. Der Turm ist 58 m hoch, 10 m tief in den Boden eingelassen, und noch weitere 20 m darunter ist der Boden mit Beton verstärkt. Der Wassertank faßt 9 000 cbm. Von seiner oberen Plattform (Fahrstuhl) lohnt der Blick auf die Stadt und die weitgestreckte Waldlandschaft Närkes. Jährlich besuchen etwa 100 000 Menschen den Turm (Restauration).

Kurz hinter Örebro kann man von der E 3/E 18 nach links zur Kirche von *Glanshammar* abzweigen. Der Ort hat seinen Namen wahrscheinlich nach einer im Mittelalter in der Nähe gelegenen Silbergrube. Die Kirche fällt zunächst durch das typisch schwedische Herrenhofdach der karolinischen Zeit (1654–1718) auf. Man kann vermuten, daß es durch das Dach des kontrastierenden Anbaus im Osten beeinflußt wurde. Es handelt sich dabei um eine 1678 angefügte Grabkapelle.

Die zweischiffige Hallenkirche stammt aus dem 12. Jh., wurde aber bis zum 17. Jh. mehrmals umgebaut und erweitert. Der 60 m hohe Turm brannte öfters ab. Als 1696 nach einem Blitzschlag der damals regierende König Karl IX. 3000 Taler für den Wiederaufbau spendete, setzten die dankbaren Bürger sein Monogramm in die Spiegel des Turms. Die Jahreszahl über dem Portal bezieht sich nur auf eine Portalvergrößerung. Daneben ist an der südlichen Westwand ein Runenstein eingemauert. Die Einwölbung der Kirche wurde

Ödeby

erst nach der Reformation fertig. Ihre Ausmalung erfolgte 1589. Am Südportal sind jedoch noch Reste von Fresken aus dem 12. Jh. zu sehen. Weil der Reichsrat Leijonhuvud die Ausmalung bezahlte, wurde sein Wappen an der Ostwand (über der später gebrochenen Öffnung zur Reuterschen Grabkapelle) eingemalt. Neben der ornamentalen Malerei sind Motive aus dem Alten und Neuen Testament verwandt, aber auch Symbole aus der humanistischen Welt, z. B. Maß und Stärke, Tapferkeit und Geduld usw. Diese Verbindung biblischer Belehrungen mit aristokratischen Tugenden ist kennzeichnend für die aristokratisch dominierte Umwelt dieser Zeit. Das große Trimphkruzifix vor dem vordersten Mittelpfeiler stammt aus dem 13., das kleinere Prozessionskruzifix auf der anderen Seite des Pfeilers aus dem 14. Jh. Der links vom Altar stehende Taufstein wird in das 14. Jh. datiert. Die links und rechts des Altars stehenden holzgeschnitzten gotischen Figuren von einem verlorengegangenen Altaraufsatz sind wahrscheinlich norddeutsche Arbeiten aus der ersten Hälfte des 16. Jh. Der Altaraufsatz dagegen ist eine barocke Arbeit von 1727. Von den Kosten in Höhe von 1900 Talern übernahm die Familie Reuter 1700 Taler, wofür ihr Name nebst Wappen am Altar angebracht wurde. In der Sakristei, die eine beachtenswert schöne Türe hat, liegt (unter dem Teppich) ein Runenstein aus dem 9. Jh. Der Glockenturm vor der Kirche wurde 1663 gebaut.

Von Glanshammar ist ein landschaftlich schöner Abstecher zur Ödeby kyrka möglich (rund 20 km). Man fährt von Glanshammar Richtung Fellingsbro (östlich der Kirche nach links). In diesem Raum liegen zahlreiche vorgeschichtliche Grabstätten. Gleich am Ortsrand sind rechts der Straße 7 Grabanlagen zu sehen: eine Schiffssetzung, zwei rundliche Steinsetzungen und vier Hügel. Das Gräberfeld stammt aus der Völkerwanderungs- und Wikingerzeit (400–1050 n. Chr.). Es handelt sich um Brandgräber, in denen man Reste von Tontöpfen, Schmuck und persönlichen Gebrauchsgegenständen gefunden hat. Nur einige 100 m weiter befinden sich neben der Straße im Wald schon die nächsten Gräber.

Von der Straße nach Fellingsbro zweigt man nach gut 3 km links Richtung Kägleholm/Ödeby ab. Nach etwa 8 km liegt links der Straße die Runie von Kägleholm. 1670/80 wurde hier nach den Plänen de la Vallées ein Schlößchen mit dreigeschossigen Flügeln und kleinen Ecktürmchen erbaut. Die Anlage brannte 1712 ab und verfiel danach. Die Pläne des Grundrisses und eine Ansicht kann man einige 100 m weiter schräg gegenüber der Kirche von Ödeby sehen.

Die Kirche war früher die zu Schloß Kägleholm gehörende Schloßkirche. Ihr ältester Teil ist der Turm, der wahrscheinlich in das 13. Jh. datiert werden kann. Das damalige Langhaus mit Chor wurde 1679/80 im Geschmack des Barockklassizismus umgebaut. Der vierflügelige flandrische Altar stammt aus dem 16. Jh. Die Hervorhebung der Maria stellte in Schweden, auch eineinhalb Jahrzehnte nach der Reformation, kein Problem dar. Die Altarschranke ist von 1680. Bei einer Restauration hat sie 1958 ihren originalen Farbton wieder erhalten. Ebenfalls von 1680 stammt das Kruzifix, das sich jetzt in der Sakristei befindet. Die Kirche besitzt 22 Gemälde aus dem 17. Jh. Ihre Maler sind meist unbekannt. Teils haben sie sich nach bekannten Vorbildern gerichtet, nach dem »Lanzenstich« von Rubens oder nach Vorlagen von Dürer. Die Darstellung von Moses auf dem Berg Sinai könnte von einer byzantinischen Ikone beeinflußt sein, die sich jetzt im Vatikanmuseum befindet. In der Sakristei werden (unter den Tüchern) u. a. eine Bibel von 1646 (1958 restauriert) und ein Psalmbuch von 1673 mit dem ursprünglichen Samteinband verwahrt. Im Turm befindet sich jetzt die ehemalige Tür zur Sakristei mit einer Darstellung des Aron als Hohepriester. Sie stammt aus der Zeit vor dem Umbau von 1680.

Von den zwei Silberleuchtern auf dem Altar erzählt man, der letzte Besitzer von Schloß Kägleholm habe sie bei dem Schloßbrand hier abgestellt und dann als Dank für seine Rettung stehen lassen. (Schlüssel zur Kirche, falls verschlossen, in dem Haus dahinter.)

Eine Weiterfahrt ist von hier nicht möglich, man fährt zurück auf die E 3/E 18 bei Glanshammar.

Straße 49/50 (Varnhem–Örebro) Tiveden–Hallsberg (Örebro)

Rund 25 km hinter Karlsborg kommt man in das Gebiet des bewaldeten Höhenzugs *Tiveden*. Dieser Höhenzug aus Granit wurde von der Eisschmelze stehengelassen. Auf der dünnen Erddecke wachsen in weiten Gebieten nur Kiefern, in einigen Gegenden auch Fichten. Dagegen gibt es kaum Laubwälder. Im 16. Jh. siedelten sich hier Finnen an, die ihren Lebensunterhalt durch Köhlerei verdienten. Seit 1983 hat man ein 1353 ha großes Areal zum Nationalpark erklärt. Hier soll sich im Laufe der Zeit wieder ein richtiger von Menschenhand unberührter Urwald bilden können. Zahlreiche markierte Wanderwege wurden für Naturfreunde angelegt. Der Tiveden trennt nicht nur Västergötland und Närke, er ist gleichzeitig auch die Grenze zwischen Götaland und Svealand.

Kurz vor Askersund vereinigt sich die Straße 49 mit der von Motala kommenden Straße 50. Hier besteht die Möglichkeit eines kurzen Abstechers nach Süden, Richtung Motala. Kurz nach dem Zusammentreffen der Straßen zweigt dort nach links die Zufahrt zu *Stjärnsunds Slott* ab (angezeigt). Es liegt sehr schön auf einer Halbinsel im Alsensee, dem nördlichen Ausläufer des

Vättern, etwa 1000 m seitwärts der Straße. Ab etwa 1780 hatte in Schweden der Bruch mit der Rokokotradition in der Architektur begonnen, und zu den ersten Bauten in dem jetzt modern werdenden strengen Neoklassizismus gehörte das 1798/1803 von Carl Fredrik Sundvall gebaute Schloß. Vier niedrigere Flügel flankieren das zweigeschossige Haupthaus mit kräftigem Mittelrisalit. Die Einrichtung stammt von 1850/60, als das Schloß der Königsfamilie gehörte (Mitte Mai – Ende Aug. tgl.).

Askersund liegt an der nördlichsten Spitze eines Wiks, das zum Vätternsee gehört. Am Stadtrand hinter dem Hafen bei der Einfahrt von der Straße 50 nach Askersund liegt die *Landsförsamlingskyrka*, die 1664/70 von Jean de la Vallée entworfen wurde. Während der Bauzeit kam es jedoch zu Unstimmigkeiten zwischen der Kirchenpatronin und dem Architekten, so daß ab 1665 ein anderer, ebenso berühmter schwedischer Architekt dieser Zeit die weitere Planung übernahm: Erik Dahlberg. Aus diesem Grunde sind bei dem Kirchenbau auch zwei Stile auszumachen, die beide in dieser Zeit bevorzugt wurden: der Oxenstiernsche Grabchor (hinter dem Altar) ist in karolinischem Barock, während die übrige Kirche einen holländischen Renaissancestil aufweist. Der barocke Altaraufsatz mit den weißen Figuren vor hellblauem Grund stammt aus dem 17. Jh. und zeigt, wie sich die geldgebenden Kirchenpatrone selbst einschätzten: ihre Wappenschilde sind neben dem auferstandenen Christus wiedergegeben. Die Schnitzereien um das Altarblatt wurden als das »fröhlichste Knorpelwerk, das es in Schweden zu sehen gibt« bezeichnet (Rune Norberg 1948). Im Chor ist der Taufstein plaziert, dessen Cuppa mittelalterlich, der Sockel dagegen neu ist. Die Kanzel von 1670 ist mit reichen Schnitzereien geschmückt. Auch hier sind auf dem Schalldeckel wieder die adligen Wappenschilder zu erkennen. Die Kirche liegt auf einem kleinen Hügel, der schon in der Wikingerzeit als Begräbnisplatz diente.

Askersund selbst ist ein typisches kleines Landstädtchen, das seinen alten rechtwinkligen Grundriß bewahrt hat. Rund um den Markt sind noch einige alte Holzhäuser erhalten, die nach einem verheerenden Stadtbrand 1776 errichtet wurden. Auch das schöne kleine Barockhaus am Marktplatz gehört zu diesen Bauten nach dem Brand.

Von Askersund lohnt sich ein Abstecher (über die Straße nach Laxå, erste Abzweigung nach links Richtung Tived, danach ausgeschildert) nach *Kullängsstugan*. Hier handelt es sich um das gut erhaltene Beispiel eines aus Holzbohlen gebauten Bauernhauses, eines sog. Paarhauses. Es ist die typische Wohnform der älteren schwedischen Bauernbaukunst, rechteckig, lang, niedrig, mit einem Vorraum in der Mitte und je einem größeren Raum rechts und links (von diesem »Paar« Räume leitet sich der Name ab). Diese Bauweise hat alte Vorläufer, wird aber allgemein als Bauernwohnung in Mittelschweden und in Bergslagen (diesem Gebiet und nördlich) erst in der zweiten

Hälfte des 17. Jh. allgemein üblich. Das Haus stammt von 1693 und ist damit eines der ältesten bewahrten Bauernhäuser dieser Art. Es war noch bis 1936 bewohnt. Der eine Raum diente als Küche, Schlaf- und Wohnzimmer, das Gästezimmer wurde nur bei festlichen Gelegenheiten benutzt. Hinter dem Vorraum war noch eine besondere Kammer ausgebaut, die für die Besuche des Pfarrers reserviert war. Die Decke wurde 1819 ausgemalt (falls geschlossen, Schlüssel im nahegelegenen Bauernhof Dohnafors).

Västmanland

In der Mitte des Svealandes liegt, zwischen Uppland im Osten und Värmland im Westen, wie ein oben eingedrücktes Rechteck die 9000 qkm große Landschaft Västmanland. Der Name beweist die schon früh dominierende Stellung Upplands: Land der westlich (von Uppland) wohnenden Männer.
Västmanland ist eine Übergangszone. Der südliche Teil erinnert noch an den südschwedischen Landschaftscharakter. Hier wird viel Landwirtschaft betrieben. Der Norden ist dagegen stärker bewaldet und verweist schon auf Nordschweden. Dort ersetzen auch Nadelhölzer die Laubwälder mit Ulmen, Eschen und Linden, die man im südlichen Teil findet. In tiefer gelegenen Gebieten wachsen dort auch noch Eichen, die weiter nördlich dann immer seltener werden. Dieser südliche Teil Västmanlands liegt nur 40 m über Meereshöhe. Das Gelände steigt nach Nordwesten auf über 450 m an. Es handelt sich dabei um Ausläufer der Höhenzüge, die sich längs der norwegischen Grenze hinziehen. Hier bildet Granit den Untergrund, während im Süden vorwiegend Gneis vorkommt. Besonders im Ostteil findet man auch Kalkstein. In der Gegend von Sala liegen verschiedene Kalksteinbrüche.

Der nördliche Teil Västmanlands ist auch unter der Bezeichnung *Bergslagen* bekannt. Mit Bergslagen wird ein Gebiet bezeichnet, zu dem neben Nordvästmanland Teile von Värmland, Närke und Dalarna gehören. Es ist ein breiter west-östlicher Gürtel, in dem sich im Mittelalter die schwedische Hüttenindustrie entwickelte.

»Bergslagen« bedeutet eine Organisationsform bei der Gewinnung und Verhüttung von Eisen u. a. Metallen. Als sich im Mittelalter die Eisengewinnung in größerem Umfang entwickelte, wurde der Ausbau einer festen Organisa-

Västmanland

tion notwendig. Das Wort »Bergslagen« setzt sich aus den deutschen Begriffen »Berg, Gestein« und »Gesetz« zusammen. Damit ist schon angedeutet, daß hier eine rechtliche Sonderstellung umschrieben wird. Es entstanden Gemeinwesen, die sich rechtlich und in ihrer sozialen Form von den übrigen unterschieden und fast eine den Immunitäten vergleichbare Stellung einnahmen. Im Gebiet von »Bergslagen« (das Wort wurde zu einem geographischen Begriff) bestanden eigene Gesetze. Bodenbesitzer hatten das Recht, sich zusammenzuschließen, Erz zu fördern und zu Metall zu verarbeiten. Die Organisationsform war genossenschaftlich. Erst im Lauf der Entwicklung bildete sich eine ökonomisch stärkere Schicht von »Bergmännern« heraus. Den »bruk« (s. S. 59), d. h. den Hütten oder Werken, wurden besondere Rechte zugestanden. Es entstanden die sog. »brukssamhällen«, d. h. Hüttenorte oder Hüttengemeinschaften, die neben den schon erwähnten sozialen Funktionen hier noch die Befreiung vom Kriegsdienst boten.

Der Erzförderung und -verarbeitung kam in Schweden große Bedeutung zu. Sie gehörte zum wirtschaftlichen Rückgrat der schwedischen Politik, ganz besonders natürlich in der Großmachtzeit. Es ist deshalb nicht verwunderlich, daß alles getan wurde, um die Produktion zu steigern. Um Arbeitskräfte zu beschaffen, wurden in den höher gelegenen Regionen schon frühzeitig Finnen aus den schwedischen Ostgebieten angesiedelt. Gruben- und Hüttenarbeitern war es verboten, ihre Arbeitsplätze zu verlassen. Im ausgehenden Mittelalter wurden deutsche und belgische Bergarbeiter und Bergbaufachleute nach Schweden gerufen. Ihr Fachwissen, aber auch der Einsatz deutschen, besonders lübeckischen Kapitals, beschleunigte die Entwicklung dieser Industrie.

Die Eisengewinnung in Bergslagen hat eine rund 2000jährige Geschichte. Ursprünglich wurden nur Sumpferze verarbeitet. Später ging man dazu über, auf den Felsen große Feuer zu entfachen und dann kaltes Wasser auf das erhitzte Gestein zu gießen. Dabei zersprang der Fels und man konnte an das Erz gelangen. Schießpulver wurde erst ab der Mitte des 18. Jh. verwandt. Voraussetzung, daß sich hier die »Waffenschmiede« der schwedischen Großmachtzeit entwickeln konnte, waren große Wälder und reichlich Wasserkraft. Letztere war neben der Wasserhaltung auch notwendig, um die großdimensionierten Blasebälge zu betreiben, mit denen im 16. und 17. Jh. in den neu entwickelten Hochöfen die hohen Temperaturen erzeugt wurden.

Ein besonderes Problem war der große Holzbedarf. Auf dem Kontinent war Holz so knapp geworden, daß Hütten stillgelegt werden mußten. In Schweden war das Problem nicht anders. Schon frühzeitig versuchte man, drohenden Engpässen zu begegnen. Ältere Hütten mit hohem Holzverbrauch wurden vom Kgl. Bergkollegium geschlossen. Den eingewanderten Finnen, die neben ihrer Arbeit in den Gruben und Hütten noch Landwirtschaft betrieben, wurde die bislang von ihnen praktizierte, auf Brandrodung beruhende Schwendwirtschaft verboten.

Für den Transport von Erz und Eisen boten sich natürlich die Wasserwege an. Wo sie nicht ausgenutzt werden konnten, verlegte man den Transport vorwiegend auf den Winter, wenn man Schlitten einsetzen konnte. Die Wegeverhältnisse blieben lange Zeit schlecht. Schon im 18. Jh. versuchte man aber, die Wasserwege durch Kanalbauten zu verbessern. Der Strömholmskanal wurde z. B. 1792 fertiggestellt.

Die meisten Hütten sind inzwischen aufgegeben. Als Industriedenkmäler sind sie aber heute eine Sehenswürdigkeit. Die Herrenhöfe, oft mit einem als Standeszeichen dienenden eisernen Kamin, zeugen von einem beachtlichen Reichtum. Daneben liegen die alten Fabrikhallen, teilweise noch die alten Arbeiterhäuser.

Um Entwicklung, Lebens- und Arbeitsbedingungen in Bergslagen zu dokumentieren, haben sieben Gemeinden am 31. 5. 86 das »Ekomuseum« gegründet. Vorbild war das französische »Ecomusée« von Le Creusot-Montceau-Les-Mines. Die Anlagen befinden sich in den verschiedenen Gemeinden. Vier Hütten zeigen beispielsweise die Entwicklung der Eisengewinnung, in anderen Museen kann man Ausrüstungsgegenstände, Wasserräder, Hämmer oder auch Wohnungen von Arbeitern, Meistern und Besitzern besichtigen. Eine Übersichtskarte erhält man in den Turistbyrå der Gemeinden: Hallstahammar, Skinnskatteberg, Surahammar, Fagersta, Norberg, Smedjebacken und Ludvika oder im Västmanlands läns museum, Västerås (Slottet), sowie in Falun im Dalarnas museum (Stigaregatan 2–5).

E 18 (Oslo–Stockholm) Köping–Ängsö

Köping (20 000 Einw.), eine Industriestadt (u. a. Volvo-Getriebewerk), hat den am weitesten im Binnenland liegenden Hafen mit direkter Verbindung in die Ostsee. Die Stadt brannte 1889 ab. Das Zentrum entstand danach neu. In der Gamla stan (Altstadt) sind noch einige alte Häuser erhalten (vom Stora Torget durch die Östra Långgatan).

Im *Scheele parken* am Stora Torget steht ein von Carl Milles geschaffenes Denkmal für den Apotheker C. W. Scheele, der hier von 1775 bis zu seinem Tod lebte. Dahinter liegt die *Köpings Kyrka*, die ihr heutiges Aussehen 1703 durch Nicodemus Tessin d. J. erhielt (die Turmspitze erst 1734). Im Kircheninneren ist besonders der norddeutsche Altaraufsatz beachtenswert, in manieristischer Spätgotik zwischen 1510 und 1520 von Benedict Dreyer geschnitzt. Die Figur rechts der Maria stellt den hlg. Olof dar. Zu seinen Füßen der

besiegte, oder in einen Drachen verwandelte (?) heidnische Bruder Harald (siehe auch Uppsala, Dom, S. 356).
In dem im »Gammelgården« eingerichteten Museum ist zur Erinnerung an C. W. Scheele eine *Museumsapotheke* eingerichtet, die in 5 Räumen Einrichtungen aus der Jahrhundertwende zeigt (Östra Långgatan 37; tgl. 13–16, Do 13–20; durch die Gamla stan zu erreichen).

Von Köping lohnt die Weiterfahrt nach Västeras über *Munktorp* (durch die Östanåsgatan, von der Torggatan abzweigend). Die sog. *Davidskirche*, wurde zwischen 1070 und 1100 gebaut. Die eigentliche Davidskirche ist der westliche Teil. Nach dem Vorbild von Sigtuna erhielt sie einen Ostturm. Der mittlere Teil wurde im 13. und der heutige Chor mit Apsis im 16. Jh. angebaut. Im Inneren ist am vordersten südlichen Pfeiler noch der alte Ambo, der Vorgänger unserer Kanzel, zu sehen. Daneben hängt im Seitenschiff über dem bronzenen Taufstein von 1360 der mittlere Teil eines Altarretabels aus dem beginnenden 15. Jh., beides Lübecker Arbeiten. Die fehlenden Flügel befinden sich im Museum von Västerås. Der Altar stammt, wie auch die Kanzel, aus dem 18. Jh. Im südlichen Eingang ist eine kleine Kammer mit einem Eisengitter davor, in der Missetäter während des Gottesdienstes sitzen mußten. Der Eisenbeschlag der Eingangstür ist aus dem 14. Jh erhalten. Man vermutet in der Schmiedearbeit einen verschlüsselten Sinnspruch, doch konnte er bislang nicht enträtselt werden. Der Schlüsselbart weist ein Kreuz auf.

Von Munktorp Richtung Västerås ist die Abzweigung nach *Strömsholm* und dort die Einfahrt »slottet« angezeigt. Der erste Bau von 1550 erhielt um 1670 von Nicodemus Tessin d. Ä. sein heutiges Aussehen, eine typisch karolinische Anlage. Die Einrichtung stammt teils aus dem ausgehenden 17., meist vom Ende des 18 Jh. (so z. B. die gustavianische Wandmalerei im chinesischen oder Speisesaal von Lars Bolander 1774). Im Schloß befindet sich die größte Sammlung von Gemälden David Klöcker Ehrenstrahls, größtenteils Pferde- und andere Tierbilder. Im Obergeschoß hatte Nicodemus Tessin eine vom italienischen Barock inspirierte kreisrunde Kapelle geschaffen, die Carl Hårleman 1740 einrichtete. Die Orgel von 1740 ist heute noch in Gebrauch.

Von Strömsholm Richtung Eskilstuna zweigt nach links die Straße nach *Tidö slott* ab. Gegenüber der Abzweigung liegt ein Gräberfeld mit 200 Gräbern, meist Steinsetzungen aus der Völkerwanderungszeit (400–500 n. Chr.). Einige Gräber sind noch aus der Bronzezeit (1500–500 n. Chr.), andere jüngeren Datums (bis 1050 n. Chr.). Es ist eines der größten Grabfelder Västmanlands. Die Zufahrt zu Schloß Tidö ist angezeigt. Reichskanzler Axel Oxenstierna ließ es 1625 von Simon de la Vallée in französisch-holländischem

Renaissancestil bauen. Seine Wirkung beruht auf der strengen Architektur einer zu dieser Zeit einsetzenden klassizistischen Strömung. Die Mittelachse vom Außenportal zu der Doppeltreppe des Haupthauses mit dem besonders reich verzierten Portal ist stark betont. Die Ausschmückung der Portale in nordeuropäischem Manierismus wurde nach Plänen de la Vallées von Heinrich Blume vorgenommen. Einige Räume aus der Zeit Axel Oxenstiernas sind mit Mobiliar erhalten. Besondere Erwähnung verdienen die Prachttüren mit Holzschnitzereien und Intarsien, zu denen es in Schweden kaum ein Gegenstück gibt. Außerdem ist in dem Schloß noch ein Spielzeugmuseum mit rund 30 000 Objekten untergebracht (1.6.–31.8. Di–So 12–17; Mai und Sept. Sa–So 12–17).
Am Weg nach Tidö liegt auch eine Fluchtburg, deren genaues Alter nicht bekannt ist, die aber sicher in die Eisenzeit (500 v. Chr.–1050 n. Chr.) datiert werden kann. Auffällig ist die komplizierte Anlage mit drei Ringwällen und besonderen Wällen vor den Eingängen.

Västerås

Västerås, (knapp 118 000 Einw. in der gesamten Gemeinde), Provinzhauptstadt, wurde schon 1120 als Bischofssitz erwähnt. Es war die Stadt »westlich der Flußmündung« (Västra Aros). Im Mittelalter war sie ein wichtiger Umschlagplatz für die aus Bergslagen kommenden Produkte. Heute ist Västerås eine bedeutende Industriestadt, in der vor allem Elektro- und Metallindustrie zu Hause sind. Sie besitzt außerdem Schwedens größten Binnenhafen, der durch den Mälaren mit der Ostsee verbunden ist.
Wahrzeichen der Stadt ist das 1959 von Sven Ahlbom entworfene *Stadshus*. In seinem 65 m hohen Turm befindet sich das größte Glockenspiel Skandinaviens mit 47 Glocken. Daneben liegt das *Alte Rathaus* von 1857, heute Kunstmuseum. Auf der anderen Seite des Flüßchens Svartån liegt das *Schloß* von Västerås. Die im 13. Jh. begonnene Verteidigungsanlage gehörte zu den bekanntesten Vasaburgen Schwedens. 1623 verlegte Gustav II. Adolf seine Hofhaltung hierher, als in Stockholm die Pest ausbrach. Sein heutiges Aussehen erhielt das Schloß bei einem Umbau Mitte des 18. Jh. Es ist jetzt Dienstsitz des Regierungspräsidenten und beherbergt das Landesmuseum von Västmanland, das vor allem die Kulturgeschichte der Landschaft zeigt (Fiskartorget 2; Di–Sa 11–16, So 12–16, Do bis 19). Nördlich des Doms bilden alte Häuser aus dem 17. und 18. Jh. eine Kleinstadtidylle (*Kyrkbacken*), die einen Rundgang lohnt.

Västerås

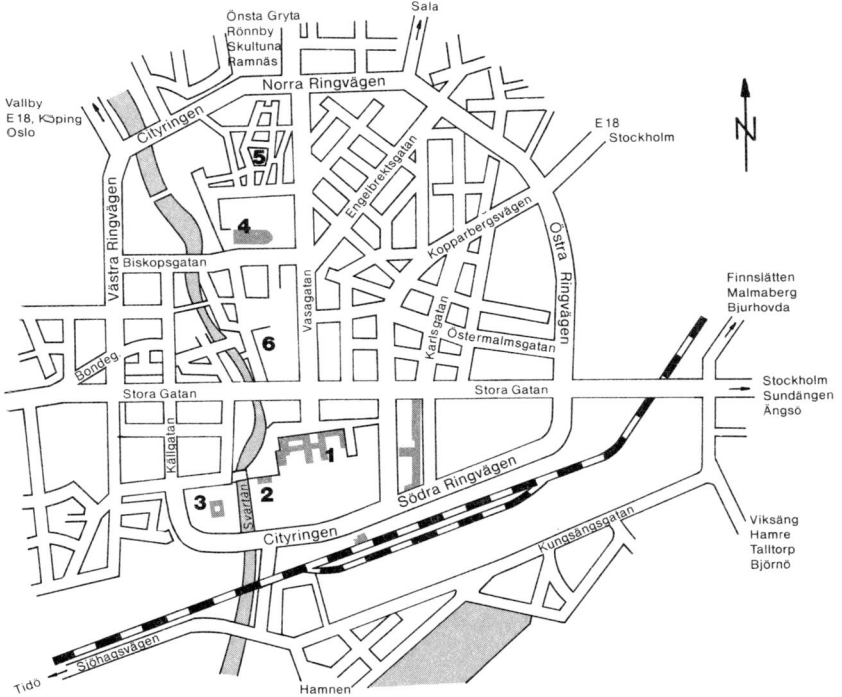

Västerås

1. Stadthaus
2. Altes Rathaus
3. Schloß (Landesmuseum)
4. Dom
5. Stadtteil Kyrkbacken
6. Fußgängerzone, Einkaufszentrum

Erwähnt werden muß in dieser modernen Stadt das Fernwärmewerk. Es ist eines der größten E-Werke Schwedens und versorgt so gut wie alle Haushalte der Stadt mit Wärme und Heißwasser. Der Wasserrücklauf wird ausgenutzt, die Innenstadt und wichtige Verkehrsstraßen im Winter schnee- und eisfrei zu halten (sofern es nicht extrem kalt ist). Auch die Industrie wird von hier mit Energie versorgt, so daß der für eine Industriestadt sonst übliche Schornsteinwald fehlt.

In der schwedischen Geschichte ist Västerås als die Stadt bekannt, in der 1527 der sogen. Reformationsreichstag stattfand, in der 1544 die Erbmonarchie für das Vasageschlecht bestätigt wurde, Erick XIV. eine Zeitlang gefangen saß und 1623 Bischof Johannes Rudbeckius das erste schwedische Gymnasium gründete.

Die *Domkirche* ist in verschiedenen Bauperioden entstanden. Eine erste Kirche war im 12. Jh. gebaut worden. Sie umfaßte den Raum zwischen dem 4. und 6. Pfeiler im Mittelschiff. In der zweiten Hälfte des 13. Jh. wurde diese einfache Feldsteinkirche in eine dreischiffige Backsteinbasilika mit Querhaus umgebaut. Es ist der älteste Teil der jetzigen Kirche, im Westteil an den Backsteinpfeilern erkennbar. Im 14. Jh. verlängerte man den Chor. Sowohl in diesem wie im folgenden Jahrhundert entstanden auf beiden Seiten Kapellenanbauten. Das 15. Jh. brachte eine erneute Erweiterung nach Osten, der gotische Umgangschor erhielt seine jetzige Größe und Form. Die Trennwände der Seitenkapellen wurden eingerissen, gleichzeitig die Seitenschiffsgewölbe erhöht, so daß nun eine fünfschiffige Hallenkirche entstand. In den Seitenschiffen kann man noch die niedrigeren Gewölbebögen erkennen. Im Westen wurden eine Vorhalle und ein Turm gebaut. Seine Spitze wurde mehrmals zerstört. Die jetzige gestaltete Nicodemus Tessin d. J. 1694 in Form eines Obelisks. Der Turm ist 102 m hoch.

Bei der letzten Renovierung 1958/61 war man bemüht, die Baugeschichte deutlich werden zu lassen. Der ältere, spätromanische Teil im Westen wurde durch gedämpftes Licht von dem helleren, spätgotischen Teil abgesetzt. Neben dem Westportal steht die 1923 von Carl Milles geschaffene Statue des Bischofs Johannes Rudbeckius.

1 Ältester Altaraufsatz der Kirche, 1475 in Lübeck entstanden.
2 Lübecker Altaraufsatz vom Ende des 15. Jh.
3 Die Orgelempore wurde 1896/98 aufgemauert, die Orgel selbst 1898 aufgebaut.
4 Kleine Taufkapelle von 1622, im Renaissancestil, reich geschnitzt, mit Deckel und Aufzug.
5 Taufkapelle; der Bronzetaufkessel war 1391 in Lübeck bestellt, fiel aber auf dem Transport wahrscheinlich Seeräubern in die Hände und blieb verloren. Erst 1950 wurde er in Burg auf Fehmarn entdeckt. Wie er dorthin gelangt war, blieb ungeklärt. Der hier stehende Kessel ist nun ein Abguß des auf Fehmarn stehenden.
6 Marienaltar in der Taufkapelle, eine Antwerpener Arbeit aus dem frühen 16. Jh. Die Bilder auf den Flügeln erinnern stark an Dirk Bouts (gest. aber schon 1475).
7 Triumpfkruzifix; eine schwedische Arbeit aus dem frühen 14. Jh. Hier war früher die Chorschranke der Kirche des 13. Jh.

Västerås

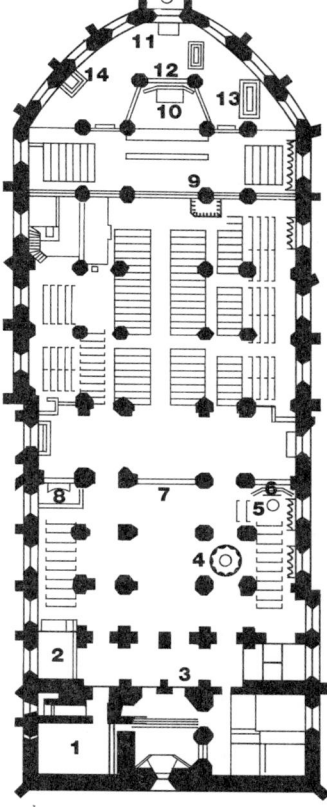

Domkirche Västerås

1 Altaraufsatz von 1475
2 Altaraufsatz Ende des 15. Jahrhunderts
3 Orgelempore
4 kleine Taufkapelle von 1622
5 Taufkapelle mit Bronzetaufkessel
6 Marienaltar
7 Triumphkruzifix, frühes 14. Jahrhundert
8 Apostelkapelle mit Altar aus dem frühen 16. Jahrhundert
9 Kanzel von 1960
10 Hochaltar von 1515
11 Veronikaaltar von 1514
12 Leuchter
13 Grabmal Eriks XIV.
14 Grabmal für Magnus Brahe von 1637/38

8 Apostelkapelle; der barocke Brüsseler Passionsaltar aus dem frühen 16. Jh. wurde in der Werkstatt Jan Bormans geschnitzt. Die Malerei auf den Flügeln stammt von Jan van Coninxloo. Die drei modernen Fenster schuf Randi Fisher 1959/61.
9 Die Kanzel aus glasierten keramischen Steinen wurde 1960 in Gustavsberg angefertigt. Darüber hängt ein silbernes, in Paris gefertigtes Kruzifix aus dem 14. Jh., eine der schönsten Silberarbeiten aus dieser Zeit in Schweden.
10 Bei dem reich geschnitzten Hochaltar handelt es sich um einen doppelten Wandelaltar, 1515 in Antwerpen angefertigt.

11 Veronikaaltar; eine bemalte und vergoldete Altartafel aus Stein, 1514 in Västerås entstanden; der Name bezieht sich auf das Schweißtuch der Veronika, am Sockel dargestellt.
12 Der größte Leuchter der Kirche, 3,2 m hoch, von 1681.
13 Grabmal Eriks XIV.; möglicherweise wurde er 1568 von seinem Bruder Johan III. vergiftet, was aber unbewiesen ist. Jedenfalls wurde er zunächst nur ganz bescheiden hier beigesetzt, und erst Gustav III. befahl, ihm ein würdiges Grabmal zu schaffen. Der aus Carraramamor gehauene Sarkophag wurde 1797 aufgestellt.
14 Grabmal für Magnus Brahe und seine Frau, aus schwarzem und weißem Marmor und Alabaster, 1637/41 von Jost Henne geschaffen; es wird als seine beste Arbeit bezeichnet.

Etwas außerhalb der Stadt (neben der E 18 Richtung Oslo) liegt das *Vallby friluftsmuseum* mit rund 40 Häusern aus verschiedenen Teilen Västmanlands. Die Häuser sind teilweise eingerichtet. Beachtenswert ist der hierher versetzte Herrenhof »Hallstahammars bruksherrgård« vom Anfang des 18. Jh.

Von Västerås auf der E 18 Richtung Stockholm fahrend kann man in Richtung Ängsö abzweigen. Von dieser Straße führt nach links eine Abzweigung nach Anundshög. Bei der nächsten Einmündung liegt links das Gräberfeld *Anundshögen*. Ein riesiger Grabhügel mit einem Durchmesser von ca. 60 m, gut 10 m hoch, soll das Grab eines Sagenkönigs sein. Ende des 14. Jh. wird er als Tingplatz erwähnt. Außer weiteren kleineren Hügeln und Steinsetzungen befinden sich dort fünf Schiffssetzungen und ein sehr schöner Runenstein aus der ersten Hälfte des 11. Jh. Das Alter der anderen Gräber ist bislang noch nicht durch archäologische Untersuchungen bestimmt worden. Man vermutet, daß sie aus der jüngeren Eisenzeit, zwischen 500 v. Chr. und 1050 n. Chr. stammen.

Man fährt zurück auf die Straße nach Enköping. Nach einigen Kilometern ist die Zufahrt nach *Ängsö* mit gleichnamigem Schloß und Kirche angezeigt. Das aus dem 15. Jh. stammende Schloß wurde in den 1740er Jahren von Carl Hårleman zu einem der interessantesten Rokokoschlössern der Mälarengegend umgebaut (sonn- und feiertags 12–17). Interessant ist auch die kleine Schloßkirche, ein gotischer Backsteinbau aus der Mitte des 14. Jh. 1744 wurde im Osten eine barocke Grabkapelle angebaut, die wie ein unnatürlicher Fremdkörper wirkt. Die Decken- und Wandmalerei ist wahrscheinlich kurz vor der Pestwelle von 1350 entstanden.

E 3 (Göteborg–Stockholm) Arboga

In *Arboga* (12 000 Einw.) wurde 1435 der erste schwedische Reichstag (mit der Ernennung Engelbrekts zum Reichsverweser) abgehalten. Heute ist es eine verträumte Kleinstadtidylle. Besonders in der Gegend um das Flüßchen Arbogaån ist die alte Bebauung mit Holzhäusern aus dem 18. und 19. Jh. erhalten geblieben. Das *Rathaus*, vordem Kirche, dann Herberge und Armenhaus, erhielt sein heutiges Aussehen im 18. Jh. Die im Zentrum liegende *Trefaldighetskyrkan* wurde um 1300 als Klosterkirche der Franziskaner gebaut. Besonders sehenswert ist die Kanzel in karolinischem Barock von Burchard Precht von 1736. Reste der Wandmalerei (an der Südseite) von 1440 sind noch erhalten, aber leider 1897 sehr hart restauriert worden. Die älteste Kirche Arbogas ist die *S:t Nicolaikyrkan* (am Centrumsleden). Die schlichte Feldsteinkirche entstand im 12. und 13. Jh. Der beeindruckende Doppelflügelaltar ist eine norddeutsche, wahrscheinlich Lübecker Arbeit aus dem frühen 16. Jh. Rechts vom Altar steht hinten an der Seitenwand eine Holzskulptur, Gottvater mit dem toten Jesus, aus dem 15. Jh., teilweise noch mit der alten Bemalung. In der südwestlichen Ecke befindet sich die frühere Chorschranke, an der das Dekor aus dem 17. Jh. noch gut erhalten ist. Die Kanzel ist von 1788, der elfseitige Taufstein in der Taufkapelle stammt aus dem Mittelalter.

Straße 67 – Richtung Dalarna

Von Västerås Richtung Dalarna fährt man über die Straße 67 nach Sala, wo man auf die von Enköping kommende Straße 70 trifft, die dann über Borlänge zum Siljansee führt. In der Grubenstadt *Sala* (11 000 Einw.) wurde im 16. Jh. das silberreichste Gestein der Alten Welt gebrochen (ausgeschildert). Insgesamt lieferte die Grube 350 t Silber. Karl IX. nannte sie 1607 »das größte Kleinod des schwedischen Reiches«. Aber Johan III. bezeichnete sie auch als »Mörderhöhle«, als man nach 1560 Straf- und Kriegsgefangene dort arbeiten ließ. Seit 1512 besaß die Grube eine eigene Gerichtsbarkeit. Die Strafen waren hart: Auf Silberdiebstahl stand die Todesstrafe, ebenso auf jedes Verhalten, das zu Einstürzen führen konnte. Am Ende des 17. Jh. wurde die Todesstrafe durch Spießrutenlaufen ersetzt. 1734 trat an dessen Stelle das Auspeitschen, da sich nicht mehr genügend Arbeiter zum Prügeln bereitfanden. Auch andere Vergehen wurden mit der Prügelstrafe geahndet. Außerdem gab es »Strafarbeiten«, d. h. arbeiten mit Halseisen, Sitzen auf dem »hölzernen Pferd«, einem auf der Spitze stehenden Kantholz, oder Gefängnis.

Die Grube hatte andererseits aber auch eine eigene Armenkasse, die auch bei Todesfällen Hilfe leistete. Witwen erhielten einen halben Jahreslohn. Für die Begräbniskosten gab es eine Beihilfe. Die Mittel für die Kasse stammten zum Teil aus dem gewonnenen Silber, zum Teil wurden sie durch Einbehalten eines Teils des Lohnes aufgebracht. Für die Witwenversorgung mußten Neueingestellte ein halbes Jahr umsonst arbeiten.

Ab dem 17. Jh. wurde mehr Blei abgebaut, nachdem die Silbervorräte zur Neige gingen. Geringe Mengen wurden jedoch noch bis Mitte unseres Jahrhunderts gefördert. Seit 1962 ist die Grube stillgelegt. Die größte Tiefe hatte man im »Kung Karl XI. schakt« mit 318,5 m erreicht. Der neben der Rezeption liegende »Drottning Christinas schakt« ist 257 m tief. Von dem Gebäude nebenan, »Anfarten«, kann man unter Führung wahlweise auf eine 44 m oder 67 m tief liegende Sohle gelangen (auch deutschsprachige Führer, tgl. 10–17; die notwendigen Helme und Umhänge werden gestellt).

Insgesamt sind die verschiedenen Stollen etwa 20 km lang. Zahlreiche Reste der alten Grubenanlage sind auf dem Gelände noch zu sehen. In dem »Grubenhaus« aus dem 18. Jh., damals Sitz des Bergmeisters und seines Rates und Raum für die Morgenandachten der Bergleute, ist heute ein Grubenmuseum (Gruvmuseum) eingerichtet. Neben anderen Geräten ist dort im Schaukasten »Kontor« noch die Peitsche zu sehen, die zum Strafen benutzt wurde (15.5.–31.8. tgl. 10–17) .

Die alte Grubensiedlung *(Sala gruvby)* lag ca. 500 m südlich der Gruben. Es gab dort eine Kirche, ein Rathaus und mehrere Kneipen. 1530 mußten die Arbeiter auf königlichen Befehl in das heutige Sala umsiedeln. Funde aus dort gemachten Ausgrabungen sind im Grubenmuseum aufbewahrt.

Sehr schön ist die *Sala sockenkyrka*, auch »Sala landsförsamlingskyrka« genannt, die alte Landkirche von Sala (Richtung Saladamm, noch innerhalb des Ortes). Die Kirche wurde 1290 bis 1315 gebaut, das Waffenhaus auf der Südseite und die sog. neue Kirche an der Nordseite erst im 18. Jh. 1460 erhielt sie das Sterngewölbe, das Albert Pictor vor 1469 ausmalte. Es war die erste Arbeit Alberts, der dann zum wichtigsten Kirchenmaler der Mälarengegend um 1500 wurde. In der Kirche waren sowohl Wände wie Decken bemalt, doch ist die Ausmalung der Gewölbe besser erhalten. Die Bilder im westlichen Gewölbe scheinen flüchtiger gearbeitet zu sein als die Bilder z. B. an den vordersten Pilastern im mittleren Gewölbe. Hier zeigen die Figuren die für Albertus Pictor typischen sorgfältig modellierten und ausdrucksstarken Gesichter. Auch die an den Wänden sichtbaren Bilder weisen eine sorgfältige Behandlung der Einzelheiten auf. Interessant ist der Vergleich mit der Ausmalung des Chors. Hier war offenbar ein anderer Male am Werk, möglicherweise Peter, der Leiter einer Malerschule, die kurz nach 1450 tätig war. Dieser Maler Peter vertrat ein gotisch-höfisches Ideal. Albert war wahrscheinlich ein Schüler von ihm. Die Ausmalung im Chorgewölbe ist in ihrer Art feiner, »dünner«. Ob Albert einen Schüler Peters als Mitarbeiter hatte oder ob Peter vor ihm den Chor ausgemalt hat, ist indes nicht endgültig geklärt. Eine dritte Ausmalung ist in Resten noch zu sehen: unter dem mittleren und westlichen Gewölbebogen an der nördlichen Langhauswand sind noch Reste einer Ausmalung aus der späten Renaissance zu entdecken (imitierte Täfelung und pflanzliches Schlingwerk). Das Altarretabel ist eine Brüsseler Arbeit von etwa 1520. Der Taufstein stammt aus dem 13. Jh. Er ist aus gotländischem Sandstein gehauen und möglicherweise eine Arbeit Sigrafrs, von etwa 1200 oder früher. An der südöstlichen Ecke der Kirche ist ein Runenstein eingemauert, der zwischen 1025 und 1050 entstanden ist. Er zeigt, etwas schwer zu erkennen, da er nicht senkrecht steht, ein großes Tier auf vier Beinen mit langem Hals.

In der Norra Esplanaden 7 ist für den aus Sala stammenden Maler Ivan Aguéli (1869–1917) ein Museum eingerichtet, in dem neben seinen Werken auch Bilder seiner schwedischen Zeitgenossen gezeigt werden (Mi–So 12–16, Do auch 18–20, So 13–16).

Stockholms län

Die Provinz Stockholms län umfaßt den nördlichen Teil Södermanlands mit der Stadt Södertälje und den südlichen Teil Upplands einschließlich der Stadt Norrtälje. Mit 6488 qkm liegt Stockholms län, verglichen mit den anderen schwedischen Provinzen, hinsichtlich ihrer Größe an 16., mit 1 555 165 Einwohnern (1. 1. 84) aber an erster Stelle. Oft werden unterschiedliche Einwohnerzahlen genannt. Dies hängt mit der Einteilung der Provinz zusammen. Stockholms län ist in 25 Gemeinden aufgeteilt. Im Gebiet der Gemeinde Stockholm, dem eigentlichen inneren Stadtgebiet, leben 650 952 Menschen. Oft wird nun von Groß-Stockholm (Stor-Stockholm) gesprochen. Dieses Gebiet umfaßt die ganze Provinz mit Ausnahme der Gemeinden Södertälje (79 553 Einw.), Nynäshamn (20 237 Einw.) und Norrtälje (41 833 Einw.). Somit wohnen im Raum Groß-Stockholm 1 409 048 Menschen.

E 4 (Malmö–Stockholm)

Schloß Tullgarn lohnt einen Abstecher von der E 4 (über Abfahrt Vagnhärad nach Norden). Es erhielt sein heutiges klassizistisches Aussehen nach 1780. Vordem waren die Seitenflügel niedriger. Der großzügige Aufgang auf der Wasserseite wurde Mitte des 19. Jh. gebaut. Als Vorbild diente die Treppenanlage des Stockholmer Schlosses. Seit 1722 wohnten verschiedene Mitglieder des Königshauses hier. Lange Zeit war Tullgarn auch Sommerresidenz, zuletzt unter Gustav V. (1907–50). Die Inneneinrichtung aus dem Ende des 18. Jh., als Herzog Frederik Adolf, der Bruder Gustavs III. hier lebte, ist im gustavianischen Stil gehalten. Ein großer Teil ist erhalten und kann besichtigt werden (15. 5.–15. 9. tgl. 11–16, nur mit Führer zu jed. voll. Std.; bebilderter Katalog in deutsch).

E 3 (Göteborg–Stockholm)

Bei Södertälje trifft die E 3 auf die E 4 Richtung Stockholm. *Södertälje* ist eine der ältesten bekannten Siedlungen Schwedens. Sie wird schon 1070 erwähnt. Die Landhebungen schufen im Lauf der Jahrhunderte aus der ursprünglich hier gelegenen Durchfahrt von der Ostsee in den Mälaren eine Landenge, die seit 1806 mit verschiedenen Kanalbauten überwunden wurde. Heute ist Södertälje eine Industriestadt (Saab-Scania) mit einem Ausländeranteil von über 15%. Mehrere Stadtbrände, die Einäscherung der Stadt durch die Russen 1719 und die Bautätigkeit der letzten Jahrzehnte haben von der alten Bausubstanz fast nichts übriggelassen. Die Ragnhildskyrka am Stortorget geht zwar auf einen Bau aus dem 12. Jh. zurück, wurde aber später verschiedentlich umgebaut. Einige alte Häuser hat man bei der radikalen Stadtsanierung der 60er Jahre in einem Freilichtmuseum am Rand der Stadt zusammengetragen (vom Zentrum über die Jovisgatan, dann rechts bis Turingegatan, Täppgatan links, Blombackagatan rechts). Verschiedene Handwerker arbeiten heute dort.

Zu einem landschaftlich schönen Abstecher rund um den See *Bornsjö* nimmt man die Abfahrt Tumba und hält sich zweimal links. An der Straße liegt die aus Feldsteinen gebaute Kirche *Botkyrka kyrka*, 1167 geweiht. Man fährt an dem See Aspen entlang Richtung Vällinge. Gut 7 km hinter Botkyrka liegt Schloß *Sturehov*, eines der am besten erhaltenen Schlösser im gustavianischen Stil. Es wurde um 1780 von C. F. Adelcrantz entworfen. Die Seitengebäude stammen aus der karolinischen Zeit. Die Inneneinrichtung schuf J. E. Rehn. Besitzer des Schlosses war zu dieser Zeit der Finanzminister Gustavs III.,

Johan Liliencrantz. Er war zugleich Direktor der Fayencefabrik Marieberg (gegr. 1758). Von dort stammen die Kacheln zu den Mariebergskachelöfen, die eine besondere Sehenswürdigkeit bilden. Das Schloß dient jetzt der Stadt Stockholm zu Repräsentationszwecken (Besichtigung nur So 13–16).
Bei *Vällinge* liegt ein ehemaliger Herrenhof, der um 1800 sein Aussehen im gustavianischen Stil erhielt. Heute ist dort die Heimwehr untergebracht, eine staatliche, freiwillige Verteidigungsorganisation, die 1940 nach der deutschen Besetzung Dänemarks und Norwegens gebildet wurde.
Bei der Weiterfahrt Richtung Stockholm passiert man bei *Bergaholm/Skårby* ein Gräberfeld mit etwa 250 Grabhügeln aus der frühen Bronze- bis zur späten Wikingerzeit (1 500 v. Chr.–1 050 n. Chr.). Ein nahe der Straße stehender Runenstein stammt von etwa 1 000 n. Chr. Besonders auffallend ist der große Hügel »Skårbyröset«, der etwa 25 m im Durchmesser mißt und 3,5 m hoch ist. Er wurde in der Bronzezeit aufgehäuft.

Stockholm-Stadt

Allgemeines

Stockholm, Schwedens Hauptstadt, das »Venedig des Nordens«, liegt fast auf dem gleichen Breitengrad wie die Südspitze Grönlands. Trotzdem gibt es hier sehr schöne, warme Sommer mit bis zu 318 Sonnenscheinstunden im Monat. Die Winter können dafür recht schneereich sein. Mit 100 Schneetagen rechnet man im Durchschnitt.
Mit dem Schiff fährt man von der offenen Ostsee durch einen über 70 km breiten Schärengürtel mitten in das Herz der Stadt. Diese Inseln geben der Landschaft und der Stadt ein unverwechselbares Gesicht. Dichte Bebauung wechselt mit baumbestandenem Grün, Felsen und großen Wasserflächen. Allein die Innenstadt Stockholms liegt auf vierzehn Inseln. Zahlreiche Brücken gehören ebenso zum Bild wie die modernen Boote und die nostalgischen Dampfer, die zwischen den Inseln verkehren.
Soviel Wasser bringt natürlich eigene Probleme mit sich. Lange Zeit wurde seine Fähigkeit überschätzt, sich selber zu reinigen. Die Verschmutzung nahm zu, und schließlich war sogar Baden nicht mehr möglich. In den 70er

Jahren gelang es, den Schwierigkeiten Herr zu werden. Heute ist Baden wieder möglich, selbst in der Innenstadt gibt es Strandbäder.

Stockholm ist Residenz des Königs, Sitz von Regierung und Parlament, ein Zentrum des kulturellen und wirtschaftlichen Lebens. Glücklicherweise merkt man nicht viel davon, daß die Stadt in den Randgebieten auch bedeutende Industrien besitzt. Neben Werften gibt es Nahrungsmittel-, Papier-, Textil- und chemische Industrien. Als Fährhafen vermittelt Stockholm vor allem den Verkehr mit Finnland und den zu Finnland gehörenden Ålandsinseln. Ein geringerer Fährverkehr geht nach Gdansk (Danzig).

Die Hauptstadt ist natürlich ein kulturelles Zentrum. Neben verschiedenen Fachhochschulen und einer Technischen Hochschule ist 1960 im Stadtteil Freskati eine Universität aufgebaut worden. Sie war, nach Uppsala, Lund und Göteborg, die vierte in Schweden. Eine allgemeine Hochschule hatte schon seit 1878 in Stockholm bestanden. An der Universität sind rund 16 200 Studenten eingeschrieben. Knapp 5000 angehende Ingenieure studieren an der Technischen Hochschule. Der künstlerische Nachwuchs wird an sieben verschiedenen Hochschulen ausgebildet. Rund 1500 Lernende besuchen die Hochschule für Theater, das Dramatische Institut, die Musikhochschule usw. bis zur Tanzhochschule. Insgesamt zählen die 13 Hochschulen Stockholms über 33 600 Hörer.

Stockholm ist eine Theaterstadt. Es gibt mehr als 40 verschiedene Theater, von der Kgl. Oper und dem kurz »Dramaten« genannten Kgl. Dramatischen Theater bis hin zu freien Gruppen, denen in Schweden eine wesentlich höhere Bedeutung zukommt als in der Bundesrepublik. Natürlich haben auch das Schwedische Fernsehen und der Schwedische Rundfunk ihre Studios in Stockholm.

Eine beachtliche Förderung durch die Stadt erfahren moderne bildende Künstler. Seit 1963 vergibt ein eigens geschaffenes Amt, der »Kulturausschuß zur Ausschmückung öffentlicher Plätze«, Aufträge. 2 % der Bausumme öffentlicher Bauwerke stehen grundsätzlich zur Verfügung (sonst in Schweden nur 1 %). Zwei originelle Kunstwerke seien (stellvertretend) erwähnt: Am Nybroplan steckt ein Kanalarbeiter seinen Kopf aus einem Gully. Darüber eine Absperrungsbake mit der Aufschrift »Freizeitverwaltung«. Die Plastik wurde 1965 von K. G. Bejemark (geb. 1922) geschaffen. Im Winter wird ihr oft ein Schal um den Hals gelegt; ein Zeichen, daß die Figur »angekommen« ist. Ähnlich ergeht es der Figur des Dichters Nils Ferlin (1898–1961), einer Skulptur des gleichen Künstlers in der Vasagatan, schräg gegenüber der Klara Kyrka. Sie erhielt so oft eine Mütze aufgesetzt, daß man schließlich Bejemark beauftragte, eine im Sommer abschraubbare Mütze nachzuliefern.

International bekannt wurde die künstlerische Ausschmückung einer größeren Zahl moderner U-Bahnhöfe (Tunnelbana). Die Stockholmer U-Bahn

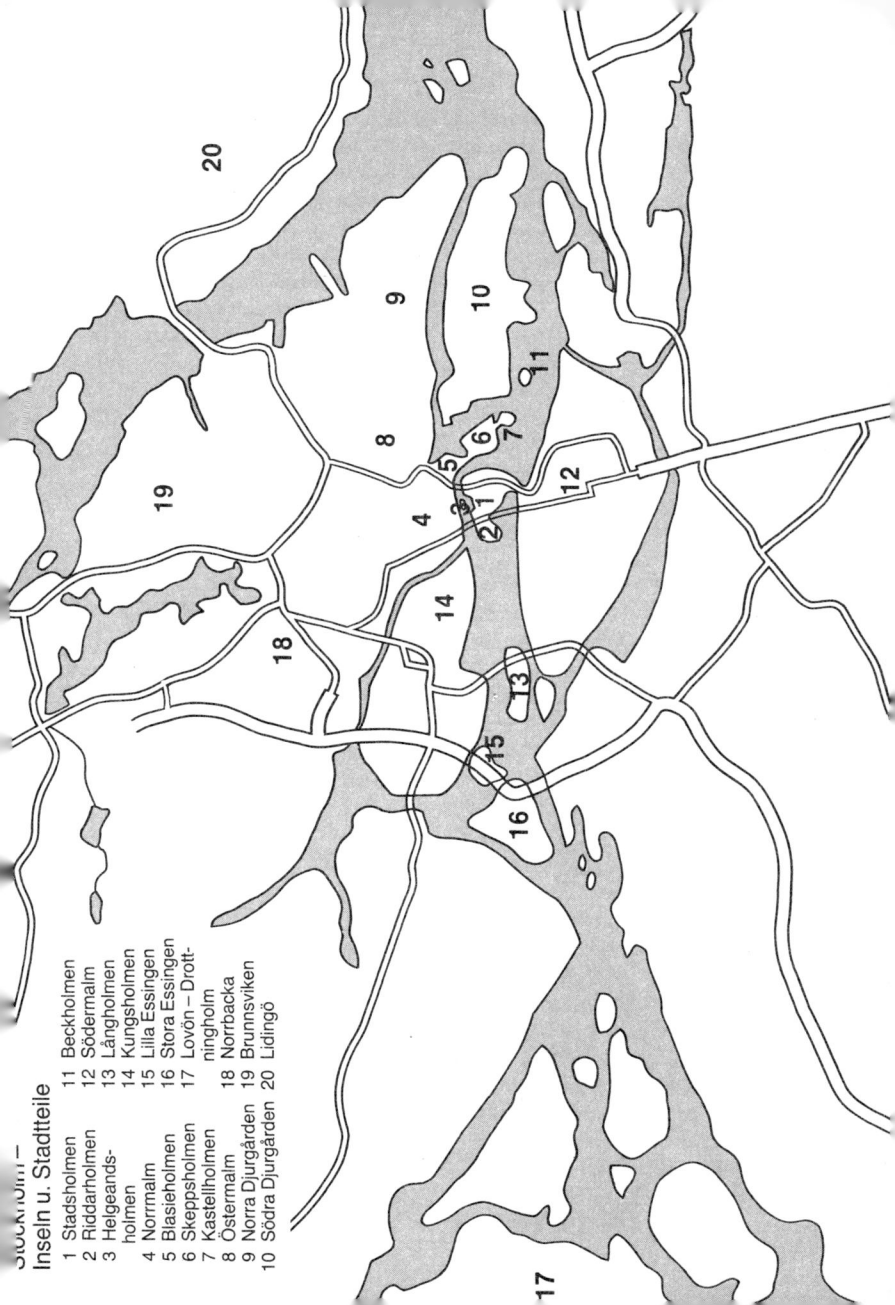

wurde seit 1941 in den Felsen gesprengt, was den neueren Bahnhöfen ein etwas grottenhaftes Aussehen gibt (die älteren sind langweilig gekachelt wie überall). 1956 begann man damit, neue Bahnhöfe von Künstlern ausgestalten zu lassen. Dabei brauchten sie sich nicht auf einzelne Objekte zu beschränken, sondern konnten vielmehr den ganzen Raum des Bahnhofs gestalten. Die Ausschmückungen sind teils dekorativ (z. B. die Stationen, »T-Centralen« mit floralen Motiven oder »Tekniska Högskolan« mit geometrischen Figuren), teils Auseinandersetzungen mit verschiedenen Problemen (z. B. Station »Östermalmstorg« mit der Darstellung des Einsatzes der Frauen für den Frieden).

Oft sind die Felsen mit Beton überzogen, doch so, daß die ursprüngliche Formation noch erkennbar ist. Diese Flächen wurden dann bemalt. Siri Derkert ritzte ihre Zeichen mit einem Sandstrahlgebläse in den Beton. In »Solna-Centrum« ist z. B. das Problem »Mensch–Umwelt« auf die Wände gemalt, aber auch mit ausgestellten Objekten behandelt. Der rote Himmel bildet dabei einen besonderen Kontrast zu der nicht zu übersehenden Naturzerstörung.

Zu empfehlen sind insbesondere die Strecken vom »Kungsträdgården« über »T-Centralen« nach »Hjulsta« (Linie 10) oder »Akalla« (Linie 11). Aber auch in Richtung »Mörby-Centrum« (Linie 15) und auf einigen anderen Bahnhöfen kann man solche Ausgestaltungen sehen.

Erstaunlicherweise sind die so ausgeschmückten Wände frei von aufgesprühten Parolen und sonstigen Sgraffitti.

Museen

Bei der Aufzählung Stockholmer Museen wird auf die im Text beschriebenen nur hingewiesen.
Architekturmuseum; einzigstes Museum Schwedens für die Entwicklung der Baukunst und -planung, vor allem des 19. und 20. Jh. Große Fotosammlung moderner schwedischer Architektur (Skeppsholmen, Mo–Fr 9–17).
Armeemuseum; Militärgeschichte von 1520 bis heute (Riddargatan 13, tgl. 11–16).
Biologiska Museet; siehe Djurgården, S. 331
Dansmuseet; Chorographie in Bildern und Video; Masken, Kostüme, Volkstanz (Laboratoriegatan 10, Febr.–Dez. Di–So 12–16).
Etnografiska museet; Sammlung außereuropäischer Kulturen, u. a. die Sammlungen Sven Hedins und Nordenskjölds (Djurgårdsbrunnsvägen 34, Di–Fr, 11–16, Sa–So 12–16).
Fotografiska museet; Entwicklung der Fotografie seit 1840, Beispiele künstle-

rischer und kommunikativer Fotografie (Skeppsholmen, Di–Fr 11–21, Sa–So 11–17).

Hallwylska museet; siehe Norrmalm, S. 327

Historika museet; wichtigstes Zentralmuseum früher und mittelalterlicher schwedischer Geschichte, kirchliche Kunst, Gold- und Silberschätze der Wikingerzeit usw. Dazu wechselnde Ausstellungen (Narvavägen 13–17, Di–So 11–16).

Kungliga Myntkabinett; im Historiska museet

Kgl. slottet; siehe Gamla stan, S. 303 ff. Darin: Reichssaal, Schatzkammer, Rüstkammer, Antikenkammer

Leksakmuseum (Spielzeugmuseum); eine der größten Sammlungen Europas (Marietorget 1, Di–Fr 10–16, Sa–So 12–16).

Marionettmuseet; internationale Theaterpuppen, Michael Meschkes Puppen (Fredsgatan 12, Mo–Fr 11–13, Sa–So 13–17).

Medelhavsmuseet; Funde aus dem Mittelmeerraum (Fredsgatan 2, Di 11–21, Do–So 11–16).

Medicinhistoriska museet; Entwicklung der medizinischen und pharmazeutischen Versorgung in Schweden (Åsögatan 146, Di–Do 13–16, jed. letzten So im Monat 11–16).

Moderna museet; schwedische und internationale moderne Kunst mit u. a. Picasso, Dali, Giacometti, Duchamp, Reutersvärd, Rauschenberg (Skeppsholmen, Di–Fr 11–21, Sa–So 11–17).

Musikmuseet; Instrumente und Noten der letzten 200 Jahre (Sibyllegatan 2, Di–So 11–16).

Nationalmuseum; siehe Norrmalm, S. 328

Naturhistoriska riksmuseet; Mineralien, Fossilien, Skelette schwed. und außereurop. Herkunft (Roslagsvägen 120, Mo–Sa 10–16, So 11–17; wegen Umbauten Änderungen möglich. Tel. Auskunft: 15 02 40).

Nordiska museet; siehe Djurgården, S. 305

Östasiatiska museet; Kunst und Kunsthandwerk aus China und Japan, eine der berühmtesten Sammlungen chinesischer Kunst (Skeppsholmen, Di 12–21, Mi–So 12–16).

Polismuseum; Sammlungen über altes und neues Polizeiwesen, (Polhemsgatan 30, nach tel. Anmeldung Mo–Fr 9–11 Tel. 7 69 30 00).

Postmuseum; einziges Museum Schwedens für Philatelie und Postgeschichte (Lilla Nygatan 6, Mo–Sa 12–15, So 12–16).

Rosendals slott; siehe Djurgården, S. 333

Sjöhistoriska museet; schwed. Seefahrtsgeschichte mit mehr als 100 Modellen in gleichem Maßstab (Djurgårdsbrunnsvägen 24, Mo–Fr 10–17).

Strindbergmuseet; letzte Wohnung Strindbergs mit authentischem Mobiliar (Drottninggatan 85, Di–Sa 10–16, So 12–17, Di auch 19–21).

Stockholms Stadsmuseum; Geschichte der Stadt, Pläne, Ansichten, Fotos (Peder Myndes backe 6, Juni–Aug Di–Do 11–19, Fr–Mo 11–17, Sept–Mai Di–Do 11–21, Fr–Mo 11– 17).
Tekniska museet; Technik- und Industriegeschichte, Bergwerkswesen, ein eigens angelegtes Bergwerk unter dem Museum (Museivägen 7, Mo–Fr 10–16, Sa–So 12–16).
Thielska galleriet; siehe Djurgården, S. 332
Waldemarsudde; siehe Djurgården, S. 332
Wasavarvet; siehe Djurgården, S. 331

Praktische Hinweise

Als *Informationsstelle* kann das »Sverigehuset«, das Schwedenhaus, an der Ecke Kungsträdgården/Hamngatan im Zentrum empfohlen werden (18. 6.–19. 8., Mo–Fr 8.30–18, Sa–So 8–17; sonst 9–17 bzw. 9–14). Das Tourist Centre im Erdgeschoß bietet zahlreiche Übersichtskarten und Informationsbroschüren. Es informiert über Verkehrsmöglichkeiten, Rundfahrten usw. Wer sich für Spezialfragen näher interessiert, sei auf die Bibliothek im ersten Stock verwiesen. Dort liegen u. a. kostenlose Informationsblätter (»Tatsachen über Schweden«) zu den verschiedensten, Schweden betreffenden Themen aus.
Ein Hinweis zum *Parkproblem:* Wie alle großen Städte hat auch Stockholm Parkprobleme. Vor vorschriftswidrigem Parken sei gewarnt. Die Zeiten, in denen Ausländern nur ein freundlicher Hinweis unter die Scheibe geklemmt wurde, sind vorbei. Parkhäuser sind verhältnismäßig teuer. Die meisten Ziele in der Innenstadt lassen sich aber bequem zu Fuß oder mit öffentlichen Verkehrsmitteln erreichen. Wer parkt, sollte beachten: Wegen der Straßenreinigung gibt es ein Wochen-Nachtsystem. An Straßenecken, Häusern und Parkuhren befinden sich Hinweise, wann dort nicht geparkt werden darf. Außerhalb der Innenstadt gilt das Datumsparken: An Tagen mit geradem Datum muß auf der Straßenseite mit geraden Hausnummern, an ungeraden Tagen umgekehrt geparkt werden.
Dem Besucher Stockholms ist der Kauf einer *Stockholmskarte* (»Stockholmskortet«) zu empfehlen. Mit ihm hat man freien Eintritt in allen Museen, Ausstellungen usw., kostenlose Fahrt auf allen Verkehrsmitteln in der Provinz Stockholm (U-Bahn, Bus, Vorortzüge) und kann kostenlos an Rundfahrten mit Boot und Bus teilnehmen. Gültigkeit: wahlweise 24, 48, 72 oder 96 Stunden, Preis: SKr 60.–, 100.–, 150.–, 200.– (Kinder von 6–17 die Hälfte). Die Karte wird ohne Gültigkeitsdatum ausgestellt. Ihre Laufzeit beginnt bei der ersten Benutzung. Ein Faltblatt gibt genaue Angaben über

ihre Verwendungsmöglichkeiten (Guide zur Stockholmskortet). Man kann sie im Sverigehus, im Hauptbahnhof, im Stadshus (Eingang-Toruistinform) und in den »Pressebyrån« genannten Kiosken kaufen. Alternativ gibt es an denselben Stellen die »Turistkort«, die lediglich kostenlose Fahrt auf allen Verkehrsmitteln in der ganzen Provinz Stockholm bietet. Sie ist entsprechend billiger, z. B. 72 Stunden SKr 58.–. Zur Übersicht über die Strecken sollte man sich eine »Linjekarta« geben lassen. Stockholm besitzt eines der längsten U-Bahnnetze der Welt. Es mißt 103 km und hat 94 Bahnhöfe, mit einem »T« bezeichnet (= Tunnelbana). Busse verkehren von der Innenstadt bis in alle Orte der Provinz. Dadurch hat Stockholm auch eines der längsten Liniennetze der Welt. Auf einigen Strecken in den Schären benutzt der Bus die Autofähren. Das dritte öffentliche Verkehrsmittel sind die sog. Lokalzüge. Busse und Lokalzüge sind mit »SL« bezeichnet (»Stockholms Lokaltrafik«).

Verschiedene Gesellschaften bieten *Rundfahrten* oder *Ausflüge* mit dem Schiff an. Bei den Rundfahrten kann man zwischen 1- und 2stündigen Fahrten auf verschiedenen Strecken im Bereich der Innenstadt wählen. 3stündige Kreuzfahrten führen in die Schärenwelt. Interessant sind auch die Linienfahrten. Einige Ziele sind nur mit dem Schiff erreichbar (z. B. Birka), bei anderen kann man Schiffsausflüge mit einer Bus- oder Bahnfahrt in der Gegenrichtung kombinieren (z. B. Vaxholm, Drottningholm). Auf einigen Strecken (z. B. Drottningholm) gilt die Stockholmskortet. Abgang der Rundfahrten: Klara Mälarstrand an der stadshusbron oder von Strömskajen (gegenüber dem Grand Hotel). Preise für die 2stündige Rundfahrt SKr 40.–, für die 1stündige Fahrt SKr 28.–. Die 3stündige Schärenkreuzfahrt kostet SKr 55.–, die Fahrt nach Drottningholm (ohne Stockholmskortet) SKr. 33.–. Reizvoll sind die Abendfahrten, die um 18.30 oder 19.00 Uhr beginnen und drei Stunden dauern. Restauration an Bord (Preise SKr. 40.– bis 100.–. Letztere Fahrt mit freiem Krabbenessen und Käseplatte, sog. »räkafton«). Informationen erhält man im Sverigehus, bei der Tourist Sightseeing AB, Skeppsbron 20 Tel: 24 04 70, wo man auch fragen kann, bei welcher Fahrt ein deutschsprachiger Führer dabei ist, oder für die Fahrten in den äußeren Schärengürtel bei der Waxholmsbolaget Tel: 14 08 30.

Über *wechselnde Veranstaltungen* in Stockholm kann man sich telefonisch bei »Miß Tourist« informieren, auf deutsch unter Tel: 22 18 50.

Wichtige Adressen

Arzt: Auskünfte unter Tel: 84 04 00; am besten geht man in ein Krankenhaus in die »akut-mottagning«. Allg. Arzt Tel: 44 92 00.

Notzahnarzt: Regeringsgatan 20, Tel: 20 06 17 (8–18); tel. Auskunft bis 19.30; keine Anmeldung).
Allgem. Notruf: 9 00 00.
Apotheke: C. W. Scheele, Klarabergsgatan 64, Tel: 24 82 80; rund um die Uhr geöffnet.
Hauptpostamt (huvudpostkontoret): Vasagatan 28–34, Mo–Fr 8–20, Sa 9–15 (übrige Postämter Mo–Fr, 9–18, Sa 10–13) Tel: 7 81 20 00.
Telefon und Telegramme: Telekontor Skeppsbron 2, Mo–Sa 8–24 und Hauptbahnhof (Centralstation) Mo–Fr 8–20, Sa 9–13, Tel: 10 09 39.
Fundbüro: im Hauptbahnhof in der unteren Etage (hittegods), Tel: 7 62 20 00; Polisens hittegods, Tjärhovgatan 21, Tel: 41 04 32; SL hittegods (Fundbüro der Verkehrsbetriebe) Rådmansgatan, Tunnelbanstation, Tel: 7 36 07 80; Waxholmbolaget (für Dampflinien der Waxholmbolaget) Nybrokajen 2 Tel: 14 09 60 Apparat (»anknytning«) 142.
Banken: im Stadtzentrum i. d. R. Mo–Fr 9.30–17.30; in den Außenbezirken nur bis 15.00 Uhr.

Geschichte

Die etwas versteckte Lage mit günstigen Wasserwegen ließ auf den Inseln schon früh Handelsplätze entstehen. Funde auf Helgö reichten bis in das 5. Jh. n. Chr. zurück. Ausgrabungen vor dem Reichstag bewiesen eine Stadtanlage um 1200. Schöner ist natürlich die Legende: 1187 drangen estnische Seeräuber in den Mälaren ein und brandschatzten Sigtuna (soweit historisch korrekt). Die verbliebenen Einwohner ließen nun einen Baumstamm den Mälaren entlang schwimmen. Wo er an Land gespült würde, da wollten sie wieder siedeln. Der Baumstamm sei an der Westseite der heutigen Insel Stadsholmen angeschwemmt worden. Nun bedeutet »holme« im Schwedischen soviel wie »kleine Insel« und »stock« bedeutet »Baumstamm«.

Als offizielles Gründungsdatum gilt das Jahr 1252, in dem der Reichsverweser Birger Jarl die Insel Stadsholmen zu seiner Residenz machte und befestigte. Die Grundmauern des heutigen Königlichen Schlosses gehen auf diese Zeit zurück. Die Burg, die damals gebaut wurde, erhielt den Namen »Tre Kronor« (Drei Kronen). Heute noch bilden diese drei Kronen das schwedische Staatswappen. Hinter den Palisadenmauern wurden zwei Straßen gezogen, die Västerlånggatan und die Österlånggatan. Das alte Straßennetz der Altstadt (*gamla stan* oder auch *staden mellan broarna* – die Stadt zwischen den Brücken) ist noch heute in großen Zügen unverändert. Schon in den folgenden Jahren dehnte sich die Stadt auf die benachbarten Inseln aus. Auf

Geschichte

Norrmalm und Södermalm entstanden kleine Siedlungen. Norrmalm war damals noch höher als heute. Die Eiszeit hatte diese Höhe, den heutigen Brunkeberg, als eine Ansammlung von Kies und Geröll übrig gelassen, im Gegensatz zu Södermalm, einem Berg aus Granit, der seine Form behalten hat. Die Steine von Norrmalm wurden zum Auffüllen von Buchten und seichten Stellen benutzt. So steht z. B. der Stockholmer Bahnhof auf einem ehemaligen See, die Birger Jarlsgatan verläuft über einem aufgefüllten Wasserlauf.

Mitte des 14. Jh. wurde ein neuer Mauerring vor der ersten Mauer, näher zum Wasser, gezogen.

Seit dem 13. Jh. wanderten immer mehr Deutsche zu. In erster Linie waren es hansische Kaufleute. Sie brachten die deutsche Form der Stadtverwaltung nach Schweden. Einwandernde Handwerker wiederum vermittelten das Zunftwesen. Erst 1471 wurde eine Bestimmung des Stockholmer Stadtgesetzes aufgehoben, nach der die Hälfte aller Stadträte Deutsche sein mußten. Durch die enge Verbindung der schwedischen Könige mit den deutschen Fürstenhäusern kamen auch zahlreiche deutsche Adlige nach Schweden. Weiter folgten Verwaltungsbeamte und Fachleute, insbesondere für den Bergbau. Die Folge waren wachsende Spannungen innerhalb der Bevölkerung, die sich 1389 in dem »Mord von Käpplinge« entluden: im Streit um die Königswürde zwischen Albrecht von Mecklenburg und Königin Margareta stellte sich der deutsche Bevölkerungsteil auf die Seite des »deutschen« Königs Albrecht; die deutschen Stadträte setzten die schwedischen gefangen und ließen sie umbringen – man ruderte sie auf die Nachbarinsel Blasieholmen (heute nur noch Halbinsel), schloß sie in einer Holzbude ein und steckte diese an. Nach 1471 wurden die Deutschen dann langsam »schwedisiert«.

Zu Beginn seiner Geschichte war Stockholm immer wieder umkämpft. Nach 1523, dem Einzug Gustav Vasas, ist die Stadt dann jedoch nie mehr belagert oder von Gegnern besetzt worden. Wie sie damals aussah, kann man auf dem berühmten »Nebensonnenbild« (Vädersolstavlan) in der Storkyrkan (siehe dort) sehen. Zu dieser Zeit dürfte die Einwohnerzahl etwa bei 10 000 gelegen haben.

Die nächste große Bauperiode Stockholms war das 17. Jh. Zwei Gründe waren maßgebend: einmal ein verheerender Brand im September 1625; einige Frauen waren über der Arbeit eingeschlafen, und das unbeaufsichtigte Feuer wurde von einem starken Westwind über die Stadt getrieben; zum anderen wollte Gustav II. Adolf Stockholm zu einer der Bedeutung der Großmacht Schweden entsprechenden Hauptstadt machen. Die alten Mauern wurden niedergerissen und eine neue Stadtanlage geplant. Hierbei entstanden die Straßen Stora und Lilla Nygatan (große und kleine Neustraße), mit den dazwischen liegenden Wohnblöcken. Auf der anderen Seite der Insel Stadsholmen wurde auf dem durch Landhebung und Aufschüttung gewonnenen Gelände die heutige Strandstraße Skeppsbron angelegt. Aufgrund der Planung auf Norrmalm und Södermalm mußten alle bis zu dieser Zeit dort gebauten Häuser abgerissen oder versetzt werden. Die Einwohnerzahl erreichte in der zweiten Hälfte des 17. Jh. schon rund 40 000.

1634 wurde zur Verbesserung der Durchfahrt von der Ostsee in den Mälaren eine Schleuse (= slussen) gebaut. Heute liegt über ihr ein in den Jahren nach 1930 erbauter Verkehrsknotenpunkt, seinerzeit ein vielbewundertes Verkehrsbauwerk mit dem Namen »Slussen«. Die erste Schleuse wurde unter Königin Christina (1632–54) von holländischen Ingenieuren erbaut. Mitte des 18., Mitte des 19. Jh. und zuletzt zwischen 1930 und 1940 wurde sie umgebaut.

Mit Hilfe der im Dreißigjährigen Krieg erbeuteten Schätze entstanden im 17. Jh. zahlreiche großzügige Bauten, von denen einige wenigstens teilweise noch heute erhalten sind (z. B. am Birger Jarls Torg – Riddarholmen die Häuser 4, 11, 13, 14, 16). Von den maßgebenden Architekten der Großmachtzeit sind besonders zwei Väter mit ihren Söhnen zu erwähnen. Mit dem aus Frankreich einwandernden Simon de la Vallée kam eine klassizistische Strömung nach Schweden. Er starb 1642. Sein Sohn Jean de la Vallée (1620–96) sowie Nicodemus Tessin d. Ä. (1615–81) und Nicodemus Tessin d. J. (1645–1728) schufen zahlreiche, heute noch erhaltene Großbauten, die stark vom Barockklassizismus geprägt sind.

Zu den Persönlichkeiten, die das Bild Stockholms der Nachwelt erhalten haben, gehört auch der Liederdichter und Sänger Carl Michael Bellman (1740–95). Zahlreiche Charaktere des Stockholmer Alltagslebens hat er in seinen Liedern beschrieben.

Das 19. Jh. brachte zunächst einen Stillstand der baulichen Entwicklung. Stockholm war eine ziemlich schmutzige Stadt. Man verglich Stockholm mit Konstantinopel, sowohl was Schönheit als auch was Schmutz betraf. Als Folge fehlender Kanalisation gab es in der Stadt zahlreiche Choleraepidemien. Eine ständige hohe Sterblichkeitsrate war die Folge mangelnder sanitärer Einrichtungen. Die sprunghafte Zunahme der Bevölkerungszahl durch Zuzug verschlimmerte das Problem. Die Einwohnerzahl stieg von etwa 75 000 auf 300 000, vor allem in der zweiten Jahrhunderthälfte. Die Mortalität lag um die Zeit nach 1860 in Schweden auf dem Land bei 22,4 Promille, in Stockholm dagegen bei 45. Dazu kam eine unbeschreibliche Wohnungsnot. In der Regel mußten sich 3 bis 4 Personen einen Raum teilen und 80 bis 90 % aller Wohnungen bestanden nur aus einem Raum mit Küche.

Der Verkehr zwischen den Inseln wurde, soweit keine Brücken da waren, von Ruderbooten bewältigt, die von stämmigen Frauen, den sog. »madammer« gerudert wurden.

Geschichte

Erst um die Jahrhundertmitte setzte eine neue Entwicklung ein. 1861 wurde mit der Verlegung von Wasserleitungen und Kanalisationen begonnen. Der Erfolg war eine sinkende Sterblichkeitsrate und eine Abnahme der Cholerafälle. Um 1900 war die Mortalität in Stockholm auf rund 19 Promille gesunken.
Die starke Zuwanderung vom Land erforderte den Bau neuer Stadtteile. Der Stockholmer Stadtplan zeigt, wie dabei sehr großzügige, breite Durchgangsstraßen entstanden, die heute die Hauptverkehrsströme aufnehmen. Neben Wohnbauten siedelten sich auch zahlreiche Fabrikbetriebe an, die erst nach 1920 in die neu entstehenden Fabrikviertel umzogen. Neben häßlichen Mietskasernen entstanden aber in der zweiten Hälfte des 19. Jh. auch zahlreiche repräsentative Gebäude, die heute das Stadtbild prägen, wie z. B. die Oper zwischen Gustav Adolfs Torg und Karl XII. Torg oder die großen Gebäude der Reichsbank und das Reichstagsgebäude auf Helgeandsholmen. Ursprünglich waren dort drei kleine Inselchen, die durch Zuschütten der Wasserrinnen vereinigt wurden. Mit dem Bau des Nordiska Museet auf der Insel Djurgården setzte nach 1890 eine spezielle Richtung in der schwedischen Architektur des beginnenden 20. Jh. ein, die Betonung eines schwedischen Nationalismus.
Zu den Repräsentationsbauten und den Mietskasernen kam noch die Entwicklung des Siedlungswesens und der Villenvororte, beides aus dem Bestreben, der Stadt zu entfliehen und ihr doch verbunden zu bleiben. Rund um Stockholm entstanden zahlreiche solcher Wohnviertel. Ab Ende der 20er Jahre des 20. Jh. wurden zahlreiche Brücken neugebaut. Mit dem Entstehen der Vororte wurde das Verkehrsproblem drängender. Neben Bussen und Straßenbahnen wurden U-Bahnen notwendig. Nach dem Entschluß von 1941 wurde bis Anfang der 70er Jahre die sog. »Tunnelbana« gebaut.
Im Verlauf dieser großen Planungen kam es auch zu einem Umbau des Brunkebergs. Heute liegen dort das »Kulturhaus« mit seiner Glasfassade und die zum Wahrzeichen gewordene Reihe der fünf Hochhäuser zwischen Sergelstorg und Hötorget.
Glücklicherweise kam die im 19. Jh. vorgeschlagene Radikal-Sanierung der Altstadt nicht zustande. Diese Pläne sahen einen völligen Abriß und Neubau vor, um der Überbevölkerung Herr zu werden. Zu Beginn des 20. Jh. entstand jedoch ein Gefühl für den historischen Wert dieses Stadtteils. Besonders der Maler Carl Larsson trat für Erhaltung ein. Heute stehen fast alle Häuser dort unter Denkmalschutz. Eine behutsame Sanierung hat das alte Äußere bewahrt und dabei doch solche Wohnungen geschaffen, daß heute die Altstadt zu den begehrtesten (und teuersten) Wohngebieten Stockholms zählt.

Altstadt

Zentrum Stockholms ist die »Stadt zwischen den Brücken« (staden mellan broarna), meist als »Altstadt« (Gamla stan) bekannt. Sie liegt auf der »Stadtinsel« (stadsholmen). Ihr wuchtiges und größtes Bauwerk ist das *Königliche Schloß*. Das erste Schloß brannte 1697 ab. Damals hatte man gerade den Nordflügel renoviert. Er blieb erhalten und ist somit heute der älteste Teil des Schlosses. Leitender Architekt des begonnenen Umbaus war Nicodemus Tessin d. J. (1654–1728). Nach dem Brand erhielt er sofort den Auftrag, einen Neubau zu planen. Mit diesem Architekten kam der römische Barockklassizismus in Schweden endgültig zum Durchbruch, allerdings mit einer gewissen Anpassung an die schwedischen Verhältnisse. Zwar behandelte Tessin d. J. die verschiedenen Stilelemente etwas eklektizistisch, doch gelang ihm eine ungemein einheitliche Wirkung und eine harmonische Ausgewogenheit der Baukörper. Im Ganzen ist das Schloß von außen eine ausgewogene Mischung von Spätrenaissance und Barockklassizismus. Nach seinem Tod übernahm sein Sohn Carl Gustav (1695– 1770) die Bauleitung, überließ aber einen großen Teil des weiteren Baus dem in der schwedischen Kunst- und Baugeschichte nicht weniger berühmten Carl Hårleman (1700–53). Vor allem war die Inneneinrichtung zu vollenden. Mit Hårleman und einigen anderen Architekten hielt die Formenwelt des Rokoko ihren Einzug in Schweden. 1754 konnte das Schloß wieder bezogen werden, doch erst 1770 war es endgültig, auch mit der Inneneinrichtung, fertiggestellt.
Trotz der einheitlichen Wirkung des gesamten Baus sind die Fassaden doch nicht alle völlig gleich. So ist die Nordfassade im ganzen schwerer gestaltet. Die beiden Löwen, die hier die Auffahrt flankieren, wurden 1704 von Bernard Foucquet gegossen. Die Grundmauern stammen noch von der Burganlage des 13. Jh. Der Balkon zeigt das Reichswappen.
Die östliche und die westliche Seite zeigen unterschiedliche Vorbauten. Auf der Südseite zur Skeppsbron sind der Fassade rechts und links zwei niedrigere Gebäude vorgelagert. Dazwischen befindet sich ein Garten. Die davor liegende großzügige Treppenanlage war für den feierlichen Empfang ausländischer Gäste vorgesehen. 1976 wurde die Treppe bei den Hochzeitsfeierlichkeiten von Carl XVI. Gustav noch einmal benutzt. An der Südseite erkennt man, welch schwierige architektonische Aufgabe durch den Höhenunterschied des Slottsbacken gestellt war. Anstelle einer Treppenlösung betonte Tessin d. J. den Mittelteil dieses Flügels, um so optisch die Aufmerksamkeit von der Steigung abzulenken. Das Portal wurde in einer an Triumphbogen erinnernden Art betont. Die Inschrift weist auf Karl XII. (1697–1718), den schwedischen »Heldenkönig« hin. Die plastische Ausschmückung schuf

Altstadt

René Chauveau. Die Plastiken in den Nischen, Arbeiten J. A. Wetterlunds, kamen allerdings erst 1900 dazu. Sie stellen berühmte Schweden dar. Auf dieser Seite des Schlosses liegen zwei wichtige Repräsentationsräume: der Reichssaal und die Schloßkirche.
Am Ende dieses Flügels stand die Storkyrka einer voll symmetrischen Anlage im Weg. Tessin kürzte deshalb den hier vorgelagerten niedrigeren Flügel und fand einen Ausgleich in dem Halbrund des äußeren Schloßhofes. Hier finden die Wachtparaden statt (Jan.–Mai Mi+Sa 12.10; So 13.10; Jun.–Aug. Mo–Fr 12.10; Sa 12–14; So 13.10; Sept.–Dez. Mi 12.10; So 13.10).
In den Medaillons der dahinter liegenden Westfassade sind die Könige von Gustav Vasa (1523–1560) bis Karl XI. (1672–1697) dargestellt.
Das Innere des Schlosses ist Residenz des Königs, dient Repräsentationszwecken und ist *Museum*. Da einige Räume bei besonderen Anlässen benutzt und gelegentlich in der Möblierung verändert werden, kann man von einem lebendigen Museum sprechen (Mai–Aug. Di–Sa 10–15; So 12–15; übrige Monate Di–So 12–15).

Insgesamt sind neun verschiedene Abteilungen zu sehen: Vom Eingang Westfassade aus gelangt man in die Bernadottewohnung, die Festwohnung und die Gästewohnung. Deutlich wird hier, wie sich beim Innenausbau Rokokoeinflüsse gegenüber der Außengestaltung durchgesetzt haben. Unter Gustav III. (1771–92) kamen noch Ausschmückungen im Gustavianischen Stil hinzu.
Vom Südeingang gelangt man in die *Schloßkirche* (Mai–Sept. Mo–So 12–15; Okt. Sa/So 12–15), die nach den Plänen Tessins d. J. von Hårleman bis 1751 ausgebaut wurde. Der ursprüngliche barocke Plan wurde dadurch in einen weicheren Rokokostil verwandelt. Allerdings kann man feststellen, daß dem schwedischen Rokoko die schwebende Leichtigkeit z. B. des süddeutschen Raums fehlt. Ein großer Teil der plastischen Ausschmückung stammt von Jacques-Philippe Bouchardon. An der Kanzel wirkte auch Adrién Masreliez mit. Plastiken und Malerei sind aus der Mitte des 18. Jh., die Bankeinrichtung stammt aus der alten Kirche im Nordflügel und ist von 1695/96. Die Deckenmalereien wurden von dem französischen Maler Guillaume-Thomas Taraval und seinem schwedischen Schüler Johan Pasch ausgeführt.
Auf der anderen Seite des repräsentativen Treppenaufgangs liegt als Pendant der *Reichssaal* (Mai–Sept. Mo–So 12–15; Okt. Sa–So 12–15). 1755 wurde er zum ersten Mal als Versammlungsraum der vier Reichsstände benutzt, doch erst nach 1840 waren alle Skulpturen fertig. Nach der Reichstagsreform von 1866 fand hier die jährliche feierliche Eröffnung des Reichstages statt, zum letzten Mal 1974. Der Entwurf zu diesem Saal stammt noch von Tessin d. J. Unter der Bauleitung von Hårleman trat zu dessen strengerer klassizistischen Form jedoch der Einfluß des Rokoko. Der silberne Thronsessel ist eine besondere Sehenswürdigkeit, da es nur noch wenige solcher Silbermöbel in

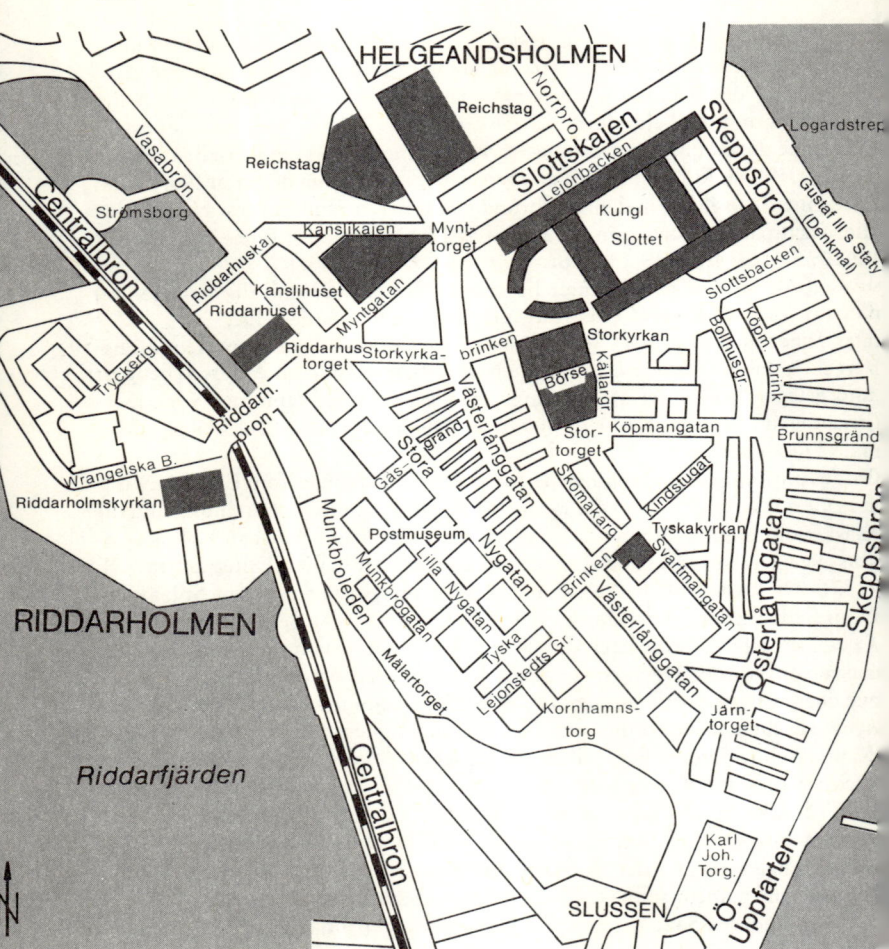

Stockholm – Altstadt

ganz Europa gibt. Er war ein Geschenk des Generalschatzmeisters und Generals Magnus de la Gardie an Königin Christina anläßlich ihrer Krönung 1650. Es handelt sich um ein Werk des Augsburgers Abraham Drentwett. Die beiden mächtigen Figuren rechts und links hinter dem Thron stellen die beiden in der schwedischen Geschichte besonders bedeutsamen Könige

Karl XII. Johan (1697–1718) und Gustav II. Adolf (1611–32) dar. Es sind Arbeiten des Bildhauers Johan Niclas Byström (1783–1848). Die Figuren an den Längswänden symbolisieren Krieg und Frieden, Ackerbau, Handel und Kunst, Stärke, Fruchtbarkeit und Religion.

Ebenfalls vom südlichen Eingang erreicht man die *Schatzkammer* (skattkammaren), in der die Reichskleinodien und andere Prunkgeräte aus dem ehemaligen Besitz der Königlichen Familien bewahrt werden (Mai–15. Sept. Mo–Sa 10–16; So 12–16; sonst Mo–Sa 11–15; So 12–16). Die älteste Krone ist die von 1561. Das Kellergewölbe stammt nicht von der ursprünglichen Burganlage, sondern von dem Schloßbau 1697/1707. Die Reichskleinodien werden heute nicht mehr verwendet. Das letzte Mal waren sie bei der feierlichen Reichstagseröffnung 1974 in Gebrauch. Dann wurde diese Zeremonie durch Reichstagsbeschluß abgeschafft.

Am Slottsbacken ist auch der Eingang zur *Rüstkammer* (Livsrustkammaren) (Di–Fr 10–16; Sa–So 11–16; Mai–Aug. auch Mo 10–16). Die Ausstellungsräume selbst befinden sich in den beiden niedrigen Flügeln auf der Ostseite. Gegründet wurde die Sammlung von Gustav Vasa (1523–60). Neben Prachtrüstungen, Waffen und Sätteln sind auch Kleidungen ausgestellt, die drei schwedische Könige bei ihrem gewaltsamen Tod trugen: das Hemd Gustav II. Adolfs von 1632, die Uniform Karls XII. von 1718 und das Maskenballkostüm Gustavs III. von 1792. Das älteste Stück des Museums ist ein 1540 in Deutschland gefertigter gekrönter Helm, der Gustav Vasa gehörte.

Auf der gegenüberliegenden Seite des Schlosses, der Nordseite, befinden sich unter der Lejonbacken (= Löwenhügel) genannten Auffahrt die Eingänge zum *Schloßmuseum* und zu der *Antikensammlung Gustav III.* (Gustav III.s Antikmuseum, beide Jun.–Aug. Mo–So 12–15). Das erstere enthält zahlreiche Gegenstände aus der Geschichte des alten Schlosses Tre Kronor. Die Mauern hier sind noch die des ersten Schlosses um 1260. Deutlich läßt sich in den Räumen verfolgen, wie die Fenster immer wieder weiter nach oben verlegt wurden. Der Grund lag darin, daß das Bodenniveau ständig höher stieg, nicht aufgrund geologischer Bedingungen, sondern weil man sämtliche Abfälle in den äußeren Burghof warf. Zahlreiche ausgestellte Gegenstände sind bei den Ausgrabungen dieses 7,5 m hohen Abfallhügels gefunden worden. Der Eingang zum Antikmuseum liegt an der östlichen Seite der Nordfassade. Es handelt sich wohl um das älteste öffentliche Museum nördlich der Alpen, denn es wurde schon 1794 der Allgemeinheit zugänglich gemacht. Die Sammlung wurde von Gustav III. angelegt.

Gegenüber der Südseite des Schlosses liegt die kleine *Finnische Kirche*, die 1653 zunächst als Ballhaus erbaut worden war, wie auch der ursprüngliche Name »Kleines Ballhaus« (Lilla bollhuset) besagt. 1725 kaufte es die finnische

Gemeinde und stattete es als Kirche aus. Die Einrichtung stammt durchweg aus dem 18. Jh. Der niedrigere Bauteil wurde 1707 angefügt.
Zwischen Schloß und Finnischer Kirche steht auf dem Slottsbacken ein von Luis Jean Desprez geschaffener Obelisk. Ein Gegenstück bildet das Denkmal Gustavs III., das heute wegen der verkehrsreichen Straße Skeppsbron etwas abseits am Wasser liegt. Es ist eine der besten Plastiken, die zu Beginn des 19. Jh. in Stockholm geschaffen wurden. Die Plastik ist ein Werk Johan Tobias Sergels (1740–1814).

Den oberen Abschluß des Slottsbacken bildet die *Storkyrka* (Große Kirche), auch Stockholms Domkyrka genannt. Vor der Ostwand eine Statue des schwedischen Reformators Olaus Petri (1493–1552), der von 1543 bis 1552 Pfarrer der Storkyrka war. Die Skulptur wurde 1858 von Theodor Lundberg gestaltet. Davor sind auf dem Boden mit Steinen die Umrisse markiert, die der ursprüngliche Chorabschluß der Kirche hatte. Diesen fünfeckigen Chorabschluß ließ Gustav Vasa in den 1540er Jahren abreißen, da er der Befestigungsanlage des Schlosses im Wege war. Auf der südlichen Seite der Kirche lag früher der Friedhof. Die Eingänge zu der jetzigen kleinen Anlage sind von Skulpturen geschmückt, die auf der östlichen Seite Vorsicht und Hoffnung vorstellen, 1702 von Daniel Kortz geschaffen, und auf der westlichen Seite Vernunft und göttliche Liebe symbolisieren, beide 1675 von Peter Schultz.
Die Kirche geht in ihren Ursprüngen in die Mitte des 13. Jh. zurück. Nach verschiedenen Umbauten wurde das Äußere der Kirche 1736/42 radikal verändert. Der damalige Stadtarchitekt Johan Eberhard Carlberg wollte die Kirche der Schloßarchitektur anpassen. Dabei beseitigte er die vorherigen gotischen Formen vollkommen, so daß die Kirche heute von außen eine römisch-barocke Stilrichtung zeigt, im Inneren aber spätgotisch geblieben ist. Auch die vordem spitze Turmhaube wurde durch einen barocken Aufbau ersetzt, wobei italienische Vorbilder maßgeblich gewesen sein dürften. Das eiserne neugotische Maßwerk der Fenster wurde anläßlich einer Renovierung der Kirche 1882 eingesetzt.
Beim Eingang in die Kirche passiert man zunächst das ehemalige Waffenhaus. Die Reliefs an den Wänden sind nach Motiven des Neuen Testaments gearbeitet und stammen, mit Ausnahme der Kreuztragung und der Frauen am Grab, aus der zweiten Hälfte des 16., die beiden genannten aus dem 19. Jh. Das heutige Aussehen der Kirche im Inneren entstand Ende des 15. Jh. Damals wurden die an den Seiten entstandenen Kapellen zu den jetzigen äußerer Seitenschiffen umgebaut und auch die heutigen Gewölbe geschaffen. Im wesentlichen ist das Kircheninnere seit dieser Zeit unverändert. Die Reformationszeit hatte nur den Wegfall der zahlreichen kleinen Altäre und des größten Teils des Bildschmuckes zur Folge.

Altstadt

Die Kanzel stammt von dem in Bremen geborenen und in Stockholm gestorbenen Burchard Precht (1651–1738), ein reich geschnitztes Barockkunstwerk mit französischem Einschlag, das ganz dem von Tessin d. J. vertretenen römischen Barock entspricht. Die Bemalung ist original (1953/54 restauriert). Hinter dem Gitter unter der Kanzel liegt das Grab des Reformators Olaus Petri. An dem breiteren Gurtbogen in Höhe der Kanzel kann man die ursprüngliche Länge der Kirche noch erkennen.
Am Mittelgang gegenüber, etwas weiter östlich, liegen die »Königsbänke«. Sie wurden von Tessin d. J. 1684 entworfen. An der Chortreppe steht ein mächtiger 3,7 m hoher siebenarmiger bronzener Leuchter, wahrscheinlich Ende des 15. Jh. in Norddeutschland gefertigt.
Eines der wertvollsten Barockstücke der Kirche ist der Silberaltar aus Ebenholz und gegossenem und getriebenem Silber von 1650. Bei dem Mittelteil handelt es sich um eine norddeutsche Arbeit, die Flügel stammen aus Schweden. Das Golgatharelief in der Mitte des Aufsatzes ist von Rubens Gemälde »Kreuzigung« in Antwerpen beeinflußt. Es ist ein Werk des Hamburger Goldschmieds Eustachius Erdmüller.
Im nördlichen Seitenschiff, links vom Altar, steht die berühmte Figurengruppe St. Georg mit dem Drachen von Bernt Notke. Die Gruppe mit dem im damaligen katholischen Schweden besonders verehrten Heiligen gehört zu den besten Plastiken des ausgehenden 15. Jh. und ist in Nordeuropa ohne ihresgleichen. Ihre Entstehung geht auf ein Gelübde des Reichsverwesers Sten Sture (1470–97) zurück. In den Kämpfen während der Unionszeit zwischen Dänen und Schweden kam es 1471 zur Schlacht am Brunkeberg (hinter dem heutigen »Kulturhuset« am Sergelstorg). Die Schweden sangen dabei ein Lied über den heiligen Georg, und Sten Sture gelobte, im Fall des Sieges einen Altar aufzustellen. Notke arbeitete unter Mitarbeit mehrerer Künstler sechs Jahre daran. 1489 wurde das Monument geweiht. Es ist aus Eichenholz geschnitzt und entsprechend dem damaligen Brauch bemalt. Unter einer Platte im Harnisch des Heiligen befindet sich eine Vertiefung, die zur Aufnahme von Reliquien bestimmt war. Die Gruppe ist 3,60 m hoch. Am Sockel sind an den Längsseiten Szenen aus der Georgslegende wiedergegeben. Die Schmalseiten zeigen die Wappenschilde Sten Stures und seiner Frau. Über der Rüstung liegt eine krustenartige Verzierung, die der Figur ein besonders feierliches Aussehen gibt. Um die Realität zu steigern, sind dem Drachen echte Elchgeweihe aufgesetzt, das Pferd besitzt echte Pferdehaare. Die Einmaligkeit dieses Kunstwerkes zeigt sich in der Spannung zwischen der göttlichen Welt und der dämonischen Unterwelt. Der Kampf mit dem Drachen wird im entscheidenden Augenblick des Sieges wiedergegeben, mit der ganzen Spannung und Dramatik des Kampfes. Unter dem Drachen sind die Reste seiner Mahlzeiten zu sehen sowie Drachenjunge, die ihre Köpfe aus

Grotten strecken. Zu der Gruppe gehört auch die gerettete Prinzessin mit dem Lamm daneben. Hier zeigen die Sockelreliefs Szenen aus der Geschichte des Drachenkampfes: St. Georg trifft auf den Drachen, der besiegte Drachen wird in die Stadt geführt, der König läßt zum Dank für die Errettung eine Kirche bauen und die Einwohner taufen. Die Sockel, auf denen die Figuren stehen, sind neueren Datums. Man weiß weder, wo die Gruppe ihren ursprünglichen Standort hatte, noch wie hoch die Originalsockel waren. Auch wird bezweifelt, daß die Prinzessin ursprünglich ihren Platz auf der Burg hatte.

Die hinter der Georgsgruppe stehende Glocke ist die 1493 zum ersten Mal gegossene, 1631 umgegossene sog. »Sonntagsglocke«, die 1919 gesprungen und seither unbrauchbar ist.

Von dem als »Vater der schwedischen Malerei« bezeichneten David Klöcker Ehrenstrahl (1628–98) hängen zwei schon wegen ihrer Größe auffallende Bilder in der Storkyrka. An der nördlichen Wand befindet sich das (10,70 m hohe, 7,40 m breite) Jüngste Gericht. Das Bild ist 1696 entstanden und war ursprünglich für die Schloßkirche bestimmt. Nach dem Schloßbrand wurde es zusammen mit dem auf der Südseite befindlichen Kreuzigungsbild in die Storkyrka gebracht. Beide Bilder zeigen sowohl Einflüsse von Rubens wie von Michelangelo. Ein anderes berühmtes Bild hängt links des südlichen Eingangs, das sog. »Nebensonnenbild« (Vädersolstavlan). Es ist auf Holz gemalt und zeigt eine Sternkonstellation vom 20. April 1535 und eine Ansicht Stockholms aus der Vogelperspektive. Das Bild wird Urban Målare zugeschrieben und zeigt Verwandtschaft mit der süddeutschen Malerei, wo man ähnliche Stadtbilder findet. Auf der anderen Seite des Eingangs befindet sich ein Bild von 1561, die »Bibelspruchtafel« mit Bibelsprüchen.

Ein interessantes Detail zeigt der zweite Pfeiler von Osten in der äußeren südlichen Reihe: auf der Nordseite des Sockels sieht man einen Aal, umgeben von zwei Löwen, dazu eine niederdeutsche Inschrift, die besagt, daß es starker Hände bedarf, um einen Aal zu fangen, und wer ihn verwahren wolle, dürfte nicht an Kisten und Säcken sparen. Diese eigenartige Inschrift und verschiedene stilistische Merkmale lassen vermuten, daß es sich um eine Arbeit des Adam van Düren handelt, der u. a. in Lund tätig war. Man vermutet, daß hier ein versteckter Hinweis vorliegt auf den Versuch Dänemarks, sich Schweden einzuverleiben, und daß »Säcke und Kisten« auf die im Zusammenhang mit diesen Streitigkeiten durchgeführten Befestigungsarbeiten König Christian II. (1513–23) auf dem Dachboden der Kirche hinweisen.

Am vordersten Pfeiler dieser Reihe hängt ein Kruzifix, das Bernt Notke zugeschrieben wird, also aus dem ausgehenden 15. Jh. stammt.

Die Ausmalungen in den Gewölben des südlichen Seitenschiffes lassen erkennen, daß hier einmal einzelne Kapellen lagen, bevor durch Einreißen der

Zwischenwände die Seitenschiffe entstanden. Die Malereien stammen aus dem 14. Jh.
Die Storkyrka war Schauplatz von Krönungen und königlichen Hochzeiten. Nachdem aber Christian II. 1520 wenige Tage vor dem Stockholmer Blutbad zum König von Schweden gekrönt worden war, ging das Gerücht um, daß Krönungen in der Storkyrka Unglück nach sich zögen. Als sich Karl XII. trotzdem dort krönen ließ und 1718 im Krieg fiel, schien sich das Gerücht zu bestätigen. Deshalb wurden vorwiegend nur die Königinnen hier in ihre Ämter eingesetzt, deren Glück man offenbar als unabhängig von dem genius loci ansah. Bis Oscar II. 1873 wurden dann aber doch wieder die schwedischen Monarchen hier gekrönt. Seit 1983 wird die feierliche Reichstagseröffnung in Gegenwart des Königs und der Königin, der Regierung, der Reichstagsmitglieder und Vertretern der Verwaltung und der Ministerien in der Storkyrka abgehalten. Sehr stimmungsvoll sind die häufigen musikalischen Veranstaltungen. Hinweise geben u. a. die Tageszeitungen oder auch der »Storkyrkoboden«, ein Verkaufslokal südlich vor der Kirche.

Die Altstadt ist historisch wie topographisch der eigentliche Stadtkern. Zahlreiche kleine Geschäfte und Kaffees beleben das Straßenbild. Nördlich des Westportals der Kirche liegt (Storkyrkobrink Nr. 2) ein stattlicher Palast. Er wurde um 1650 von Jean de la Vallée (1620–96) für den Reichskanzler Axel Oxenstierna (1583–1654) in römischem Barockklassizismus gebaut. Heute sind Behörden dort untergebracht. Geht man von der Storkyrka nach Süden, kommt man zu dem Stortorget, auf dem 1520 das »Stockholmer Blutbad« stattfand. Der Platz war schon im Mittelalter nicht nur Marktplatz, sondern auch Hinrichtungsstätte gewesen. Die Nordseite des Platzes wird von der 1768 bis 76 von Erik Palmstedt (1741–1803) erbauten *Börse* eingenommen. Hier zeigt sich schon, wie das Rokoko-Ideal von einer neuen klassizistischen Strömung verdrängt wurde. Tatsächlich brach nach dem Bau der Börse Palmstedt endgültig mit dem Rokoko und wandte sich (Zollhaus Skeppsbron Nr. 38, Theaterbau auf Gripsholm) ganz dem Neoklassizismus zu.
In der Börse ist u. a. die Schwedische Akademie untergebracht, deren besondere Aufgabe in der Pflege der schwedischen Sprache besteht. Hier werden auch die Nobelpreisträger für Literatur gewählt. Im Untergeschoß wickeln Makler und Banken ihre Börsengeschäfte ab. Links davon stehen besonders schöne Beispiele für die Bauweise der ersten Hälfte des 17. Jh. Beachtenswert ist das Portal von Nr. 20, das von einem führenden Steinmetz dieser Zeit, Johan Wendelstam, gehauen wurde. Der Brunnen auf dem Platz wurde von dem Architekten der Börse, Erik Palmstedt entworfen.
Eine Kanonenkugel in der Wand des Eckhauses zur Skomakergatan soll der Legende nach vom Brunkeberg aus auf Christian »Tyrann« (Unionskönig

Christian II. 1513–23) abgefeuert worden sein. Im Haus Nr. 5 ist in der Bäckerei eine sehr schöne, bemalte Holzbalkendecke aus der Zeit um 1640 zu sehen. Das Haus Nr. 3 erhielt seinen auffallenden Giebel und das schmiedeeiserne Tor 1718.

Zwischen Västerlånggatan und Österlånggatan

Zu einem kurzen Rundgang biegt man von der Börse in die *Köpmansgatan* ein. Unter diesem Namen wird die Gasse bereits 1323 erwähnt. Ihr heutiges Aussehen erhielt sie im wesentlichen im 18. und 19. Jh., doch stammen viele Mauern aus dem Mittelalter. Ein sehr interessantes Beispiel für eine frühe, geglückte Altstadtsanierung bietet der Hof hinter dem Haus Nr. 11, der sog. Hof des Häuserblocks *Cepheus*. Die Jahreszahl 1730 am Tor stammt von einem Umbau, das Haus gab es schon vor 1621. An dieses Datum erinnert das Wappen der geadelten Familie Rosenstielke, ein gepanzerter Arm mit Rosen und einer Lilie. So wie in den deutschen Altstädten vor dem Krieg waren auch hier die Hinterhöfe zugebaut und bildeten ein ungesundes Wohnklima für die dicht gedrängt wohnenden Menschen. 1936/37 begann man mit der Sanierung, indem die schlecht belüfteten Gebäude der Innenhöfe abgerissen wurden. Statt dessen schuf man Parkanlagen, die den Forderungen der Denkmalpflege ebenso wie der Notwendigkeit besserer Wohnbedingungen Rechnung trugen. Links steht ein sonst anspruchsloses Haus, dessen Ankerschließen die Jahreszahl 1598 bilden. Genauere Untersuchungen ergaben, daß bereits um 1500 hier Steinhäuser mit drei oder vier Stockwerken gestanden hatten. Schräg gegenüber ist ein Antiquitätenladen mit einer bemalten Holzdecke in Grisaillemanier von 1673 zu sehen. Das nach links abzweigende Gäßchen *Staffan Sasses gränd*, verlief früher einmal vor bis zum Slottsbacken. Einige Söhne Gustav Vasas sollen hier Häuser besessen haben, und das Gerücht will wissen, daß diese durch unterirdische Gänge mit dem Schloß Verbindung hatten und in den Häusern die jeweiligen Konkubinen wohnten. Der Eingang zum Haus Nr. 2 ist das sog. Rosenportal, wahrscheinlich von 1580. Es dürfte sich dabei um Teile eines abgerissenen Kamins handeln. Der Lorbeerkranz mit Trauben an der Türe rechts stammt aus dem 17., die Einfassung aus dem 18. Jh.

In der Köpmansgatan ist noch auf das Haus Nr. 2 hinzuweisen. Bei einem Umbau in den 30er Jahren entdeckte man, daß seine mittelalterlichen Mauern bis in das 3. Stockwerk reichten. Am unverputzten Teil der Fassade ist dies noch zu erkennen. Auf dem davor liegenden Köpmanstorg steht ein Abguß des St. Göran-Monuments aus der Storkyrka. Der Bronzeguß ist von 1912. Die von hier nach Süden verlaufende *Österlånggatan* war früher einmal ein

Uferpfad. Die Reste dieses Pfades liegen heute 3 m unter dem Straßenniveau. Die Straße verlief ursprünglich vor der alten, seit Beginn des 15. Jh. jedoch hinter der neuen Stadtmauer. Von der Köpmangatan nimmt man die zweite Gasse nach links, die *Själagårdsgatan*. Die Auskragungen der Häuser 1, 3 und 5 sind den vormaligen Fachwerkbauten entlehnt. An den Ankerschließen von Nr. 5 und dem Portalschmuck von Nr. 3 erkennt man, daß im 17. Jh. gründliche Umbauten stattfanden. Der etwas freiere Platz Brända tomten entstand als Wendeplatz für Fahrzeuge. An der Ecke der Själagårdsgatan/ Tyska Skolgränd ließen seit dem 16. Jh. deutsche Kaufleute ihre Kinder unterrichten. Das Privileg zur Einrichtung einer festen Schule erfolgte 1612. Bis 1888 bestand diese Schule im Haus Själagårdsgatan 8. Dann wurde sie geschlossen, später aber außerhalb der Altstadt wieder eröffnet. Das Haus wurde Ende des 19. Jh. umgebaut. Etwa 50 m weiter liegt der *Tyska Brunnplan*, der Deutsche Brunnenplatz, mit einem 1787 von Erik Palmstedt geschaffenen Brunnen im neuklassizistischen Stil. Der Platz war ein Wendeplatz für Pferdedroschken.

Das Haus Nr. 19 fällt durch seine Fenster im zweiten Stock auf. Hier hatte die jüdische Gemeinde in Stockholm seit 1790 ihre Synagoge, die kurz nach 1830 umgebaut wurde und dabei diese Fenster erhielt. Seit 1870 ist die Synagoge in der Wahrendorffsgatan. Von dem Tyska Brunnplan hält man sich links, die Svartmangatan bis zur Österlånggatan, dann rechts haltend passiert man das Häuserviertel *Venus*, in dem im Mittelalter ein Kloster lag. Nach der Reformation wurde es abgerissen. Der Reichsadmiral Gyllenhielm baute dann dort ein Wohnhaus, von dem noch Wappen und Portalschmuck zu sehen sind. In der Österlånggatan 51 befindet sich eines der ältesten und bekanntesten Gasthäuser Schwedens, der »Gyldene Freden«, eröffnet 1721, bekannt aus den Liedern Carl Michael Bellmans. Heute gehört es der Schwedischen Akademie. Einige Schritte weiter liegt der *Järntorget* (Eisenplatz), im 16. und 17. Jh. Umschlagplatz für Eisen und Kupfer. Die gußeiserne Pumpe auf dem Platz wurde 1829 aufgestellt.

1668 erfolgte die Gründung der Bank für die Reichsstände, die seit 1866 Schwedische Reichsbank heißt und somit die älteste Reichsbank der Welt ist. Für diese Bank baute Nicodemus Tessin d. Ä. 1680 ein Gebäude, heute allgemein als *Gamla Riksbanken* (alte Reichsbank) bekannt (Järntorget Nr. 84). Die streng gegliederte Fassade des wuchtigen Baukörpers mit schlichten Fensterumrahmungen zeigt, wie sich dieser Architekt (1615–81) in seinen späteren Werken stärker am Vorbild des italienischen Barockklassizismus orientierte. Einen Anbau in Richtung Skeppsbron entwarf 1734 Carl Hårleman. In diesem Bankgebäude arbeitete Carl Michael Bellman einige Jahre, bevor er sich 1763 von den Bankgeschäften freimachte. In der »Gamla Riksbanken« ist heute die ägyptische Abteilung des Mittelmeermuseums untergebracht.

Gegenüber, in Richtung Västerlånggatan, zweigt nach rechts das wohl schmalste Gäßchen der Altstadt ab, die *Mårten Trotzigs Gränd*. Sie ist stellenweise nur 90 cm breit und führt in die Prästgatan. Links im Haus Nr. 78 wurde der Maler Carl Larsson geboren. Eine Gedenktafel erinnert daran. Sehenswert ist die Rokokotür. Die Skulptur gegenüber »Pojke bestigande häst« (Junge, ein Pferd besteigend), stammt von Ivar Johnsson (1885–1970). Der Spielplatz auf der rechten Seite entstand bei einem Abbruch 1929.

Kurz darauf kommt man, rechts in den Tyska Brinken einbiegend, zur *Tyska S:ta Gertruds Kyrka*, meist einfach Tyska Kyrka genannt. Die jetzige zweischiffige Kirche entstand 1638/42 beim Umbau einer früheren Kapelle. Der Architekt, Hans Jakob Kristler (1592–1645), nahm Anregungen norddeutscher und baltischer (Riga) Kirchen auf und kombinierte Momente der niederländischen Renaissance mit solchen der Gotik. Ihr Äußeres ist seitdem im wesentlichen unverändert geblieben. Eine Ausnahme bildet der Turm, der nach einem Brand 1878 neu aufgebaut wurde. Die Gertrudsgemeinde ist die älteste deutsche Gemeinde im Ausland. 1571 erhielt sie ihre Privilegien von Johan III. (1568–92). Dieses Privilegium, innerhalb der schwedischen Staatskirche eine eigene Gemeinde zu bilden, wurde in den folgenden Jahrhunderten immer wieder erneuert. Auch durfte die Gemeinde eigene Priester aus Deutschland berufen. Die Ordnung des Gottesdienstes folgt den Riten der Schwedischen Kirche, die Sprache des Gottesdienstes ist aber Deutsch.
Betritt man die Kirche durch das südliche Portal, sieht man die handgeschlagenen Ziegel. Auf den anderen Seiten erfolgte 1878/87 eine Verkleidung mit maschinell gefertigten Steinen. Das Portal ist mit Figuren des Stockholmer Bildhauers Jost Henne (geb. 1644) geschmückt. Henne vertrat einen manieristisch beeinflußten Stil und war einer der stilbildenden Künstler Schwedens dieser Zeit. Die Tür selber stammt von 1768. Im Inneren fällt die barocke Einrichtung als Kontrast zu der spätgotischen Fassaden- und Fenstergestaltung auf. Es wird durch zwei ziemlich eng aneinandergerückte Sandsteinsäulen bestimmt. Dadurch erhält der Raum Intimität und Geborgenheit. Die Kanzel ist aus Ebenholz, die Apostelfiguren sind aus Alabaster. Der Künstler, der diese Kanzel schuf, ist unbekannt, man weiß nur, daß er aus Stralsund stammte. Die wertvolle Barockschnitzerei gehört zu den besten Schnitzereien dieser Zeit (1660) in ganz Europa und ist einzigartig in Schweden. Die polygonale Form, schwarz, die Seiten mit Figuren geschmückt, ist typisch für die Kanzeln des Ostseeraumes im 17. Jh. Auch der Künstler der die Kanzel tragenden Engelsfigur ist unbekannt.
Rechts neben der Kanzel befindet sich eine Königsempore, deren Zeichnung 1672 von Nicodemus Tessin d. Ä. (1615–81) stammt. Auffallend ist die Dachform, ein sog. schwedisches »Herrenhofdach«. Die Putti auf dem Dach sym-

bolisieren königliche Tugenden. Der kunstvoll geschnitzte Aufgang stammt von dem Holländer Nikolas Millich (geb. ca. 1630). Der verglaste Raum unter der Empore wurde erst 1878 als Sakristei eingerichtet. Der 1641 begonnene, 1659 fertiggestellte Altar wirkt neben der Königsloge etwas steif. Er ist eine Arbeit Markus Hebels aus Neumünster/Holstein, der in Schweden eine ganze Reihe von Altären schuf. Die Predella zeigt auf beiden Seiten in Medaillons die Bilder des Stiftereheepaares. Das Altarblatt kam 1743 hinzu. Der Knorpelstil der Predella ist, ebenfalls von Hebel stammend, auch an drei große Epitaphen an der nördlichen und westlichen Kirchenwand zu sehen. Die Engelsfiguren sind typisch holsteinisch. Bei den Epitaphen fällt die ovale Form auf. Diese kräftigen ovalen Formen finden sich sonst nicht in Schweden. In der südöstlichen Ecke der Kirche befindet sich die Taufkapelle. Als Taufaltar dient ein Auferstehungsepitaph aus der alten Kirche (um 1570). Der Sockel des Taufsteins stammt aus etwa der gleichen Zeit. Am Rand der Taufschale sind die Spendernamen eingraviert. Die Silberschale wurde um 1670 von dem Stockholmer Silberschmied Arvid Falk als vereinfachte Kopie einer aus Augsburg stammenden Schale gefertigt, die der Gemeinde St. Jacob gehört. Die beiden Armlehnstühle befanden sich früher im Schloß und sind ein Geschenk der Königin Viktoria. An der Ostwand stehen die sog. »Legationsbänke« mit einem alten Privileg für deutsches und holländisches Gesandtschaftspersonal. Sie stammen aus der Zeit um 1690. Ihr Band- und Blattwerk ist von französischem Geschmack beeinflußt.

Beachtenswert sind auch die Leuchter an den Säulen mit kleinen allegorischen Figuren und der vor der Kanzel hängende Leuchter, der im oberen Teil eine kleine, von acht Pfeilern umgebene Reiterstatue Gustav II. Adolf zeigt. Sie stammen aus der zweiten Hälfte des 17. Jh., ebenso wie die zahllosen Bilder an und unter der Empore sowie an den Wänden. Die Bilder behandeln einander entsprechende Themen aus dem Alten und Neuen Testament.

Die Fenster kamen Ende des 19. Jh. aus München und entsprechen in Farbe und Darstellungsweise dem Geschmack dieser Zeit.

Verläßt man die Kirche nach Norden, auf den Tyska Brinken, kann man an der Pforte zur Straße die deutsche Inschrift »Fürchtet Gott und ehret den König« lesen. Stil wie Inhalt deuten auf die letzte Jahrhundertwende. Von der Kirche nach rechts gehend gelangt man durch die Skomakargatan mit einigen hübschen Hausfassaden aus dem 17. Jh. auf der rechten Seite wieder zum Stortorget.

Gamla stan – Nordwestlicher Teil

Der Weg führt vom Stortorget durch die Gasse *Kåkbrinken*. Der Name »Kåk« (= Pranger) weist darauf hin, daß an dieser Ecke des Stortorget früher der Pranger stand. An der nächsten Kreuzung mit der Prästgatan ist im Haus Nr. 17 ein Runenstein eingemauert, der aber wahrscheinlich als Baumaterial von außerhalb hierher gelangte. Der Stein stammt aus der Mitte des 11. Jh. und besagt, daß »Torsten und Frögunn diesen Stein für ihren Sohn setzen ließen«. Die nächste Straße biegt man nach rechts ab. Die *Västerlånggatan* verlief – wie ihr Gegenstück Österlånggatan – ursprünglich vor der ersten Stadtmauer. Das Seeufer lag nur etwa 30 m weiter. Schon Ende des 14. Jh. aber war die Straße beidseitig bebaut und gepflastert. Die Modernisierungswelle Ende des 19. Jh. hat ihr den heutigen Charakter gegeben. Nach rund 100 m sieht man aber auf der rechten Seite doch ein Stück alter Architektur: am Haus Nr. 29 ist eine gotische Fensterreihe aus dem Ende des 14. Jh. freigelegt worden. Am Haus Nr. 27 ist vor allem das alte Portal interessant. Kurz danach biegt man nach links in die Stora Gråmunkegränd ein. Links fällt das rote Haus Nr. 5 mit Mauerwerk aus dem 14. und 15. Jh. auf. Sein heutiges Aussehen dürfte etwa dem entsprechen, das es nach seinem Umbau im 16. Jh. hatte. Nur die Fenster sind noch jünger. Das Haus besitzt Kassettendecken im Stil der Renaissance aus der Mitte des 16. Jh. Da der »Rat zum Schutz der Schönheit Stockholms« hier seinen Sitz hat, läßt er nachts die Räume beleuchten, so daß man von der parallel verlaufenden Gasse, der Helga Lekamens Gränd aus, die Decken sehen kann.

Auf der Stora Nygatan biegt man nach rechts ab. Diese Straße wurde mit den nach Westen abzweigenden rechtwinkligen Blocks nach dem Stadtbrand 1625 von Gustav II. Adolf angelegt. Von dem 1645 gebauten Haus Nr. 2 (links) sind das Portal und die Sterngewölbe des Hausflurs sehenswert. In diesem Haus wohnte (nach 1760) der ziemlich heruntergekommene Uhrmacher Fredmann, von dem Carl Michael Bellman in seinen Liedern singt.

Wenige Schritte weiter öffnet sich der *Riddarhustorget*. Noch um 1400 verlief die neue Stadtmauer schräg über diesen Platz. Dahinter war schon das Ufer. Landhebungen und Aufschüttungen verschoben die Uferlinie. Im 17. Jh. entstanden die repräsentativen Bauten der nördlichen Seite, das Riddarhuset und der Bondeska palatset. 1865 wurde auf diesem Platz die Verfassungsreform verkündet, durch die der Adel seine Vorrechte verlor. 73 Jahre vorher, im April 1792 erfolgte hier die öffentliche Auspeitschung des Mörders Gustavs III. vor seiner Hinrichtung. Nach rechts setzt sich der Platz in der *Myntgatan* fort. Zu beiden Seiten liegen Regierungsgebäude. Auf der rechten Seite das *Kanslihusannex*, in dem sich das Finanz- und Wirtschaftsministerium befinden. Für diesen Bau wurden in den 40er Jahren unseres Jahrhunderts entgegen lebhafter Proteste vier alte Häuserblocks abgerissen. Dem Architekten Arthur von Schmalensee gelang es aber, den Bruch mit den alten Häuservierteln der Umgebung nicht zu stark werden zu lassen. Die Fassaden zum Riddarhustorg und der Myntgatan sind neu, die rückwärtigen Fassaden zur Västerlånggatan sind jedoch noch die der alten, früher dort stehenden Häuser. Im Innenhof steht ein Brunnen mit einer Mädchenfigur (1962) von Ivar Johnsson (1885–1970), der ein klassisches Ideal anstrebte.

Auf der nördlichen Seite liegt das *Riddarhuset*, ein für die schwedische Großmachtzeit typischer Bau. Er entsprach dem Streben, der gewonnenen machtpolitischen Bedeutung äußeren Ausdruck zu verleihen. Das Riddarhuset entstand zwischen 1641 und 1674 nach Plänen des aus Frankreich eingewanderten Simon de la Vallée, der 1642 nach einem Streit über den Bau von Erik Oxenstierna auf dem Stortorget erstochen wurde. Hier wird deutlich, wie etwa ab 1640 eine klassizistische, strengere Richtung in der Architektur vordrang. Die mächtigen Pilaster kontrastieren ausgewogen mit der mit Trophäen und Festons geschmückten Sandsteinfassade. Auffallend ist die Dachform mit dem senkrechten Zwischenglied. Man bezeichnet sie als »säteritack«, d. h. Herrenhofdach. Es wurde eine typische Dachform der karolinischen Zeit. Die Inschrift im runden Feld des Risalitgiebels, »Palatium Ordinis Equestris«, gibt die Zweckbestimmung des Baus an, »Palast der Ritterschaft«. Hier versammelte sich der bis 1866 bestimmende Adel. Heute findet nur noch alle drei Jahre dort ein Treffen der Adelsgeschlechter statt. Den großen Ritterhaussaal schmücken die Wappen aller schwedischen Adelsfamilien. So wie sich in der Architektur dieser Zeit der Palladianismus entwickelte, trat auch in der Bildhauerkunst ein stärkerer klassizistischer Geist zutage. Die Figuren auf dem Dach von J. B. Dieussart zeugen davon.

Man kann Teile des Riddarhuset besichtigen (Jan.–Dez. Mo–So 11.30–12.30). Im Treppenhaus ist auf das Gemälde »Überquerung des Belt« hinzuweisen, das Gustav Cederström (1845–1933) 1912 malte. Die Szene geht auf die kriegsentscheidende Überquerung des Belts Ende Januar/Anfang Februar 1658 durch die schwedischen Truppen unter Karl X. Gustav zurück. Damit wurden die Friedensverhandlungen von Roskilde erzwungen, die zum endgültigen Gewinn der heutigen südschwedischen Provinzen führten. Erik Dahlberg (1625–1703), Militär, Ingenieur, Architekt, Zeichner gab mit seinem Befund, »das Eis trägt«, den Ausschlag zum Marsch über den zugefrorenen Belt. Die Decke des Ritterhaussaals wurde von einem anderen berühmten schwedischen Maler David Klöcker Ehrenstrahl (1628–98), ausgemalt. Vor dem Riddarhuset steht eine Bronzestatue Gustav Vasas. Sie war das erste öffentliche Denkmal Schwedens. Geschaffen wurde sie 1774 von Pierre Hu-

bert l'Archevêque (1721–78), während seines Stockholmer Aufenthalts zwischen 1755 und 1776 (auch die Statue Gustavs II. Adolf auf dem Gustav Adolf Torg ist von ihm).
Rechts neben dem Riddarhuset steht der *Bondeska palatset*. Graf Gustav Bonde versuchte als Reichsschatzmeister Karls X. Gustav, die durch die vorangegangenen Kriege verursachte schlechte Finanzlage des Staates durch erhöhte Sparsamkeit zu verbessern. Im Gegensatz zu seiner Sparsamkeit als Reichsschatzmeister steht der Palast, den er ab 1662 bauen ließ. Baumeister waren Jean de la Vallée und Nicodemus Tessin d. Ä. Die Anlage mit dem breiten Hauptgebäude und den vorgelagerten Flügeln erinnert an französische Vorbilder. Von 1713 bis 1915 war hier das Rathaus untergebracht. In diesem Zusammenhang sind einige Umbauten zu sehen, die um 1750 durch den damaligen Stadtarchitekten J. E. Carlberg vorgenommen wurden. 1949 wurde die Anlage restauriert und ist heute Sitz des Obersten schwedischen Gerichtshofes. Zwischen diesen beiden Gebäuden führt die Riddarshusgränd zum Riddarhuskajen. Die beiden Pavillons an der Rückseite des Riddarhuset stammen aus dem Jahr 1870, sind aber dem Charakter des Hauses hervorragend angepaßt. Zwischen ihnen steht die Statue Axel Oxenstiernas, des Kanzlers unter Gustav II. Adolf. Sie wurde 1890 von John Börjeson geschaffen.
Nach rechts weitergehend gelangt man in die Gasse zwischen Bondeska palatset und Kanslihuset (Rådhusgränd). Links kommt man über eine Treppe auf den Hof zwischen den Flügeln des *Kanslihuset*. Ein Fries mit Szenen aus der schwedischen Geschichte stammt von Stig Blomberg (1901–1970), der Lehrer an der Stockholmer Kunsthochschule war und eine klassisch akademische Linie vertrat. Das Kanslihuset entstand in seiner heutigen Form zu Beginn der 30er Jahre unseres Jahrhunderts. Es ist der Sitz der schwedischen Regierung. Interessant ist die kurze Seite des Gebäudes an dem Mynttorget; eine dorische Fassade, die auf Betreiben des kunstsinnigen Gustav III. (1771–92) dem damaligen Bau vorgesetzt wurde. Man erkennt, wie bei dem letzten Umbau die Säulen verlängert werden mußten. Die Reliefs hinter den Säulen stammen noch aus der Zeit Gustav III., während die Reliefs an der Seite, Hjalmar Branting mit Arbeitern und Engelbreckt mit Bauern, von dem Maler und Bildhauer Bror Hjort (1894–1968) 1936 gestaltet wurden. Branting war der herausragende Führer der schwedischen Sozialdemokratie bis 1928, Engelbreckt der Führer des Aufstandes von 1434 gegen die Dänen.
In dem dahinter liegenden Innenhof steht die Figur »Mutter und Kind« von Bror Marklund (geb. 1907), der lebensbejahend an die ägyptische Kunst anknüpfte, wobei er große expansive Formen mit sinnlicher Wärme zu verbinden suchte. Das Haus Nr. 4 an der gegenüberliegenden Seite des Platzes

erhielt sein Rokoko-Aussehen im wesentlichen bei einem Umbau 1760/70 durch Carl Fredrik Adelcrantz und Erik Palmstedt.
Überquert man den Mynttorget und geht am Schloß die Treppe herauf, erreicht man, an Schloß und Storkyrka vorbei, wieder den Stortorget.

Riddarholmen

Über eine Brücke neben dem Riddarhuset, die nicht nur den Riddarholmskanal, sondern auch die Stadtautobahn überquert, gelangt man auf die kleine Insel Riddarholmen. Ihre ersten Bewohner waren ab 1270 Franziskanermönche. 1527 mußten sie Kirche und Kloster verlassen. Danach bewohnten nur einige einfache Leute die Insel. Später wurde sie parzelliert, und Gustav II. Adolf und seine Tochter Christina (1632–54) verschenkten die Parzellen an Adelige, die sich, besonders im Krieg, Verdienste erworben hatten. Es entstanden große Paläste, und der Name Riddarholmen (= Ritterinsel) bürgerte sich ein. Nach dem Schloßbrand 1697 bewohnte die Königliche Familie das Wrangelsche Palais. Im Lauf der folgenden Zeit wurden immer mehr Behörden hierher verlegt. Auf dem Birger Jarls Torg steht das Denkmal des Gründers von Stockholm, Birger Jarl (gest. 1266), von Bengt Erland Fogelberg (1786–1854).

Linker Hand liegt die *Riddarholmskyrka*, die Grabkirche der schwedischen Könige seit Gustav II. Adolf (1634) (2. 5.–31. 8. Mo–Sa 10–15; So 13–15). Sie wurde etwa zwischen 1280 und 1310 für das Franziskanerkloster gebaut und war, typisch für die Bauweise der Franziskaner, zweischiffig und turmlos. Der Turm wurde erst in der zweiten Hälfte des 16. Jh. angebaut. Die Turmspitze ersetzte man 1838/41 nach einem Brand durch eine neugotische Spitze aus Gußeisen. Das Waffenhaus an der Nordseite gehört zu der ursprünglichen Kirche.

Die angebauten Grabkapellen stammen aus dem 17. und 18. Jh. An der Südseite der Kirche befand sich ursprünglich ein Kreuzgang. Mitte des 15. Jh. wurde die Seitenwand der Kirche auf dieser Seite aufgebrochen, und der ehemalige Kreuzgang wurde zum südlichen Seitenschiff. Hieraus erklärt sich der asymmetrische Grundriß der Kirche. Die Nischen in der jetzigen Südwand waren ursprünglich die Öffnungen des Kreuzgangs zum Hof. Beim Eintritt in die Kirche sieht man rechts noch eines der ursprünglichen Fenster der Südwand. Von den übrigen Fenstern, die bei dem Umbau des Kreuzgangs zum Seitenschiff wegfielen, sind noch die Spitzbögen erkennbar. Das Gewölbe der Kirche stammt von 1280/1310. Die Ausmalung der Gewölbe ist kunsthistorisch interessant. Im Chor wirkt sie etwas steifer und die vegetative Ornamentik etwas naturalistischer. Sie wird etwa auf 1290 datiert. Die Gewölbe des Mittelschiffs zeigen eine ähnliche Ornamentik, aber etwas aufgelöster. Sie ist vermutlich etwa 1310 entstanden. Die vergoldeten Rippen im Chor werden schon in der Erikschronik, der ältesten schwedischen Reimchronik, um 1320/30 erwähnt. Das nördliche Seitenschiffgewölbe zeigt eine andere Ornamentik, doch stammt sie aus der gleichen Zeit wie die des Mittelschiffs. Sonst sind nur sehr wenige Reste der ursprünglichen Ausmalung erhalten.

Im südlichen Seitenschiff wurden die Gewölbe des ehemaligen Kreuzgangs Mitte des 15. Jh. erhöht; aus dieser Zeit stammen die erhaltenen Malereien. Interessant ist, daß hinter dem zweiten nördlichen Pfeiler der Boden von dem nackten Fels der Insel gebildet wird.

Die Kirche ist eine reine Begräbniskirche. Zu Gottesdiensten wird sie, von gelegentlichen Andachten abgesehen, nicht mehr benutzt. Neben den Gräbern der Königlichen Familien liegen hier zahlreiche Gräber anderer Adeliger. Von den Gräbern und Epitaphen seien nur die kunsthistorisch wichtigen erwähnt. Die meisten Gräber befinden sich unter den Grabkapellen. Zu ihnen ist kein Zutritt möglich. Rechts von der Lewenhauptschen Kapelle befindet sich ein Epitaph für Johan Gabriel Oxenstierna von Heinrich Wilhelm, dem Mitbegründer des Manierismus in Schweden. Auffallend sind die beiden Grabmonumente im Chor vor der Apsis. Hier ruhen, noch aus der vorreformatorischen Zeit, zwei schwedische Könige, links Magnus Ladulås (gest. 1290), rechts Karl Knutsson (gest. 1422). Auf den Sarkophagen stehen lobende und preisende Inschriften. Der Sarkophag von Magnus Ladulås ist leer. Eine nähere Untersuchung ergab 1916, daß der König in einer gemauerten Kammer unter dem Sarkophag ruht. Die Wände der Kammer sind mit den gleichen Ziegeln wie die Kirchenwände von 1280 und offensichtlich auch zu dieser Zeit gemauert. Im Grab fanden sich die Reste von insgesamt sieben Personen. Man glaubt, zwei davon als den König und seine Gemahlin identifiziert zu haben. Bei den anderen Gebeinen muß es sich um Mitglieder der Königsfamilie handeln. Auch der Sarkophag Karl Knutssons wurde 1915/16 untersucht, wobei man die Leiche des Königs im Sarkophag vorfand. Er ist in einem Samtanzug begraben, offenbar mit Zobel verbrämt. Die Jacke war mit Seidenschnüren geschlossen, die durch Goldösen gezogen waren. An den Füßen trug er Schnabelschuhe. Als der König im Alter von 62 Jahren starb, hatte er noch sämtliche Zähne. Er war etwa 1,70 m groß. Über den beiden Sarkophagen hängt ein im 17. Jh. in Augsburg von Andreas Wickert d. Ä. gefertigter Silberleuchter. Der dahinter stehende Altar besitzt eine Mensa, dessen Deckplatte wahrscheinlich schon zur Zeit des Kirchenbaus als Altar diente. Vorn befindet sich an der Platte eine Vertiefung für Reliquien.

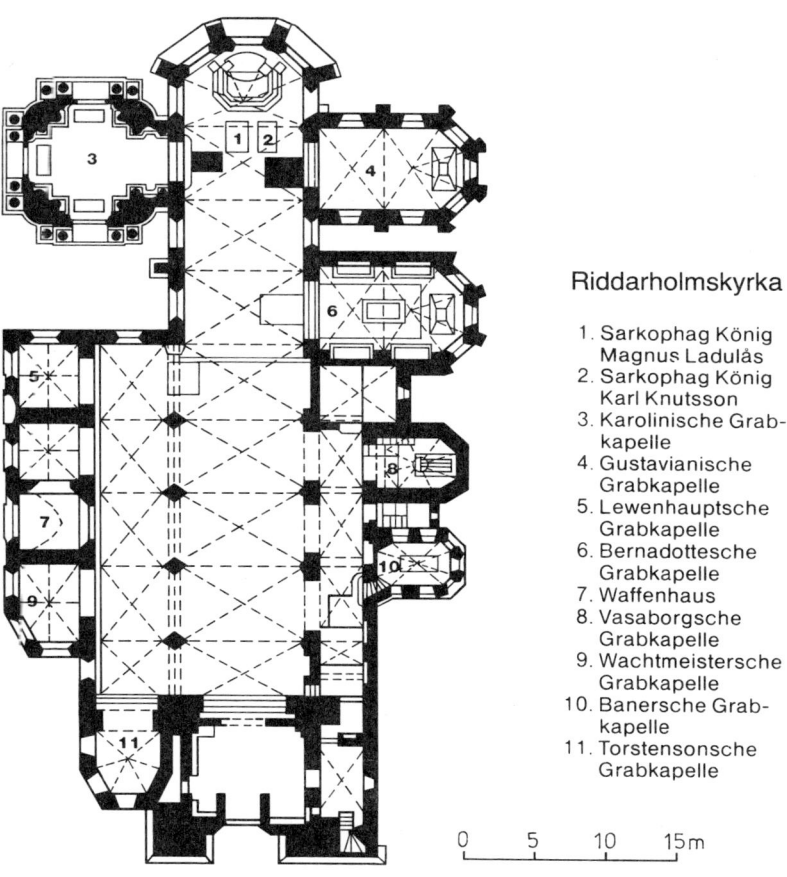

Riddarholmskyrka

1. Sarkophag König Magnus Ladulås
2. Sarkophag König Karl Knutsson
3. Karolinische Grabkapelle
4. Gustavianische Grabkapelle
5. Lewenhauptsche Grabkapelle
6. Bernadottesche Grabkapelle
7. Waffenhaus
8. Vasaborgsche Grabkapelle
9. Wachtmeistersche Grabkapelle
10. Banersche Grabkapelle
11. Torstensonsche Grabkapelle

Links neben dem Altar steht eine eiserne Kiste im Rokokostil. In ihr werden die Originalstatuen des schwedischen Ritterordens bewahrt.
Die Karolinische Grabkapelle wurde 1671 von Tessin d. Ä. im Barockstil begonnen und 1743 von Hårleman im Rokokostil vollendet. In dem Sarkophag an der Nordseite ruhen die Gebeine König Karls XII. (1697–1718). Eine 1917 vorgenommene Untersuchung ergab, daß der König in ein einfaches weißes Leinentuch gewickelt ist. Um den Kopf ist ein Lorbeerkranz gelegt. Die Sarkophage an der Ost- und an der Westwand aus grünem Marmor

stammen von Carl Hårleman (1700–53). Die Grabkapelle aus gotländischem Sandstein im holländischen Renaissancestil auf der gegenüberliegenden Seite dient u. a. König Gustav II. Adolf (1611–32) als letzte Ruhestätte. Schon vor seiner Abreise nach Deutschland 1629 hatte der König unter Hinweis auf das Sprichwort »der Krug geht so lange zum Brunnen, bis er bricht« befohlen, eine Grabkapelle für ihn dort zu bauen. Nach seinem Tod in der Schlacht bei Lützen 1632 wurde der Ausbau der Kapelle beschleunigt. Juni 1634 erfolgte die Beisetzung unter der Kapelle. 1832 wurde der in einem Zinnsarg verwahrte Eichensarg in den jetzigen Sarkophag an der südlichen Seite der Rückwand der Kapelle überführt. Der Sarkophag wurde 1772/74 in Rom gefertigt. Die Grabkapelle der Bernadotte, beginnend mit dem ersten König Karl XIV. Johan Bernadotte (1818–44), wurde 1858/60 nach Plänen von Fr. Wilhelm Scholander (1816–81) gestaltet, der die Stilmotive der Renaissance bevorzugte. Direkt neben den der Kapelle hängt rechts ein Epitaph für den Pfarrer Gabriel Rosén. Es wurde 1784 von Jean Erik Rehn (1717–93) gezeichnet. Von dem gleichen Künstler stammt auch der Entwurf zu dem Sarkophag aus braunem Kalkstein von 1759, der in der Banérschen Grabkapelle in der Mitte steht. Ebenfalls von Rehn stammen die Epitaphe an der Südwand neben der Banérschen Kapelle für J. Törne und Gg. H. Wachschlager.
Die Orgelfassade über dem westlichen Eingang ist eine Empirearbeit aus der Zeit Karl XIV. Johans.

Südlich der Riddarholmskyrka lag früher das alte *Franziskanerkloster*. Der große Bau, der jetzt dort auf den Resten der alten Gemäuer steht, war zunächst ein Privathaus, das ab 1835 dann die Reichsstände aufnahm und ab 1866 das erste schwedische Reichstagsgebäude wurde. Heute sind dort verschiedene Ämter untergebracht. Auch die nach Westen anschließenden beiden Häuser stehen auf den Resten alter Klostergebäude. Es handelt sich um das Östliche und das Westliche Gymnasium. Im östlichen Haus wohnte zeitweilig einer der bekanntesten Heerführer des Dreißigjährigen Krieges, Johan Banér. Später kaufte König Fredrik I. (1720–51) das Haus für seine Geliebte Hedvig Taube, die ihm zwei Söhne gebar. 1841 wurde hier Stockholms erstes Gymnasium eingerichtet.
Neben der Kirche beherrscht vor allem der mächtige *Wrangelska Palatset* den Birger Jarls Torg. Der Palast wurde nach einem Brand 1693 durch Nicodemus Tessin d. J. (1654–1728) wieder aufgebaut. Als das Schloß 1697 abbrannte, wohnte hier die Königliche Familie, daher auch der Name »Kungshuset«. Das rechts hinter dem Kungshuset liegende Palais wurde Mitte des 17. Jh. von Nicodemus Tessin d. Ä. und Jean de la Vallée im Stil des französischen Klassizismus entworfen und blieb fast unverändert. Auf der Rückseite

Stockholm, Blick vom Stadshuset: Reichstagsgebäude, Schloß, und, vom Teleobjektiv ▷ herangeholt, das Nordiska museet

des Kungshuset, zum Wasser hin, befinden sich zwei mächtige Türme. Der südwestliche gehörte in seinem unteren Teil einmal zur Befestigungsanlage Stockholms.

Von hier, dem Riddarholmskajen, hat man einen schönen Blick über die Wasserfläche des Riddarfjärden auf das Stadshuset (das Rathaus) auf der Insel Kungsholmen. Vor dem Wasser steht die Plastik »Sonnenschiff« von Christian Berg (1893–1976), einem Künstler, der seit dem Ende der 20er Jahre eine sensuelle Abstraktion entwickelte, die ihre Wurzeln in organischen Formen hat.

Geht man den Riddarholmskajen, das Wrangelsche Palais im Rücken, nach rechts, kommt man an dem ersten Pfandhaus Stockholms von 1772 vorbei. Daneben steht der *Birger Jarls Turm*, der, entgegen seinem Namen, nicht von Birger Jarl, sondern von Gustav Vasa errichtet wurde. Es ist der einzige erhaltene Rest der mittelalterlichen Stadtbefestigung.

Skeppsbron

Die östliche Straße am Ufer von Stadsholmen heißt Skeppsbron. Im 15. Jh. verlief hier die Stadtmauer. Vor dem Ufer befand sich noch eine Verteidigungsanlage aus Pfählen mit verschließbaren Durchlässen. Dort konnte bequem die Hafenmaut eingetrieben werden. Unter Gustav II. Adolf entstand eine Front von Kaufmannshäusern. Die Skeppsbron war, besonders in der Friedenszeit nach Karl XII. (gest. 1718), ein wichtiger Hafenplatz. Noch bis in die 30er und 40er Jahre unseres Jahrhunderts besaßen die Kais diese Funktion.

Danach verlagerte sich der Warenumschlag in die besser ausgestatteten Häfen an der Westküste Schwedens. Heute legen vor allem die nach Finnland und den Ålandsinseln gehenden Schiffe hier an. Die Häuser wurden Ende des 19. Jh. und zu Beginn des 20. Jh. zum großen Teil umgebaut.

Das Haus Nr. 38 ist noch das alte Zollgebäude, das 1788 von Erik Palmstedt (1714–1803) im Stil der italienischen Renaissance erbaut wurde. Gut 100 m weiter südlich steht kurz vor der Brücke direkt am Wasser die Plastik »Der Seegott« von Carl Milles (1875–1955), 1930 hier aufgestellt. Kurz dahinter öffnet sich die Straße nach rechts zum Slussplan (Schleusenplatz), der über ein paar Stufen in den Karl Johans Torg übergeht. Hier steht das Reiterstandbild Karl XIV. Johan (1818–44), des ersten Königs aus dem Hause Bernadotte. Es stammt von Bengt Fogelberg und wurde 1854 enthüllt (über die Schleuse siehe S. 300).

◁ *K. G. Bejemarks Plastik »Kanalarbeiter« von 1965 am Nybroplan, Stockholm*

Södermalm

Südlich der Altstadt, hinter Slussen, liegt die Insel Södermalm. Ursprünglich waren hier besonders feuergefährliche (Töpfereien, Kesselschmiede), übelriechende (Trankochereien) oder viel Platz beanspruchende Gewerbe (Reepschläger) angesiedelt. Bis 1630 stand auf Södermalm auch der Galgen. 1570 wurde die Insel in die Stadt Stockholm »eingemeindet«. Kurz nach 1640 stellte man einen Bebauungsplan auf. Danach wuchs der Stadtteil rasch. Vor allem um die heutige Götgatan, die den Stadtteil in der Mitte teilt, lagen zahlreiche Adelspaläste und dicht daneben Armensiedlungen. Von Skeppsbron über die Brücke kommt man zu dem weithin sichtbaren Aufzug *Katarinahissen* (»hiss« = Aufzug) mit dem man auf das höher liegende Södermalm gelangt. Von der Plattform oder dem dahinter liegenden Restaurant »Gondolen« hat man einen beeindruckenden Blick über die Stadt. Rechts liegt die Insel Djurgården, auf der sich u. a. das berühmte Freilichtmuseum Skansen, das Nordiska Museum usw. befinden. Vor der davor gelagerten kleinen Insel Beckholmen kenterte das Regalschiff Wasa auf seiner Jungfernfahrt am 10. August 1628. Auf der linken Seite von Djurgården erkennt man die auffallende Form des Wasamuseums für das gehobene Schiff. Nach links liegt in der Mitte der Wasserfläche die kleine Insel Kastellholmen, auf der sich u. a. eine Marinestation befindet. Der lange Kai an der Südwestecke heißt Britanniakai, seit 1956 hier die englische Königin bei einem Besuch anlegte. Weiter nach links schließt sich die »Museumsinsel« Skeppsholmen an. Unter der Plattform liegt die Schleuse »slussen« mit dem gleichnamigen Verkehrsknotenpunkt, dahinter die Gamla stan. Links anschließend erkennt man den Turm der Riddarholmskyrka und das Stadshus auf der Insel Kungsholmen.

Zur *Katarinakyrka* geht man vom Katarinahissen quer über den Platz Mossebacken, durch die Östgötagatan, die zweite Straße nach links. Diese Zentralkirche mit Kuppel über der Mitte wurde 1656 von Jean de la Vallée entworfen und bedeutete den endgültigen Durchbruch der karolinischen Kirchenarchitektur. Der holländische kalvinistische Kirchenbau hatte die Anregung gegeben. Architektur und Inneneinrichtung wurden vorbildlich. Die seinerzeitige Anordnung von Altar und Kanzel im Schnittpunkt der Kreuzarme hatte zunächst heftige Proteste der Gemeinden hervorgerufen. Später wurde diese Form der Einrichtung auch wieder aufgegeben. 1724 brannte die Kirche. Neben der Kuppel wurde auch die Inneneinrichtung zerstört. Beim Wiederaufbau wurde die Kuppel höher gebaut, als sie ursprünglich war. Die Inneneinrichtung stammt ebenfalls aus der Zeit nach dem Brand.

Helgeandsholmen

Zwischen der Altstadt und dem nördlich davon liegenden Stadtteil Norrmalm liegt die kleine Insel Helgeandsholmen (Heilig-Geist-Insel). Eine ursprüngliche Gruppe von 3 kleinen Inselchen wurde durch Landhebung und Aufschüttung zusammengefaßt. Ihren Namen verdankt sie dem Heilig-Geist-Haus, das im Mittelalter hier lag. 1894 bis 1906 entstanden nach Plänen Aron Johanssons *Reichstags-* und *Reichsbankgebäude* im pompösen Stil dieser Zeit. Die Reichsbank verlegte 1976 ihren Sitz an den Brunkebergs Torg. Heute ist in dem Gebäude der Plenarsaal des schwedischen Reichstags untergebracht. (Der Reichstag kann besichtigt werden. Führungen auch in deutsch; Juli–Sept. tgl. 12.30; 14; 15; Sa nicht 15; die Führung dauert etwa eine Stunde. Von Okt.–Jun. Führungen nur Sa/So zu den gen. Zeiten.) Hinter dem Reichstagsgebäude liegt eine kleine Parkanlage und jenseits der Straße ein Denkmal, das Carl Milles 1926 dem Dichter Tegnér widmete. Zwischen Reichsbank und Reichstag führt die Riksgatan auf die *Riksbron*, von der man einen schönen Blick auf die Stadt hat. Am gegenüberliegenden Ufer ist an dem linken Eckhaus (Strömgatan/Drottninggatan) eine Tafel angebracht, die das früher hier stehende »Bondeska huset« zeigt. Mit seiner streng klassizistischen Fassade ist es ein gutes Beispiel für die bevorzugte Architektur des ausgehenden 18. Jh. Geht man über die andere Brücke, die Norrbro, erkennt man, wie die Gesamtplanung auf das Schloß bezogen ist. Die Brücke bildet eine Achse zwischen der Schloßauffahrt Lejonbacken und dem Gustav Adolfs Torg mit der Statue Gustav II. Adolfs von Pierre Hubert l'Archevêque von 1758.

Norrmalm

Der Gustav Adolfs Torg mit dem Denkmal Gustav II. Adolfs liegt bereits auf Norrmalm, dem heutigen Stadtzentrum. An dem Platz befindet sich auf der einen Seite der *Arvfurstens palats*, 1783/94 von Erik Palmstedt im neoklassizistischen Stil entworfen. Das *Opernhaus* auf der anderen Seite wurde Ende des 19. Jh. erbaut. Sehr stimmungsvoll ist das Restaurant Operakällaren. Im Winter brennen Fackeln an den Außenwänden, im Schnee ein reizvolles Bild. Auf der anderen Seite der Oper erstreckt sich ein großer rechteckiger Platz, der *Kungsträdgården* (= Königsgarten). Ursprünglich einmal königlicher Gemüsegarten, wurde daraus unter Erik XIV. (1560–68) ein Lustgarten. Auf seiner östlichen Seite liegen einige imposante Bankgebäude. Die Enskilda

Banken errichtete ihren Bau 1912, während die Handelsbanken hinter den restaurierten Fassaden älterer Banken liegt. Rechts steht das Denkmal Karls XII., 1868 von J. P. Molin (gest. 1873) gestaltet, der einen nicht ganz von Sentimentalität freien Realismus bevorzugte. Auch der 1866 entstandene Brunnen (Molins fontän) mitten auf dem Platz ist sein Werk. Mitten auf dem Platz steht ein Denkmal Karls XIII. Die Statue Karls XII., der in Schweden als der »Heldenkönig« bezeichnet wird, ist von vier Krügen umgeben, die Karls XIII. von vier Löwen. Das hat die Stockholmer zu einem Wortspiel veranlaßt, bei dem man wissen muß, daß »Krug« auf schwedisch »Kruka« heißt, was gleichzeitig aber auch soviel wie »Feigling« oder »Flasche« bedeutet. Also steht – laut Stockholmer Wortspiel – der Löwe zwischen vier Flaschen und die Flasche zwischen vier Löwen.

An der linken unteren Ecke des Platzes fällt die rot verputzte *Jakobs kyrka* auf. Sie entstand zwischen 1588 und 1643 (die Turmhaube nach einem Brand 1723). Ihr Südportal zeigt das Selbstbewußtsein, das man der gewonnenen Machtstellung verdankte. Es wurde 1644 von Heinrich Blume (gest. 1648) gestaltet. Er gehörte zu den zahlreichen im Manierismus da Bolognas geschulten Deutschen und Holländern. Die Kirche selbst, eine Hallenkirche mit Sterngewölben, plante Willem Boy (ca. 1520–92). Bei der langen Bauzeit kam es zu verschiedenen Änderungen. Die Kirche vereinigt spätgotische Stilzüge mit solchen der Renaissance. 1723 wurde der Turm nach einem Brand neu aufgebaut. Den Helm entwarf Carl Hårleman. Die Jakobs kyrka galt als der hervorragendste Bau ihrer Zeit. Die Inneneinrichtung wurde im 19. Jh. erneuert. Alt ist noch der Taufstein von 1643 und der prächtige Orgelprospekt über dem Westeingang, den C. Hårleman 1745/46 zeichnete.

An der linken (westlichen) oberen Ecke des Kungsträdgardens liegt das schon erwähnte Sverigehuset. Schräg gegenüber ist das NK (gesprochen enko) gelegen, Schwedens größtes Warenhaus. Von seiner Dachterrasse hat man einen herrlichen Blick. Geht man die Hamngatan nach links, so gelangt man nach etwa 250 m auf den Sergelstorg. Linker Hand steht das *Kulturhuset* mit seiner Glasfassade. Hier findet die internationale Sicherheitskonferenz statt. Im Kulturhuset werden wechselnde Ausstellungen schwedischer und internationaler Künstler sowie Kunsthandwerk gezeigt. In den Straßen rund um den Sergels Torg befindet sich das Haupteinkaufszentrum Stockholms. Der Platz selbst verdankt seine Entstehung teilweise dem U-Bahnbau (Tunnelbana), der in den 40er Jahren eine gründliche Umwandlung dieses Stadtviertels zur Folge hatte. Beherrschend steht auf dem Sergelstorg eine mächtige, nachts von innen beleuchtete *Glasskulptur* in einem Wasserbassin mit Fontänen. 1962 hatte man sich entschlossen, den Platz mit einer Skulptur und mit Wasser auszuschmücken. Bei einer begrenzten Ausschreibung siegte Edvin

Öhrströms (geb. 1906) Vorschlag. Öhrströms lebhaft diskutierte Absicht war es, einen Akzent im Stadtbild zu setzen, gleichzeitig aber auch die umgebende Architektur in einer offenen Form zu reflektieren. Besonders bei Dunkelheit geht von ihr eine eigene Faszination aus. Die großzügige Anlage mit vielen Geschäften, Restaurants und häufigen Auftritten von professionellen wie Amateurgruppen und Musikern ist ein Treffpunkt. Man überquert die Straße und geht durch die Fußgängerzone der Sergelsgatan. Die hier liegenden 5 Hochhäuser mit unzähligen Geschäften, Restaurants und Büros entstanden 1952–56. An ihrem anderen Ende liegt in reizvollem Kontrast zu der modernen Bebauung der *Hötorget*. Auf dem Markt bieten fliegende Händler Gemüse, Früchte und Blumen an. Die eine Seite wird von dem Stockholmer *Konzerthaus* beherrscht, die Heimstatt des Stockholmer Philharmonischen Orchesters. Es entstand 1926 (Architekt Ivar Tengbom) und spiegelt die strenge antikisierende Richtung dieser Zeit wider. Zehn Jahre später wurde davor der Orpheusbrunnen von Carl Milles aufgestellt. Milles konnte, wie hier, mit seinen Gruppen eine ganze Umgebung in seinen Bann zwingen.

Geht man vom Informationszentrum Sverigehuset am Kungsträdgården die Hamngatan nach rechts, kommt man kurz darauf zu dem *Hallwylska palatset* (Haus Nr. 4). Das Haus stammt aus dem Jahr 1893 und ist heute ein Museum, in dem unverändert die Einrichtung einer wohlhabenden Bürgerfamilie der Jahrhundertwende gezeigt wird. Dazu gehört auch eine Sammlung von holländischen Gemälden des 17. Jh. sowie ausgesuchte Porzellane aus Europa und China (Mai–Aug. Di–So 11–14; sonst Di–So 12–15).
Gegenüber liegt eine kleine, Mitte des 19. Jh. entstandene Parkanlage, Berzelii Park genannt zum Andenken an den Chemiker Berzelius.
Auf der anderen Seite des Platzes Nybroplan liegt das *Dramatiska teater*, kurz »Dramaten« genannt. Es wurde 1901 bis 1908 gebaut und besitzt vor allem in seiner Inneneinrichtung eine schöne Jugendstilarchitektur. Gegenüber dem Dramaten befindet sich am Ende des Berzeliiparks die 1965 aufgestellte, bekannte Gullyfigur »gatuarbetare« (Straßenarbeiter) von K. G. Bejemark (geb. 1922).
Rechts liegt der Nybrohamn. Dort ist der Liegeplatz verschiedener Dampfer für den Verkehr zu den Schären. Die breite Straße, die nach links am Ufer weiterführt, ist der *Strandvägen*, einstmals eine der vornehmsten Wohngegenden Stockholms mit prächtigen Bürgerhäusern im Oscarianischen Stil. Heute hat sie durch den starken Verkehr viel von ihrer Attraktivität eingebüßt. Hier beginnt der Stadtteil Östermalm. Der Strandvägen führt weiter in das Diplomatenviertel, in dem die Botschafter ihre Residenzen haben.
Man kann den Strandvägen entlanggehen und über eine Brücke nach rechts auf die Insel Södra Djurgården gelangen. Das dort liegende *Nordiska museet*

ist nicht zu verfehlen. Oder man geht auf der anderen Seite der Bucht den Nybrokajen entlang und kommt zum *Nationalmuseum* an der Spitze der Halbinsel. Früher war hier eine kleine eigene Insel, sie heißt heute noch Blasieholmen (holm = Inselchen), doch wurde sie durch Aufschüttungen mit Norrmalm vereinigt. Das Nationalmuseum wurde 1846/66 von dem Berliner Architekt F. A. Stüler in einem Neurenaissancestil erbaut. Es ist Schwedens größtes Kunstmuseum mit Gemälden vom 15. Jh. bis 1900 und Zeichnungen, Graphik sowie Kunsthandwerk von der Renaissance bis heute. Neben schwedischen Künstlern sind besonders Niederländer des 17. und Franzosen des 18. Jh. vertreten (Di 10–12, Do–So 10–16).

Skeppsholmen – Kastellholmen

Am Nationalmuseum vorbei gelangt man über die Skeppsholmsbron auf die Insel Skeppsholm, auf der früher hauptsächlich Werften lagen und später die Marinestation war. Vorher hieß die Insel »Lustholmen«, weil hier der königliche Lustgarten war. Gleich hinter der Brücke liegt eine moderne Skulpturengruppe, »Das Paradies«, 1967 von Niki de Saint Phalle und Jean Tinguely für eine Ausstellung in Montreal geschaffen und 1971 hier aufgestellt.
Linker Hand steht auf einer Anhöhe die *Skeppsholm kyrka*, die eigentlich Karl Johann kyrka heißt, genannt nach dem regierenden König zur Zeit ihres Baus um 1840. Die Pläne stammten von Fredrik Blom, der auch für das rechts oben liegende »Amiralitetshuset« (Admiralitätshaus) verantwortlich war. Blom (1781–1853) bevorzugte in seinen späteren Jahren eine mehr romantische Richtung mit gotischen Elementen.
Rechts liegt am Ufer ein ehemaliger Segelschiffsfrachter, die *af Chapman*. Das Schiff wurde 1888 in Großbritannien gebaut, diente als Frachter für Weizen zwischen Australien und England, wurde schwedisches Schulschiff und dient seit 1949 als Jugendherberge.
Skeppsholmen ist heute, trotz der rund vierzig Haushalte, die hier leben, fast eine Museumsinsel. Nördlich der Kirche liegt das *Ostasiatische Museum*. Das Gebäude hat eine wechselvolle Geschichte. Erst Reepschlägerbahn, darauf Stall der königlichen Trabanten, danach Lagerhaus für Uniformen und Munition, benutzte es Fredrik I. (1720–51) als Löwenhaus. 1961 wurde der nördliche Teil zum Ostasiatischen Museum umgebaut.
In dem 1957 umgebauten und erweiterten früheren Exerzierhaus südlich des Ostasiatischen Museums ist seit 1958 das *Moderna Museum* für die Kunst des 20. Jh. (moderna museet) untergebracht.

Auch das Architektur- und das Fotomuseum liegen auf Skeppsholm (Wege angezeigt).
Nach Süden schließt sich, über eine kleine Brücke erreichbar, die Insel Kastellholmen mit einer Marinestation an. Das Kastell von 1848 baute Fredrik Blom. Auf der Insel stehen Handwerkerhäuser von 1737, die später auch als Krankenstuben für Seeleute und als Wohnungen für Schiffsjungen dienten. Im nördlichen Teil liegt eine größere Villa mit einem kleinen Turm. Sie wurde 1883 für den Königlichen Schlittschuhklub gebaut und ist jetzt eine Musikschule.

Djurgården

Djurgården umfaßt genaugenommen die Insel (Södra Djurgården) und das nördlich davon liegende Gebiet (Norra Djurgården). Besonders interessant ist die Insel. Der Name (djur = Tier) leitet sich von einem im Mittelalter dort liegenden königlichen Jagdrevier her. Seit der zweiten Hälfte des 19. Jh. wurde sie zu einem beliebten Ausflugsziel der Stockholmer. Man ruderte dorthin und besuchte einen der zahlreichen Gasthöfe.
Man erreicht Djurgården über den Strandvägen und die Djurgårdsbron oder die Djurgårdbrunnsbron, oder man nimmt von Slussen oder Nybroplan eine Fähre.
Nordiska museet. Das Museum ist eine Schöpfung von Artur Hazelius (1833–1901). Seit etwa 1870 begann er mit Sammlungen zur schwedischen Kulturgeschichte. Der Anstoß zu dem Museumsbau kam wohl von zwei Seiten: zum einen war es ein gewisser etwas romantisch gefärbter Nationalismus, der in dieser Zeit allgemein hervortrat, zum anderen aber war es das Bestreben, als ein Gegengewicht gegen die als bedrohlich empfundenen Auswirkungen des beginnenden Industrialismus die alten Kulturwerte zu betonen und die Traditionen lebendig zu erhalten. Das besondere und seiner Zeit vorauseilende war die Form der Präsentation: die Schaffung eines lebendigen Milieus, in dem die Sammlungsgegenstände ihren originalen Platz fanden. Frühere Lebensumstände sollten so in ihrem Zusammenhang und in ihrer Gesamtheit anschaulich gemacht werden. Das Gebäude des Nordiska museet (Architekt Isak Gustav Clason 1856–1930) zeigt die bei Museumsbauten des ausgehenden 19. Jh. bevorzugte Monumentalität mit Vorliebe für historische Details. Gleichzeitig war man bestrebt, ausschließlich einheimische Materialien zu verwenden. Stilistisch ist es von der schwedischen Renaissancearchitektur um 1600 beeinflußt, die im Zeichen des schwedischen Nationalismus

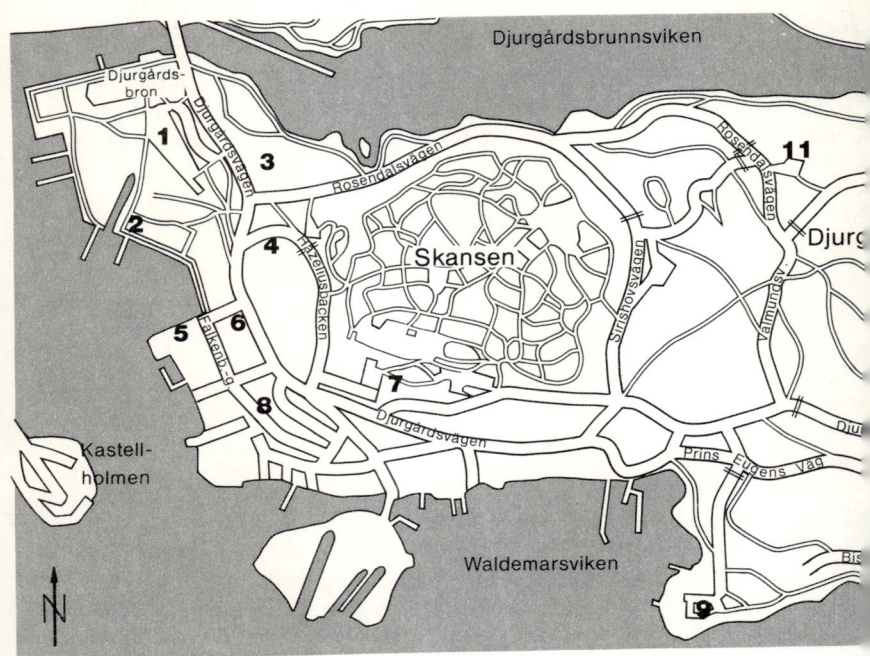

Södra Djurgården

1 Nordisches Museum
2 Museumsschiffe
3 Wicandersche Villa
4 Biologisches Museum
5 Wasawerft
6 Liljevalchs Kunsthalle
7 Eingang zu Skansen
8 Grönalund
9 Waldemarsudde
10 Thielska Galerie
11 Schlößchen Rosendal

besonders geschätzt wurde. Das 1907 eröffnete Museum ist mit rund 1 Million Gegenständen das größte kulturhistorische Museum Schwedens (Juni–Aug. Mo–Fr 10–16, Sa–So 12–17; Sept.–Mai Mo geschl.)

Museifartygen. Bei den »Museumsschiffen« handelt es sich um ein Feuerschiff, das von 1903–69 im Bottnischen Meerbusen Dienst tat, um einen Eisbrecher aus dem Stockholmer Hafen von 1915–77 und um die Rekonstruktion eines Ruderbootes aus der Mitte des 14. Jh. Das Original wurde bei Ausgrabungen 1978/80 vor dem Reichstagsgebäude gefunden. Insgesamt fand man dort die Reste von 12 solchen Booten. Sie waren 22 m lang und aus Kiefernholz gebaut. Ihre Form erinnert an Wikingerboote, doch mit dem Unterschied, daß hier das Ruder am Achtersteven angebracht ist, während

Sjurgården

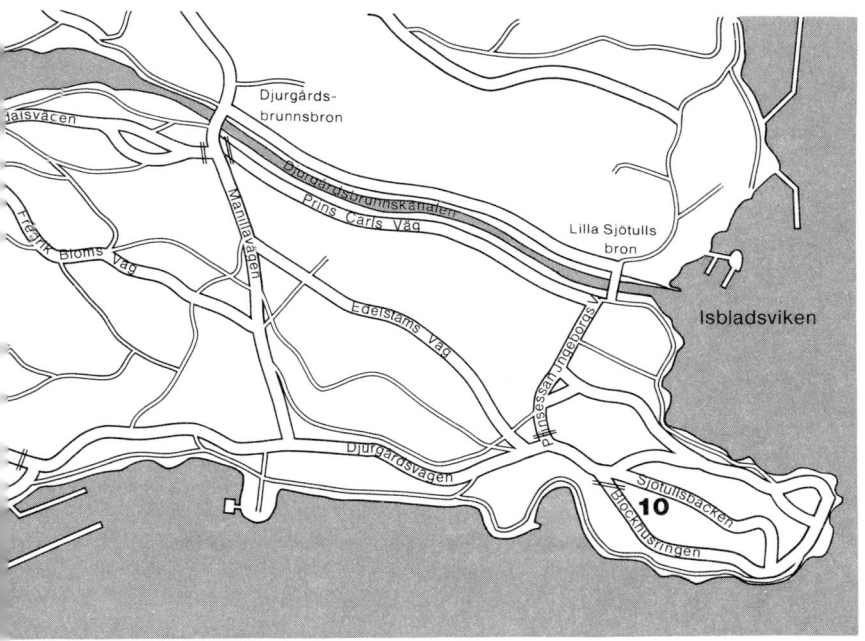

die Wikinger ihre Boote mit einem Ruder an der Steuerbordseite lenkten (tgl. 12–17; Winter So 11–16).

Wicanderska villa. Das 1889 gebaute Haus erhielt sein Aussehen mit einer Mischung von Barock und Jugendstil um 1900. Es war die Privatvilla des Großhändlers und Korkfabrikanten Wicander.

Biologiska museet. Auch hier stand der Gedanke einer allgemeinen Volksbildung im Vordergrund. Das 1893 errichtete Gebäude ist einer frühnordischen Halle nachempfunden. Über 2000 in Skandinavien heimische Tiere werden in Panoramen in ihrer natürlichen Umwelt gezeigt (April–Sept. Mo–So 10–16; Okt.–März Mo–So 10–15).

Wasawerft (Regalskeppet Vasa). Das 1628 gebaute Kriegsschiff Wasa kenterte bereits bei der Jungfernfahrt im Stockholmer Hafengebiet vor der Insel Beckholmen, wurde 1956 wieder entdeckt und 1961 geborgen. Um es zur Konservierung ständig feucht halten zu können, baute man um das gehobene Schiff ein eigenes Gebäude aus Aluminium. Zahlreiche im und beim Schiff gefundene Gegenstände zeigen, wie Mannschaften und Offiziere damals an Bord lebten. Die Wasa war ein 62 m langer Dreimaster, der vom Kiel bis zu den Mastspitzen eine Höhe von 50 m besaß und eine Wasserverdrängung von 1300 t hatte. Ursache des Kenterns bei verhältnismäßig wenig Wind dürfte das Gewicht (72 t) und die Aufstellung der 64 Bronzekanonen gewesen sein. Eine damals durchgeführte Untersuchung kam zu keinem Ergebnis. Das Schiff war reich mit Skulpturen geschmückt.

Liljevalchs konsthall. Ein Bau für wechselnde Ausstellungen. Davor die Plastik »Bogenschütze« von Carl Milles.

Skansen. Das 1891 eröffnete Freilichtmuseum Skansen ist, zusammen mit dem Nordischen Museum, Teil des Konzepts von Hazelius. Es war das erste Freilichtmuseum der Welt und Vorbild für andere Anlagen, zunächst in Schweden, später im übrigen Europa. Heute sind dort über 150 Gebäude aus allen Teilen Schwedens und aus verschiedenen Zeiten zusammengetragen. Sie zeigen nicht nur die regionalen Unterschiede, sondern spiegeln auch die Arbeits- und Wohnverhältnisse unterschiedlicher Klassen und Zeiten. Ein Katalog mit Lageplan der Gebäude und genauer Beschreibung ist, auch auf deutsch, am Eingang erhältlich. Ein kleinerer Tierpark besitzt vor allem einheimische Tiere (Park: tgl. 8–23, Winter –18; Häuser: tgl. 11–17, Winter eingeschränkt –15; Zoo: tgl. 9–21, Winter 9–Dämmerung).

Grönalund. Ein moderner Vergnügungspark, der seinen Namen von einem früher dort stehenden Wirtshaus erhielt, das Carl Michael Bellman in seinen Liedern besungen hat.

Waldemarsudde. 1903/05 ließ Prinz Eugen (1865–1947) sich dort ein großes Haus im Jugendstil bauen. Der Prinz, ein Sohn Oscars II. (1872–1907), war selber ein bekannter Maler. Unabhängig vom Hofleben vereinte er einen großen Kreis der bedeutendsten bildenden Künstler und Literaten um sich. Bei seinem Tod vermachte er seinen Besitz Stadt und Staat. Neben seinen eigenen Arbeiten (bes. Landschaftsmalerei) wird in der Galerie seine umfangreiche Sammlung vornehmlich schwedischer Künstler seiner Zeit gezeigt. In dem »slottet« ist seine Wohnungseinrichtung noch erhalten. Vor dem Schlößchen stehen verschiedene Skulpturen, u. a. »Der Denker« von Auguste Rodin, »Herakles« von Antoine Bourdelles, »Adler« von Carl Milles u. a. (Juni–Aug. Di–So 11–17, Di u. Do auch 19–21; sonst Di–So 11–16).

Thielska Galleriet. 1904 ließ der Bankier und Kunstmäzen Ernest Thiel einen repräsentativen Bau für seine Kunstsammlungen bauen. Das Gebäude (Architekt Ferdinand Boberg) fällt durch seinen kräftigen Mittelturm und das

Fehlen von Fenstern im oberen Geschoß auf, die hier liegenden Räume erhalten ihr Licht von oben. Thiel sammelte die Kunst der Jahrhundertwende. Neben sehr vielen schwedischen Künstlern sind aber auch Lucas Cranach, Honoré Daumier, El Greco, Tintoretto u. a. mit verschiedenen Arbeiten vertreten. Die Sammlung gehört einer Stiftung (Mo–Sa 12–16, So 13–16).
Rosendals slott. 1823/25 als Holzhaus gebaut, mit Steinen verkleidet und verputzt, war das Schlößchen ursprünglich nur für vorübergehende Benutzung vorgesehen. Erst Oskar II. (1872–1907) benutzte es auch über einen längeren Zeitraum. Die Empireeinrichtung stammt noch aus der Zeit Karl XIV. Johans (1818–1844) (Juni–Aug. Di–So 12–15; Sept. Sa–So 13–15).

Kaknästornet

Zu den etwas außerhalb liegenden interessanten Zielen gehört der Kaknästurm. Man erreicht ihn über den Strandvägen und weiter über den Djurgårdsbrunnsvägen. Am Ende des Strandvägen fährt man an dem Diplomatenviertel vorbei. Rechter Hand liegen drei Museen: das Sjöhistoriska, Tekniska und das Etnografiska museet. Vom Djurgårdbrunnsvägen biegt man dann nach links in den Kaknäsvägen ein.
Der Turm wurde 1964–67 als Radio- und Fernsehsendeturm gebaut. Mit 155 m Höhe ist er das höchste Bauwerk Skandinaviens. In der Eingangshalle hängen an der Wand zwei moderne Reliefs »Spelrum Futurum« von Walter Bengtsson (geb. 1927). Sie bilden mit glitzerndem Metall und sonderbaren Formen eine Art unterirdische Grotte und stellen somit für den Betrachter einen eigenartigen Gegensatz zwischen der Tiefe im Kunstwerk und der Höhe des realen Bauwerks dar. Leider werden sie von den Ausstellungsständern mit den üblichen Andenken so verstellt, daß ein Teil ihrer Wirkung verloren geht.
Drei Stockwerke des Turms sind Besuchern zugänglich. Zuoberst ist in 128 m Höhe eine offene Aussichtsplattform. Ein Stockwerk tiefer ist eine verglaste Aussichtsplattform mit Panoramen, die die Orientierung erleichtern. Darunter befindet sich ein Restaurant, das bis 23 Uhr geöffnet ist und einen imponierenden Blick auf das abendlich erleuchtete Stockholm bietet (Mai–Aug. Aussichtsterrasse 9–24, Rest. 11,30–23; April u. Sept. Terrasse 9–22, Rest. 11.30–21; Okt.–März, Terrasse 9–18, Rest. 11–18).

Stadshuset

Auf der Insel Kungsholmen, direkt am Ufer, steht das Stadshuset, dessen charakteristischer, 106 m hoher Turm fast zu einem Wahrzeichen Stockholms geworden ist. Das Stadthaus wurde 1923 nach 13jähriger Bauzeit eingeweiht. Seine Architektur folgt keiner bestimmten Stilrichtung, sondern vereint verschiedene Stileinflüsse. Mit seinen Arkaden zum Ufer hin und seinem Turmhelm erweckt es fast eine südländische Stimmung, was zum Teil auch auf die geschickte Verteilung der Baumassen zurückzuführen ist.
Sein Architekt, Ragnar Östberg (1866–1945) gehörte zu den führenden Architekten der Jahrhundertwende. Besonderen Wert legte Östberg auf eine lebendige, abwechslungsreiche Fassadengestaltung. Die verschiedenen Seiten des Baus sind ganz unterschiedlich gestaltet, und auch die verschiedenen Schmuckelemente verteilen sich auf die unterschiedlichsten Stellen der Fassade.
Im Garten des Stadthauses stehen mehrere Plastiken von Carl Eldh (1873–1954), (die Dichter Strindberg und Fröding, der Maler Josephsson, die Allegorien Gesang und Tanz). Die Figur des Engelbrekt auf dem hohen Pfeiler ist eine Arbeit Christian Erikssons (1858–1935). Am Turm liegt ein Ehrengrabmal für den Stadtgründer Birger Jarl.
Interessant ist eine Turmbesteigung. Ein Aufzug führt bis in einen Raum, in dem die Gipsmodelle teils geplanter, teils ausgeführter Figuren zur Ausschmückung des Stadthauses aufbewahrt werden. Über eine kleine, etwas versteckt liegende Treppe führt dann ein ansteigender Weg zwischen den Turmwänden auf eine Plattform in 76 m Höhe. Der herrliche Blick belohnt für den etwas »abenteuerlichen« Weg. (Eintrittskarten im Haupteingang).
Im Stadthaus befinden sich Sitzungssäle, Räume für Ausschüsse, Dienststellen usw. (Besichtigung nur mit Führer, i. d. R. deutschsprechend, 15. 6.–15. 8. tgl. 10 u. 12).

Stockholm Land

Haga-Park

Etwas außerhalb des Stadtzentrums, Richtung E 4 Uppsala (Fahrtrichtung im Zentrum: Sundsvall) liegt rechts der Straße der Hagapark. Die weiträumige Anlage an der Brunnsviken genannten Ostseebucht, ließ Gustav III. (1771–92) ab 1781 von dem Gartenarchitekten F. M. Piper als englische Parkanlage gestalten. Entsprechend dem Geschmack der Zeit entstanden dabei auch verschiedene, verstreut im Gelände liegende Pavillons. Ein größerer Palast für den König wurde zwar begonnen, nach dessen Ermordung aber nicht weitergebaut. Nur die Grundmauern erinnern noch daran. Fertiggestellt wurde dagegen 1787 der Pavillon des Königs. Architekt war Olof Tempelmann, die Inneneinrichtung besorgte Louis Masreliez. Sie ist eines der schönsten Beispiele des gustavianischen Stils. Beim Tod des Königs war sie gerade fertig (Gustav III. paviljong 1. 5.–31. 8. Di–So Führungen halbstdl. 12–15; Sept. Sa–So 13–15). Auf dem Hügel davor steht der elliptische Echotempel, in den 1790er Jahren von Chr. Gjörwell entworfen.

Neben dem Pavillon Gustavs III. (auch Lilla slottet = kleines Schloß genannt) steht der Pavillon der Königin, 1802/04 von Chr. Gjörwell unter Gustav IV. Adolf im Empirestil gebaut. Bis 1947 wurde er von verschiedenen Königinnen und Mitgliedern der Königlichen Familie bewohnt. Heute ist er Gästehaus der Regierung. Dieser Pavillon wird meist als »Haga slott« bezeichnet.

Nördlich der Pavillons sind noch die Grundmauern des geplanten Schloßbaus zu erkennen.

Die Königliche Wache war in einem Kupferzelt (Koppartälten) untergebracht, das Louis Jean Desprez 1787 um eine kleine hölzerne Kaserne herumbaute. 1953 brannte der Mittelteil aus. Der innere Teil wurde modern wieder aufgebaut.

Ebenfalls von Desprez ist der Chinesische Pavillon von 1787 auf einer Anhöhe über dem Strand auf der anderen Seite der Bucht. Den Türkischen Pavillon (Turkiska paviljongen) schuf Piper 1788.

Drottningholm

Zu den bekanntesten Ausflugszielen in der näheren Umgebung zählt Schloß Drottningholm auf der Insel Lovön. Man erreicht es über Brommaplan, Drottningsvägen oder mit einer knapp einstündigen reizvollen Bootsfahrt ab Klara Mälarstrand (an der Stadshusbron, Abfahrt 8.6.–18.8. stündlich 9.30–16.30).
Das Schloß, auch »Versailles von Stockholm« genannt, ist die imposanteste Schöpfung des Barock in Schweden. Es wurde von Königin Hedwig Eleonora, der Witwe Karl X. Gustavs 1662 in Auftrag gegeben, nachdem ein vorher dort stehender Bau abgebrannt war. Drottningholm (= Königininsel) hat seinen Namen auch nicht nach Hedwig Eleonora, sondern nach Katarina Jagellonica, der polnischen Gemahlin Johans III. (1568–92), der die erste Anlage gehört hatte. Den Auftrag zu dem jetzigen Bau erhielt Nicodemus Tessin d. Ä. (1615–81). Drottningholm gilt als seine größte Leistung. Während der Bauzeit starb Tessin d. Ä., und die Bauleitung ging auf seinen Sohn Nicodemus Tessin d. J. (1654–1728) über. Dieser hielt sich im wesentlichen an die Pläne des Vaters. Sein Stilempfinden äußerte sich aber in vielen Einrichtungsdetails. Die ursprüngliche Absicht Tessin d. Ä. ist deutlich u. a. im Treppenhaus ablesbar: Betonung der königlichen Macht (die Bauzeit fiel in die karolinische Großmachtzeit).
Nachdem 1744 das Eigentum an Lovisa Ulrika, Gemahlin Adolf Fredriks (1751–71), bekannter als Prinzessin Ulrike, Schwester Friedrichs II. von Preußen, übergegangen war, begann um 1750 ein Umbau, bei dem äußerlich aber nur die beiden Flügel, die das Hauptgebäude mit den Eckpavillons verbinden, zur heutigen Höhe aufgestockt wurden. Für die Arbeiten war Carl Hårleman (1700–53), für den Innenausbau besonders Jean Eric Rehn (1717–93) verantwortlich. Bei der Inneneinrichtung diente das französische Rokoko als Vorbild. 1777 übernahm der kunstsinnige König Gustav III. das Schloß. Er ließ im Inneren verschiedene Änderungen in dem später nach ihm benannten gustavianischen Stil, der etwa dem des Louis-seize entspricht, vornehmen.
Die strenge barocke Regelmäßigkeit des Baus erhält durch die typischen schwedischen Herrenhofdächer an den Seiten und die vorspringenden Flügel ein unverwechselbares Gesicht, ohne dabei die Verwandtschaft mit gleichzeitigen kontinentalen Schloßbauten zu verleugnen.
Der südliche Flügel wird von der Königlichen Familie bewohnt, weshalb einige Teile von Schloß und Park abgesperrt sind. Die übrigen Teile des Schlosses stehen zur Besichtigung frei (Eingang von der Wasserseite, Mai–Aug. Mo–Sa 11–16.30, So 12–16.30). Besonders beachtenswert im

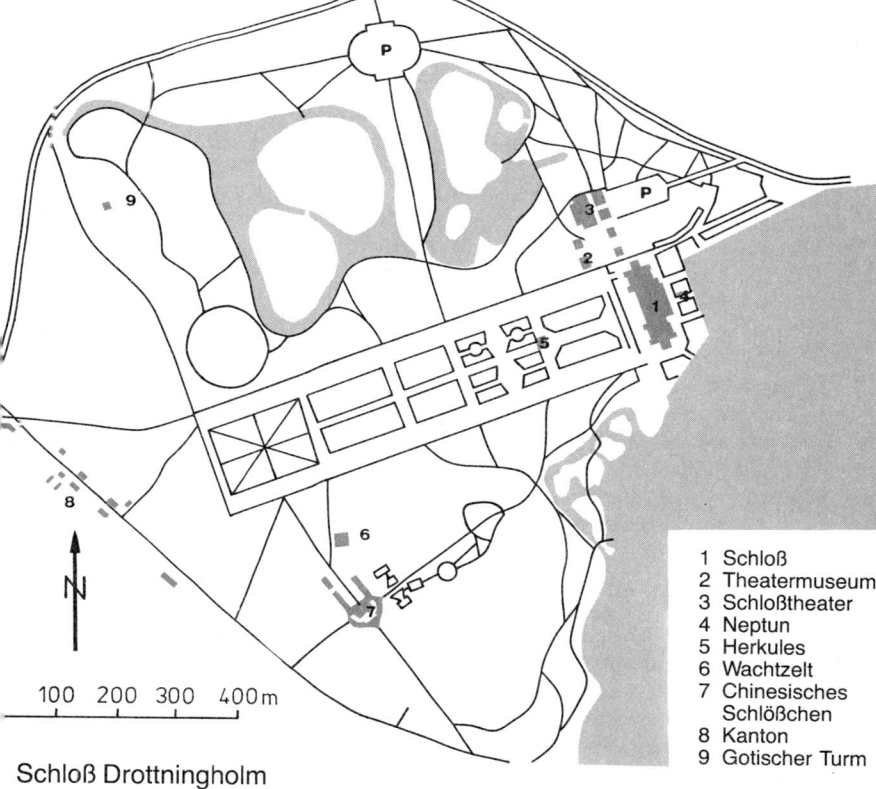

Schloß Drottningholm

1 Schloß
2 Theatermuseum
3 Schloßtheater
4 Neptun
5 Herkules
6 Wachtzelt
7 Chinesisches Schlößchen
8 Kanton
9 Gotischer Turm

Schloß ist der schon erwähnte Treppenaufgang, auf den Tessin d. Ä. ganz besonderen Wert gelegt hatte. Durch illusionistische Perspektivmalereien gab er ihm eine größere Tiefe. Die Fresken wurden von Johan Sylvester (gest. 1695) ausgeführt, von dem u. a. auch die Ausmalung in Windsor Castle/ England stammt. Die Statuen wurden von Nicholas Millich (geb. um 1630) geschaffen. Man kann hier verfolgen, wie sich nach der Jahrhundertmitte das Stilideal von mehr klassizistischer zu stärker barocker Anschauung wandte. Millich war zunächst stärker klassizistisch orientiert, bevorzugte aber später hauptsächlich rein barocke Formen. So ist z. B. die Minerva (mit Schild) stärker barockklassizistisch als die mehr als zehn Jahre später entstandene

Polyhymnia (mit der Schriftrolle), bei der die barocke Formenwelt auffälliger ist.

Neben dem Schloß liegen das *Theatermuseum* (links) und das Schloßtheater. Ersteres ist in einem Pavillon untergebracht, der sowohl als Hertig Carls als auch als Drottnings paviljong bekannt ist. Er wurde 1779 von C. F. Adelcrantz entworfen. Das Theatermuseum zeigt Theatergeschichte seit dem 16. Jh., besonders die des Schloßtheaters von Drottningholm. Neben zahlreichen Bühnenbildern, Figuren und Skizzen besitzt das Museum auch eine der größten Spezialbibliotheken mit theaterwissenschaftlicher Literatur Europas (Mai–Aug. Mo–Do u. Sa 11.30–16.30, Fr u. So 12.30–16.30; Sept. tgl. 12.30–15).

Das *Schloßtheater,* eine bekannte Sehenswürdigkeit, ist das am besten erhaltene, heute noch bespielbare Theater des 18. Jh. in der ganzen Welt. Das 1764 begonnene Gebäude war ebenfalls ein Werk F. C. Adelcrantz'. Mit Ausnahme des 1791 angebauten Déjeunersalons (Architekt L. J. Desprez) ist es unverändert geblieben. Auch der alte Zuschauer- und Bühnenraum, die gesamte Bühnenmaschinerie, die Bühnenbilder und Dekorationen sind noch erhalten. Lediglich die Beleuchtung wurde elektrifiziert, dabei aber weitgehend der ursprünglichen Lichtwirkung angepaßt. In den alten Dekorationen finden im Sommer regelmäßig Aufführungen statt (frühzeitige Kartenbestellung notwendig; Besichtigung nur mit i. d. R. deutschsprechendem Führer, halbstdl. Mai–Aug. Mo–Sa 11.30–16.30, So 12.30–16.30; Sept. tgl. 12.30–15).

Schloß und Nebengebäude sind in eine barocke Gartenanlage eingebettet, die nach dem Vorbild von Le Nôtres Schloßgärten von beiden Tessins gestaltet wurde. Die ursprünglichen Buchsbaumparterreanlagen sind heute allerdings durch Rasenflächen mit Buchsbaumhecken ersetzt, doch stimmen die Formen der Anlage mit den Originalplänen Tessins d. J. von 1723 überein. Auch die Wasserspiele haben französische Vorbilder (Chantilly).

Die *Parkanlage* Drottningholms gibt einen interessanten Überblick über die Gartenarchitektur verschiedener Epochen. Der direkt am Schloß liegende Park ist eine rein barocke Parterreanlage. Vor dem Schloß, auf der Wasserseite, steht eine Neptunskulptur, und auf der Gartenseite steht inmitten der Parterreanlagen der Herkulesbrunnen. Die von Adrien de Vries geschaffenen Figuren sind schwedische Kriegsbeuten aus Prag und Fredriksborg/Dänemark. Hinter den Parterreanlagen verbirgt sich, von Bosketten umgeben, ein Naturtheater aus der Mitte des 18. Jh.

Im südlichen Teil des Parks befindet sich eine von C. F. Adelcrantz entworfene Rokokoanlage mit Alleen und Hecken. Hier liegt »*Kina slott*«, das chinesische Schlößchen, eine typische Rokokoschöpfung von 1763/69, eben-

Marienkirche in Sigtuna, Stockholms län ▷

falls ein Entwurf von Adelcrantz. Chinesisch sind im wesentlichen nur einige Details, der Rote und der Gelbe Raum im Erdgeschoß. Im Speisesaal kam man ohne Bedienung aus: der Tisch war versenkbar, wurde im Untergeschoß gedeckt und wieder nach oben gehoben. Daher der Name des Speisesaals: Confidence (Mai–Aug. Mo–Sa 11–16.30, So 12–16.30; April u. Sept.–Okt. tgl. 13–15.30). Auch das nicht weit entfernt liegende Wachtzelt entsprach ganz dem Geist des Rokoko.
Die Anlage geht anschließend in einen Naturpark über. Die Gebäude an der Ostgrenze des Parks (hinter dem kleinen Hügel) werden Kanton genannt. Sie entstanden um 1750 als eine kleine Handwerkersiedlung, vor allem für Seidenweber und Kunstschmiede.
Neben der Barockanlage ließ Gustav III. durch den Gartenarchitekten Piper einen englischen Park anlegen. In ihm baute um 1790 L. J. Desprez den »Götiska tornet« (Gotischer Turm).

Birka

Birka, allgemein als Handelsplatz und als Ort der ersten Missionierungsversuche bekannt, liegt auf der Insel Björkö im Mälaren und kann nur mit dem Schiff erreicht werden. Die Boote gehen um 10 Uhr ab Klara Mälarstranden (an der Stadshusbron). Die reizvolle Fahrt durch die Mälarschären dauert etwa 2 Stunden. Zwischen 15 und 16 Uhr kann man zurückfahren (genaue Auskünfte jeweils bei Strömma Kanalbolaget, Tel: 08-24 11 00).
Birka wurde bislang als die älteste Stadt Schwedens angesehen. Ausgrabungen in den 50er und 60er Jahren auf Helgö haben diese Auffassung etwas erschüttert. Dort, auf der Insel Lillö (bei Ekerö), fand man die Reste einer Siedlung, die zwischen dem 3. und dem 9. Jh. n. Chr. einen blühenden Fernhandel unterhielt. Zu den Funden gehörte u. a. eine indische Buddhastatue, eine ägyptische Weinschöpfkelle usw. Offenbar wurde in großem Umfang dort Bronzeguß betrieben und exportiert. Von den Ausgrabungen ist auf Helgö jedoch nichts mehr zu sehen. Seine Rolle scheint um 800 auf Birka übergegangen zu sein. Die geschützte Lage im Mälaren begünstigte die Entwicklung. Nach 950 übernahm Sigtuna die Rolle Birkas.
Die wissenschaftliche Untersuchung Björkös begann 1871. Man hat heute eine ziemlich genaue Vorstellung über diese Stadt. Sie besaß zwischen 700 und 1000 Einwohner und lag halbkreisförmig gegen den Strand. Südlich der Stadt, wo das Land steil zur Küste hin abfällt (der Wasserspiegel lag damals rund 5 m höher als heute), befand sich eine Fluchtburg (auf den Karten mit »borg« bezeichnet), die zur Landseite durch Wälle geschützt war.

◁ *Dom in Uppsala, Uppland*

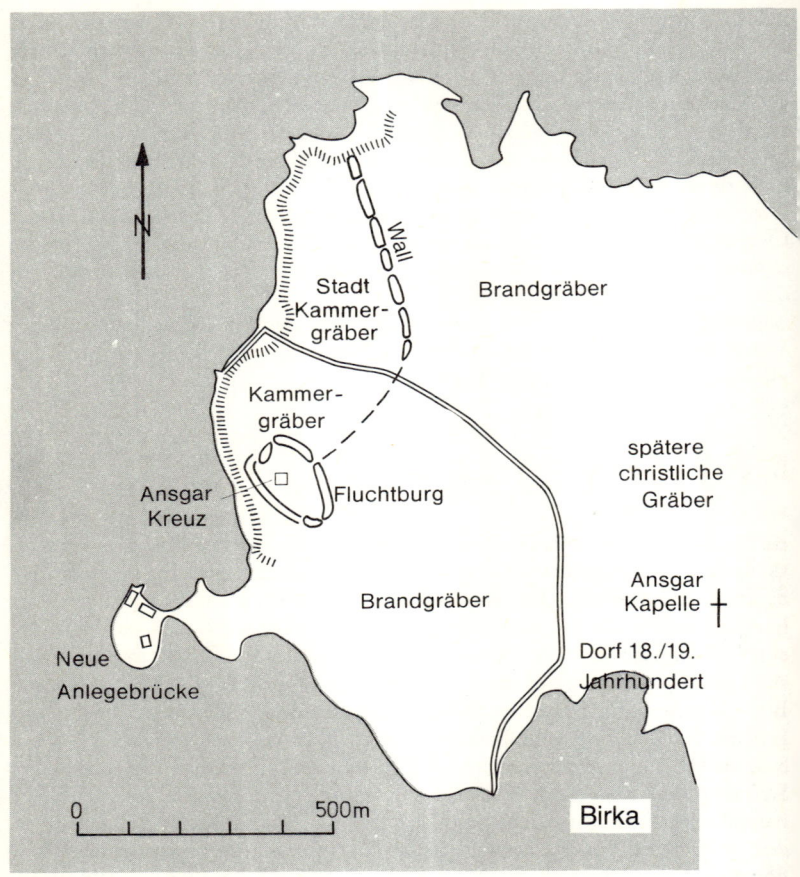

Von den über 3000 Gräbern um die Stadt wurden inzwischen rund 1100 untersucht. Meistens handelte es sich um Brandgräber, doch kamen auch Kammergräber vor. Man fand u. a. arabische Silbermünzen, orientalische und friesische Tuche, Seide aus China, Kannen aus Holland, Becher aus Franken, Gläser aus dem Rheinland, daneben aber auch Schlittschuhe aus Tierknochen und Pelzwerk.

Um 830 kam Erzbischof Ansgar von Hamburg-Bremen zum ersten Mal nach Birka. Dieser Missionierungsversuch blieb jedoch, trotz freundlicher Auf-

nahme, ebenso erfolglos wie sein zweiter Aufenthalt 850/53. Zur Erinnerung errichtete man 1834 das sog. Ansgarskreuz und 1930 die Ansgarskapelle mit den Bronzen von Carl Eldh.
Die Landschaft der Insel zeigt durch systematische Pflege ein Landschaftsbild, wie es noch vor einem halben Jahrhundert in Süd- und Mittelschweden vorherrschend war. Drei verschieden markierte Wege führen über die Insel und an den wichtigsten Fundstellen vorbei: gelb ca. 4 km, blau ca. 3 km und weiß ca. 1,5 km. An den Wegen stehen (mitunter etwas abseits) Orientierungstafeln mit Zeichnungen der Funde, Anlagen usw.

Vaxholm – Gustavsberg

Zu einer Rundfahrt nach Vaxholm verläßt man das Zentrum Richtung Norrtull/E 3 Norrtälje. Dicht am Weg liegt *Danderyds kyrka* (Abfahrt Sollentuna/Enebyberg, rechts halten). Zu Beginn des 17. Jh. erhielt diese dreischiffige Hallenkirche ihre heutige Größe. Um 1400 hatte man zunächst nur eine einschiffige Halle mit Sakristei im Norden gebaut. Reste der Wandmalerei am Giebel der Ostwand und an der nördlichen Langhauswand zeigen die Größe der damaligen Kirche. Ende des 16. und im 17. Jh. erhielt der Bau dann seine heutige Größe. Als man 1976 neue Gemeinderäume brauchte, verlegte man sie, um den Gesamteindruck der Kirche nicht zu zerstören, zwischen Sakristei und Nordwand unter die Erde.
Der Runenstein am Eingang erinnert an einen Brückenbau. »Diesen Stein ließ Jarlabanke errichten, als er noch lebte, und er baute diese Brücke für sein Seelenheil und besaß alleine ganz Täby«. Es ist eines der ältesten christlichen Dokumente dieser Gegend.
Außer der erwähnten Malerei sind noch Fresken an der Ostwand, links vom Altar erhalten, die Mitte des 16. Jh., also kurz nach der Reformation entstanden sind. Malereien aus dieser Zeit sind verhältnismäßig selten. Christus wird ohne Nimbus dargestellt. Der Altar, aus Kiefernholz geschnitzt und vergoldet, stammt aus dem 18. Jh. In der Sakristei hängt der Rest eines Kruzifixes (Arme und Kreuz fehlen) aus der Mitte des 12. Jh., das zur Gruppe der frühesten Christusfiguren in Schweden gehört. Die Tür zur Sakristei datiert aus dem Mittelalter. Gegenüber der Kanzel steht eine aus Eichenholz geschnitzte Madonna von etwa 1300. Links ist eine rechteckige Öffnung, sehr wahrscheinlich für eine Reliquie vorgesehen. Die Figurengruppe links hinten an der Chorwand wird Bernt Notke zugeschrieben, der Ende des 15. Jh. auch die St. Georgsgruppe in der Stockholmer Storkyrka schuf. Das romani-

sche Triumphkruzifix wurde im 13. Jh. geschnitzt. Die Kanzel ist eine Renaissancearbeit von etwa 1600. Ganz modern ist dagegen der Taufstein. Er wurde 1976 von Maj Starck aus Eiche gearbeitet.
Bei Arninge biegt man von der E 3 nach rechts Richtung Vaxholm auf die Straße 274 ab. Nur etwa 4 km weiter liegt rechts die Kirche *Östra Ryds kyrka*. Das Langhaus entstand um 1430. Querhaus, Westturm und der Grabchor im Osten wurden 1690/93 angebaut. Die Kirche ist bekannt für ihre reichhaltige Gemäldesammlung, größtenteils Kriegsbeuten aus der Großmachtzeit. Die meisten Bilder stammen aus dem 17. Jh. Der Altaraufsatz ist von 1488 (Mo–Fr 7–12, 13–15.45).
Vaxholm ist eine Gemeinde, die aus 62 Inseln und gut 6000 Einwohnern besteht. 4000 davon leben in dem Städtchen selbst. Es ist durch seine Verteidigungsanlagen aus der Zeit Gustav Vasas (1523–60) bekannt. 1612 widerstand es den Dänen und 1719 den Russen. Das jetzige Kastell wurde nach 30jähriger Bauzeit erst 1863 fertiggestellt. Am 27. August 1872 probierte man seine Widerstandsfähigkeit. Das Panzerschiff Hildur feuerte eine Granate gegen die Festungsmauern ab. Sie durchschlug den Wall. Das Kastell hatte ausgedient. Heute beherbergt es ein Museum, das Interessantes und Kurioses aus der Geschichte der Küstenverteidigung zeigt (15.5.–31.8. tgl. 12–16). Zu dem Kastell fährt halbstündlich ein Boot.
Das kleine Städtchen ist sehr reizvoll. Ein Rundgang lohnt, besonders vom Söderhamn mit der originellen Sonnenuhr zum Norrhamn. Bis 1912 waren Steinhäuser auf Vaxholm verboten. Deshalb sind, vor allem in der Gegend des Norrhamn, noch zahlreiche Holzhäuser mit Veranden aus dem 19. Jh. zu sehen. Damals war Vaxholm ein beliebter Platz für die Sommerhäuser reicher Stockholmer. Gegen die 1950 einsetzende »moderne« Bebauung liefen eine Reihe hier lebender Künstler Sturm. Es gelang ihnen schließlich auch, diese Entwicklung zu stoppen.
Mit zwei Fähren setzt man zunächst auf die kleine Insel *Rindö* und von dort nach Stenslätten auf der Insel *Värmdö* über. Gustav Vasa hatte beschlossen, diesen schmalen Sund mit Steinen zu füllen. Größere Schiffe sollten so gezwungen sein, das Kastell von Vaxholm zu passieren. Von Gustav Vasas Zeit an bis 1867 warf man Steine ins Wasser. Drei Jahre später begann man, sie wieder herauszuholen. Heute beträgt die Wassertiefe 20 m.
Auf dem Weg nach Gustavsberg liegt rechts die Kirche von Värmdö (*Värmdö k:a*). Ihre ältesten Teile stammen aus dem ausgehenden 14. Jh. Sakristei, Waffenhaus, die Sterngewölbe und die Kapellen entstanden im 15. Jh. Im 17. Jh. wurden in der südlichen Grabkapelle dann die Gewölbe im Renaissancestil geschlagen. Die ungewöhnlichen Strebebögen wurden um 1750 angebaut. Von dem Inventar ist besonders der Flügelaltar von 1490 beachtenswert. Wahrscheinlich kam er aus Lübeck. Die Gemälde der Flügel stammen

von dem ersten Gesellen Bernt Notkes. Neben der Tür zur Sakristei hängt eine Figur des heiligen Georg (ohne Pferd) aus dem frühen 16. Jh. Die beiden Stäbe mit den Figuren rechts und links der Tür zur Sakristei sind Prozessionsfiguren aus dem 17. Jh. Neben der barocken Kanzel aus der Mitte des 17. Jh. steht eine Anna Selbdritt, bei der das Jesuskind verloren gegangen ist. Es handelt sich um eine Lübecker Arbeit um 1450. Die Figur des hl. Bartholomäus am südlichen ersten Pfeiler stammt aus dem ausgehenden 15. Jh., die der hl. Birgitta auf der anderen Seite des Langhauses ist von etwa 1520. Das Triumphkruzifix läßt nach seiner Gestaltung darauf schließen, daß es bereits im frühen 14. Jh. entstand und die Jahreszahl 1588 nur den Zeitpunkt der Bemalung angibt. Der St. Olofsschrein im Chor ist eine Arbeit von Lars Snickare aus dem Jahre 1514. Die Kirche war im Mittelalter so bedeutend, daß Papst Bonifatius IX. sie 1391 in einer Bulle als Wallfahrtskirche empfahl.

In *Gustavsberg* liegt links hinter der Kirche die bekannte Porzellanfabrik. Seit 1825 werden hier Porzellan- und in neuester Zeit auch Plastikwaren hergestellt. Eine Ausstellung zeigt die Entwicklung. Man sieht, wie die Heranziehung von Künstlern sich im Design niederschlägt. Ein 200 m seitlich liegender Verkaufspavillon bietet teils recht gute IIa Qualitäten zu herabgesetzten Preisen (die Eintrittskarte zum »Keramiskt Centrum« gewährt weitere 10% Rabatt). Im Keramischen Zentrum sind die »Werkstätten« und die Herstellung von Porzellanmalerei zu sehen (14. 5.–7. 9. Mo–Fr 10–15, Sa 10–14; Werkstatt von Anf. Juni–Ende Aug.). Das Werk beschäftigt heute rund 2000 Arbeiter.

In den 1870er Jahren entstanden in der Grindstugan Zweifamilienhäuser aus Holz für die »verdienteren Arbeiter«. Die alten Arbeiterwohnungen, mit Gärten und Holzschuppen, Waschhäusern und Wasserpumpen, teils erst um die Jahrhundertwende entstanden, sind noch gut erhalten und bemerkenswert vorsichtig von innen restauriert. Auch die jüngeren anschließenden Bebauungen passen sich gut dem alten Hüttenmilieu an (auf der anderen Seite der Hauptstraße gegenüber der Kirche).

Lidingö – Millesgården

Auf der Insel Lidingö baute sich der bekannte, auch in den USA tätige Bildhauer Carl Milles (1875–1955) ab 1908 eine Wohnung mit Atelier. Auf den zum Wasser abfallenden Terrassen stehen zahlreiche Plastiken des Künstlers. Man kann fast von einer Skulpturenlandschaft sprechen. Dazu kommen

Milles' Sammlungen hellenistischer und römischer Kunst. Carl Milles war ein Künstler, der es vermochte, mit seinen unverwechselbaren Skulpturen das Gesicht eines ganzen Platzes zu beherrschen. In zahlreichen Städten Schwedens stehen Arbeiten von ihm. Man erreicht Lidingö mit dem Auto über den Lidingövägen (vom Valhallavägen abzweigend) und die Lidingöbron (Millesgården – südlich der Brücke, neben dem Hotel Foresta) oder mit dem Bus, Linie 221 Richtung Ropsten-Millesgården (Mai–15. Okt. 10–17).

Die Stockholmer Schären

Eine ganz eigene Welt bildet die vor Stockholm liegende Insellandschaft. Ein Gewirr von großen, kleinen und kleinsten Inseln erstreckt sich vom Mälaren weit in die Ostsee. Zusammen mit dem Archipel der zu Finnland gehörenden Ålandinseln bildeten sie einen praekambrischen, nach Finnland reichenden Gebirgszug. Die letzte Eiszeit gab ihnen die heutige Form. Der Schärengürtel ist von der Ostspitze von Södra Djurgården aus gute 70 km breit. Die Zahl der dort liegenden Inseln wird meist mit rund 24 000 angegeben. Eine genaue Untersuchung nennt aber sogar 6 267 über und 24 524 unter 2000 qm große Inseln. Manche von ihnen sind ständig, andere nur im Sommer und zahllose überhaupt nicht bewohnt.
Einige Gebiete im Schärengürtel sind für Ausländer nicht zugänglich, es sind sog. »skyddsområde« (Schutzgebiete). Hierzu zählt u. a. die durch die U-Bootaffäre bekannt gewordene Insel Muskö. In den sog. »kontrollområde« (Kontrollgebiete) dürfen sich Ausländer dagegen aufhalten. Am besten erfragt man vorher (z. B. im Tourist-Centre im Sverigehus), ob das ausgesuchte Ziel in einem »skyddsområde« liegt.
Vor etwa 4000 Jahren, als die ersten Menschen in der Steinzeit hier siedelten, lag die Küste etwa 25 m höher als heute, d. h. Siedlungen, die damals am Strand lagen, sind heute weit weg vom Wasser. Gegen Ende der Wikingerzeit (um 1050 n. Chr) verlief die Küstenlinie rund 5 m über der jetzigen. Noch heute hebt sich das Land um 40 cm in hundert Jahren.
Die erste Segelbeschreibung durch diese Inselwelt ließ um 1250 der dänische König Waldemar Seier (der Siegreiche) anfertigen. Genauere Berichte über die ständigen Bewohner der Schären finden sich in den Steuerlisten Gustav Vasas von 1542. Aus ihnen wissen wir, daß Fischfang und Weidewirtschaft

die Hauptnahrungsquellen waren. Getreideanbau war auch damals kaum möglich. Das notwendige Getreide wurde eingetauscht: ein Tönnchen Heringe gegen zwei Tönnchen Getreide, meist Roggen. Dieses Tauschverhältnis blieb erstaunlich lange konstant. Es wird von 1741 ebenso berichtet wie vom Ende des 19. Jh. Neben Fischfang betrieben die Bewohner Robbenjagd. Unter anderem mußten sie Robbenspeck als Steuer an die Krone liefern. Weitere Erwerbszweige waren Bootsbau und Frachtfahrt. Interessanterweise zeigen die Boote, die man auf Stichen des 17. und 18. Jh. sieht, eine bemerkenswerte Ähnlichkeit mit Wikingerbooten, ein Zeichen wie zweckmäßig diese Bootsform war.

Von der alten Kultur der Schärenwelt sind heute nur noch Reste erhalten. Zur Zeit des Rokoko begannen erstmals die Stadtbewohner, im Sommer die Schären aufzusuchen. Im 19. Jh. entstanden auf den dicht bei der Stadt gelegenen Inseln und Halbinseln Sommerhäuser. Die pastorale Idylle lockte. Als dann Mitte des Jahrhunderts der regelmäßige Verkehr mit Dampfschiffen begann, breiteten sich diese Sommervillen immer weiter aus. Fabrikanten, höhere Beamte und Offiziere oder zu Wohlstand gekommene Handwerker waren gewissermaßen die zweite Siedlergeneration auf den Schären, die aber dort nur den Sommer verbrachte. Dazu kamen noch die Sommergäste, die sich, bevor es eigens gebaute Pensionen gab, bei den Bewohnern einquartierten. Oft überließen diese den Sommergästen ihr ganzes Haus und lebten den Sommer über in Schuppen, denn diese Einnahmen wurden in der Zeit der beginnenden Industrialisierung immer wichtiger. Während so besonders an den Einfahrten nach Stockholm immer mehr Villen im oskarianischen Geschmack entstanden, zogen immer mehr ehemalige Bewohner in die Stadt. Dort gab es Arbeitsmöglichkeiten, die in den Schären fehlten.

Als nach dem Ersten Weltkrieg das Schlagwort vom Leben in freier Natur ein Begriff wurde, nutzten zunehmend Stadtbewohner die Möglichkeit einer einzigartigen Freizeitlandschaft »vor der Haustür« aus. Als Folge der gesteigerten Nachfrage bemächtigten sich ab 1930, ganz stark aber nach dem Zweiten Weltkrieg, Spekulanten der Inseln. Erst in den letzten zwei Jahrzehnten wurden die Folgen so offensichtlich, daß man begann, dieser Entwicklung gegenzusteuern. Schon 1959 war die Schären-Stiftung (Stiftelsen Stockholms Skärgård) ins Leben gerufen worden, die nun verstärkt mit Staatsmitteln und Geldern der Provinz Gelände aufkauft und zu Naturreservaten umwandelt. Sie sorgt auch dafür, daß die Inselwelt allgemein zugänglich bleibt. Um der Abwanderung ständiger Bewohner zu begegnen, bemüht sie sich, neue Arbeitsplätze zu schaffen. Die verbesserten Verkehrsanbindungen haben sicherlich auch dazu beigetragen, daß die Abwanderung aufhörte. Bis Anfang der 70er Jahre noch wies die Statistik eine laufende Abnahme der Bewohnerzahl auf. Seitdem ist die Entwicklung rückläufig.

Von verschiedenen Gesellschaften werden Schärenfahrten angeboten. Man kann statt einer Rundfahrt aber auch mit einem Boot zu bestimmten Zielen fahren, z. B. nach Vaxholm (siehe S. 344), und von dort mit Bus oder Bahn zurückkehren. Die Fahrt durch die friedliche Schärenwelt erfährt einen zusätzlichen nostalgischen Reiz durch die neben modernen Booten noch eingesetzten Dampfschiffe der Jahrhundertwende. Eines der Schärenboote, die 1910 gebaute »Blidösund«, wird noch heute mit Kohlenfeuerung betrieben, ist also ein »echter« Dampfer. Er bietet für SKr. 40,– nostalgische Rundfahrten (ab Skeppsbron und Stadshusbron; Karten an Bord oder im Sverigehuset). Die zahlreichen anderen Boote vom Beginn des Jahrhunderts haben zwar noch das alte Aussehen, ihre Kessel wurden aber durch Dieselmotoren ersetzt.

Den äußeren Schärengürtel vor Stockholm kann man z. B. gut auf einer Fahrt nach Möja erleben. Die Insel ist nur auf dem Wasserweg erreichbar (Fahrtzeit mit den Vaxholmbooten etwa 2,5 Stunden). Die Fahrt geht an Vaxholm vorbei durch ein Gewirr kleiner Inseln. Möja ist etwas größer, etwa fünf km lang und drei km breit. Schon um 1500 war die Insel bewohnt. 1719 landeten die Russen und brannten alles nieder. Heute leben dort ungefähr 280 Menschen, zu denen im Sommer noch eine größere Zahl von Sommergästen kommt.

Außer bei der Fahrt nach Birka kann man die Schären des Mälaren auch gut bei einem Ausflug nach Mariefred/Gripsholm erleben (Fahrtzeit rund 3 Stunden, Aufenthalt ebenfalls 3 Stunden. Abfahrt von Stadshuset um 10 Uhr).

E 4 (Stockholm–Haparanda) Rosersberg–Venngarn

Rechts und links der nach Uppsala führenden E 4 liegen einige Sehenswürdigkeiten, die einen Abstecher lohnen. Man nimmt die angezeigte Abfahrt Richtung Rosersberg und fährt zunächst zum *Rosersberg slott.* Das mehrmals umgebaute Schloß aus der ersten Hälfte des 17. Jh. wurde ab 1797 in einem neoklassizistischen Stil verändert, der genauer als Karl XIII.-Stil bezeichnet wird. Er stellt einen Übergang zwischen dem gustavianischen Stil und dem Empire dar. Rosersberg ist das beste Beispiel hierfür in Schweden. In dem Schloß lebte längere Zeit Karl XIII. (1808–18) und später auch Karl XIV. Johan, der erste Bernadottekönig (1818–44). Bis zu ihrem Tod 1860 war das Schloß dann von seiner Gemahlin Desirée bewohnt. Seit 1962 ist in der Anlage eine Schule der Zivilverteidigung untergebracht, doch können verschiedene Räume besichtigt werden. Ihre gut erhaltene Einrichtung stammt vorzugsweise aus dem späten 18. und dem frühen 19. Jh. (15. 5.–30. 6. u. 1. 8.–15. 9. Di–Do Führungen stdl. 1–15, So –16; deutschspr. Führer).

Gegenüber der Zufahrt zu Rosersberg slott führt die Straße nach Skånela. Links liegt kurz danach die *Norrsunda K:a*, die zu den Kirchen Upplands mit einem Ostturm gehört. Sie entstand Mitte des 12. Jh. Sakristei und Waffenhaus kamen jedoch erst im 14. und 15. Jh. dazu. Dabei verlängerte man auch das Langhaus nach Westen und schlug die jetzigen Gewölbe. Der Chor war schon bei seinem Bau eingewölbt worden. Chor und Langhaus wurden um 1450 ausgemalt, doch finden sich im Chor noch Reste einer dekorativen Malerei aus dem 14. Jh. Der ornamentlose romanische Taufstein entstand vor 1250. 1633 wurde auf der Südseite die Sparresche Grabkapelle für den Statthalter Gustavs II. Adolf in Mainz gebaut, eine der frühesten dieser Art in Schweden. Die Figuren Hoffnung und Glaube an der Giebelwand werden Jost Henne (gest. 1644) zugeschrieben (Sommer Mo–Sa 14–18, So 11–16). Die Straße weiterfahrend kommt man zur Kirche von *Skånela*, ebenfalls mit Ostturm. Turm, Apsis, Chor und östlicher Teil des Langhauses sind die ältesten Teile der Kirche (kurz nach 1160 gebaut). Im 13. Jh. wurden die Sakristei, im 15. Jh. westlich anschließend die sog. Nykyrka (Neue Kirche) und das Waffenhaus angefügt. Die sog. Jenningsche Grabkapelle in der Neukirche kam Mitte des 18. Jh. dazu. Vor der Kirche stehen Runensteine, die vermutlich einmal in der Kirche eingemauert waren. Das hochromanische Kreuzgewölbe des Chors zählt zu den ältesten Upplands. Beachtenswert ist die Ausmalung aus dem 15. Jh. Eine Madonna auf der Mondsichel steht im nördlichen Anbau. Sie ist von etwa 1505 und wird dem Immaculatameister zugeschrieben. Über dem Eingang zur Sakristei hängt ein Teil eines verlorengegangenen Altaraufsatzes aus der zweiten Hälfte des 15. Jh.

Zurückfahrend kommt man über Norrsunda nach Sigtuna (Abfahrt auch von E 4 Märsta/Sigtuna möglich). Vor dem Städtchen führt nach rechts ein kleiner Weg nach *Viby*. Mitte des 12. Jh. wurde hier mit dem Bau eines Zisterzienserklosters begonnen, das unvollendet blieb. Es entstand jedoch ein Dorf, das der großen Umwälzung der »enskifte« von 1807/1827 entging. Die Häuser stammen größtenteils aus dem 18. und 19. Jh. Viby bietet heute das in Schweden seltene Bild eines geschlossenen Dorfkomplexes aus der Zeit vor der Flurbereinigung.

Sigtuna

Sigtuna (5000 Einw.) übernahm um etwa 1000 n. Chr. die Rolle Birkas als führender Handelsplatz. Die Blütezeit der Stadt dauerte etwa eineinhalb Jahrhunderte. Damals wurden hier die ersten schwedischen Münzen geprägt.

Um 1100 war Sigtuna Bischofssitz, der älteste im damaligen Schweden, der jedoch wenige Jahrzehnte später nach Uppsala verlegt wurde. Der heutige Stadtplan am Strand geht auf diese alte Siedlung zurück.
Es ist zu empfehlen, an der *Mariakyrka* zu parken. Die Marienkirche ist die einzige in Schweden erhaltene Kirche eines Dominikanerklosters. Sie wurde zwischen etwa 1230 und 1255 gebaut. Schon 1281 baute man die Sakristei an, schlug die Gewölbe des Langhauses und erhöhte das Dach. Seitdem gab es keine wesentlichen Änderungen mehr. Daß man den Chor gleich beim Bau und das Langhaus erst später einwölbte, lag an den Bauvorschriften des Ordens, die sehr streng zunächst nur Gewölbe über Chor und Sakristei erlaubten. Die Kirche ist einer der ältesten Backstein- und einer der frühesten gotischen Bauten Schwedens. Die Ziegel wurden an Ort und Stelle gebrannt. Reste der Öfen fand man nördlich der Kirche.
An der Westfassade fällt das kleine Türmchen, eigentlich nur ein vergrößerter Eckpfeiler, auf. Türme waren durch die Ordensregel verboten. Ein später aufgesetzter Dachreiter wurde Ende des 18. Jh. wegen Baufälligkeit wieder abgerissen. Die zugemauerte, verputzte Nische in dem Türmchen war eine nach außen gehende Kanzel, von der aus die Mönche zu den außen vor der Kirche Stehenden predigten. Die große Blindnische über der gotischen Dreifenstergruppe war früher sehr wahrscheinlich mit Heiligenfiguren oder einer Kreuzigungsgruppe ausgemalt. Darüber, zwischen dem kleinen Rundbogenfries und dem gestuften Blindband, erkennt man noch die ursprüngliche Dachhöhe vor der Vergrößerung von 1281. Beachtenswert ist auch die sorgfältige Ziegelarbeit mit geformten Steinen am Portal.
Die wenigen erhaltenen Wandmalereien in der Kirche wurden leider bei ihrer Freilegung 1905 sehr hart restauriert. An der nördlichen Langhauswand hat der Restaurator sogar die Figuren der Maria und des Johannes unter dem Kreuz vertauscht. Die Malerei ist von etwa 1450. Das an die Chornordwand gemalte Epitaphium für die Erzbischöfe Jarler (gest. 1255) und Filipsson (gest. 1341) stammt von etwa 1350. Die Inschrift in der Nische wurde dagegen schon um 1250 angebracht. Ebenfalls an der Nordwand des Chors steht eine Christusfigur von 1450/80. Die Figur gegenüber an der Südwand, eine norddeutsche Arbeit von etwa 1470, stellt den Ordensgründer Dominikus dar. In der zweiten Hälfte des 15. Jh. ist die in einer Nische der Chorostwand stehende weibliche Halbfigur entstanden. Sie diente zur Aufnahme der Reliquie einer Heiligen. Die Figuren des Flügelaltars stammen aus der Mitte des 14. Jh., während der Schrein selbst mit der Bemalung der Flügel erst in der zweiten Hälfte des 15. Jh. entstanden ist. Schrein und Figuren sind Lübecker Arbeiten. Die beiden Taufsteine im Chor und rechts des Eingangs sind älter als die Kirche, beide sind im späten 12. oder frühen 13. Jh. gehauen worden. Im nördlichen Seitenschiff steht an der Ostwand ein Laienaltar aus

Sigtuna

1 Marienkirche
2 Ruine St. Olof
3 Rathaus
4 Tant Bruns Kaffestuga
5 Lundströmska gården
6 Museum Fornhemmet
7 Ruine St. Per
8 Aussichtsberg
9 Ruine St. Lars

der zweiten Hälfte des 15. Jh. Das Triumphkruzifix ist von etwa 1500, das Kreuz wurde jedoch später erneuert. Im südlichen Seitenschiff stehen vier kleine Skulpturen aus der Zeit von 1450 bis 1500. Die auf der gleichen Seite ausgestellten Textilien werden in das späte 15. und beginnende 16. Jh. datiert.

Einen interessanten Kontrast zur Marienkirche bildet die westlich davor liegende Ruine *St. Olof.* Die genaue Bauzeit der Kirche ist nicht bekannt, allgemein nimmt man an, daß der Bau kurz nach 1100 begonnen wurde. Es handelt sich um eine Kreuzkirche. Daß der Westteil kaum länger als der Ostteil ist, erklärt man damit, daß nach 1130 der Bischofssitz in das benachbarte Uppsala verlegt wurde. Die Kirche war dreischiffig mit Apsis, auch der Chor war dreischiffig. Die Stützen stehen eng, sogar in der Vierung ist noch jeweils eine aufgestellt. Bei dem Kirchenbau sind angelsächsische, möglicherweise über Norwegen vermittelte Einflüsse deutlich (so die schmalen sich nach oben verengenden Fenster und Portale). Von hier wie auch von den anderen Kirchen dieser Zeit in Sigtuna gingen zahlreiche Einflüsse auf den Kirchenbau in Mittelschweden aus.

Von der Ruine von St. Olof geht man bergab und kommt auf der anderen Seite der Prästgatan auf den Torget, an dessen Nordseite das 1744 eingeweihte Rathaus steht. Das Türmchen wurde von dem Vorgängerbau übernommen. Die Einrichtung ist teilweise noch aus dem 18. Jh. Heute wird das Rathaus nur noch für Trauungen benutzt. Die sich nach links und rechts erstreckende Stora gatan war um 1000 wahrscheinlich eine am Strand entlang führende Straße, denn der Wasserspiegel war damals rund 4 m höher als heute. Als das Land sich hob, baute man die zum jetzigen Strand hinführenden Gassen und schließlich, wieder parallel zum Strand, den Strandvägen. Da die Stadt im Lauf der Jahrhunderte mehrmals abbrannte, besonders im 17. und 18. Jh., liegt dieser Teil der Stadt auf einer rund 3,5 m hohen Kulturschicht. Die Häuser sind, mit einigen Ausnahmen, vorwiegend aus dem 19. Jh.

Unbedingt empfehlenswert ist ein Besuch von »Tant Bruns Kaffestuga«, mit den kleinen, niedrigen, urgemütlichen Gasträumen und einem alten Innenhofmilieu. Eine Querstraße weiter liegt der *Lundströmska gården,* ein Bürgerhaus und Kaufmannsladen vom Ende des 19. Jh., heute Museum (15. 5.–14. 9. tgl. 12–16). Ebenfalls in der Stora gatan, hinter dem Lilla torget, liegt das Museum *Fornhemmet,* das die archäologischen Funde aus Sigtuna verwahrt. (15. 5.–14. 9. tgl. 12–16; sonst Di–So 12–16).

Nach rechts durch die St. Persgatan kommt man zur Ruine *St. Per.* Ursprünglich scheint die um 1100 gebaute Kirche einschiffig gewesen zu sein. Die Säulen sind erst später gemauert worden. Möglicherweise aber hatte die Kirche zunächst hölzerne Stützen. Langhaus mit Westturm und daran gebauter Empore deuten auf deutsche Stileinflüsse, während der Ostteil sowie der Turm über der Vierung anglo-normannische Einflüsse erkennen lassen. Offensichtlich ist die Kirche nicht in einem Zug gebaut worden. Der Zentralturm zeigt deutlich zwei Bauabschnitte. Nach der Reformation, als sich die Gottesdienste auf königlichen Befehl in der Marienkirche konzentrierten, begann der Verfall der Kirche.

Uppland

Von der Ruine St. Per geht man am einfachsten durch den Tunvägen weiter. Von dort führt ein unbefestigter Weg über eine kleine Anhöhe mit einem schönen Blick auf die Sigtunafjärden genannte Bucht des Mälaren (rechts halten). Am Beginn des Weges steht ein besonderer Runenstein aus dem 11. Jh. Seine Breitseite zeigt ein Kreuz mit einem Schriftband ohne Runen, auf der Schmalseite steht »Ofeg ließ diesen Stein für seine zwei Schwestern Tora (?) und Rodvi machen«. Es ist sehr selten, daß Runensteine für Frauen gesetzt wurden. Wieder bergab gehend kommt man zu der Ruine von *St. Lars,* von der praktisch nur noch Reste eines kräftigen Turmes erhalten sind. Den Runenstein vor der Kirche, den man bei Ausgrabungen unter den Grundmauern fand, ließ »Anund errichten, während er lebte«. Durch die Prästgatan und die Olofsgatan gelangt man wieder zur Marienkirche.

Auf dem Weg Richtung Skokloster (Uppland, S. 354) (keine Rundfahrtmöglichkeit) ist die Zufahrt zu *Venngarns slott* angezeigt. Es entstand in seiner heutigen Größe aus dem Umbau und der Erweiterung eines mittelalterlichen Hauses und gehört zu den in der Großmachtzeit entstandenen Bauten der nach dem Dreißigjährigen Krieg zu Reichtum gekommenen Adligen, hier Magnus Gabriel de la Gardie. Von der früheren Pracht ist an den Fassaden nichts mehr zu sehen. Das Portal ist noch eine Arbeit aus den 1590er Jahren. Im Inneren ist vor allem die Kapelle interessant, die im 17. Jh. eingerichtet wurde und seitdem unverändert blieb (Sommer Di–So 11–17; Zufahrt durch die Allee).

Uppland

Uppland ist geologisch verhältnismäßig jung. Noch in der jüngeren Steinzeit lag ein großer Teil der Landschaft unter Wasser, aus dem nur einzelne Inseln aufragten. Frühe Siedlungen, die direkt an Seen oder Wasserläufen gegründet wurden, liegen heute kilometerweit vom Wasser entfernt. In der Eisenzeit, also nach 500 v. Chr. wurde aus der vorherigen Schärenlandschaft festes Land mit Wasserstraßen. Sie blieben lange Zeit noch die wichtigsten Verbindungswege. Erst nach der Wikingerzeit kamen Landwege in größerem Umfang hinzu. Zahlreiche Runensteine berichten von Wege- und Brückenbauten. Entsprechend dieser geologischen Geschichte ist Uppland ein verhältnismäßig tiefliegendes Land, dessen Hügel in der Regel nur 30 bis 50 m, maximal

75 m hoch sind. Neben den von der Eiszeit zurückgebliebenen Moränen liegt fruchtbarer Lehmboden. Schon gegen Ende der Wikingerzeit wurde er intensiv genutzt. Die heutige landwirtschaftlich genutzte Fläche entspricht ungefähr dem damals schon bebauten Boden.
Die Landschaft stellt eine Klimagrenze dar. Rund 150 verschiedene Pflanzen wachsen hier noch, die es weiter nördlich nicht mehr gibt.
Uppland war Ausgangspunkt der Entstehung des schwedischen Reiches, es war das erste Zentrum eines »svea-rike«, das zuerst die Landschaften um den Mälaren zusammenfaßte und sich dann weiter ausdehnte. Aus der alten Einteilung der Landschaft in »Volksländer«, die jeweils eine bestimmte Zahl bewaffneter Schiffe auszurüsten hatten, wuchs gegen 1300 die Landschaft Uppland. Im Süden stößt sie an den Mälaren. Ihre Grenze verläuft hier mitten durch Stockholm. Durch die Bildung der Provinz Stockholms län wurde die politische Grenze der Provinz Uppland bis ungefähr 25 km vor Uppsala nach Norden verschoben. Im Norden wird die Landschaft von dem Lauf des Dalälv begrenzt, der bei Skutskär in den Bottnischen Meerbusen fließt. Im Westen grenzt Uppland an Västmanland.

E 4 (Stockholm–Haparanda) Skokloster–Tierp

Von Sigtuna besteht die Möglichkeit eines Abstechers ohne Weiterfahrtsmöglichkeit zur Kirche und zum Schloß von *Skokloster* (gut 30 km). Der im Dreißigjährigen Krieg reich gewordene Feldmarschall Carl Gustav Wrangel ließ ab 1654 das große Barockschloß bauen. Seine vier Ecktürme und die dreigeschossigen Gebäude umschließen einen verhältnismäßig kleinen Innenhof. Architekt war der Baumeister des Herzogs von Gotha, Vogel, dessen Pläne aber von Nicodemus Tessin d. Ä. geändert wurden. Die Einrichtung, die einen guten Überblick über die Wohnverhältnisse der zu Reichtum gekommenen Oberklasse der schwedischen Großmachtzeit vermittelt, kann besichtigt werden. Neben den ursprünglichen Wohnräumen mit der Einrichtung von 1670 werden noch Kunsthandwerk, Möbel u. a. aus dem 17.–18. Jh. gezeigt (nur mit Führer, 1. 5.–30. 9. tgl., 11–16 zu jeder vollen Std.).
Neben dem Schloß liegt die Kirche, mit deren Bau um die Mitte des 13. Jh. begonnen wurde. Die dreischiffige Basilika brannte Ende des 13. Jh. aus und erhielt danach die jetzigen Gewölbe. Der plattgeschlossene Chor mit der Dreifenstergruppe dürfte dem Einfluß des bis zum 16. Jh neben der Kirche liegenden Zisterzienser-Nonnenklosters zuzuschreiben sein. An der Südseite wurde 1633/37 im niederländischen Renaissancestil eine Grabkapelle für die Familie Wrangel angebaut. In der Kirche ist das Triumphkreuz bemerkens-

wert, das um 1250 entstanden ist. Hinter der Kanzel hängt ein Christuskopf aus dem 14. Jh. Die Kanzel von 1612 selbst ist eine Kriegsbeute aus einem Danziger Kloster. Der Altaraufsatz aus dem beginnenden 17. Jh. stammt aus dem Kloster Oliva bei Danzig. Die sitzende Madonna mit Kind ist zu Beginn des 14. Jh. in Schweden geschnitzt worden. Die stehende Terrakottamadonna schuf Michael Schilkin 1957. Im Wrangelschen Grabchor befindet sich eine Schlachtendarstellung, die den Sieg Wrangels über die Polen 1628 darstellt. Eine Weiterfahrt von Skokloster ist nicht möglich. Man muß über Sigtuna zurück auf die E 4 fahren.

Uppsala

Uppsala (140 000 Einw.), eigentlich eine Industrie- und Dienstleistungsstadt, ist vor allem durch die Universität mit rund 12 000 Studierenden und den Dom bekannt. Noch um 1000 n. Chr. bestand Uppsala offenbar aus zwei Zentren, einem kultischen und einem Handelsplatz. Der Kultplatz lag im heutigen Alt-Uppsala (Gamla U.), der Handelsplatz östlich des Fyris ån. Ob der berühmte Odintempel in Alt-Uppsala gestanden hat oder dort, wo heute die Domkirche steht, ist nicht geklärt. Der Tempel ist 1070 durch Adam von Bremen genau beschrieben worden. In ihm standen die goldverzierten, überlebensgroßen Statuen von Odin, Thor und Freya. Das 13. Jh. brachte der Stadt einen lebhaften Aufschwung, nicht zuletzt durch zahlreiche eingewanderte deutsche Händler. 1477 wurde die Universität gegründet. 1593 erhielten die Akademiker eigene Rechte und bildeten eine eigene Stadt in der Stadt, oft im Gegensatz zur Bürgerschaft. 1702 vernichtete eine Feuersbrunst den größten Teil Uppsalas. Der Dom wurde schwer beschädigt, das Schloß brannte aus. Erst nach der Jahrhundertmitte begann wieder eine lebhafte Bautätigkeit. Während in dieser Zeit die Professorenhäuser als repräsentative Steinbauten entstanden, waren die Bürgerhäuser noch durchweg niedrige, mit Stroh oder Torf gedeckte Holzhäuser. Die Universität erlebte nun eine Blütezeit. Besonders in den Naturwissenschaften war sie ein Zentrum, für das Namen wie Carl von Linné und Anders Celsius stehen. Mitte des 19. Jh. lebten 8000 Menschen in der Stadt. Danach begann die Entwicklung zu einer Industriestadt, gefördert durch die Eröffnung der Eisenbahn nach Stockholm 1866. Damals lag der Bahnhof noch außerhalb der Stadt. In der zweiten Jahrhunderthälfte veränderte sich dann radikal ihr Aussehen.
Ein Rundgang beginnt am besten am *Dom*. Die um die Kirche stehenden Häuser erhielten ihr Aussehen fast durchweg in der Mitte des 18. Jh. Dort,

wo heute der Ostteil des Doms steht, befand sich vorher eine kleinere Kirche, um die sich die Legende vom Tod Eriks des Heiligen rankt. Sie berichtet, daß König Erik, der einen Kreuzzug nach Finnland unternommen und zahlreiche Kirchen gegründet hatte, nach der Messe hier von einem dänischen Prinzen ermordet wurde. Dies sei der Anlaß zum Bau der Domkirche ab 1260 gewesen. 1164 hatte Schweden einen eigenen Erzbischof mit dem Sitz in Uppsala erhalten, nachdem bis dahin die kirchliche Oberhoheit dem Erzbischof im damals noch dänischen Lund zugestanden hatte. Der Kirchenbau wurde stark von der französischen Kathedralgotik beeinflußt. Zunächst begann man auch, in Kalkstein zu bauen, ging aber später zum Backsteinbau über. Die französisch beeinflußte Bauhütte in Uppsala war eine Keimzelle hochgotischer Bautätigkeit und Bauskulptur (hier besonders im Chorumgang zu sehen). Der Dom hatte besonders die Kathedrale in Amiens zum Vorbild, allerdings mit Anpassung an die örtlichen Verhältnisse. Gewisse Einflüsse der norddeutschen bzw. der baltischen Backsteingotik, die nach Baubeginn wirksam wurden, sind unübersehbar. Der 1435 fertiggestellte Dom übertraf in seiner Größe alle anderen Kirchen im Norden. Die Westtürme wurden allerdings erst um 1480 fertiggestellt. Bei dem Stadtbrand von Uppsala 1702 erlitt der Bau schwere Schäden. Nach einer ersten Wiederinstandsetzung wurde er 1885–93 stark restauriert. Dem verantwortlichen Architekten Helgo Zetterwall schwebte dabei vor, der Kirche ein stärker der französischen Hochgotik verpflichtetes Bild zu geben. Seine historisierende Bauweise war von Anfang an umstritten. Er baute auch die heutigen Turmhauben, wobei die Turmhöhe genau der Länge des Bauwerks angepaßt wurde: 118,4 m.

Das Nordportal hat seinen Namen nach dem skandinavischen Heiligen St. Olof. Es ist das älteste der drei Portale, bereits Ende des 13. Jh. von Etienne de Bonneuil geschaffen. Unter der Figur des St. Olof krümmt sich ein Zwerg, als Symbol für die unterworfenen und bekehrten Heiden, vielleicht aber auch, viel weltlicher, die Verspottung von Olofs Bruder Harald, der sich ebenfalls um die Königswürde bemüht hatte. Das Relief im Tympanon ist allerdings viel jünger, es wurde um 1890 von Theodor Lundberg gehauen. Um den Chor stehen zahlreiche Runensteine mit schöner Schlingenornamentik. Das Südportal ist besonders prächtig, denn es wendet sich der Richtung zu, aus der das Christentum nach Schweden gekommen war, vielleicht aber auch, weil es sich der Sonne zuwendet, der hier im Norden besondere Bedeutung zukommt. Es ist St. Lars gewidmet, dessen Figur vor dem Mittelpfeiler steht. Wahrscheinlich war die Figur ursprünglich nicht für dieses Portal vorgesehen, denn die Fußplatte paßt nicht zum Sockel, und die ganze Figur ist etwas zu groß für diesen Platz. Sie wurde um 1280 gemeißelt. Die Apostel (äußere Reihe) und die Propheten (innere Reihe) in den Archivolten sind um

1330 entstanden. Von den Reliefs im Türsturz sind die erste, dritte und sechste Szene der Schöpfungsgeschichte später angefertigte Kopien. Auch hier wurde das Tympanon 1890/1900 mit einem Relief von Th. Lundberg versehen. Das Westportal, der heutige Haupteingang, ist St. Erik geweiht. Die jetzige Figur wurde jedoch erst um 1880 von Th. Lundberg geschaffen. Die ursprüngliche mittelalterliche Skulptur war auf Anordnung Gustav Vasas (1523–60) entfernt worden, weil die Gottesdienstbesucher die Figur immer noch nach katholischer Sitte berührten, um durch ihre Kraft Gesundheit zu erhalten. Auch die drei Sandsteinskulpturen unter den Baldachinen stammen von Lundberg. Dagegen datiert hier das Tympanonrelief in die erste Hälfte des 15. Jh.

Über 300 Jahre war die Domkirche Krönungskirche der schwedischen Könige. Sie gilt in Schweden fast als Nationalheiligtum. Zugleich ist sie aber auch Gemeindekirche. Vom Waffenhaus führt links ein Aufzug in das im nördlichen Turm befindliche Dommuseum mit einer berühmten Sammlung von Meßgewändern und anderen kirchlichen Gegenständen, darunter auch verschiedene Begräbniskronen aus dem 16. und 17. Jh (Eintrittskarten bei der Touristeninformation im Waffenhaus; tgl. 8–18; Museum Sept.–April nur eingeschränkte Zeiten).

In der Kirche fallen zuerst die geschlossenen Wandflächen über den gebündelten Pfeilern auf. Hier wird der norddeutsche Einfluß deutlich. Nur die sehr kleinen Vierpaßöffnungen erinnern noch an die französischen Triforien. Die Pfeiler waren ursprünglich aus Backstein gemauert. Erst Zetterwall ersetzte sie durch die jetzigen Kalksteinpfeiler.

1 Leuchter »Baum der Völkerversöhnung«, aus Anlaß des Weltkirchentags in Uppsala 1968 von Olof Hellström gearbeitet.
2 Gedächtniskapelle; die 1976 von Anneliese Forsberg entworfenen Gewebe berichten von der Geschichte des Doms.
3 Das dunkle Rechteck an der Westwand zeigt, wie die Wände vor der letzten Restaurierung 1971/76 aussahen.
4 Die Kanzel wurde 1707/09 nach Zeichnungen Tessins d. J. von Burchardt Precht im römischen Barockstil geschnitzt. Precht war der führende Schnitzer seiner Zeit in Schweden. Diese Kanzel ist nur durch Zufall erhalten geblieben. Bei der Restaurierung durch Zetterwall wurde sie abgenommen, da man die Ansicht vertrat, sie passe nicht in die gotische Kirche. Am Ende der Restaurierungsarbeiten war aber kein Geld für eine neue Kanzel übrig. Das Gleiche gilt übrigens für die Figur des St. Lars am Südportal.
5 Die Ansgarskapelle ist ein Beispiel für moderne Kirchenraumgestaltung; sie entstand 1925.

6 Unter der Vierung wurden von 1441 (Unionskönig Christoph von Bayern) bis 1719 (Königin Eleonora) die schwedischen Könige gekrönt. Die Vierung wird deshalb auch das Krönungsgewölbe genannt.
7 Die Jagellonische Kapelle entstand durch Einreißen einer Zwischenmauer. Johan III. (1568–92) ließ sie für seine polnische Gemahlin Katarina Jagellonica (gest. 1583) ausgestalten. Ihr Grab an der Westseite ist eine Arbeit von Willem Boy, des hervorragendsten Vertreter des niederländischen Renaissancestils. Die Kapelle wurde mehrmals geändert. Das Grabmal Johans III. wurde von dem in Danzig arbeitenden Willem van der Blocke geschaffen, der dabei auf polnische Vorbilder zurückgriff, die ihrerseits wieder Anfang des 16. Jh. von Rom nach Krakau gelangt waren. Die Veduten von Krakau (über dem Grab der Jagellonica) und Stockholm (über dem Grab Johan III.) wurden erst Ende des 19. Jh. zugefügt.
8 In der Sturekapelle steht ein um 1520 in Brüssel gefertigtes Altarretabel, ein sog. Annenaltar. Er befand sich ursprünglich in der Kirche von Skånela/Uppland und wurde erst zu Beginn des 20. Jh. dort angekauft. Die Kapelle erinnert an den sog. »Sturemord«. König Erik XIV., der innerhalb des Adels viele Gegner hatte, ließ in einem Anfall von Wahnsinn 1567 Svante Sture, dessen Söhne Nils und Erik und noch mehrere andere Adelige im Gefängnis des Schlosses von Uppsala umbringen.
9 In der Finstakapelle steht an der Ostwand der Sarg mit den Überresten von Erik, der in Schweden als Heiliger verehrt wird, obgleich er nie kanonisiert wurde. Der Schrein ist vermutlich nach Zeichnungen Willem Boys angefertigt worden. Der besonders schöne mittelalterliche Grabstein für Birger Persson (gest. 1327) ist wahrscheinlich eine flandrische Arbeit. Auf ihm sind neben seiner Frau auch die Kinder dargestellt, darunter die (spätere Heilige) Birgitta.
10 Die Marienkapelle ist die Begräbniskapelle Gustav Vasas. Das sehenswerte Grabmonument schuf um 1570 Willem Boy. Der König ist zwischen seinen zwei Frauen dargestellt, die auch mit ihm zusammen begraben sind. Die Ausmalung der Kapelle besorgte 1733/38 Gustav Sandberg (1782–1854), ein vielseitiger Künstler, der die Schilderung des Volkslebens in die schwedische Malerei einführte. Mit den Fresken in der Vasakapelle brachte er die Kunst der Freskomalerei wieder nach Schweden, die hier fast ganz ausgestorben war. Sandberg mußte sich brieflich technische Ratschläge in Frankreich holen. Die 7 Szenen schildern die Geschichte des Königs. Sandbergs Werk war aber schon für seine Zeitgenossen eine Enttäuschung. An der Seitenwand ist auch die Abschiedsrede Gustav Vasas vom 16. 6. 1560 an die Reichsstände verzeichnet, in der es u. a. heißt: »Habe ich aus menschlicher Schwäche gefehlt, vergebt mir um Christi Willen. Ich weiß, daß ich nach Meinung vieler ein harter König

Uppsala

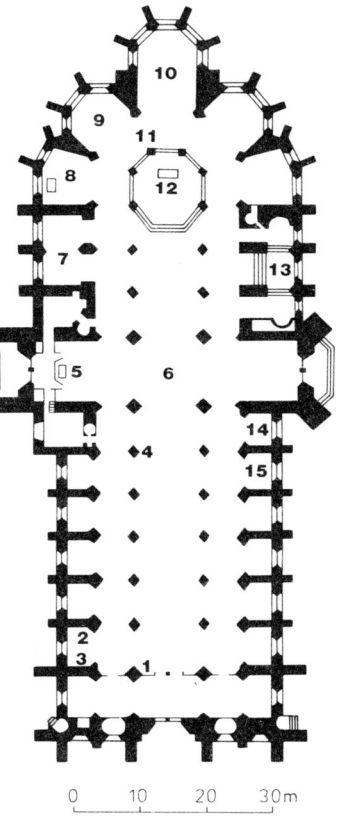

Der Dom zu Uppsala

1 Baum der Völkerversöhnung
2 Gedächtniskapelle des Doms
3 Ein dunkles Rechteck an der Wand zeigt wie die Mauerflächen vor der letzten Restaurierung aussahen
4 Kanzel
5 Ansgarskapelle
6 Krönungsgewölbe (Vierung)
7 Jagellonische Kapelle
8 Sturekapelle
9 Der Reliquienschrein des Hlg. Erik
10 Marienkapelle
11 Der Weg des Lebens und des Todes (Tugend und Laster)
12 Hochaltar
13 Grabkapelle Oxenstiernas
14 Kapelle des Friedens
15 Andachtskapelle

war. Aber die Zeit wird kommen, in der Schwedens Kinder mich am liebsten aus der Erde herausreißen würden, stünde es in ihrer Macht.« Ursprünglich war hier die Marienkapelle des Doms. Die Umwandlung solcher ursprünglich Heiligen geweihten Kapellen in Grabkapellen ist für die Reformationszeit typisch.

11 In den Pfeilern um den Altar sind Nischen, die wohl einmal für Heiligenfiguren bestimmt waren. Die darunter befindlichen Kragsteine sind um 1340 von unbekannten gotländischen Steinmetzen gehauen worden. Sie zeigen die Tugenden und die Laster. Unter ihnen ist auch die bekannte

»Judensau« (judesuggan), die möglicherweise mit der Pestwelle 1349/50 zusammenhängt. Denn das Mittelalter betrachtete Seuchen als ein Werk der Juden. Möglicherweise sollte ursprünglich aber das Laster des Hochmuts gegeißelt werden.

12 Das große Silberkreuz mit Bleikristall im Diamantschliff über dem Hochaltar ist ein Werk Bertil Berggren-Askenströms von 1976. Die früher in der Kirche stehenden mehr als 30 Altäre fielen der Feuersbrunst von 1702 zum Opfer.

13 Die Grabkapelle Oxenstiernas wurde 1691 von Nicodemus Tessin d. J. gestaltet.

14 Die Kapelle des Friedens mit einer textilen Ausschmückung von Anna-Lisa Odelqvist-Kruse von 1976.

15 Andachtskapelle. Die textile Gestaltung besorgte 1976 Britta Rendahl.

Vom Dom nach links gehend kommt man am *Dekanatshaus* von 1741/46 vorbei. Der Portikus wurde 1834 angebaut.

Die aus Feldsteinen und Ziegeln erbaute *Trefaldighetskyrkan* wird 1302 zum ersten Mal erwähnt. Erst 1979 wurde bei einer gründlichen Untersuchung festgestellt, daß die unüblich südlich des Chors liegende Sakristei älter ist als die Kirche. Bislang hatte man angenommen, sie sei zusammen mit dem Turm in der zweiten Hälfte des 15. Jh. angebaut worden. Der Helm des Turms wurde nach dem Stadtbrand von 1702 aufgesetzt. Die Westfassade der Kirche mit ihren Nischen hat große Ähnlichkeit mit dem Aussehen des Doms vor der Restaurierung 1885/93. Das Waffenhaus ist im 14., die beiden Seitenschiffe sind im 15. Jh. angebaut worden. Das Kircheninnere bietet einen fast intimen Raumeindruck. Die Gewölbe wurden in der ersten Hälfte des 14. Jh. geschlagen. Die Backsteinpfeiler hatten ihr Vorbild wohl in denen der Domkirche. Die kleinen Lichtgaden des Mittelschiffs erinnern ebenfalls an den Dom. Die Ausmalung des Gewölbes stammt nicht, wie man lange Zeit angenommen hatte, aus der Bauzeit. Erst 1980 konnte man nachweisen, daß die Gewölbe des Mittelschiffes zu Beginn unseres Jahrhunderts neu ausgemalt worden waren. Schwer deutbare Reste der ursprünglichen Malerei finden sich nur an den Wänden des Mittelschiffs. Anders dagegen ist die Ausmalung der Gewölbe in den Seitenschiffen noch aus dem späten 15. Jh. Auch die Malerei im nördlichen Waffenhaus stammt aus dieser Zeit. Die drei bunten Chorfenster (C. W. Petterson) entstanden, ebenso wie der Altaraufsatz (Harald Sörensen-Ringi), anläßlich der Restaurierung 1904/05.

Von der Trefaldighetskyrkan gelangt man, nach links den Berg hinaufgehend, zum *Schloß*. Die Bastion gleich rechts vom Eingang gehört zum ältesten Teil des Schlosses. Er wurde 1549 begonnen. Baumeister war der auch in Gripsholm tätige, von Gustav Vasa aus Deutschland geholte P. Schütz. Aus dieser ersten

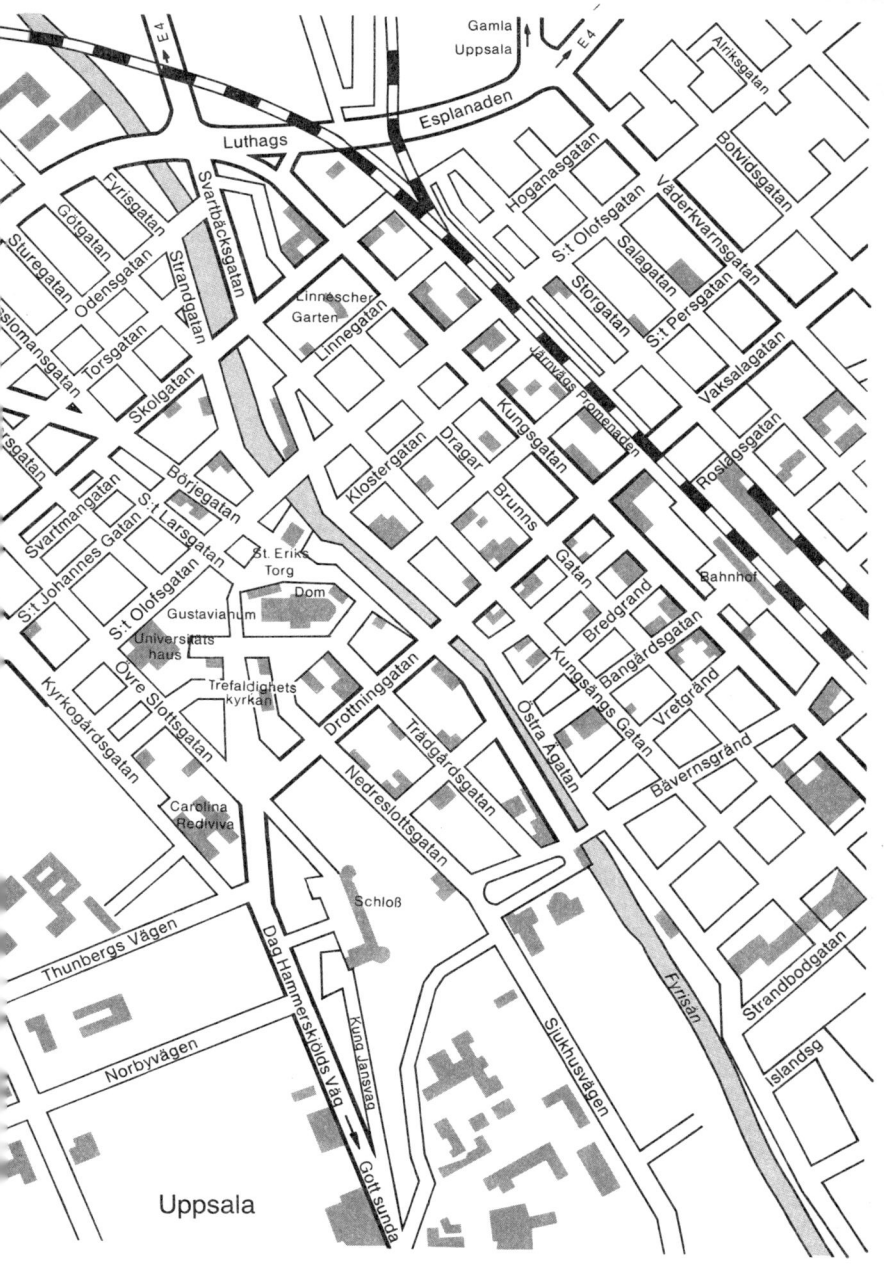

Bauphase stammt auch der an der gegenüberliegenden (südwestlichen) Ecke noch erhaltene Teil. Von der Bastion sieht man im Osten auf den 1660 von Olof Rudbeck angelegten *Botaniska trädgården*. In den 1770er Jahren gestaltete ihn Carl Hårleman im französischen Geschmack um. Heute wird er von der Universität als botanischer Garten benutzt. Das darin liegende Gebäude mit dem dorischen Portikus wurde 1807 unter der Leitung von Louis Jean Desprez gebaut. Es ist das sog. *Linnéanum* mit einer Naturaliensammlung. Auf der Styrbiskop genannten Bastion steht die *Gunilla-Glocke*. Sie ist nach der zweiten Frau Johan III. benannt, die sie für ihr Seelenheil gießen ließ. Im Jahresablauf Uppsalas hat sie einen festen Platz: An jedem »Walpurgisafton«, d. h. am 30. 4., wird mit ihr um 21 Uhr der Frühling begrüßt (s. u. »Carolina rediviva«). Anfang des 17. Jh. war der Burgbau abgeschlossen. Die westliche und südliche Seite waren durch Erik XIV. und Johan III. gebaut worden. Dabei hatte die ehemalige schwere Verteidigungsanlage mehr einen repräsentativen Renaissancecharakter erhalten, wie das auch bei den anderen Vasaburgen der Fall war (z. B. Vadstena oder Kalmar). In den jetzt mit einem Gitter verschlossenen Ruinen befand sich früher ein Gefängnis. Hier fand 1567 der Sturemord statt. Ein weiteres Mal spielte das Schloß in der schwedischen Geschichte eine wichtige Rolle: 1653 flüchtete Königin Christina hierher und legte 1654 im Reichssaal die Krone nieder, um nach Rom zu gehen und katholisch zu werden. 1702 brannte das Schloß aus. Beim Wiederaufbau 1750 erhielt der Ostflügel sein heutiges Aussehen. Der Reichssaal wurde erst in der zweiten Hälfte des 18. Jh. wieder aufgebaut. Um 1930 gab ihm Ragnar Östberg, der das Stockholmer Stadshus verantwortlich gebaut hatte, seine heutige Form als Festsaal für offizielle Anlässe. Im Schloß befinden sich staatliche Dienststellen und die Wohnung des Landeshauptmanns. Der Schloßhof mit den Kanonen aus den russischen Kriegen Gustavs III. (1771–92) und der 1827 aufgestellten Büste des Bauherrn Gustav Vasa wurde 1972 neu gestaltet.

Vom Schloß wieder bergab gehend sieht man an der nächsten Kreuzung links das Bibliotheksgebäude *Carolina rediviva*. Es weist mit seinem Namen auf das alte, 1778 abgerissene Universitätsgebäude hin. Der Bau entstand 1819/41. Er beherbergt die älteste und größte schwedische wissenschaftliche Bibliothek. Gegründet wurde sie 1620. Ihr Grundstock bestand aus einigen Klosterbibliotheken und den Beständen verschiedener, als Kriegsbeute nach Schweden gelangter, ost- und mitteleuropäischer Bibliotheken. Ihr Bücherbestand wird derzeit auf über 90 000 laufenden Metern aufbewahrt. Er nimmt jedes Jahr etwa 1100 m zu. Rund 28 000 Zeitschriften aus aller Welt werden gehalten. Besonders sehenswerte Kostbarkeiten sind die Handschriften. Der Besuch des Handschriftenraums (gleich rechts vom Eingang) ist unbedingt zu empfehlen. Die wertvollste Schrift dürfte die sog. Silberbibel, die »codex

argenteus« sein, die um 500 auf purpurgefärbtem feinsten Kalbleder in Norditalien mit Silber geschrieben worden ist. Es handelt sich um die Bibelübersetzung des Bischofs der Goten, Ulfilas (Wulfila) (etwa 311–383), in die gotische Sprache. Die Schrift auf den etwa 20 mal 24 cm großen Blättern ist gotisch. Wie die Bibel nach Schweden gelangte, ist in allen Einzelheiten kaum mehr feststellbar. Wahrscheinlich ist sie durch den Missionar Liudger nach Werden/Essen gekommen. Anfang des 17. Jh. erwarb sie Kaiser Rudolf. So kam sie nach Prag, wo sie schwedische Truppen 1648 mitnahmen. Sie war dann persönliches Eigentum Königin Christinas. Als dieser die Mittel für die Bezahlung ihrer Beamten fehlten, gab sie die Bibel ihrem holländischen Bibliothekar, der sie mit nach Holland nahm. Dort wurde sie von dem schwedischen Reichskanzler Magnus Gabriel de la Gardie gekauft. Als dieser sie 1662 mit dem Schiff nach Schweden schickte, strandete das Schiff vor der holländischen Küste. Glücklicherweise wurde die Bibel gerettet und kam doch nach Schweden zurück, wo sie 1669 die Universität Uppsala als Geschenk erhielt. Das letzte Blatt der Bibel, die ursprünglich einmal 336 Seiten zählte, wurde erst 1970 im Dom von Speyer entdeckt.
Im Handschriftensaal sind noch weitere wertvolle Schriften und Karten zu sehen. Besondere Beachtung verdient die hinten links hängende Skandinavienkarte von Olaus Magnus (1490–1557), 1539 in Venedig gedruckt. Die Karte ist mit großen und kleinen Buchstaben versehen und in einem gesonderten Verzeichnis sind die einzelnen Länder, nach diesem System geordnet, beschrieben. Die Karte ist so genau gezeichnet, daß einzelne Runensteine vermerkt sind, deren Lage man heute noch danach kontrollieren kann. Von dieser Karte gibt es in der ganzen Welt nur zwei Exemplare. Zu erwähnen ist auch das Evangelienbuch des deutschen Kaisers Heinrich III., der »codex caesareus«, aus dem 11. Jh. (Mo–Fr 9–20.30; 1. 6.–15. 9. auch So 13–15.30).

Vor der Carolina rediviva versammeln sich traditionsgemäß auch heute noch am 30. 4., dem Walpurgisafton, die Studenten. Der ganze Abhang ist dann voller Menschen. Professoren und leitende Beamte stehen vor der Universität. Der Rektor hält eine Ansprache, in der er den Frühling begrüßt und Hurra-Rufe auf seine Ankunft ausbringt. Die Studenten schwenken ihre weißen Studentenmützen. In ausgelassener Stimmung werden Lieder gesungen. Luftballons steigen auf. Abends versammelt man sich dann vor der Burg, und wenn um 21 Uhr die Gunilla-Glocke läutet, beginnt ein Chorsingen mit Frühlings- und Volksliedern, in das später alle einfallen.
Durch die Övre slottsgatan geht man nach links weiter. Die Häuser sind größtenteils Ende des 19. Jh. gebaut worden und seitdem unverändert geblieben. Zu dem nostalgischen Eindruck paßt auch die *Alte Universität* nach rund 250 m auf der rechten Seite. Es ist ein Bau im Renaissancestil, wie ihn

das 19. Jh. für repräsentative Gebäude bevorzugte. Sie wurde 1887 eingeweiht und dient heute noch als Vorlesungs- und Seminargebäude. Die Frauenfiguren über dem Haupteingang (von der Straße aus die »Rückseite«) symbolisieren die ursprünglichen vier Fakultäten. Die Fackel in den Händen der Figur der philosophischen Fakultät steht für die Naturwissenschaften, die Lyra für die humanistischen. Der große Raum beim Betreten ist eindrucksvoll und fordert – leider – zu Vergleichen mit unseren heutigen Beton-Universitäten heraus. Auch die Sauberkeit ist auffallend. Die Inschrift über der Aula lautet auf deutsch »Frei zu denken ist groß, aber recht zu denken ist größer«. Der Spruch stammt von dem schwedischen Dichter Thomas Thorild (1759–1808; weniger ein Poet als ein Vorkämpfer geistiger Freiheit, dem deutschen Sturm und Drang ähnlich). Die Figuren im ersten Stock sind Abgüsse antiker Skulpturen. Zu den großen Sehenswürdigkeiten des Universitätshauses gehört der dort verwahrte *konstskåpet*, der Kunstschrank. Am besten fragt man bei der »Vaktmästeri« im Erdgeschoß (Hausmeister). Dieser Kabinettschrank wurde 1632 Gustav II. Adolf von der Stadt Augsburg geschenkt. Dortige Handwerker hatten ihn 1625/31 für den Kaufmann und Kunstsammler Ph. Hainhofer angefertigt, von dem die Stadt Augsburg ihn für 6500 Gulden erwarb. Der Schrank wurde zusammen mit einem Tischler als »Konstvaktmästare« nach Schweden geschickt, wo der Augsburger eine feste Anstellung am Hof erhielt. Der Ebenholzschrank ist mit einer Unzahl von Schubladen, Fächern usw. ausgestattet, darunter natürlich vielen sog. »Geheimfächern«. Seine Ausschmückung mit Elfenbeinschnitzereien, Muscheln, seltenen Steinen, Korallen usw. bezweckte die Unterhaltung des Betrachters mit »exotischen« Kuriositäten, sollte aber auch die handwerkliche Kunstfertigkeit demonstrieren. Die teils auf Achat und Marmor gemalten biblischen Bilder sollten der gläubigen Versenkung dienen. Mit einem Christusbild innen an der Mitteltür konnte er sogar als Hausaltar benutzt werden. Kunstschränke dieser Art wurden im 17. Jh. öfters angefertigt, doch nimmt der Uppsalaer Schrank durch Größe und reiche Ausschmückung eine besondere Stellung ein. Nur drei Schränke dieser Art sind insgesamt erhalten. Im Keller des Universitätshauses befindet sich eine der größten Münzsammlungen Schwedens mit rund 32 000 Münzen.

Unterhalb des Universitätsgebäudes liegt das an seiner Kuppel leicht erkennbare *Gustavianum*. Links und davor stehen 9 Runensteine aus der näheren Umgebung, also nicht am ursprünglichen Platz. Sie stammen aus der Zeit um 1000 n. Chr. Das Gustavianum, eigentlich Collegium Gustavianum zu Ehren König Gustav II. Adolf, ist teils auf den Mauerresten des alten Erzbischöflichen Palastes 1622/25 erbaut. Ein halbes Jahrhundert später kam der Ausbau des anatomischen Theaters dazu, dem das Gebäude seine charakteristische Kuppel verdankt. Mitte des 18. Jh. gab ihm Carl Hårleman sein endgültiges

Aussehen. Ursprünglich bot der Bau bedürftigen Studenten Wohn- und Essensmöglichkeiten. Heute sind verschiedene Universitätsabteilungen darin untergebracht. Im ersten Stock steht u. a. ein Modell von Gamla Uppsala. Hier sind auch die »Marter-Instrumente« ausgestellt, mit denen früher Studenten in den akademischen Kreis aufgenommen wurden (Depositionsinstrumente). Erst 1691 wurde dieser Brauch verboten. Das anatomische Theater befindet sich ganz oben. Zwischen 1663 und 1766, der Zeit seiner eigentlichen Bestimmung, wurden aber nur wenig mehr als zwei Dutzend Leichen hingerichteter Verbrecher hier zu Demonstrationszwecken seziert. Nach 1766 diente der Raum als Bibliothek (tgl. 12–15 im Sommer; wegen Besichtigung der altnordischen und der ägyptischen Sammlungen muß man sich an den Hausmeister, »vaktmästare«, wenden).

Aus dem Gustavianum nach rechts gehend kommt man am *Historicum* vorbei, in dem historische Institutionen untergebracht sind. Das Haus wurde 1761 gebaut. Man überquert danach die S:t Olofsgatan und geht zwei Blöcke durch die S:t Larsgatan und nach rechts durch die Skolgatan. Rechts an der Ecke steht das Verbindungshaus *Västmanlands-Dala nationshus*. Es wurde 1964/65 von Alvar Aalto gebaut. Zu den vielen studentischen Verbindungen sei bemerkt, daß das schwedische Wort »Nationen« zwar mit »Verbindung« richtig übersetzt, seine Bedeutung aber nicht richtig geschildert wird. Die »Nationen« haben denselben Ursprung, sind landsmannschaftliche Zusammenschlüsse, es fehlt ihnen aber die Ideologie der deutschen Verbindungen. Heute muß jeder Student zwangsweise einer Verbindung angehören, weil er über sie versichert wird. Die Zugehörigkeit zu einer bestimmten Landsmannschaft ist aber nicht vorgeschrieben. Es ist deshalb nicht verwunderlich, daß man hier in der Umgebung so viele Schilder von »nationen« an den Hauseingängen findet. Natürlich bieten die einzelnen Verbindungen auch Geselligkeit, Bibliotheksräume u. dgl.

An der Ecke Skolgatan/Sysslomansgatan liegt eine Konditorei, die man erleben sollte, *Ofvandahls Hovkonditori AB* (Eingang von der Sysslomansgatan). Es ist ein uraltes Studentencafé mit der leicht zerschlissenen Pracht der Jahrhundertwende und weithin berühmtem Gebäck.

Man geht die Skolgatan weiter und biegt hinter der Brücke in die Svartbäcksgatan nach rechts ein. Einige Reste der alten Bebauung aus dem 18. und 19. Jh. sind hier noch erhalten. Links (Nr. 27) liegt der *Linnéträdgården,* der Linnésche Garten. Die Anlage stammt in ihren Grundzügen noch von Linné, wurde aber im 19. Jh. teils in einen englischen Park umgewandelt. Hinten liegt das alte sog. Präfekthaus, in dem Linné wohnte. Es ist heute ein Linnémuseum mit der Originaleinrichtung des Botanikers (20. 5.–30. 9. Di–So 13–16; Garten 9–19). Zwei Straßen weiter steht zwischen modernen Bauten schräg in der Fußgängerzone das Celsius-Observatorium. 1738 baute Anders

Celsius das Haus zu einem Observatorium um. Den Aufbau mit dem Fernrohr riß man im 19. Jh. wieder ab. 150 m weiter befindet sich der Stora Torg mit dem Rathaus, das sein jetziges Aussehen 1883 erhielt. Von dort nach rechts durch die Drottningatan über die Brücke kommt man, dahinter wieder nach rechts gehend, zum *Kunstmuseum* (konsthall), das besonders Künstlern aus Uppland ständig wechselnde Ausstellungen widmet (Di–So 12–16).

Das *Upplandsmuseet* mit Sammlungen aus der Geschichte Upplands liegt unterhalb des Doms am S:t Eriks Torg (1. 5.–30. 9. Mo–Sa 11–16, So 11–17; sonst Mo–Fr 12–16, Sa 11–16, So 12–17).

Im Norbyvägen befindet sich das *Bror Hjort-Museum*. Bror Hjort (1884–1968) lebte und arbeitete in Uppsala. Der Brunnen vor dem Bahnhof von 1976 ist eines seiner letzten Werke. Er gehörte zu den wichtigsten schwedischen Künstlern der Zeit nach dem Ersten Weltkrieg. Plastiken, Skizzen und Bilder sind in seinem ehem. Atelier zu sehen. (Norbyvägen 26; über Dag Hammerskjölds Väg stadtauswärts, nach rechts in den Norbyvägen 2. 5.–30. 6. u. 1. 8.–13. 9. Mi–Do 10–15, So 12–15).

Als interessante moderne Kirchenbaukunst sei auf die Holzkirche von *Gottsunda* verwiesen (Dag Hammerskjölds Väg stadtauswärts, nach rechts Richtung Valsätra/Gottsunda, an der nächsten Gabelung links den Vårdsätravägen etwa 2 km, bis man nach links in den Hugo Alfvensväg einbiegen kann; von dort noch rund 1000 m bis zu einem Einkaufszentrum). Die 1980 geweihte Kirche wirkt von außen durch Farbgebung und Höhe (die Bäume sind noch klein!) zunächst etwas eigenartig. Betritt man die Anlage, wird einem die Vorstellung des Architekten Carl Nyren (geb. 1917) klar, der selber schrieb, sie solle »so lieblich wie der schwedische Frühling« und »sehr schwedisch, hell und freundlich« werden. Um einen Innenhof sind die Kirche und ein Gemeindezentrum herumgebaut. Die Wirkung geht von dem naturbelassenen Holz aus, das seine funktionelle Bedeutung zwar nicht versteckt, aber die Funktionalität auch nicht betont. Der in Holz gehaltene Kirchenraum ist ein schönes Beispiel moderner schwedischer Holzkirchenbaukunst. Die astreichen Kiefern vermitteln ein Gefühl von Wärme, Ruhe und Bewegung gleichzeitig. Das ca. 60 qm große Mosaik hinter dem Altar beschreibt die Offenbarung Johannes 22: 1–2. Sven Ljungberg (geb. 1913) gestaltete es aus rund einer halben Million venezianischer Mosaiksteinchen. Die Ausmalung der Taufapsis stammt von dem gleichen Künstler. Er vereint in seinen Werken kritisches Umweltbewußtsein mit Poesie. Auf dem Bildfries des Kirchenraums zeigt Ljungberg Bilder aus der schwedischen und besonders der uppländischen Geschichte. U. a. sind der Mord an König Erik und der Sturemord zu sehen, der große Stadtbrand von 1702 und das anatomische Theater. Der Kerzenträger ist eine Arbeit von Gösta Josefsson. Der außerhalb der

Kirche stehende Glockenturm knüpft in seiner gedrungenen Form an uppländische Traditionen an.

Etwa 4 km nördlich des heutigen Zentrums liegt *Gamla Uppsala* (Alt-U.) (Zufahrten am besten über E 4 Richtung Södertälje, Abfahrt ausgeschildert). Die drei großen sog. Königshügel sind unübersehbar. Sie sind die größten Altertümer Schwedens. Hier lag das Machtzentrum des alten Sveareiches, aus dem sich Schweden entwickelte. Damals war das kleine Flüßchen Fyrisån noch ein mächtiger Strom, und dieser Platz war sowohl mit Schiffen wie auf dem Landweg leicht erreichbar. Bei den drei Hügeln handelt es sich um Gräber von Königen und anderen hochgestellten Personen aus der Zeit etwa des 5. und 6. Jh. n. Chr. Ausgrabungen der beiden äußeren Hügel ergaben, daß es sich um Brandgräber handelte. Es ist auffallend, daß man keine Waffen fand. Man nimmt an, daß es sich um die sagenhaften Sveakönige Aun (oder Ane), Egil (auch Agantyr genannt) und Adil handelt. Der zunächst liegende (östliche) Hügel ist der Egils Hügel, der mittlere wird Anes Hügel und der hinterste Adils Hügel genannt. Das frühere Niveau des Geländes lag ungefähr in der mittleren Höhe der Hügel. Dort wurden die Scheiterhaufen errichtet. Nach dem Verbrennen wurden Erde und Steine rund um das Brandgrab weggenommen und über der Brandstelle aufgehäuft. Nach Südwesten liegt im Anschluß an die Königshügel noch ein großes Gräberfeld mit rund 300 unterschiedlich hohen Hügeln. Der niedrige Hügel, der auf der anderen Seite des Weges zur Kirche liegt, ist der sog. Tings- oder Domarhögen (Ting- oder Richterhügel). Man nennt ihn auch den »Geburtsort der schwedischen Demokratie«. Jährlich im Februar sollen sich dort Könige, Häuptlinge und Bauern versammelt haben, um in wichtigen Fragen Urteile zu fällen, religiöse oder weltliche Streitigkeiten beizulegen usw. Der Platz ist durch lange Zeiten so fest im Bewußtsein geblieben, daß Gustav Vasa hier zweimal die Bauern Upplands versammelte, und Gustav II. Adolf, gekleidet in die Tracht Gustav Vasas, die Uppländer von hier zum Krieg gegen die Dänen aufrief.

Der Platz war auch religiöses Zentrum des Sveareichs, und die Sveakönige waren zugleich die höchsten Opferpriester. Ob der berühmte Odinstempel hier stand, ist allerdings umstritten. Zweifellos hat dieser Tempel auch nur etwa 100 Jahre bestanden. Um 1090 wurde er abgerissen. Er kann also nur in der Endzeit der Götterverehrung bestanden haben, möglicherweise als ein Gegengewicht gegen das aufkommende Christentum. Zwei Opferquellen sind bekannt. Die eine lag am Fuß des mittleren Hügels, die andere vor dem Pfarrhof, genau südwestlich der Kirche. Sie wird Mimersbrunnen genannt. Belegt sind Tieropfer bei beiden Quellen. Menschenopfer sind aber nicht undenkbar. Neben der letztgenannten Quelle soll eine so große Eibe gestanden haben, daß sie »Weltbaum« genannt wurde. Jedes neunte Jahr wurden 72 geopferte Tiere in ihre Zweige gehängt.

Die Kirche war 1164 der erste Sitz des schwedischen Erzbischofs. Die damalige Kirche war bedeutend größer. Im Westen reichte sie bis an die heutige Kirchhofsmauer. Im Norden und Süden waren Querhäuser angebaut, deren Größe heute durch höhere Steine im Friedhof markiert ist. Auch ihre Apsiden sind so zu erkennen. Die heutige Kirche bildete in etwa nur den Chor der damaligen. Etwa Ende des 12. Jh. war sie fertiggestellt. Schon rund 100 Jahre später wurde der Sitz des Erzbischofs in das heutige Uppsala verlegt. 1245 brannte die Kirche fast vollständig ab.

Ein an der Südseite der Apsis eingemauerter Runenstein aus dem 11. Jh. zeigt den Kampf des aufkommenden Christentums: das Kreuz wird von einem schlangenförmigen Drachen bekämpft. Im Vorraum hängt ein Grundriß, der die Entwicklung der Kirche zeigt. Die Reste der alten Kirche sind schwarz markiert, die verschwundenen Teile gestrichelt, spätere Anbauten kariert. Mit gestrichelten Kreisen sind diejenigen Teile markiert, in denen man lange Zeit Reste des alten heidnischen Tempels erkannt haben wollte. Die Archäologie ist heute jedoch nicht mehr einhellig dieser Meinung. Die Gewölbe über dem Kirchenraum aus dem 12. Jh. wurden 1448/50 geschlagen. Damals wurden auch Decken und Wände ausgemalt. Durch eine spätere Überkalkung wurde vieles davon zerstört. Waffenhaus und Sakristei wurden im 15., die Apsis im 19. Jh. angebaut. Das Triumphkruzifix an der Südwand ist nach dem Kirchenbrand im 13. Jh. geschnitzt worden. Die Figur des in der Apsis hängenden Triumphkruzifixes entstand im 15. Jh., das Kreuz wurde 1926 ersetzt. Der älteste Gegenstand der Kirche ist der links vom Altar hängende Rest eines Kruzifixes aus dem 12. Jh., das schon in der Kirche hing, bevor sie abbrannte. Im Mittelalter sagte man ihm besondere Kräfte nach. Die an der Nordwand stehende Figur ist nicht eindeutig zu bestimmen. Man neigt dazu, in ihr Erik den Heiligen zu sehen. Da jedoch ein Attribut fehlt, ist eine eindeutige Aussage nicht möglich. Die Skulptur stammt etwa von 1300. Links im Chor steht vor der Apsis eine holzgeschnitzte Marienfigur aus dem beginnenden 16. Jh., bei der Farbe und Vergoldung noch original erhalten sind. Das gleiche gilt für die Figur des Johannes aus dem 15. Jh. auf der anderen Seite des Chores.

Der Altaraufsatz kam Ende des 15. Jh. aus der Werkstatt Bernt Notkes in Stockholm, ist aber recht einfach. Ein Stuhl in der Apsis soll eines der ältesten Möbelstücke Schwedens sein. Wahrscheinlich war es der Sitz des Erzbischofs, der hier bis 1245 benützt wurde. Später diente er als Brautstuhl. Das Gestühl ist im 17. Jh. entstanden.

In der nördlichen Wand ist der Silberschatz der Kirche eingelassen, darunter (Nr. 3) ein mittelalterlicher Kelch. Er entging der nach der Reformation üblichen Änderung der Kelche und hat noch seine ursprüngliche Schale. An der gleichen Wand hängen zwei Epitaphe, einer für A. Celsius, der hier auf

dem Friedhof begraben liegt, und einer für Lars Formelius, der Feldprediger im Heer Gustav II. Adolfs war und die Schlacht bei Lützen mitgemacht hat. »Niemand als ich sah besser König Gustavs blutende Wunden...« steht in Latein auf ihm.
Östlich der Kirche liegt das Gasthaus Odinsborg. Dort kann man aus Trinkhörnern echten, recht süffigen Met trinken, der nach einem Rezept aus dem 14. Jh. gebraut wird.
Nördlich von Gamla Uppsala liegt das Gräberfeld von *Valsgärde* (Zufahrt Richtung Österbybruk, ca. 3 km, Abfahrt angezeigt, ca. 1,5 km Feldweg). Außer einem Hügel, 28 runden Steinsetzungen und 30 Kisten- und Brandgräbern sind, als deutliche bootsförmige Einsenkungen, 15 Bootsgräber aus der Vendel- und Wikingerzeit (550–1050 n. Chr.) zu erkennen. Die Wikingergräber enthielten reiche Grabbeigaben an Waffen, Prachthelmen und Geräten, teilweise sogar Pferde. Die Leichen lagen im Achterteil der Boote und waren oft mit Schilden zugedeckt. 5 Gräber stammen aus der Zeit zwischen 550 und 800, 10 aus der folgenden Zeit bis 1100 n. Chr. In den Brandgräbern aus der gleichen Zeit wurden dagegen nur geringe Grabbeigaben gefunden – ein deutliches Zeichen sozialer Schichtung. Bemerkenswert ist, daß man in Suffolk/England Bootsgräber mit Beigaben gefunden hat, die eine deutliche Übereinstimmung mit den hiesigen aufwiesen. Bootsgräber sind in Schweden vorwiegend, wenn auch nicht ausschließlich, im Gebiet des Mälaren/Uppland gefunden worden. Um 1100 verschwinden Bootsgräber und Grabbeigaben. In einem späten Grab aus der Zeit um 1100 befanden sich dann aber wieder auffallend reiche Beigaben, ein Hinweis, daß die christlichen Sitten nur langsam vordrangen.
In dem bei Gamla Uppsala liegenden Freilichtmuseum *Disagården* sind drei Bauernhöfe aus Uppland aufgebaut. Die Gebäude aus dem 16. bis Anfang des 19. Jh. geben einen Eindruck von der früheren bäuerlichen Bauweise (Mo–Fr 9–17).
Eine Museumseisenbahn, die *Lennakatten*, fährt ab Uppsala Ostbahnhof. Die Schmalspurbahn versah von 1876 bis 1974 ihren Dienst (Fahrten nur sonntags nach Auskunft).
Bei der Weiterfahrt auf der E 4 Richtung Gävle/Sundsvall ist die Abfahrt zur Kirche von *Ärentuna* ausgeschildert. Diese einschiffige Feldsteinkirche mit Backsteingiebeln wurde kurz nach 1300 fertiggestellt. Die ursprüngliche Holzdecke im Langhaus ersetzte man um 1430 durch das Gewölbe (der Chor war von Anfang an eingewölbt). Die breiten Rippen aus ganzen Steinen sind typisch für Uppland. Die Kanzel, mit Zugang von der Sakristei, wurde 1761 gebaut. Der Altaraufsatz entstand um 1470. Da die Ausmalung der Kirche vollständig erhalten ist, vermittelt Ärentuna k:a besonders gut den Eindruck einer mittelalterlichen Kirche. Sie hat eine der am besten und vollständigsten

erhaltenen Ausmalungen im Land von Mitte des 15. Jh., kurz nach Fertigstellung der Gewölbe. Der Maler ist nicht bekannt, er wird als »Ärentunameister« bezeichnet. Die Malerei ist typisch für die spätmittelalterliche Kirchenmalerei im Gebiet des Mälaren, die auf älteren einheimischen Traditionen fußte (z. B. die Bäume im dritten Joch des Langhauses, die lilien- und herzförmigen gotischen Blumen). Die katechetische Absicht dieser Bilder wird in einzelnen Szenen deutlich, in denen z. B. der Teufel den trinkenden Männern Gesellschaft leistet (über dem Eingang) oder in der Illustration der 10 Gebote (Südwand), teils mit Versen auf schwedisch (nicht lateinisch).

Man sollte einen Umweg parallel zur E 4 fahren und zwar zunächst Richtung Östa, das am Rand des uppländischen Waldgürtels liegt, bis zur Straße nach Österbybruk. Rechts liegt ein Gräberfeld aus der jüngeren Eisenzeit (500–1050 n. Chr.). Man nimmt dann die Abzweigung Salsta-Tensta k:a. Nach links führt eine Allee mit einem Verkehrsschild »Allgem. Verkehrsverbot«, das durch ein Zusatzschild die Zufahrt zu dem einige 100 m weiter liegenden *Schloß Salsta* freigibt. Es erhielt 1670 durch Nicodemus Tessin d. Ä. sein jetziges Aussehen. Die stattliche Anlage ist nicht zu besichtigen. Auf teilweise nicht asphaltierten kleinen Straßen kommt man weiterfahrend an *Gödåkers gravfält* vorbei. Funde beweisen seine Anlage und Benutzung in der Eisenzeit (50–400 n. Chr.; 17 Hügel und 25 Bautasteine).
Nicht weit davon steht die *Tensta k:a*. Die um 1300 gebaute hochgotische Backsteinkirche auf einem Feldsteinfundament nimmt nördlich des Mälaren eine Sonderstellung ein. Auffallend sind die großen Nischen in den Langhauswänden und das runde, mit einem Maßwerk aus Eiche versehene Fenster auf der Westseite. Im Lauf des 14. Jh. wurde das Waffenhaus angebaut. Kurz nach 1430 entstanden die heutigen Gewölbe. 1437 malte Johannes Rosenrod, wahrscheinlich ein Deutscher, Decke und Wände aus. Den Figuren fehlt die frühere Steifheit und Angebundenheit an die Architektonik. Die dekorative Ausschmückung tritt ihnen gegenüber zurück, sie dient mehr zur Ausfüllung leerer Räume. Damit beginnt, was man später horror vacui benannt hat. Sehenswert ist der Altaraufsatz aus dem späten 15. Jh. Er wurde in einer Stockholmer Werkstatt geschnitzt und verrät einen etwas älteren Lübecker Einfluß. Hingewiesen sei auch auf den mittelalterlichen eisernen Leuchter im Chor. Die beiden Taufsteine stammen von ca. 1500.
Über Husby/Viksta fährt man weiter nach Vendel. Am Weg liegt die Kirche von *Viksta* von 1280. Mitte des 15. Jh. wurde sie eingewölbt. Auch hier sieht man wieder die für Uppland typischen breiten Rippen. 1503 erfolgte die Ausmalung. Die unterschiedlichen Stile im Chor und im östlichen Langhausjoch lassen vermuten, daß zwei Maler hier gearbeitet haben. Solche Stilmischungen waren in dieser Zeit nicht selten. Der einfache Taufstein und das

Husby – Vendel

Triumphkruzifix stammen aus dem 13., die beiden Heiligenfiguren im Chor aus dem 15. Jh.

Bei *Husby* liegt (einige 100 m Richtung Uppsala) ein Gräberfeld mit dem »Ottarshögen«. Möglicherweise ist es der Grabhügel König Ottars, der in der Beowulfssage erwähnt wird. Sein Todesjahr wird mit etwa 500 n. Chr. angegeben. Untersuchungen des ca. 8 m hohen Hügels, der einen Durchmesser von 40 m hat, brachten u. a. eine Münze des oströmischen Kaisers Basiliscus (476–477 n. Chr.) zutage. Das gesamte Gräberfeld beiderseits der Straße läßt sich in die jüngere Eisenzeit datieren.

Vendel hat aufgrund der dort gemachten Funde einer ganzen Epoche in Schweden seinen Namen gegeben, der Vendelzeit zwischen 500 und 800 n. Chr. 1881/82 entdeckte man südöstlich der Kirche 14 große Bootsgräber. Heute steht dort ein Obelisk zur Erinnerung. Es handelte sich um 5 bis 10 m lange, schmale Boote in Klinkerbauweise. Die Toten saßen jeweils im Achterschiff. Die ihnen mitgegebenen Schwerter und anderen Gegenstände waren reich verziert. Die Funde werden in Stockholm im Historischen Museum aufbewahrt. Im südlichen Torturm an der Kirchhofsmauer werden Fotos und Repliken gezeigt. Die Verzierungen zeigen deutlich die ineinander verschlungenen Linien, die man auch auf den Runensteinen wiederfindet.

An der Kirche fällt zunächst die Mauer um den Friedhof auf. Mit derartigen Mauern aus Feldsteinen und mit einem schindelgedeckten Dach waren früher (die Mauer ist vor dem 15. Jh. gebaut) alle Kirchen umgeben. Nur noch an wenigen Stellen sind sie so gut erhalten wie hier. Lediglich die östliche Seite fiel im 19. Jh. der Erweiterung des Friedhofs zum Opfer. Auch die Reste von Tortürmen findet man noch bei manchen Kirchhöfen. Die beiden Tortürme hier wurden im 15. Jh. aufgeführt. Der südliche war als Wohnung des Küsters vorgesehen, während der nördliche als Arrestlokal für Mütter diente, die im Schlaf ihren Säugling erstickt hatten, ein früher gar nicht so seltenes Unglück. Der älteste Teil der Kirche ist die Sakristei. Sie zeigt den Übergang zwischen Romanik und Gotik. Gebaut wurde sie in der zweiten Hälfte des 13. Jh. Die anschließende Kirche war 1310 fertig. Sakristei wie Kirche sind in Backstein gebaut, in Uppland eine Ausnahme, wahrscheinlich ein Einfluß von Sigtuna (Marienkirche). Die Lage spielte sicher auch eine Rolle, denn das Flüßchen Fyrisån war damals ein gut schiffbarer Fluß, und die uppländischen Backsteinkirchen liegen durchweg an Orten, die über gute Wasserwege verfügten. So konnte das Baumaterial leicht herangeschafft werden. 1451 wurde die Kirche eingewölbt. Der Unterschied zu dem älteren Gewölbe im Chor aus der Bauzeit ist deutlich sichtbar. 1736 wurde der Anbau an der Nordseite aufgeführt, die sog. »Neukirche«. Dabei entstanden auch die großen Fenster in dem alten Bauteil. Der Anbau steht deutlich im Kontrast zu der alten Kirche. Er ist typisch für diese Zeit, die sich nur wenig um Stilreinheiten

bekümmerte, aber wohl auch für die selbstbewußte Einstellung der damaligen Oberschicht, denn verantwortlich für den Anbau war der damalige Schloßherr von Örbyhus.
1451 malte Hannes Iwan die Kirche aus. Nur in der Sakristei blieb die ursprüngliche Ausmalung vom Beginn des 14. Jh. erhalten. Der barocke Altaraufsatz wurde 1752 aufgestellt. Die Kanzel ist von 1685. Die Apostelfiguren an der Nordwand der neuen Kirche standen ursprünglich in der Schloßkapelle von Örbyhus. Sie sind im 17. Jh. entstanden. Der darunterstehende Leuchter in Form eines Wikingerschiffes ist eine Arbeit von 1980.

Von Vendel fährt man am besten (über eine kleine, teilweise nicht geteerte Straße) Richtung Uggelbo wieder auf die E 4. Gut 1 km vor der Abfahrt nach Tierp liegt neben der E 4 (ohne besonderen Hinweis) die Kirche von *Tierp* (Parkplatz an der E 4). Sie ist eine der größten Landkirchen Upplands, um 1300 erbaut und 150 Jahre später mit Gewölben versehen. In der Kunstgeschichte ist sie durch ihre Ausmalung bekannt, die in den 1460er Jahren erfolgte. Hier ordnet sich die Malerei ganz der Architektur unter. Es entsteht dadurch eine sehr einheitliche, ruhige Wirkung. Von dieser Kirche hat eine das schwedische Spätmittelalter beherrschende Malerschule ihren Namen, die »Tierpsschule«. Die ornamentale Malerei ist gut erhalten. 1770 hatte man die Malerei übertüncht. Sie wurde 1914 wieder freigelegt. Der Altaraufsatz von 1915 (von J. Johnsson) und die Kanzel im gustavianischen Stil von 1781 passen sich gut dem Gesamteindruck an.

Von Tierp kann man einen Abstecher (10 km) zur *Strömsbergska bruk* machen (Richtung Skärplinge). Es handelt sich um die gut erhaltene Anlage einer bruk (über bruk siehe Kap. Västmanland S. 279). An der Straße liegt der alte Hochofen, in seinen ältesten Teilen von 1754, dann folgen rechts und links des Wehrs Schmiede und Mühle. In den weiß verputzten Arbeiterhäusern, die noch vor 1850 gebaut worden sind, lebten jeweils vier Familien.

Dalarna

Dalarna (Betonung auf dem ersten a) ist die nördlichste Landschaft Svealands. Sie liegt auf der gleichen geographischen Breite wie die schon zu Norrland gehörenden Landschaften Gästrikland und Hälsingland. Die Landschaft, rund 32 000 qkm groß mit etwa 280 000 Einwohnern, deckt sich fast vollständig mit der Provinz Kopparbergs län.

Kirchboot auf dem Siljansee, Dalarna ▷

Dalarna

Der Untergrund Dalarnas besteht vorwiegend aus Gneis, Granit und Glimmerschiefer. Im Westen kann man den roten Dalarnasandstein sehen. Nördlich des Siljansees liegt das größte Porphyrgebiet Schwedens. Seit frühester Zeit wurden in Dalarna Eisen und Kupfer gewonnen. Neuerdings überwiegen Blei, Zink und Schwefelkies. Die Silbervorkommen sind weitgehend erschöpft.
Dalarna ist eine wald- und seenreiche, hügelige Landschaft. Vom Siljansee, dem »Herz Dalarnas«, steigt sie von 161 m bis zu den südlichsten, »Fjäll« genannten Höhen auf über 1000 m an (über den Begriff »fjäll« siehe S. 396 f.). In den südlichen, an Närke und Västmanland grenzenden Gebieten, bis etwa in die Gegend von Falun, gehört Dalarna zu dem »Bergslagen« genannten Gruben- und Hüttenbezirk (zu »Bergslagen« siehe Kapitel »Västmanland« S. 278 ff.). Neben der Eisen- und Metallgewinnung und -verarbeitung spielt in Dalarna die Holzwirtschaft mit Papier- und Zelluloseherstellung eine wichtige Rolle. Darüber hinaus wird die Wasserkraft von zahlreichen Kraftwerken ausgenutzt. Landwirtschaft wird in der sehr fruchtbaren Tunaebene (Tunaslätten) südlich von Borlänge und in den Tälern betrieben.
Dalarna hat ein ausgesprochenes Binnenklima. Die Berge im Westen, an der norwegischen Grenze, bilden eine Barriere gegen die maritimen Luftmassen. Die Folge sind recht warme Sommer mit geringen Niederschlägen und kalte, schneereiche Winter. Dieses Klima hat, zusammen mit dem abwechslungsreichen Landschaftsbild, Dalarna zu einem beliebten Ferienziel sowohl im Sommer wie im Winter werden lassen. Zudem ist Dalarna, das auch »Schweden im Taschenformat« genannt wird, besonders reich an bäuerlicher Volkskunst, die sich in Trachten, Musik und Malerei zeigt. Das schwedische Auslandsbild wird stark von dieser Landschaft bestimmt. Insofern nimmt Dalarna die gleiche Stellung ein, wie aus der Sicht des durchschnittlichen Amerikaners Oberbayern für die BRD.
Ein besonderes Erlebnis sind für viele Touristen aus Mitteleuropa hier auch die hellen Nächte im Sommer. Im Juni geht die Sonne schon um 2.30 auf und erst nach 21.30 Uhr abends unter (Normalzeit). In der Zeit dazwischen herrscht eine ganz eigenartige, sehr helle, weiche Stimmung. Richtig dunkel wird es im Sommer nicht. Im Dezember ist dafür der Sonnenaufgang erst kurz nach 9 Uhr und der Sonnenuntergang schon um 14.45 Uhr. Zu einem Problem können im Sommer die Mücken werden, vor allem, wenn man weiter nach Norden kommt. »Djungelolja« oder »US 622« helfen etwas. Man sollte aber nie bei offenem Fenster ohne Mückengitter schlafen.
Die Geschichte Dalarnas verliert sich im Dunkel. Aus der Eisenzeit weiß man durch Funde, daß Sumpferz verarbeitet wurde. Aus ganz früher Zeit hat der südliche Teil auch den Namen »järnbärareland« (zusammen mit Nordvästmanland), d. h. das Land, das Eisen trägt. Ab der Winkingerzeit sind Eisen-

◁ *Kirchenstadt und Kirche in Alt-Luleå (Gammelstads kyrkostad), Norrbotten*

und Kupferbergbau überliefert. Da die Landwirtschaft, nicht zuletzt durch die ständige Teilung der Höfe beim Erbgang, nicht sehr ertragreich war, entstand frühzeitig eine Heimindustrie. Die hauptsächlich hergestellten Holz-, Leder- und Flechtwaren wurden durch reisende Händler vertrieben. Auch die berühmten Dalarnapferdchen haben hier ihren Ursprung. Zahlreiche junge Leute mußten jedes Jahr im Frühjahr zur Arbeitssuche ziehen, meist in die Gegend von Stockholm. Sie wurden auf dem Weg von Spielleuten begleitet, die ganz bestimmte Melodien fiedelten. Viele dieser Weisen gehören noch heute zur Volksmusik.

Noch eine andere Besonderheit hat ihre Erklärung in den schwierigen bäuerlichen Verhältnissen. Dalarna ist die Gegend mit den meisten Sennhütten Schwedens gewesen. Da die Weidemöglichkeiten in der Nähe der Höfe beschränkt waren, mußte das Vieh in entferntere Gebiete getrieben werden. Die dabei entstandenen Sennhütten, »fäbod«, stehen teilweise heute noch, auch wenn der Sennhüttenbetrieb weitestgehend aufgegeben wurde.

Die Spielleute haben eine alte Tradition. Auch wenn die Pietisten der Erweckungsbewegungen des vorigen Jahrhunderts dagegen Sturm gelaufen sind, konnten sie diese Sitte nicht ausrotten. Man sagt, wenn man zwei aus Dalarna trifft, spielen drei von ihnen Fiedel. Die Spielleute mit ihren Fiedeln und ihrem eigenen, unverwechselbaren Klang bestimmen noch heute das Bild jedes Festes in Dalarna. Besonders am Siljansee finden jedes Jahr große Spielmannstreffen (spelmansstämma) statt. Diese Fiedeln hatten früher in Dalarna noch eine ganz besondere soziale Funktion: bei schlechtem Ernteausfall wurde das Brot knapp; war nun eine Familie ganz ohne Mehl, so zogen die Spielleute durch das Dorf und fiedelten eine ganz bestimmte Melodie; jeder wußte dann, daß irgendwo Not herrschte, und brachte eine kleine Unterstützung zu einem bestimmten Ort an oder in der Kirche – Hilfe auf diskrete Art, die den Betroffenen nicht bloßstellte.

Zu den Besonderheiten Dalarnas gehören auch die Zwiebelhauben der Kirchtürme. Es wurde teilweise vermutet, russische Kriegsgefangene aus dem nordischen Krieg (1700–21), die beim Kirchenbau eingesetzt wurden, hätten sie mitgebracht. Das dürfte jedoch nicht stimmen. Zwiebelhauben waren zu dieser Zeit eine überall benutzte Dachform, die zum Barockstil gehörte.

Dalarna heißt auf deutsch »die Täler«. Die darin fließenden Wasser waren früher wichtige Verkehrswege. Heute werden sie vor allem von Elektrizitätswerken ausgenutzt. Viele Wasserfälle wurden deshalb auch umgebaut oder beseitigt.

In alten Schriften ist häufig von Dalekarlien statt von Dalarna die Rede. Das beruht darauf, daß im Mittelalter hier Finnen angesiedelt wurden, Leute aus Karelien. In einigen Orten haben sich die finnischen Ortsnamen erhalten (z. B. Pilkalampinoppi bei Orsa).

Avesta – Borlänge 377

Noch zwei andere Dinge sind mit Dalarna eng verbunden. Zuerst die rote Farbe, das Falunrot, das man in ganz Schweden trifft (s. hierüber S. 68), zum anderen die Dalamalerei. Diese Volkskunst entstand in Rättvik und Leksand um 1780, geht aber zweifellos auf die Blumenurnen der Reniassance zurück. Zuerst wurden wohl Schränke, dann auch die Wände bemalt. Die Maler waren Autodidakten, die vor allem auf biblischen Motiven fußten, später auch Bilder aus dem Volksleben dazunahmen. Auch die biblischen Themen wurden ganz in der heimischen Umwelt angesiedelt. Vorbilder für den Bildaufbau lieferten oft die Darstellungen der schwedischen Bilderbibel. Eine wichtige Rolle bei dieser Malerei spielte der Kürbis, der als Symbol aus dem Alten Testament übernommen wurde. Man spricht deshalb auch von der »Kürbismalerei«.

Straße 70 (Enköping–Mora) Avesta–Leksand

Avesta (20 000 Einw.) ist eine Industriestadt. Früher wurde Kupfer verarbeitet, heute wird rostfreier Stahl hergestellt. Sehenswert ist die alte »brukssamhälle«, die »bruks-Gemeinde«, Gamla byn (über »bruk« s. S. 59) (Abfahrt Avesta C, geradeaus, Dalavägen/Alvavägen bis Abzweigung Bergslagsvägen vor blauem Haus mit Mosaiken, einem Bau von Alvar Aalto, gegenüber Tankstelle, dann rechts über die Eisenbahn). Seit dem Anfang des 17. Jh. wurden hier Kupfer verarbeitet und bis 1830 alle schwedischen Kupfermünzen geschlagen. Darunter war auch die schwerste Münze der Welt, die 10 Taler-Münze von 1644. Sie wog 19,71 kg. 1803 brannte der Ort fast vollständig ab. Er wurde danach von der Hütte wiederaufgebaut. Meister und Angestellte erhielten 2 Zimmer und Küche in den Häusern hinter der Kyrkogatan, die Arbeiter an der Badhusgatan 1 Zimmer und Küche. Zu allen Häusern gehörten Höfe mit Platz für Haustiere und Gemüsegärten.
Vor dem Ortskern von Borlänge liegt links der Straße die Kirche von *Stora Tuna*. Ihr 86 m hoher Kirchturm ist von weitem zu sehen. Er wurde erst 1914/17 gebaut. Die 1469 geweihte Kirche ist eine spätgotische dreischiffige Halle mit Chorumgang. Das Sterngewölbe im Mittelschiff wurde im ausgehenden Mittelalter ausgemalt. Das 5,85 m hohe Triumphkruzifix von etwa 1500 weist sowohl mittelalterliche wie Renaissanceeinflüsse auf. Der Taufstein ist aus dem Anfang des 16. Jh., die Kanzel, eine Mischung aus Barock und Rokoko, von 1757. Auf dem Friedhof liegt der auch in Deutschland bekannte Opernsänger Jussi Björling begraben.
Borlänge (15 000 Einw.) ist eine Industriestadt mit Eisenwerken und einer Papierfabrik. Die Stadt wuchs erst mit der Industrialisierung nach 1880 und hat keinen eigentlichen Dalarnacharakter. Interessant ist das »Geologiska

museet« mit über 4000 Mineralproben aus der ganzen Welt (Floragatan 6, tgl. 11–17). Von Borlänge führt die Straße 70 nach Leksand (S. 382) und Rättvik an den Siljansee. Es lohnt jedoch der hier beschriebene Umweg über Falun (Straße 60) nach Rättvik.

Falun

Falun (30 000 Einw.) ist Bergwerks- und Verwaltungsstadt. Seit den Wikingerzeiten wurde hier Kupfer abgebaut. Eine Urkunde von 1288 weist auf einen damals schon organisierten Bergbau hin. Man bezeichnet Falun als die älteste Industriestadt Schwedens. Die Grubengesellschaft Stora Kopparberg von 1284 ist möglicherweise sogar das älteste Industrieunternehmen der Welt. 1367 gab es bereits ein ausgebildetes Grubenrecht. In den folgenden Jahrhunderten wuchs die Bedeutung Faluns. Im 17. Jh. konnte sich die schwedische Großmachtpolitik auf das Silber von Sala und das Kupfer von Falun stützen. Um 1650 wurden hier mit 3067 t rund ⅔ der Kupferweltproduktion gefördert. Damals war Falun die zweitgrößte Stadt Schwedens, hatte knapp 6000 Einwohner und erhielt Stadtrechte.

Der Bergbau wurde ziemlich unsystematisch betrieben. Als der Berg schließlich wie ein Käse durchlöchert war, stürzten im Sommer 1687 mehrere Schächte und Stollen ein. Die »große Grube« entstand. Damit war zunächst die Entwicklung der Grube unterbrochen. Erst in der zweiten Hälfte des 19. Jh. nahm ihre Bedeutung wieder zu. Heute sind Zink- und Bleierze sowie Schwefelkies wichtiger als Kupfer. Die jährliche Fördermenge liegt bei 200 000 t.

Von Borlänge aus liegt vor der Einfahrt in das Zentrum linker Hand die *Grube* (angezeigt »gruvan«). Am Parkplatz der Grube steht das alte Drahtzieherhaus, in dem von 1835 bis 1910 die benötigten Drahtseile hergestellt wurden. Vorher verwendete man Seile aus Ochsenhaut. Von der Aussichtsplattform hinter den Schienen hat man einen beeindruckenden Blick auf die Grube mit den Eingängen früherer Schächte und ihrem Farbenspiel. Sie ist so groß, daß das Stockholmer Schloß fünfmal hineinpassen würde. Rund um die Grube stehen neben den Gebäuden der früheren Anlage auch die Fördertürme und Aufbereitungsanlage des heutigen Betriebs. Der große Turm links gehört zur heutigen Förderanlage. Ein Teil der Grube kann besichtigt werden. Man kommt mit dem Fahrstuhl bis in eine Tiefe von 55 m und erreicht über Treppen und abschüssige Wege insgesamt 67 m. Feste Schuhe und warme Kleidung sind nötig; in 67 m Tiefe ist es nur noch 5 Grad warm.

Schutzhelme und Überhänge erhält man am Eingang (nur mit Führer, deutschsprachig; Eingang im ehemaligen Umkleideraum für Vorarbeiter; Zeiten wie Museum). Das Museum gibt einen Überblick über die Industriegeschichte der Grube (Stora Kopparbergs museum, 1. 5.–31. 8. tgl. 10–16.30; 1. 9.–30. 4. tgl. 12.30–16.30, deutschspr. Beschreibung erhältlich).
Neben der roten Farbe, dem Falu-röd (s. S. 68), hat noch ein anderes schwedisches Produkt hier seinen Ursprung: die Falu-korv genannte Wurst. Im Grubenbetrieb benötigte man viele Riemen, die aus Ochsenhaut geschnitten wurden. Im Vitriol der Gruben wurden sie sehr dauerhaft. Das dabei anfallende Ochsenfleisch mußte verwertet werden. Die Erfahrungen deutscher Bergleute in der Wurstherstellung führten zur Faluwurst.
Aus der deutschen Literatur ist die Grube von Falun durch eine Ballade H. Heines und eine Erzählung E. T. A. Hoffmanns (»Das Bergwerk von Falun«) bekannt geworden. 1719 fand man in der Grube die durch das Kupfervitriol völlig konservierte Leiche eines jungen Mannes. Eine alte Frau erkannte in ihm ihren Verlobten wieder, der vor über 40 Jahren bei einem Schachteinbruch verschüttet worden war. Interessierte aus aller Welt kamen, um den guterhaltenen Leichnam zu sehen, und es dauerte 37 Jahre, bis er beerdigt wurde. Das ist die Geschichte von »Fet-Mats«.
Trotz zweier großer Stadtbrände sind noch einige Viertel mit alten Holzhäusern erhalten. Rechts der in die Stadt führenden Gruvgatan liegt der Stadtteil *Elsborg*. 1646 wurden die nahe der Grube wohnenden Arbeiter angewiesen, innerhalb von zwei Wochen ihre Hütten zu räumen. Neue Grundstücke wurden ihnen in dem neu geplanten Stadtteil Elsborg zugewiesen. So entstand Schwedens »erste Eigenheimsiedlung«. Besonders in der Berghauptmansgatan und ihren Nebenstraßen stehen noch Häuser aus dem 18. und sogar 17. Jh. Teils gehören sie der Stadt und sind jetzt Pensionärsheime (z. B. Styraregatan 34–36).
In dem Stadtteil der Hüttenarbeiter, *Gamla herrgården* (Engelbrektsgatan, Herrgårdsgränd, Magasingatan, Bergmansgränd) findet man noch Gassen, die einen fast mittelalterlichen Eindruck machen. Ein altes Viertel ist auch *Östanfors*, besonders in der Slaggatan und Kvarngatan. Wegen der sorgfältigen Restauration waren diese Viertel im europäischen Denkmalschutzjahr 1975 der schwedische Beitrag unter dem Motto »Laßt Häuser leben«.
Nicht nur um Häuser, sondern auch um die Natur leben zu lassen, wurden große Anstrengungen notwendig. Schon Carl von Linné hatte über den unerträglichen Schwefelgestank geklagt. Die Umweltbelastung durch Schwefel führte schließlich dazu, daß es im Umkreis der Grube keinerlei Vegetation mehr gab, vielleicht eine der frühesten Umweltzerstörungen durch Industrialismus. Heute hat man dieses Problem gelöst.

Siljansee

Für die Opfer der zahlreichen Unglücksfälle, die sich immer wieder in der Grube ereigneten, wurde 1639 neben dem üblichen Siechenhaus ein besonderes Krankenhaus gegründet. Es war das erste Unfallkrankenhaus Schwedens.
Am Stora Torget, im Zentrum, liegt die *Kristina kyrka*. Sie wurde 1642 begonnen und war 1655 fertig, der Turm 1660. Sein jetziger Helm ist von 1864. Der barocke Altaraufsatz, die Kanzel und die Holzfiguren der früheren Chorschranke sind aus der zweiten Hälfte des 17. Jh. An der Nordseite des Platzes steht das alte *Rathaus* von 1650. Es war für ein Jahrhundert das einzige Steinhaus Faluns. Bei dem Stadtbrand von 1761 schwer beschädigt, wurde es 1764 in der jetzigen Form wiederhergestellt.
In der Stigaregatan 2–5 (parallel zur Gruvgatan) steht das *Dalarnas museum*, 1962 eingeweiht, mit Sammlungen aus der Geschichte der Gegend um Falun und einer besonderen Abteilung für die Dalamalerei (1. 5.–31. 8. Mo–Sa 11–17, So 12–17; 1. 9.–30. 4. Mo–Do 12–19, Fr–So 12–17).

Ein Abstecher von Falun führt etwa 6 km östlich (über Straße 80 Richtung Gävle, dann links nach Sundbornsbyn) zu dem Haus *Svedens bergmansgården*. Größe, Anordnung und Ausmalung sind eines der am besten erhaltenen Beispiele für den Hof eines Rittmeisters oder Kapitäns nach den Vorschriften des militärischen »indelningsverkets« (s. S. 36). Der Inhaber war Linnés Schwiegervater. In dem sog. Hochzeitshaus (»Linnés bröllopsstuga«) ist vor allem die Ausmalung interessant (Mo–Fr 11–13, 14–16, Sa–So 13–16).
Nur wenige km weiter, in *Sundborn*, ist der *Carl Larssonsgård* sehenswert. Der Maler Carl Larsson bezog das Haus 1901. Sein Heim wurde stilbildend für die Wohnkultur in Schweden. Viele seiner Motive hat er hier gefunden (1. 5.–30. 9. Mo–Sa 10–17, So 13–17).
Von Falun erreicht man Rättvik am Siljansee über die Straße 80.

Rund um den Siljansee

Der Siljansee, Dalarnas bekannteste Attraktion mit einer der schönsten Landschaften Schwedens, ist 290 qkm groß und bis zu 133 m tief. Seine größte Breite beträgt ca. 25 km, die größte Länge ca. 36 km. In der Eiszeit war hier eine Bucht des Eismeeres. Damals lag die Küstenlinie ca. 50 m höher als jetzt. Heute liegt der See 161 m hoch.
Bereits 1839 fuhr hier der erste Raddampfer. Trotzdem hat sich bis in die Zeit des Ersten Weltkrieges die Sitte erhalten, sonntags mit großen Ruderbooten in die Kirche zu kommen. Viele Kirchen liegen deshalb auch dicht am Ufer. Diese »Kirchboote« mit 20 Ruderern sind heute eine zur Mittsommerzeit liebevoll gepflegte Tradition. Dann findet das in Schweden berühmte Wettru-

dern zwischen den Booten der einzelnen Gemeinden statt (»Kyrkbåtsrodd«). Zu den Attraktionen des Siljan gehört auch das Dampfschiff »Gustaf Wasa« von 1876, das, mit erneuertem oberen Teil, aber stilgerechter Inneneinrichtung, regelmäßige Fahrten anbietet. Kleinere moderne Boote unternehmen Aussichtsfahrten von allen größeren Orten aus.

Leksand (4000 Einw.), an der südlichen Spitze des Siljansees, dem Österviken, gelegen, ist eines der bekannten Touristenzentren. Die *Kirche* (von der Straße 70, westlich der Brücke durch die Norsgatan, Kyrkallén) erhielt ihr heutiges Aussehen als fünfschiffige Zentralkirche kurz nach 1790. Sie steht inmitten eines ehemaligen Begräbnisplatzes der Wikingerzeit. Zahlreiche Funde wurden 1971 bei Ausgrabungen unter dem Waffenhaus gemacht. Der Bau wurde um 1300 begonnen. Die drei mittleren Schiffe sind aus dieser Zeit. Ein zunächst an der Westseite stehender Turm mit einer »gottlosen Höhe« fiel Blitzschlägen zum Opfer. Zu Beginn des 18. Jh. erhielt das Dach seine heutige Form und den Dachreiter mit der charakteristischen Zwiebelhaube. Im Kircheninneren fallen vor allem die vielen Emporen auf. Sie stammen aus dem 17. und 18. Jh. Jede Empore war für eine bestimmte Gruppe vorgesehen und hat daher ihren Namen: Frauen-, Männer-, Soldaten-, Chor- und Orgel-»skulle«. Die Namen sind Dialekt; so heißt z. B. die Empore für den Chor wörtlich übersetzt »Schreihalsboden«. Durch diese Emporen bietet die Kirche rund 2000 Menschen Platz. Am wertvollsten ist das Triumphkruzifix, das um 1400 geschaffen wurde. Es zeigt Verwandtschaft mit dem Kruzifix von Västerås. Kanzel und Altar entstanden Mitte des 18. Jh. Das Altarblatt eines früheren Altars hängt jetzt neben dem nördlichen Eingang. Die Ausmalungen auf der Soldatenempore vorne rechts mit der Geschichte König Davids sind wahrscheinlich vom Beginn des 18. Jh. Im Eingang hängt ein Bild von Pieter Aertsen (Kalverienberg).

Neben der Kirche liegen die *Leksands Hembygdsgårdar*, ein Heimatmuseum mit Gebäuden aus verschiedenen Jahrhunderten. U. a. sind hier fast alle Arten von Vorratshäusern zu sehen, die früher zum Bild jedes Hofes gehörten. Von Leksand nach Tällberg kann man über *Hjortnäs* fahren (durch den Ort nach Norden). In Hjortnäs befindet sich ein *Zinnfigurenkabinett* (Hjortnäsgården–tennfigurmuseum). In Panoramen sind wichtige Ereignisse der schwedischen Geschichte dargestellt (15. 6.–12. 8. tgl. 10–16).

Vom 365 m hohen *Plintsberg* bei Tällberg hat man einen weiten Blick. Zu einem anderen besuchenswerten Berg kommt man auf dem Weg nach Rättvik (bei dem Zusammentreffen der Straße mit der von Falun kommenden Straße 80, dort abbiegen). Der 1898 gebaute, 28 m hohe Aussichtsturm *Vidablick* liegt 190 m über dem Siljansee und bietet damit einen großartigen Blick über See und Umgebung.

Neben Leksand gehört *Rättvik* (3000 Einw.) zu den bekanntesten Touristen-

Siljansee

orten Dalarnas, nicht zuletzt wegen der dort stattfindenden Spielmannstreffen und der »Kyrkbåtrodd«, der Wettfahrt der Kirchenboote (am »midsommardagen«, d. h. dem Tag nach dem Mittsommerfest; sonntags fährt jeweils ein Boot von der Brücke zur Kirche).
Die etwas außerhalb, auf einer Halbinsel gelegene Kirche entstand in verschiedenen Etappen ab dem 14. Jh. Der Turm wurde 1771/83 gebaut. Vor der Kirche stehen 87 »Kirchenställe« (»kyrkstallar«), in denen die Gottesdienstbesucher ihre Pferde unterstellen und teilweise auch übernachten konnten. Die ältesten sind aus dem 17. Jh. Im Kircheninneren ist ein Triumphkruzifix aus dem 14. Jh. und die Bauernmalerei an den Emporen bemerkenswert. Die Ausmalung im mittleren Gewölbe nahm in der zweiten Hälfte des 15. Jh. ein Maler aus der Schule von Tierp (Uppland) vor. Am Ufer sieht man den Anlegeplatz der Kirchboote.
Interessant ist der *Gammelgård* (von der Kirche aus zweimal links), ein Heimatmuseum mit alten Bauernhäusern, teils mit Originaleinrichtungen und Trachtensammlungen. Dort stehen auch mehrere kleine Sennhütten aus dieser Gegend aus verschiedenen Jahrhunderten, teils mit hübschen Bauernmalereien. Die ältesten Gebäude sind aus dem 15. Jh. (16. 6.–18. 8. tagsüber).
In Fu hat man die Möglichkeit, links nach *Nusnäs* abzubiegen (Abzweigung ausgeschildert »Dalahästtillverkning« = Herstellung von Dalapferdchen). Seit 1840 werden hier handwerksmäßig Dalapferdchen (= dalahäst) hergestellt. Mann kann den Familienbetrieb besichtigen. Diese Pferdchen wurden ursprünglich als Winterbeschäftigung von den Bauern in Dalarna geschnitzt. Mit der Zeit bildete sich eine Spezialisierung heraus, so daß auf einigen Höfen die Pferde geschnitzt und auf anderen bemalt wurden. Die typischen Muster der Bemalung stammen wahrscheinlich von alten Bauernmalereien auf den Wänden der Bauernhäuser, dem sog. Kürbismuster. Neben den weltbekannten Pferden wurden auch Hähne und die sog. Mora-Uhren geschnitzt und bemalt. Zunächst verkaufte man die Sachen auf den nahe liegenden Märkten. Später nahmen reisende Händler sie über größere Entfernungen mit. Preis für ein Dalapferdchen um 1880: 25 Öre.

Mora

Das nette kleine Städtchen (8000 Einw.) am Einlauf des Österdalälv in die Nordspitze des Siljansees ist eine kleine Industriestadt. Bekannt sind vor allem die in verschiedenen mittleren Betrieben gefertigten »Mora-Messer« (»Morakniv«).
Am ersten Sonntag im März ist hier das Ziel des alljährlichen Vasalaufs. Nach

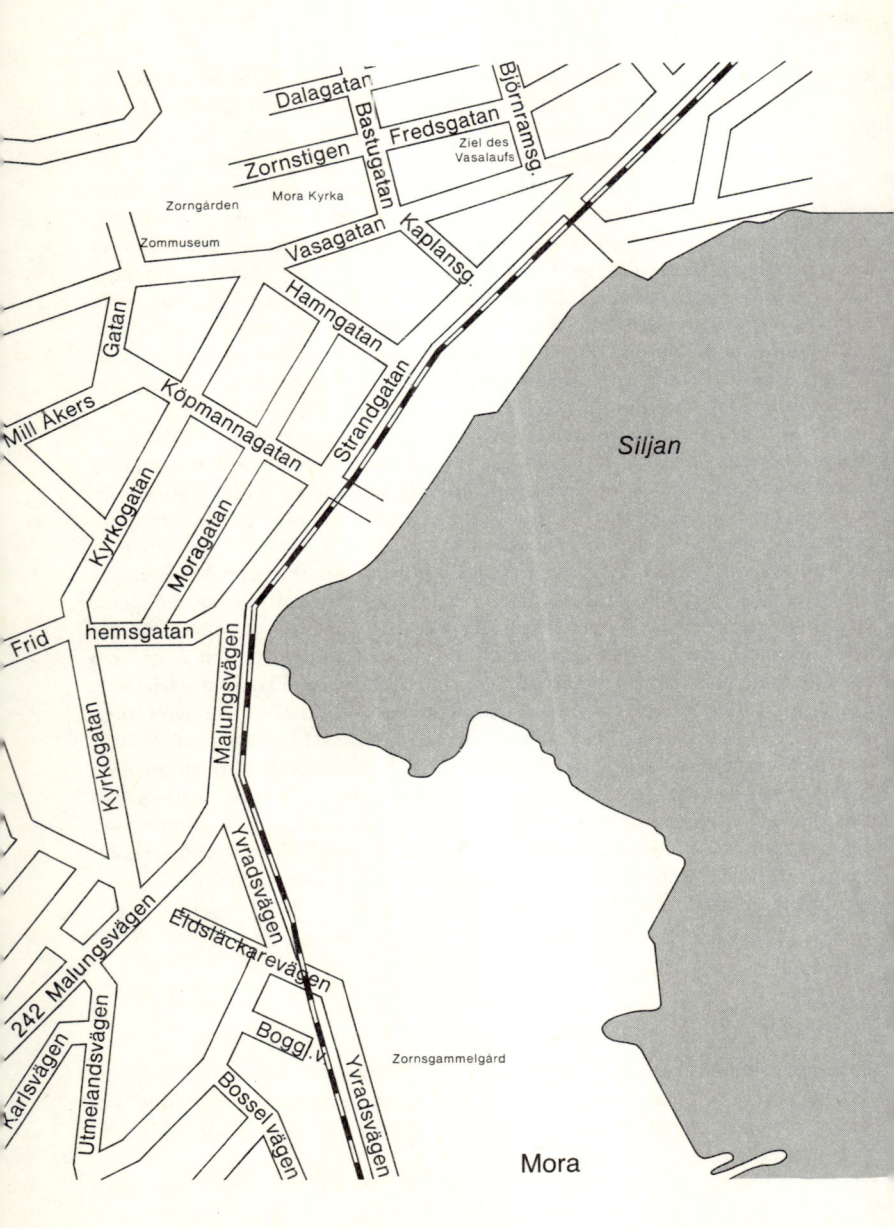

Mora

dem Stockholmer Blutbad 1520 rief 1521 Gustav Vasa in Mora zum Aufruhr auf. Als die Bauern zögerten, floh er Richtung Norwegen. Die Bauern änderten jedoch inzwischen ihre Meinung und schickten zwei Skiläufer nach, die ihn in Sälen einholten. Zur Erinnerung starten seit 1922 alljährlich Tausende von Skiläufern von dem 85 km entfernten Sälen aus.
Bekannt ist Mora besonders als Heimat des Malers Anders Zorn (1860–1920). Zorn gehörte zu den in Europa und den USA besonders geschätzten Porträtmalern des ausgehenden 19. Jh. Dabei konnte er mitunter oberflächliche Schmeichelei nicht immer vermeiden. Gleichzeitig malte er, fest in seiner Heimat verwurzelt, Szenen aus dem Volksleben. Besonders, nachdem er sich in Mora niedergelassen hatte, engagierte er sich auch stark in der Bewahrung alten Brauchtums. Seine Wohnung und seine Sammlungen vermachte er als Stiftung dem schwedischen Staat. Der *Zorngården* (Zornhof) (Vasagatan 34) ist aus einem alten Bauernhaus aus dieser Gegend erwachsen, spiegelt aber nicht die Bauweise dieser Landschaft, sondern seinen höchstpersönlichen Geschmack wider. Anregungen gaben sowohl der englische Cottagestil als auch die Ateliervillen deutscher Maler. Zwischen 1895 und 1913 baute er das Haus nach seinem Geschmack um und aus (15. 7.–14. 8. Mo–Sa 10–17, So 11–12; sonst Mo–Sa 12.30–16.30, So 13–16.30; Besichtigung nur mit Führung, halbstündlich, Beschreibung auf deutsch wird ausgeliehen).
Rechts neben dem Wohnhaus (Richtung Kirche) steht ein hierher versetztes sog. *eldhus* (Feuer- bzw. Herdhaus). Es ist in Blockhausbauweise errichtet, rechteckig, mit flachgeneigtem Dach und einer Feuerstelle. In Schweden und besonders in Dalarna hat sich dieser Haustyp lange erhalten. Das hier stehende ist wahrscheinlich das älteste Schwedens, es stammt aus dem 12. Jh. Zorn benutzte es als Atelier. Das Haus daneben ist aus dem 16. Jh. Das links von Zorns Haus stehende zweigeschossige Vorratshaus (loftbod) stammt aus dem frühen 16. Jh. Vor dem Haupthaus steht eine von Zorn geschaffene Brunnenfigur, »Morgonbad«. Eine weitere Skulptur Zorns befindet sich am Ziel des Vasalaufs.
Das auf dem gleichen Gelände liegende *Zornmuseet* entstand 1938/39 nach Plänen Ragnar Östbergs. Die davor stehende Plastik stellt den aus Dalarna stammenden schwedischen Volkshelden Engelbrekt dar. Es ist ein Werk von Carl Milles. Das Museum vermittelt einen Überblick über Zorns Werk und seine Sammlungen (darunter Bilder von Jordaens und Velazquez). Außerdem zeigt es Volkskunst aus Dalarna. Im Schaukasten im Untergeschoß befindet sich der Eingang eines anderen alten »eldhus« aus dem 12. Jh. Die feingeschnitzten Ornamente, bei denen sich Merkmale der Wikingerkunst mit romanischem Stil vermischen, zeigt, welch hohen Stellenwert man diesen Zweckbauten zumaß (Mo–Sa 10–17, So 13–17; deutschspr. Führer erhältl.).
Sehenswert ist auch *Zorns Gammelgård* (Zorns alter Hof), ein vollständig

erhaltener alter Bauernhof mit rund 40 Gebäuden, teils eingerichtet. Es ist eines der vollständigsten Bauernhof-Museen Schwedens (Malungsvägen, Straße 242, links i. d. Yvradsvägen, gleich hinter der Eisenbahn; 15. 6.–15. 8. tgl. 10–17).
Die *Kirche* von Mora wurde in der zweiten Hälfte des 13. Jh. begonnen. Ende des 15. Jh./Anfang des 16. Jh. entstanden Pfeiler und Gewölbe. Anstelle des durch Blitzschlag zerstörten früheren Turms wurde der jetzige 1673 nach den Plänen J. de la Vallées errichtet. Im Turmraum kann man noch die Reste der ursprünglichen, verzierten Westfassade sehen. Der Chor kam 1754 dazu. In dem älteren Teil des Chors (auf der Nordseite) sind noch geringe Reste der mittelalterlichen Ausmalung erhalten. Die Kanzel entstand um 1750, das Altarblatt 1755. Sein Maler ist unbekannt. Die Bilder an der Orgelempore wurden von Nils Nilsson (1724–76) gemalt.

Das Forstmuseum von *Siljansfors* (skogsmuseum) erreicht man über einen Abstecher auf der Straße 242. Im 18. Jh. gab es dort eine Eisenhütte. Das Museum zeigt Arbeits- und Lebensbedingungen der Waldarbeiter und die Entwicklung der Forstwirtschaft.
Von Mora erreicht man über Vinäs und eine Brücke die Insel *Sollerön*, 30 qkm groß, die größte Insel im Siljansee. Sie ist über zwei Brücken mit dem Festland verbunden. Noch heute werden auf der Insel die Kirchboote gebaut. In *Bengtsarvet* (von Mora kommend links halten) befindet sich das größte Gräberfeld Dalarnas aus der Wikingerzeit mit 123 Gräbern aus der Zeit zwischen 500 n. Chr. und 1000.
Von dem 514 m hohen *Gesundaberg* gegenüber der Insel (Abfahrt von der Straße Mora–Sollerön) hat man einen großartigen Blick über den Siljansee und die weite Landschaft von Dalarna. Von der halben Höhe führt eine Sesselbahn auf den Gipfel (tgl. 10–18, 10minütige Fahrtdauer; oben ist ein Café). Auf dem Gesundaberg organisierte Anders Zorn 1906 das erste Treffen von Spielmännern aus Dalarna, um das schwindende Interesse an dieser Volksmusik zu wecken.
Bei der Weiterfahrt Richtung Leksand ist links ein Mühlengelände mit restaurierten Mühlen aus dem 18. Jh. angezeigt: *Kvarn*. Bei dieser Art der Anlage, die schon 1663 beschrieben wurde, fällt das Wasser auf das Wasserrad in der unteren Etage. Die Kraft wird auf die Mühlsteine in dem oberen Stockwerk übertragen. Früher gab es 13 solcher Anlagen hier. Meist wurden sie gemeinsam betrieben. Auch die notwendigen Staudämme wurden gemeinsam angelegt. Die Bauern erwarben Anteile, wobei i. d. R. 6 Anteile das Recht zu 24 Stunden Mahlen gaben. Die Reihenfolge wurde durch den »Mühlenvogt« ausgelost. In dem Häuschen daneben wohnten die Bauern während der Zeit, in denen sie mahlten.

Südliches Norrland – Gästrikland, Hälsingland, Medelpad, Ångermanland, Härjedalen, Jämtland

Gästrikland

Gästrikland, rund 4600 qkm groß, ist die südlichste Landschaft Norrlands. Die Landschaft hat noch keinen ausgeprägten »norrländischen« Charakter. Sie ist hügeliger als Uppland, zeigt jedoch noch nicht die weitgestreckten Berge, wie man sie weiter im Norden findet. Nach Westen zur Grenze nach Dalarna erreichen die Berge Höhen von 200 m im Süden und etwa 370 m im Norden. Es ist eine Übergangslandschaft zwischen der flacheren südlichen und den bergigeren nördlichen Landschaften.
Im südlichen und westlichen Teil Gästriklands sind noch zahlreiche Reste der früheren Eisenverarbeitung erhalten. Die Gegend schließt an das Bergbaugebiet von Falun an. Schon frühzeitig wurde Eisen verarbeitet. Die weiten Wälder boten günstige Voraussetzungen. Heute haben hier große, moderne Industriebetriebe ihren Sitz, wie z. B. in Sandviken. Hier gelang es 1858 zum ersten Mal in der Welt, Stahl nach der Bessemermethode herzustellen. Das heutige Stahlwerk Sandviken führt seinen Ursprung darauf zurück. Längs des Dalälv und in der Valboebene westlich Sandviken werden die fruchtbaren Böden landwirtschaftlich genutzt. Der nördliche Landesteil ist mehr von Wäldern und Seen bestimmt. Zusammen mit der angrenzenden Landschaft Hälsingland bildet Gästrikland die Provinz »Gävleborgs län«.

E 4 (Stockholm–Haparanda) Gävle–Mårdängsjö

Gävle

Gävle, ein hübsches, modernes Kleinstadtzentrum, dem man die fast 60 000 Einwohner nicht ansieht, ist die älteste Stadt Norrlands mit Stadtprivilegien seit 1446. Sie ist eine Hafen-, Industrie- und Dienstleistungsstadt. Einem Stadtbrand von 1869 verdankt sie die großzügige Anlage nördlich des Gävleån mit einer breiten, baumbestandenen Esplanade (Norra Rådmansgatan/ Norra Kungsgatan). An den beiden Schmalseiten wird sie vom Theater und dem *Rådhus* begrenzt. Letzteres wurde ursprünglich im Louis-seize-Stil 1782 errichtet und ist nach dem Stadtbrand 1871 nur leicht geändert wieder aufgebaut worden. Davor liegt die »Hyperboreische Göttin«, 1956 von Eric Grate aus Granit gehauen. Auf dem neugestalteten Stortorget stehen Reliefs (1974) von Erik Höglund, die das gesellschaftliche und das Erwerbsleben der Stadt symbolisch darstellen.

Hinter dem Stortorget kommt man zur *Trefaldighetskyrka* (Dreifaltigkeitskirche), die 1638/54 anstelle einer einem Stadtbrand zum Opfer gefallenen Vorgängerin gebaut wurde. Die ursprünglichen Gewölbe ersetzte man 1778 aus statischen Gründen durch die jetzigen, 1778/80 wurde auch der Westturm gebaut. Im Waffenhaus ist ein Runenstein aus dem 11. Jh. eingemauert. Vor dem Chor steht ein schöner Taufkessel aus Sandstein. Er ist im 12. Jh. in Norduppland gehauen worden. Altar und Kanzel wurden 1657/62 von dem Holsteiner Ewert Friis geschaffen. Die Vergoldungen bei beiden wurde Mitte des 18. Jh. angebracht, die schwarze Farbe 1889.

Auf der anderen Seite des Gävleån liegt das *Gävle slott*. Es geht auf einen Bau von 1583/93 zurück, wurde aber nach einem Brand 1727 verändert wieder aufgebaut. Auf dem Slottstorget, zwischen den Straßen, steht die Plastik Henry Moores »Thre pieces reclining figur, draped«. Sehenswert ist die Altstadt »Gamla Gefle« östlich davon mit Häusern vom frühen 18. bis Mitte des 19. Jh. Hinter der Altstadt liegt das *Länsmuseum* mit Sammlungen aus der Kulturgeschichte der Provinz und Malerei vom Barock bis heute, insbesondere moderner schwedischer Künstler. Nächst dem Eingang liegt eines der ältesten gefundenen Boote Skandinaviens, das »Björke-båten«, gebaut um 100 n. Chr. und mit Eisennägeln zusammengehalten (S. Strandgatan 20; Di–Fr 10–17, Do –21, Sa–So 13–17).

Interessant ist auch das 1970 von Stockholm hierher verlagerte *Eisenbahnmuseum* (Järnvägsmuseum, Rälsgatan 1; 1. 6.–31. 8. tgl. 13–16; sonst Di–Do 13–16).

Im Kungsbäcksvägen 32 befindet sich das größte Waldmuseum Nordeuropas, das »Skogsmuseum Silvanum«. Neben Darstellungen aus dem Gebiet der Holzindustrie, der Waldarbeit usw. sind in dem »Arboretum« rund 450 Arten bzw. Varianten von in Schweden heimischen Bäumen und Sträuchern zu sehen (Di–So 10–16).

Von der E 4 Richtung Sundsvall lohnt kurz hinter Gävle ein Abstecher (14 km) nach *Bönan*, einer idyllischen alten Fischersiedlung mit charakteristischer Bebauung. Der Leuchtturm wurde 1840 errichtet.

Kurz hinter Gävle liegt an der E 4 der als Vogelsee bekannte *Mårdängsjö* (Rastplatz an der Straße).

Sandviken 389

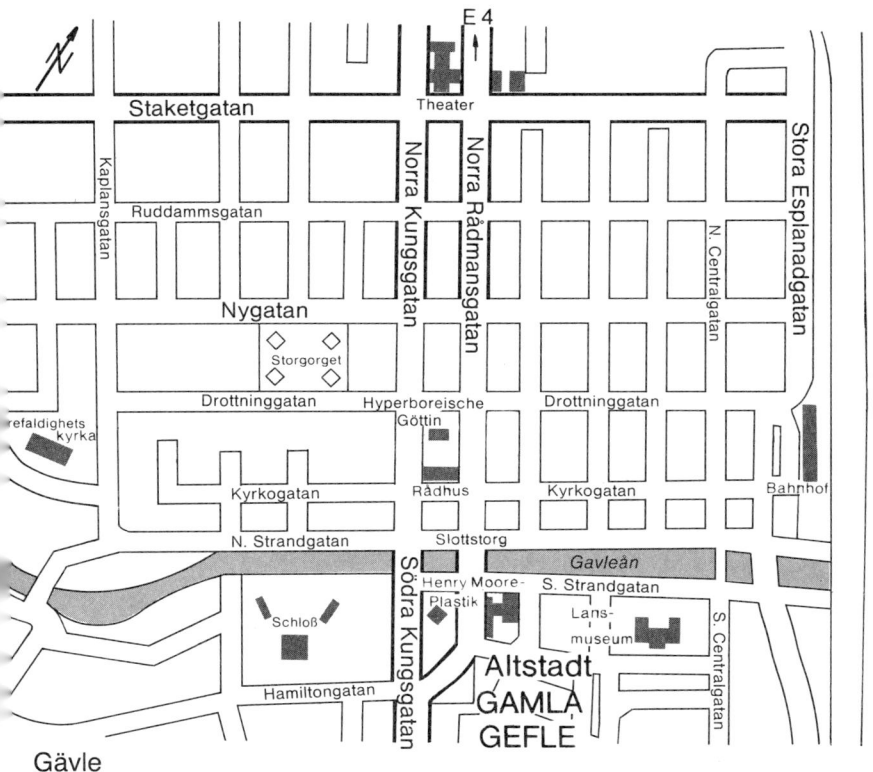

Gävle

Abseits der E 4 liegende Ziele in Gästrikland:

Westlich Gävle bietet an der Straße 80 die Industriestadt *Sandviken* (28 000 Einw.) ein Beispiel moderner Stadtplanung. Die Stadt entstand nach 1862. Die von dem Stahlwerk gebauten eingeschossigen Arbeiterwohnungen von etwa 1880 sind noch erhalten: *Envåningsbruk* (zwischen Storgatan und Hyttgatan). In einem der Häuser ist ein Museum, das die Wohnverhältnisse zu Beginn unseres Jahrhunderts zeigt (Bruksmuseet, Smedsgatan 2, tgl. 17–19).
Die Kirche von *Årsunda* an der Straße 272, südlich von Sandviken, erhielt ihr heutiges Aussehen Ende des 18. Jh. Von der alten Kirche von 1450 sind noch die Deckenmalerei aus dem frühen 16. Jh. und ein geschnitzter und bemalter

Altaraufsatz aus Antwerpen von 1515 erhalten. Im Waffenhaus steht ein Runenstein aus dem 11. Jh. Südlich der Kirche liegt ein Gräberfeld mit rund 90 Hügeln und Steinsetzungen aus der Zeit von 950 bis 1050 n. Chr.
Südlich von Österfärnebo, ebenfalls südlich von Sandviken an der Straße 272, liegt das kleine alte Dorf *Koversta gammelby*. Es wurde bei der großen Flurbereinigung des 19. Jh. aus irgendeinem Grund nicht erfaßt und blieb in der alten Art erhalten. Heute stehen noch fünf Häuser an ihrem alten Platz. Sie besitzen interessante Einrichtungen. Besonders das Haus *Åker-Olles gård* ist wegen seiner Ausmalung von 1800 bekannt. Etwas weiter liegt die brukssamhälle *Gysingebruk*. Die meisten Gebäude entstanden um 1780 und 1820/40. Ein *Flößereimuseum* gibt Einblick in diese früher so wichtige Transportart (Dalaälvarnas flottningsmuseum, Gysinge; 30. 4.–23. 9. Sa–So 11–17; 2. 6.–19. 8. tgl. 11–17).

Hälsingland

Hälsingland (rund 14 400 qkm) schließt sich nördlich an Gästrikland an. Nach Norden und Westen ansteigend, erreichen die höchsten Berge an der Grenze zu Härjedalen fast 700 m. Die Landschaft ist von großen Wäldern geprägt. Landwirtschaft wird in den Tälern, vor allem des Voxnan und des Ljusnan, betrieben. Der Übergang zu dem norrländischen Landschaftscharakter ist deutlich.
An der Küste bildete Fischfang schon immer eine wichtige Einkommensquelle. Im Landesinneren dominierte die Landwirtschaft, meist verbunden mit Waldbesitz. Wichtig war vor allem die Milchwirtschaft. Ihre Produkte wurden in die Gebiete von Bergslagen und des Mälaren verkauft. Bekannt war Hälsingland früher auch für seine Pferdezucht. Flachs war seit dem 12. Jh. verarbeitet worden. Im 18. Jh. nahm dieser Erwerbszweig einen starken Aufschwung. Der Staat förderte die Flachsverarbeitung planmäßig durch die Einrichtung von Spinnschulen und Manufakturen. Die Wasserkraft erleichterte die Flachsaufbereitung. Bis Mitte des 19. Jh. blieb Leinen der wichtigste Nebenerwerb, der große, repräsentative Höfe mit ausgemalten Räumen und aufwendigen Vorbauten ermöglichte. Die ebenerdigen Häuser wurden aufgestockt und man sprach von »Holzschlössern«.
Erst spät kam es hier zu Stadtbildungen. Auch als Hudiksvall 1528 Stadt-

Wasserfall Tännforsen, Jämtland. Gesamthöhe 37 m, Breite bis zu 60 m ▷

rechte erhielt, war es noch ein kleiner Marktflecken. Vor allem im nördlichen und westlichen Teil ist das Land dünn besiedelt. Um die Waldgebiete zu kolonisieren, siedelten Karl IX. (1599–1611) und Gustav II. Adolf (1611–32) Finnen aus Karelien mit der Zusage der Steuerfreiheit und kostenlosem Saatgetreide hier an. Im 19. Jh. begannen geschäftstüchtige Unternehmer, den Bauern die Wälder abzukaufen und dort Raubbau zu betreiben. Inzwischen ist man zu einer sorgfältigen Forstwirtschaft übergegangen, die das Rohmaterial für die inzwischen entstandenen Papier- und Zellulosefabriken liefert.

E 4 (Stockholm–Haparanda) Söderhamn–Malstastenen

Söderhamn (15 000) wurde 1620 gegründet. Damals entstand hier eine Gewehrfabrik, und ein königlicher Befehl zwang alle Waffenschmiede, in Städte zu ziehen. 1818 stellte man die Waffenfabrikation ein. Ab Mitte des Jahrhunderts entwickelte sich dann unter Ausnutzung der Dampfkraft eine bedeutende Sägewerksindustrie. Noch heute spielt die Holzverarbeitung eine wichtige Rolle.
Von der alten Stadt ist aufgrund eines großen Stadtbrandes 1876 nicht mehr viel erhalten. Das *Rådhus* wurde danach im Stil der Neurenaissance restauriert. Die dahinterliegende *Ulrika-Eleonora-Kirche* wurde 1685 von Nicodemus Tessin d. J. entworfen. Sie gehört zu den karolinischen Zentralbauten, die in aller Regel ihre Entstehung königlicher Initiative verdankten. Wie z. B. auch in Karlskrona sollte relativ rasch und zu übersehbaren Kosten ein großer Kirchenraum geschaffen werden. Die Kirche wurde zum größten Teil von Königin Ulrika Eleonora bezahlt, weswegen sie auch nach ihr benannt wurde. Sie ist das bedeutendste Beispiel der karolinischen Kirchenarchitektur in Norrland, auch wenn der Turm nicht in voller, von Tessin geplanter Höhe gebaut wurde. Aufgrund des finanziellen Einsatzes Ulrika Eleonoras konnte sie in Stein gebaut werden, was sonst zu dieser Zeit in Norrland sehr selten war. Die Kanzel entstand in den 1680er Jahren. Die Kirche besticht durch ihre sehr schlichten, klaren Formen.
Der im Osten auf dem Östra stadsberget liegende auffällige Turm ist ein 1895 erbauter Aussichtsturm. In dem 1748 gebauten *Bohrhaus* der Gewehrfabrik ist heute Söderhamns Museum untergebracht, das Volkskunst aus dem südöstlichen Hälsingland zeigt (Oxtorsgatan, tgl. 15–19).

Kurz nach Söderhamn sollte man in Norrala in Richtung Trönö zur Gamla Kyrka in *Trönbyn* abzweigen. Der turmlose Bau entstand im 12. Jh. und wurde im 14. Jh. nach Süden vergrößert. Der Glockenturm ist aus dem 16. Jh. 1895 wurde die Kirche nach dem Bau einer neuen aufgegeben und

◁ *Holzkirche von 1607 mit freistehendem Glockenturm in Lycksele, Lappland*

blieb seitdem unverändert. Zusammen mit Glockenturm und Friedhofsmauer bietet sie das Bild einer gut erhaltenen mittelalterlichen Kirchenanlage. Anfang des 16. Jh. erhielt die Kirche ein Sterngewölbe mit den für diese Zeit typischen kleinen Nischen in der oberen Hälfte der Pilaster. Der Altaraufsatz wurde 1737 von Gabriel Beutin in Stockholm gearbeitet. Die Kanzel entstand 1664 in der Werkstatt Olof Perssons. Aus der gleichen Zeit (1648) ist das Votivschiff. Rechts neben dem Altar hängt der Rest eines in der ersten Hälfte des 16. Jh. von Haaken Gulleson geschaffenen Altaraufsatzes. Auch die an der Südwand befindliche Madonna ist ein Werk von ihm. Das Triumphkruzifix ist das älteste Kunstwerk in der Kirche, es stammt aus dem 15. Jh. Auffällig ist die für diese Zeit ungewöhnliche Darstellung des lebenden Christus, so daß zu vermuten ist, daß ein älteres Kruzifix als Vorbild diente. Das links vom Fenster hängende Kruzifix war Teil eines Retabels von 1734. Das Gestühl ist 1728 aufgestellt worden.

Gleich anschließend kann man einen Abstecher auf der anderen Seite der E 4 machen: an die Küste zu dem Fischerdörfchen *Skärså*. Es ist das am besten erhaltene Fischerdorf Hälsinglands. Die meisten Fischer waren früher sog. Bauernfischer, d. h. die Fischerei war Nebenerwerb zur Landwirtschaft.

In *Enånger* sollte man von der E 4 abbiegen und sich die östlich der Straße liegende Gamla kyrka ansehen (der Schlüssel hängt außen am Pfarrhaus – durch die Birkenallee). Die Kirche wurde in der zweiten Hälfte des 15. Jh. aus Feldsteinen gebaut und präsentiert sich heute in ihrer ursprünglichen Form, nachdem ein später angebautes Waffenhaus beim Bau der neuen Kirche Mitte des 19. Jh. wieder abgerissen wurde. Bis 1947 diente der Bau als Kirchenmuseum, dann wurden die Sammlungen nach Hudiksvall überführt und die Kirche wieder geweiht. Heute dient sie bei besonderen Anlässen im Sommer als Gottesdienstraum. Die Ausmalung ist noch aus der Zeit kurz nach dem Bau erhalten. Es handelt sich um eine Seccomalerei der sog. Tierper Schule. Die ausgemalten Gewölbe waren nie überkalkt, die Wände wurden 1949 wieder freigelegt. Die Farben sind nicht durch Heizen verunreinigt worden. In der ersten Hälfte des 18. Jh. vergrößerte man die Fenster. Aus dieser Zeit stammt die Ummalung des Ostfensters. Sehenswert sind auch die von Haaken Gulleson stammenden Schnitzereien: die Anna Selbdritt, datiert 1520, an der Südwand, der St. Rochusschrein in der Sakristei und der Marienschrein. Der an der Nordwand stehende Altar ist eine norddeutsche Arbeit vom Anfang des 16. Jh. Die Emporen wurden 1640 (die untere an der Westwand), zu Beginn des 18. Jh. (die obere an der Westwand) und 1763 (die kleine im Chor) eingebaut. Durch den Bau solcher Emporen schuf man Platz für eine größer gewordene Gemeinde. Die Kanzel ist aus dem Jahr 1736.

Hudiksvall (15 000 Einw.) wurde 1582 zur besseren Kontrolle der norrländi-

Hälsingtuna

schen Kaufleute gegründet. 1721 brannten die Russen die Stadt vollständig nieder. Ein nächster Stadtbrand vernichtete 1792 erneut große Teile der Stadt. 1879 wurde sie wiederum von einer Feuersbrunst heimgesucht. Von der Bebauung des 19. Jh. stehen am Strömingsund noch verschiedene alte Lagerhäuser und in dem Viertel an der Hamngatan einige alte Handwerkerhöfe. Im 19. Jh. begann hier, wie in anderen Küstenorten, die Sägewerksindustrie zu blühen. Der ausgelassene Lebensstil der Unternehmer verschaffte der Stadt damals den Beinamen »heiteres Hudik«. Von dem Brand 1721 blieb auch die 1643 begonnene, 1672 fertiggestellte Kirche nur teilweise verschont. Ihr heutiges Aussehen erhielt sie größtenteils bei den Renovierungen 1888 und 1938. Auffallend ist der warme, bräunliche Farbton in der Kirche. Die Perspektivmalerei der Apsis war jedoch schon 1796 hinzugekommen. Die prächtige Orgelfassade ist von 1748, der Altar von 1796 und die Kanzel von 1755.
Neben der E 4 (Abzweigung nach Bergsjö, Hög) liegt die Kirche von *Hälsingtuna*. Ihre ältesten Teile sind von etwa 1150, doch wurde die Kirche später erweitert. Der Turm ist, abgesehen von der Haube, jedoch noch der ursprüngliche Verteidigungsturm. Eines der sehenswerten Inventarien der Kirche ist die Figur des St. Georg im Fenster der Südwand. Die zu der Gruppe gehörende Prinzessin hängt neben dem südlichen Eingang. Die Figur scheint die in Bauernkunst übertragene St. Georgsfigur aus der Stockholmer Storkyrkan zu sein. Das Triumphkruzifix mit Maria und Johannes stammt aus der Mitte des 13. Jh. Die übrigen Holzskulpturen der Kirche sind aus dem Spätmittelalter. Der Heilige Nikolaus an der Nordwand des Langhauses ist ein Werk Haaken Gullesons. Die Kanzel entstand 1840. Die beiden geschnitzten Pyramiden sind Teil einer Chorschranke von 1712.
Nimmt man die Abzweigung nach Via, kann man den sog. *Malstasten* ansehen. Ein kleines Hinweisschild weist auf den rechts der Straße liegenden Stein hin. Der Runenstein aus der Mitte des 11. Jh. besitzt einen ungewöhnlich langen Text in stablosen Runen, den sog. Hälsingrunen, einer Art Runenkurzschrift. Nicht weniger als neun Personen aus sieben Generationen mit drei Ortsnamen sind hier aufgezählt.

Medelpad, Ångermanland, Härjedalen, Jämtland

Medelpad und Ångermanland, die beidem Landschaften am Bottnischen Meer, bilden in etwa die Provinz Västernorrlands län, die beiden Binnenlandschaften Härjedalen und Jämtland die Provinz Jämtlands län. Medelpad weist durch seinen Namen auf einen »Pfad« hin, nämlich den wichtigen Pilgerpfad zum Grab des heiligen Olof in Nidaros, dem heutigen Trondheim/Norwegen. Ångermanland hat seinen Namen von der Küstenlandschaft. Ånger bedeutete im Altschwedischen soviel wie »Bucht«. Tatsächlich weist die Küste hinter den Schären viele tief in das Land reichende Buchten auf. Daß »Ånger« heute im Schwedischen »Reue« bedeutet, führt natürlich zu anzüglichen Wortspielen. Zwischen der Mündung des Ångermanälv und Örnsköldsvik liegt die »Höga kusten«, die Steilküste. Der bergigere Charakter, der im nördlichen Hälsingland allmählich beginnt, wird auch längs der Küste ausgeprägter. Besonders nördlich Sundsvall führt die E 4 durch ein landschaftlich sehr reizvolles hügeliges Gebiet. Im allgemeinen ist das Gelände von Ost nach West ansteigend. Besonders im Norden hat die Eiszeit zahlreiche Grotten und canyonartige Schluchten gebildet. Das südliche Norrland besitzt breite, fruchtbare Täler und vor allem weiter im Westen, reißende Wasserläufe. Die Berge sind waldbedeckt. Ångermanland ist zu 80 % eine Waldlandschaft. Etwa 10 km südlich der E 75 zwischen Stöde und Borgsjö/Medelpad liegt der geographische Mittelpunkt Schwedens.

In Härjedalen und Jämtland steigt die Berglandschaft von etwa 400 m bis auf 1800 m an. Der höchste Berg Härjedalens ist der 1796 m hohe *Helagsfjället*. Er ist der höchste Berg Schwedens südlich des Polarkreises. Er bildet im Nordosten Härjedalens an der norwegischen Grenze ein Hochtplateau mit vielen Seen und ist das Quellgebiet zahlreicher Wasserläufe, die zum Bottnischen Meer strömen. Hier liegt auch der südlichste Gletscher (= jökel). Nach Norden setzt sich der Höhenzug mit Höhen von etwa 1760 m im Gebiet des Sylarna fort. Diese Gebirgsgegend wird im Schwedischen mit dem Wort »fjäll« bezeichnet. Es ist der schwedische Ausdruck für Hochgebirge. Fjäll ist das Gebiet oberhalb des Nadelwaldgürtels, in dem zunächst Birken, dann vorzugsweise Zwergsträucher, Moose und Flechten wachsen. Diese fjäll haben nicht durchweg den schroffen Charakter alpiner Formationen. Sie sind oft abgerundet, mitunter tafelbergartig. Aufgrund der nördlichen Lage ist die Baumgrenze wesentlich niedriger als in den Alpen. Während in den niedrigeren Zonen Kiefern und Fichten große, nur gelegentlich von dünner Besiedelung oder Seen unterbrochene Waldgebiete bilden, ändert sich der Landschaftscharakter hinter Funäsdalen (an der Straße 312). Der Nadelwald wird

Sånfjället

lichter. Die Bäume ändern ihr Aussehen. Weite Aussichten öffnen sich. Langsam geht die Landschaft in das sog. »kalfjäll« über, die baumlose Region. Die Nadelwaldgrenze liegt bei etwa 750 m. Darüber können sich Nadelbäume nur noch vereinzelt halten. Es beginnt die Region der Birken. Diese Birkenwälder sind kennzeichnend für die schwedischen fjäll. Das harte Klima, der Wind und die Schneemassen haben die Stämme dabei eigenartig verdreht und gebogen. Die Äste sind ineinander verheddert. Diese Birkenregion erreicht unterschiedliche Höhen. In günstigen südlichen Lagen können Birken in Höhen bis knapp über 1000 m wachsen, an nördlichen Hängen nur bis etwa 900 m. Oberhalb der Baumgrenze folgt der Bereich des kalfjäll. Hier wachsen noch Büsche, Gestrüpp, Moose und Flechten. Erst auf den allerhöchsten Erhebungen tritt hier und da der nackte Boden zutage. Die Flora dieser oberen Region ist sehr unterschiedlich und besonders abhängig vom Kalkreichtum des Bodens. In kalkreicheren Gegenden ist sie am abwechslungsreichsten. Blaubeeren kennzeichnen eine Höhengrenze von durchschnittlich etwa 1300 m. Bis zu dieser Höhe spricht man von einer unteren fjällregion. Zwischen Heide und Zwergbirken wachsen hier auch Preiselbeeren. Diese Zone reicht in südlichen Gebieten bis an die 1600-m-Grenze. Je weiter man nach Norden kommt, desto niedriger wird sie. Die höher gelegenen Gebiete werden unter der Bezeichnung »högfjäll« zusammengefaßt.
Die fjäll bestehen größtenteils aus Granit und Gneis, doch kommen auch Sandstein und Schiefer vor. In den tiefer liegenden Gebieten findet man Kalkstein. Silurische Ablagerungen haben fruchtbare Böden hinterlassen. An Seen und Flüssen wird in kleinerem Umfang Landwirtschaft betrieben. In den Höhen ist eine menschliche Besiedlung nicht mehr möglich. Der höchstgelegene, dauernd bewohnte Ort Schwedens liegt 830 m über NN (Högvålen an der Straße 311).
Mitten in Härjedalen, südlich der Straße 312, erstreckt sich der *Nationalpark Sånfjället*. Seine höchste Erhebung ist der 1277 m hohe Högfjället. Dieses 2700 ha große Gebiet wurde 1910 zum Nationalpark erhoben, um die sonst von Ausrottung bedrohten Bären zu schützen.
Neben Bergen und Wäldern prägen vor allem die zahlreichen Seen und Wasserläufe das Gesicht dieser Landschaften. Die Flüsse fließen durchweg in südöstlicher Richtung zum Bottnischen Meer. Sie verbreitern sich mitunter zu schmalen Seen oder bilden Wasserfälle. In früherer Zeit waren sie wichtige Transportwege. Auf ihnen wurden die gefällten Bäume zu den an der Küste liegenden Sägewerken und Häfen geflößt. Heute ist ihre Bedeutung als Transportweg zurückgegangen. Es wird zwar noch geflößt, doch mehr und mehr verlädt man das Holz auf Lkw und Eisenbahn. Dafür wird in zahlreichen Kraftwerken die Wasserkraft in Elektrizität umgewandelt.
Einige der oben erwähnten Wasserfälle sind besonders sehenswert. Beim

Tännforsen (fors = »Stromschnelle«) stürzen in einer Breite von 60 m jede Sekunde 700 cbm Wasser 32 m senkrecht herab. Der Wasserfall liegt in einem Naturreservat, 15 km nordwestlich Åre/Jämtland an der Straße 322. Auch der *Hällingsåfallet* verdient Interesse. Hier fällt das Wasser in eine tiefe Schlucht mit 60 m hohen, fast senkrechten Wänden. Diese 800 m lange Schlucht hat sich das Wasser im Lauf der Zeit selbst gegraben, wobei sich der Wasserfall immer weiter zurück verlagerte. Die Gesamtfallhöhe beträgt 55 m, davon 42 m im senkrechten Fall. Die Schlucht ist einer der größten Canyons in Schweden. Jedes Jahr wandert der Fall etwa 10 cm weiter stromaufwärts. Man erreicht den Hällingsåfallet über Gäddede/Nordjämtland, a. d. Straße 342, von dort über eine kleine Straße nach Häggnäset.

Das südliche Norrland wurde schon in der jüngeren Steinzeit besiedelt. Neben Funden von Wohnplätzen zeugen davon auch die eigenartigen Felsmalereien. Die Bekannteste ist die von *Flatruet* (von Funäsdalen/Härjedalen Straße 312 nach Norden Richtung Ljungdalen, bei Mittådalen nach Mässlingen abbiegen). Dort liegt ein kilometerlanges Bergplateau, das keilförmig nach Osten verläuft, wo es in Terrassen steil abfällt. Auf einer dieser senkrechten Wände hat vor ungefähr 3000 bis 4000 Jahren ein Jägervolk Figuren gemalt, vor allem Rentiere, Elche und Menschen. Die Figuren waren mit einer roten Farbe ausgemalt, der Fett als Bindemittel zugesetzt war. Wahrscheinlich handelt es sich um magische Darstellungen, denn in der Nähe liegt ein Canyon (der Evagraven), der bei Hetzjagden als Fallgrube gedient haben könnte. Eine andere Felszeichnung liegt in Jämtland am *Gärdeforsen* (von der E 75 über die Straße 340, in Tulleråsen Richtung Änge/Offerdal abbiegen). Hier sind, etwa aus der gleichen Zeit stammend, auf einem kleinen Inselchen im Gärdefluß drei Elche und auf einer Klippe am Ufer zwei Elche sowie Fußsohlen zu sehen. Das vielleicht größte Feld mit Felszeichnungen liegt in Ångermanland bei *Näsåker* (Straße 90). Hier, am Ångermanälven, wandern ganze Elchherden über den Felsen. Rund 1400 Figuren sind in den Fels geritzt, größtenteils Tiere, aber dazwischen auch Menschen, Sonnenräder, Fußsohlen und Schiffe. Das Alter wird zwischen 3000 und 2000 v. Chr. angesetzt. Das davorliegende Kraftwerk in Nämforsen kann besichtigt werden. Dabei kann man Gipsabdrücke der Felszeichnungen aus der Nähe betrachten. Das Kraftwerk wurde 1947 eigens so weit entfernt angelegt, daß die Felszeichnungen nicht beschädigt wurden.

Die Christianisierung erfolgte in den einzelnen Landschaften zu verschiedenen Zeiten. Am frühesten wurde Härjedalen christlich. Das erklärt sich aus der Nähe zu Trondheim, wo um 1000 König Olaf der Heilige seinen Sitz hatte. In Ångermanland dagegen wurde die erste Kirche erst im 12. Jh. (bei Styrnäs) gebaut.

Lange Zeit waren die Gebiete von Härjedalen und Jämtland ein Zankapfel

Östersund

zwischen Schweden und Norwegen bzw. Dänemark. Erst 1645 wurden sie endgültig schwedisch.

An den Küsten des Bottnischen Meerbusens war Fischfang immer eine wichtige Nahrungsquelle gewesen. In den Tälern und den Gegenden um die Seen wurde dagegen Landwirtschaft betrieben. Weiter im Westen weideten die Samen (Lappen) ihre Rentiere. Im Winter zogen sie bis nach Ångermanland und trieben Tauschgeschäfte mit den Bauern. Häute, Fleisch, auch Schneehühner waren die wichtigsten Waren, die sie anbieten konnten. Im 18. Jh. entwickelten diese »Handelsbauern« auch eine beachtliche Heimindustrie, besonders mit Leinenwebwaren. Der daraus resultierende Wohlstand spiegelte sich in Schnitzereien an Türen und Häusern wider. Daneben betrieben sie auch eine einträgliche Lachsfischerei, die deswegen schon von Gustav Vasa (1523–60) besteuert wurde. Heute ist der Lachsfang durch die zahlreichen Kraftwerke stark eingeschränkt. Durch Zucht und Aussetzen versucht man, dem zu begegnen. Insgesamt gibt es jedoch nur noch wenig gewerbsmäßige Fischereien.

Die Eisenverarbeitung begann erst ab dem 17. Jh. Sie erlangte aber nie die Bedeutung und dem Umfang wie in Bergslagen. In der zweiten Hälfte des 19. Jh. kamen die Betriebe zum Erliegen. In Ångermanland sind aus dieser Zeit in Gålsjö bruk (a. d. Straße 335) zwischen Sollefteå und Örnsköldsvik) noch ein Patronshaus und einige Arbeiterwohnungen erhalten. Auch die dazugehörende Kapelle von 1744 ist sorgfältig restauriert.

Im 19. Jh. begann die Holzindustrie alle anderen Gewerbe an Bedeutung weit zu übertreffen. Die an der Küste des Bottnischen Meeres liegenden Sägewerke wurden der Ausgangspunkt der industriellen Revolution Schwedens (s. S. 44). Inzwischen haben die Sägewerke ihre damalige Bedeutung verloren. An ihre Stelle ist heute die chemische Holzverarbeitung getreten. Der starke Arbeitskräftemangel der frühen 70er Jahre zwang, vor allem in den Wäldern, zu verstärktem Maschineneinsatz. Riesige, von einem Mann allein bediente Maschinen heben ganze Bäume aus, entasten, entrinden, zersägen und verladen sie. Die Kehrseite zeigt sich heute: Forst- und Landwirtschaft bieten nicht mehr so viele Arbeitsplätze wie benötigt werden. Durch Förderung neuer Industrieansiedlungen versucht man, neue Arbeitsplätze zu schaffen. Dabei bieten die Küstengebiete, wo auch die größeren Orte liegen, bessere Arbeitsmöglichkeiten als die weiter landeinwärts liegenden Gebiete.

Mitten in Jämtland liegt der 450 qkm große See *Storsjön* (nicht zu verwechseln mit dem gleichnamigen See in Härjedalen an der E 75). Der größte Ort dieser »storsjöbygden« genannten Gegend ist *Östersund* (38 000 Einw.). Die Großgemeinde Östersund umfaßt 2603 qkm mit insgesamt 56 000 Einwohnern. Das ergibt eine Bevölkerungsdichte von gut 24 Personen pro qkm (die

293 qkm Wasserfläche ausgeschlossen). Damit bildet die Gemeinde ein dicht besiedeltes Gebiet, denn in der Landschaft Jämtland beträgt die Bevölkerungsdichte insgesamt nur 3 Personen/qkm. Östersund wurde 1786 von Gustav III. gegründet. Es ging ihm dabei vor allem um Konzentration und Kontrolle des Handels, der von den Bauern bis dahin immer noch gerne mit Norwegen betrieben wurde. Vorher waren Städte nur an den Küsten entstanden. In Härjedalen gibt es bis heute keine einzige Stadt. Bei der Stadtgründung spielte auch die Schwedisierung des früher norwegischen Landes eine Rolle. 1812 wurde Östersund Residenz der Provinz Jämtland. Die Kirche Östersunds, *Stora kyrka*, wurde 1938/40 gebaut. Die Ostwand im Innern ist von Hilding Linnqvist mit einem 170 qm großen Fresko ausgemalt. Linnqvist (geb. 1891) gehörte zu den Begründern der naiven Malerei in Schweden. Das Freilichtmuseum *Jamtli* zeigt aus allen Teilen Jämtlands zusammengetragene Gebäude (über 60), die zugleich einen Querschnitt durch die Jahrhunderte bieten. Das älteste Häuschen ist ein sog. Pilgerhäuschen aus dem 16. Jh. In dem *Landesmuseum* daneben wird die alte Bauernkultur dieser Landschaft dargestellt. Wertvollstes Stück ist ein Bildteppich (Överhögdalstapeten) aus dem 12. Jh. (länsmuseum, Mo–Frei 9–16, Sa–So 12–16).
Bei Östersund steht der nördlichste Runenstein Schwedens von 1050. Er berichtet von der Christianisierung Jämtlands und dem Bau einer Brücke. Auf der nach dem Gott Frö benannten Insel *Frösön* steht eine kleine Kirche, deren Chor aus dem 12. Jh. stammt. Die anderen Teile der Kirche wurden nach einem Brand um 1900 neu gebaut. Auf dem Storsjön verkehrt noch heute das Dampfschiff »Thor« von 1875. In dem See wurde, ähnlich wie in Loch Ness, mehrere Male ein Seeungeheuer gesehen. Die Beschreibung seiner Länge schwankte zwischen 3 m und 40 m. Anfang des Jahrhunderts versuchte man vergeblich, es zu fangen. Oskar II. stand an der Spitze einer eigens hierfür gegründeten Gesellschaft. 40 km südlich an der Straße 81 befindet sich in Hackås die wahrscheinlich älteste Kirche Norrlands (12. Jh.).

E 4 (Stockholm–Haparanda) Sundsvall–Grundsunda

Sundsvall (ca. 55 000 Einw.) ist zwar ein alter Siedlungsplatz, erhielt aber erst 1624 Stadtrechte. Der große Aufschwung erfolgte im 19. Jh., als sich hier ein Zentrum der Sägewerksindustrie bildete. Allein am Alnösundet standen über 40 Sägewerke (über den Sundsvallstreik s. S. 44 f.). Der üppige Lebensstil ihrer Besitzer erregte Aufsehen in Schweden. Ein Stadtbrand legte 1888 einen großen Teil der Stadt in Asche. Die reichen Frühindustriellen beschlossen, die Stadt in Stein wieder aufzubauen. Sundsvall erhielt damals den Beinamen »Steinstadt«. Bei der Neuanlage war Stockholm das große Vorbild. Diese

Härnösand

Bebauung ist heute noch im Zentrum zu sehen, wenn auch durch einzelne Kaufhäuser das geschlossene Bild etwas beeinträchtigt wird. Sehenswert ist die »barocke« Treppenanlage im Hotel Knaust. Heute ist in dem Gebäude das Patentamt untergebracht (Storgatan im Zentrum). Da am Stora torget früher ein See lag, wurde das 1868 gebaute, nach dem Brand neu errichtete stadshus auf 5000 bis 6000 Pfählen gebaut.
Von Sundsvall gelangt man über die Brücke *Alnönbro*, 1964 fertiggestellt, 1024 m lang, Durchfahrtshöhe 40 m, auf die Insel *Alnön*. Auf der Insel nach links fahrend kommt man zur *Alnö Gamla kyrka*, einer turmlosen Kirche, aus dem beginnenden 13. Jh. Um 1500 wurde sie eingewölbt. Sie ist wegen ihrer gut erhaltenen Gewölbeausmalung von etwa 1520 bekannt. Das Triumphkreuz kam um 1500 aus der Werkstatt Haaken Gullesons. In der auf der anderen Straßenseite stehenden neuen Backsteinkirche von 1896 steht der alte Taufstein, der zu den wichtigsten romanischen Taufsteinen gerechnet wird. Er ist im 12./13. Jh. entstanden. Aus zwei Gründen ist er bemerkenswert: einmal gehört er zu den wenigen erhaltenen Taufsteinen aus Holz, zum anderen zeigt die Ausformung der Cuppa einen deutlichen Einschlag der Wikingerkunst mit den verschlungenen Drachen- oder Schlangenleibern. Der Fuß mit den vier Löwen erinnert an figurale Darstellungen in Südschweden.

Härnösand

Härnösand (18 000 Einw.) mit Stadtrechten seit 1585 war im 17. und 18. Jh. für Norrland ein kulturelles und Verwaltungszentrum. 1647 gab es hier das erste Gymnasium Norrlands. Ursprünglich war die auf einer Insel (ö = Insel) gelegene Stadt eine Fischersiedlung, die ihre Stadtrechte nur dem Streben Johanns III. (1558–92) verdankte, Kaufleute und Handwerker besser kontrollieren zu können. Die »Sägewerksepoche« Norrlands ging an Härnösand ziemlich spurlos vorüber. Es blieb eine hübsche, in viel Grün eingebettete Kleinstadt. 1721 brannten die Russen die Stadt nieder.
Bekannt ist das jetzige *Rådhus*. Es wurde 1790 ursprünglich als Gymnasium in neoklassizistischem Stil von Olof Tempelman gebaut. Man sagt, daß Gustav III. sich persönlich um die architektonische Gestaltung gekümmert habe und für den charakteristischen Säulenvorbau verantwortlich sei. Am Stora Torget sind die Residenz und das daneben stehende Haus der Provinzialverwaltung (landstadshuset) nach der Verheerung von 1721 neu gebaut worden. Blickfang des Städtchens ist der *Dom*, Schwedens kleinste Domkirche. 1772 war Härnösand Bischofssitz geworden. Die neuklassizistische Kirche wurde

1842–46 gebaut, nachdem die vorherige Kirche baufällig geworden war. Fünfzig Jahre danach brachte man die barocken Stuckverzierungen an der Decke und 1903 die ausgemalten Medaillons im Chor an. Nur der Altaraufsatz von 1728 und einige Bilder an den Langhauswänden von 1740 sind noch aus der Vorgängerkirche. Die schöne Rokokotaufschale von 1733 wurde der Kirche erst in diesem Jahrhundert geschenkt. Unterhalb der Kirche sind noch einige Straßenzüge mit Holzhäusern aus dem 18. Jh. erhalten.

Lohnend ist die Fahrt auf den *Vårdkasberget,* einen Berg mit Aussichtsturm (durch Hovsgatan, Schild Vårdkasen). Man hat einen großartigen Blick über das Bottnische Meer, die Stadt und die weite, hügelige Landschaft. Auf dem Festland liegt nördlich der Stadt eines der größten Freilichtmuseen Schwedens, *Murbergets fruluftsmuseum.* Über 80 Häuser aus verschiedenen Gegenden, Ångermanlands Medelpads und Jämtlands sind hier wiederaufgebaut worden. Das Wirtshaus »Spjutegården« von 1801 ist heute noch eine gastliche Stätte (über Murbergsvägen).

Die Küste von der Mündung des Ångermanälv bis etwa in die Höhe von Örnsköldsvik ist als *Höga Kusten* bekannt. Die hügelige Küstenlandschaft fällt teils recht steil ins Meer ab. Ein landschaftlich interessanter Umweg führt etwa 20 km hinter Härnösand bei Veda nach rechts über eine Fähre nach Nyadal. Von dort fährt man über Nordingrå nach Ullånger auf die E 4 zurück. Von dieser Straße lohnen sich »Entdeckungsreisen« nach rechts an die Küste.

Fährt man statt dessen auf der E 4 weiter, kommt man bei Lunde in das Gebiet des Ådalen. Hier fielen 1931 die folgenreichen Schüsse (s. S. 46). Nicht weit von dort, in Kramfors (a. d. Straße 90) wurde die erste Dampfmaschine aufgestellt. Die E 4 überquert den Ångermanälv auf der 1942 eingeweihten *Sandönbron* (bro = Brücke), die eine Gesamtlänge von 1650 m und eine Durchfahrtshöhe von 40 m hat. Bei dem Bau kamen am 31. 8. 1939 achtzehn Arbeiter ums Leben, als ein Brückenteil einstürzte. Der Blick von der Brücke ist beeindruckend.

In *Ullånger* ist auf einen Reliquienschrein hinzuweisen, der in der Kirche in der Krypta steht. Er wurde im 13. Jh. in Limoges angefertigt. Das in der 1909 umgestalteten Kirche hängende Triumphkruzifix stammt aus dem 15. Jh.

Etwa 3 km nördlich Docksta sind die Abfahrten zu dem Berg (westlich) und dem Naturreservat (östlich) *Skuleberget* angezeigt. Der Berg hat ein auffälliges Profil. Die höchste Markierung, die das Meer nach dem Abschmelzen des Inlandeises hinterlassen hat, liegt nur 9 m unter der Bergkuppe, die damals als kleine Felseninsel aus dem Meer ragte. Die Küstenlinie liegt heute 285,5 m tiefer.

Örnsköldsvik (ca. 15 000 Einw.) wurde erst 1842 gegründet. Ihren Namen

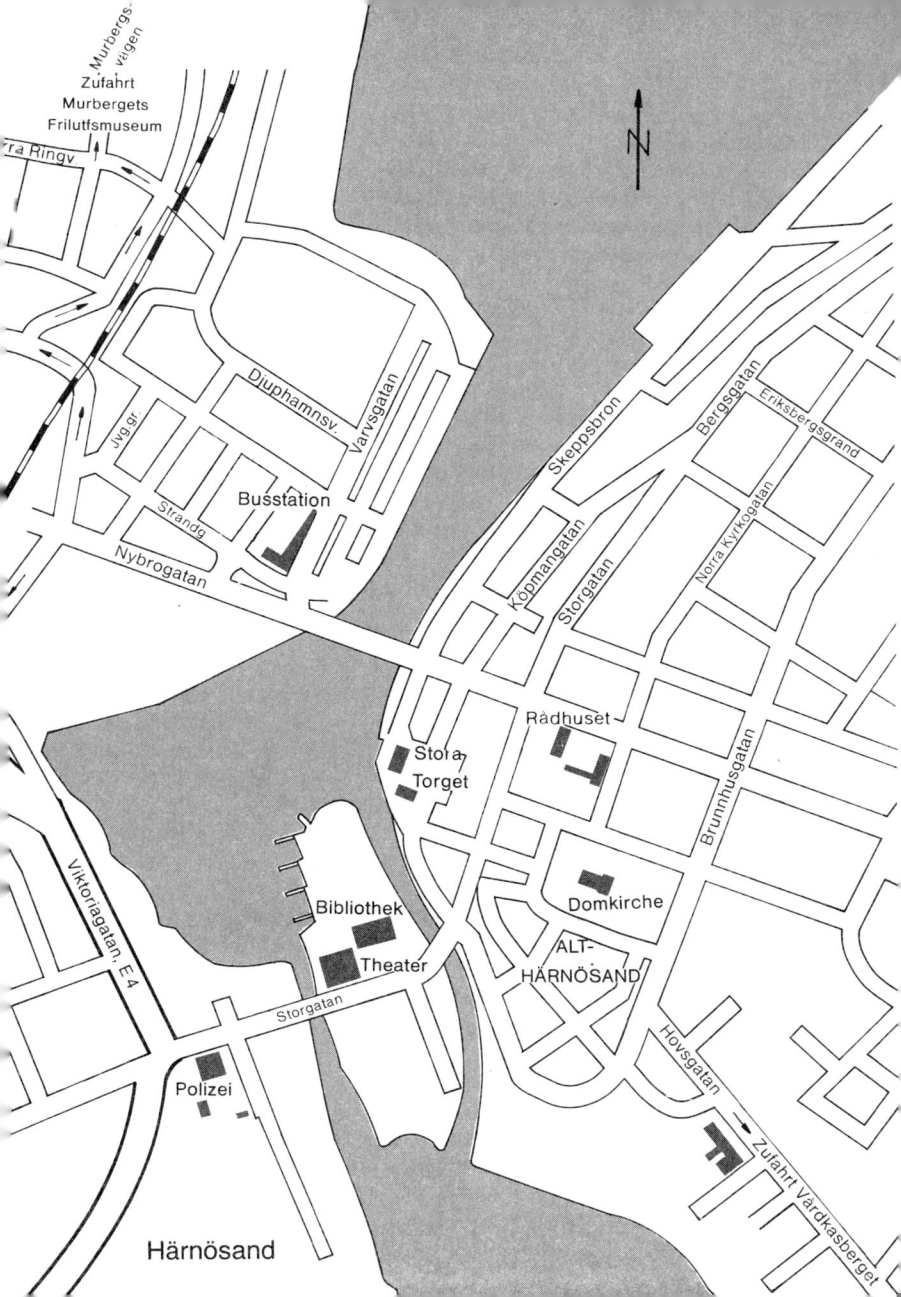

erhielt die Stadt nach einem Landeshauptmann, der im 18. Jh. viel für Norrland geleistet hatte.
In *Grundsunda* ist die Abfahrt zur Kirche angezeigt. Die Anfänge der stimmungsvollen, kleinen Kirche reichen in das 13. Jh. zurück. Im 16. Jh. erhielt sie das Sterngewölbe mit den typischen Nischen über den Pilastern und Ende des 16. Jh. ihre dekorative Ausmalung. Die Kanzel kam, ebenso wie die Tür, im 17. Jh. in die Kirche.

Ziele abseits der E 4

Südlich Örnsköldsvik zweigt man auf die Straße 91 Richtung Bredbyn/Åsele ab, in Bredbyn Richtung Junsele. Ca. 30 km hinter Bredbyn kommt man nach Myckelgensjö. Am Nordende des Sees liegt der *Genbergska gården,* mit über 20 Gebäuden aus dem 18. und 19. Jh. einer der am besten erhaltenen alten Höfe Norrlands, heute ein Freilichtmuseum.

Nördliches Norrland – Västerbotten, Norrbotten, Lappland

Das Nördliche Norrland besteht aus drei Landschaften: Västerbotten, Norrbotten und Lappland. Mit 118 000 qkm ist Lappland die größte schwedische Landschaft. Politisch sind diese drei Landschaften in zwei Provinzen eingeteilt, in Västerbottens län im Süden und Norrbottens län im Norden. Die Grenze verläuft zwischen Skellefteå und Piteå in nordwestlicher Richtung. Allein die Provinz Norrbottens län ist größer als Österreich. Sie umfaßt mit 105 000 qkm rund 25% der gesamten Fläche Schwedens. Doch leben dort nur 266 000 Menschen, 2,5 pro qkm. Im gesamten Gebiet des nördlichen Norrland steigt die Bevölkerungsdichte nicht über 3,1 Menschen pro qkm. 60% der Einwohner Norrlands leben in der Küstenregion am Bottnischen Meerbusen. Je weiter man nach Norden kommt, desto geringer wird die Bevölkerungsdichte. Weite und Leere kennzeichnen diese Landschaften. Der Polarkreis verläuft mitten durch Lappland und Norrbotten.
An der Grenze zu Norwegen setzt sich der Bergrücken der kaledonischen Faltung weiter nach Norden fort und wird zunehmend höher. Der *Kebne-*

Nördliches Norrland

kaise ist mit 2117 m Schwedens höchster Berg. Er liegt auf der Höhe von Kiruna. Diese Bergregion ist zumeist nicht so schroff und hat nicht so enge Täler wie in Norwegen. Die Täler sind weiter und die Berge meist etwas abgerundeter, Folgen der Eiszeit. Zur Flora sei auf das bei der Beschreibung des südlichen Norrlands Gesagte verwiesen, nur daß die Baumgrenze immer tiefer verläuft, je weiter man nach Norden kommt. Die Nadelwaldgrenze liegt hier nur noch bei etwa 600 m, die Birkenwälder reichen noch bis in Höhen von 800 m. Von den Bergen an der norwegischen Grenze fällt das Gelände nach Südosten hin zum Bottnischen Meer ab. Man kann die Richtung gut an den Flußläufen erkennen. Nördlich von Piteå liegt vor der Küste ein breiter Schärengürtel.

Zwischen der Fjällregion und der Küste erstreckt sich ein riesiges Waldgebiet. Diese Wälder werden auf 250 Millionen Kubikmeter Holz veranschlagt. Gut 60% der Bäume sind über 100 Jahre alt. Man möchte gerne 5 Millionen cbm jährlich abholzen, drei Millionen in Küstennähe und zwei Millionen in den sog. Lappmarken. Diese Zahlen werden jedoch nicht erreicht. Der jährliche Zuwachs beträgt durchschnittlich sechs Millionen cbm. Man befürchtet eine Überalterung des Baumbestandes auch noch aus einer anderen Entwicklung: Da die holzverarbeitenden Industrien an der Küste liegen, wird der Holzeinschlag weiter im Landesinneren oft zu teuer. Der Raubbau, der durch die Sägewerke und bei der Teergewinnung im 19. Jh. betrieben wurde, hatte an der Küste zu Kahlschlägen geführt. Die Folge ist nun, daß der Anteil alter Bäume im Landesinneren zu hoch, der der 40- bis 80jährigen Bäume zu gering ist. Um die Probleme zu lösen, wurde zusammen mit Finnland ein Forschungsprojekt begonnen. Die Forsthochschule in Umeå beschäftigt sich speziell mit Fragen der Forstwirtschaft in nördlichen Breiten. Es werden auch Überlegungen angestellt, holzverarbeitende Industrien im Landesinneren anzusiedeln.

In diesem Waldgebiet liegen zahlreiche Seen und große Moore. Neben Elchen und Rentieren leben hier noch Bären, wenn auch nur in geringer Zahl, Luchse, Vielfraße und vereinzelt Wölfe. Die Landschaft ist reich an Heidel- und Preiselbeeren. Multebeeren (= hjortron) sind sogar eine norrländische Spezialität. Diese Beeren, auch »gelbe Brombeeren« genannt, wachsen fast nur im Norden. Erstaunlicherweise ist gerade die nördliche Gegend recht fruchtbar. Auf dem Lehmboden wächst nördlich des Polarkreises sogar kanadischer Weizen. Die bebaute Fläche hat allerdings in den letzten Jahren abgenommen.

Die Städte Norrlands liegen, von Kiruna und Gällivare abgesehen, an der Küste. Bis zum Anfang unseres Jahrhunderts bestand von hier die einzige Verbindung nach Süden. Hier siedelte sich die Industrie an. Die Dampfsägewerke ab Mitte des 19. Jh. brachten die Unabhängigkeit von der Wasserkraft.

In Norrland herrscht bereits subpolares Klima. Die Winter sind streng und lang. An der Küste liegt die mittlere Temperatur im Januar bei −8 Grad. Der Bottnische Meerbusen friert im Norden von Ende Dezember bis Mitte Mai zu. Etwa 180 bis 190 Tage, am nördlichsten Punkt Schwedens, der »riksgränsen«, sogar 225 Tage, liegt eine geschlossene Schneedecke über dem Land, im Binnenland und in den Fjällregionen natürlich länger als an der Küste. Das Frühjahr beginnt im nördlichen Landesteil erst Ende Mai (zum Vergleich: in Skåne schon Mitte März). Der Sommer ist dagegen besonders intensiv. Die lange Sonnenscheindauer läßt auch im Norden das Bottnische Meer so warm werden, daß man baden kann. Die Wassertemperatur steigt Ende Juli auf 18 bis 20° C. Der Herbst beginnt mit der Laubfärbung der Birken in Lappland schon Ende August. Im September gibt es die ersten Nachtfröste. Die Vegetationsperiode in Norrland ist also sehr kurz, nur etwa 130 bis 150 Tage (zum Vergleich: Süd- und Mittelschweden rund 250 Tage). Deshalb wachsen die Bäume auch nur halb so schnell wie in Götaland.

Ein Erlebnis ganz besonderer Art sind die hellen Nächte und schließlich die Mitternachtssonne. Am Polarkreis ist am 21. 6., der Mittsommernacht, die Sonne 24 Stunden zu sehen. In Gällivare scheint die Sonne vom 2. 6. bis zum 12. 7. ununterbrochen, in Kiruna vom 25. 5. bis zum 16. 7. Im Winter herrscht dafür lange Monate Dunkelheit, nur durch den Schnee etwas gemildert. Selbst in Luleå ist die Sonne im Winter nur zwischen 10 und 13 Uhr zu sehen.

Die Eiszeit ging in Norrland erst 6000 bis 5000 v. Chr. zu Ende. Aber schon auf 3000 v. Chr. werden steinzeitliche Funde datiert, und aus der Zeit um 2000 beweisen Funde sogar einen Tauschhandel mit dem Süden. Für etwa 1000 v. Chr. sind feste Siedlungen an der Küste nachgewiesen. Die Verbindungen zu Mittelschweden scheinen aber nur sporadisch bestanden zu haben. Die Christianisierung Norrlands wurde auch aus politischen Gründen nach 1323 vorangetrieben. Das älteste erhaltene Zeugnis einer christlichen Gemeinde stammt aus dem Jahr 1339. Luleå und Piteå werden darin erwähnt. Vermutlich waren die Küstengegenden und die Flußtäler in der ersten Hälfte des 14. Jh. christianisiert. 1323 wird Norrland erstmals im politischen Kräftespiel erwähnt: Schweden und Rußland legten eine gemeinsame Grenze im Norden fest. Danach wuchs das Interesse Schwedens, dieses Gebiet durch Anlage von Märkten und Kirchen zu sichern. Der Handel zwischen den Samen und Mittelschweden wurde damals durch die sog. »birkalarna« vermittelt, handeltreibende Bauern am Bottnischen Meer. Ihre noch aus dem 13. Jh. stammenden Privilegien wurden nun, Ende des 14. Jh., aufgehoben und der »Bottnische Handelszwang« eingeführt. Danach mußte der gesamte Handel über Stockholm abgewickelt werden. Erst 1765 wurde er wieder aufgehoben. Aus dieser Zeit (15./16. Jh.) stammen auch die ersten steinernen

Nördliches Norrland

Kirchenbauten in der Küstengegend. Sie wurden oft als Wehrkirchen gebaut oder besaßen einen neben der Kirche stehenden Verteidigungsturm. Beispiele sind Gammelstad bei Luleå, Lövånger (südl. Skellefteå) oder Öjebyn bei Piteå. Verstärkte Anstrengungen wurden im 17. Jh. unternommen, den gewinnbringenden Handel mit den Lappmarken unter Kontrolle zu bekommen: feste Märkte wurden zu bestimmten Zeiten festgelegt (Arvidsjaur, Jokkmokk, Jukkasjärvi und Karesuando) und Städte gegründet (Luleå, Piteå und Torneå). 1613 wurde die Grenze zu Norwegen/Dänemark festgelegt. Zugleich mit einer verstärkten Christianisierung der Samen beginnt im 17. Jh. der Kirchenbau im Inneren der Lappmark. Immer wieder wurde versucht, die Ansiedlung dort zu fördern. 1673, 1695 und und dann wieder 1749 wurde Ansiedlern Steuerfreiheit und anderes versprochen. Größere Erfolge blieben jedoch aus.

Die wichtigsten Erwerbszweige dieser Zeit waren Viehzucht, Fischfang und der Handel mit den Samen. 1630 wurden in Nasafjäll (direkt an der norwegischen Grenze) Silbervorkommen entdeckt. Zwischen 1635 und 1659 förderte man 860 kg Silber und 255 t Blei. Dann zerstörten norwegische Soldaten die Mine. Sie hatte aber auch den ursprünglichen Erwartungen nicht entsprochen. Erst 1770 begann man noch einmal mit einer Förderung. Bis 1810 gewann man aber lediglich 113 kg Silber und 21 t Blei, woraufhin die Förderung endgültig eingestellt wurde. Die mit Wasser vollgelaufenen Schächte, einige Ruinen und der Friedhof sind heute noch zu sehen.

Nach Bodenschätzen, besonders nach Erz, wurde seit dem 17. Jh. immer wieder gesucht. Im 18. Jh. entstanden zur Erzausbeute verschiedene Firmen, die aber alle nach kurzer Zeit wieder aufgegeben werden mußten. Wichtig wurde dagegen in dieser Zeit die Teerbrennerei und der Teerexport. Teer wurde ja beim Schiffsbau dringend benötigt. Vom 16. Jh. bis etwa 1885 nahm der Umfang der Teergewinnung ständig zu. Im 18. Jh. entstand auch eine wachsende Zahl von Sägewerken, die das Gefälle der Flüsse ausnutzten. Die Einführung der Dampfkraft ermöglichte dann ab etwa 1850 ihre Verlagerung in die Nähe der Häfen.

Für den Erzabbau war der Transport das wichtigste Problem. Noch nach der Mitte des 19. Jh. war der Küstenweg die einzige Verbindung nach Süden. Der 1888 begonnene Erzabbau bei Gällivare konnte erst durch die 1891 gebaute Eisenbahn Gällivare–Luleå erfolgreich werden. Die für Kiruna lebenswichtige Narvikbahn wurde 1902 fertiggestellt. Danach begann der Aufschwung der Erzausfuhr. Der Anteil der Veredelung in Schweden blieb immer gering. Schweden ist kein »Kohleland«. Wichtig für die Infrastruktur des Binnenlandes wurde auch die 1937 fertiggestellte »Inlandsbahn« Kristinehamn(am Vänern)–Gällivare.

Seit dem 15./16. Jh. entstanden in Norrland die sog. »Kirchenstädte« (kyrkstäder). Bei den weiten Entfernungen und dem unwegsamen Gelände waren die Kirchenbesucher gezwungen, bei der Kirche zu übernachten. Die Kirche stellte Land zur Verfügung, auf dem die Bauern nun kleine Häuschen bauten. Das Recht zum Bau war abhängig von dem Besitz eines Hofes. Die Kirchenfeiertage erhielten eine große Bedeutung. Sie boten die seltenen Gelegenheiten zu Treffen und Begegnungen. Oft waren sie mit einem Markt verbunden. Wichtig war auch, daß die Jugendlichen aus den weit entfernt liegenden Siedlungen sich dabei treffen konnten. Von den 72 Kirchstädten Schwedens sind noch über 20 erhalten. In Norrland werden sie teilweise heute noch benutzt, in letzter Zeit sogar verstärkt. Das alte Milieu ist gut bewahrt und wurde oft liebevoll restauriert. Zu den Feiertagen treffen sich meist Ältere. Man feiert dort aber auch große Hochzeiten. Einige Häuschen werden an Touristen vermietet. Häufig wird dort auch der Konfirmandenunterricht abgehalten, der in Schweden in drei Wochen zusammenhängend in einem Ferienlager durchgeführt wird. Oft begleiten dabei Geschwister oder auch Großeltern die Konfirmanden. In Lappland hatten sich drei verschiedene Arten von Kirchstädten gebildet: Lappstädte für die Samen, Bauernstädte für die Siedler und Bürgerstädte für die Händler. Von den Lappstädten ist die von Arvidsjaur heute noch Stütztpunkt für die Samen bei ihren Besuchen in der Stadt.

Trotz aller Anstrengungen ist Norrland heute nicht ohne Probleme. Die Stahlkrise der 70er Jahre, die Konkurrenz der Niedriglohnländer auch im Erzabbau, haben die Arbeitslosigkeit ansteigen lassen. Die ungünstigen wirtschaftlichen Verhältnisse führten zu einer Abwanderung, so daß in den letzten zehn Jahren ein Bevölkerungsschwund eingetreten ist, obwohl die Geburtenrate in Norrland höher ist als im übrigen Schweden. Die Aussichten von Forstwirtschaft, Erz- und Eisenindustrie werden für die nächste Zeit nicht günstig beurteilt. Mit verstärkten Anstrengungen versucht man, der Entwicklung entgegenzuwirken. Neben dem Ausbau des Bildungswesens, u. a. durch Gründung der Technischen Hochschule in Luleå, wurden zahlreiche staatliche Aufträge vergeben, besonders im kulturellen Bereich. Dadurch konnten Kirchen und andere historisch interessante Bauten restauriert, Freilichtmuseen eingerichtet werden usw.

Norrland liefert über $1/5$ der in Schweden verbrauchten Elektroenergie. Ein weiterer Ausbau von Kraftwerken zur Stromerzeugung wird diskutiert. Naturschützer stellen sich allerdings dagegen und verweisen auf die nachteiligen Folgen, die die bisherigen Kraftwerke für Fischfang, Natur und den Lebensraum der Samen hatten. Große Hoffnungen setzt man nun auf den Tourismus, der in den vergangenen Jahren ständig zugenommen hat. Hierzu gehört u. a. der Ausbau des Wegenetzes, denn 9 von 10 Touristen kommen bislang mit dem Auto. Von Südschweden gibt es im Sommer Autoreisezüge mit sehr

Samen

günstigen Preisen. Eine weitere Chance sieht man in der Errichtung von Bodenstationen für Satelliten. Aufgrund der nördlichen Lage hat man hier besonders gute und vor allem langdauernde Funkverbindungen. Da die Probleme in allen Staaten der Nordkalotte gleich sind, haben Schweden, Norwegen und Finnland eine enge Zusammenarbeit begonnen. Sie reicht vom wissenschaftlichen Austausch bis zu einer gemeinsamen Buchungszentrale für den Tourismus.
Ein besonderes Kapitel beanspruchen die Samen oder Lappen. Letztere Bezeichnung wird von ihnen als abwertend empfunden. Archäologische Funde lassen ihre Geschichte bis um die Zeitenwende zurückverfolgen. Wahrscheinlich kamen sie aus dem Osten zunächst nach Finnland. Von den zur Zeit der Völkerwanderung dort einwandernden Finnen wurden sie weiter nach Norden gedrängt. Ähnliches geschah in Schweden und Norwegen. Ihre Sprache ist dem Finnischen verwandt, gehört also zur ugrischen Sprachgruppe. Auf der ganzen Nordkalotte leben etwa 40 000 bis 50 000 Samen, in Schweden davon etwa 15 000. Ursprünglich waren sie Jäger und begannen dann mit der Rentierzucht. Man unterscheidet zwischen Wald- und Fjällsamen. Erstere waren Halbnomaden, die ihre Herden in einem größeren Umkreis in den Waldgebieten weiden ließen. Die Fjällsamen zogen dagegen mit den Herden vom Fjäll bis zur Küste und zurück. Frühzeitig begannen sie mit Tauschhandel. Die Waren wurden von den Händlern längs der Küste des Bottnischen Meers nach Stockholm oder über Narvik nach Bergen verbracht, von wo aus es auch Verbindungen zur Hanse gab. Die Rentierzucht war damals lohnend. Ihren Gewinn legten die Samen gerne in Silber an, für Nomaden die praktischste Form. Das Silber wurde nach samischem Geschmack zu Schmuck verarbeitet, aber auch zu Gebrauchsgegenständen wie Löffeln oder Trinkgefäßen. Noch heute werden in den Läden Norrlands solche Silbergegenstände angeboten. Daneben wird viel Zinn, aber natürlich auch Rentierfell und Rentiergeweih verarbeitet. Die Produktion ist nicht sehr groß. Es gibt ein Garantiezeichen für echte Handarbeit, ein rundes rotes Siegel mit blauem Rand und gelben Zickzackfries und mit der Inschrift Sámi Duodji.
Die Ansiedlungsbemühungen, später dann die Industrialisierung trieben die Samen immer weiter nach Norden. Heute leben in Härjedalen beispielsweise nur noch verhältnismäßig wenig Samen. Die offizielle Haltung ihnen gegenüber ist etwas widersprüchlich. Einerseits bemüht man sich, ihre Kultur, Sprache und Lebensgewohnheiten zu schützen, andererseits läßt man es zu, daß ihre Eigenständigkeit durch die Entwicklung ständig weiter bedroht wird. 1971 wurde ein Gesetz zu ihrem Schutz erlassen, doch zugleich auch wieder Ausnahmen z. B. bei Straßen- und Kraftwerksbau u. ä. vorgesehen. Nach diesem Gesetz bilden die Lappendörfer nun eine Art genossenschaftliche Vereinigung, bei der die zum Dorf gehörenden Weidegebiete gemeinsam

genutzt werden. Das Weiderecht wird als ein Gewohnheitsrecht betrachtet. Das Weideland gehört dem Staat. Von der Rentierzucht leben allerdings heute nur noch wenige Samen. Die meisten sind in die verschiedensten Berufe abgewandert. Die rund 2 500 Samen, die Rentierzucht betreiben, besitzen insgesamt rund 150 000 Tiere, zuwenig, um davon leben zu können. Um eine Familie allein von der Zucht zu ernähren, sind über 350 Tiere nötig. Heimindustrie, Fischfang, Tourismus und Gelegenheitsarbeiten müssen das Einkommen ergänzen.

E 4 (Stockholm–Haparanda) Umeå–Haparanda

Umeå

Umeå (57 000 Einw.), Provinzhauptstadt von Västerbottens län, wurde 1621 gegründet und erhielt 1646 Stadtrechte. 1714 und 1720 verwüsteten die Russen die Stadt. 1809 fand bei Umeå das letzte Gefecht statt, das überhaupt auf schwedischem Boden ausgekämpft wurde. 1888 brannte die Stadt fast vollständig ab. Beim Wiederaufbau legte man breite Straßen an und pflanzte überdies als Schutz gegen Funkenflug Tausende von Birken, die der Stadt den Beinamen »Stadt der Birken« einbrachten. Zwischen dem 20. und 25. Mai schlagen sie aus. Die Stadt besitzt einen wichtigen Hafen und verschiedene Industrien, ist aber in erster Linie eine Verwaltungs- und Universitätsstadt. Ihr eigentlicher Aufschwung begann erst vor etwa 25 Jahren. Damit mag auch zusammenhängen, daß das Durchschnittsalter der Einwohner Umeås sehr niedrig ist: knapp 35 Jahre. Zu diesem Aufschwung trug die 1965 gegründete Universität nicht unwesentlich bei. Es ist die fünfte Schwedens. 8000 Studenten sind eingeschrieben.

Umeå ist eine großzügig angelegte, kleinere Stadt mit verhältnismäßig niedriger, moderner Bebauung. Vor dem Bahnhof, der noch von 1896 stammt, hat man nach französischem Vorbild einen halbrunden Platz mit fünfstöckigen Häusern (1952) angelegt. Dort steht die Glasskulptur »Grön eld« (Grünes Feuer) von Vicke Lindstrand (1970). An der Kreuzung der Kungsgatan und der Renmarksesplanade erhebt sich eine große, 1976 eingeweihte Brunnenplastik von Stig Lindberg. Von der Bebauung im Zentrum nach dem Stadtbrand ist nur wenig erhalten, so das *Rådhus* am Torget von 1890 im Stil der niederländischen Renaissance, die neugotische *Kirche* von 1892/94 und die *Residenz* von 1893/95.

In *Gammlia,* einem zu einem Freilichtmuseum erweiterten Volkspark stehen verschiedene Gebäude aus Västerbotten. Das älteste ist von 1664, die anderen

aus dem 18. und 19. Jh. Hier befindet sich auch die Helena-Kirche, die ursprünglich 1802 auf der Insel Holmö zum Teil aus den Planken eines gestrandeten Schiffes gebaut worden war. Das ebenfalls dort 1943 gebaute, 1968 vergrößerte *Västerbottens museum* zeigt vor allem die Entwicklung Norrlands, hat eine große volkskundliche Sammlung, auch über die Samen, und besitzt eine besondere Skiabteilung mit dem ältesten Ski der Welt, ca. 4500 Jahre alt (Gammlia – nordöstl. vom Zentrum – 21. 6.–15. 8. Mo–Fr 9–18, Sa–So 12–18; sonst 9–16, Sa–So 12–16).

In *Lövånger* ist die alte *Kirchstadt* mit über 160 Häuschen nördlich der Kirche sehenswert. Sie läßt sich bis 1686 zurückverfolgen. Die Häuser werden jetzt vermietet. Die Kirche wurde um 1500 aus Feldsteinen gebaut und besitzt ein schönes Sterngewölbe. Das Triumphkruzifix ist etwa aus dieser Zeit. Die Holzskulpturen sind (von links): St. Birgitta, um 1500, Maria Magdalena, Anfang des 16. Jh., Maria (das Jesuskind fehlt) um 1300, Anna Selbdritt (Jesuskind fehlt) Anfang des 16. Jh. Die Kanzel stammt von 1623.

Skellefteå

Skellefteå (31 000 Einw.) ist eine Industrie- und Handelsstadt. Sie wird als Gemeinde zuerst im 14. Jh. erwähnt, wuchs aber im 19. Jh. durch den Holzhandel. Als sie 1845 Stadtrechte erhielt, hatte sie nur 200 Einwohner. In den 20er Jahren unseres Jahrhunderts nahm die Stadt dann einen größeren Aufschwung, als die Erzgrube von Boliden, etwa 35 km westlich, Zink, Silber, Gold und Kupfer stärker ausbeutete. Heute wird dort vorwiegend Erz aus anderen Gruben angereichert, das mit einer 96 km langen Seilschwebebahn herangeführt wird, eine der längsten Schwebebahnen der Welt.

Am Fluß Skellefte älv liegt das *Museum Nordanå* mit wechselnden Ausstellungen und Volkskunde. Daneben gibt es ein Freilichtmuseum (Mo–Do 12–19, Fr–So 12–16).

Die *Landeskirche* (Landsförsamlings Kyrka) erhielt ihr neoklassizistisches Aussehen bei einem Umbau 1796–99. Die mittelalterlichen Skulpturen fügen sich sehr schön in den hellen, weiten Kirchenraum ein. Der Altaraufsatz aus dem späten 15. Jh. stammt aus der Lübecker Werkstatt Bernt Notkes. Interessant ist die Figur des St. Olof (links neben der Hlg. Dreifaltigkeit): Der Unterworfene trägt eine Königskrone, ein Hinweis auf den von ihm besiegten Bruder? Oder auf das besiegte eigene Ich? (s. auch Uppsala, Domkirche.) Das Triumpkruzifix aus hellem Holz ist in etwa gleich alt. Hinter dem Altar steht die berühmte »Skellefteåmadonna«. Sie ist im 12. Jh., wahrscheinlich in

Westdeutschland, aus Nußbaumholz geschnitzt worden. Das Jesuskind fehlt. Weiter befinden sich an der Ostwand eine Anna Selbdritt von etwa 1500, eine schöne Madonna mit Kind aus dem frühen 15. Jh. und weitere frühere Altarfiguren aus dem 15./16. Jh., darunter ein heiliger Erik. An der Ostwand des nördlichen Querhauses steht eine St.-Georgs-Gruppe, die im 15. Jh. von einem einheimischen Holzschnitzer gearbeitet wurde. Im Taufstein gegenüber der Kanzel, einer eindrucksvollen modernen Arbeit, hat Sven Arne Gillgren Västerbottens Flora als Sinnbild des Lebens wiedergegeben. Das runde Fenster in der Ostwand gestaltete Britta Reich-Eriksson.
Hinter der Kirche liegt ein alter Pfarrhof, darunter führt die älteste und längste Holzbrücke Schwedens über den Fluß. Östlich der Kirche befindet sich die Kirchstadt »Bonnstan« mit Holzhäusern aus der ersten Hälfte des 19. Jh.
Etwa 40 km hinter Sekellefteå weist rechts der Straße ein kleines blaues Hinweisschild »Kulturminne« auf vier im Wald liegende Grabhügel aus aufgehäuften Steinen hin. Solche Grabhügel aus der Bronzezeit 1500–500 v. Chr.) sind häufig an der norrländischen Küste anzutreffen. Die nördlichsten Hügel liegen etwa 40 km weiter, hinter Jävre. Von der E 4 ist die Abfahrt »*Arkeologstigen*« angezeigt. Auf dem Parkplatz zeigt ein Plan ihre Lage. Neben dem mit R 3 bezeichneten Grabhügel befindet sich noch ein Labyrinth.

Piteå und Öjebyn

Die Landhebungen, die den ursprünglichen Hafen unbrauchbar werden ließen und ein verheerender Brand 1666 ließen die Bewohner Öjebyns eine neue Stadt, das jetzige Piteå anlegen. In Öjebyn (hinter Piteå, am Ende des Orts) steht beiderseits der Kirche aus dem 15. Jh. (1751 umgebaut) noch das sehenswerte alte *Kirchdorf*. Die Häuser sind unterschiedlich alt. Ein großer Teil wurde erst nach dem Einfall der Russen 1720, bei dem fast alles niedergebrannt wurde, gebaut. Einige sind jedoch älter. Sie wurden von Bauernhöfen hierher versetzt, als man sie dort nicht mehr benötigte. Daß einige Häuser sogar zweistöckig sind, mag an der engen Nachbarschaft mit den damaligen Bürgerhäusern liegen. Der freistehende Glockenturm ist vermutlich älter als die Kirche und ist wohl ursprünglich als Verteidigungsturm gebaut worden. In der Kirche ist besonders auf die barocke Kanzel von 1706 hinzuweisen. Der Altaraufsatz wurde 1704 von Caspar Schröder in Stockholm geschaffen. Piteå (23 000 Einw.) ist heute eine Industriestadt, vor allem mit Zellstoffwerken. Die *Holzkirche* von 1686 – Norrlands älteste Holzkirche – hat eine ganz ungewöhnliche, aus Brettern gebildete Kuppel. Die Kreuzform wurde bei Holzkirchen allgemein erst im 18. Jh. üblich. Der Altaraufsatz von 1650 ist älter als die Kirche. Er wurde in Stockholm gekauft. Um das *Rathaus* von 1830 stehen noch alte Holzhäuser aus dem 19. Jh., die den damaligen Stadtcharakter deutlich machen.

Luleå–Gammelstaden

Gammelstaden wird 1339 als eine Gemeinde erwähnt, deren Gebiet bis zur norwegischen Grenze reicht (von der E 4 bei Luleå Richtung Boden fahren). Neben der großen Kirche liegen rund 450 kleine Holzhäuser. Diese Kirchstadt ist älter als Luleå. Schon im 14. und 15. Jh. entstanden, ist die Art der Bebauung und die Lage bis heute fast unverändert. Die meisten der jetzigen Häuser stammen aus dem 19. Jh. Sie werden heute noch bei größeren kirchlichen Festen benutzt.

Die mächtige *Hallenkirche* aus Granitblöcken wurde wahrscheinlich 1492 eingeweiht, als Kirche und Verteidigungsanlage zugleich. Der heutige Turm kam erst Mitte des 19. Jh. dazu. Die Ausmalung im Chor besorgte zur Bauzeit Albertus Pictor oder seine Werkstatt. Es ist die nördlichste Kirche, die er bzw. seine Werkstatt ausgemalt hat. Möglicherweise sind es die nördlichsten Fresken überhaupt. Der außergewöhnlich reich geschnitzte Flügelaltar ist eine Antwerpener Arbeit von etwa 1520. Von den zahlreichen Altaraufsätzen dieser Art in Schweden (ungefähr 40) ist dies der am nördlichsten stehende. Die barocke Kanzel wurde 1712 aufgestellt. Das Triumphkruzifix stammt aus dem Mittelalter.

Etwa 500 m nordöstlich der Kirche liegt ein interessantes *Freilichtmuseum* mit typischen Norrbottenhöfen. Einer ist in ursprünglicher Weise eingerichtet.

Luleå (53 000 Einw.) entstand 1649, als die Bürger von Alt-Luleå gezwungen waren, an die Küste zu ziehen, nachdem der alte Hafen verlandete. Erst mit dem Eisenbahnbau nahm die Stadt eine lebhaftere Entwicklung. Der Erzhafen ist allerdings mehrere Monate im Jahr zugefroren. Die neugotische *Kirche* von 1888/92 wurde 1904 zur Domkirche, als Luleå Bischofsstadt wurde. Das Stift umfaßt ein Drittel der schwedischen Landfläche. Die Kirche war nach einem großen Stadtbrand 1887 gebaut worden.

Die Sammlungen des *Landesmuseums* umfassen besonders Gegenstände der samischen und der frühen norrbottenländischen Kultur (Norrbottens museum, Storgatan 2, 16. 6.–14. 8. Mo–Fr 8–17, Sa 10–15, So 13–17; sonst Sa geschl.).

Interessant ist die Kirche in dem neuen Stadtteil *Mjölkudden* (Abfahrt vor Luleå ausgeschildert), ein 1969 errichteter Zentralbau mit einer großen Leichtmetallkuppel. Die Innenausstattung schuf Pär Andersson.
Hinter Kalix liegt nördlich der Straße einer der nördlichsten Grabhügel Schwedens, der *Sangishögen*. Die Waffenfunde datieren das Grab in das 8. bis 9. Jh. n. Chr.
Haparanda (5000 Einw.), Endpunkt der E 4, entstand aus der Grenzziehung von 1809 als schwedische Grenzstadt. Vordem bildeten Haparanda und das jetzt finnische Torneå eine Siedlung. Das überdimensionierte *Bahnhofsgebäude* ist ein Denkmal der fehlgeschlagenen Entwicklungsträume. Die 1967 gebaute moderne *Kirche* mit einem extrem hohen mittleren Teil ist in Schweden umstritten.

Ziele abseits der E 4

Övertorneå, etwa 70 km nördlich von Haparanda, besitzt eine sehr schöne Holzkirche. Sie wurde 1735/37 durch Umbau der älteren von 1615 stammenden Kirche zur heutigen *Kreuzkirche*. Sie ist die am besten erhaltene nördliche Kirche aus dem 18. Jh. Auffallend ist der Glockenturm mit seiner Bemalung an der Außenseite. Er wurde 1763 gebaut. In der Kirche wird an der Ostwand rechts eine gotische Schutzmantelmadonna aus der ersten Hälfte des 15. Jh. aufbewahrt, ein Madonnenbild in Form eines Schranks. Die geöffneten »Flügel« zeigen innen verschiedene gemalte Gesellschaftsschichten. Bemerkenswert ist die Orgel von 1609. Sie stand bis 1788 in der Tyska kyrka in Stockholm und wurde hierher verkauft. Bei der Aufstellung merkte man, daß sie trotz abgesenkter Empore zu groß war. Darauf überließ man das Rückpositiv der Kirche von Hietaniemi 20 km südlich.
In *Jukkasjärvi*, 20 km von Kiruna entfernt, steht eine interessante *Holzkirche*, 1726 über einer Kapelle von 1607 erbaut. Hier sind die polychromen Holzreliefs von Bror Hjort von 1958 sehenswert, die an die Predigten von Lars Laestadius gegen den Alkoholmißbrauch erinnern. Laestadius (1800–61) war hier Pfarrer und wurde zum Führer einer Erweckungsbewegung in Norrland, die besonders die Samen und die Armen ansprach. Verschiedene Erinnerungstafeln in der Kirche vermerken die »Entdeckungsreisenden«, die im 17. und beginnenden 18. Jh. hierher kamen (tgl. 7–11, 12–15.30; Sa 7–11, 16–18, So 9.30–13.30).
Kiruna ist mit einer Fläche von 19 500 qkm die flächenmäßig größte und zugleich nördlichste Gemeinde Schwedens. Der größte Teil des Gemeindegebiets liegt über der Baumgrenze und ist menschenleer. Insgesamt leben hier rund 29 500 Menschen, davon im eigentlichen Ort Kiruna rund 24 000. Das

Stadtbild dieser eigenartigen, etwas zentrumslosen Stadt wird von dem *Kiirunavaara* beherrscht, dem Erzberg. Sein terrassenförmiges Aussehen erhielt er durch den Tagebau. Inzwischen wird hier unter Tage gearbeitet. Der Zentralschacht ist etwa 400 m tief. Die Ausnutzung der schon im 18. Jh. bekannten Erzlager und damit die Entstehung der Stadt Kiruna war erst durch den Eisenbahnbau nach 1902 (die Narvikbahn) möglich. Schöpfer der Stadt war der 1855 geborene Hjalmar Lundbohm, der 1889 hierher kam. Er war die treibende Kraft zum Ausbau der Stadt. Jährlich werden rund 20 Millionen t Erz abgebaut (z. Zt. etwas weniger).

Eine besondere Sehenswürdigkeit ist die 1912 von Gustaf Wickmann (1858–1916) erbaute *Kirche*. Die Idee, die dem Bau zugrunde lag, war die einer Lappenkate, wobei jedoch Einflüsse norwegischer Stabkirchen eine Rolle gespielt haben dürften. Am Dach stehen 12 vergoldete Bronzefiguren von Christian Eriksson. Eriksson läßt bei diesen die menschlichen Gefühle versinnbildlichenden Figuren Einflüsse von Rodin erkennen. Der Innenraum vermittelt eher den Eindruck einer altnordischen Halle als den eines sakralen Raums. Hinter dem Altar hängt ein großes, von Prinz Eugen, dem Bruder Gustavs V. (1865–1947) gemaltes Bild. Es zeigt, bezeichnend für diese nördliche Lage, eine mittelschwedische Sommerlandschaft als Paradies.

Gällivare und *Malmberget* sind reine Erzgrubenorte. Die Ausbeute ist hier etwa halb so groß wie in Kiruna. In Malmberget (»Erzberg«) kann man eine Grube besichtigen (Zeiten müssen beim Turistbyrå erfragt werden).

Jokkmokk (3300 Einw.) liegt knapp nördlich des Polarkreises. Im Sommer scheint die Sonne ununterbrochen vom 8. 6. bis zum 7. 7. Im Winter sinkt die Temperatur auf minus 30 Grad und mehr. Offenbar war hier schon sehr frühzeitig ein Lagerplatz von Jägern, denn die ältesten Funde, die gemacht wurden, konnten mit Hilfe der C 14-Methode auf die Zeit um 4350 v. Chr. datiert werden. Seinen Namen hat Jokkmokk nach einer Gruppe von Samen, die hier ihr Winterquartier hatten. Auf Befehl Karls IX. (1599–1611) wurde dann ein Markt- und Kirchplatz errichtet. Im Handel mit den Samen spielte der Branntwein eine große Rolle. Berauschende Getränke waren den Samen nämlich unbekannt. Die Einfuhr von Branntwein nach Lappland war daher im 18. und 19. Jh. verboten, doch umgingen die Kaufleute ständig das Verbot. Von dem damaligen Handel ist heute noch ein jährlicher Markt im Februar geblieben, der ein großes Volksfest geworden ist und Touristen aus allen Landesteilen anzieht.

Die alte *Lappenkirche* von 1754 brannte 1972 ab, wurde aber original wieder aufgebaut. Dabei gestaltete man das Kircheninnere jedoch modern, wobei die Farbwahl – Blau, Gold, Rot – sich an die Farben der Tracht der hier lebenden Samen anlehnt. Der Kirchhof wird von einer Holzmauer umschlossen. Auch sie ist exakt restauriert. Die auffallenden Öffnungen an der Innenseite dienten

Boden – Storforsen

früher der Aufbewahrung der Särge mit den Leichen im Winter, wenn die Erde so hart zugefroren war, daß man keine Gräber ausheben konnte.
Das *Svenskt Fjäll – och Samemuseum* mit einer reichen Sammlung aus der samischen Geschichte und Kultur wird derzeit erweitert und ist voraussichtlich bis 1987 geschlossen.
Boden (23 000 Einw.) ist Schwedens größte Garnisonsstadt. Zahlreiche Anlagen sind in die Felsen gesprengt. Es gibt viele Sperrgebiete mit Fotografierverbot. Neben der Kirche von 1831 stehen noch etwa 20 Häuser einer Kirchstadt aus der ersten Hälfte des 19. Jh. Sie werden jetzt als Touristenwohnungen vermietet. Das hölzerne Bahnhofsgebäude wirkt in der modernen Stadt auffallend altertümlich.
Der größte nicht regulierte Wasserfall im Norden ist der *Storforsen*, von Piteå über die Straßen 96 und 374 erreichbar. Hier strömt der Piteälven auf einer Länge von 5,5 km 80 m tief herab, davon 60 m auf den letzten zwei Kilometern. Da der Wasserfall früher Flößerei unmöglich machte, baute man oberhalb Steindämme, die den Lauf veränderten. Der frühere Fall, der sog. »döda fallet«, mit vielen ausgespülten Höhlen, ist ebenfalls zugänglich. Am Fall befindet sich ein *Forstmuseum,* mit über 20 Gebäuden und Anlagen, in denen die Waldarbeit, Flößerei, die Lebensbedingungen der Waldarbeiter, die Köhlerei usw. gezeigt werden (Skogsbrukmuseum, tgl. 12–16).

Praktische Hinweise

Alkohol. Einkauf nur in besonderen Geschäften, den »systembolaget«. Das Mindestalter beim Einkauf ist 20 Jahre. Das gilt auch beim Einkauf von Wein und dem sog. »Starkbier« (»starköl«), das unserem normalen Bier entspricht.
Angeln ist nur mit Angelschein erlaubt. An der Küste gibt es kostenlose Angelkarten bei den Polizeibehörden (»polisstation«). Sonst sind Angelscheine gegen eine Gebür von 10 bis 30 SKr/Tag im Turistbyrå, oft in Hotels und in den Sportartikelgeschäften zu bekommen. Für Gewässer der schwedischen Forstverwaltung (Domänverket) gibt es die »Turistkort«, die 60,– SKr/Woche kostet.
Anreisemöglichkeiten. *Für Pkw:* Puttgarden–Rödby (DB) Vogelfluglinie (1 Stunde), dann Helsingør–Helsingborg (20 Min.). Es empfiehlt sich, die beiden Fähren zusammen zu kaufen und die Puttgardenfähre vorauszubestellen. Alternativ kann man von Kopenhagen/Dragør die Fähre nach Malmö/Limhamn nehmen (50 Min.).
Travemünde–Trelleborg (TT-Saga-Line, Mattentwiete 8, 2000 Hamburg 11), je eine Tages- und eine Nachtfahrt (7 Stunden).
Travemünde–Malmö (Nordoe-Line, Poseidon Schiffahrt oHG, Skdandinavienkai, 2400 Lübeck–Travemünde), Tages- und Nachtfahrten (9 Stunden), am Wochenende auch Verbindung nach Helsingborg.
Travemünde–Gedser (Gedser–Travemünde Routen, Skandinavienkai, 2400 Lübeck–Travemünde) Tag- und Nachtfahrten (3½ Stunden).
Kiel–Göteborg (Stena-Line, Schwedenkai 1, 2300 Kiel) nur Nachtfahrt (14 Stunden).
Bei der Anfahrt über Jütland: Grenå–Varberg (Vertretung: Karl Geuther GmbH & Co, Martinistr. 58, 2800 Bremen 1) Tag- und Nachtfahrten (knapp 4 Stunden).
Fredrikshavn–Göteborg (Stena-Line, Adresse s. o.) Tag- und Nachtfahrten (3¼ Stunden).
Bei Anfahrt durch die DDR: Saßnitz–Trelleborg (Verkauf über Schwedisches Reisebüro, Joachimstalerstr. 10, 1000 Berlin 15), mehrere Fahrten tägl. (4 Stunden).
Bei allen Fähren ist in der Hauptsaison frühzeitige Buchung unbedingt notwendig. Die Preise schwanken je nach Saison stark.
Per Eisenbahn: Häufigste Eisenbahnverbindung ist die Vogelfluglinie, außer einem Schlafwagenzug immer mit Umsteigen in Kopenhagen. Fahrtzeit Hamburg–Stockholm etwa 14–15 Stunden. Die Fahrt über Fredrikshavn/Dänemark und von dort mit der Fähre nach Göteborg ist wenig lohnend.

Banken – Camping

Fahrtzeit Hamburg–Fredrikshavn rund 8 Stunden, Fähre Fredrikshavn–Göteborg 3½ Stunden. Wegen Ermäßigungen bei Eisenbahnfahrten siehe S. 4 unter »Eisenbahn«.
Per Bus: Europabusse (in Schweden Continentbus genannt) fahren von allen größeren Städten zu den verschiedensten Plätzen in Schweden. Auskünfte und Fahrkarten erteilen die DER-Reisebüros.
Per Flugzeug: Es gibt verschiedene Non-Stop-Verbindungen nach Göteborg und Stockholm, außerdem zahlreiche Flüge, bei denen man in Kopenhagen umsteigen muß. Weiterflug innerhalb Schwedens mit der innerschwedischen Fluggesellschaft »Linjeflyg«.
Arzt siehe Krankheitsfall
Banken. In der Regel sind die Öffnungszeiten werktags von 9 bis 15 Uhr, im Zentrum der Großstädte jedoch auch länger. Devisenumtausch ist auch gegen Euroscheck, selten aber gegen Kreditkarte möglich.
Benzin. Es gibt drei Sorten: Regular mit 93 Octan, Medium mit 96 Octan, Premium mit 98 Octan. Sehr häufig findet man den Hinweis »sedelautomat«; an diesen Säulen kann man mit 10,– und 100,– Kronenscheinen selbst tanken. Mitunter, aber nicht immer, ist der Preis dort etwas niedriger. Beim Tanken sollte man berücksichtigen, daß vor allem auf Nebenstraßen und im Norden das Tankstellennetz nicht so dicht ist wie an den Hauptdurchgangsstraßen. Am Mittsommerwochenende ist so gut wie keine Tankstelle geöffnet, man ist auf die »sedelautomat« angewiesen. Öl heißt »olja«.
Bier – »öl«. Es gibt drei Sorten: Klasse I, das »Leichtbier« (»lättöl«) mit max. 1,8 % Alkohol, Klasse II (»mellanöl« oder »folköl«) mit max. 2,8 % Alkohol und Klasse III, das »Starkbier« (»starköl«) mit max. 4,5 % Alkohol. (Letzteres nur im »Systembolaget«)
Bus. Außer den Europabussen mit rund 1 500 Haltepunkten im Land gibt es Buslinien der Eisenbahn (SJ), einige private Gesellschaften und in Norrland besonders die Postbusse. Oft werden regionale Pauschalkarten für begrenzte Zeiten angeboten. Auskünfte erteilen die Turistbyrå. Am Wochenende gibt es ermäßigte Karten (veckoslutsbussar), z. B. Göteborg–Stockholm hin und zurück für SKr 170,–.
Camping. Abgesehen von dem Jedermannsrecht (allemansrätten, siehe dort), das Zelten für eine Nacht überall erlaubt, gibt es über 600 Campingplätze. Eine Karte mit den eingezeichneten Plätzen und Verzeichnis über ihre Ausstattung erhält man vom »Reisebüro Norden«, Ost-Weststr. 70, 2000 Hamburg 11. Viele Plätze haben sog. »Campinghütten« (Campingstugor), die fest eingerichtet sind. Ihre Ausrüstung ist von Platz zu Platz unterschiedlich. Rechtzeitige Vorbestellung ist nötig. Der internationale Campingausweis wird in der Regel verlangt, kann aber auch auf dem ersten Platz erworben werden.

Dagens rätt. Tagesgericht, ein besonders preisgünstiges Essen, das überall, meist aber nur bis 15 Uhr, angeboten wird.

Devisen. Einfuhr unbegrenzt. Schwedisches Geld darf nicht in größeren Scheinen als 100,– SKr ein- oder ausgeführt werden. Die Ausfuhr schwedischer Kronen ist auf 6 000,– SKr begrenzt.

Diplomatische Vertretungen – *Bundesrepublik Deutschland:* Botschaft: Skarpögatan 9, S–115 27 Stockholm, Tel. 08–63 13 80; Generalkonsulat: Drottninggatan 63, S–40 121 Göteborg, Tel: 031–17 83 65. Honorarkonsuln: Mats Olsson, 252 20 Helsingborg, Stortorget 11; Jan-Erik Berggren, Jönköping, Skolgatan 2; Per Löwstedt, Kalmar, Stortorget 36; Karl-Axel Samuelson, Karlstad, Box 2088; Olof Gotthard Wahlbeck, Linköping, Stora Torget 7; Werner Jansen, Luleå, Timotejstigen 7; Wolfgang Heinrichs, Malmö, Scheelsgatan 23; Mats Blom c/o Göta Lantmän, Norrköping, Fleminggatan 9; Kjell Brandström c/o Svenska Cellulosa AB Sundsvall; Gunnar Ohm, Trelleborg, Terminalvägen; Sven-Gunnar Karlsson, Uddevalle, Strömstadsvägen 28; Åke Sjöberg, Visby, Strandgatan 18.

Schweiz: Botschaft: Skeppsbron 20, S–111–30 Stockholm. Tel.: 08–21 72 70; Konsulat: Östra Hamngatan 24, S–411 09 Göteborg, Tel.: 031–15 33 32; Konsulat: Prostgatan 1, S–211 25 Malmö, Tel.: 040–12 53 52

Österreich: Botschaft: Kommendörsgatan 35, S–114 58 Stockholm, Tel.: 08–23 34 90; Generalkonsulat: Birger Jarlsgatan 67; S–113 56 Stockholm, Tel.: 08–32 25 83; Generalkonsulat: Södra Vägen 28, S–412 54 Göteborg, Tel.: 031–16 10 78; Konsulat: Industrigatan 20, S–222 00 Malmö, Tel.: 040–93 21 11.

Einfuhrbestimmungen. Alkohol darf nur von Personen über 20 Jahren eingeführt werden; Höchstmengen: 1 l Spirituosen, 1 l oder, falls keine Spirituosen eingeführt werden, 2 l Wein, 2 l Bier mit mehr als 2,8 % Alkohol. Gegen Zahlung eines (sehr hohen) Zolls können weitere Mengen bis zu 5 l eingeführt werden. Zigaretten: 200 Zigaretten oder 100 Zigarillos oder 50 Zigarren oder 250 g Tabak und 200 St. Zigarettenpapier.

Eisenbahn. Die schwedische Eisenbahn »SJ« (= statens järnvägar) ist erheblich billiger als die DB; der Standard der II. Klasse entspricht fast dem der I. Klasse der DB. Platzreservierung ist fast auf allen Fernstrecken vorgeschrieben und wird beim Fahrkartenkauf vorgenommen (rökare = Raucher; ikke rökare = Nichtraucher). Seit dem 1. 11. 1985 gibt es einen allgemeinen Nachlaß von 25 % auf den normalen Fahrpreis. Er gilt nur für die II. Klasse und nicht von Freitag 5 Uhr bis Samstag 5 Uhr sowie von Sonntag 5 Uhr bis Montag 5 Uhr. Wer sich jedoch zu diesen Zeitpunkten bereits in einem Zug befindet, kann die Reise fortsetzen. Bei wenigstens 2 Erwachsenen gibt es den Minigruppentarif, bei dem die erste Person voll, die anderen mit 30 % Nachlaß zahlen. Von Montag bis Freitag kann man die Niedrigpreistage

(Lagprisdagar) ausnutzen, die zwar keinen Umweg gestatten, dafür aber nur maximal 900 km berechnen. Vom äußersten Süden (Ystad) bis zur nördlichen riksgränsen kostet die einfache Fahrt an diesen Tagen nur SKr. 254. Bei den großen Entfernungen lohnt auch der Autoreisezug. Malmö–Umeå, Göteborg–Luleå, Stockholm–Kiruna haben den gleichen Preis: 525,– DM i. d. II. Klasse für Pkw und Fahrer einschließlich Liegewagen; weitere Mitreisende 105,– DM. Schlafwagen kostet einen Zuschlag von 140,– DM im Dreibettabteil. Die Fahrt dauert etwa von mittags bis zum nächsten Vormittag. Die »Nordtouristkarte« gewährt für DM 440,– (II. Kl.) 21 Tage lang freie Fahrt auf allen Strecken in Dänemark, Norwegen, Schweden und Finnland.

Fahrrad. Schweden ist sehr fahrradfreundlich, was man auch in der Rücksicht der Autofahrer gegenüber Radfahrern beobachten kann. Oft haben Hotels und Pensionen Fahrräder für ihre Gäste. Sonst gibt es allgemeine Fahrradverleihe (»cykeluthyrning«), Auskünfte kann man in Turistbyrå erhalten.

Ferienhäuser. Die Ferienhäuser haben einen sehr unterschiedlichen Standard. Ein Trockenklosett ist nicht unbedingt ein Zeichen billigen Standards, bei der Ausdehnung des Landes ist nicht immer ein Abflußsystem möglich. Es gibt Feriendörfer und völlig abseits liegende Häuschen. Frühzeitige Buchung ist zu empfehlen. Vermittler sind u. a.: TT-Saga-Line, Mattentwiete 8, 2000 Hamburg 11; Svensk Stuguthyrning, Fyrisvallgatan 11, S–751 28 Uppsala; Inter Holiday AB Lilla Kungsgatan 1, S–411 08 Göteborg.

FKK ist prinzipiell nicht verboten, wird aber nur dort praktiziert, wo man ungestört ist. Bei der Größe des Landes ist es kein Problem, entsprechende Plätze zu finden. Es gibt aber trotzdem auch eigene ausgewiesene Plätze. Auskunft über: Sveriges Naturistförbund, Box 42 79, S–203 14 Malmö.

Fremdenverkehrsämter – *BRD:* Schwedische Touristik Information, Glockengießerwall 2, 2000 Hamburg 1, Tel.: 040–33 01 85.
Schweiz: Schwedische Touristik Information, Wiesenstr. 9, 8034 Zürich, Tel. 01–69 41 30.
Österreich: ÖAMTC-Reisen, Schubertring 1–3, 1010 Wien, Tel.: 0222–7 29 90.

Regionale Fremdenverkehrsbüros in Schweden

Blekinge: Blekinge Turistråd, Box 506, 371 23 Karlskrona
Dalarna: Dala Tour, Tullkammaregatan 1, 791 31 Falun
Dalsland: Dalslands Turistråd, Box 181, 662 00 Åmål
Gotland: Gotlands Turistförening, Box 208, 621 02 Visby
Gästrikland & Hälsingland: Gästrike-Hälsinge Turistråd, Hattmakaregatan 2, 803 51 Gävle

Göteborg & Bohuslän: Göteborgs Turistråd, Kungsportsplatsen 2, 411 10 Göteborg; Bohus Turist Box 56, 451 15 Uddevalla
Halland: Hallands Turist, Box 68, 301 02 Halmstad
Härjedalen & Jämtland: Jämtland/Härjedalen Turistinformation, 831 82 Östersund
Medelpad & Ångermanland: Mittsverige resor, Box 77, 871 01 Härnösand
Norrbotten & Nord-Lappland: Norrbottens Turistråd, 951 84 Umeå
Närke-Bergslagen: Örebro Läns Turistråd, Box 1816, 701 18 Örebro
Skåne: Skånes Turistråd, Stora Söderg. 8 C, 222 23 Lund
Småland: Turism och Fritid/Smålandsresor, Box 1027, 551 11 Jönköping; Kalmar läns Turistnämnd, Box 86, 391 21 Kalmar; Turism & Fritid i Kronoberg, Box 36, 351 03 Växjö
Stockholm und Umgebung: Stockholm Information Service, Box 7542, 103 93 Stockholm
Södermanland: Södermanlands Läns Landsting, Turist- och Fritidsnämnden, 611 88 Nyköping
Uppland: Uppsala Läns Landsting, Uppresor, Box 602, 751 25 Uppsala
Värmland: Värmlands Turistråd, Box 323, 651 05 Karlstad
Västerbotten & Süd-Lappland: Västerbottens Länsturistnämd, Box 317, 901 07 Umeå
Västergötland: Västergötlands Turistråd, Box 213, 541 25 Skövde
Västmanland: Stiftelsen för Turism, Hållgatan 2, 722 11 Västerås
Östergötland: Östergötlands Länsturistnämnd, Box 176, 581 02 Linköping
Haustiere. Es besteht absolutes Einfuhrverbot. Die Quarantänefrist beträgt vier Monate.
Heimatmuseum = hembygdsmuseum. Die meisten kleineren Orte besitzen ein Heimatmuseum, auch wenn es nicht in jedem Fall im Führer extra ausgewiesen ist. Oft steht es im Zusammenhang mit einem kleinen Freilichtmuseum.
Jedermannsrecht (allemansrätten). Das viel zitierte Recht geht auf altes schwedische Gewohnheitsrecht zurück, sich überall frei bewegen zu dürfen. Es gestattet den Aufenthalt überall, solange man sich nicht auf einem Wohngrundstück aufhält, d. h. dem Areal, das zum eigentlichen Wohnbezirk gehört, der recht weit aufgefaßt wird. Dabei ist es unerheblich, ob ein Grundstück eingezäunt ist oder nicht. Deshalb ist es auch erlaubt, über Zäune zu klettern, aber eben nicht, wenn damit ein Wohngrundstück umfriedet ist. Öffnet man auf Weiden oder Wiesen Gatter, so ist man verpflichtet, sie wieder zu schließen. Baden ist überall erlaubt, außer an privaten Landungsstegen oder Wohngrundstücken. Ebenfalls darf man auf allen Seen mit Booten fahren. Ausnahmen sind die Vogelschutzgebiete. Privatwege dürfen mit Fahrrädern und Skiern benutzt werden. Zelten ist für eine Nacht überall

gestattet, außer natürlich auf Wohngrundstücken. Pilze und Beeren dürfen gepflückt werden. Feuer darf von herumliegenden Zweigen gemacht werden, sofern man darauf achtet, daß keine Waldbrandgefahr besteht (diese Bestimmung wird sehr streng ausgelegt). Verboten ist dagegen das Abbrechen von Zweigen, Umhacken von kleinen Bäumen oder Abschälen der Rinde. Streng verboten ist es auch, Feuer auf Felsen anzulegen, da der Stein durch die Hitze springt. Abfälle dürfen nicht fortgeworfen und auch nicht vergraben werden. Hunde müssen vom 1. 3. bis zum 20. 8. angeleint werden. Zahlreiche Blumen sind geschützt und dürfen nicht gepflückt werden (fridlysta växter).

Kino. Der Besuch ist häufig auch für nichtschwedischsprechende Ausländer möglich, da fremdsprachige Filme grundsätzlich nicht synchronisiert werden (Ausnahme: Kinderfilme). Nur der Titel wird übersetzt. Die Folge ist, daß Schweden allgemein ein sehr gutes Englisch resp. Amerikanisch sprechen.

Krankheitsfall. Bundesdeutsche sind schwedischen Staatsbürgern gleichgestellt. Am besten geht man in ein Krankenhaus (»sjukhus«, gespr. Schückhüs) und dort in die »akut mottagning« (Praxis für Notfälle). Für die Behandlung sind pauschal 40 SKr zu zahlen. Bei einer evtl. Einweisung entstehen keine Kosten. Für Medikamente ist ein anteiliger Betrag zu zahlen, höchstens jedoch SKr 50,–. Zahnärzte haben einen eigenen Notdienst (Auskunft im Turistbyrå, bei der Polizei oder im Krankenhaus).

Kreditkarten sind in Schweden sehr verbreitet. Hotels werden fast nur so bezahlt. Sehr viele Tankstellen akzeptieren sie. Bei Banken sind sie jedoch noch nicht so eingeführt.

Ladenschlußzeiten. In der Regel sind die Geschäfte immer von 9–18 Uhr, samstags bis 13 Uhr geöffnet. Da es jedoch kein Ladenschlußgesetz gibt, haben viele Läden auch länger auf, bis abends um 22 Uhr, Samstag nachmittags oder Sonntag vormittags.

Mittsommer. Der größte Feiertag im Sommerhalbjahr ist der midsommarafton. Es ist immer der Samstag, der dem 23. 6. am nächsten liegt. Alle Geschäfte, Banken, Tankstellen schließen bereits Freitagmittag. Die meisten Hotels sind ebenfalls geschlossen. Außerhalb der Großstädte kann es mitunter schwer sein, eine Unterkunft zu finden; rechtzeitige Erkundigung ist zu empfehlen.

Mücken sind leider um so häufiger, je weiter man nach Norden kommt. Wer empfindlich ist, sollte schon in Dalarna abends und nachts nur mit langen Ärmeln und Hosen angezogen sein. Als Abwehrmittel sind »Djungelolja« oder »US 622« zu empfehlen (Sprays, Stifte, Creme). Nachts sollte man die Fenster nur dann geöffnet halten, wenn ein Mückengitter davor ist.

Notfälle. Die allgemeine Notrufnummer in Schweden ist 90 000. Sie ist zuständig für alle Arten von Notfällen. In öffentlichen Telefonzellen ist am Telefonapparat ein roter Knopf: erst drücken, dann wählen (gebührenfrei). Bei sonstigen akuten Notfällen kann man sich an die gemeinnützige Hilfsdienststiftung »Brouwer« wenden, die gegen Selbstkostenerstattung weiterhilft (Angehörige benachrichtigt, Rücktransport in die Wege leitet usw.). Sie ist telefonisch wie folgt zu erreichen: man wählt 0047–48 110, wartet den Dauerton ab und wählt dann die eigene Nummer, von der aus man anruft und legt nach einem erneuten Dauerton auf. Die Stiftung ruft dann zurück.

Nummernbedienung. In den meisten Läden, teils auch auf Postämtern, muß man aus einem Automaten eine Nummer ziehen. Bedient wird immer in der Reihenfolge der Nummern. Oft ist eine Anzeige über dem Verkaufstresen, die angibt, welche Nummer gerade bedient wird. Falls die Nummern nur ausgerufen werden, zeigt man dem Bedienungspersonal seine Nummer und gibt sich als Ausländer zu erkennen, der nicht schwedisch versteht.

Pannenhilfe. »Larmtjänst« ist eine Hilfseinrichtung, die von den Versicherungen getragen wird. Die Telefon-Nr. ist in den Telefonbüchern auf den gelben Seiten unter dem Stichwort »bilbärgning« zu finden, wenn »larmtjänst« nicht aufgeführt ist.

Post. Die Postämter sind meist von 9 bis 18 und samstags bis 13 Uhr geöffnet, sonntags geschlossen. Bei den Postämtern gibt es keine öffentlichen Telefonzellen – siehe Telefon.

Rådhus ist nicht das Rathaus, sondern das Amtsgericht.

Rättigheter = Schankrechte. Nicht jedes Lokal oder jede Bar hat das Recht zum Alkoholausschank. Es gibt unterschiedliche Genehmigungen, nur für Bier, nur für Bier und Wein oder volles Schankrecht für alle Alkoholika.

Saluhall. (Betonung auf der ersten Silbe). Es handelt sich um Markthallen mit den verschiedensten Geschäften, eine alte schwedische Markteinrichtung, da das Klima meist keinen Markt im Freien während des Winterhalbjahres gestattet.

Stadshus entspricht dem deutschen Rathaus.

Strand. »Burgenbauen« nach deutscher Art ist nicht nur unüblich, sondern würde zumindest auch als unhöflich angesehen.

Strom. In der Regel überall 220 V-Wechselstrom; bei besonderen Steckdosen für Rasierapparate in Hotels aber oft 110 V-Wechselstrom.

Tax Free Einkauf. Ausländer können in Geschäften, die mit einem »Tax Free Shopping«-Schild gekennzeichnet sind, ohne Mehrwertsteuer, die z. Zt. 23,46% beträgt, einkaufen. Bedingung ist, daß die Verpackung der Ware nicht geöffnet wird und die Ausfuhr innerhalb von 7 Tagen erfolgt (begründete Ausnahmefälle sind möglich). Man zahlt im Geschäft den vollen Preis und erhält einen »Tax Free Cheque«, den man bei der Ausreise vorzeigt. Die Mehrwertsteuer wird dann gegen eine geringe Gebühr erstattet. Erstattungsstellen sind meist auf den Fährschiffen, an den Kais und den Abfertigungshallen der Flughäfen.

Telefon – Übernachtung

Telefon/Telegramm gehören nicht zur Post, sondern zum »televerket«. Öffnungszeiten wie die Post. Vorwahl für die BRD: 009 49, Schweiz: 009 41, Österreich: 009 43; die danach folgende Ortskennzahl ohne die 0 wählen. Man muß beachten, daß in Schweden die Ziffernfolge anders ist: die 0 steht vor der 1, nicht nach der 9. Bei alten Münzfernsprechern wird das Gespräch jeweils unterbrochen, solange Münzen nachgeworfen werden; nicht aufhängen, das Gespräch kommt wieder. Vor Ende der Sprechzeit ertönt ein Dauerton. Bei den meisten öffentlichen Apparaten muß man 1-Kronenstücke einwerfen, doch werden allmählich auch Apparate für wahlweise 1- und 5-Kronenstücke installiert. Die Vorwahl für Schweden von der BRD aus ist 0046.

Trinkgelder sind im allgemeinen nicht üblich, außer bei Taxis und beim Friseur, wo man 10 bis 15 % gibt. In Hotels und Restaurants werden sie auf die Rechnung gesetzt.

Turistbyrå gibt es in der Regel in allen größeren Orten, oft aber nur im Sommerhalbjahr geöffnet. Sie sind mit dem international üblichen »i«-Zeichen gekennzeichnet, oft wird schon von der Einfallstraße an auf sie hingewiesen. Im Sommer sind sie häufig abends länger als die Geschäfte und meist auch am Wochenende geöffnet. Sie vermitteln auch Privat- oder Hotelzimmer.

Übernachtung. Die meisten Hotels gewähren an den Wochenenden und von Mitte Juni bis Mitte August teilweise sehr erhebliche Nachlässe. Eine günstige Möglichkeit bieten rund 200 Hotels mit dem »Swed-Cheque« in zwei Preisklassen: 53,– DM/Person im Doppelzimmer mit Frühstück ohne Bad bzw. Dusche oder 71,– DM mit Bad/Dusche. Buchung u. a. bei Reisebüro »Norden«, Ost-Weststr. 70, Hamburg 11, TT-Saga-Line oder Stena-Line (siehe Anreise). Im Sommer bietet auch das System »Biltur-Logi« eine billige Möglichkeit der Übernachtung: Man kauft einen »Paß« pro Pkw einschließlich eines Verzeichnisses der angeschlossenen Hotels und hat jeweils drei Preismöglichkeiten von etwa 80,–, 100,– oder 120,– SKr/Person. Bestellung des Passes bei: »Biltur-Logi«, Siljansgården, S–793 03 Tällberg, gegen Voreinsendung von DM 14,–. Einen Preisanhalt und nähere Informationen gibt der Hotelführer »Hotels in Sweden« (auch mit deutschem Text), der allerdings nicht alle Hotels aufführt (erhältlich bei Schwedische Touristik Information, Glockengießerwall 2, 2000 Hamburg 1, im Sverige huset und in Buchläden).

Hilfreich sind die Branchenverzeichnisse in den Telefonbüchern (Stichwort »Hotell«, »Värdshus« oder »Motell«). In den meisten Hotels wird deutsch, zumindest aber englisch gesprochen. Privatzimmer sind durch ein Schild »rum att hyra« (Zimmer zu vermieten) gekennzeichnet. Vermittlung erfolgt häufig durch die Turistbyrå. Bei den Jugendherbergen (Vandrarhem) gibt es keine Altersbeschränkung. Bettwäsche muß mitgebracht werden oder kann meist dort geliehen werden. Die Preise sind niedrig. Ein Jugendherbergsausweis ist nötig, kann aber auch an Ort und Stelle erworben werden. Zu empfehlen ist eine Voranmeldung.

Verkehr. Es herrscht Rechtsverkehr und die Rechts-vor-Links-Vorfahrt. Die Höchstgeschwindigkeiten sind in der Regel angezeigt, sonst gilt: in Orten 50 km/h, auf Landstraßen 80 km/h, auf Autobahnen 110 km/h; Wohnwagen mit Bremsen 70 km/h, ohne Bremsen 40 km/h. Die Promillegrenze ist 0,5 Promille. Abblendlicht muß auch tagsüber eingeschaltet werden. Es besteht Anschnallpflicht, seit Juli 86 auch auf den Rücksitzen. Häufig sind auf den Durchgangsstraßen 4 Fahrstreifen angezeichnet, wobei die beiden äußeren als Mehrzweckstreifen gelten. Sie sind für Radfahrer, haltende Wagen und besonders zum Ausweichen bestimmt, wenn ein anderer Verkehrsteilnehmer überholen will. Man erwartet ein Ausweichen auch dann, wenn es der Gegenverkehr sonst schwer hat, zu überholen. Es wird durchweg wesentlich ruhiger und längst nicht so aggressiv gefahren wie in der BRD. Trotz der Geschwindigkeitsbegrenzungen kommt man meist genauso schnell oder schneller voran, als man es gewohnt ist. Viel Verkehr herrscht vor allem auf der E 6 nach Oslo, der E 4 nach Stockholm–Haparanda (nicht mehr in Norrland) und der E 3 Göteborg–Stockholm bzw. E 18 Örebro-Stockholm. Auf den übrigen Strecken ist die Verkehrsdichte wesentlich geringer. Durchwegs sind die Straßen gut ausgebaut. Einige Seitenstraßen haben einen Macadambelag, auf dem sich aber auch gut fahren läßt. Hier sollte man besonders auf Abstand achten, da Vorausfahrende häufig Steinchen hochschleudern. Ein Nationalitätsschild ist vorgeschrieben. Die Zufahrt zu den Hauptstraßen ist besonders gekennzeichnet: Die betreffende Straßen- oder Europastraßennummer ist von einer durchbrochenen Linie umrahmt.

Währung. Die schwedische Krone hat 100 Öre. Abgekürzt wurde bisher SKr bzw. im Land Kr. Im internationalen Verkehr ist vor einigen Jahren die Abkürzung SEK festgelegt worden.

Zahnarzt siehe Krankheitsfall.

Orts- und Sachregister

Die Einteilung folgt dem deutschen Alphabet. Der hier nicht vorkommende Buchstabe å wird wie a behandelt.
Bei Namen, die mit C, Ch oder K anfangen, ist die skandinavische Schreibweise nicht immer einheitlich. Gesuchte Namen sind u. U. daher unter dem korrespondierenden Buchstaben aufgeführt.

Ådalskrawalle 46, 402
Adel 29
Adelsreduktion 35
Åhus 133
Akademie d. Schönen Künste 39
Ales stenar 144
Alingsås 256
Alkohol 68 f.
alnar 127
Alnö 401
Alsnö stadga 29
Altersversorgung 61
Alt-Uppsala 367 f.
Alvastra (Kloster) 75, 169, 171 ff.
Åmål 241
Ancylussee 13, 244
Ängsö 286
Anundshögen 286
Arbeitslosigkeit 57
Arboga 31, 287
Ärentuna 369
Arkeologistigen 413
Årsunda 389
Arvidsjaur 407, 408
Asige 220
Askersund 277
Aspeberget 236
Außenhandel 57
Auswanderung 43, 151, 156, 206, 216, 238
Avesta 377

Bäckaskog 133
Barock 78 f.
Båstad 115
Bauernbarock 81
Bauernfrieden 238
Baumgrenze 17
Bahangmalerei 81
Berg 250
Bergaholm/Skårby (gravfält) 291

Bergööska huset 268
Bergslagen 267, 269, 278 ff.
Bibliotheksgroschen 95
Bildsteine 74, 213, 216
Birka 28, 341 ff.
Bjäresjö 140
Björkborn 244
Blå jungfru 208
Blockbau 77
Blomsholm 236
Bockstensman 222
Boden 417
Bönan 388
Bohus (Festung) 224, 230
Boknäs 233
Borås 256
Borgholm 208
Borlänge 377
Bornsjö 290
Bosjö-Kloster 139
Botkyrka 290
Bottnischer Handelszwang 406
Brahehus slottsruin 155
Bro 214, 215
Brömsebro (Fried. v.) 224
bruk 45, 59 f., 279
Bunge 215
Byerums sandvik 208

Dädesjö 159
Dahlhem 215
Dalälven 14
Dalamalerei 81, 377
Dalarnapferdchen 376, 383
Dalbosjön 237, 252
Dalby 125
Dalsland-Kanal 239 f.
Dampfboote 157, 291, 348, 400
Danderyd 343 f.
Degefors 244
dichtbesiedelte Geb. (tätort) 12, 62

Dolmen 101, 107
Drottningholm 78, 79, 80, 204, 336–341
Kina slott 338 f.
Schloßtheater 338
Theatermuseum 338

Einwanderung 19, 61
Eketorp 208
Ekomuseum 280
Ekornavallen 260
Eksjö 162
Elche 17
Enånger 394
Energie, -verbr. -erz. 56
enskifte (Verkoppelung) 40 f., 140, 349
Erikschronik 318
Eskelhem 214
Eskilstuna 194 ff.
Eskilstunagrab 161, 265

Fachwerkbau 141, 217, 219
Falkenberg 220
Falköping 255, 257
Falsterbo 107
Falun 68, 378–381
Fardhem 214
Fårö 215
Felszeichnungen 73 f., 187, 197, 234 ff., 240, 265, 398
festes Haus 79, 103, 146
Filipstad 242
Finja 139
fjäll 396 f.
Fjällbacka 234
Fjelie 114
Flatruet 398
Flüchtlinge 48
Forshem 265
Fossum 236
Frälse 29
Freiheitszeit 38
Fröskogskyrka 240 f.

Register

Gällivare 407, 416
Gamla Uppsala s. Alt-Uppsala
Gammelgarn 215
Gammelstad 407, 414
Gannarve 215
Garde 214
Gärdeforsen 398
Gårdstånga 126 f.
Gästgivaregård 103
Gävle 97, 387
Genbergska gården 404
Gesundaberg 386
Glanshammar 274
Glasreich 138, 151, 157 ff.
 Glashütten:
 Bergdala 158
 Boda 158
 Johansfors 159
 Kosta 157 f.
 Lindshammar 160
 Orrefors 157 f.
 Sandviks 158
 Strömbergshytta 158
Glimmingehus 76, 103, 146 f.
Gnisvärd 215
Gödåker gravfält 360
Gökhem 257
Götakanal 181, 248–251
Göteborg 41 f., 48, 96, 225–230
 Bibliothek 228
 Fischhalle 230
 Götaplats 228
 Gustav Adolfs Torg 228
 Gustavi domkyrka 228
 Klippans kulturreservat 230
 Konzerthaus 228
 Kristina Kyrka 229
 Kronhuset 229
 Kunstmuseum 228
 Liseberg 230
 Masthuggskyrka 229
 Medicinhistor. mus. 229
 Nya Älvsbron 226
Goten 23, 26
Götene 265
Gotik 75, 77
Gotischer Bund 93
Götizismus 34, 92, 93
Gottesdienst 20
Gottsunda 366
Gråborg 208
Granhult 152
Gränna 154
Grebbestad 234
Gripsholm 78, 176, 201–206, 348

Großmachtzeit 33–37
Grötlingbo 214, 215
Grundsunda 404
Gudhem 257
gustavianisch 39, 80
Gustavsberg 345
Gysingebruk 390

Hagapark 335
Hallandsås 217
Hällingsåfallet 398
Hallsberg 268
Halmstad 218 f.
Hälsingtuna 395
Hannas 145
Hanse 29, 209, 210 f.
Hansekrieg 108
Haparanda 415
Härene 204
Härnösand 80, 401 f.
Hasslösa 263
Håverud 239
Heda 170
Hedared 256
Heimwehr 47, 55, 222
Helagsfjället 396
Helgö 341
Helsingborg 76, 134 ff.
Hemslöjd 67 f.
Himmelstalund/Norrköp. 187
Hjälmaren 267
Hjo 181
Hjortnäs 382
Höga kusten 402
Högsbyn 240
Högvålen 395
Hudiksvall 394 f.
Hultaby (Ruine) 160
Husaby 264 f.
Husby (Ottarshögen) 371
Huskvarna 152
Hüte (Partei) 38
Hvadhem 214

indelningsverk 36 f.
industrielle Rev. 44 f.
Inflation 57
Jäder 197
Jarl 28
Järrestad 147
Jokkmokk 407, 416 f.
Jönköping 152 ff.
Jugendstil 82
Jukkasjärvi 407, 415

Kägleholm 275
Källunge 214

Kalmar 78, 163–168, 176
 Altstadt 164 f.
 Dom 78, 163 f.
 Schloß 166 ff.
Kalmarer Union 30 ff., 108, 166, 225
Karesuando 407
Karl-Johans-Stil 82
Karl X. mur 207
Karlevisten 207
Karlsborg 266
Karlshamn 149
Karlskoga 244
Karlskrona 148, 149 f.
Karlstad 242, 243 f.
Kärnbo 205
Karten (Straßen-, Land-) 12
Kåseberga 146
Katholiken 20
Kävlinge 114 f.
Kebnekaise 404 f.
Kernenergie 49, 56
Kinnekulle 252, 263 f.
Kirchenreduktion 33, 73
Kirchenstädte s. kyrkstäder
Kirchensteuer 20
Kiruna 407, 415 f.
Kjulaås 197
Klassizismus 80
Kolmårdens djurpark 190
Konfirmandenunterricht 408
Konstitutionsausschuß 41
Kontinentalsperre 41, 141, 226
Köping 280 f.
Koversta gammelby 390
Krageholm 140 f.
Krankenversicherung 61
Krebsessen 64
Kriegsdienstverweigerung 55
Kristianstad 130 ff.
Kristinehamn 244
Kronenbauern 36
Kronobergs slottsruin 156
Kullängstuga 277 f.
Kumlaby 155
Kungälv 224, 232 f.
Kungsbacka 223
Kungsör 194
Kürbismalerei 81, 377
kyrkstäder 407 f., 412, 413, 417

Läckö 263
Laholm 218
Landhebung 14, 223, 246, 255, 290, 353
Landskrona 115

Register 429

Länge Jan 136
Lannaskede 161
Lappen (Samen) 409 f.
Leksand 81, 382
Lessebo 158
Lidingö 345
Lidköping 263
Lilla Flyhov 265
Limneameer 14
Linköping 76, 181–187
Literaturförderung 95
Litorinameer 14
Litsleby 236
Löderup 145
Löfstad 187
Lojsta 77
Lövånger 407
Luciafest 67
Lugnarohögen 218
Luleå 407, 408, 414 f.
Lund 75, 102, 116–125, 145, 161, 260
  Dom 116–123
  Kungshuset 124
  Liberiet 124
  Museum Kulturen 124
  Universität 116
Luttra 257
Lye 214
Lyngsjö 128
Lysekil 234

Maglarp 105
Maibaum 64
Malmberget 416
Malmö 108–113
  Dringenbergska gård. 112
  Flensburgska hus. 112
  J. Kocks huset 111
  Kompaniehuset 110
  Kungsparken 113
  Malmöhus 113
  Rathaus 110
  Residenz 110
  St. Petrikirche 110 f.
  Sjöfartsmuseet 113
  Slottsparken 113
  Stortorget 110
  Tekniska museet 113
Mälsåker 205
Malstasten 395
Maltesholm slott 127
Mårdängsjö 388
Marieberg 291
Mariefred 201, 205
Mariestad 266
Markaryd 138
Marstrand 230

Mellerud 239
middag 71
Millesgården 345 f.
Mittsommer 64
Möja 348
Möltetorps kyrka 260
Mora 77, 383 ff.
Mosjö 268 f.
Motala 181, 249
Munktorp 281
Musikakademie 39, 99
Mützen (Partei) 38
Myresjö 160 f.
Myringe 207

Narvikbahn 407
Nasafjäll 407
Näsåker 398
Nationalromantik 82, 93, 100
Nordischer Rat 49
Norra Ljunga 162
Norrköping 188 ff.
Norrsunda 349
Nüchternheitsbewegung 68
Nusnäs 383
Nydala 75, 161, 171
Nyköping 191 f.
Nynäs 194
Nystad (Fried. v.) 37

Ödeby 275
Odinstempel (Alt-Upps.) 355, 367
Ofrälse 29, 35, 38
Öjebyn 407, 413
Ölandsbrücke 168
Omberg 173
Ombudsman 41, 54
Onsala 222
Orust 233
Örebro 85, 176, 267, 269–274
Örnsköldsvik 402 f.
oscarianisch 45
Östersund 399 f.
Östra Ryds kyrka 349
Ottarshögen 371
Övedskloster 79
Övertorneå 415
Oxelösund 192 f.

Palladianismus 78
Paneelverkleidung 77
parstuga (Paarhaus) 192, 277 f.
Pastorsexpedition 20
Piteå 407, 413
Plintsberg 382

Poltawa 37
Privilegienausgleich 39

Råshult 155
Rättvik 81, 382 f.
Raukar 210
Recht, german. 21, 28
Reformation 33
Reformationsreichstag 284
Renaissance 77 f.
Resmo 207
Rinkaby 133
Rogslösa 174
Rokoko 80
Rökstenen 169 f.
Roma 75
Romanik 75
Romantik 82, 93
Rörstrand (Porzellan) 263
Rosenmalerei 81
Rosersberg slott 348
Roskilde (Fried. v.) 34, 102, 148, 217, 315
rotgestrichene Häuser 68
Rudbeckianismus 34 f.
Runensteinstil 74

Sägewerksindustrie 44, 399
Sala 287 ff.
Salsta 370
Saltsjöbaden 46
Samen (Lappen) 409 f.
Sanda 214
Sandviken 389
Sauna (bastu) 70
Schären 15, 148, 193, 224, 346 ff.
Schiffssetzung 144, 215, 218, 236, 263
Schnapphähne 102
Schulen 43, 62
»Schwedenfilme« 98
Schwedenhölzer 152, 154
Schwedische Akademie 39, 92, 309
Sigtuna 298, 341, 349–353, 371
Sigurdristning 197
Silberbibel 362 f.
Siljansee 100, 381 f.
Siljanfors 386
Simrishamn 147 f.
Skällerud 239
Skånela 349
Skanör 107
Skansen 62, 332
Skara 261 f., 265
Skårby (gravfält) 291

Skåre 105
Skärså 394
Skegriedösen 107
Skellefteå 412 f.
Skokloster 354 f.
Skuleberget 402
Slite 209
smörgåsbord 71
Söderhamn 393
Södertälje 290
Södra Råda kyrka 246 f.
Sofiero 138
Sollerön 386
Solliden 208
Sonnenscheindauer 16, 375
Sozialämter 60
Spielmannstreffen 100, 376, 383
Stabkirche 256
Stadtplanung 85
Ständerbau 77
Stånga 215
Stenkyrka 215
Steuern 58
Steuerbauern 36
Stjärnsunds slott 276
Stockholmer Blutbad 32, 309
Stora Karlsö 216
Stora Tuna 377
Stockholm 30, 31, 32, 39, 44, 96, 97, 192, 291–334
  Altstadt (Gamla stan) 302–317
  Amiralitetshuset 328
  Arvfurstens palatset 325
  Biologiska museet 331
  Bondska palatset 78, 316
  Börse 80, 309
  Djurgården 329
  Dramaten 96, 327
  Gamla stan 302–317
  Grönalund 332
  Hagaparken 335
  Hallwylska palatset 327
  Hedvig Eleonora kyrka 79
  Helgeandsholmen 325
  Jacobskyrka 325
  Kaknästornet 333
  Kastellholmen 329
  Katarinakyrka 79, 324
  Klarakyrka 80
  Konserthuset 82, 327
  Kungsträdgården 325 f.
  Moderna museet 85, 328
  Museen 294 ff.
  Museifartygen 330
  Nationalmuseum 328
  Nebensonnenbild 299, 308
  Nordiska museet 82, 329
  Norrmalm 325–328
  Opernhaus 325
  Östasiatiska museet 328
  Riddarholmen 317–323
  Riddarholmskyrka 317–320
  Riddarhuset 78, 315 f.
  Riksdag 325
  Rosendals slott 333
  Sergeltorg 326
  Schloß 78, 79, 302–305
  Skansen 332
  Skeppsbron 323
  Skeppsholm 328 f.
  Skeppsholm kyrka 328
  Slussen 300
  Södermalm 324
  Stadshuset 334
  St. Georgsgruppe 307 f.
  St. Gertrudskyrka 78, 79, 312 f.
  Storkyrka 306–309
  Stortorget 309
  Sverigehuset 296, 326
  Thielska galleriet 332
  Tyska kyrka
    s. St. Gertrudskyrka
  U-Bahn 292, 294
  Waldemarsudde 332
  Wasa-Werft 331
  Wicanderska villa 331
Storforsen 417
Strängnäs 197–201
Strömbergska bruk
Strömsholm 281
Strömstad 236
Studentenmützen 63
Student. Verbindungen 365
Studiendarlehen 62
stuga 58
Sundborn 381
Sundbyholm 197
Sundsvall 400 f.
Sundsvallstreik 44 f.
surströmming 64
Svaneholm 140
Sveafälle 244
Svedens bergmansgård 381
Svenneby kyrka 234
Svinesund 236

Taberg 151 f.
Tåkern 170
Tännforsen 398
Tanumshede 234 f.
tätort s. dichtbesiedelte Gebiete

Temperaturen 16
Tensta 370
Tidö slott 281
Tierp 372
Tierper Schule 372, 383, 394
Tingstäde 215
Tiveden 267, 276
Tjolöholm 222
Tjörn 233
Todesstrafe 55
Tofta 215
Torneå 407, 415
torp 36
Torup 140
Traditionspflege 62 ff.
Träkumla 215
Trelleborg 103 ff.
Trojaborg 213
Trollhättan 248, 250, 252
Trollhättekanal 249, 250
Trönbyn 393
Trosa 193, 194
Trullhalsar 215
Tullgarn 290
Tumbo 194
Tylösand 220

Uddevalla 233 f.
Ullånger 402
Umeå 41, 405, 410 ff.
Union (m. Norwegen) 42, 45, 244
Uppsala 28, 99, 100, 176, 256, 355–366
  Alte Universität 363
  Alt-Uppsala 367
  Bror Hjort Museum 366
  Carolina rediviva 362 f.
  Gottsunda 366
  Schloß 360 f.
  Trefaldighetsk:a 360

Vä 128 f.
Vadstena 30, 76, 78, 169, 174–180, 250
Valleberga 144 f.
Vällinge 291
Vallsjö 161
Valsgärde 74, 369
Våmb 266
Vamlingbo 214
Vänern 237, 238, 239, 252 f.
Vänersberg 250
Vänge 215
Varberg 221 f.
Värmdö 344 f.
Värnamo 151

Register 431

Varnhem 75, 260 f.
Vasalauf 385
Vasa-Renaissance 82
Västerås 282–286
Väte 214
Vättern 154, 255
Vätterud 139
Vävesunda 174
Vaxholm 344, 348
Växjö 156 f.
Vendel 74, 371 ff.
Vendelzeit 27, 28, 74, 371
Venngarns slott 353
Verkoppelung s. enskifte
Verteidigungstürme 76

Vetlanda 160
Viby 349
Vickleby 207
Vidablick 382
Viksta 370
Visby 76, 209, 210 ff.
Visingsö 155, 181
Visnum 247
Visnums-Kil kyrka 247
Vitalienbrüder 30
Vita sanner 239
Vitlycke 235 f.
Vitskövle k:a 127 f.
Vitskövle slott 127
Volksheim 59

Volksmusik 100
Vreta 169

Walpurgis 363
Wehrpflicht 55
Wikingerzeit 27 f.

Yoldiameer 13, 246
Ysane 149
Ystad 141 ff.
Ytterslö 205

Zisterzienser 75, 171
Zivildienst 47, 55

Namensregister

Aalto, A. 365, 377
Ackerman, D. 198
Adam von Bremen 28, 355
Adelcrantz, C. F. 80, 85, 290, 317, 338, 341
Adolf Fredrik 204
Afzelius, M. 93, 184
Ahlborn, S. 282
Åhlström, O. 99
Albertus Pictor 86, 288, 414
Albrecht v. Mecklenburg 30, 299
Alfvén, H. 100
Almquist, C. J. L. 93
Amund 246, 257, 265
Andersson, P. 415
Andrée, S. A. 154
Ankarström 40
Ansgar 28, 342
Anshelm, K. 125
Aquéli, I. 289
L'Archevêque, P. H. 86, 316, 325
Ärentunameister 369
Asplund, G. 111

Banér, J. 320
Barueld 191
Beerwald, F. 100
Bejemark, K. G. 292, 327

Bellman, C. M. 39, 92, 99, 300, 311, 314, 332
Bengtsson, W. 219, 333
Berg, Ch. 86, 323
Berggren-Askenström, B 360
Bergh, R. 192
Bergman, I. 97 f.
Bergöö, K. 268
Bernadotte, F. 48
Beskow, B. 262
Beutin, G. 394
Birger Jarl 28, 174, 260, 298
Birger Magnusson 192
Birgitta 30, 76, 176, 177 ff., 180, 359
Björling, J. 377
Blocke, W. van der 358 f.
Blom, F. 86, 328, 329
Blomberg, St. 86, 110, 219, 316
Blomdal, K.-B. 93
Blume, H. 86, 282, 326
Boberg, F. 268, 332
Bolander, L. 281
Bonde, G. 316
Bonneuil de, E. 356
Börjeson, J. 134, 150, 228, 316
Börkesson, J. 110
Borman, J. 178, 197, 198, 285

Börtz, D. 100
Bouchardon, J. Ph. 303
Bourdelles, A. 332
Boy, W. 78, 86, 198, 326, 358, 359
Brahe, M. 286
Brahe, P. 154, 155
Brahe, T. 137
Brazda, J. 243
Bremer, Fr. 93
Brunius, C. G. 120, 122
Bucht, G. 100
Byström, J. N. 305
Byzantios 86, 126, 215

Carl XVI. Gustav 49 f., 302
Carlberg, B. 229
Carlberg, C. W. 228
Carlberg, J. E. 306
Carlsson, I. 52
Cederström, G. 86, 108, 137, 315
Celsius, A. 355, 365
Chauveau, R. 303
Christian I. v. Dk. 31
Christian II. v. Dk. 32, 308, 309
Christian III. v. Dk. 115
Christian IV. v. Dk. 103, 122, 130, 219

Christina 34, 79, 244, 300, 304, 317, 362, 363
Christoph v. Bayern (Kristoffer) 358
Christoph II. v. Dk. 102
Claesson, St. 94
Claeszon, A. 79, 86
Clason, I. G. 82, 87, 190, 329
Cöllen v., H. 201
Columbus, J. 161
Coninxloo J. van 197, 285

Dahlberg, E. 87, 113, 149, 150, 277, 315
Decker, H. 244
Delblanc, Sv. 94
Derkert, S. 294
Desirée 348
Desprez, L. J. 80, 87, 247, 306, 335, 338, 341, 362
Dieden, J. 233
Dieussart, J. B. 315
Donatus 120
Dötebeer, Chr. 78
Drentwett, A. 304
Dreyer, B. 280
Düren, A. van 87, 120 f., 122, 124, 146, 182, 308
Dyfverman, C. J. 120

Ebbe, A. 103 f.
Edmont, M. 138
Ehrenstrahl, D. Klöcker 87, 194, 281, 308, 315
Ekeberg, A. 161
Eldh, C. 334, 343
Eleonore 358
Engelbrektsson, E. 31, 287
Englund, E. 158
Engström, A. 162
Enquist, P. O. 94
Erdmüller, E. 307
Ericson, N. 239
Ericson, S. 229
Erik XIV. 77, 166, 204, 284, 286, 325, 359, 362
Erik v. Pommern 31, 113, 115
Eriksson, Chr. 334, 416
Eriksson, N. E. 228
Eugen, Prinz 332, 416
Evander, P. G. 94

Falk, A. 313
Falk, N. 241
Ferlin, N. 292
Fersen, A. von 42, 188
Finjameister 139
Fisher, R. 285

Flemming, H. 176
Fogelberg, B. 87, 228, 323
Forsberg, A. 358
Forseth, E. 138, 218, 219
Fouquet, B. 87, 302
Fredrik I. 37, 320
Fredrik II. v. Dk. 124
Fredrik Adolf 290
Friesendahl, C. 113
Friis, E. 388
Fröding, G. 82

Ganssog, J. 122
Gardie, de la 260, 261, 263, 304, 353, 363
Gate, S. 157
Gatenhielm, L. 223
Geer, de L. 188, 190
Gegerfelt, V. von 230
Geijer, E. G. 93, 99
Gierlac v. Köln 182
Gillgren, S. A. 413
Gjörnwell, C. Ch. 335
Grate, E. 388
Grijs, E. 232, 239
Grip, B. 201
Gullesson, H. 87, 394, 395, 401
Gustafsson, L. 94
Gustav II. Adolf 33 f., 128, 192, 219, 225, 282, 299, 314, 317, 323, 364, 367, 393
Gustav III. 39 f., 80, 92, 99, 204, 286, 303, 305, 316, 335, 336, 341, 400, 401
Gustav IV. Adolf 40 f., 113, 138, 204
Gustav V. 45, 47, 49, 290
Gustav VI. 49
Gustav Vasa 32 f., 36, 77, 112, 116, 156, 166, 176, 197, 201, 242, 248, 299, 305, 306, 323, 344, 346, 357, 359, 360, 367, 385, 399
Gyllenhielm 311
Håkansson, N. 127, 149
Hald, E. 157
Hallström, I. 100
Halmstadgruppe 218
Hambreus, B. 100
Hammer, J. 232
Hansson, St. 100
Hårleman, C. 79, 88, 115, 198, 229, 244, 281, 286, 302, 303, 311, 319, 320, 326, 336, 362, 364
Hazelius, A. 82, 329, 332

Hebel, M. 313
Hedvig Eleonora 336
Heemskerk, M. van 182
Hegvaldr 215
Heidenstam, V. von 82, 93, 171, 184
Hellström, O. 358
Henne, J. 79, 88, 286, 312, 349
Hennings, G. 113
Hesse, H. 179
Hill, C. Fr. 88, 113
Hillerström, A. 137
Hilleström, P. 88
Hjort, B. 88, 316, 366, 415
Höffer, C. 132
Höglund, E. 388
Hoppenstedt, B. 164

Immaculatameister 349
Ingvar 200
Isabella 198
Iwan, H. 372
Jagellonica, K. 33, 78, 336, 358
Jäger, M. 223, 232
Jersild, P. C. 94
Johann III. 33, 77, 156, 166, 179, 180, 201, 204, 286, 287, 312, 358, 362, 401
Johansson, A. 325
Johnson, E. 93
Johnsson, J. 372
Johnsson, I. 244, 312, 315
Jones, A. 190
Josefsson, G. 366
Junge, J. 178

Karl IX. 181, 198, 204, 242, 244, 274, 287, 393, 416
Karl X. Gustav 35, 194, 207, 315, 316
Karl XI. 35 f., 148, 149, 163, 225, 229
Karl XII. 34, 37, 79, 105, 176, 195, 221, 223, 226, 309, 323
Karl XIII. 41 f., 348
Karl XIV. Johan 42, 204, 266, 333, 348
Karl XV. 133, 204
Katarina 257
Katarina Jagellonica s. Jagellonica
Knut d. Große v. Dk. 102
Kock, H. 132
Kock, J. 108, 110, 111
Kortz, D. 306

Register

Krafft, D. 88, 164
Krafft, P. 80, 89
Kremberg, J. 89, 111, 115, 126, 145
Kreuger, I. 46
Kristler, H. J. 312

Laestadius, L. 415
Lafransen, N. 89
Lagerlöf, S. 82, 93, 147, 148, 150
Lars Snickare 89, 345
Larsson, C. 82, 89, 268, 301, 312, 381
Leijonhuvud 275
Le Sueur, E. 196
Lidman, S. 94
Liliencrantz, J. 291
Lindberg, S. 410
Lindblom, A. 158
Lindegren, E. 94
Lindstrand, W. 410
Linné, C. von 101, 155, 355, 365, 380
Linnqvist, H. 400
Ljungberg, S. 366
Lo-Johansson, I. 93
Lovisa-Ulrika (Luise-Ulrike) 204, 336
Lundberg, Th. 306, 356, 357, 358
Lundbohm, H. 416
Lundqvist, J. 218

Maclean, R. 140
Magnus Eriksson 30, 102, 174, 177, 180, 221, 224
Magnus Ladulås 166
Majestatismeister 89, 144 f.
Maltzan 146
Margareta v. Dk. 30, 146, 201, 299
Marklund, B. 89, 105, 222, 316
Martinson, H. 93, 94
Masreliez, L. 39, 89, 303, 335
Meister Otto 115
Michaelismeister 159
Milles, C. 90, 113, 148, 184, 190, 219, 228, 280, 284, 323, 325, 327, 332, 345, 385
Millich, N. 79, 90, 313, 337
Molin, J. P. 326
Mollerberg, N. 132
Moore, H. 388
Mörner, C. O. 42
Mörner, St. 218
Myrdal, J. 94

Naumann, J. G. 99
Nesjar, C. 244
Neuenfels, H. 98
Niepoort 191
Nielsson, B. 100
Nilsson, N. 386
Njudungsmeister 161, 162
Nobel, A. 244
Notke, B. 90, 198, 307, 308, 343, 368, 412
Nyren, C. 366
Nyström, A. 90, 124

Odelqvist-Kruse, A.-L. 360
Öhrström, E. 219, 327
Olav Skötkonung 256, 265
Ollers, E. 157
Olson, A. 218
Olson, B. 244
Olson, E. 138, 218, 219
Oskar I. 43, 110, 204
Oskar II. 45, 138, 309, 333, 400
Ostberg, R. 90, 192, 334, 362, 385
Österborn, N. 184
Ottar 371
Otto, St. 111, 115
Oxenstierna, A. 34, 197, 281, 309
Oxenstierna, E. 315

Palme, O. 52
Palmstedt, E. 80, 90, 204, 309, 311, 317, 323
Pasch, J. 90, 303
Pasch, L. d. Ä. 90
Pasch, L. d. J. 80, 90
Pernevi, P. 130
Persson, B. 359
Persson, O. 394
Peter 288
Peterson-Berger, W. 100
Petri, O. 306
Pettersson, C. W. 360
Picasso, P. 219, 244
Piper, F. M. 335, 341
Platen, B. von 181, 248, 249
Precht, B. 79, 90, 184, 194, 287, 306, 358

Quaderström, C. G. 124

Rademacher, R. 195
Rehn, J. E. 80, 91, 198, 204, 290, 320, 336
Reich-Eriksson, B. 413
Rendal, B. 360
Rodin, A. 332

Roman, J. H. 99
Rosenrad, J. 370
Rudbeck, J. 284
Rudbeck(ius), O. 35, 362

Saint Phalle, N. 328
Sand, E. 164
Sandberg, G. 359
Scheele, W. C. 280, 281
Schilkin, M. 355
Schmalensee, A. von 315
Schmalensee, K. von 243
Schnurrbartmeister 194
Scholander, F. W. 320
Schröder, C. 164, 413
Schröder, G. E. 192
Schüffner, H. G. 241
Schulström, I. 239, 241
Schultz, P. 306
Schütz, P. 360
Sergel, T. 39, 80, 91, 244, 306
Sighraf 145, 289
Sigismund 33 f., 181
Sjöberg, A. 97 f.
Sjöman, V. 97 f.
Skoovgaard, J. 122
Skytte, J. 192
Söderman, A. 100
Sørensen, H. 184
Sörensen-Ringi, H. 360
Sparre, J. 349
Stagnelius, E. J. 93
Stark, M. 344
Stein, P. 98
Stenberg, M. 145
Stenhammar, W. 100
Stenhuggar, J. 111
Stenradh, J. 179
Stenwinkel, H. 132
Strindberg, A. 68, 93
Struwe, J. B. 99
Stüler, F. A. 328
Sture, St. 198, 307
Sture, Sv. 359
Sturemord 359, 362
Sturepartei 32
Sundman, P. O. 94, 154
Sundvall, C. F. 277
Sverker I. 171, 173
Swant, H. 261
Sylvester, J. 337

Taravall, G.-Th. 91, 303
Taube, H. 320
Tegnér, E. 93, 124
Tempelman, O. 80, 335, 401
Tengboom, I. 82, 327
Tessin, C. G. 302

Tessin, N. d. Ä. 78, 91, 163,
  197, 205, 208, 229, 281,
  300, 311, 312, 316, 319,
  320, 336, 337, 354, 370
Tessin, N. d. J. 78, 91, 149,
  164, 194, 280, 284, 300,
  302, 303, 307, 320, 336,
  338, 358, 360, 393
Thiel, E. 332 f.
Thomisen, D. 111
Thorén, E. 218
Thorén, T. 270
Thorild, T. 364

Tinguely, J. 328
Törringemeister 106
Trolle, G. 32
Truedsson, F. 132
Trydemästaren
  s. Majestatismeister
Tucholski, K. 201, 205

Uhlhild 171
Ullberg, J. 106, 115, 126
Ulrika Leonora 37, 393
Unni v. Hamburg 265
Urban Målare 308

Wendelstam, J. 309
Wernberg, Sv. 213
Wetterlund, J. A. 303
Wickert, A. 318
Wickmann, G. 416
Wilhelm, Hch. 197, 318
Wrangel, C. G. 354, 355
Wulfila 363

Zetterwall, H. 82, 92, 110,
  120, 124, 139, 182, 261,
  356, 358
Zorn, A. 92, 100, 385 f.

Kohlhammer

Kunst- und Reiseführer

Heinz Barüske
Norwegen
1986. 403 Seiten, 20 Fotos, davon 8 in Farbe, 50 Karten,
Pläne und Abbildungen
Gebunden DM 64,–
ISBN 3-17-008347-3

Norwegen mit seinen eindrucksvollen, zum Teil noch
unberührten Gebirgslandschaften und Wäldern, seinen Seen
und stillen Fjorden, den langgestreckten Küsten und zahlreichen Inseln ist eine Reise wert.
Dieser Führer durch das Land der Mitternachtssonne
beschreibt die vier größten Städte Norwegens, Oslo, Bergen,
Stavanger und Trondheim. Der Weg nach Norden folgt der
Hurtig-Route von Bergen im Süden bis Kirkenes nahe der
Grenze zur Sowjetunion. Das Landesinnere ist in Regionen
eingeteilt, deren Landschaften und kulturelle Sehenswürdigkeiten detailliert geschildert werden. Ein weiteres
Kapitel ist dem arktischen Archipel Spitzbergen gewidmet.
Ein breit angelegter allgemeiner Teil gibt historische und
landeskundliche Informationen. Eine Fülle praktischer
Hinweise bietet vor allem dem Einzelreisenden Hilfe.

Verlag W. Kohlhammer
Stuttgart · Berlin · Köln · Mainz

Kohlhammer

Kunst- und Reiseführer

Alfred Pletsch
Kanada
1986. 445 Seiten, 24 Fotos, davon 13 in Farbe, 71 Karten, Pläne und Abbildungen
Gebunden DM 69,–
ISBN 3-17-009036-4

Die Großartigkeit der Landschaft, der überwältigende Reichtum an Formen und Farben in der Natur lockt in zunehmendem Maß Individualisten, die ein »Abenteuer auf Zeit« erleben wollen. Eskimodörfer und Indianersiedlungen erinnern an die Urbevölkerung, die alten Goldgräberstädte rufen die Pionierzeit ins Gedächtnis, während große Städte wie Montréal, die zweitgrößte französische Stadt der Welt, Toronto oder Vancouver, für viele die schönste Stadt Kanadas, den heutigen Zeitgeist repräsentieren.
Dieser fundierte Kanada-Führer beschreibt die Regionen Britisch-Kolumbien, Alberta, den Großen Norden, Saskatchewan, Manitoba, Ontario, Québec, Neu-Braunschweig, Neu-Schottland, Neufundland sowie die Inseln im Sankt-Lorenz-Golf.
Wichtige Hinweise für den Kanada-Aufenthalt, Übersichtskarten, Stadtpläne und Grundrisse und eine profunde Landeskunde vermitteln das grundlegende Wissen über Kanada, seine naturräumliche Gliederung, seine Geschichte, Kunst und Kultur.

Verlag W. Kohlhammer
Stuttgart · Berlin · Köln · Mainz